Martin Burckhardt

Metamorphosen von Raum und Zeit

Eine Geschichte
der Wahrnehmung

Campus Verlag
Frankfurt/New York

Inhalt

Einleitung 7

KAPITEL 1
Im Schatten der Kathedrale 20

KAPITEL 2
Die neue Zeit 40

KAPITEL 3
Die wuchernden Zeichen 75

KAPITEL 4
Das Bild und der Spiegel 104

KAPITEL 5
Logik des Augenscheins 122

KAPITEL 6
Der Körper des Wissens 158

KAPITEL 7
Gesellschaft im Park 184

KAPITEL 8
Revolution der Denkart 210

KAPITEL 9
Der Blick in die Tiefe der Zeit 246

KAPITEL 10
Die Entfernung der Welt 271

KAPITEL 11
Der Körper des Zeichens 306

Epilog 327

Bildnachweise 339

Anmerkungen 340

Einleitung

Vor langer Zeit habe ich ein Zimmer besessen, spärlich möbliert. Ich habe auf den Kölner Dom hinausgeschaut, ich habe das Geräusch der einfahrenden Züge gehört, ich habe die Gäste des Domhotels über den Platz spazieren sehen. Nachts, manchmal, ist mir aufgefallen, daß die Glühbirne im Zimmer etwas schwankt. Auf der einzigen Photographie, die ich noch von diesem Zimmer besitze, ist das Fenster eine verschwimmende Weiße, ebenso wie der Bildschirm des Fernsehers auf eine beunruhigende Art und Weise kein Bild ist, sondern bloß eine abstrahlende Helligkeit. Bett, Stuhl, Schrank. Der Tisch, überbordend. Papier und Schreibzeug, Bücher, übereinandergestapelt. Auf der Vergrößerung der Photographie, die ich mir eigens habe anfertigen lassen, um zu rekonstruieren, was ich damals, als Student, gelesen habe, erkennt man (nein, erkenne, oder besser: rekonstruiere ich) die Titel: Michel Foucaults Ordnung der Dinge, *Rilkes* Malte Laurids Brigge, Das wilde Denken *von Lévi-Strauss, Heideggers* Sein und Zeit *(halb verdeckt von einer aufgeschlagenen Fernsehzeitschrift und dem* Talentierten Mr. Ripley *ganz obenauf). Zwischen den Büchern verstreut, einige Münzen, Kleingeld. Eine Armbanduhr (die Armbanduhr meines Vaters, die damals schon, ich erinnere mich, nicht mehr funktioniert hat). An der Wand hängt die Reproduktion eines Bildes, die »Arnolfini-Hochzeit« des Jan van Eyck. In dem Spiegel über dem Wasserbecken sehe ich mich selbst, die Photokamera in der Hand. Im Wasserhahn ein glänzender Tropfen, ohne daß zu erkennen wäre, wo sich im Zimmer eine Lichtquelle befinden könnte.*

Nein, es ist nicht wahr. Ich habe nie in diesem Zimmer gelebt (obwohl das Zimmer, das ich zu dieser Zeit bewohnt habe, durchaus so hätte aussehen können). Das Zimmer, das ich beschrieben habe, ist eine fiktive Photographie. Aber natürlich ist dies nicht grundlos geschehen, sondern ich habe, indem ich dies Zimmer als mein eigenes ausgegeben habe, indem ich mich in der Erfindung in diesem Zimmer postiert und zum

Photographen dieser Fiktion gemacht habe, einen bestimmten Zweck verfolgt. Das, was auf diesem Photo zu sehen ist, ist eine Ansammlung der *nächsten Dinge*, jener selbstverständlichen, vertrauten Anblicke, die sich ins Alltagsleben einfügen, und zwar so, daß sie den Hintergrund für denjenigen darstellen, mit dem man (in Gedanken) ein solches Zimmer besiedelt. Es könnte das Zimmer eines Zeitgenossen sein – und tatsächlich, hätte man dieses Bild als Photographie vor sich liegen, würde man die Dinge wohl zu einem *Gesicht* zusammenfügen, zum Charakterbild jenes jungen Mannes, der dort, in der Fiktion der Photographie, in der Tiefe des Spiegels zu sehen ist, die Kamera vor seinem Gesicht. Freilich: der junge Mann, der dieses Zimmer bewohnt oder der es zumindest hätte bewohnen können, dieser jemand, der *ich* sein könnte, wird nicht auftreten. Das Zimmer wird leer bleiben.

Damit aber verändert sich der Blick: er wird (was ich mir wünsche) selbst-los, des-interessiert. Gewissermaßen hören die Dinge auf, die Requisiten desjenigen darzustellen, der eintreten und sie in Gebrauch nehmen wird. Auch das Zimmer wird nicht mehr ein Zeichen und eine Bühne von Gegenwart sein, sondern es wird in seiner Zeitlichkeit hervortreten. Plötzlich werden die Einzelheiten als Einzelheiten sichtbar, wird sichtbar, daß die *nächsten Dinge* (die da im Zimmer herumliegen) von Markierungen durchkreuzt sind, daß sie auf bestimmte Zeiten und Zeitabstände verweisen, daß sie also die Strata einer Geschichte markieren, die weit zurückliegt – und doch nachwirkt, bis jetzt. Der Dom, die Uhr, das Geld, das Bild – das sind die Stationen einer Kulturgeschichte, an deren Ende erst der selbstverständliche, fast gedankenlose Umgang damit steht. Meine fiktive Photographie stellt also, paradox formuliert, ein Museum der Gegenwart dar. Wenn das Museale daran nicht auf Anhieb fühlbar wird, so hat dies einen präzisen Grund: hat die in diesem Zimmer eingeschlossene Vergangenheit doch nicht aufgehört zu sein, wirkt sie bis in die Gegenwart nach – und zwar so, daß es erst einer regelrechten Gegenwartsaustreibung bedarf, um den Geschichtsraum daran hervortreten zu lassen. Erst wenn die Dinge aus dem Zugleich herausgelöst werden, tritt das *Nacheinander* hervor. Hier nun, in die Diachronie hineingestellt, wird sichtbar, daß dieser gedachte Raum einen *Gedankenraum* markiert, eine gleichsam hypostasierte Kulturgeschichte, die von der Zeit der Kathedralen bis in die Gegenwart reicht. Diese Geschichte nun will ich erzählen: eine Geschichte, die, als Zeitraum, mein persönliches Dasein weit übersteigt, die aber dennoch, in Gestalt der Dinge, in eine Gegenwart hineinragt, welche die meine ist (oder die meine sein könnte).

Freilich, etwas fehlt. Das ist der Punkt, von dem aus diese fiktive Photographie entworfen worden ist. Es ist genau dieser, außerhalb des Bildes liegende Punkt, der den Schlüssel liefert zu der Ordnung der Dinge im Bild – und er stellt (wie könnte es anderes sein) den Punkt dar, von dem aus jede Geschichte entworfen wird: die Gegenwart. Genauer noch: meine unmittelbare Gegenwart. Meine Gegenwart, das ist der Raum, in dem ich über eine lange Zeit, fast abgeschlossen von der Außenwelt, dieses Buch geschrieben habe. Es ist ein Zimmer in Berlin; aber das ist eigentlich gar nicht wichtig, es könnte auch an einem anderen Ort sein, in einem anderen Raum, vielleicht in der Häuserzeile mir gegenüber, oder irgendwo, in der Verlängerung jener Fluglinie, die die Flugzeuge, die über dem Häuserfirst erscheinen, beschreiben; aber wie gesagt, das ist tatsächlich egal, denn ich sitze vor dem Display eines Computerbildschirms und verfolge, an den vorüberhuschenden Zeilen, wie die Geschichte meiner fiktiven Photographie sich ordnet in meinem Kopf (während der Raum ringsum, der wirkliche, faktische Raum ganz allmählich verschwindet und sich jener Unwahrscheinlichkeit anverwandelt, wie meine »fiktive Photographie« eine ist). Vielleicht ist der Punkt, von dem aus die Konstruktion dieses Bildes sich erschließt, meine Überzeugung, daß jener gegenständliche Raum meiner Photographie etwas Abgeschlossenes ist, etwas, das in dieser Form nicht wiederkehren wird. Ich – oder besser: der, der ich sein könnte, wird nicht mehr in diesen Raum zurückkehren, und wenn, so wird er (in einer sentimentalen Anwandlung) ein *Museum* besuchen. Tatsächlich, es ist meine Gegenwart, der Blick in diesen sonderbar künstlichen und doch irgendwie realen Raum des Computers, der es mir ermöglicht hat, den Raum meiner fiktiven Photographie mit anderen Augen zu sehen, der den Anstoß gegeben hat für diese meine Gedankenabschließung, dafür, in einer Art Anamneseprozeß tief in die Geschichte zurückzusteigen, den Dingen, wie man sagt, auf den Grund zu gehen. Nicht die Geschichte also, sondern die Gegenwart ist das Initial, das in diesem Buch die Gestalt einer Geschichte angenommen hat, die von der Gotischen Kathedrale bis zum Computer reicht; und weil dies so ist, weil ich die Gedankenkette nicht verschweigen möchte, die existiert hat, bevor der Plan zu diesem Buch herangereift ist, möchte ich sie kurz und umrißhaft voranstellen.

Die Auseinandersetzung mit dem Computer, das war für mich von Anbeginn die Auseinandersetzung mit einem Befremden. Es war nicht der Umgang mit der Maschine selbst, der mich befremdete; tatsächlich kam mir der Computer überaus zupaß, erschien er mir als das Instrument, auf das ich gewissermaßen gewartet hatte, ja, das in vielerlei Form hypostasierte, was mir, in der einen oder anderen Form, vorgeschwebt hatte. So daß, in diesem Sinn, das Befremden eher eine Verwunderung darüber war, in der Maschine etwas verdichtet zu sehen, was mir zuvor bloß als eine vage Empfindung erschienen war: der Gedanke, daß ich (wie jeder meiner Zeitgenossen) einem Riß in der Zeit, einer tektonischen, untergründigen Verschiebung beiwohnte, und daß es aus diesem Grunde nötig sei, sich im Denken in einer anderen Umgebung, an einem anderen Ort einzurichten, das Selbstverständliche (oder besser: das eigentlich längst fadenscheinig gewordene, und nur so aus Anhänglichkeit und alter Gewohnheit mit sich herumgeschleppte Selbstverständliche) nunmehr für unselbstverständlich zu erachten. So besehen war der Computer nicht eigentlich die Ursache, sondern eher der Endpunkt eines Befremdens: wurde hier, in der logischen Abbreviatur, sichtbar, daß jene Denkapparaturen, die man mich an der Universität zu benutzen gelehrt hatte, das waren, als was sie mir damals schon erschienen waren: untaugliches, veraltetes Zeugs.

Nein, wenn von einem Befremden die Rede ist, so ging es nicht von der Maschine aus, sondern von dem Schatten, den der Computer in den Köpfen meiner Zeitgenossen hinterließ. Dabei war es weniger die gewöhnliche, reflexartige Paranoia, welche die Maschine zum Schreckbild des »Großen Bruders« und der Gesellschaftsmaschine herrichtete – das, was mich vielmehr in Überraschung versetzte, war der Nachhall, den die Maschine in den Köpfen ihrer Apologeten verursachte: diese besondere Mischung aus religiösem Delir und ingenieurhaftem Machbarkeitswahn, etwas, was ich in einem Aufsatz auf die zweideutige Formel brachte, daß der Computer wohl jenen historischen Moment darstellt, da die Maschine dem Denken zu Kopf steigt. Was mich daran irritierte, war, daß das Nachdenken über den Computer sich um ein Zentrum drehte, das ganz offenkundig dem Bereich des Mirakelglaubens angehörte: nämlich die Frage nach der sogenannten Künstlichen Intelligenz, die Frage, ob es möglich sei, einem Computer Bewußtsein einzupflanzen. Und in der Tat, die »Beweise«, welche die Verfechter dieser These stolz herbeibrachten (der gedichtschreibende, komponierende Computer), waren eher Panoptikumsdarbietungen der niederen Art, intellektueller Mummenschanz. So daß vielleicht am allerirritierendsten an dieser Debatte die Tatsache war, daß sie – auf diesem eher ärmlichen Niveau geführt – überhaupt zu einer Debatte hatte werden können, daß mithin eine Frage, die gar keine Frage war, sämtliche Energien absorbierte, während vor diesem Lärm die wesentlichen Fragen gar nicht erschienen: die Frage nach dem *tatsächlich Neuen*, die Frage danach, welcher Art die Umwälzung des Denkens war, das sich im Computer verkörperte, vor allem aber: worin dies seine Wurzel habe. Tatsächlich – das war das Bemerkenswerte an all diesen Diskursen – trat der Computer nicht als Teil und Ausdruck eines gedanklichen Kontinuums, als historisches Artefakt in Erscheinung, sondern stets als eine Art Himmelskomet, ein metaphysisches Un-Ding, das zufällig auf der Erde, in den Köpfen seiner Bewunderer eingeschlagen war, oder, wie Ossip Mandelstam dies einmal für einen Konzertflügel gesagt hat, ein kleiner schwarzlackierter Komet, der auf der Erde gelandet war. Natürlich, das war evident, das Geheimnis lag nicht in der Maschine selbst, sondern es hing an jenem Code, der im Innern dieser Black Box waltete und der seinen Kryptographen wie ein naturgesetzliches Universal erschien, das, wie eine Art Epiphanie, alle Geheimnisse des Gehirns und der Kosmologie zu klären verhieß: *Language is a virus from outer space.* Das war das Sonderbare: die Wiederkehr des weißen Aberglaubens, einer naiven Metaphysik, der Umstand, daß überaus scharfsinnige Wissenschaftler nichts Besseres zu tun hatten, als das, was offenkundig Menschenwerk war, zu einer Art naturgesetzlichen Offenbarung aufzubauschen, Gott und der Welt das »Ja ja, nein nein« des binären Codes aufzuschwatzen. Kurios die stereotype Wendung, mit der die Theoretiker der Maschine fast sämtlich darauf insistierten, daß man den geschlossenen cartesianischen Zwangssystemen entkommen sei und nunmehr in »offenen Systemen« operiere – wo doch, nach der Lektüre einiger Zeilen, evident war, daß sich der Systembegriff lediglich auf eine höhere Ebene verlagert hatte, daß ein Räderwerk durch einen Regelkreislauf, daß etwas Materielles durch etwas Immaterielles ersetzt worden war

– so daß, was als Überwindung des cartesianischen Denkens gepriesen wurde, in Wahrheit seine unmittelbare Wiederbelebung war, mit dem einzigen Unterschied, daß sie sich ein zeitgenössisches, digitales Gewand übergestreift hatte. Die natürlichen *Automata* waren zu natürlichen Programmen mutiert und doch geblieben, was sie von Anbeginn gewesen waren: die Zombies der reinen Vernunft.

Alles in allem: der Diskurs über die Künstliche Intelligenz erschien mir als ein fundamentales Mißverständnis, eine grundlegende Grundlosigkeit, die nur als *Symptom* zu lesen war – eine Rede mithin, deren Gesetzmäßigkeit nicht in sich selbst, sondern nur darin bestand, daß sie eine andere Rede verhüllte. Tatsächlich hatte ich nicht den leisesten Zweifel, daß die Frage nach der Künstlichen Intelligenz nicht nur absurd war, sondern, insofern sie die Maschine aus dem Zusammenhang überhaupt herauslöste, eine künstliche, unhaltbare Antinomie herstellte: als ob die Maschine, statt den *Humaniora* zugerechnet zu werden, etwas Eigenständiges, Autonomes sein könne. Meinerseits hatte ich nie eine solche Scheidung vollziehen können, war mir doch der Geist in der Maschine stets als der Herren eigener Geist erschienen, und so hatte sich mir die Logik des Digitalen nur als ein Ausdruck, als ein Kristallisationspunkt dessen dargestellt, was ohnehin, in vielerlei Form, im Anzuge war – mit dem einzigen Unterschied, daß diese Prozesse im Computer eine erstaunliche Verdichtung erlebten, daß man sie also in strukturgewordener (und das heißt: weltlos gewordener) Form analysieren konnte.

Freilich: in den Diskursen, diesen philosophischen Geisterbahnfahrten, fand sich darüber kein Wort – und eben darin waren sie der erstaunlichste Beleg für die grundlegende Verhülltheit der instrumentalen Vernunft, von der Heidegger in jener Passage in *Sein und Zeit* spricht, in der er die Dialektik des Werkzeugs erörtert, das Phänomen, daß, wenn ich das Werkzeug benutze, ich seinen Werkzeugcharakter aus dem Auge verliere, daß sich mir verdunkelt, daß die Dinge einen Werkzeugzusammenhang bilden, daß sie stets auf die *Werkstatt als Ganzes* hinweisen. Genau dies schien mir das Charakteristikum der vorliegenden Debatte zu sein: daß die Wortführer schon so tief in ihrer Maschine steckten, daß das, was zur Sprache kam, nicht eigentlich ihren Werkzeugcharakter zu erhellen vermochte, sondern nurmehr die Wunschmaschinen ihrer Benutzer hervortreten ließ, all jene Zwecke und Phantasmen, die aus der Arbeit mit dem Werkzeug selbst hervorgegangen waren. In einem *circulus vitiosus* replizierte sich die Binnenlogik der Maschine selbst, immer wieder aufs neue, von einem Gedanken zum andern.

Nun hätte ich (wie es ja längst geschehen ist) die Debatte um die Künstliche Intelligenz als eine, im Rückblick, skurril anmutende Geistesverwirrung schnell wieder vergessen können – wenn ich nicht der Überzeugung gewesen wäre, daß hier, gerade in der phantastischen Blödsinnigkeit, etwas zur äußersten Verdichtung gekommen wäre. Was mich daran interessierte, war das *Symptomatische* dieser Gedankenfigur, war die Energie dieser Wunschmaschine, die, in deutlich abgemilderter Form, auch in vielen anderen Disziplinen zur Geltung gelangte: nur daß der materielle Computer hier metaphorisiert wurde und man stattdessen von »autopoietischen Systemen« sprach. Freilich, schaute man genau hin, so entdeckte man, von der Evolutionstheorie bis zur Soziologie, von der Linguistik bis zur Mathematik, von der Neurologie bis zur Kosmologie, unzählige Derivate, die, wie auch immer sie sich nennen mochten, in letzter Konsequenz auf die Gedankenfigur des Computers hinausliefen. Ganz offenbar, das war mein Resümee, war der Computer die Megametapher eines neuen Wissenschaftskonzeptes, das nicht mehr der *mathesis universalis* verpflichtet war, sondern das man eine *digitalis universalis* nennen könnte.

Vor diesem Hintergrund erschien es mir umso dringlicher, die Heideggersche Frage nach dem Werkzeugcharakter, nach dem *Wozu* dieses Werkzeuges zu stellen – mit dem sonderbaren Ergebnis, daß sich mir das Konzept einer *universalen Maschine* anbot, einer Maschine, die aus dem Zusammenhang der Werkzeuge auf eine stupende Art und Weise herausfiel, und zwar so, daß sie weniger unter einem instrumentalen als vielmehr einem räumlichen Begriff faßbar schien: nämlich als ein Aufbewahrungsort für andere Maschinen. So daß das Charakteristische darin bestand, daß man es weniger mit einem Werkzeug als mit einer *Werkstatt* zu tun hatte, einem Techno-Logos, der zu nichts Bestimmtem, aber damit zu allem und jedem imstande war. Genaugenommen lag hier wiederum der Werkzeugcharakter des Computers, überführte er die Dinge doch in jenen digitalen Aggregatzustand, wo sie, in der »Sprache« des Binären, allen erdenklichen Operationen zugänglich waren. Der Computer markierte also selbst (ähnlich meiner fiktiven Photographie) einen virtuellen, bloß gedachten Raum – ja er vermochte Raum und Zeit darzustellen, und so erschien er mir nicht nur als Werkstatt, sondern als eine *Raum-Zeit-Maschine*, ja schien dies sein eigentlicher Zweck zu sein.

Von dieser Fragestellung ausgehend, befragte ich die Geschichte nach einer vergleichbaren Maschine, mit dem Ergebnis, daß ich auf die Mechanische Uhr, oder genauer: auf den Räderwerkautomaten stieß. Das Räderwerk und der Regelkreislauf, die Mechanische Uhr und der Computer waren miteinander verbunden, und zwar so, daß man es mit zwei *Raum-Zeit-Maschinen* zu tun hatte, von denen die letztere erstere ablöste. Vor der Gegegenwartsfolie gelesen, bedeutete das Studium dieser Geschichte eine Art déjà vu, wurde sichtbar, daß das, was bislang bloß ein instinktives Gewahren gewesen war (nämlich die Ahnung einer epochalen Veränderung, die im Zeichen des Computers stattfinden würde), hier gewissermaßen präfiguriert war, daß man aus der Geschichte des Räderwerkautomaten (auf eine analoge Art und Weise) eine Geschichte der Zukunft würde herauslesen können. Diese Verklammerung von Räderwerkautomat und Computer, der Gedanke, daß die Geschichte der Mechanisierung einen Vorschein auf das Kommende werfen könne, war der Auslöser dafür, in die Tiefe des Geschichtsraums zurückzusteigen.

Es war vor allem dieser Rückstieg in die Geburtszeit des Räderwerkautomaten, und das heißt: in die Gedankenwelt des Mittelalters, der mich, auf eine fast lehrstückhafte Weise, von der Verhülltheit des jeweiligen Techno-Logos überzeugte. Tatsächlich kehrte hier, in einem historischen Sinn, jenes Paradox wieder, daß die Dinge und das Denken über die Dinge nicht eigentlich dem gleichen Raum anzugehören scheinen, sondern daß man es mit einer strukturellen Unverbundenheit, ja einer regelrechten Schizostruktur des praktischen und des theoretischen Diskurses zu tun hat. Diese Schizostruktur nun erschien mir keinesfalls bloß als ein Ausweis des Mittelalters, sondern zeigte sich als etwas, das sich noch in die Gegenwart hinein fortschrieb. So daß es eben *bezeichnend* war, daß die vielfältigen Geschichten der Philosophie jede Gedankenwindung des Cartesianers verzeichnen, nicht aber jenes ungeheuerliche Paradox reflektieren, das der Räderwerkautomat aufgibt: das Paradox, daß die Maschine, deren Binnenlogik zum Signum, ja zum Integral der neuzeitlichen Philosophie wird, mehr als drei Jahrhunderte in der Welt ist, bevor das Denken sich anschickt, sich selbst nach dem Modell dieser Maschine auszurichten, daß mithin, was wir neuzeitliche Philosophie nennen, mitten aus der mittelalterlichen Gedankenwelt hervorgegangen ist. Das war es, was mich zunehmend beschäftigte: die Frage, wie es möglich war, daß der praktische und der theoretische Diskurs scheinbar unverbunden nebeneinander existieren konnten, woher der blinde Fleck des Denkens herrühren mochte. Es mag irritierend anmuten, von einem »praktischen Diskurs« oder von einer »Sprache der Dinge« reden zu hören – gleichwohl ist damit nichts anderes gemeint als jenes Denken, das in die Dinge einfließt und hier sich in verdinglichter Form äußert. Tatsächlich stimmt es ja nicht, daß die Dinge stumm sind, sondern es liegt, wenn wir von einem »Sachzwang« reden, in Wahrheit ein Denkzwang vor, der nur die Gestalt einer Sache angenommen hat. Dieses verdinglichte, in den Artefakten eingeschlossene, oder eigentlich: in die Wirklichkeit hinausgelegte Denken ist dem, was sich selbst als Denken definiert, deutlich voraus – und zwar so, daß das, was wir Denken nennen, zum Nach-Denken verdammt ist (oder schlimmstenfalls, wie im Falle der spätmittelalterlichen Philosophie: zum Gegen-die-Dinge-Andenken, zur systematisierten Wahrnehmungsstörung). Descartes, vor dem Hintergrund der mechanischen Uhr, und damit: vor dem Prospekt seiner Megametapher betrachtet, ist kein Neuerer, sondern ein Nachzügler des Denkens.

In gewisser Hinsicht also war der Ausgangspunkt meiner Arbeit von einem grundlegenden Zweifel am Primat der Rede gekennzeichnet, könnte man als Losung dieses Unternehmens auffassen, was in der Leere meines fiktiven Zimmers beschlossen ist – nämlich: daß es nicht dem Selbstverständnis und der Befindlichkeit des Bewohners sich zuzuwenden gilt, sondern endlich zu den Sachen selbst zu kommen! Tatsächlich sind damit nicht nur die Gegenstände dieses Unternehmens bezeichnet, sondern ist damit auch unterstellt, daß das Denken, um sich voranzubewegen, sich nicht eigentlich abstrakter Begriffe bedient, sondern diese aus der Anschauung herleitet. Das Begriffliche ist eine Metapher des Handgreiflichen. *Zur Sache!* bedeutet also keinesfalls, daß damit die Rede als solche verworfen wird, sondern es bedeutet, das Begriffliche dorthin zurückzuführen, wo es seinen Ausgang hat.

Freilich, so simpel diese Maxime klingen mag, so war ihre konsequente Befolgung doch mit einigen ernsten Irritationen verbunden, forderte sie mich doch auf, etliches, was ich selbst für gesichert gehalten hatte, erneut und grundlegend in Frage zu stellen. So ließ beispielsweise die Genealogie des Räderwerkautomaten (der neuzeitlichen Raum-Zeit-Maschine par excellence) nur den paradox anmutenden Schluß zu, daß man den Beginn der Neuzeit ins Mittelalter zurückverlagern mußte, ja, daß hier, in der *Raum-Zeit-Maschine* des Mittelalters eine Ordnung vorweggenommen schien, die sich in der Folgezeit nurmehr ausbuchstabierte, ein Gedanke, gegen den in der Tat alles zu *sprechen* schien, der aber dennoch in dem Augenblick, da ich mich vom Primat dieser Rede löste und die »Sprache« der Dinge in Augenschein nahm, sich als der einzig plausible erwies.

Hier nun, in Gestalt meiner *Raum-Zeit-Maschinen*, kehrte eine alte Frage wieder, nämlich die Kantische Frage nach dem Grund der Erkenntnis – freilich in deutlich modifizierter Form. Die Frage danach, »Was kann ich wissen?«, die Kant zufolge notwendig zur Anschauung von Raum und Zeit führt, damit aber an den Rand der Metaphysik, diese Frage nun war nicht mehr unter dem erkenntnistheoretischen Zeichen zu betrachten, sondern sie war präzis danach gestellt, wie Raum und Zeit sich der Wahrnehmung darstellen. Aus der Frage »Was kann ich wissen?« war also die Doppelfrage geworden: »Wie nehme ich wahr?« und: »Wie verhält sich meine Wahrnehmung zu dem, was ich für gesichert und gewiß halte?«. Tatsächlich war damit nicht nur eine Verschiebung von der Episteme zum Phänomen, ja zu einer *Geschichte der Wahrnehmung* geleistet, sondern hing daran auch eine Problematisierung der erkenntnistheoretischen Grundsituation: die Frage, ob es so etwas wie eine *Theorie* der Erkenntnis überhaupt geben kann. Denn das epistemologische Tableau ist, anders als Kant dies gesehen hat, kein Feld, es ist auch kein Tisch, kein Tableau, *über das* ein Gelehrter versenkt sitzt (wie ein Schachspieler über seinem Brett), es ist vielmehr ein Raum, *in dem* man sich bewegt, ein Raum dazu, der nicht der Muße und der philosophischen Kontemplation dient, sondern in dem gearbeitet wird: eine *Werkstatt* also, *in der* das Denken, indem es sich denkt, sich selbst schon – nach einem bestimmten Bild – modelliert. Freilich: diese Werkstatt, obschon sie wirkt, existiert nur im Kopf – sie ist das gedankliche Mauerwerk, das ich errichte, um mich in der Welt zurechtzufinden. Genauer: *ich* bin es ja nicht allein, der dies tut, sondern es ist die

Gesellschaft, die sich auf diese Art und Weise zusammenfindet – das, was wir eine bestimmte »Kultur« nennen. Ja, im Falle des Räderwerks ist es nichts anderes als ein ganzer Kulturkreis (jener Kultur*kreis*, den wir »Europa« nennen), der sich über Jahrhunderte darauf verständigt hat, die Zeit (und mit ihr: das Denken) nach der Logik eines Räderwerks ticken zu lassen. Dieses »In-etwas-drin-Stecken«, das man auch vornehmer Selbstverständnis nennen könnte, ist im Zweifelsfall nicht der Erkenntnis, sondern ihrer *Abwehr* gewidmet, setzt das Funktionieren der Werkstatt doch keinen Philosophen voraus, sondern eher seine Nichteinmischung: nämlich daß der Werkstattzusammenhang selbst – der Techno-Logos von Raum und Zeit – nicht zur Diskussion steht. Das epistemologische Feld (auch wenn es dem Gelehrten so scheinen mag) ist nicht abstrakt, es ist, in der Art, wie wir mit Raum und Zeit umgehen, längst ausgelegt, es ist in jedem Geldstück verkörpert – und so ist auch das Begriffliche nicht wirklich frei, sondern etwas, das auf dieser ersten Handgreiflichkeit beruht (oder an ihr sich messen lassen muß), dieser Handgreiflichkeit, in der verborgen liegt, wie wir uns miteinander, mit Gott und mit der Natur austauschen, wie wir Raum gegen Zeit und Zeit gegen Geld aufrechnen. Vielleicht liegt hier die besondere Gunst, die uns zuteil wird: nämlich daß wir uns in einem geschichtlichen Übergang befinden, da diese Fragen sich überhaupt stellen lassen. Und in der Tat bedarf es nur eines Blicks auf die Uhr, um zu begreifen, daß wir uns mitten im Transitorium befinden, im Begriff, von einer Werkstatt, von einer *Raum-Zeit-Maschine* zur anderen überzugehen – und so ist es vielleicht gerade dieser Passage und Übergangszeit wegen, daß die Stunde der Philosophie gekommen ist: die Stunde, da die Wahrheit auf der Straße liegt und es gilt, wie ein Laie über die Weisheit zu reden.

Kants Kritik, strenggenommen, hätte sich nicht gegen die *reine Vernunft* als solche wenden müssen, sondern gegen jene Vernunft, die nach dem Modell einer Räderwerkuhr tickt; vor allem aber (und das wäre die kompliziertere Frage gewesen) hätte sie klären müssen, wie es zu jenem *grundlegenden Verkennen*, der Auseinanderentwicklung von hypostasierter und diskursiver Vernunft hatte kommen können, sie hätte, kurzum, das *Unbewußte* im Fortgang der Wissenschaft zur Kenntnis nehmen müssen: nämlich, daß man wissen kann, ohne zu wissen; daß man im Tun etwas weiß, ohne genau zu wissen, was man dort tut; oder gar, daß der Diskurs des Wissens unter bestimmten Umständen nicht mehr in der Positivität, sondern nur als Symptombildung faßbar ist, als Rede, die redet, um etwas anderes nicht zur Sprache kommen zu lassen. Um dieses Andere aber geht es. Tatsächlich verschärft sich das Problem in einer Weise, daß man zu fragen hat, wo und wie das Wissen von Raum und Zeit (das ja stets die Fiktion eines Wissens ist) sich konstituiert, wo bestimmte Anschauungsweisen ihren Ursprung und ihren Ort haben. Meine Antwort darauf ist sehr simpel – sie ist gewissermaßen der Grund dafür, den jungen Mann auf der fiktiven Photographie nicht wirklich erscheinen zu lassen. Der volle Text, das ist die Antwort, liegt nicht im Diskurs, sondern er liegt dort, wo die Artefakte des Denkens ausgelegt werden: in den Dingen von Raum und Zeit, in der Art und Weise, wie wir mit Raum und Zeit umgehen. Dieser Umgang nun ist nichts, was dauerhaft in der Bewußtseinshelle verbliebe (als ein präzises, stets abrufbares Wissen um die Bedingtheit unserer Axiome) – nein, es ist vielmehr so, daß dieser Text in dem Maß, in dem der Umgang mit den *Raum-Zeit-Maschinen* zur Selbstverständlichkeit wird, aus unserm Gesichtskreis gerät und sich in den Dingen verkapselt. Damit aber, habitualisiert, in den bloßen, bewußtlosen Gebrauch eingegangen, sinkt er ab ins Unbewußte. Weil dies so ist, weil das Wissen um die Bedingtheit (und die Dinglichkeit) unserer Denkfundamente ständig Gefahr läuft, zu verstummen, gilt es, diesen Text ins Bewußtsein zurückzurufen.

Genau dieser Spur zu folgen war das leitende Motiv dieser Arbeit, bestand der Weg darin, den Dingen von Raum und Zeit nachzuspüren, genauer noch: sie *in statu nascendi* zu betrachten, jenen Augenblick zu treffen, da das Problem, das sich in ihnen verdinglicht, sich noch nicht eingeschlossen hat, sondern in der Fabrikation des Dinges offen liegt. Es ist diese Fragestellung, die mir, wie von selbst, die Stationen jenes Rückstiegs aufgegeben hat, um die es im folgenden gehen wird, und die zugleich erklärt, warum dieser Weg nicht geradeaus, an *einem Thema* entlang führen kann. Denn die Wahrnehmung verändert sich, sie macht sonderbare Biegungen, sie steigt um und springt von einem Gefährt zum nächsten; und so ist diese Geschichte, die anmuten mag wie eine Art *Magical Mystery Tour*, notwendig sprunghaft – und so methodisch wie unsere Wahrnehmung selbst. So werden wir im Schatten der Kathedrale beginnen, von dort zum Räderwerkautomaten gehen, zu einer Geldtheorie des Vierzehnten Jahrhunderts, welche die neue Ordnung von Raum und Zeit in die Dinge hineinpressen will, wir werden ein Bild des Jan van Eyck in Augenschein nehmen und uns anschließend mit dem Skelett der Zentralperspektive und dem Phantasma der Renaissance beschäftigen, wir werden in den Kopf der cartesianischen Zwangsvorstellungen hineinsteigen, und von dort wieder hinaus in den französischen Park, dorthin, wo Landschaft zum Bild sich verwandelt, wir werden uns der Revolution der Denkart zuwenden, wie sie sich mit der Naturphilosophie der Romantik ereignet hat, wir werden die Entwicklung der Photographie betrachten und den telegraphischen Raum, bis hin zum Computerbildschirm, in den hinein starrend ich all dies zu dem einzigen Zweck bedacht habe: Wie das Bild jenes Zimmers ausschauen könnte, in dem ich mich künftig aufhalten werde.

Kapitel 1

Im Schatten der Kathedrale

Vertreibung aus dem Paradies

Es gab eine Zeit, da war ich im Paradies, aber tatsächlich, ich habe gar nicht darüber nachgedacht, wie dieser Ort hieß. Es gab so wenig einen Ort wie es eine Zeit für mich gab. Alles war von jeher, an seinem Platz. Die Wolken, die Sonne, die Luft, das alles ging durch mich hindurch, widerstandslos. Und ich war ein Teil davon, ich war der Halm, der im sachten Wind hin und herschaukelt, ich war das Insekt, das in einem Sonnenfleck kreist und ich war die lähmende Hitze, die sich über einen Sommertag legt. Ich weiß nicht, wann ich darüber nachzudenken begann. Ich glaube, daß meinem Nachdenken ein Traum voranging, ein Traum, in dem ich mir selber erschien, nein, meinesgleichen, einem Double, einer Art Gegenbild. Im Traum, gewissermaßen, wurde ich aus meinem Schlaf gerissen – und doch wachte ich nicht wirklich auf, sondern ging lediglich über in einen anderen Schlaf, in einen Schlaf der Vernunft. Ich erinnere mich, wie ich, in dieser späteren Phase des Traums, das eine mit dem anderen zu vergleichen begann, wie ich unterschied und den Dingen Namen verlieh (und wie ich darüber, nach einer anfänglichen Sprachlosigkeit, sehr bald schon in eine regelrechte Namensherrschsucht verfiel). Ich sagte Baum, Ast und Frucht. Ich sah irgendetwas und begann über eine Ordnung nachzudenken, über das Größere, das Kleinere, über Maß, Zahl und Gewicht. Ich fragte mich, wie es zusammenhängt. Vor allem aber verstörte mich, daß die Dinge nicht erbötig waren, sich in ihr Namenslos zu schicken, sondern daß sie sich unversehens wandelten, daß eins zum anderen wurde. Es war mühsam, aber MIT DER ZEIT *begriff ich doch, daß der Baum die Frucht hervorbringt und die Frucht den Baum. Ich spürte, daß dort (in den Metamorphosen der Dinge) ein Geheimnis liegt. Ich träumte von einem unsichtbaren Band, das alles mit allem verbindet – und plötzlich sah ich meine Umgebung nicht mehr als bloße Umgebung, sondern als etwas Ganzes und Zusammenhängendes an (und genaugenommen war dies der Augenblick, in dem ich mich als einen Bewohner des Paradieses begriff). Und doch fiel diese Entdeckung in eins mit dem Bewußtsein, daß es ein* RÄTSEL *gibt, ein Unerreichbares, das mir verschlossen bleiben wird. Ich entdeckte, daß ich, der Namenspendende, der diesen Ort in seinem Kopf klassifiziert, geordnet und zusammengesetzt hatte, entrechtet war. Es muß zu dieser Zeit gewesen sein, daß ich begann, Gespenster zu sehen und Stimmen zu hören; plötzlich erfüllte sich mein Kopf mit sonderbaren, zwielichtigen Gestalten, mit Schlangen und allerlei Gewürm, das sich verdoppelte und dort, wo ich es zerteilt hatte, einfach nachwuchs, und tatsächlich begannen die Dinge, wie Geschwülste, in meinem Kopf zu wuchern.*

In lichten Augenblicken weiß ich: es ist nichts weiter passiert. Es gibt keine Schlange, keine Veführung, niemand, der mich genötigt hätte, vom Baum der Erkenntnis zu kosten. Das Paradies hat einfach aufgehört zu sein. Jetzt, klüger geworden, weiß ich, daß der Riß darin besteht, daß ich damals anders zu schauen begann. Daß der Zustand der Fraglosigkeit aufgehört und daß in der Frage nach dem Grund die nach dem Abgrund verborgen ist: Ich habe mich selbst aus dem Paradies vertrieben.

Paradox des Mittelalters, daß dort, wo von einem Horizont die Rede ist, sich der Blick nicht in die Tiefe des Raums wendet, sondern in die Höhe. Es ist der Blick des Gläubigen, der in den Himmel schaut, dorthin, wo das Sichtbare in jene Himmelsordnung übergeht, die den Gesichtskreis alles Irdischen übersteigt. Was sich in der paradoxen Form eines »vertikalen Horizonts« ausdrückt, ist freilich nichts als die ältere Bedeutungsschicht jenes Wortes, das, bevor es ins Fadenkreuz von Vertikale und Horizontale geriet (und damit zu jenem koordinierten Gesichtsfeld wurde, das unsere Raumwahrnehmung kennzeichnet), für die Begrenztheit des Gesichtskreises überhaupt steht.[1] Der Horizont ist keine bloß vorläufige Grenze, die – für sich genommen – überstiegen werden kann. Tatsächlich markiert er jenen Bereich des Nicht-Wissens, der strukturell der Erfahrung sich entzieht, ja vor dem die Vorstellung einer erfahrbaren, erforschbaren Raumtiefe keinerlei positiven Sinn ergeben kann. Ein jegliches Wissen ist lediglich diesseitig – und damit notwendig defizient. Das Jenseitige ist da, verhüllt und allgegenwärtig – weswegen es durchaus nicht verwunderlich ist, daß das Leben, ja daß jegliche Erscheinung des Lebens nichts anderes ist und sein kann als lediglich die halbe Wahrheit.

So ist, was sich im »vertikalen Horizont« äußert, weit mehr eine zeitliche denn eine räumliche Dimension. Der Horizont markiert jene Grenzscheide, wo die Zeit an die Unendlichkeit stößt, die Unwissenheit an die Wahrheit, das Irdische an das Göttliche. In dieser vertikalen Lesart des Raums ist das Irdische untrennbar mit dem Göttlichen, die Gegenwart unauflösbar mit der Zeitenferne vermengt. Es ist ein Raum, in dem nichts ist, was es ist, sondern stets Vorzeichen, Chiffre, in dem ein verhülltes, jenseitiges Prinzip arbeitet – ein wenig der geschlossenen Welt eines Schizophrenen vergleichbar, dem die Erscheinungen stets zu Vorzeichen, zu Geheimbotschaften einer fremden Kraft werden. Nur daß die fremde Kraft des Mittelalters noch nicht zur Vorstellung eines *geheimen Staatssicherheitsdienstes* depraviert ist, wie er die Vorstellungswelt des Schizophrenen – und nicht nur sie – beschattet, sondern eine jenseitige bleibt – bis zu jenem letzten Tag, der, wie das *Whodunit* des Krimis, erst Licht in die ganze Angelegenheit bringen wird. Der irdische Himmel mithin kann keinerlei Aufklärung bringen, im Gegenteil: es sammelt sich, mit dem Unfaßlichen, etwas Bedrohliches, eine Art panischer Schrecken in ihm.[2] Wenn eine Nachricht wie die von der Zerstörung des Heiligen Grabes bekannt wird, ja selbst wenn nur ein gewöhnliches Unwetter hereinbricht, fürchtet eine dem Ende der Zeit entgegensehende Welt, daß unweigerlich das Himmelsgewölbe einstürzen wird, und so blickt man, starr vor Schrecken, dorthin, von wo das Verhängnis herabfahren wird. Es ist kennzeichnend für diesen geistigen Zustand, daß das Mittelalter seine religiöse Erbauung bis ins 12. Jahrhundert hinein nicht aus den Evangelien, sondern aus der Lektüre der Apokalypse bezieht. Diese apokalyptische Unheilsgewißheit läßt sich in den Tonnengewölben der romanischen Kirchen nachspüren: als eine nachgerade körperlich fühlbare Last, die wie ein Himmel aus Blei über den Häuptern lastet.

Im Verlauf des 12. Jahrhunderts bricht die starre Ordnung des Mittelalters auf, gerät, was von jeher gesetzt schien, in Fluß. Es sind nicht allein die Kreuzfahrer, die sich zur Eroberung der Heiligen Stadt aufmachen, nicht allein die Mönche, die in den Wäldern nach jener Weltabgeschiedenheit suchen, die allein ein »wahres, apostolisches Leben« ermöglicht, und schließlich sind es auch nicht allein die Scholastiker, die, der Losung des Anselm von Canterbury folgend (*fides quaerens intellectum*), den Glauben erstmals auf die Suche nach der Vernunft geschickt und sich damit dem Intellekt als Fortbewegungsmittel anvertraut haben – es ist etwas, was alle Lebensbereiche erfaßt, eine Art allgemeiner Mobilmachung, welche die Dinge, aber auch das Denkgebäude der Zeit selbst erfaßt. Aus der apokalyptischen Starre erwacht, erfüllt ein frischer Wind die Luft, eine Experimentierlust, die, weil sie allein in einem religiösen Sinn sich äußern kann, sich auf ihren Ursprung besinnt: wie jener flandrische Einsiedlermönch Tanchelm, der in apostolischer Nachfolge mit zwölf Jüngern und einer Maria durch die Lande zieht und die Bevölkerung gegen den Zehnten aufwiegelt; und es ist diese mehr oder minder naive *Beatnik*-Unmittelbarkeit der *idiotae* und der *illiterati*, welche auch die nachfolgenden religiösen Bewegungen kennzeichnet – so daß es paradoxerweise der Rückgriff auf die Grundlagen, die Radikalisierung des Glaubens selbst ist, welche in Form immer neuer Ordensgründungen und Häresien den Ordo des Hochmittelalters aufsplittern läßt.[3]

Genaugenommen jedoch hat man es nicht eigentlich mit Apostaten oder mit Sekten zu tun, mit einem Stifter und einer bestimmten häretischen Lehre, sondern mit Eruptionen, mit Zusammenballungen von Menschen, die sich, auf der Suche nach dem wahren Leben in die Unbedingtheit aufgemacht haben, in die »Reinheit« des Glaubens (wie die Katharer in den Bergen von Albi), ins Schweigen der Wälder oder in die strikte Besitzlosigkeit. Aber so wie der Begründer der »Armen von Lyon«, Petrus Waldes, ein durch Wuchergeschäfte reichgewordener Kaufmann ist, so ist es ebensowenig zufällig, daß all dies vor dem Hintergrund aufblühender Städte und vor dem Prospekt einer industriellen Revolution stattfindet; tatsächlich vermag doch die Aureole der Armut erst wahrhaft zu leuchten, wo die wirkliche, begriffslose Armut aufgehört hat zu sein.

Es sind, wie der hl. Franziskus, vor allem die Kinder dieser neuen bourgeoisen Gesellschaftsschicht selbst, die sich in die Terra incognita ihres Seelenlebens aufmachen. Aber dennoch trägt auch ihre Verweigerungshaltung die Signatur ihrer Zeit[4], ist ihr geistiger Experimentalismus das Korrelat jenes neuen wirtschaftlichen Dynamismus, der, von der Idee des perpetuum mobile fasziniert, der Maschine der reinen Unmittelbarkeit, sich mit den Mühlen die neuen Energien von Wind, Wasser und Gezeiten zunutze macht. Hier liegt das verbindende Element, welches dasjenige, was sich ansonsten ins Unendliche zu verästeln scheint, unter ein gemeinsames Zeichen stellt: das Moment und das Faszinosum der »Bewegung« selbst. Es ist die *Form*, nicht der *Inhalt*, der das Gemeinsame hervortreten läßt – und so betrachtet ist es durchaus bedeutsam, daß der Aufbruch, der Dynamismus des 12. Jahrhunderts mit der *Gotik* zusammenfällt. Kriegslist des Neuen, das, bevor es in die tieferen Schichten dringt, sich zunächst der Formen bemächtigt – und so kündigt auch die Gotik, noch bevor sie in der Architektur der Kathedralen Gestalt annimmt, sich an in der Schrift. Buchstäblich. Die neuen gotischen Lettern ruhen nicht mehr auf einer Grundlinie, sondern spitzen sich nach unten hin zu, verjüngen sich, wie man sagt (und bezeichnenderweise begreifen sich die Protagonisten des neuen Stils, durchaus selbstgewiß, als *moderni* und ihre Kunst als eine neue, als *ars nova*). Was in diesem neuartigen Stil[5] zum Ausdruck kommt, ist eine Überwindung der Statik, eine Art Schwebezustand, wie er sich später auch in den hinaufpfeilenden, gleichsam immateriellen Räumen der gotischen Kathedralen bemerkbar macht. Es ist dies Moment der Schwerelosigkeit, in dem sich eine Umdeutung des *vertikalen Horizonts* abzeichnet. Nicht das Gesetz der Vertikalen verändert sich, aber doch seine Lesart. Dort, wo die apokalyptische Schwere gelastet hat, verläuft die Bewegung nunmehr von *unten nach oben* (so daß binnen eines Jahrhunderts, in der Theologie des Thomas von Aquin, der Horizont in den Menschen hineinverlegt, zu einer anthropologischen Dimension wird). Der *mos anagogicus*, das aufwärts steigende Gesetz, von dem im 12. Jahrhundert so oft die Rede ist: das ist die Signatur einer neuen Bewegung, die nicht mehr empfangen, sondern gerichtet wird – von der Schwere zum Licht, von der Erde zum Himmel, von der Unwissenheit zum Wissen.

»Was sollen in den Kreuzgängen«, schreibt Bernhard von Clairvaux (in seiner berühmtgewordenen *Apologia* an den befreundeten Abt Wilhelm von St. Thierry), »diese lächerliche Ungeheuerlichkeit, diese unreinen Affen, diese wilden Löwen, diese monströsen Zentauren, diese Halbmenschen...?« Das, was Ikonoklasmus scheint, markiert ein *Zero*, einen Nullpunkt anderer Art. Tatsächlich ist das Argument ein ästhetisches, ist es der Geschmackssinn eines kunstliebenden Klosterbruders[6], der sich von der Vulgarität der Figuren beleidigt fühlt. Genaugenommen macht es für den Zisterzienserabt keinen Unterschied: Ethik und Ästhetik fallen in eins. Und in diesem Sinn schwingt gewiß auch eine pädagogische Saite mit, der Degout darüber, daß das Allerheiligste des Klosters zu einem Gruselkabinett, zu einer Geisterbahn deformiert wird, wo die Mönche, anstatt sich in Meditation zu ergehen, sich von den lächerlichen Ausgeburten des Halbmenschlichen fesseln lassen. Die Ungeheuer, die Ausgeburten der Hölle, haben ihren Schrecken verloren; und so wird sichtbar, was der im apokalpytischen *Tremendum*, in Angst und Schrecken versteinerte Mensch der Jahrtausendwende nicht hat sehen können: die Lächerlichkeit dieser Gestalten, ihre Geschmacklosigkeit.

In diesem Sinn ist, was als Verbot sich geriert, nichts anderes als eine notwendige Entschlackung, eine Bilderdiät, die der Deformation, dem hypertrophen Schrecken eine neue Form entgegensetzt, eine Form, die nicht mehr dem Zwang unterliegt, den Schrecken als Schreckbild, als apokalyptischen Fetisch bannen zu müssen, sondern die – reflektiert und darüber befreit – erstmals zu einem Stil, damit aber zur *Kunst* werden kann. Eben dies ist die tiefere Bedeutung jener Suada gegen die cluniazensischen Monster; und in diesem Sinn steht die Zisterziensergotik (die auch den Kathedralenbau des 12. Jahrhunderts dominiert) für eine Zäsur im Sinn einer neuen Kunst. Eben diese neue Bedeutung einer reflektierten Ästhetik kennnzeichnet die Gotik überhaupt (und vermag durchaus unterschiedliche Temperamente, den eher barock verschwenderischen Abt Suger, den Erbauer von Saint Denis, und den asketischen Zisterzienserabt zu einigen). Und wirklich läßt sich, was das 19. Jahrhundert über die Rekonstruktion der gotischen Bauwerke als den Glücksfall einer funktionalen Ästhetik (oder einer Ästhetik des Funktionalen) wiederentdeckte[7], nirgends deutlicher als in den Zisterzienserklöstern, der steingewordenen Theologie des Bernhard von Clairvaux, verfolgen, so wie auch ein weiteres Leitmotiv der Gotik von hier seinen Ausgang nimmt: die Architektur des Lichts, der durchlichteten Räume – was man Luminismus oder Lichtmystik genannt hat, was man aber, im Angesicht eines apokalyptisch verfinsterten Himmels, vor allem als ein Moment der *Aufklärung* begreifen muß. Gott ist Licht – und mit diesem Licht, dem *lux nova*, fließt platonische Tradition zurück, eine

Heiterkeit, die sich auf den lächelnden Statuen der Kathedralen, aber ebenso in den vermeintlich welt- und bilderfeindlichen Zisterzienserklöstern offenbart: nur daß hier der Akt der Immaterialisierung so weit getrieben worden ist, daß das Sonnenlicht selbst die Bilder malt. Als die Klosterkirche von Fontenay am 21. September 1147, in Anwesenheit des Papstes Eugen III., eingeweiht wird, ist es die Sonne selbst, die ein exakt kalkuliertes, vorausberechnetes Sonnenbild an die Wand des Kirchenschiffs wirft.

So wie Schrift und Stil sich neu zusammenbuchstabieren, so auch das Bild des Menschen selbst, und es ist auch hier die Mystik des Bernhard von Clairvaux, die dies am radikalsten besorgt. Daher ist es nicht von ungefähr, daß er wieder ganz von vorn, beim Sündenfall ansetzt. Ein gefallenes Ebenbild Gottes, aus dem Paradies in die Welt hinauskatapultiert, befindet sich der Mensch fern von sich selbst, in jenem Zustand naturwüchsiger Fremdheit, der gleichermaßen das Maß seiner Selbst- und seiner Gottvergessenheit ist. Ein Verbannter im Reiche der Unebenbildlichkeit, in der *regio dissimilitudinis*.

Und dennoch ist das Ebenbild Gottes nicht ausgelöscht: es ist weiterhin da, ein Keim, ein »Fünkchen« (wie es später bei Meister Eckhart heißt), nur daß er von der irdischen, gefallenen Menschennatur überwuchert ist. Der anthropologische Urzustand, das ist der Kern dieser Lehre, ist Entfremdung, Uneigentlichkeit. »Von der Sünde gezeugt«, sagt Bernhard von Clairvaux, »zeugen wir Sünder; als Schuldner geboren, geben wir Schuldnern das Leben, als Verderbte Verderbten, als Sklaven Sklaven... Verwundet sind wir von jenem Augenblick, da wir in die Welt traten, und bleiben es, solange wir hier leben, und wir sind es noch, wenn wir aus ihr scheiden. Von der Fußsohle bis zum Scheitel unseres Hauptes ist nichts Heiles an uns.«[8] Das Thema scheint vertraut; und doch, was der theologischen Schreckenskammer anzugehören scheint, der ewigen Litanei vom Jammertal und der Verworfenheit allen irdischen Tuns, erfährt bei Bernhard von Clairvaux eine gravierende Umdeutung. Denn das Nicht-Heile ist anthropologischer Urzustand, und weil es das ist, kann es nicht als Beleg einer besonderen Verdammungswürdigkeit gelten. Von hier aus wird die theologisch-anthropologische Seite seiner Bilderentsagung verständlich: nämlich daß die Dämonen und Halbmenschen das Bildnis des Betrachters nicht erhöhen, sondern, Chimären menschlicher Einbildungskraft, es lediglich noch mehr verdüstern. Dies unterscheidet auch die Lehre des Bernhard von Clairvaux vom Fundamentalismus jener Häretiker, welche, die Reinheit der Lehre vor Augen, sich vor allem in krasser Weltverneinung üben – wie etwa die Katharer, für die alles Fleischliche der Verdammung überantwortet ist; weswegen man sich, um dem Kontakt alles Irdischen zu entgehen, zur allergrausigsten Praxis der Abtötung, der *endura* versteigt – was bedeutet, daß man die eigenen Kinder lieber verhungern läßt, als sie der Verworfenheit des Fleisches anheimzugeben. Demgegenüber ist die Mystik des Bernhard ihrer asketischen Züge zum Trotz ein Akt der unbedingten Weltbejahung. Genaugenommen – und von hier wird seine strikte Ablehnung der albigensischen Häresien verständlich – gibt es nichts als die Weltlichkeit der Welt. Gott, das ist die Botschaft, ist niemals unverstellt, als reine Gotteserfahrung sichtbar, sondern stets vermittelt, im Fleisch, wie es bei Bernhard heißt: im Medium des Materiellen. »Aber, damit du noch mehr staunst: nichts ist gegenwärtiger als er und nichts ist so unbegreiflich wie er. Denn was ist einem Ding gegenwärtiger als sein eigenes Sein? Und doch, was ist einem Ding unbegreiflicher als das Sein aller Dinge?«[9] Gott ist die Differenz, er ist, was in einem »unzugänglichen Licht« steht – und tatsächlich ist hier platonischer Anklang, Vorstellung einer Welt, die lediglich den Abglanz des Göttlichen sieht. »So siehst du etwas von ihm, aber nicht ihn selbst.« Und doch liegt hier eine entscheidende Modulation, eine neue gedankliche Wendung vor. Denn der platonische Himmel hat sich materialisiert, er ist *Natur* geworden, und so bedarf es keiner anderen Kraft als der Natur, um Gott zu schauen. So ist es nur folgerichtig, daß die Ordensbrüder sich dort ansiedeln, wo nichts ist als Natur (und mit dem Vorsatz – was eine tiefgreifende Kritik am feudalen System darstellt –, sich von der eigenen Hände Arbeit zu ernähren). »Als die dichte Masse der Wälder und des Dorngestrüpps abgehauen und entfernt war, begannen sie an der gleichen Stelle mit dem Bau des Klosters«, heißt es in der Vorrede von Cîteaux, dem Mutterkloster des Ordens. Das Kloster, inmitten der Einöde, ist so etwas wie ein Stück versöhnter Natur: ein *paradisus claustralis*. Die Natur selbst, *silva*, die Rohmaterie der Schöpfung, ist ein verwilderter Abglanz des Paradieses, gleichsam gefallene Natur, in der die wahre, ursprüngliche Natur auf die gleiche Art und Weise verborgen ist, wie das Ebenbild Gottes im Innern eines jeden Menschen verborgen liegt. So wie der unbehauene Stein die vollkommene Form einer Säule in sich trägt, so wie in der Natur sich eine göttliche Gesetzmäßigkeit zeigt, so trägt auch der Mensch, verschüttet, einen Kern von Gottähnlichkeit, das Ebenbild Gottes in sich. In seiner zweiten, deformierten Natur liegt die Erinnerung an die erste, ans Paradies. Um sie wiederzuerwecken, muß er sich lediglich seines Eigen-Willens entledigen, muß er sich ent-eignen. In dem Maße nun, in dem er sich enteignet, wird er allgemein, gewinnt er, was er an Eigenwillen verliert, an Gottähnlichkeit hinzu. Platonischer Gedanke der Anamnesis – aber auch hier mit einer neuen, radikalen Wendung darin. Denn nunmehr gibt es ein Vermittelndes. Zwischen der Welt des Göttlichen und des Irdischen, zwischen Urbild und Abbild steht die *Natur*, steht die Möglichkeit, daß sich in der *Arbeit* daran das Göttliche offenbart.[10] Dies ist mehr als bloß ein Zurück zur Natur. Im Grunde formuliert die Mystik des Bernhard von Clairvaux ein dialektisches Prinzip, nur daß es, anders als die formaldialektische Maschine des Petrus Abaelardus, kein bloßes Bewegungsprinzip ist, wo, wenn der eine »Weiß« sagt, der andere mit einem »Schwarz« retourniert (so daß man diesen ersten *Discours de la méthode* als eine Art geistiges Tischtennisspiel begreifen könnte), sondern eine Dialektik, die im panlogischen Sinn, als Innenwelt der Außenwelt der Innenwelt funktioniert. Mit dieser Lehre versehen, offenbart sich den Zisterziensermönchen, daß sich über die Arbeit an der Natur die *Natur der Sache* und schließlich die *Natur ihrer selbst* enthüllt. In diesem besonderen Sinn sind die reduktionistischen Formen des Steins die stummen Zeugen dieser zisterziensischen Demutsübungen, Praxis sowohl der Entäußerung als auch der Enteignung: steingewordene Theologie. Dementsprechend sind auch die Steine organisch, als ideale Bäume gefaßt. Daher ist es nicht verwunderlich, daß in den Zisterzienserklöstern stilisiertes Blattwerk an die Stelle der Dämonen und Halbmenschen tritt. Hier beginnt, was man den »Naturalismus« des 12. Jahrhunderts genannt hat. Binnen eines dreiviertel Jahrhunderts, in der Kathedrale von Reims, werden die Säulen von Ahornblättern, Efeu und Wildrosen überwuchert, die (was ein Novum ist) exakt *nach der Natur* gearbeitet sind. *Trompe l'œil* der Architektur.

Die Apokalypse ist ausgeblieben. Aber weil der Fluchtpunkt des Blicks noch immer dorthin weist, wo Zeichen und Wunder geschehen, macht sich die chiliastische Sehnsucht der Zeit selbst daran, sich ein Bild dessen zu schaffen, was ihr vorenthalten worden ist. Die Kathedrale ist ein Abbild der Himmelsstadt, wie sie in der Offenbarung beschrieben wird: des Himmlischen Jerusalem. Zwar ist dies ein Attribut, das auch den vorausgegangenen sakralen Bauwerken anhaftet, doch tritt in der Form, wie sich die Gotik dieses »Wie im Himmel, so auf Erden« bemächtigt, etwas Neues, durchaus Zweideutiges hervor. Allein die Maßlosigkeit des Projekts, das Himmelstürmerische der Bauwerke, stellt bereits eine Umwälzung dar, eine Art Revolution, und nicht von ungefähr spricht man, in empfundener Parallelität zu den Heerscharen, die sich, hochgerüstet, zur Pilgerfahrt ins Heilige Land aufmachen, von einem *Kreuzzug der Kathedralen*. Gewiß, es sind Engel, Propheten und Apostel, ja ganze Heerscharen davon, die diesen steingewordenen Himmel erobern – gleichwohl ist das, was auf den Gesichtern der Skulpturen zu lesen ist, die das Gebäude umstellt halten, etwas anderes: es sind die Gesichter der Menschen selbst. Oder genauer: ein neues Menschenbild, das versucht, sich im idealisierten Ebenbild seiner selbst wiederzuentdecken.[11] Was in den Kathedralen schwindet, ist die Differenz, das Gefühl unübersteigbarer Ferne, stattdessen wird mit dem sich aufrichtenden Bauwerk so etwas wie eine Technik des Aufstiegs, eine Himmelsleiter denkbar (und so liegt, keimhaft, bereits in den Kathedralen der Aufriß der künftigen sozialen Chiliasmen verborgen: nämlich sich das Paradies auf Erden zu schaffen). Der Himmel hat aufgehört, Todesdrohung zu sein. So ist es nur folgerichtig, daß alles, was dem Reich der Toten angehört, exstirpiert oder, in deutlich abgeschwächter, überwundener Form, an die Außenhülle des Bauwerks, an die Außenfassaden verbannt wird. Auch die Grüfte, über die sich, in einem hochsymbolischen Sinn, die herkömmlichen Kirchenbauten aufgerichtet haben, verschwinden. Sobald der Gläubige durch die *Porta coeli*, die Himmelspforte, in das Innere des Gebäudes getreten ist, ist er symbolisch ins Paradies eingegangen. Es ist dies Moment der Verklärung, welche die Erbauer des Bauwerks dazu bringt, sich der Fabrikation einer Illusion, ja im Grunde der Logik eines Gesamtkunstwerks[12] zu unterwerfen: Das Paradies, das Himmlische Jerusalem kann nur Ordnung sein, durchstimmt von *einem* waltenden Gesetz. Es kann und darf in einem solchen Bau nichts Ungefüges, nichts Deplaziertes geben, alles muß – ist doch der göttliche Wille einfach – auf die Einheitlichkeit des Ausdrucks gehen.

Das Bewegungsgesetz ist zentripetal; und doch ist es aus eben diesem Grund bereits eines, das nicht im Zeichen des Religiösen steht, sondern im Zeichen des *Stils*, das heißt: der Kraft, die das Zerstreute zusammenfaßt. Tatsächlich ist im *Gesamtkunstwerk Kathedrale* der Pfad des Ästhetischen beschrieben. Es ist genau dieser Sachverhalt, der gemeint ist, wenn man etwas undifferenziert von »sakraler Kunst« spricht, den ich jedoch, der Genealogie dieser Entwicklung folgend, eher als Ästhetisierung des Religiösen beschreiben würde, als einen Vektor *zur Kunst*, aus dem schließlich die freien Künste hervorgehen werden (so daß man jener scholastischen Losung, wonach der Glaube die Vernunft sucht, eine zweite Losung zur Seite stellen könnte, nämlich daß mit dem Gesamtkunstwerk der Gotischen Kathedrale der Glaube beginnt, die Kunst zu suchen).[13] Die Kunst wird zur Nahtstelle zwischen Himmel und Erde, zu jenem Ort, wo sich der Geist materialisiert, wo das Formlose Form annehmen kann, nicht zuletzt: wo sich das Vielfältige zu einem Gesamteindruck ordnen kann. Tatsächlich läuft alles – das hat bereits Hegel bemerkt – auf eine Abschließung, eine Unifizierung des Kirchenraums hinaus, im materiellen wie im geistigen Sinn. Dieses Streben nach Vereinheitlichung schafft sich auch darin Ausdruck, daß das Gebäude sich nicht, wie es solch hochfahrenden Plänen eigentlich entsprechen müßte, in mehrere Geschosse unterteilt, sondern einen einzigen, zusammenhängenden Raum umschließt: ein Körper, eine Bewegung, ein Geschoß, das dem Himmel entgegenstrebt.

Die Kathedrale ist ein Modell des Einen, dessen, was man heutzutage »holistisch« oder »ganzheitlich« nennen würde. Erstmals ist der Raum in der Architektur als eine systemische Einheit, als *Systemraum* erfaßt; und demgemäß fügt sich auch der Formenkanon, der diesen Raum beherrscht, gleichfalls der zentripetalen, vereinheitlichenden Bewegung der Architektur. So ist, was sich dem Auge als Formenvielfalt offenbart, nichts als ein Prozeß endloser Serialisierung, eine Gesetzmäßigkeit, die, selbst dort, wo sie hypertrophisch erscheinen mag, in Wahrheit einem strengen Kompositionsprinzip folgt. Was in den Kathedralen sich ins Myriadische, ja geradezu ins Unendliche auszuwachsen scheint[14], ist die Kombinatorik eines begrenzten, geschlossenen Formenkanons (den Buchstaben des Alphabets vergleichbar, mit denen alles gesagt und geschrieben werden kann, aber die, weil sie demselben, nämlich dem gotischen Schriftbild folgen, den Eindruck vollendeter Einheitlichkeit erzeugen). Das Gesetz des Kathedralenraums beruht nicht auf dem Nebeneinander divergenter Formen, sondern auf der Komposition des Einen: es ist ein Spiel der Dimensionierung, der Intensitäten, des Größer- und Kleinerwerdens immer wiederkehrender, redundanter Formen, so daß es passieren kann, daß ein Baldachin einmal die Größe einer Puppenstube hat, dann wiederum so groß ist wie ein mehrstöckiges Haus.

Dies hat die Kathedrale mit den Mandelbrotmengen der fraktalen Geometrie gemein, die ja gleichfalls immer wiederkehrende, serielle Muster aufweisen, welche dort, wo das Auge das Computerbild näher heranzoomt, bis ins Kleinste sich wiederholen. Ineinandergeschachtelte Form, ein wenig wie bei jenem Kinderspiel, wo sich in einem Karton stets ein anderer Karton befindet. Tatsächlich liegt hier das entscheidende Moment: jene Faszination der Wahrnehmung, die vom Größten bis zum Kleinsten hinab und vom Kleinsten bis zum Größten hinaufsteigt und der sich überall das gleiche Gesetz offenbart. Von hier aus wird nachfühlbar, warum die Kathedrale nicht nur ein Modell der göttlichen Ordnung darstellt, sondern weshalb sie auch, und gerade in jener intellektuellen Lesart, als ein kosmologisches Modell taugt. Was dieser (zweifellos avancierteren) Geisteshaltung sich im Modell der Kathedrale mitteilt, ist die *Einheit der Natur*; und so ist es gewiß kein Zufall, daß Gott im Rückkehrschluß sozusagen im Blaumann, als ein »*elegans architectus*«[15], dasteht und daß der Schöpfer dieser Metapher, Alanus von Lille, jene göttliche Sprache, derer sich der Meister bedient, gleichfalls zu kennen vermeint: nämlich die Proportionenlehre der pythagoräischen Naturphilosophie. Es kennzeichnet die geistige Haltung dieser Schule (in deren Schatten die Kathedrale von Chartres, das bedeutendste und formal geschlossenste Bauwerk der frühen Gotik, emporwächst), daß Thierry von Chartres die Frage von Gottvater und Sohn als eine wesenhaft mathematische begreift (die sich dadurch löst, daß der Sohn als Quadrat seines Vaters begriffen wird). Gott ist Maß, Zahl und Gewicht. Die Welt ist gewissermaßen »codiert«, und so ist es nur naheliegend, daß Bernardus Silvestris in seiner *Cosmographia* zu jener Buchmetapher gelangt, welche in der Natur ein Buch sieht, das in einer Geheimschrift verfaßt ist.[16] Aus derselben Quelle entspringt eine weitere Vorstellung, die das Mittelalter begleiten wird, nämlich daß Mikrokosmos und Makrokosmos (der bei Silvestris noch Megakosmos heißt) der gleichen Gesetzmäßigkeit folgen, ja daß sich in ihnen gewissermaßen eine Weltseele artikuliert.

Und doch, und das unterscheidet die Naturphilosophen und Neoplatoniker des 12. Jahrhunderts von ihren antiken Vorläufern, sind derlei Vorstellungen keinesfalls bloß spekulativer, metaphysischer Natur. Die Harmonie der Himmelssphären wird praktisch, sie wird zur angewandten Geometrie, welche es erlaubt (vor dem Metermaß, vor der Möglichkeit exakter statischer Berechnung), Bauwerke nie zuvor dagewesener Größe zu bauen. In diesem Sinn bildet die Proportionenlehre, bildet die euklidische Geometrie ein sowohl metaphysisches als auch praktisches Gedankenmodell – wie ja überhaupt dieses sonderbare Zugleich aus Empirie und Verstiegenheit die Signatur dieses Zeitalters ist.

In der Kathedrale als kosmologischer Metapher offenbart sich erstmals auch eine neue, rationale und mechanische Vorstellung der Natur. So daß, nachdem von der Natur als einem systemischen Ganzen, von einem *Haus der Natur*[17] die Rede ist, es ein nachgerade logischer Schritt ist, sich dieses Haus als eine Art universaler Werkstatt, als eine kosmologische Bauhütte zu denken (»illa magna totius mundi fabrica et quaedam universalis officina«) – und so kündigt sich in der Maske des göttlichen Baumeisters ein durchaus neuer Typus an: der Demiurg, der Weltarchitekt, der den Code der Natur entziffert hat und ihn nach eigenem Belieben neu zusammzusetzen vermag.

Das Novum, der gedankliche Keim, dem das Gebäude der Gotik erwächst, ist im Grunde nur eine einzige Form. Eine Form gleichwohl, die die Erscheinungsform des Gebäudes selbst erst ermöglicht: so daß man es mit einer formerzeugenden, *genetischen* Form, genauer noch: mit einer *morphogenetischen* Form zu tun hat. In diesem Sinn ist die neuartige Gewölbekonstruktion, die die Gotik mit den Kreuzrippen findet, keine bloß bautechnische Neuerung, sondern tatsächlich eine Revolution des Raums (was sich ja auch darin bemerkbar macht, daß der Kirchenraum darüber geradezu explodiert). Mit den Kreuzrippen, die sich aus dem Gewölbegrund herausschälen, tritt das Skelett einer neuen Ordnung hervor. Der Kunstgriff der neuen, gotischen Gewölbekonstruktion besteht darin, daß sie das Gewicht der Gewölbedecke, welches im romanischen Tonnengewölbe als ein Ganzes nach unten drückt, in einzelne Linien auflöst: der Druck wird geortet, lokalisiert. Man hat es also nicht mehr mit der aufgehäuften, bloßen Masse des Steins zu tun, sondern mit einem Gefüge georteter Kraftlinien, die sich aus diesem Grund – Gefahr erkannt, Gefahr gebannt – in ein System einander neutralisierender Kräfte, in Druck und Gegendruck überführen lassen. Nicht mehr die Massigkeit des Steins also ist es, die, zusammengeklumpt, das Gewölbeganze zusammenhält, sondern jene Kraftlinien, die in Form eines Linienskeletts, also gewissermaßen »graphisch«, aus der Gewölbemasse hervortreten. Was mit den Kreuzrippen sich herausschält, ist die *Anatomie eines neuartigen Wissens*, das es dem Baumeister ermöglicht, die Kraftlinien zu verfolgen und sie in ein System, in ein sorgfältig austariertes Gleichgewicht,

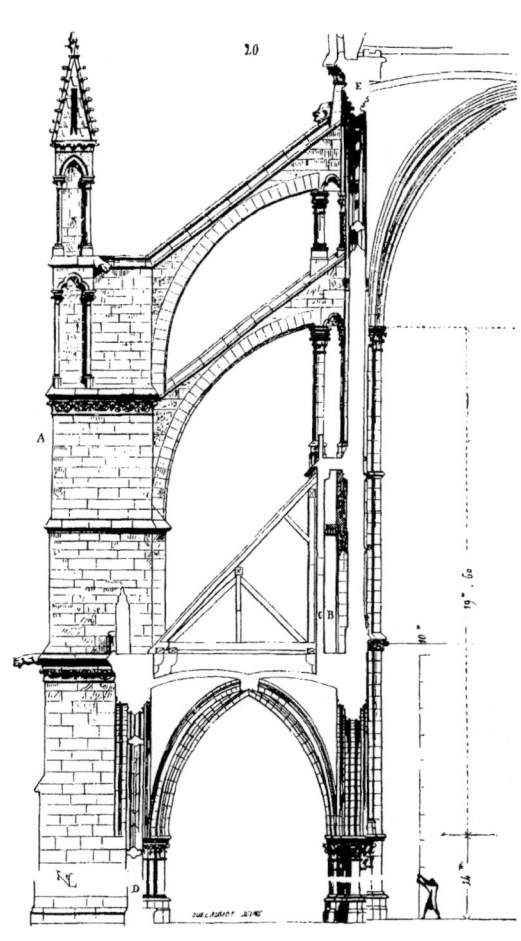

in eine *balance of power* aufzulösen. Die Kräfte, die zuvor, in der romanischen Gewölbekonstruktion im Rohstoff verharren (und damit in jenem Zustand, wo sie – als rohe Kräfte – nur sinnlos walten können), diese Kräfte werden nunmehr gefügig gemacht, zu Vektoren umgedeutet, damit verflüssigt und elastisch gemacht: formgewordener Strukturalismus. Hier liegt der gedankliche Sprengsatz, der den Dynamismus, das Geschoßartige der gotischen Kathedralen ermöglicht. So betrachtet ist der zweite entscheidende Kunstgriff, der der Kathedrale ihr Gepräge gibt, eigentlich eine logische Folgerung der statischen Dekonstruktion des Gewölbes. Denn nunmehr kann der Druck, den das Gewölbe auf die Mauern ausübt (und zu dem erschwerend noch jene seitliche Schubwirkung hinzukommt, die ab einer bestimmten Höhe bewirkt, daß die Seitenmauern nach außen weggedrückt werden, was die Höhenbegrenzung der romanischen Kirchen erklärt) –, nunmehr also kann dieser doppelte Druck von den Mauern genommen und seitlich abgeführt werden. Zu diesem Zweck kommen jene seitlichen Strebebögen und Strebepfeiler hinzu, die den gotischen Kathedralen ihr äußeres Gepräge geben.[18] Auch die Spitzbögen, die zum gotischen Formenkanon gerechnet werden, sind die Folgerung einer solchen Verflüssigung und Dynamisierung der Kräfte, bieten sie doch, im Gegensatz zu den herkömmlichen Rundbögen, deutlich verbesserte statische Eigenschaften. Es ist dies die gedankliche Arbeit, die die Erscheinungsform der gotischen Kathedrale überhaupt erst ermöglicht. Ihr allein verdankt es sich, daß das Gebäude sich in die Höhe hinaufkatapultieren, vor allem aber, daß es sich fast vollständig in Licht und die Illusion der Schwerelosigkeit auflösen kann. Denn nur weil die Last des Bauwerks über das Strebewerk nach außen abgeleitet wird, lassen sich die Wände, vom Gewicht des Gewölbes befreit, fast vollständig verglasen, worüber erst jener überwirkliche Luminismus, die Diaphanie des Kirchenraums möglich wird: der Eindruck, daß gleichsam die Wände selbst leuchten. – Von hier aus erklärt sich der Enthusiasmus, mit dem das 19. Jahrhundert die als »barbarisch« verketzterte Gotik wiederentdeckte –, ist doch die Architektur der Kathedrale ein Exempel dafür, daß Funktion und Form, das Funktionale und das Ästhetische sich miteinander vermählen, ja daß das eine das andere erzeugt.

Was sich mit den Kathedralen artikuliert, ist mehr als bloß ein stilistischer Wandel. Nicht allein, daß sich hier eine architektonische Revolution ereignet, es ist eine *Revolutionierung des Raums*, der Aufriß bereits eines neuen Denkgebäudes. Mit der Kathedrale verläßt die Gotik den Boden der Tatsachen, oder anders gesagt: sie löst ihn in seine Struktur auf. Dies macht sich darin bemerkbar, daß sich der Gesichtspunkt des Architekten vollkommen verschiebt. Anders als noch ein romanisches Bauwerk läßt sich die gotische Kathedrale nicht mehr als Summe von Einzelteilen begreifen, die, sukzessive, wie Blauklötze, aufeinandergeschichtet werden können, sondern es muß von vorneherein als Strukturganzes, als ein Equilibrium aus Druck und Gegendruck gedacht werden. Demgemäß verlagert sich das Gedankenzentrum, der Nexus, der die Bewältigung dieses Gefüges ermöglicht, vom Grundriß auf das Gewölbesystem; und wirklich ist hier der einzige Ansatzpunkt, von wo aus allein der Architekt die Kräfte sternförmig aussenden und auf Strebebögen und Strebepfeiler verteilen kann; das Gebäude selbst ist zu einem *System*, zu einem *Raum-Körper*, zu einer Art *Organismus* geworden, bei dem die geringste Veränderung eines Parameters (der Höhe des Kirchenschiffs, der Länge, der Verschiebung eines Pfeilers etc.) sogleich ein grundlegend verändertes Erscheinungsbild zur Folge hat.[19] Damit hat das Kirchenschiff seine Starre verloren, es ist gewissermaßen flott gemacht, dynamisiert, ein bewegtes Ganzes, das allein als ein Regelkreis aufeinanderwirkender Kräfte faßbar gemacht werden kann.

Vor diesem Hintergrund ist der organisch, nämlich als Baum gedachte Pfeiler alles andere als eine Metapher. Tatsächlich läßt sich das Kreuzrippengewölbe ohne Mühe als eine Art künstliches, auf den Kopf gestelltes Wurzelwerk lesen, eine Art Rhizom, das auch dem Stein Wachstum ermöglicht. In diesem Sinn verkörpern die schlanken, beinahe vollständig immaterialisierten Pfeiler, die vom Grund des Gebäudes bis an die Decke emporschießen, die Signatur des Wachstums selbst.[20]

Was sich in den Kathedralen manifestiert, ist nicht als Momentum zu fassen, sondern als ein langer Entwicklungsgang, eine Art *work in progress*, an dem und durch den sich jene Kräfte sammeln, die im Spätmittelalter mit einigem Selbstbewußtsein hervortreten. In diesem Sinn markiert die Gotik so etwas wie einen Vektor, der eine Bewegungsrichtung beschreibt: was sich metaphorisch im Bild eines Kirchen-*Schiffs* fassen ließe, das – mit Beginn der Gotik – zu neuen Ufern aufbricht und schließlich, am Ende der Kreuzfahrt angelangt, eine durchaus gemischte Gesellschaft entläßt, eine Gesellschaft, die nun, da sie aufgehört hat, Reisegesellschaft zu sein, sich in alle Richtungen verstreut. Was die Betrachtung gleichwohl ein wenig kompliziert macht, ist der Umstand, daß dieser Zergliederungsprozeß sich im Schatten der Kathedrale, damit aber im Zeichen des *Einen* abspielt. Im historischen Lauf entfaltet sich erst, was in der Architektur gleichsam paradigmatisch beschlossen ist: nämlich daß das Gewölbe, in ein harmonisches System aus dynamischen Kräften aufgelöst, den einzelnen Stützen des Ganzen eine größere Selbständigkeit erlaubt – und in diesem Sinn ist das Wachstum der Pfeiler, die zunehmende Transparenz der Wände das Maß auch der gesellschaftlichen Diversifizierung. Genaugenommen *ist* die Kathedrale das Modell des Den-

kens selbst[21], verkörpert sich in ihr jene Dialektik des Vereinenden und des Auseinanderstrebenden, die Gleichzeitigkeit des Systemischen und seiner sich ausdifferenzierenden Organisation, diese sonderbare Zweisprachigkeit zwischen Himmel und Erde, wie sie das Mittelalter kennzeichnet. Gewissermaßen ist jegliches Denken von einer solchen sakralen Hülle umschlossen. Das kommt beispielsweise auch darin zum Ausdruck, daß die Skulpturen an den Kathedralen niemals *ganz frei*, sondern stets unter einem Baldachin stehen, dieser für das Mittelalter so charakteristischen Überwölbung, die die einzelne Raumzelle des Bauwerks beschreibt. Gleichwohl, im Schutz dieses Baldachins, der religiösen Verkapselung, läßt sich deutlich, fast in Jahresringen, verfolgen, wie das mittelalterliche Kollektivgesicht, das noch die Plastik des späten 12. Jahrhunderts kennzeichnet, allmählich verschwindet und wie an seiner Statt, in der Maske der Apostel, Engel und Propheten, eine durchaus neuzeitliche Physiognomie hervortritt; und auch die Reglosigkeit, das Versteinerte der Plastik löst sich und die

Figuren gewinnen Ellenbogen- und Bewegungsfreiheit hinzu. Tatsächlich läßt sich hier, lange bevor sich die Tafelmalerei des Menschenbilds annimmt, die Genese des neuzeitliches Menschenbildes verfolgen, vor allem aber die Herausbildung jener Sprache der Repräsentation, deren Hauptbestreben *Ähnlichkeit* ist.

In der Kathedrale wird der mittelalterliche Ordo Ordnungssystem; damit aber ins Reich des Machbaren überführt. Das *Haus Gottes*, zum *Haus der Natur* umgedeutet, wird diesseitig; worüber sich erstmals jener Raum öffnet, welcher den Blick in die Tiefe des Raums lenkt. Dies ist ein im Wortsinne fundamentaler Wandel, werden doch hier die Grundrisse des Wissens oder dessen, was Kant das Land der möglichen Erfahrung genannt hat, neu bestimmt. Ist es in der Lesart des vertikalen Horizonts, da ein jeglicher Blick an die Ewigkeit rührt, da jeder Fluchtpunkt ein religiöser ist, gewissermaßen autochthon religiös, so verwandelt es sich nun zu einer gänzlich neuen Topographie: zu einem wesenhaft rationalen Erfahrungsraum. Erst auf dieser Grundlage bekommen Vorstellungen wie *Fortschritt, Erfahrung* und *Perspektive* einen positiven Sinn (und tatsächlich erscheinen hier, im Kopf eines Roger Bacon, dem sich die Welt über die Erfahrung verklammert, die ersten Phantasmagorien einer technisch beherrschten, durchrationalisierten Welt: Schiffe ohne Ruder, Wagen ohne Zugtiere, Unterseeboote, Flugzeuge etc.). In einer religiös gesättigten Gesellschaft jedoch, die sich nur in einem religiös codierten Sinn artikulieren kann, ist dies eine Zäsur, die sich nicht offen, sondern nur im Halbdunkel, im *Schatten der Kathedrale* äußern kann. Und doch ist gerade die *Trompe l'œil*-Architektur der Kathedrale der sicherste Beleg für die strukturelle Ambivalenz, die Zweisprachigkeit der Zeit: so daß man im magischen Licht der Kathedralen, der besonderen religiösen Empfindsamkeit, so etwas wie eine Überblendung wahrnehmen kann, das Nichtwahrhabenwollen einer säkular gewordenen, konstruktiven Ordnung, wie sie doch, als eine aufgeklärte, durchschauende, das Gebäude durchstrukturiert. Mit einigem Recht also, auch wenn es paradox klingen mag, kann man in der Kathedrale statt einer Hoch- und Blütezeit vor allem eine »Krise der Religion«[22] am Werke sehen.

Tatsächlich ist es ja das gigantische Bauvorhaben, das Kathedralenprojekt selbst, mit dem sich die mittelalterliche Gesellschaft einer neuen

Ordnung, nämlich einer *Arbeitsordnung* unterwirft. Es ist die Arbeit an der Kathedrale, die Arbeit am System, es ist der Begriff der Arbeit selbst, der dazu führt, daß sich dem Mittelalter die Anatomie eines neuartigen, neuzeitlichen Wissens eröffnet. Dies ist ein Vorgang, der sich am Stein selbst ablesen läßt. So schwindet die Rohigkeit des Steines (wie sie an den romanischen Kirchen noch zu sehen ist), erhält der Stein das Zeichen seines Produzenten, schließlich entwickelt sich, von den Auftraggebern gefordert, eine Normung der Größe, darüberhinaus eine beträchtliche Standardisierung der Einzelteile. Der Bau nähert sich zunehmend einem Bau*satz* an, einem Denkgebäude, das einer mechanischen und arbeitsteiligen *Grammatik* folgt – und in dem Maß, in dem das Bauwerk mechanisiert wird, ist dies etwas, was auch den Arbeitsvorgang affiziert.

So betrachtet ist es gar nicht verwunderlich, daß die Bauhütten der Kathedralen die Geburtsstätten der Zünfte sind (bezeichnenderweise auch der Freimaurerei). Wie kaum anders zu erwarten, geschieht dies auch hier im Zeichen des Religiösen, schließen sich die Gilden, bevor sie sich als Zünfte konstituieren, zunächst als religiöse Bruderschaften zusammen, die, einem bestimmten Schutzheiligen unterstellt, wie selbstverständlich aus dem Schatten der Kathedralen emporwachsen.

Interessanterweise beruhen die Statuten, die sich die Zünfte verordnen, auf jenem Codex, den Bernhard von Clairvaux dem Templerorden verordnet hat – wobei das Einladende daran wohl weniger der spirituellasketische Charakter als vielmehr der (bemerkenswerte) Umstand ist, daß hier das Nobilitäts- dem *Leistungsprinzip* untergeordnet ist. Die mystische Askese des Zisterzienserabts hat sich im 13. Jahrhundert gewissermaßen selbständig gemacht, insofern als aus der Demutsübung der Arbeit sich so etwas wie ein *Arbeitsethos* herauskristallisiert hat, was auch darin einen Niederschlag findet, daß sowohl der Zisterzienserorden als auch der Templerorden sich zu übernationalen und in vielen Bereichen führenden Wirtschaftstrusts herausgeformt haben. – Eine Revolution des Raums, die den Raum zu einem *System-Raum* zusammenzieht, verkörpert die Kathedrale zugleich den Prototyp einer in sich geschlossenen Ordnung, damit aber auch ein erstes Gesellschaftsmodell. Weswegen es durchaus nicht abwegig ist, in ihr einen Vorläufer des Hobbesschen *Leviathan* zu erblicken[23], nur daß man es hier, statt mit einem *homo artificialis* mit einem *deus artificialis* zu tun hätte.

Es ist kein Zufall, daß dem als *System* begriffenen Haus Gottes neue Subsysteme entspringen: das Haus der Natur, der Wissenschaft, der Kunst, der Technik etc. Was mit der Kathedrale sich öffnet, ist eine neue Topographie: jenes Land, dem Erfahrung erst möglich wird. Von hier gewinnt auch das vielzitierte Wort des Bernhard von Chartres eine neue Bedeutung: Wir sind Zwerge, die auf den Schultern von Riesen stehen. Was die Zwerge über die Riesen der Vergangenheit erhebt, ist, daß sie, auf ihren Schultern stehend, weiter noch in die Tiefe des Raums schauen können.

Kapitel 2

Die neue Zeit

Vielleicht finden die wahren Revolutionen, diejenigen, welche die Anschauung der Welt tatsächlich umwälzen, nicht in aller Öffentlichkeit statt, sondern am Nachthimmel des Denkens, lautlos, fast unbemerkt vom Schlaf der Allgemeinheit, die sich der Ruhe ihrer Tagesgeschäfte hingibt; und vielleicht ist eine solche Revolution, so sehr wir gewöhnt sind, das Tatmoment daran hervorzuheben, das ganze Gegenteil einer Tat: keine Erfindung, sondern gleichsam ein naturgeschichtliches Ereignis, ein Gedankenkomet, der urplötzlich, wie eine Halluzination, am Nachthimmel des Denkens erscheint und der mit diesem Erscheinen die überkommene Ordnung, die Himmelsmechanik im Kopf des Betrachters außer Kraft setzt; und so ist, was als Idee im Kopf des Einzelnen zündet, weniger also eine Idee, als vielmehr ein Reflex, die Ortung jenes neuen, abtrünnigen Sterns, der sich nicht in die regelmäßige Ordnung der Himmelskörper fügt, sondern der sich irrlichternd durchs All stürzt, jenem Augenblick entgegen, da er – möglicherweise – in die Atmosphäre eindringen und schließlich, wenn er nicht als Meteoritenschwarm verglüht, irgendwo auf der Welt ein tiefes Kraterloch reißen wird. Was jener große, katastrophische Augenblick ist, welcher die Diesseitigen aus ihren Tagträumereien herausreißen wird, trifft sie doch, was himmelweit entfernt zu sein schien, nun ganz und mit voller Wucht. Und doch, was da einfach so, aus heiterem Himmel, sich herabgestürzt hat, ist ja nicht eigentlich ein Unvorhergesehenes, sondern etwas, das von den Sternguckern, die den Nachthimmel des Denkens beobachten, längst geortet, verfolgt und hochgerechnet worden ist. Und das darüber zur Gedankenflugbahn geworden ist. Womit die Frage sich stellt: Was ist der Augenblick, da sich das Denken revolutioniert? Jener Augenblick, da der Komet geortet oder da er auf der Erde eingeschlagen ist?

In der Tiefe des Geschichtsraums hat man viele epochemachende Augenblicke gesetzt, welche als Beginn der Neuzeit gelten können: jenen Augenblick etwa, da Francesco Petrarca, auf dem Mont Ventoux stehend, die Tiefe des Raums schaute, den Buchdruck, die Entdeckung Amerikas oder die sogenannte kopernikanische Wende (den Übergang vom geozentrischen zum heliozentrischen Weltbild, wie es etwas gespreizt heißt). Die Reformation, Giordano Brunos Unendlichkeitsphantasien, Galilei, der cartesianische Zweifel – die Liste ließe sich verlängern. Und nicht zu vergessen schließlich die Renaissance, diesen wohl augenfälligsten, ja geradezu physiognomiegewordenen Beleg dafür, daß sich eine Zäsur ereignet hat, die, wie eine Epochenschwelle, das dunkle Mittelalter vom neuzeitlichen Diesseits zu trennen scheint. Freilich, was in alldem sich artikuliert, beschreibt, gerade der Vieldeutigkeit dieses Anfanges wegen (der sich ja in Wahrheit in einer Vielzahl von Anfängen verläuft), durchaus kein klares Bild von dem, was unter *Neuzeit* zu verstehen ist. Denn versucht man die Epochenschwelle zeitlich zu lokalisieren, so verunklaren sich die verschiedenen Markierungspunkte, stellt sich heraus, daß es nichts grundstürzend Neues, sondern für alles einen mittelalterlichen Vorläufer gibt, daß dort, wo man den klaren, sauberen Schnitt erhoffen könnte, weiche, ja schwammige Übergänge und Metamorphosen stattfinden, und daß statt der harten Kontraste zwielichtige, ineinanderfließende Valeurs sich zeigen – und so, statt sich zu bündeln, verliert auch der Begriff der Neuzeit sich in einem ziemlich weitläufigen Terrain, einer regelrechten Übergangszone, die sich über gut drei Jahrhunderte erstreckt. Tatsächlich also hat man es, was das Projekt der Neuzeit angeht, weder mit einem Stifter noch mit einer Stiftergeneration zu tun, sondern mit einer zusammengewürfelten, weit verstreuten Ahnengalerie. Kurzum: mit ungeklärten Eigentumsverhältnissen.

Nicht, daß sich nicht Gründe ins Feld führen ließen, in diesem oder jenem einen Ahnherrn zu sehen. Und doch vollzieht sich bei alledem ein sonderbarer Umschlag, verwandelt sich der furchtsame, so überaus mißtrauische Herr Nikolaus Kopernigk aus Thorn bei Königsberg urplötzlich zu einem Titanen, der die Erde auf die Erde herabgeholt hat, wird aus Galileo Galilei, dem eitlen Günstling des Papstes, ein heroischer Kämpfer gegen die Inquisition, vergrößert sich der im praktischen Leben so überaus anpasserische René Descartes zu einer Art Dämon, der eine ganze Welt nach seinem Mechanikerherz ticken läßt. Indes vermag sich dieser Heroismus des Anfangs erst wahrhaft und in dem Maß zu entfalten, in dem die Zeitenferne und damit die Geschichtsvergessenheit zunimmt – und so sind es bezeichnenderweise die Nachgeborenen, die den Mythos einer »kopernikanischen Wende« oder eines »cartesianischen Weltbildes« promovieren. Womit eigentlich nur offenbar wird, wie kurz der Weg von der Begründung zur Rationalisierung ist, und zumal dort, wo es um das Vernünftigwerden der Vernunft gehen soll. Daher geschieht es keineswegs zufällig, sondern überaus methodisch, daß die Heroen des Anfangs, die (wie der jeweilige Mythos es will) von aller Tradition befreit sich ins Neue aufmachen, eigentlich weniger als reale Gestalten mit ihrer je eigenen Biographie sich zeigen, sondern als depersonalisierte, mythisierte Titanengestalten, an denen die ganze Welt oder ein kosmologischer Umsturz haftet – säkulare Ikonen.

Vor diesem Hintergrund nun ist es keineswegs paradox, sie als die direkten Abkömmlinge jener mittelalterlichen Schutzheiligen zu begreifen, in deren Namen sich die Herrscher, Städte und die Korporationen zusammenfanden. Und dies nicht nur in dem Sinn, daß sie die Aura der ersteren übernehmen, sondern insofern, als auch die Funktion im wesentlichen die gleiche bleibt. Dienten die mittelalterlichen Schutzheiligen dazu, Herrschaft, Rechtstitel und Privilegien zu legitimieren[24], so geht es auch bei der Berufung auf einen der großen neuzeitlichen Schutzheiligen darum, die eigene Legitimität (und damit: die Erbansprüche der jeweiligen Zunft) durchzusetzen. Und weil dies so ist, weil die Legitimität der Neuzeit eine höchst umstrittene ist, fällt die Besetzung dieses Titels ineins mit dem Primat über die weltanschaulichen Konkurrenten, heißen sie: Kunst, Technik, Wissenschaft oder Geld.

Freilich, eins ist sonderbar. Im Imbroglio der Stimmen, die einander die Legitimität ihres Anspruchs streitig machen, bleibt ein Datum stets ungenannt: die *Mechanische Uhr*. Es ist dies umso sonderbarer, als die Mechanische Uhr tatsächlich, in einem überaus präzisen, greifbaren Sinn den Beginn einer Neuen Zeit verheißt, stellt sie doch nichts geringeres dar als eine *Revolution der Zeit*, die das zuvor so ungenaue, flüssige Zeitmaß ins Innere eines Räderwerks überführt und die sich damit eines jeglichen Angewiesenseins auf die natürlichen Elemente, auf Sonne, Wasser und Sand, ja selbst auf den Sternenhimmel entledigt. Stellt sich die Zeit vor unserer Zeit stets als ein kosmologisches Rätsel dar, das nur in Form eines anderen, analogen Rätsels sich zu entäußern vermag – so daß niemals die Zeit selbst, sondern lediglich ein *Schatten der Zeit* sichtbar wird (der wie bei einer Sonnenuhr schwindet, sobald die Sonne verschwindet) –, so scheint es mit der Mechanischen Uhr erstmals, als ob die *Zeit selbst* entziffert worden sei. Es ist dies eine Ablösung aus der Natur, oder genauer: eine Ablösung aus jenem System der Entsprechungen und Analogien, wo die gemessene Zeit stets als ein Echo der sie umgebenden Natur begriffen wurde. Mit der Räderuhr emanzipiert sich die Zeitmessung handgreiflich von den Elementen und der elementaren Anschauung der Zeit. Sie verrinnt nicht mehr, wie der Sand im Stundenglas verrinnt, sie fließt nicht mehr wie das Wasser in der Wasseruhr fließt, sie schmilzt nicht dahin wie das Wachs der brennenden Kerze schmilzt[25] – stattdessen vermag man sie nunmehr nach Belieben zu erzeugen, und das unabhängig von aller Periodizität, von Tag und Nacht, Ebbe und Flut, von Sternenhimmel und Sonnenstand. Das, was mit der Mechanischen Uhr am Denkhorizont erscheint, ist das Phantom einer *genetischen Zeit*, die nicht mehr Abbild, Entsprechung der Naturzeit ist, die nicht mehr Himmel, Erde, Feuer und Wasser repräsentiert, sondern für die *Zeit selbst* stehen kann, und die damit bereits die Denkfigur einer *Absoluten Zeit* in sich birgt, als welche sie später von der Naturwissenschaftlichen Revolution zur tragenden Säule des System gemacht werden soll.

Dies ist, kulturgeschichtlich betrachtet, eine wahrhaft einschneidende Zäsur, eine Zäsur, für die die Worte gar nicht groß genug sein können. Ja, tatsächlich könnte man hier von einer gewaltigen tektonischen Verschiebung sprechen, einem Riß, der zwei Zeitkontinente voneinander trennt – und vielleicht ist dieses Bild zweier, allmählich auseinanderdriftender, sich aus dem Blick verlierender *Zeitkontinente* noch die angemessenste Anschauung für jenen Riß in der Zeit, der mit der Metapher einer »Epochenschwelle« eher unglücklich formuliert ist.[26] Es ist das Auseinanderdriften, der stete Zuwachs an Differenz, welcher die wachsende geistige Ferne erklärbar macht, ja geradezu die ethnologische Fremdheit, die uns vor bestimmten mittelalterlichen Denkfiguren und Artefakten überkommt: sind es doch Gegenstände einer anderen, uns bis in die Grundrisse hinein unvertrauten Welt: ein Raum vor unserem Raum, eine Zeit vor unserer Zeit.

Vor diesem Hintergrund betrachtet ist die Vernachlässigung, die die Mechanische Uhr, diese wahrhaft neue Zeit, in Hinsicht auf die Neuzeit erlebt hat, nur umso verwunderungswürdiger. Strenggenommen müßte die Frage sich geradezu umkehren. Woher jene Windstille, dieser Vorhof des Schweigens, der nicht einmal eine Frage danach aufkommen läßt? Vielleicht ist die Lautlosigkeit, welche die Mechanische Uhr umhüllt, nicht einem Vergessen, sondern – im Gegenteil – dem ungeheuren Erfolg zu verdanken, der dieser Neuen Zeit beschieden war. Ein Erfolg, der so groß war, daß der an der Mechanischen Uhr gewonnene Zeit-Begriff nicht nur weltumspannende Ausdehnung finden, sondern auch zu einem durchaus neuen *Zeitsinn*, einem Zeitsinn zweiter Natur sich auswachsen konnte.

Paradox der vollständigen Einverleibung: daß das, was ja tatsächlich eine durchaus arbiträre Gliederung ist – nämlich die Homogenisierung der Zeit und ihre Ausdifferenzierung in ein gedankliches Räderwerk, in dem Stunden, Minuten und Sekunden stets dieselbe, feste Übersetzung haben –, daß dieser künstliche, mechanische und konventionalisierte Zeitsinn sich verselbständigt hat, ja, daß er zu einer Selbstverständlichkeit geworden, schließlich gar, in Fleisch und Blut übergegangen, wie ein natürlicher, angeborener Sinn hat anmuten können. So ist es höchst erstaunlich, ja eine Denkwürdigkeit ersten Ranges, daß ein der Mechanischen Uhr nachempfundener *Zeitsinn* fast gleichrangig neben Geruch, Gesicht, Geschmack oder Gleichgewichtssinn stehen kann – bedeutet dies doch nichts anderes, als daß eine Zeitprothese inkorporiert, ja innerviert worden ist: daß man, ohne es recht zu bemerken, längst eine Uhr im Kopf mit sich trägt. Diese sonderbare Selbstvergessenheit erstreckt sich nicht nur auf die historische Genesis dieses Zeitbegriffs, in der Regel äußert sie sich auch als eine sonderbare Verunklarung in der Genealogie der Entwicklung. Was sich darin bemerkbar macht, daß landläufig, aber auch bei Denkern, die ihr wissenschaftliches Besteck stets geschärft halten, die (eher gefühlsmäßige denn begründete) Neigung besteht, die Mechanische Uhr als ein Produkt oder zumindest als ein Korrelat der Naturwissenschaftlichen Revolution zu begreifen. Oder genauer: sie ergänzend dort einzuordnen (wie bei einem Puzzle, wo man dieses oder jenes Stück dort einordnet, wo es vermeintlich am rechten Platz ist). Nur daß ein solch ergänzendes Wissen übersieht, daß man es nicht mit einem *missing piece* der Naturwissenschaftlichen Revolution zu tun hat, sondern in Wahrheit mit einem überzähligen, unzugehörigen Teil, das zu einem ganz anderen Puzzle gehört. Denn tatsächlich ist die Mechanische Uhr, ungeachtet aller Versuche, das Detail so zurechtzubiegen, daß es sich mühelos einfügt, keineswegs das Produkt jener Zeit, auf die man die Revolution der Naturwissenschaften datiert, sondern gehört im Gegenteil jener Epoche an, die doch, wie eine Negativfolie, ein tiefschwarzer Hintergrund, die Aureole der naturwissenschaftliche Revolution nur umso heller aufstrahlen läßt: das dunkle Mittelalter.

Die Mechanische Uhr ist ein Wechselbalg, eine Apokryphe der Geschichte, deren Ursprung ins Dunkel des Namenlosen zurückreicht, ja, ärger noch, in jenen Bereich, wo Geschichte und Legende sich untrennbar vermischen. Naturgemäß hat dies die Forschung nicht davon abgehalten, gleichwohl Mutmaßungen anzustellen; wobei nun – in steter Regelmäßigkeit – die älteste Zuschreibung auf den Archidiakon von Verona, Pacificus (gest. 846) zurückgeht; dann zu Gerbert von Aurillac, dem nachmaligen Papst Silvester II. (um 945-1002 n.Chr.) fortschreitet, schließlich zum Abt Wilhelm von Hirsau (gest. 1091 nach Chr.) gelangt. Ganz abgesehen davon, daß es für Gerbert von Aurillac verbürgt ist, daß er sich mit astronomischem Gerät und Uhren beschäftigt hat und daß er, der in Spanien mit der arabischen Kultur in Berührung gekommen war, die arabischen Ziffern in die Mathematik eingeführt und Neuerungen auch in der musikalischen Notationsweise bewirkt hat –, ja daß die Gestalt dieses Intellektuellen auf dem Papstthron erstaunlich genug scheint in einer Zeit, die als *saeculum obscurum*, als das finstere Jahrhundert selbst unter Mediävisten verrufen ist – ungeachtet also des besonderen Umstandes, daß man dieser herausragenden Gestalt das eine oder andere durchaus zutrauen kann, so scheint mir ein derartiges Unterfangen, eine Art Vaterschaftsbestimmung zu versuchen, überhaupt an einem wesentlichen Umstand vorbeizugehen: nämlich daß dieser genetischen Unschärfe der Mechanischen Uhr ihrerseits eine Bedeutung zukommen könnte. Womit die Fragestellung sich (wie bei einer optischen Täuschung) umstülpen müßte. Und zwar dahingehend, daß nicht das Dunkle, Zwielichtige beklagt werden muß, sondern im Gegenteil als Aufforderung zu einer anderen, mythologischen Lesart genommen werden sollte, als ein Ausweis dafür, daß der Heraufkunft der Mechanischen Uhr eine mythologische Dimension eignet – eine mythologische

Dimension, die ja auch in einer aufgeklärt und rational sich wähnenden Zeit keinesfalls auf ein Nichts zusammengeschrumpft ist.

Interessanterweise nun rankt sich um die Gestalt des Gerbert von Aurillac, diesen als Silvester II. auf den Papststuhl geratenen Intellektuellen, eine Legende, in der er als Teufelsverbündeter, als eine gleichsam faustische, genauer: protofaustische Gestalt erscheint.[27] Zunächst ist erstaunlich, daß eine solche Vorstellung (die dem frühen Mittelalter eigentlich unvertraut ist) ausgerechnet die unumstrittene Lichtfigur dieser Zeit trifft, nicht jedoch einen seiner unwürdigen Vorgänger, wie etwa Stefan VI., der seinen Vorgänger aus dem Grab zerrte und ins päpstliche Ornat steckte, nur um vor dem Leichnam eine Gerichtsverhandlung abzuhalten, in deren Folge der für schuldig befundene Leichnam seines Ornats wieder entkleidet und nackt in den Tiber geworfen wurde; oder wie Sergius VI., der das von ihm vertriebene Gespann aus Papst und Gegenpapst ins Gefängnis steckte, um sie gleich beide, auf einen Streich, ermorden zu können. In der Tat macht es die schaurige Vorgeschichte des römischen Papsttums im 10. Jahrhundert nur umso sonderbarer, daß ausgerechnet Gerbert von Aurillac, sehr bald schon nach seinem Tod, als Begründer eines regelrechten Teufelskultes, ja einer Schule der Schwarzen Magie in Erscheinung tritt, die, wie der Chronist Beno (der Kardinal des Antipapstes Clemens III.) behauptet, das ganze 11. Jahrhundert, also weit über das Ableben des Gerbert von Aurillac hinaus geherrscht habe. Damit aber hat man es, was die dunkle, die Wirklichkeit ihres Protagonisten verdüsternde Strahlkraft der Legende anbelangt, nicht bloß mit einem bedauerlichen Einzelfall, sondern mit dem Initiator einer frühen, verschworenen Geheimgesellschaft zu tun – und damit wohl, psychoanalytisch gedacht, mit einem ins kollektive Unbewußte hineinragenden Bezirk.

Diese Legende, die im 12. Jahrhundert weithin Verbreitung erfährt (und der sich neben Ordericus Vitalis, Wilhelm von Malmesbury, Martinus Polonus auch noch spätmittelalterliche Denker wie Boccacio und Petrarca annehmen), enthüllt eine sonderbar paranoide Struktur, sieht sie doch den Teufel am Werk, wo realiter eine strahlende Karriere und ein überlegenes Wissen wirken. Gerbert, ein Klosterschüler niederer Herkunft, ist der erste fränkische Papst, und er ist es vor allem deshalb, weil der deutsche Kaiser Otto III. (dem sich die sogenannte »ottonische Renaissance«[28] verdankt) in ihm einen Lehrer und Geistesverwandten findet. Jedoch ist es gerade die Aura der Gelehrsamkeit, die zum Beleg dafür wird, daß es bei dieser Karriere nicht mit rechten Dingen zugegangen sein könne; und so ist es recht eigentlich das Enigmatische, die Fremdartigkeit des Wissens selbst, die zu allerlei Verdächtigungen Anlaß gibt, ja die zum Katalysator der Verschwörungstheorie wird.

Was die Herkunft des verbotenen Wissens anbelangt, so ist für die Legendenbildung von Belang, daß Gerbert, nachdem er als Klosterschüler im Klosterkonvent von Fleury-sur-Loire aufgewachsen war (wo er bereits mit dem Bivium des Pythagoras konfrontiert wurde), seine eigentliche Ausbildung in Spanien, das heißt, im arabischen Herrschaftsbereich erfahren hat – dort also, wo das der Vergessenheit anheimgefallene Wissen der Antike Aufnahme gefunden hat. Vollzieht Gerbert diese Reise, wie es verbürgt ist, als Begleiter und auf Anregung des Markgrafen Borell von Barcelona, so will die Legende, daß er in seinem Wissenshunger nächtlings nach Spanien flieht, wo er bei den Sarazenen Zuflucht findet und unter ihrer Anleitung die Astrologie und ähnlich dubiose Wissenschaften erlernt. So daß er nach zwei Jahren schon, wie Wilhelm von Malmesbury schreibt, den Gesang und den Flug der Vögel zu entziffern vermag, ebenso wie er sich im Besitz des Geheimnisses weiß, wie man die Toten wieder zum Leben erweckt. Der Legende zufolge lebt er bei einem Philosophen, der ihn freigiebig über sein Wissen unterrichtet, der ihm sämtliche Bücher aus seinem Besitz zum Kopieren überläßt, bis auf ein einziges, das er sorgsam und eifersüchtig verwahrt. Nichtsdestoweniger, oder gerade durch das Geheimnisumwitterte dieses Buches besonders dazu angestachelt, bringt sich Gerbert in den Besitz desselben und entflieht; der Sarazene nun, erwacht und des Verlustes gewahr, folgt ihm augenblicklich, wobei er von den Sternen (wie von einem Satellitenphoto) über den Aufenthalt seines treulosen Schülers unterrichtet wird. Aber da Gerbert gleichfalls die Sterne zu konsultieren weiß, ist auch er über die Gefahr unterrichtet, die ihm von seinem Verfolger droht. Also versteckt er sich unter einer Holzbrücke, an einen Pfosten geklammert, wo er weder Erde noch Wasser berührt, ein Trick, der den Verfolger tatsächlich vom Wege abbringt. So gelingt Gerbert die Flucht ans Meer, wo er den Teufel zu Hilfe ruft und ihm ein ewiges Treuegelöbnis ablegt, vorausgesetzt, daß ihn der Teufel vor seinem Verfolger beschütze und übers Meer davontrage – was denn auch, da der Teufel sich darauf einläßt, prompt geschieht. Als Teufelsadept ins Frankenreich zurückgekehrt, eröffnet Gerbert einige Schulen und konstruiert wundersame Dinge, die seinen Ruhm mehren: ein Astrolabium, eine kunstvolle Uhr und eine hydraulische Orgel, die, von Wind oder von kochendem Wasser angetrieben, Melodien erklingen läßt. Für sich selbst verfertigt er den Kopf einer Statue, welcher ihm, unter einer bestimmten Sternenkonstellation, sämtliche Fragen beantwortet. Dieser Kopf spricht nur, wenn er befragt wird. So daß er Gerbert beispielsweise, als dieser ihn fragt, ob er Papst werden würde, diese Frage mit Ja beantwortet. Es ist dieser weissagende Kopf, der in dem Todesgeschehen Gerberts, das seinen Teufelspakt ruchbar macht, eine wesentliche Rolle spielt. Denn ihn fragt Gerbert, ob er sterben werde, ehe er in Jerusalem die Messe gelesen habe – was wohl (da den Teufelsadepten Gerbert nichts nach Jerusalem drängt) nichts anderes als die Frage nach der eigenen Unsterblichkeit ist. Der Kopf sagt Nein. Diese Antwort nun wiegt den zum Papst berufenen Gerbert in falscher Sicherheit und läßt ihn übersehen, daß es auch in Rom eine ›Jerusalemskirche‹ gibt. Als er schließlich dort steht und die Messe liest, fühlt er die Vorboten des nahenden Todes und läßt sich zur Sühne Zunge und Hände abschlagen. Seitdem pflegt das Rasseln seiner Gebeine den nahenden Tod eines Papstes anzuzeigen. Dieses Detail nun bewirkt, daß die Legende, die zur Zeit der Reformation wiederaufflammt und von den Protestanten als Indiz für die Verruchtheit des Papsttums herbeizitiert wird, ihr jähes Ende findet. Denn als der um die Wiederherstellung der päpstlichen Ehre bemühte Innozenz X. im Jahr 1648 den Sarg Silvesters II. öffnen läßt, findet man statt des in Scheiben zerlegten Legendenkörpers einen vollkommen unversehrten Körper – der nur, infolge der Sauerstoffeinwirkung, augenblicklich zu Staub zerfällt. Und mit ihm, jählings, die Wirkung der Legende.

Was an der Legende frappiert, ist die eigentlich faustische Konstellation. Das verbotene Buch, der Teufelspakt, die sprechende Statue (in der sich ja eine Homunkulus- oder Golemgestalt andeutet), nicht zuletzt die Begierde, die diesen Weltversucher antreibt, die Erkenntnis um der Erkenntnis willen – all das nimmt den Mythos des faustischen Demiurgen vorweg. Tatsächlich ist die Faustgestalt, wie sie bei Marlowe erscheint, ja nur die Krönung ähnlich gestalteter, tief ins Mittelalter zurückweisender Vorfahren; ist beispielsweise auch Albertus Magnus eine ähnlich dunkle und zweifelhafte Aureole beschieden: geht von ihm doch die Legende, daß er eine künstliche Fliege und einen menschlichen Räderwerkautomaten konstruiert habe, den sein Schüler Thomas von Aquin, als dieser – der Automat – ihm die Tür geöffnet habe, vor lauter Entsetzen mit dem Stock zerschlagen habe.

Vor diesem Hintergrund nun sind die Elemente der Legende überaus bezeichnend, markieren sie doch keineswegs märchenhafte, unwahrscheinliche Wunderdinge, sondern eine überaus exakte Topographie des Neuen und Befremdlichen. Und wirklich beschreiben die von Gerbert konstruierten Wunderwerke: *Uhr und Orgel* den Einbruch des Mechanischen, dessen das Mittelalter gewahr wird: die *Geburt der Maschine*. Freilich ist diese Maschine nicht, wie es uns heute vorkommen mag, ein nüchternes Ding, eine leere Schüssel, sondern in einem, wenn man so will, frühen, animistischen Stadium: ein beseeltes Ding. Halb Tier, halb Maschine. Weshalb man in dem dialogisierenden Kopf, den sich Gerbert schafft, so etwas wie eine künstliche, von Menschenhand geschaffene Intelligenz erblicken kann.

Es ist schwierig, wenn nicht gar überhaupt ganz unmöglich, jenen Riß in der Empfindungswelt nachzuempfinden, den der Einbruch der Maschine für ein mittelalterliches Gemüt gehabt haben mag. Soviel jedoch läßt sich sagen, daß ein solcher Automat – ungeachtet aller religiös begründeten Idiosynkrasien – als ein gewissermaßen beseeltes Wunderding angestaunt worden sein muß; so daß man ihn vielleicht mit jener Scheu und jenem Argwohn betrachtet haben mag, mit der man heute die gentechnisch manipulierten Lebewesen oder Mutanten betrachtet. Tatsächlich liegt hier, in der Geburt der Maschine, der Zeitriß, der das Mittelalter von seinen Glaubensgewißheiten trennt. Diese Trennung (die man als eine kulturelle Amputation, als Verlust eines vertrauten Zeichensensoriums auffassen kann) muß ein tiefreichendes Trauma gewesen sein, und so erscheint es mir nicht nur nicht zufällig, sondern geradezu bezeichnend, daß dieser Augenblick, dem die Geister der Neuzeit entspringen, von einem mythenstiftenden *Dunkel* umhüllt ist.

Damit aber muß die Frage, was an der Legende mit der Biographie des Gerbert von Aurillac zusammenfällt und was nicht, am Kern der Sache vorbeigehen, gibt sich doch in dem, was in der Legende aufscheint, etwas ganz und gar Überpersönliches zu erkennen, nämlich die schwarze Seite jenes neuartigen Wissens, das dem Mittelalter dämmert: die Gestalt (und die Hybris) des Demiurgen. Nur so, als Ausweis eines kollektiv Unbewußten, wird die Legende um Silvester II. verständlich. So jedenfalls löst sich, was ansonsten vollkommen paradox schiene: die gewaltsame Verwandlung eines strahlenden Geistes in einen wahren Finsterling, den Begründer eines Teufelskultes und einer machthungrigen Geheimgesellschaft. Daß diese Verwandlung, die sich nach der Art eines Dr. Jekyll und Mr. Hyde vollzieht, ausgerechnet Gerbert von Aurillac dazu auserwählt, in Gestalt seines Doubles all die Ängste zu personifizieren, die der heraufdämmernden Neuen Zeit gegenüber bestehen, bekommt hier einen prägnanten Sinn – ist Gerbert von Aurillac doch derjenige, der dieses Wissen repräsentiert wie kein anderer. Es ist die Angst vor dem Unbekannten, die hier, in der Legende des demiurgischen Papstes und Teufelsadepten, zu ihrer mythologischen Gestalt findet. Vor dieser Folie betrachtet, gewinnen die Details der Legende ihren vollen, ins Kollektiv übergreifenden Sinn; und wirklich ist, was die Legende perhorresziert, kulturell längst im Anzug: die Ausbildung bei den Glaubensfeinden, die Lektüre der verbotenen, heidnischen Autoren, die wachsende Bedeutung der Mathematik. Als eine kulturgeschichtliche Episteme begriffen, wächst auch dem Zeitpunkt, an dem die Legende sich ausformt (um 1080) ein Sinn zu: fällt er doch zusammen mit dem Aufbruch der Scholastik und ihrer Methode, der Dialektik, die sich (ähnlich, wie der leibhaftige Silvester II. es zuvor schon verkündet hat) der Vernunft als ihrem Gefährt anvertraut hat.

Vorzüglich jedoch, denke ich, ist der Teufelspakt am Rande des Meeres ein Symbol der geistigen Befindlichkeit, die sich im 11. Jahrhundert ankündigt: das Empfinden, am Rande eines neuen, ganz und gar unfaßbaren Zeitkontinents zu stehen. Es ist dies ein geradezu archetypisches Bild.[29] Am Ufer stehen, dem Meer sich gegenübersehen, das beschreibt eine Scheidelinie, eine im »landläufigen« Empfinden tief begründete Ahnung um jene Grenze, die ein Mensch nicht überschreiten kann und die Gerbert, mit der Hilfe des Teufels, doch überwindet. Was Gerbert hierhergeführt hat, ist unrechtmäßig erworbenes Wissen, was ihn antreibt, sich dem Teufel zu verschreiben, ist die Begierde, sich dieses Wissen (das bislang noch ein ungelesenes Buch ist) zueigen zu machen. Das ist entscheidend: der Einsatz ist ein Buch; freilich nicht mehr das *Buch der Bücher*, sondern ein anderes, noch nicht entziffertes: die Verheißung der Weisheit. In gewisser Form sind Meer und Buch eins, liegt das Meer so offen da wie ein Buch (und vice versa). Was sich Gerbert, dem Mönch am Meer, hier auftut, ist das Ozeanische, die Weite und die Offenheit eines neuen Wissens, und doch auch ein neues, fremdartiges Element, die Negation jenes Terrains, auf dem man selbst sich wähnt. Was sich hier, in diesem geradezu archetypischen Bild, formuliert, ist das Moment und die Notwendigkeit der Entscheidung: trennen sich hier, am Ufer des Meeres, die Elemente, das Feste und das Flüssige, Land und Meer.³⁰ An diesem Punkt angelangt, gibt es kein Zurück mehr, steht Gerbert, der flüchtige Usurpator des verbotenen Wissens, im Bewußtsein des Zum-Ende-Gekommen-Seins, bleibt ihm nichts anderes mehr als die Flucht nach vorn. Der Schrecken des Seefahrers, der weiß, daß er nur soviel Proviant bei sich hat, daß es kein Zurück geben wird, daß er ans Ziel gelangen oder umkommen wird. Dies ist das vielleicht mächtigste Bild für das, was ich, den Gedanken einer Epochenschwelle verwerfend, *Zeitriß* genannt habe. In der Verdichtungsform dieses Bildes beschreibt die Legende, die in dieser ihrer Pilotfigur den Übertritt in ein anderes, fremdartiges Element wagt, präzis den Einsatz, um den es geht, wird fühlbar, daß die Überquerung dieser Scheidelinie nur um den Preis zu haben ist, daß man sich all der vertrauten landgängerischen *Grundsätze* entledigt und den *Sprung* ins Unbekannte wagt, dorthin also, wo nichts Festes mehr existiert – und wo, ins Unabsehbare hinein, noch kein Land in Sicht ist. Daß die Legende diesen Sprung, diese Übersetzung in die Neue Zeit mit einem Teufelspakt assoziiert, zeigt nur, wie groß die Angst und wie ausgeprägt der Widerstand gewesen sein muß, sich zu diesem Sprung zu überwinden. Im Angesicht dieses Momentums wird sichtbar, daß das, was hier überwunden werden muß, mit der Gedankenfigur einer »Schwelle« nur ganz unzulänglich gefaßt und damit über Gebühr verharmlosend ist. Tatsächlich geht es um eine wahrhaft elementare Zäsur, nämlich darum, das Festland hinter sich zu lassen, die Grundsätze über Bord zu werfen und sich aufs offene Meer, ins Ungewisse hinauszubegeben.

Vor diesem Hintergrund, als einer gleichsam physiognomisch gewordenen Befindlichkeit, gewinnt auch die Todesart, die körperliche Zerstückelung Gerberts, ihre Bedeutung, enthüllt sich in ihr, welcher Art die Struktur jenes Wissens ist, das in dem *Buch*, um dessentwillen Gerbert die Überquerung wagt, verzeichnet ist. Bezeichnenderweise wird das Detail der Zerstückelung im Verlauf der Legendenbildung von Fassung zu Fassung verstärkt. Sind es zu Anfang lediglich Zunge und Hände, die Begriffswerkzeuge des Menschen, so wird anschließend der ganze Körper zerstückelt.[31] Das, was hier aufscheint, ist ein mythologisches, bildhaftes Wissen um den Charakter dessen, was so harmlos und untertreibend »theoretische Neugierde« heißt. Im Bildnis des Papstes, der, als ein Teufelsadept decouvriert, seinen Körper zerstückelt, wird sichtbar, daß das Bewegungsgesetz des neuartigen Wissens ein zerstückelndes, dekomponierendes ist, daß man es mit der *Anatomie* eines neuen Wissens zu tun hat, eines Wissens, das nicht davor zurückschreckt, die Ganzheitlichkeit des Leibes zu zerstören.[32]

Vor diesem dunklen, mythologischen Hintergrund ist die Frage nach dem Erfinder der Mechanischen Uhr falsch gestellt, unterschätzt sie doch, auf eine nachgerade groteske, und darin schon fast wieder anrührende Weise, daß es hier um mehr geht als um eine Patentstreitigkeit unter Ingenieuren, daß das, was hier stattfindet, nichts weniger als eine *Revolution der Zeit* ist, ein Zeitriß, der das Denken aus den Bahnen der Antike und des Christentums herauskatapultiert. So daß man das Dunkel der Herkunft, den mythologischen Grund, nicht eigentlich beklagen, sondern eher als einen Ausweis dafür nehmen sollte, daß hier eine sehr viel tiefergehende, untergründige Wandlung sich ereignet, ein gleichsam unterirdisches Rumoren, das erst ganz allmählich, als eine Art *Zeitigungsprozeß der Zeit*, hervortritt und in der Mechanischen Uhr schließlich Gestalt annimmt. Demgemäß stellt die Mechanische Uhr so etwas wie ein Endprodukt dar, jenen Punkt nämlich, an dem die Arbeit am Mythos der Zeit sich aufhebt, wo das Rätsel sich löst und sich zum Räderwerk zusammenbuchstabiert: hypostasierte Demystifikation, jenes Neue, das aus der Schattenzeit, der religiös verwobenen, hervortritt und zur *Zeit selbst*, zur Zeitmaschine wird. Der Allmählichkeit dieses Vorgangs wegen müßte man die Uhr, anstatt sie wenig verheißungsvollen Vaterschaftstests zu unterwerfen, als ein Gemeinschaftswerk begreifen – und so gehörte sie letztlich den gotischen Kathedralen an die Seite gestellt (von denen ja auch niemand sagt, daß man es hier mit einer »Erfindung« zu tun hat). Statt einer Erfindung also, die mit einem Gedankenblitz ins Dasein tritt, könnte sich – ganz in Entsprechung jener generationsübergreifenden Bauwerke – das Bild eines langsam sich herausarbeitenden Wissenskörpers einstellen, einer nach dem Bild einer Kathedrale geformten Gedankenarchitektur, welche auf die nämliche Art und Weise, wie die Kathedrale einen neuen Raum, einen *Systemraum* hervorbringt, ihrerseits eine *Systemzeit* hervorbringt. Die Vorstellung einer solchen Gedankenarchitektur, eines geistigen Bauhüttenprinzips, scheint mir der allmählichen Schaffung und Verfertigung der Mechanischen Uhr sehr viel gerechter zu werden als der Versuch, sich auf einen individuellen Erfinder kaprizieren zu wollen.[33] So daß es, auch wenn eine solche Formulierung zugegebenermaßen irritierend sein mag – und zumal für uns Heutige, für die eine Uhr nichts anderes ist als ein digitales Flimmerding, das irgendwo auf einem Kaufhaustisch herumliegt –, durchaus angebracht ist, in den Mechanischen Uhren so etwas wie *Zeitkathedralen* zu sehen. Im übrigen entspricht eine solche Vorstellung auch dem Äußeren jener frühen Räderuhren, die, häusergroß, wahre Ungetüme gewesen sein müssen, so daß auch ihre Erscheinungsform wohl eher an die Architektur gemahnte denn an unsere feinmechanisch verkleinerten Preziösen. Dem entspricht, daß diese Uhren – bis zur Renaissance, die sie verkleidete und in kunstvolle Gehäuse steckte – offen waren, daß mithin die Struktur des neuartigen Zeitbegriffs, das Räderwerk, jedermann einsichtig war. Diese Offenheit korrespondiert dem graphischen Funktionalismus der Kreuzrippengewölbe – und so ist, was darin zum Ausdruck kommt, lediglich eine andere Spielart des *neuartigen Wissens*, das die Gotik erfaßt, ist es hier die Anatomie des *Zeitkörpers*, die zur Form hypostasiert. So besehen, ist es durchaus nicht zufällig, daß der Kathedralenbau und die Entwicklung der Mechanischen Uhr sich in enger zeitlicher Parallelität vollziehen, daß die Mechanische Uhr ihrerseits wie selbstverständlich[34] in das Bauwerk integriert und zu einem Teil der Architektur selbst wird, so wie umgekehrt die Kathedrale der bevorzugte Aufstellungsort für die neuen Räderuhren wurde. Darüberhinaus gibt es auch Überschneidungen ikonographischer, symbolischer Art. So spiegelt sich das Zeitmotiv in allen erdenklichen (auch paganen) kosmologischen Variationen auf den Außenfassaden der Kathedralen wider, bisweilen gar in beherrschender Stellung: wobei das Radfenster, die sogenannte Rose (die erst mit der gotischen Kathedrale zu einem architektonischen Element wird) exakt zwölf Speichen hat und ein gleichsam perfektes Abbild eines Ziffernblatts darstellt.

Genaugenommen, und dies ist ein weiterer Grund, die Vorstellung der Zeitkathedrale nicht bloß metaphorisch zu nehmen, muß wohl eine jegliche Zeitvorstellung, die der unseren, in die Immanenz eines Maschinenkörpers hineingepreßten, vorausgeht, als eine wesentlich religiöse begriffen werden.[35] Faktisch hat ja auch die Mechanische Uhr noch Teil an diesem metaphysischen Abglanz der Zeit, wird sie doch zu Anbeginn, bevor sie sich als Totem der Reinen Vernunft emanzipiert, als Metapher kosmologischer Vollkommenheit begriffen, ja zum gewissermaßen dinggewordenen Gottesbeweis stilisiert.[36] Freilich waltet auch hier genau jene strukturelle Zweideutigkeit, wie sie bereits an den Kathedralen aufzuweisen war: ist der Sprengsatz des Säkularen doch von Anbeginn in der Maschine angelegt. So daß man, wie im Falle des *Systemraums*, der sich im Schatten der Kathedrale herausbildet, zu dem paradox anmutenden Schluß kommen muß, daß es auch hier der kirchliche Raum ist, der die *Systemzeit* – und damit eigentlich ein ihn gefährdendes Moment – hervorbringt.

Wie sehr an der Schwelle zum 14. Jahrhundert bereits die Dekonstruktion von Raum und Zeit, und das heißt: die Säkularisierung als eine Realität erfahren wird, wird vielleicht nirgends deutlicher als in der Mystik des Meister Eckhart, die ihren Gottesbegriff nicht mehr positiv, sondern nurmehr in absentia fassen kann (wie man sie ja überhaupt als eine Theologie des namenlosen, entorteten und entzeitlichten Gottes begreifen könnte). Meister Eckharts Gott hat sich aus der Welt verflüchtigt, er ist die Figur der Defizienz, überall und nirgends, ein panlogisches Ein und Alles, was ja, wie Schopenhauer dies in ein Aperçu gefaßt hat, die höflichste Form ist, sich von Gott zu verabschieden. Gott ist, was nicht von Zeit und Raum berührt ist.[37] Was im Umkehrschluß heißt: Zeit und Raum sind irdische, diesseitige, säkulare Kategorien, deren Berührung korrumpiert. Und weil sie dies sind, muß auch ein jeglicher Gottesbegriff, der Gott einen Ort und eine Zeit zuweist, eigentlich mißverständlich bleiben: nichts anderes als eine *selffulfilling prophecy*. Gestattet man es sich, einen menschlichen, sympathetischen Blick auf diesen Gott zu werfen, der hier aus seiner angestammten Sphäre vertrieben wird, so kann man schon in der Mystik des Meister Eckhart jenes neuzeitliche Exil heraufdämmern sehen, das ihm auch fürderhin beschieden ist; so wie andererseits das Bild des namenlosen, entorteten und entzeitlichten Gottes das vielleicht genaueste, ja vielleicht religiöseste Gegenbild zu all den Schrumpfversionen des ausgehenden Mittelalters ist, das seinen Gott in den selbsterrichteten Simulacra von Raum und Zeit zu finden trachtete. Oder wie Walter Benjamin kurz und treffend über die Gotik und ihre »tiefe sehnsüchtige, entgötterte Äußerlichkeit« bemerkte: »Es wirkt, aber auf Menschen, nicht auf Götter.«[38]

Worin besteht nun das Neuartige, Umwälzende der Mechanischen Uhr, welcher Art ist die *Anatomie des neuartigen Wissens*, die im Räderwerkmechanismus Form annimmt? Um sich dies zu verdeutlichen, ist es angebracht, sich die Problematik zu vergegenwärtigen, die sich bei der Entwicklung der Mechanischen Uhr stellen mußte und die ziemlich präzis die Scheidelinie markiert, die die Mechanische Uhr von der überlieferten Tradition trennt. – Die ersten Räderuhren wurden noch nicht von Federn, sondern von einem *Gewicht* betrieben; das Gewicht war an einem Seil aufgehängt, welches sich, an einer Spindel aufgerollt, wieder entrollte – worüber wiederum ein erstes Antriebsrad (und darüber der ganze Räderwerkmechanismus) in Bewegung gesetzt wurde. Damit war die Erdanziehung als Kraftquelle genutzt: bewirkte das Gewicht doch einen *Zug*, der sich auf die rotierende Spindel als *Antrieb* auswirkte. Gleichwohl war hier bereits ein erstes, im Wortsinn »gravierendes« Problem präfiguriert, mußte sich doch ein solcher Mechanismus mit der Schwierigkeit auseinandersetzen, daß die Schwerkraft[39] sich auf den Fall des Gewichts nicht gleichförmig auswirkt, sondern zu einer Beschleunigung führt. So daß man es – in dieser Form zumindest – nicht eigentlich mit einer gleichmäßig zufließenden *Antriebsenergie*, sondern mit einer unsteten, unkontrollierten Energie-Einspeisung zu tun bekam, damit aber nicht nur mit einem problematischen Fall, sondern mit der *Problematik des Falls* überhaupt. Denn je mehr sich das aufgewickelte Seil ent-wickelte, um so mehr beschleunigte sich auch der Zug und damit die Abwärtsbewegung des Gewichts; was zur Folge hatte, daß das Antriebsrad schneller rotierte und die Spindel in wenigen Augenblicken abgespult war. So besehen wäre ein solcher Mechanismus das Gegenteil dessen gewesen, als was man ihn konzipiert hatte: nämlich eine Art Zeitbeschleuniger, der das Räderwerk erst recht auf Touren gebracht hätte; was wiederum zur Folge haben mußte, daß die Laufzeit des Gesamtmechanismus auf die Dauer des Falls, und damit auf nur wenige Augenblicke zusammenschnurrte (was aber nicht minder unerwünscht, ja möglicherweise noch sehr viel ärgerlicher sein konnte). Aber selbst wenn man die Länge des Falls ausgedehnt, im *Ideal-fall* gar sich eines unendlich langen Seils bedient hätte, so wäre vielleicht das Problem der Laufzeit, nicht jedoch das Problem der wachsenden Fallbeschleunigung gelöst.

Es mußte und konnte also nur darum gehen, die *Laufzeit des Falls* so zu dehnen, daß die Länge der Fallbewegung (die ja vom Seil als der *Richtschnur* vorgegeben war) sich, wenn schon nicht räumlich, so doch zeitlich ausdehnen konnte, daß andererseits dieser Prozeß der Zeitdehnung so kontrolliert als möglich ablaufen, das heißt, daß das aufgewickelte Seil sich so langsam, vor allem aber so gleichmäßig wie möglich würde entwickeln können. Die Frage mußte demgemäß auf das Paradox hinauslaufen, wie man eine *sich beschleunigende Bewegung* in eine *sich verlangsamende* umwandeln, wie man aus einem *ungleichmäßigen Kontinuum* ein *gleichförmiges* machen und wie man schließlich den *Fall des Gewichts* in eine *Antriebsquelle*[40] umdeuten konnte.

Vor diesem Paradox erst wird jenes ingeniöse Detail der Hemmung verständlich, das nicht umsonst den gedanklichen Kern der mechanischen Uhr ausmacht.[41] Es ist der Gedanke des *gehemmten Falls*, eines Mechanismus, welcher die Abwärtsbewegung regelmäßig unterbricht und das Kontinuum in gleichgroße und gleichmäßige Impulse zerlegt. Genaugenommen ist, was die Hemmung bewirkt, eine *Zerlegung* der Bewegung: hat man es tatsächlich mit einem Doppelmechanismus zu tun, der hemmt und freisetzt, ver-riegelt und ent-riegelt, der also zwischen zwei unterschiedlichen Aggregatzuständen hin und her oszilliert: *Stop and Go*, und in diesem Sinn korrespondiert der Hemmung ein genau entgegengesetzter Zustand (was sich sprachlich darin bemerkbar macht, daß sich im Französischen die andere, komplementäre Seite der Hemmung, nämlich die Freisetzung – »*Echappement*« – als terminus technicus durchgesetzt hat). In gewisser Hinsicht überlistet die Hemmung die *Problematik des Falls* einfach dadurch, daß sie, vermittels ihres Sperrmechanismus, die Bewegung zerstückelt, so daß im Grunde nicht mehr von einem Kontinuum, sondern von einzelnen Impulsen die Rede sein müßte. Blockiert der Mechanismus, stoppt die Bewegung, löst er sich, beginnt eine neue Bewegung – das Gewicht fällt nicht mehr, sondern ruckt, immer ein kleines Stückchen weiter nach unten; und weil dies periodisch geschieht, weil die Aggregatzustände der Hemmung einen stets wiederkehrenden Rhythmus ergeben, lassen sich diese Impulse als gesonderte kurze Kraftstöße in das Räderwerk einspeisen. Es ist dieser Mechanismus, der das Problem der unkontrolliert sich einspeisenden Antriebsenergie löst, ja der im Grunde die *Fallkraft* erst zu einer *Antriebskraft* umdeutet – und wirklich liegt hier, im Mechanismus des *Stop and Go*, in der Logik von Hemmung und Echappement, der Schlüssel nicht allein zum funktionierenden Räderwerkmechanismus, sondern auch zu jenem neuartigen Zeitbegriff, wie er sich mit der Mechanischen Uhr ergibt. Wobei diese *Schlüsselfunktion* eine sowohl mechanische (in Form des gleichsam binär funktionierenden Verriegelungs- und Entriegelungsmechanismus der Hemmung) als auch eine geistige ist: bewirkt sie doch, daß sich der Zeitbegriff auf eine fundamentale Art und Weise verwandelt.

Dort, wo bislang das Denk-Bild des Zeitstroms, einer gleichsam flüssigen Zeit, die Köpfe erfüllt hat, dringt nun ein anderes vor, ein Bild, das den Fluß der Zeit als zerlegt, in ein Zeit-Raster aufgelöst denkt (wie eine Photographie, die sich ja aus solchen einzelnen Rasterpunkten zusammensetzt) – und tatsächlich ist, was sich mit der Mechanischen Uhr ereignet, nichts anderes als eine solche Pointilisierung der Zeit. Die Zeit wird pünktlich. So wie die Hemmung bewirkt, daß der Fall des Gewichts sich zu einer Serie von Fall-Impulsen verwandelt (so daß man es gewissermaßen, wie bei einem Film, oder genauer: wie bei einer kinematographischen Aufnahme mit lauter Einzelbildern der Gesamtbewegung zu tun hat), löst das Räderwerk den Fluß der Zeit zu einer Serie aufeinanderfolgender *Zeitpunkte* auf. Die Zeit der Mechanischen Uhr fließt nicht mehr, sondern sie ruckt, getaktet, voran. Zahn um Zahn. Genaugenommen genügt schon die bloße, begriffslose Anschauung eines Zahnrades, um sich davon zu überzeugen, daß der Fluß der Zeit einer anderen, von Zeitpunkt zu Zeitpunkt vorruckenden Bewegung gewichen ist. Man mag dies für einen bloßen Zuwachs an Präzision, für eine bloß graduelle Verbesserung der Zeitmessung halten – gleichwohl geht dies an der Natur der Veränderung vorbei. Denn daß das Rad der Mechanischen Uhr Zähne zeigt, das bedeutet nicht nur, daß nunmehr verschiedene Zeit-Einheiten miteinander synchronisiert werden können, es bedeutet vor allem, daß der Fluß der Zeit in minimale Zeitbruchstücke zerlegt, daß diese als eine Abfolge von distinkten, klar identifizierbaren Zeitpunkten gelesen und folglich als ein Zeit-Index benutzt werden können – so daß beispielsweise die Astronomen des 15. Jahrhunderts, wann immer die Anzeige des Zifferblatts für eine Messung zu ungenau war, einfach die Anzahl der vorüberruckenden Zähne zählten. Jeder Zahn des Zahnrades steht also für einen diskreten Zeitpunkt und vermag demgemäß (so wie es die astronomische Praxis ja schön verdeutlicht) als ein Signal, als ein *Zeit-Zeichen* gelesen zu werden – etwas, das für einen Tropfen Wasser oder ein Sandkorn, das ins Stundenglas rinnt, kaum gelten kann. Hier liegt der Sprengsatz, die tiefgreifende Umdeutung, die der Zeitbegriff mit der Mechanischen Uhr erfährt. Verlor sich der Zeitfluß zuvor in einem ungefähren, flüssigen Mehr oder Weniger, kam doch immer Gleiches zu Gleichem, Sand zu Sand und Wasser zu Wasser – so wird die Zeit mit dem Räderwerk erstmals rational, als eine Abfolge von lesbaren Zeit-Zeichen begriffen. Damit geht die Zeit ins Feld der *Schrift* über – und tatsächlich vermag man diese Zeit-Zeichen nicht bloß zu lesen, sondern ihnen ihrerseits eine bestimmte Bedeutung *zuzuschreiben*. So daß, wann immer ein Zahnrad eine bestimmte Stelle passiert, es möglich ist, diesen Zeit-Punkt als Initial für eine andere Operation zu begreifen: dafür daß ein Glockensignal erklingt oder ein anderes Räderwerk in Bewegung gesetzt wird etc. In diesem Sinn eignet einem jeglichen Zeitpunkt, der vom Räderwerkmechanismus erzeugt wird, ein solcher Zeichenwert (hat er, virtuell zumindest, stets eine Schlüsselfunktion). Dabei steht offen, ob dieser Zeichen-Wert gefüllt ist oder nicht – so daß man es recht eigentlich mit einem binär strukturierten Platzhalter zu tun hat. So besehen sind die vom Räderwerk generierten Zeitpunkte, ist die dekonstruierte und generierte Zeit eigentlich eine Form der *mechanischen Codierung* – was ja genau die Logik ist, nach welcher ein Räderwerk ein Glockenspiel antreibt, werden hier doch bestimmten Zeitpunkten genau bestimmte Notenwerte zugeschrieben.

Was in diesem Sinn exakt wie eine Programmiersprache funktioniert, ist schon mit dem Zahnrad selbst gegeben, beruht doch die Verzahnung des Rades bereits auf einem ersten Programmiervorgang. So bestimmt die Größe des Rades (bei einer gegebenen Antriebsgeschwindigkeit), wie lange eine Stunde dauert, so markiert die Anzahl der Zähne, die das Rad erhält, aus wieviel Untereinheiten eine solche Stunde besteht und in welchem Takt, in welcher Zeit-Einheit, die einzelnen Zeitpunkte aufeinander folgen; so ergibt, schlußendlich, die Verzahnung der verschiedenen Zahnräder untereinander jenes wohltemperierte *Gesamtsystem*, das einen Tag in bestimmte, rationale und stetig miteinander verzahnte, synchronisierte Untereinheiten gliedert. Jenes technische Detail der *Übersetzung*, das die einzelnen Räder in feste, genau determinierte Beziehungen zueinander setzt, vermag auch im eigentlichen Wortsinn als Übersetzung betrachtet zu werden, ist doch dem funktionierenden Mechanismus bereits eine Übersetzung des Zeitflusses in ein gedankliches Räderwerk vorausgegangen. Daß dies ein sprachlicher Akt, ein Akt der Setzung ist, wird nachvollziehbar, wenn man sich vergegenwärtigt, daß das uns gleichsam in Fleisch und Blut übergegangene Zeitschema vollkommen arbiträr ist. Tatsächlich lassen sich ja beliebig andere Zeit-Systeme denken, und so ist der fromme Wunsch, daß ein Tag fünfundzwanzig oder achtundvierzig Stunden haben möge, durchaus erfüllbar, nichts anderes als eine Frage der Definition.

So wie die Zeit in den Räderwerkmechanismus eingelesen worden ist, so kann man sie wiederum entziffern: Punkt für Punkt. Mit jedem Punkt ist ein Zeit-Satz beendet, schreitet man im Text weiter fort. Die Zeit, auf den Punkt gebracht, löst sich gewissermaßen ins Symbolische auf. Weswegen ein jeder Zeitpunkt (eben weil er ein distinktes Zeichen ist) sich in ein anderes Zeichen übersetzen läßt, in eine Note oder in eine Zahl beispielsweise; womit, automatisch, die Logik der arithmetischen Reihe beginnt. So wie dem Zeitpunkt der nächste folgt, so folgt der Zahl wiederum die nächsthöhere Zahl usf. – ad infinitum. Dieser Zeitindex, der einem jeden Bruchstück und Segment einen eindeutigen Zahlenwert zuschreibt, erlaubt – erstmals –, daß sich mit der Zeit rechnen läßt, daß sie allen arithmetischen Operationen zugänglich wird, daß man ein Zeitbruchstück gegen ein anderes aufwiegen, sie miteinander addieren oder voneinander subtrahieren kann etc. Die Zeit, die bislang durch die Finger rann, wird gewissermaßen handgreiflich: zur kleinen Münze. Entscheidender jedoch ist, daß Zeit überhaupt in Form eines Zahlen*kontinuums* erscheinen kann, daß sie, aus der Periodizität, aus dem Fluß, ja überhaupt aus der *Welt der Erscheinungen* herausgelöst, als etwas *an sich* erscheinen kann.

Hier freilich passiert etwas Denkwürdiges. Nunmehr nämlich löst sich der Zeitbegriff vom Instrument ab, das ihn doch erst generiert hat, wird er aus aller Welt heraus und in den Himmel hinaufkatapultiert, so daß dort so etwas wie eine imaginäre Zeit-Maschine, eine *Himmelsuhr* erscheint, die exakt so funktioniert wie ein Räderwerk; nein mehr noch, die exakter funktioniert als jedes nur denkbare Räderwerk, hat sie sich doch aus dem Bereich der Schwerkraft gelöst und sich in jenen Bereich der reinen Idealität hinübergeschwungen, wo keinerlei Friktion, keinerlei Reibung, keinerlei Materialität das Funktionieren dieses imaginären, in gedanklicher Schwerelosigkeit sich bewegenden Räderwerks behindern kann. Dies hat man häufig unter dem Rubrum des Neoplatonismus gefaßt – gleichwohl enthüllt gerade dieser Vergleich, über das Verbindende hinaus, den einschneidenden Wandel. Denn während der platonische Himmel lediglich von reinen Ideen bevölkert ist, die ihre Abbreviatur in den Zahlen finden, die wie isolierte Himmelskörper durchs All kreisen, so werden diese nunmehr zu einem gigantischen Räderwerk, zu einer Art Himmelsmechanik zusammengefaßt.[42] Das, was erscheint, ist nicht mehr die *Idee*, es ist die *Idee der Maschine*, eines *Systems*, in dem die Ideen auf die gleiche Art und Weise miteinander verzahnt sind wie die einzelnen Räder des Räderwerks. Was hier am Taghimmel des Denkens erscheint, ist nichts anderes als das gigantische, ins Kosmologische überhöhte Double der Maschine, eine lediglich gedachte, und doch für wirklich genommene, ja geradezu verabsolutierte Himmelsuhr: die Transzendentale Maschine. In diesem Sinn ist jener Gedanke, den das Mittelalter in die Umlaufbahn schießt, so etwas wie ein geistiger Satellit, der die Zeit gewissermaßen von oben (das heißt: als Absolute Zeit) denkt. Folglich ist auch der Bezugspunkt, auf den das Zeitempfinden rekurriert, nicht mehr das konkrete, sich im Laufe der Zeit immer erschöpfende, verausgabende Räderwerk, sondern jener extraterritoriale Satellitenstandpunkt: die *Zeit an sich*, von der Gedankenschwerelosigkeit der Himmelsuhr aus gelesen. Dieser Blickverlagerung wegen wird eine konkrete Uhr lediglich als ein mehr oder minder exakt funktionierender Zeit-*Repräsentant* gelesen, ein Instrument, das nur näherungsweise die tatsächliche – und doch nur in der Vorstellungswelt existierende – Zeit wiederzugeben scheint. In Wahrheit hat man es also stets mit zwei Uhren zu tun: einer imaginären, mathematischen, welche die *Zeit an sich* angibt, dann einem Instrument, das leidigerweise immer wieder aus der Reihe tanzt und somit das Bild eines Doppelgängers abgibt, der sich müht, Schritt zu halten, aber doch allzuoft, nicht auf der Höhe der Zeit, aus dem Takt fällt. Es ist dieses Spannungsverhältnis zwischen der Maschine reiner Idealität und ihrem irdischen Double, das, vom ersten Tag an, die Geschichte des Uhrenbaus bestimmt: geht es doch darum, das konkrete Instrument jenem *Ideal* anzunähern, seine Funktionsweise so zu vervollkommnen, daß *Ideal* und *Wirklichkeit* miteinander synchronisiert werden. Tatsächlich ist damit, mit der Geburt der Mechanischen Uhr, bereits jener Vektor vorgegeben, der das Ingenium der Uhrenbauer beschäftigt: Minimierung von Reibung und Widerstand, das stete Bemühen, die Maschine die Stofflichkeit überwinden zu lassen.[43]

Der an der Mechanischen Uhr gewonnene Zeitbegriff erlebt eine Übersetzung in die Abstraktion der Himmelsuhr (die man demgemäß als eine Über-Setzung begreifen kann, als die Transzendierung und Verabsolutierung jenes Binnensystems, wie es in der Mechanischen Uhr Gestalt annimmt). Freilich geschieht dies nicht im Sinne einer bloßen Widerspiegelung, sondern geht einher mit einem Wandel der Gestalt. Tatsächlich hat jener in den Himmel hinaufkatapultierte Zeitbegriff nicht mehr die Gestalt eines Räderwerks, ja nicht einmal mehr einer in sich schlüssigen Kreisfigur, sondern er hat sich – zur reinen Anschauung geworden – zu einer *Linie* begradigt, genauer, zu einem Vektor, der in die Zukunft pfeilt. Diese Ablösung von der Kreis- oder Radgestalt ist nicht bloß ein Empfindungswert, sondern die verläßliche Spiegelung jener Denk-Form, in der wir die *Ideale Zeit* begreifen. Was auch darin sich ausdrückt, daß wir, ungeachtet der Tatsache, daß fast jedes Zifferblatt noch die Kreisgestalt hat, ganz selbstverständlich von einer »linearen Zeit« oder (wie es derzeit im Schwange ist) von der »Zeitschiene« sprechen. Die pünktlich gewordene Zeit: das ist, in ein Bild übersetzt, ein flackernder Monitorpunkt, der auf einer Geraden, auf einer *Zeit-Koordinaten* stetig sich weiterbewegt (und wo man, ist der Punkt weitergerückt, an der Stelle des gerade zurückgelassenen Zeitpunkts noch ein kurzes Nachglühen, eine Art Schweif bemerken kann). Kurz gesagt: die Zeit wird arithmetisch[44] – so wie umgekehrt die Arithmetik als die Wissenschaft von der Zeit begriffen wird. In diesem Sinn beschreibt die Denk-Form der hintereinander gedachten Zeit-Punkte eine arithmetische Reihe, ist der Takt, mit dem die einzelnen Zeitpunkte voranschreiten, mit der steten Zahlen-Progression einer Funktion zu vergleichen: $f(x) = y$. Dergestalt eingereiht vermag nun die Zeit selbst als *Zeit-Koordinate* zu erscheinen, als eine skalierte, mit Merkpunkten versehene Grundlinie, auf der die einzelnen Zeitpunkte sich voranbewegen. Umgekehrt ordnet sich damit ein jeglicher Augenblick einem *Zeitindex* unter; scheint er auf dieser Koordinate einen distinkten, lokalisierbaren Platz einzunehmen. Es ist dieses zugleich synchronisierenden wie diachronisierenden Universalindexes wegen, daß man sich auf dieser Grundlinie, in Gedanken zumindest, zurückbewegen kann. Plötzlich ist es möglich, daß sich Entferntes miteinander verbindet, oder daß man in großen, transkontinentalen Blöcken durch verschiedene Zeitzonen fliegt, dann wiederum, daß man an einem bestimmten Punkt innehält und ihn durch ein sehr viel feineres Raster, wie mit einer Zeit-Lupe, betrachtet. Ein jedes Geschehen erhält, diesem Generalindex unterworfen, eine eindeutige Signatur, welche es, im Strom der Ereignisse, wiederauffindbar macht.

Die Zeit, zum Index geworden, zur Zeitkoordinate, die den Gesetzen der Arithemtik gehorcht – das ist fraglos etwas, das mit der periodischen, in Ebbe und Flut, Tag und Nacht, in ewiger Wiederkehr oszillierenden Naturzeit nichts mehr gemein hat. Dies ist der eigentliche Hintergrund, vor dem die begradigte, linear gewordene Zeit begriffen werden muß. Im Grunde wiederholt sich hier, was in den hinaufpfeilenden Kathedralen im Räumlichen geschehen ist. So wie die *Emanation*, die nach unten weisende Linie zum *Aufstieg* umgedeutet worden ist, so wird der *Schwund*, die verfließende Zeit (die nur in der Anamnese, in der Rück-Besinnung als *voll* gedacht wird) nunmehr umgedreht, dynamisiert und in die Zukunft hinausprojiziert. Die Zeit läuft, aber nicht mehr rücklings, sondern geradewegs, »fortschrittlich«, in die Zukunft hinein. Das Zeitempfinden erhält (über das »echappement«) einen neuen Fluchtpunkt, und so wird, wo zuvor die *Ewigkeit* der Anziehungspol eines jeglichen Zeitempfindens war, nunmehr die Tiefe der Zeit, das *Zukünftige* zum magnetischen Punkt, dem alle Gegenwart zustrebt. Faktisch ist der in Betrieb genommene Automat ja schon so etwas wie ein Vorgriff in die Zukunft: nimmt er doch – insofern er mit dem *Antriebspotential* auch die Zeit in sich speichert, die der Automat laufen wird – jedesmal ein kleines Stückchen Zukunft vorweg. Im Zeitspeicher wird Zukunft programmiert; und so ist jenes Moment der »genetischen Zeit« sich selbst immer ein Stückchen voraus, die Bemächtigung, der Vorgriff des Gegenwärtigen auf ein Zukünftiges.

Fraglos: die Mechanische Uhr markiert eine *Zeit-Revolution*; und demgemäß mag es logisch erscheinen, sie in die Tradition der Zeitmeßwerkzeuge einzureihen und sie des weiteren der Geschichte der Chronometrie und einer kleinen Zahl von Uhrenliebhabern zu überantworten. Dennoch: es ist gerade diese Einordnung, welche dazu führt, daß man blind wird für den besonderen Werkzeugcharakter der Uhr, die absolute Sonderstellung, die sie im Ensemble der Dinge einnimmt. Freilich ist, was sie herausragen läßt, nicht ihre *Einzigartigkeit*, sondern im Gegenteil ihre *Vielfältigkeit*, die erstaunlich polymorphe Potenz, die der Räderwerktechnik eignet. Keineswegs nämlich erschöpft sich die *Anatomie des neuartigen Wissens*, wie sie sich in Gestalt der Mechanischen Uhr hypostasiert, darin, lediglich Uhren zusammenzubauen, sondern ermöglicht es, das Räderwerk zu einem beliebigen anderen Räderwerkautomaten zusammenzustellen – und es ist eben dies, was von Anbeginn an geschehen ist. So ist bei der berühmten Mailänder Monumentaluhr, die Giovanni de Dondi, ein Freund Petrarcas, von 1348-56 errichtete, die Funktion als Uhr eher von untergeordneter Bedeutung. Tatsächlich handelt es sich bei diesem Räderwerk um ein sehr viel komplexeres, sehr viel ehrgeizigeres Unterfangen, nämlich um nichts weniger als ein kosmologisches Simulacrum, eine Art Himmelsmodell, das die Stellung des Mondes und der Gestirne anzeigt, das exakte Datum, sowie die beweglichen religiösen Feiertage (ein Problem, das, seiner komplexen Algorithmen wegen, selbst einen Computerprogrammierer in Verlegenheit bringen würde[45]). Desgleichen ist auch die 1352 errichtete Uhr des Straßburger Münsters sehr viel mehr als bloß eine Uhr, nämlich ein komplexer, multifunktionaler Automat, der außer einem Uhrwerk ein Astrolabium, ein Glockenspiel sowie den Figurenautomat eines Hahns steuert, der mit den Flügeln schlägt und kräht, um an die Verleugnung Christi zu gemahnen. Im Grunde also ist die Technik, die sich mit der Räderuhr aufschließt, von Anbeginn mehrdimensional, gleich auf eine ganze Gruppe von Anwendungen bezogen, eine offene, erweiterbare Techno*logie*. Es sind Automaten aller Art, Spieluhren, Musikautomaten, Himmelsgloben, uhrwerkgetriebene Armillarsphären, Flugautomaten, uhrwerkgetriebene Pump- und Wasserhebewerke etc. – ja im Grunde müßte man selbst das Fließband, diese gefeierte Errungenschaft des frühen Zwanzigsten Jahrhunderts, noch als eine letzte Hypostasierung dieser Technik begreifen, materialisiert sich in ihr doch jener lineare, rationale Zeitstrom, wie er im Gedanken der Räderuhr bereits aufgehoben ist.

Tatsächlich – und alles bisher Herausgearbeitete deutet darauf hin – hat man es nicht mit *einem* Werkzeug zu tun, sondern mit einem Genus, mit dem Paradox eines Werkzeugs, das andere Werkzeuge erzeugt, das man infolgedessen als eine Matrix, ja, im Wortsinn, als eine *Gebärmaschine* begreifen könnte.[46] Oder – wenn man sich der Schriftmetaphorik bedient – nicht mit einem einzelnen *Buchstaben*, sondern mit einem ganzen *Alphabet*, einer *Schrift* oder einem *Code*, der in sich die Möglichkeit trägt, daß man ihn auf vielfältige Art und Weise, in verschiedener Form und zu verschiedenem Zweck, zusammenbuchstabiert. Wenn der Rede, welche Technik durch »Technologie« ersetzt, eine Bedeutung zukommt, so wird sie hier evident. Hier, in der Räderwerktechnik schließt sich ein technischer Logos auf, eine Art mechanischer Code: die Sprache der Mechanik.

Es lohnt sich, an dieser Stelle einzuhalten und sich zu fragen, was das Charakteristikum dieses Codes ist. So könnte man sagen, daß die Mechanische Uhr die Zeit in die Logik eines Räderwerks *übersetzt*. Doch es ist evident, daß diese Übersetzung sich nicht so vollzieht, wie die Übersetzung von einer Sprache in eine andere. In Wahrheit ist, was die *Sprache der Zeit* scheint, das heißt, die uns geläufige, in Fleisch und Blut übergegangene Einteilung in Stunden, Minuten und Sekunden, ein unmittelbares Produkt der Räderwerktechnik, das durch keinerlei Anschauung der Zeit selbst vermittelt wird. Nimmt man das natürliche, oder besser, das naive Zeitempfinden, so wird hier die Zeit ja keinesfalls als homogen und isochron, sondern als ein überaus Wandelbares erfaßt; ein Wandelbares, das sich auszudehnen und sich zusammenzuziehen vermag, in lange und kurze Weile, in früh und spät, in die Zeit des Schlafes und in die Zeit des Wachens etc. Das heißt: Zeit ist immer je-weilig (und dementsprechend: je-weilig unterschiedlich).

So läßt sich die Vorstellung einer *Übersetzung* noch weiter differenzieren. Man könnte, was der Sache näher kommt, sagen, daß die Zeit *auseinandergesetzt* und in Form eines Räderwerks *zusammengesetzt* wird. Womit die Übersetzung als ein Analyse- und Syntheseprozeß begriffen werden könnte. Was aber heißt hier »Auseinandersetzen«? Gemeinhin wird darunter begriffen, daß man etwas in seine Bestandteile zerlegt. Oder wie es noch deutlicher wird, wenn man das Wort selbst in seine Bestandteile, ins Eine und ins Andere, zerlegt: das Eine vom Anderen trennen. Diese Operation macht es möglich, daß das ins Eine und ins Andere Geschiedene in seinen Einzelteilen sichtbar wird, ja daß man diese darüber erst (Stück für Stück, Glied für Glied) zu situieren, zu identifizieren und zu klassifizieren vermag. Hier wird etwas Sonderbares sichtbar. Denn die Bestandteile, in die ein solcher Analyseprozeß die Zeit aufgelöst hat, sind ja keineswegs, wie oben schon deutlich gemacht, die natürlichen Bestandteile der Zeit, sondern Konstrukte, die allein auf der Logik des Räderwerks beruhen. Das aber heißt: die Logik des Zusammengesetzten (die Synthese) geht der Logik des Auseinandersetzens (der Analyse) voraus. Oder, was das Paradox noch deutlicher faßt: Zuerst kommt die Lösung, dann das Problem.[47] (Ein Paradox indes, das sogleich schwindet, wenn man aufhört, die im Räderwerk verwirklichte Zeit für die *Zeit selbst* zu halten, und wenn man sie stattdessen als eine künstlich erzeugte, *synthetische* Zeit begreift).

Von hier besehen wird die intrinsische Logik des Räderwerkcodes deutlich. Tatsächlich bedeutet Analyse in diesem Fall, ein Phänomen so *auseinandersetzen*, daß man es in Form eines Räderwerks wieder *zusammensetzen* kann. Was nichts anderes heißt, als daß eine jegliche Realität nicht als solche, in ihrem So-und-nicht-anders, sondern unter dem Gesichtspunkt betrachtet wird, wie man sie als Räderwerk (de)konstruieren kann. Die Lösung (das Räderwerk) ist bekannt, und so besteht das Problem nur darin, die Wirklichkeit so aufzulösen, daß sie sich ins Räderwerk fügt. Womit sichtbar wird, daß diese Form der Auseinandersetzung das genaue Gegenteil dessen ist, was man als eine vorurteilslose Herangehensweise betrachten kann, gilt es doch, das Vorurteil zu bestätigen. Und weil dies so ist, weil der analytische Prozeß, der im Zeichen des Räderwerks steht, von vornherein einem gewissen *Systemzwang* unterliegt, gilt es, nach diesem System zu fragen, das als Logik des Zusammengesetzten der Logik des Auseinandersetzens vorausgeht. Was also ist der Zusammenhang eines Räderwerks?

Dies ist nun eine Frage, die gar nicht so sehr in die technischen Details geht, als vielmehr dahin, sich den *Systembegriff* eines Räderwerks klarzumachen. In gewisser Hinsicht ist bereits die griechische Herkunft des Wortes *System* irreführend: meint »syn-hestanai« doch lediglich die Zusammenstellung (und bleibt damit, wörtlich genommen, unterhalb der Problemstellung[48]). Denn die Zusammenstellung ist nur eine Voraussetzung, gilt es vor allem, die einzelnen Teile so ineinanderzusetzen, daß sie *ineinandergreifen* und so eine koordinierte *Bewegung* ausführen können. Damit aber tritt der Systembegriff der Antike, der seine höchste Ordnung in einem räumlichen Ganzen findet, hier ins Zeitliche über, wird aus dem systemisch Zusammen*gestellten* ein systemisch Zusammen*wirkendes*. Wenn man sagt, daß das Ganze mehr ist als die Summe seiner Teile, so ist das Mehr in diesem Fall der Maschinencharakter, das heißt: diejenige Anordnung, die es ermöglicht, daß die zusammengestellten Teile, als ineinandergreifende Räder, einen vorgeschriebenen Bewegungsablauf ausführen können.

Dies bedeutet jedoch, daß ein jedes Teil so zugerichtet werden muß, daß es sich in den Bewegungsablauf eingliedern kann. Das heißt: es muß fest-gestellt und so, als ein »Rädchen im Getriebe«, mit den anderen Teilen zu einer Gesamtbewegung ko-ordiniert werden. Weil das Teil der Ordo des Ganzen unter-stellt ist, ist es nicht als ein Eigenständiges, sondern als ein Abhängiges zu fassen – wobei es freilich nicht von dem je anderen, höherwertigen Teil, sondern vom *Modus des*

Ineinandergreifens, der Logik des Räderwerks abhängt. Für sich genommen ist das einzelne Zahnrad sinnlos, es gewinnt seine Bedeutung erst dort, wo es mit anderen Zahnrädern ineinandergreift und das heißt: ein Ganzes darstellt, so daß man im räderwerkgesteuerten Ganzen einen Regelkreis, ja letztendlich eine Art kybernetisches System[49] sehen kann.

Tatsächlich – und dies unterstreicht vielleicht aufs nachdrücklichste den Sprachcharakter der Räderwerktechnologie – ist es nicht einmal nötig, daß sich ein derartiges System mechanisch hypostasiert, vermag es doch ebensogut als ein bloß gedankliches Räderwerk, als ein Gedankensystem, zu funktionieren. Und so lassen sich, vor dem am Räderwerk gewonnenen Systembegriff, auch beliebige *Geistesmaschinen* konstruieren, die begrifflich auf die gleiche Art und Weise miteinander verzahnt sind wie die Räder im Räderwerk. Hier liegt das Rätsel dessen, was man mit dem Begriff der »Mechanisierung« faßt, was freilich, versucht man es näher zu betrachten, in einem sonderbar diffusen, ins Ungefähre ausflockenden Nebelschleier sich verliert.[50] Es ist der strukturelle Doppelcharakter eines jeglichen mechanischen Artefakts, erschöpft es sich doch nicht bloß in seiner Dinglichkeit, sondern verweist stets auf ein vorgängiges Programm, eine gedankliche Blaupause. Nicht die Materialität der Maschine ist der Kern, sondern die Tatsache, daß sie Sprachgeburt ist, aus dem Geist, dem Logos des Räderwerks geboren.

Das Paradox, das sich mit der Räderwerktechnik auftut, wird sehr viel greifbarer, wenn man, statt sie in einem einzelnen Werkzeug dingfest machen zu wollen, sie sich als einen geistigen Möglichkeitsraum denkt, und somit, als einen technischen Logos, als eine Technologie. Der Begriff des Möglichkeitsraums nun ist in sich selbst höchst vieldeutig.[51] So kann es heißen: ein möglicher Raum; ein Raum, der Möglichkeiten aufschließt; schließlich: ein möglicher Raum, der, weil er Möglichkeiten aufschließt, wiederum etwas anderes, neues ermöglicht. Genau das nun ist es, was gemeinhin in einer *Werkstatt* geschieht – mit dem einzigen Unterschied, daß man es in diesem Fall nicht mit einer materiell, konkret zu ortenden Werkstatt zu tun hat, sondern mit einer, die, als eine Programmiersprache, lediglich im Kopf existiert. Der Möglichkeitsraum (die Technologie) meint folglich: eine Werkstatt im Kopf. Es ist genau dies, was die Räderwerktechnologie aufschließt, und mit diesem Möglichkeitsraum, mit dieser Werkstatt im Kopf, jenes Ensemble von Werkzeugen, die sich aus dem Zeit- und Systembegriff des Räderwerks ableiten. Tatsächlich ergeben Vorstellungen wie *Exaktheit* und *Präzision* nur hier, auf dem Boden dieses Möglichkeitsraums einen Sinn, ja, ist selbst ein so empfindliches Vermögen wie das *Taktgefühl* auf eine zwar komplizierte, gleichwohl doch zu verfolgende Art, diesem Umkreis entstiegen.

Es ist allein die Vorstellung einer solchen Werkstatt, die aus der kausalen Verschlingung hinausführt, bei der die Logik des Zusammengesetzten der Logik das Auseinandersetzens vorausgeht. Unter diesem räumlichen Aspekt wird auch die sonderbare Fruchtbarkeit der Mechanischen Uhr plausibel, ja erscheint es geradezu zwangsläufig, daß aus einer Werkstatt, die Werkzeuge schafft, dergleichen hervorgehen kann, und daß weiterhin all diesen Werkzeugen gemeinsam ist, daß sie auf eine bestimmte Art und Weise bearbeitet worden sind. Ja, tatsächlich läßt sich hier der Werkzeugcharakter der Räderwerktechnologie – der ja ansonsten vollkommen leer bliebe oder sich in der Chamäleongestalt einer Universalen Maschine verlöre – formulieren. Und zwar besteht er darin, daß die Räderwerktechnologie ihren Gegenstand in die *geschlossene Rationalität eines Systems* übersetzt, in dem alles ineinandergreift wie die Räder im Räderwerk ineinandergreifen.

Eine Operation, die ihren Sprengsatz eigentlich dort erst entfaltet, wo man sie negativ faßt. Denn hier bedeutet es, daß all das, was nicht mechanisch zerlegbar, berechenbar und feststellbar ist, aus der Welt herausabstrahiert werden muß. Unter diesem Gesichtspunkt ist es überaus bezeichnend, daß zu der Zeit, da die großen monumentalen Uhren des 14. Jahrhunderts errichtet werden, der Logos des Räderwerks gleichsam zur Universalen Göttlichen Ordnung transzendiert werden kann, daß Nicole Oresme, Bischof von Lisieux und Berater zweier französischer Könige, jenen sogenannten ontologischen Gottesbeweis prägt, der bis weit ins 17. Jahrhundert hinein Gültigkeit besessen hat. Ist Gott, vor der Folie der großen Kathedralen, noch ein *elegans architectus,* so ist er hier umgeschult worden und zum kosmologischen *Uhrmacher* promoviert: »Denn wenn jemand eine hölzerne Uhr baute, würde er nicht alle Antriebsarten und Räder so konstruieren, daß sie im rechten Verhältnis zueinander stehen? In welch größerem Maße mußte dies jener Konstrukteur bewerkstelligen, der alles gemacht hat, was durch Zahl, Maß und Gewicht bezeichnet wird. Es gibt nämlich bei dem, was in Zahlen auszudrücken ist, nichts, was nicht zueinander ins Verhältnis zu setzen wäre.«[52] Das, was hier im Zeichen der Mechanischen Uhr formuliert wird – und was nicht von ungefähr die Gestalt eines *Gottesbeweises* trägt –, ist das Programm der *mathesis universalis*: die berechenbare, maschinell gewordene Welt.

Es ist evident, daß hier der Abschied vom Mittelalter beschlossene Sache ist. Steckt schon das Kathedralenprojekt Gott in einen Blaumann und verwandelt die Welt in eine Art Bauhütte, so wird er hier, zum *white collar worker* umgeschult, zum Mechanischen Demiurgen. Nicht allein, daß hier eine metaphorologische Tradition begründet wird, in der der Vektor der Säkularisierung hervortritt wie nirgends sonst, darüberhinaus verrät die Primordialität des Räderwerks (dieser zur Sache gewordene Denkzwang, der allen Denkzwängen vorausgeht), daß in der Maschine selbst der Abschied vom Mittelalter vorherbestimmt ist: wie eine tickende Zeitbombe. Fraglos ist Oresmes Gottesbeweis ja überaus zweideutig, schließt er doch, vom menschlichen Artefakt ausgehend, darauf, daß auch Gott sich der Sprache des Räderwerklogos bedient, daß er, so wie der Uhrmacher, die Welt durch »Maß, Zahl und Gewicht« bezeichnet. Damit aber hat sich die *Sprache* des Göttlichen (wie eine Art *genetischer Code*) bereits offenbart, ist es mithin nur eine Frage der Zeit, daß man sich die Weltmaschine, als ein abstraktes Ganzes, gleichsam schöpferlos denkt, als ein *perpetuum mobile* der Natur.[53] In diesem Gedanken, der paradoxerweise die Gestalt eines Gottesbeweises hat, vollzieht sich ein Akt der Privation; wird der bereits dem Arbeitsbegriff unterworfene Gott nunmehr ins Innere der Maschine verbannt – etwas, was wir als die Übersetzung von der Transzendenz in die Immanenz auffassen könnten. Hier nun erweist sich der dingfest gemachte Mechanikergott des Nicole Oresme als der Antipode jenes Mystikergottes, wie ihn Meister Eckhardt predigt, wird nachfühlbar, warum letzterer der im Uhrenprojekt begründeten Arbeitsbeschaffungsmaßnahme nur dadurch sich zu entziehen vermag, daß er sich ins Namenlose verflüchtigt, in die Bildlosigkeit, ins Schweigen, ins Nichts.

Was sich dem 13. Jahrhundert eröffnet, ist nicht nur die Epiphanie der Maschine, sondern ein neuer geistiger Raum, eine Art *Denk-Kapsel*. Es fällt nicht schwer, in der Räderwerkapparatur das Urbild eines Labors zu erkennen, eine gedankliche Black Box, die sich aus der natürlichen Umwelt herausgelöst hat. In diesem Sinn ist der Fortschritt der Uhrentechnologie, die in ihren Bestreben, die *Ideale Uhr* zu schaffen, notwendig darauf aus sein muß, sämtliche Außenwelteinflüsse zu minimieren, ein Gradmesser für die Abkapselung des Systems. Freilich: auch wenn sich diese Entwicklung als ein steter Fortschritt lesen läßt, so ist das Bewegungsgesetz dieses Prozesses doch bereits von Anbeginn vorgezeichnet, in jenem oszillierenden Hin und Her, dem steten Uhrenvergleich zwischen Himmelsuhr und irdischem Repräsentanten. Dabei nun, auf der Suche nach jenem Idealen Automaten, erweist sich die Welthaftigkeit der Welt als überaus störend, ja als das eigentliche Hindernis, bedeutet doch eine jegliche Reibung, ja selbst die Luft[54] eine Minderung an Genauigkeit. Ein Dilemma, das plausibel macht, warum das in den Möglichkeitsraum vorgestoßene Denken dahin strebt, sich überhaupt aus der Welt herauszukatapultieren und stattdessen mögliche Welten zu entwerfen, Welten, in denen sich der Stoff dem Ideal gegenüber als weniger widerständig und obstruktiv erweist.

Es ist das Phantasma, das Halluzinogen der bemeisterten Zeit, welches es dem (in seinem Möglichkeitsraum wie in einer Flug-Kapsel sich geborgen wissenden) Denken erlaubt, vom Erdboden abzuheben. So wie die Beobachtung der Himmelskörper vom Blick auf den vorrückenden Zeiger des Zifferblatts ersetzt worden ist, so vermag man sich nun, in Gedanken, aus der Natur herauszukatapultieren, in den noch unerforschten Nachthimmel des Denkens hinein, und in diesem Sinn wird die Denk-Kapsel sehr bald schon zu einer Art Forschungssatellit, der sich vom Gewicht der Dinge befreit und in eine gleichsam extraterrestrische Sphäre der Abstraktion hinausbegibt. Es ist dies, was sich in der sogenannten Naturwissenschaftlichen Revolution des 17. Jahrhunderts entlädt. Und so ist es nicht eigentlich Spekulation, sondern ein in Gedanken längst vertrautes Moment, wenn Thomas Hobbes seine *Erste Philosophie* wie folgt beginnen läßt: »Die Philosophie der Natur werden wir am besten (...) mit der Privation beginnen, d.h. mit der Idee einer allgemeinen Weltvernichtung.«[55]

Im Grunde markiert dieser Übertritt nichts weniger als einen ontologischen Riß. Tatsächlich sind jene Vorstellungen, die sich mit der Räderwerktechnologie aufschließen, letztlich nichts anderes als gedanklicher Kunststoff. Die Welt der *exakten Maße*, die Vorstellung von *Präzisi-*

on, die Vorstellung eines unwandelbar Gleichen, damit aber jederzeit *Reproduzierbaren* – all das ist etwas, was keinerlei Anschauung der Natur vermitteln kann.[56] Von nun hat man es nicht mehr mit Dingen zu tun, sondern mit Objekten, die nach Zahl, Maß und Gewicht klassifiziert und in ein *begriffliches System* überführt werden können. Und so bewegt sich von jetzt an ein jeglicher Körper, der im Raum erscheint, in jenem Zeit-Raum-Koordinatensystem, das nur in der Denkkapsel sichtbar ist: ebenso wie jene abstrakten Indizes, die im Gefolge der Uhr die in der natürlichen Anschauung gewonnenen Maße, Elle, Spann oder Fuß zu ersetzen beginnen (und wenn man so will, bedeutet ein jedes dieser neuen Maße die Sichtung eines neuen gedanklichen Sterns).

Mittelalter und Antike – Vierung und Dreieck

Es ist die Konstruktion dieser Denk-Kapsel, die das Mittelalter über das antike Wissen erhebt. Die Frage ist immer wieder, je nach Standpunkt, gestellt worden: nämlich warum die Antike keine Maschinen hat bauen, warum die griechische Philosophie, obschon, wie in der Aristotelischen Logik, zur Analyse fähig, doch nicht zur Synthese hat finden können.[57] Die Ablösung, die sich vollzieht, wird vielleicht am deutlichsten, wenn man die Struktur des Nicht-Wissens rekonstruiert, die die Zeit vor unserer Zeit gehindert hat, sich einen Begriff von der Maschine zu machen. Die vielleicht kürzeste Form, diese Grenze zu benennen, ist die Mathematik, und hier, buchstäblich auf einen *Nenner* gebracht, die Lehre der Proportionen. Die Lehre der Proportionen, die das Mittelalter von der Antike übernommen hat, bedeutet, daß das Denken an der Substanz des einzelnen Zahlenwerts klebenbleibt, ja daß jede einzelne Zahl wie eine Art Dingvertreter begriffen wird. Ohne absoluten Maßstab, ohne absolut gesetzte Dimension gibt es lediglich das Spiel des Vergleichens. Eine jegliche Gleichung hat die Form einer *Vierung*: a:b=c:d – was in einen Gedanken übersetzt, heißen kann: Was für den einen das ist, ist für den anderen jenes. Was immer getauscht wird, muß auf diese Weise austariert werden. Die Vierung, wie sich in der Formel der Proportionalität entäußert, besagt, daß eine derartige Gleichung sich niemals in ein Drittes auflösen kann. Womit sich eine Art gedanklicher Wasserscheide auftut, eine fast ethnographische Demarkationslinie des Verständnisses, jenseits derer eine für uns sehr fremdartige Welt beginnt. Wobei hier zu gewärtigen ist, daß, wo wir mit absoluten Maßen operieren, wo wir von Stunde, Minute, Meter, Zentimeter, Joule, Grad Kelvin, Fahrenheit, von Volt, Watt, Ohm und Candela sprechen, im Mittelalter eine Leerstelle ist – und daß dies mit mathematischer Notwendigkeit so ist. Denn dort, ohne die absolute Dimensionierung, heißt ein Maß stets und immer wieder neu: Maßnehmen – oder das Maß selbst ins Auge fassen. Wodurch der Kauf irgendeines Dinges zwangsläufig darauf hinausläuft, daß der Verkäufer selbst in Augenschein zu nehmen ist – ist doch der Körper des Messenden das Maß: Fuß, Elle, Spann. Wenn es heißt, daß der Mensch das Maß aller Dinge sei, so hat dies hier eine greifbare Realität: gibt es doch so viele Maße als es Menschen gibt. Infolgedessen kommt das Spiel der Proportionen niemals auf eins hinaus. Es ist eine Gleichung, die sich nicht auflöst, sondern die stets zwischen den beiden Seiten der Gleichung oszilliert: Tausch, der nicht über ein drittes (den Preis, den Wert) sich vollziehen kann, sondern der, von Fall zu Fall, von Mensch zu Mensch, ausgehandelt werden muß. In diesem Sinn ist der Umstand, daß man allein mit ganzzahligen Einheiten zu rechnen vermag, ja ist die ganzzahlige Einheit selbst das Symbol jenes einen, unversehrten Körpers, der noch das Maß aller Dinge ist (etwas, was die Reuehandlung des Papstes, der sich selbst, seiner Hybris wegen, zerstückelt, nur mehr noch als Sakrileg, als eine Sünde wider die Natur erscheinen läßt).

Die Harmonie der Welt basiert auf der Unversehrtheit des Einzelnen, die stets als Verhältnis gedacht, nicht aber in Form eines Bruchs aufgelöst werden kann. 1:2 entspricht 2:4, 3:6, 4:8 usw., niemals jedoch löst es sich auf zu jenem 0,5, das die Serie der Proportionen (die gewissermaßen ins Unendliche sich fortspinnen könnte) auf einen einzigen Repräsentanten, ein einziges Kürzel zusammenschmelzen ließe. Eine Gleichung in jenem euklidischen Sinn ist immer bloß eine Ana-logie, ein *Akt des Vergleichens*, bei dem eine Proportion sich lediglich in eine andere, niemals aber in jenem Sinn auflöst, in dem wir von einer *Lösung* reden (einer Lösung, hinter der die Idee des Zeitpfeils sich verbirgt, die Idee einer *Skala*, eines durchlaufenden Zahlenkontinuums, auf der eine jede Zahl durch ihre Topographie bestimmt wird). Damit aber – und das ist die Grenze jenes Codes der Analogie – vermag Gleiches nur mit Gleichem vergolten zu werden, durchzieht andererseits ein nachgerade endloses Band der Vergleichungen, der Ähnlichkeiten und des Sympathetischen die erfahrbare Welt. Die Harmonie der Welt, die der pythagoräischen Mystik entspringt und die noch bis Kepler die Köpfe erfüllt, beruht auf einem durchaus irdischen Maß (etwas, was man in der Bewertung des Mittelalters gern den aristotelischen Empirismus nennt). Eine jegliche Zahl steht für etwas Reales, sie ist das symbolgewordene Analogon, sie ist der Platzhalter eines Körpers, und darin eignet ihr so etwas wie eine körperliche dinghafte Realität. (Und es ist diese körperliche Dimension, die man sich als einen Grund der antiken und mittelalterlichen Zahlenmystik denken muß.) Sehr verkürzt, quasi mathematisch gesprochen, könnte man sagen, daß der Bruch, der sich zur Neuzeit hin ereignet, darin besteht, daß die Vierung (die Form der Entsprechung) sich zu einem *Dreieck* auflöst – und daß damit eine einzelne Zahl – die Lösung – sich in ein Zahlenkontinuum überführen läßt, wo eine jegliche Zahl gleich gültig neben der anderen steht.[58] Mehr noch: es ist diese gleichsam auf dem Zeitpfeil beruhende Einordnung, welche es erlaubt, daß man das Verhältnis zweier Ganzheiten, das sich in ein Drittes, in einen sogenannten *Repräsentanten* auflöst, in eine *Funktion* übersetzen kann. So daß aus der 0,5, die sich aus ½ ergibt, sich auch die Funktion f(x) =½y ableitet, wodurch man nunmehr *sämtliche* Proportionen dieser Art, selbst solche, die nicht auf ganzzahligen Einheiten beruhen, *erzeugen* könnte. Hier nun zeigt sich, daß das, was wir die *Lösung* einer Gleichung nennen, in Wahrheit einer synthetischen Logik folgt. Folglich ist es keinesfalls übertrieben, im mathematischen *Funktionsbegriff* das mathematische Analogon der *Maschine* zu sehen: ist die Funktion ihrerseits doch auch so etwas wie ein Zeitspeicher, eine geistige Maschine, die auf eine bestimmte, regelmäßige Art (wie das Tikken der Uhr Zeit-Punkte setzt) Zahlen generiert. Ebenso wie die pünktlich gewordene Zeit die Figur einer Gerade, eines Zeitpfeils bildet, so reihen sich auch die Zahlen in ein Zahlenkontinuum ein.

Simone Martini: *Der hl. Martin verzichtet auf die Waffen.* Fresko in der Martinskappelle. Assisi, Klosterkirche S. Francesco (zwischern 1300-1326 gemalt)

KAPITEL 3

Die wuchernden Zeichen

Auf einem Fresko des frühen Vierzehnten Jahrhunderts[59] sieht man, im Hintergrund, wie ein paar Goldmünzen den Besitzer wechseln. Der Maler, Kind einer Zeit, die an der Substanz der Dinge klebt, hat, um die Goldmünzen als Goldmünzen kenntlich zu machen, tatsächlich Gold aufgetragen – und damit ein Skandalon in Kauf genommen: ist doch das Gold nicht irgendeine Farbe, sondern Merkzeichen, das ins Göttliche weist, nämlich dorthin, wo Zeichen und Wunder zusammenfallen. Eben dieser Ikonographie folgend, ist es im Vordergrund des Bildes benutzt, wo eine Aureole den Kopf eines Mannes umkränzt und ihn dadurch als einen Heiligen ausweist. Kollision der Diskurse, etwas, was sofort ins Auge springt – verstärkt noch durch die Farbwirkung des Goldes, das sich nicht ins Kontinuum der Farben einreiht (das hier noch ein schattenloses Nebeneinander reiner und unvermischter Farben ist), sondern wie aufgeklebt wirkt. Kommt dieser Goldeinfassung in der mittelalterlichen Malerei ein hervorhebender, ja geradezu heiligsprechender Sinn zu, so ist evident, daß der Verstoß gegen diese Markierung, also das, was im Hintergrund, hinter verstohlener Hand, geschieht, eine überdimensional große, konterkarierende Bedeutung hat. Worüber Vordergrund und Hintergrund, in einer Inversion der Erzählebenen, sich gleichsam vertauschen: so daß, was vorn ist, nach hinten rückt und umgekehrt. Und tatsächlich erscheint es so, als ob nicht die Geschichte[60] des Bildes, sondern gewissermaßen das *Problem des Goldes* den eigentlichen Gegenstand des Bildes darstellte.

Genaugenommen wiederholt Martini – zweifellos im Bewußtsein dessen, was er tut – im Formalen jenes Sakrileg, das die Geschichte selbst erzählt. Denn der Mann, der die Münzen empfängt, ist ein Söldner. Das Gemälde starrt nur so von aufragenden Vertikalen, Lanzen, die in einen freien und leeren Himmel hinausweisen. Es ist nicht sichtbar, was dort ausgehandelt wird, allenfalls, daß die Goldmünzen den Nexus jener waffenstarrenden Dynamik ringsum bilden. Die Blicke des Söldners und des ihn Ausbezahlenden sind ganz absorbiert vom Faktum des Tausches, dem Abzählen der Münzen in die geöffnete Hand. Freilich ist bereits absehbar, was kommen wird, rücken doch schon – halb verdeckt und hinter dem Visier ihrer metallenen Helme unkenntlich – die Soldaten des Gegners an. Ob Feinde oder nicht, es sind, dies jedenfalls ist deutlich, die gesichtslosen Spießgesellen jenes Söldners, der gerade ausbezahlt wird, diejenigen also, die ihm mit gleicher Münze heimzahlen werden. In diesem Sinn verrät sich der Tausch der Münzen als Beginn der Kriegshandlung, erweisen sich die Kontrahenten darin als ebenbürtig, daß sie einer Bewegung folgen, die keinen anderen Beweggrund mehr kennt als das Gold. Damit aber, in der Zerrform des gesichtslosen, gedungenen Söldners, hat das Gold seine epiphane Bedeutung verloren, steht dem Heiligen, den die Aureole als einen Gottesmann ausweist, der Akt der Entwertung gegenüber. Das Gold an sich, als Substanz genommen, besagt nichts mehr – im Gegenteil, in die Hände der Söldner übergehend, wird es zum Motor der Zerstörung, zum Krieg. Folgerichtig kann, was den Heiligen von den Irdischen abhebt, nicht mehr die Aureole, die Markierung des Goldes sein, sondern etwas, was sich diesem Tausch entzieht: daß er, der heilige Martin von Tours, der Schutzheilige der Soldaten, dem Kriegsdienst entsagt – ganz zweifellos, um der Käuflichkeit zu entsagen.

Was im Bild zum Problem wird: nämlich daß in dem Maße, in dem der Dingcharakter des Goldes hervortritt, die fraglose Gegenwart des Transzendenten schwindet – das ist keineswegs ein bloß künstlerischer Umwertungsprozeß, ja, es ist nicht einmal ein künstlerisches Problem. Faktisch nämlich reflektiert der Maler Simone Martini nichts anderes als das, was mit den Händen zu greifen ist, genauer, was seiner Zeit durch die Finger rinnt, ist doch das Gold vor allem das *Problem des Goldes*, korrespondiert ihm ein allgemeiner Entwertungsprozeß, der, mit dem ausgehenden 13. Jahrhundert, die mittelalterliche Welt in Form stetig aufeinanderfolgender Schockwellen heimsucht. Ist das Rumoren des 12. Jahrhunderts bereits ein Beleg dafür, wie brüchig und unsicher der Grund ist, auf dem das Hochmittelalter seine Kathedralen errichtet, so wird nun augenfällig, wie weit diese Aushöhlung schon vorangeschritten ist; und tatsächlich stürzen da und dort unterirdische Hohlräume ein, verschiebt sich die Tektonik der Schichten gegeneinander, wandelt sich der Aufbruch der Gotik zum Riß, zur Eruption, zur gewaltsamen Entladung. Es ist ein langanhaltendes, stets wiederaufflackerndes Beben, ein Beben, das seine Epizentren wechselt, das mal hier und mal dort sich entlädt; es ist ein Beben, das schockhaft, wie ein großer Schwindel, durch die Köpfe hindurchgeht, und das grundlos, in einem gleichsam vagabundierenden Ressentiment, sich entlädt. So ist es kein Zufall, daß sich nach einem Jahrhundert gedanklicher Freizügigkeit das geistige Korsett wieder zusammenschnürt, daß ein kleingeistiger Verfolgungswahn die so elegant sich hinaufziehenden Gedankengebäude der scholastischen Philosophie einreißt, daß in dem Maße, in dem die Wirklichkeit diffundiert, Denkgrenzen errichtet werden, mit dem Effekt, daß mit der Denkgrenze auch das *Andersdenkende* anrüchig wird (wozu die Inquisition sich erstmals, um den Prozeß von Frage und Antwort zu verkürzen, der Folter bedient). Und doch bleibt, was immer das Verbot aus der Welt schaffen will, allgegenwärtig, bricht das *Andere* wie eine schwärende Wunde stets und überall wieder auf, und nicht von ungefähr, ist es doch nichts anderes als die Gegenwart selbst, die in ihrer ganzen neuartigen Fremdheit sich bemerkbar macht, als etwas, das kein Beispiel hat: wie Bankencrashs, Geldentwertung oder Währungskriege, oder die Flagellanten, die durch überfüllte, stinkende und ihres Unrats nicht mehr Herr werdende Städte ziehen, und ihnen auf dem Fuß folgen die Ratten und mit ihnen die Pest, jener plötzliche Tod, der die Städte entvölkert und die Überlebenden, die den Massengräbern entkommen sind, in Überlebenskämpfer verwandelt, die sich vermummt und mit Räucherwerk gegen den Angriff der verdorbenen Luft, der »*mal aria*« zu schützen versuchen. In Ermangelung eines greifbaren Verschuldens, beginnt man die *Anderen*, die Juden oder die Leprösen, für die Geißeln der Zeit verantwortlich zu machen oder zieht kurzerhand gegeneinander ins Feld – und im Grunde ist es ein Krieg aller gegen alle, so daß Petrarca, in seinem *Heilmittel gegen Glück und Unglück* (das freilich auch nichts Besseres zu verschreiben hat als stoischen Gleichmut) nicht nur die Menschen, sondern auch die Natur im Krieg gegen sich selbst sieht.

Es erscheint wie ein Menetekel, daß im Jahr 1284 das Chorgewölbe der Kathedrale von Beauvais einstürzt – und mit ihm die fragile Statik des Hochmittelalters. Die dünnen, aufstrebenden Pfeiler der Gotik sind bis ans Ende gelangt, an jene Grenze des Wachstums, da ein Höherhinauf nicht mehr möglich ist.[61] Der Zusammenbruch des Gewölbes enthüllt, daß das Faszinosum des Schwerelosen tatsächlich nichts als das Werk ingeniöser Baumeister ist, ein architektonischer Illusionismus, welcher die wahren Kräfte, den auf dem Gewölbe lastenden Druck, lediglich kaschiert und an die Außenseite der Kathedrale, ans Strebewerk gelenkt hat. So besehen ist der Umstand, daß wenig später, im Jahr 1291, mit dem Fall der Stadt Akkon auch der Kreuzzugsgedanke sein katastrophisches Ende findet, nur ein weiterer Beleg für die Korrespondenz von Architektur und psychoenergetischer Verfaßtheit der Zeit. Das, was mit den Überlebenden heimkehrt, hat mit den frommen Idealen des 12. Jahrhunderts wenig zu tun, es ist das Trauma eines sinnlosen Kriegs, es sind apokalyptische und zugleich überaus reale Szenen, die Erzählungen von Verzweifelten, die, beim Versuch, dem Gemetzel zu entkommen und auf eins der rettenden Boote zu gelangen, einander zu Tode treten, oder jener letzte Verzweiflungskampf der Templer, die in ihrer Burg standhalten, bis das Gemäuer, von den Mameluken unterminiert, über ihren Köpfen zusammenbricht.

Was mit dem Ende des 13. Jahrhunderts, in einer Serie von Kataklysmen, hervorbricht, sind die realen Kräfte der Zeit: und so ist die Gesellschaft, die das Kirchenschiff im 14. Jahrhundert entläßt, eine gewandelte, die nicht mehr die trinitarische Ordnung zwischen Priester, Ritter und Bauernstand kennt, sondern ein kompliziertes, gewachsenes System von Privilegien und unterschiedlichen Rangordnungen. Vor allem aber ist es eine Gesellschaft, die mit einer sich beschleunigenden Geldwirtschaft ein neues, vermittelndes Band kennt, das sich als mächtiger erweist als das Lehen, ja, das letztlich eine antagonistische, zersetzende Dynamik auf das Feudalwesen ausübt. Dort, wo das Geld einsickert, beginnen die Bindungen sich zu verflüssigen, entstehen neue und kompliziertere, auf die Rationalität des Geldes, nicht auf Vasallentreue gegründete Verhältnisse. Wenn etwa die Bürger der reichen italienischen Städte die Bauern der umliegenden Dörfer aus ihrer Leibeigenschaft und ihrer Lehnsverpflichtung herauskaufen, so geschieht dies nicht aus einem freien Bürgersinn, sondern aus dem Kalkül, die eigene Versorgung zu sichern – was nicht selten dazu führt, daß den Bauern die Früchte der Freiheit lediglich für eine kurze Zeit vergönnt bleiben, fallen sie doch nunmehr in die Hände des städtischen Geld- oder Pfandleihers.[62] Es überschneiden und kreuzen sich hier verschiedene Ordnungen: So stehen freie, prosperierende Städte neben Leibeigenen, gibt es plötzlich Bankiers, Wucherer, Zünfte, die im wachsenden Selbstbewußtsein ihre Monopolistenstellung geltend machen, gibt es andererseits, vielleicht sogar in dem Maße, in dem die Lebenswelt mit einer feudalen, gegenseitigen Lehensverpflichtung nichts mehr zu tun hat, ein Ethos, das sich, auf eine nachgerade hysterische Art, in allerlei Täuschungen über sich selbst verfängt. So besehen ist eine der Sonderbarkeiten, die die Geburt des »Kapitalismus« begleiten, daß er *in statu nascendi* nichts von sich wissen will. Dem *Tausch* – das lehrt die Etymologie – geht die *Täuschung* voran.[63]

Mit dem Einsturz des Chors von Beauvais beginnt der lange Abschied des Mittelalters; und doch ist es, ins Positive gewendet, auch eine Begegnung mit sich selbst, mit jenem anderen Menschenbild, das auf den Skulpturen der Kathedralen von Chartres, Amiens und Reims sich angekündigt hat. Es ist das Gesicht des neuzeitlichen Menschen, das dort, ganz langsam, aus der Versteinerung sich herauslöst: wie auf den Gesichtern Adern hervortreten, kleine Hautfältchen, wie das Haar, das zuvor eher ein massiver, steinerner Helm zu sein schien, feiner wird und eine eigentümliche Form gewinnt, und wie selbst dort, wo die Signatur der Gruppe, die serielle Existenz, noch durch die Gestalten hindurchgeht, sich Abweichungen und Eigentümlichkeiten bemerkbar machen; wie die Masse des Steins sich individualisiert, aufgliedert, wie mit dem Faltenwurf der Gewänder auch der Stein zu fließen beginnt und wie die Figur aus der Unbeweglichkeit ihres Standes heraustritt – und wie darüber ganz allmählich der *Typus*, dieses sonderbar zusammengeschmolzene Kollektivgesicht des Mittelalters sich verliert. Nicht allein, daß zum ersten Mal seit der Antike die Freiplastik in die Kunst zurückkehrt, was vor allem hervortritt, ist die Sprache des neuzeitlichen Körpers, ist *Ähnlichkeit*, ist das Einzelne als Möglichkeitsform: die Möglichkeit, aus der Haut fahren zu können und darin, im Außersich, zum

Betrachter seiner selbst werden zu können. Damit heißt *Ähnlichkeit* aber auch Verlust des fraglos, gedankenlos hingenommenen Ansichs, das einfach dort stehenbleibt, wohin es gesetzt ist. Das Double ist ein Entwurf, ein Vor-Läufer, ein Ich-Projekt, und vielleicht ist es dies um so nachdrücklicher, als es sich noch nicht in der Denkfigur des Alter Ego, sondern in Form eines fernen Vorbildes, in der Imago eines Apostels oder eines Heiligen zu erkennen gibt. Womit nun auch die sich herausformende Sprachwerdung des Körpers[64], das Oszillieren zwischen dem Ideal und dem Selbst, nach dem gleichen, zweideutigen Muster sich vollzieht, wie es auch dem Kathedralenbau eignet. Dennoch – und vielleicht liegt hierin der Grund für den langen, schmerzhaften, ja zuweilen katastrophischen Prozeß, mit dem die Geburt des neuzeitlichen Antlitzes sich vollzieht – steht die Figur doch immer noch unter ihrem Baldachin, unter dem Dach jener Kirche, die dem Druck dessen, was auf ihr lastet, nicht mehr gewachsen ist.

Es ist ein Risiko, in den Spiegel zu schauen. Denn das Spiegelbild schaut zurück, einmal mehr oder weniger fremd. Vielleicht ist eines der verstörendsten Spiegelbilder, dem sich das ausgehende 13. Jahrhundert gegenübersieht, die Gestalt des Wucherers. Ein gesellschaftlicher Paria, ein lebend Verdammter, ist er der legitime Nachfahr jener anderen Schreckgestalt, die im Hochmittelalter sich der allerübelsten Reputation erfreute: des Geizigen nämlich (dessen Höllenqualen nicht von ungefähr auf jedem Türsturz so minuziös geschildert sind). Nun ist dies eine Metamorphose, die an sich schon bemerkenswert genug ist, weist sie doch darauf hin, daß das gesellschaftliche Tabu von einer Figur des *Entzugs* zur Figur der *Hypertrophie* überspringt. Galt der Geiz im Hochmittelalter weniger der Geldsucht wegen als Sünde als vor allem deshalb, weil sich der Geizige dem Gemeinschaftsleben entzog, weil sein Geiz somit das Symptom seiner *Asozialität* war[65], so ist, was den Wucherer stigmatisiert, nicht die Habsucht als solche, ja nicht einmal, daß er Geldreichtümer ansammelt – nein, das was ihn zum Unberührbaren macht, ist allein die Art, *wie* er das tut: nämlich daß er *Geld für sich arbeiten* läßt. Was in der Pariagestalt des Wucherers sich verkörpert, ist mehr als bloß ein individuelles Vergehen, es ist das *Problem des Geldes*, jenes verbotenen, alles verflüssigenden Mediums, das die Festen der Gesellschaft unterspült; und in diesem Sinn ist der Wucherer lediglich Symptom, derjenige, in dem sich das antagonistische Prinzip in höchster Konzentration zu erkennen gibt. Und so ist es nicht zufällig, daß die Vorwürfe, die an ihn gerichtet werden, stets auf die Natur (oder die Widernatur) des Geldes abzielen – womit die Gestalt des Wucherers den Gedankengrund, ja geradezu das Kampfgebiet für eine Auseinandersetzung abgibt, die weit über sein personales Sein hinausreicht.

Was am Handel mit Geld inkriminiert wird, ist eine Transgression in zweierlei Hinsicht, einmal, was die Ausbeutung der *Zeit*, zum andern, was die Ausbeutung der *Arbeit* betrifft. Tatsächlich läßt der Wucherer sein Geld – anders als ein Bauer, der seinen Ochsen des abends in den Stall zurückführt – ja immer und unentwegt für sich arbeiten, während der Sonn- und der Feiertage, ja selbst während des Schlafs, etwas, das als eine Form symbolischer Schinderei begriffen wird (und was an Verworfenheit einen jeglichen Frondienst übersteigt). Zum zweiten aber, und das wiegt schwerer noch, verkauft der Wucherer, der sich die Zeit verzinsen läßt, etwas, das ihm gar nicht gehört, nämlich Gottes Zeit (*et ita vendit tempora dei*).[66] Im übrigen ist dies, in abgewandelter Form, ein Vorwurf, der sich auch gegen den Universitätsprofessor, den Intellektuellen wendet: nämlich daß er gleichfalls ein Gott vorbehaltenes Gut, das Wissen, zu Geld mache.[67] Im Gegensatz zu diesem jedoch, der sehr bald schon die Anrüchigkeit abstreifen kann, bleibt die Gestalt des Wucherers anstößig.[68]

Der Wucherer ist ein *Zeitdieb*; er stiehlt dem lieben Gott die Zeit. Aber was vielleicht als skandalöser noch empfunden wird (und was wohl der Grund dafür sein mag, daß der Wucherer, im Gegensatz zum Intellektuellen, sein Stigma nicht verliert): er begeht ein Verbrechen auch gegen die Natur – ein Verbrechen, das, wie immer moralisch er sich im einzelnen verhalten mag, in der Art seiner Beschäftigung liegt. Denn es ist widernatürlich, daß eine unfruchtbare Substanz, nämlich Geld, Früchte hervorzubringen vermag – und in diesem Sinn rührt die Profession des Geldverleihers sui generis an ein Tabu, belegt sie doch, daß diese sehr wohl eine wunderbare Geldvermehrung zustandebringt, daß der Wucherer sich also einer Art von meta-physischer, übernatürlicher Praxis bedient.

Es ist die *Natur des Geldes*, die die Geister beunruhigt[69]; und so proklamiert man einerseits, daß das Geld steril und unfruchtbar sei (*pecunia pecuniam non partit*), traut ihm andererseits eine mirakulöse, gewissermaßen alchimistische Potenz zu – ganz offenbar, weil das Diktum von der Sterilität des Geldes angesichts des wucherischen Treibens nicht aufrechtzuerhalten ist. Die wohl tiefste gedankliche Hemmschwelle dem Geld gegenüber scheint darin zu liegen, daß mit ihm ein Mehrwert des Symbolischen in die Welt gerät, daß mit dem hypertrophen Zeichenzeugs ein künstliches Wachstum in Gang gesetzt wird, das anderen Gesetzen folgt als denen der Natur.[70] Denn die Hypertrophie der Zeichen geht einher mit der Desubstantialisierung der Welt, führt doch das wucherische Wachstum der Zeichen dazu, daß das Equilibrium von Ding und Zeichen aus den Fugen gerät. Das Verhältnis von Ding und Zeichen wird problematisch – und mit ihm die Gleichung, die Selbstverständlichkeit des Tauschs. Fraglos ist dies keine Kleinigkeit, geschweige denn ein bloß semiotisches Problem, artikuliert sich hier wohl die fundamentalste Störung des Denkens.

Im Geld sammelt sich der *horror vacui* der Zeit, das Empfinden, daß hier ein fremdartiges, genetisches Prinzip herrscht, das, ganz ähnlich wie die Alchemie (die ja ein korrespondierendes Denken ist), die Natur der Dinge vergewaltigt. Es ist diese Scheu – nicht vor dem Geld, sondern vor dem als widernatürlich empfundenen, metastasierenden Prinzip der Zeichenvermehrung –, die in einer Anekdote jener Zeit aufscheint. So berichtet des Zisterziensermönch Cäsarius von Heisterbach von einem Wucherer, der seine Barschaft über Nacht in der Truhe eines Zisterzienserklosters verwahrt. Der Beschließer tut sie in die Truhe. Als der Wucherer sein Geld wiederhaben möchte, findet man die Truhe leer; Siegel und Schloß sind intakt, ein Diebstahl demnach ausgeschlossen. Also bleibt, als einzig plausible Hypothese, daß das dämonische, gefräßige Geld des Wucherers auch das des Ordens verspeist habe.

Auch wenn die Annahme des gefräßigen Geldes etwas sonderbar erscheinen mag, so artikuliert sich in dieser Vorstellung doch keineswegs bloß magisches Denken, sondern etwas durchaus Vernünftiges: die Scheu vor der dingverzehrenden, desubstantialisierenden Potenz des Geldes.[71] So ist es ja eine Realität – wie eine jegliche Inflation lehrt –, daß das wucherische, wuchernde Zeichen die Substanz der Dinge selbst aufzehrt, daß mithin der Übergang vom Ding zum Zeichen kein bloßer Benennungsvorgang ist, sondern eine Operation, die mit einer Entwertung, ja mit dem Verschwinden der Substanz einhergehen kann. Was in der Angst vor dem gefräßigen Geld sich artikuliert, ist das Bewußtsein einer Stoffwechselstörung, es ist die Scheu vor dem reinen, widernatürlichen Zeichen, das »durch Tausendkünstler tausendfach vermehrt« ins Beliebige anwachsen kann, das damit aber den intrinsischen Wert, die Substanzhaftigkeit der Dinge zerstört. Geld, wenn man so will, ist die Antimaterie des Mittelalters, Figur der reinen Negativität, welche sich der Dinge bemächtigt und sie gleichsam entkernt (und es ist dieses Zerstörungspotential, vor dem das Fresko des Simone Martin seine Bedeutung gewinnt).

Genaugenommen ist es das *Problem des gefräßigen Geldes*, oder genauer: seine Negativform, der Geld-*Hunger*, der den Schlüssel zu einem großen Drama abgibt, welches ansonsten ganz unerklärlich bliebe: jener große Prozeß, der mit dem Konzil von Vienne (1311-1312) zur Auflösung und Vernichtung des Templerordens führt. So geht es dem französische König Philipp IV. (der Schöne), der die Triebkraft des Prozesses darstellt, nicht um die unterstellten Häresien, sondern allein um das Vermögen des Ordens, mit dessen Hilfe der König sich seiner Geldnöte zu erwehren hofft. – Tatsächlich ist der Kapetinger, der von den Zeitgenossen ein *faux monnayeur*, ein Falschmünzer genannt wird[72], in steter Geldverlegenheit – was freilich weniger seiner verschwenderischen Hofhaltung zuzuschreiben ist als dem Umstand, daß das Feudalsystem selbst sich gewissermaßen aufgezehrt hat – und in diesem Sinn ist es vielleicht bezeichnend, daß der König seinen Untertanen nicht nur die Zahl ihrer Kleider und die Stoffpreise vorschreiben will, sondern auch, wieviele Gänge sie zu essen haben (zwei Gänge für einen großen Esser plus eine Schmalzsuppe, anderthalb für einen kleinen Esser, wobei man den Eßnapf mit nicht mehr als einem Maß Fleisch oder Fisch versehen solle[73]). Paris freilich ist eine Stadt von zweihunderttausend Einwohnern, vor allem aber ist es eine Stadt, die – von den Lehnspflichten befreit – dem stets geldhungrigen König nach Gutdünken unter die Arme greifen kann. Oder auch nicht. Womit das strukturelle Dilemma benannt ist. Steht am Anfang des Feudalsystems die Logik einer pyramidalen Verkettung, in der ein jeglicher Stand mit dem Obersten Lehnsherrn verbunden ist, so hat sich am Ende des 13. Jahrhunderts dieser Herrschaftsraum ausgehöhlt, sind Privilegien und Ausnahmeregelungen hinzugekommen, die sich aus der Ordnung der Feudalgesellschaft herausgelöst haben (wie die Städte oder einzelne Orden, wie der Zisterzienser- oder der Templerorden, die, vom Zehnten befreit, zu eigenständigen, das Abendland übergreifenden Mächten herangewachsen sind). In diesem Sinn ist die Feudalpyramide, flapsig gesagt, zu einem Schweizer Käse geworden, der aus mehr Löchern besteht denn aus Substanz, was auch die restlichen Lehnspflichtigen immer weniger geneigt sein läßt, ihrer Tributpflicht nachzukommen – und so bleibt dem König nicht viel anderes übrig, als mit den Pariser Fischhändlern ins Geschäft zu kommen oder wie ein südamerikanischer Honorarkonsul Adelstitel zu verkaufen.[74] In dieser mißlichen Lage ist es nicht weiter verwunderlich, daß er überall dort zu finden ist, wo die Abwehr am schwächsten, die Beute am lohnendsten ist. So trifft seine Begehrlichkeit zunächst die lombardischen Kaufleute, dann die Juden, die er, nachdem er sie unter seinen persönlichen Schutz genommen hat, im Jahr 1306 enteignet (womit der Auftakt zu den Judenpogromen gegeben ist, die sich im 14. Jahrhundert, und zumal im Gefolge der Pest, ereignen). Als ein besonders wirksames Instrument entwickelt sich das Geschäft mit dem Geld selbst; und zwar kommt dem König dabei zugute, daß er als Souverän das alleinige Recht der Münzprägung hat (etwas, was im Jahr 1346 sein Nachfolger Philipp VI. in einer Ordonnanz nochmals ausdrücklich einklagt).[75] Genaugenommen ist diese Freiheit unbeschränkt, vermag der König als Herr der Maße, das Geld aus gleichwelchem Stoff, zu gleichwelchem Nennwert und zu welchem Preis auch immer auszugeben. Dieses Privileg mag irritierend anmuten, so irritierend wie das *ius primae noctis*, das dem Souverän die Verfügung über die Jungfrauenschaft seines Herrschaftsbereichs überläßt. Was darin nachschwingt, ist das Bildnis des Gottgesalbten (wie es ja auch in der Vorstellung des wunderheilenden Königs, des Thaumaturgen, nachwirkt), nicht zuletzt ist es auch eine wesentlich ältere Vorstellung des Geldes selbst, in der es mit allerlei sakralen Vorstellungen untermischt ist. Es ist dieser sakrale Reflex, der dem König, als dem Gottgesalbten, das Privileg zukommen läßt, die Münze (die als Totenmaske Gottes empfunden wird) mit dem eigenen Konterfei zu versehen. Freilich hat sich dieses romanische Erbe auch auf die anderen Lehnsherren ausgedehnt, und so geschieht es nicht selten, daß in einem Gebiet von der Größe eines Departements ein halbes Dutzend verschiedener lokaler Währungen miteinander konkurrieren. Im streng rechtlichen Sinn gehört dem Souverän jede einzelne Münze, die er prägen läßt; gilt doch das Geld nicht eigentlich als Wert an sich, sondern wesentlich, der Aristotelischen Lehre gemäß[76], als ein Instrument. Es ist dieses bloß instrumentellen Charakters wegen, daß das Hohe Mittelalter unbeschwert mit Geisterwährungen hatte operieren können, mit einem Denar oder einem Pfund, das nicht existierte und lediglich als Recheneinheit für Naturalientausch oder Handel im bescheidensten Umfang benutzt wurde.[77] Mit dem enormen wirtschaftlichen Aufschwung jedoch, der sich im 11. und 12. Jahrhundert ereignet hat und dessen machtvollster Ausdruck die Kathedralenbauten der frühen und klassischen Gotik sind, ändert sich die Lage, wird zunehmend das Geld zum sozialen Band, das die feudale Verkettung ersetzt; und bezeichnenderweise sind es die italienischen Handelsstädte Genua und Florenz, die, im urbanen Stolz, Goldwährung emittieren. Die Geisterwährungen des Hohen Mittelalters werden real, sie hören auf, bloße Recheneinheiten zu sein. Das Gold jedoch schafft neue Bedürfnisse, neue, komplexere Formen des Handels und Wirtschaftens, welche ihrerseits, da sie nun auf der Geldbasis ruhen, künstlich ernährt werden müssen, also am Tropf des Geldes hängen – wobei es eben daran, am bloßen Quantum »Flüssigkeit«, mangelt. So leidet sehr bald schon, ein Jahrhundert, nachdem der Okzident sich von der arabischen Währung als Leitwährung losgesagt hat, nicht nur der französische König, sondern die Zeit selbst unter einem nicht zu befriedigenden »Geldhunger«. Vor diesem Hintergrund nun ist jenes Münzprivileg ein Prärogativ, das dem König, in Ermangelung anderer Einkünfte oder, da er es leid ist, sich mit den Fischverkäufern der Stadt Paris herumzuschlagen, ein ideales Instrument in die Hände spielt. So bedarf es nur einer Emission von Münzen zu gleichem Nennwert, aber zu erheblich geringerem Edelmetallwert, um den allgemeinen Geldhunger zu decken und dem König jedesmal einen beträchtlichen Gewinn einzufahren; und so läßt der König in steter Regelmäßigkeit derartige Finanzmanipulationen aufeinander folgen, die ja nichts anderes bedeuten als eine allgemeine Enteignung (oder, wenn man so will, eine versteckte Besteuerung); etwas, was sich alsbald – da offenbar wird, daß die königliche Währung den anderen, edelmetallhaltigeren Währungen gegenüber nichts gilt – zu einem deutlichen Rumoren auswächst.⁷⁸ Als Philipp IV. im Jahr 1306 eine neuerliche Emission ankündigt (sinnigerweise die Wiedereinführung des status quo ante), meutern die Pariser Arbeiter und Handwerker und belagern das königliche Stadtschloß; und nur mit Mühe gelingt es dem König, sich in das Stadtschloß des Templerordens zu flüchten.

Hier jedoch tut sich die wahrhaft abgründige Konstellation auf, die dem Templerprozeß zugrundeliegt; denn ganz abgesehen davon, daß die Templer den König wenig freundlich empfangen, sie sind darüberhinaus auch noch die Hausbank des Königs, ergibt sich damit die pikante Situation, daß der königliche Hasardeur, um seinem politischen Bankrott zu entgehen, sich ausgerechnet in die Obhut seiner Gläubiger begibt. Freilich ist der Umstand, daß ausgerechnet der Templerorden zur bedeutendsten Pariser Bank avanciert ist, seinerseits alles andere als unproblematisch. In gewisser Hinsicht offenbart sich hier ein ähnliches Legitimitätsproblem, wie es sich zur gleichen Zeit auch dem Zisterzienserorden stellt. War die Ausrichtung des Ordens, der Theologie des Bernhard von Clairvaux folgend, auf einem rein spirituellen, asketischen Fundament begründet, steht nun – gut anderthalb Jahrhunderte, nachdem man sich den Bernhardinischen Exerzitien unterzogen und Arbeit als Demutsübung betrieben hat – ein ungeheurer wirtschaftlicher Reichtum. Von der mystischen Theologie des Gründers (der ja auch dem Templerorden die Verfassung geschrieben hat) ist kaum mehr als das Arbeitsethos geblieben – und mit ihm der Erfolg, der den spirituellen Anspruch gänzlich auszuhöhlen droht, nach außen ebenso wie nach innen. Ebenso verhält es sich mit den Templern. Zu Anfang der Kreuzzüge noch eine Sicherheitsbegleitung für königliche oder päpstliche Geldtransporte, hat sich der Templerorden nach dem Fall Akkons, mit dem die Kreuzzüge ihr unrühmliches Ende gefunden haben, ganz dem Geldgeschäft zugewandt und ist zu einer Großbank geworden, zu deren Kundschaft die Mächtigen der Welt zählen: der Papst, der byzantinische Kaiser, der französische und englische König etc. Der besondere Erfolg, der dieser Ordensunternehmung zuteil geworden ist, beruht, wie im Falle der Zisterzienser, auf einer streng gegliederten Ordensstruktur mit einem General an der Spitze, darüberhinaus auf dem weitverzweigten Kommunikationsnetz, über das der Orden verfügt. Eine große einheitliche Maschine, ist es die schiere Größe und Organisationsform, die den Orden himmelweit über die eher bescheidenen italienischen Privatbankiers erhebt, die – noch im 12. Jahrhundert – ihre Einlagen des Nachts in einer Kassette mit nach Haus nehmen und sie unter ihrem Kopfkissen aufbewahren.[79] Eine unabhängige und finanzstarke Macht, muß der Templerorden den Appetit des Königs erwecken (ganz abgesehen davon, daß es ihm schwer fällt, in seinem Königreich das noch immer existierende Heer der Mönchsoldaten zu akzeptieren). Bei dem Ansinnen nun, den Ordnen zu enteignen, kommt dem König zugute, daß die Funktion des Ordens nach dem Ende der Kreuzzüge durchaus fragwürdig geworden ist, des weiteren, daß die Beliebtheit des Ordens, der zuvor so innig verehrt worden war, deutlich gesunken ist, tritt doch, im Angesicht dieser reichen Bankiers und Latifundienbesitzer, die Kluft zwischen Ideal und Wirklichkeit allzu deutlich zutage – und so gibt es in der von den Geldentwertungen des Falschmünzerkönigs so geplagten Bevölkerung kaum jemanden, der allzu große Sympathien für die Templer verspürte – und aus diesem Grund geschieht das Unglaubliche: daß, nachdem der König dem Orden vorwirft, häretischen Praktiken zu huldigen (daß man dem Kreuz abschwöre, davor ausspucke, darüberhinaus Sodomie betreibe), sich kaum ein Fürsprecher für den Orden findet. So daß es dem König ohne Mühe gelingt, die Templer in einer generalstabsmäßig geplanten Nacht- und-Nebel-Aktion gefangenzusetzen und ihnen schließlich mit Hilfe der Folter und einer in Avignon dem französischen Herrschaftsraum einverleibten Kurie den Prozeß zu machen. Das Konzil von Vienne wird zum Schauprozeß umfunktioniert, wo die geständigen Mönchsoldaten vorgeführt werden – mit dem unerfreulichen Zwischenfall, daß Jacques de Molay, der General des Ordens, widerruft und auch später noch auf dem Scheiterhaufen seine Unschuld beteuert. Mit dem Templerprozeß ist etwas passiert, was in der Ordensgeschichte kein Beispiel hat: die Auflösung, ja die gewaltsame Zerschlagung eines Ordens, zumal aus sehr weltlichen Erwägungen und mit Hilfe einer ebenso korrupten wie erpreßbaren Kurie. Am Ende des Prozesses steht, was am Ende des Mittelalters stehen könnte: Der Tempel ist tot.

Kleine Geldphilosophie

Es ist einfacher, einen Koffer Papier mit sich herumzutragen als ein Klavier. Oder einen Schrank. Oder ärger noch: das ganze Haus selbst, das nicht von ungefähr Immobilie heißt. Das ist der Vorteil des Geldes, daß es platzsparend ist. Gleichwohl ist es möglich, ein Haus zu veräußern; und in diesem Sinn ist ein jeglicher Hausverkauf auch so etwas wie ein Räumungsverkauf. Im Verkauf verflüssigt sich die Immobile, mache ich, um mir einen Um-zug zu ersparen, einen Um-satz. Veräußert, versilbert, zu Geld gemacht, besitze ich das Äquivalent eines Hauses. Seinen Nennwert, sozusagen. So daß ich mir, anderswo, ein ebensolches Haus kaufen könnte. Ich bin flüssig (damit aber in den Stand des Konjunktivs versetzt). Ich könnte mein Geld da oder dorthin fließen lassen. Das Geld, das zuvor der Nennwert eines Hauses war, könnte (in meinen Gedanken) seine Form verändern: es könnte sich zu einem Bild, zu einer seltenen Briefmarke oder zu etwas ganz und gar Namenlosen umformen. Das Geld, das ich besitze, hat gewissermaßen seine Herkunft ausgelöscht: es ist weiß geworden. Reine Möglichkeitsform. Es ist die Abbreviatur eines Dings, es ist das Ding im Latenzzustand, lediglich die Option auf dies oder jenes. Ich könnte auf den Gedanken kommen zu reisen. Mit Geld ausgestattet, bin ich mobil. Indem ich meine Immobilie liquidiert habe, hat sich auch meine Immobilität, das Angebundensein an das Haus, gelöst: ich stehe nicht mehr auf dem Grund meiner Väter, festverwurzelt, ich bin liquide, flüssig, beweglich. Das, was ich an Bestand verloren habe, habe ich an Elastizität hinzugewonnen. Es ist eine Elastizität nicht nur des Raums, der Freibeweglichkeit, es ist eine Elastizität auch der Zeit. Zum Beispiel steht es mir frei, wann und wo ich mir ein anderes Haus kaufen werde. Wenn überhaupt. Im übrigen reicht schon die bloße Aussicht, mit mir ins Geschäft zu kommen, daß die Leute mich mit äußerster Zuvorkommenheit behandeln. Aber natürlich kommen sie mir nur zuvor, damit ich ihnen entgegenkomme. Sonderbar: da sich mir lauter Wegelagerer andienen, kommt es mir vor, als ob es alles im Überfluß gebe. Manchmal, nur so aus Zeitvertreib, ordere ich irgendeine Kleinigkeit und lasse sie dann, unter dem Vorwand, daß es etwas daran zu beanstanden gibt, wieder zurückgehen. Liquide, mit genügend Flüssigkeit versehen, könnte ich mein Gegenüber aushungern, ich könnte ihn auf dem Trockenen sitzen lassen. Das Geld speichert den Raum, und es speichert die Zeit (und tatsächlich, in seltenen Augenblicken freilich, erinnere ich mich daran, daß in diesem oder jenem Schein ein ganzes Menschenleben steckt). Geld, sonderbarerweise, macht vergeßlich: es ist diese Weiße, die Abstraktion der puren Zahl, die die Vorgeschichte auslöscht. Das »non olet« ist nur die halbe Wahrheit, es ist überhaupt etwas, das sich den Sinnen entzieht. Und so ist es, wenn ich den Schein in meiner Hand betrachte, ein gedanklicher Akt, mir zu vergegenwärtigen, daß dies die einzige Form ist, in der mein Erbe, mein Haus, ja im Grunde meine Familiengeschichte noch gegenwärtig ist. In Gedanken weiß ich, daß hier, in diesem Stück Papier, das Leben meiner Vorfahren kondensiert ist – aber zugleich weiß ich, daß diese Genealogie, kaum daß die Gedankenanstrengung vorbei ist, wieder erlöschen wird. Ich werde es wieder vergessen. Genaugenommen habe ich mich, schon in dem Augenblick, als ich mich für den Verkauf (und damit für eine Art Löse-Geld) entschied, für das Vergessen entschieden. Ich klebe nicht an diesem oder jenem Fleck, nicht einmal an den Dingen. Ich könnte es in andere Hände geben, ich könnte es für mich arbeiten lassen. Ich habe ein Interesse daran, daß das Geld nicht nutzlos herumliegt. Ich könnte mich in geschäftliche Transaktionen begeben; das heißt, ich würde nicht selbst, sondern durch etwas hindurch arbeiten. In diesem Sinn hieße der Raumspeicher G<small>ELD</small>, *daß jemand an einem anderen Ort etwas für mich erledigt. Das Geld erspart meine Gegenwart, es erlaubt mir, im Idealfall, so etwas wie Ubiquität, einen Aktionsradius, der größer ist als meine unmittelbare Reichweite. Mit meinem Geld habe ich nichts weniger als eine Fernbedienung in der Hand. Ich könnte, wenn ich wollte, ein komplexes Geschehen an verschiedenen Orten zugleich dirigieren, ich wäre ein Dirigent, der über seinen Wahrnehmungshorizont hinaus ein Geschehen koordiniert. Ich könnte irgendwo, wie ein Howard Hughes, in einem Hotelzimmer in Las Vegas sitzen und vor einer imaginären Weltkarte Menschen, Tiere, Werkzeuge und Dinge hin- und herdirigieren:* W<small>O</small>, W<small>AS</small>, W<small>ANN</small>, W<small>IE</small> *und* W<small>ODURCH</small>. *In meinem Kopf wäre der Fluß der Dinge, wären blinkende Lämpchen, die mir anzeigten, wo und wie der Brennpunkt meines Plans gerade ausgeführt wird. In diesem Sinn wäre der Zeit- und Raumspeicher Geld auch ein Vorgriff auf die Zukunft: eine Art Zeitvehikel. Ich könnte, über meinen Tod hinaus, Anweisungen treffen. Ich könnte mein Testament zu einem Szenario umwandeln.*

Blockade des mittelalterlichen Denkens – das ist nicht ein Zuwenig, sondern geradezu ein Übermaß an Empirismus und gesundem Menschenverstand. So daß eine ganze Gelehrtenschaft (entgegen dem Vorurteil, das in der scholastischen Gelehrsamkeit lediglich jenen hyperästhetischen Gestus wiedererkennen will, der sich der Wirklichkeit nur mit spitzen Fingern nähert) sich mit grundpraktischen Fragen auseinandersetzt: nämlich was ein gerechter Preis ist und was eine gerechte Entlohnung, ob und in welchem Maß der Geldverleih zulässig sei, inwiefern eine Monopolistenstellung, wie sie die Zünfte innehaben, zum Mißbrauch einlädt und dergleichen mehr.[80] Gleichwohl, so sehr diese gedankliche Bodenhaftung dem Vorurteil widerspricht, so sehr sie den scholastischen Denkern auch zur Ehre gereichen mag, so bedeutet dies in einem wesentlichen Sinn, daß das Denken, das sich als ein pragmatisches auslegt, eben dieser Lebenswirklichkeit verhaftet bleibt, und folgerichtigerweise, daß es, wo diese Lebenswirklichkeit keinerlei Grund und raison d' être mehr hat, mit ihr zu Grunde geht. Tatsächlich ist das Bemerkenswerteste an der scholastischen Geldtheorie, daß zwar sämtliche Aspekte des Handels und Wandels berührt werden, die Frage nach der *Natur des Geldes* jedoch ausgespart bleibt – womit, in Anbetracht des Umstandes, daß diese Frage den Kernpunkt der ökonomischen Störungen des 14. Jahrhunderts darstellt, das Bemerkenswerteste eben dasjenige ist, was *nicht* zur Sprache kommt. So wie die Gestalt des Wucherers in ihrem bloßen Sosein die Unperson einer Welt verkörpert, die doch zunehmend sich der Geldwirtschaft verschreibt, so zeigt sich der Diskurs der Scholastik als Umkreisung einer leeren Mitte.

In diesem Sinn ist es bezeichnend, ja geradezu der Beleg jener Denkgrenze, daß die Perspektive stets auf die Kontrahenten des Tausches, nicht jedoch auf die Struktur des Geldes gerichtet ist. *Geld an sich,* das ist die Lehrmeinung (die sich auf die Autorität des Aristoteles stützt), ist lediglich arbiträres Zeichen (nach dem Muster des Sprachzeichens) – womit das Wesen der scholastischen Geldtheorie auf den Gemeinplatz hinausläuft, daß man über Geld nicht weiter spricht. Schaut man indes genauer hin, so zeigt sich, daß diese so eilfertig nachgebetete Lehre von der *Leere* des Zeichens keineswegs befriedigend ist, sondern daß schon ein erster Zweifel die Gemüter beschleicht, zeigt doch die Lebenswirklichkeit, daß die für leer gehaltene Mitte des Diskurses keineswegs leer bleibt, sondern daß sie besetzt wird: von den Wucherern, den Bankiers, den Geldmenschen. So ist es nur symptomatisch, daß Thomas von Aquin die Etymologie des Wortes »*moneta*« so auslegt, daß es deshalb so heiße, »weil es uns ›moniert‹, daß kein Betrug unter den Menschen vorkomme, da es das geschuldete Wertmaß ist«[81] – eine Deutung, die gerade ihrer Rechtschaffenheit wegen verrät, daß es, unter der Hand, doch nicht mit rechten Dingen zugehen kann.

Zweifellos ist die Lehre vom arbiträren Zeichen verkappter Idealismus, ist die Münze, mit der man in der Lebenswelt handelt, keineswegs bloßes Zeichen, sondern vor allem Zeichen-*Körper*, ein Körper aus Gold, Silber oder Kupfer, der je nachdem, wo man sich befindet, angenommen oder verschmäht werden kann; ein Körper aber auch, der, in dieser seiner Körperlichkeit, gewissen Eigengesetzlichkeiten folgt, kann es doch geschehen, daß er – was immer das ihm aufgeprägte Zeichen auch besagen mag – von heute auf morgen an Gewicht zunimmt oder aber abmagert oder seine Gestalt verwandelt, daß aus dem *weißen Geld* – urplötzlich – *schwarzes Geld* wird.[82] Hier, im *Körper des Zeichens*, und mithin in der Mutabilität des Geldes, verdichtet sich die Problematik, der die Denker der Zeit, indem sie an seine Stelle ein Gleichheitszeichen setzen, nicht gerecht werden – ja, die sie, aus vielerlei Gründen, unerhellt lassen. In diesem Fall nämlich wäre über das nachzudenken, wovon das Gleichheitszeichen entbindet: was für einer sonderbaren Natur dieser Mutant folgt, was es ihm ermöglicht, daß er wächst und schrumpft und wieder wächst, und worin seine Mutationen und Wandlungen begründet sind.

Es ist die Unerschlossenheit des Geldes, das Nicht-zusammen-Denken des Zusammengehörigen, was zu der paradox anmutenden Situation führt, daß die kontrollierten Inflationen des Falschmünzerkönigs nicht als das bezeichnet werden, was sie sind: eine Form des Wuchers, ja der allgemeinen Enteignung, und daß demgegenüber der einfache Geldverleiher stigmatisiert und zur gesellschaftlichen Unperson wird – was er, sofern er denn Jude oder Lombarde ist, nicht selten mit dem Leben bezahlt. Und so kann es geschehen, daß das Konzil von Vienne, das sich willfährig gezeigt hat, den Finanzmanipulationen seines Falschmünzerkönigs zuzustimmen, daß dieses gleiche Konzil den Beschluß fassen kann, daß bereits das Leugnen, daß Wucher eine Häresie sei, als Häresie betrachtet und der Inquisition überantwortet werden muß. Die Schizostruktur dieses Urteils, das im geheimen verteidigt, was es im gleichen

Augenblick, wenn es denn zur Sprache kommt, mit aller Unnachgiebigkeit verfolgt, enthüllt, daß der Riß im Grunde schon vollzogen ist, und daß das, was ich die *leere Mitte* des Diskurses genannt habe, nicht bloß ein weißer Fleck in der Topographie des Denkens ist, sondern daß hier, im Tabu des Geldes, eine neue Ordnung sich zusammenballt, ein gedanklicher Sprengsatz, der, einmal entladen, mit der bisherigen Topographie des Denkens brechen muß. Denn es ist ja nicht der *faux monnayeur* Philipp IV. allein, der am intrinsischen Wert, am Silber- oder Goldgehalt seiner Münze manipuliert, sondern es gibt darüberhinaus regelrechte *Währungskriege*, mit dem Zweck, durch eine minderwertige Währung oder auch durch eine im Metallgehalt verringerte Fälschung sich in den Besitz eines höherwertigen Geldes zu bringen – womit jenes später formulierte, nach Sir Thomas Gresham (1519-1579) benannte »Greshamsche Gesetz«, wonach das schlechte Geld das gute verdrängt, in der Praxis des 14. Jahrhunderts vorweggenommen ist.

Geld an sich – das ist das Ungedachte, Gemiedene, das ist der Paria der Gedanken – und dies nicht von ungefähr, rührt diese Gedankenfigur doch an die Grundlagen des mittelalterlichen Denkens. Nicht allein, daß sich hier ein neues, säkulares *Kreditwesen* zu erkennen gibt, darüberhinaus berührt die Frage des Geldes das Allerselbstverständlichste. Denn das, was sich verändert, ist nicht bloß, daß die Geldwirtschaft um sich greift, es ist die *Struktur des Tausches* selbst. Es ist kein Zufall, daß sich die Denker der Scholastik stets auf die Grundformel der euklidischen Proportionenlehre beziehen, wonach A zu B sich verhält wie C zu D, wo Gleiches stets mit Gleichem beglichen wird und wo die vollkommene Reziprozität herrscht – hat diese Formel des symbolischen Tausches doch den Vorzug, daß *Geld als solches* gar nicht erscheint, oder wenn, nur kaschiert, als ein Tausch-Mittler, in Form des Gleichheitszeichens, als Akt der Begleichung.[83] Damit aber, und das ist das Entscheidende, bleibt die Vorstellung des Wertes an den Dingen haften, hat man es mit einem ontischen Wertbegriff zu tun, einem Wertbegriff, der es erlaubt, ein Ding, eine Arbeitsleistung als je einzelnes in Augenschein zu nehmen. Dementsprechend ist das Geld lediglich als ein Meßinstrument vorgestellt, das, wie eine Waage, den Wert des einen gegen den des anderen aufwiegen, als Instrument selbst jedoch nicht in Erscheinung treten soll. Unterlegt man die Logik der Proportionenlehre, so liegt darin eine Zwangsläufigkeit – kommt dem Gleichheitszeichen hier die Funktion einer Waage zu, bei der, was in die Waagschalen geworfen wird, sich gegeneinander aufwiegt. In diesem Fall hat man es mit Äquivalenten zu tun, haftet der Wert an dem, was in die Waagschale geworfen wird.

Wird die Gleichung indes in ein Drittes, in den mathematisch so genannten *Repräsentanten* aufgelöst, ergibt das Bild der Waage keinen Sinn mehr. Auch verändert sich die Funktion des Gleichheitszeichens dramatisch, wird es zu einer analytischen Operation, deren Axiom darin liegt, daß die Überführung aller Dinge in einen universalen Repräsentanten möglich ist. Und das will sagen: daß alles in Geld aufzulösen, daß es zu liquidieren ist. Der Wert eines Dings oder einer Arbeitsleistung wird nun nicht mehr in der Unmittelbarkeit des Tausches ermessen, im Abwägen des Einen gegen das Andere, sondern gründet sich auf der Wert-Schätzung, die sich in Geld umrechnen läßt. Wenn man es figürlich betrachtet, so beginnen die Dinge, vom Geld erfaßt, sich aufzulösen, sie werden schwammig und sie verlieren jene Würde, die man ihnen als Substanz, als einen innewohnenden Wert zuschrieb, sie treten, entkernt, aus sich selbst heraus – sie werden *veräußerbar*. Wenn man so will: die Güter haben sich desubstantialisiert, sie haben mit dem inkorporierten Wert ihr Innerstes verloren. Das, was hier, in einer kleinen Verschiebung der Notation, sich vollzieht, ist nichts anderes als eine *Umwertung aller Werte* – und es ist genau diese radikale Umwälzung, vor der die Denker der Zeit zurückzucken.

Wenn die Denker der Zeit in der Frage des symbolischen Tausches an der Proportionenlehre festhalten, wenn das Zentrum ihres Diskurses in der Frage nach dem »gerechten Preis« besteht, so offenbart sich hier eine systematische Ausweichbewegung, das Nicht-Wahrhaben-Wollen, daß die Struktur des Tausches, in die Logik des Geldes überführt, sich von den Dingen ablöst. Ein Ausdruck dieses nicht vollzogenen Bruchs ist der Umstand, daß Preis und Wert nicht voneinander geschieden sind – sondern daß der Preis als Ausdruck des dem Ding inkorporierten Wertes aufgefaßt wird. Wo die Idee, daß Preis und Wert sich voneinander ablösen können, sich noch nicht Raum geschaffen hat, da klebt der Begriff des Wertes notwendig an der Substanz der Dinge und damit an der Vorstellung, daß ein jegliches Ding einen bestimmten und – wie bei einem Gewicht – exakt fixierbaren Substanz-Wert haben müsse; daraus wiederum folgt, daß auch alle Dinge zueinander in einem solchen, fixierbaren Wertverhältnis stehen müssen, daß etwa ein Haus gerechterweise gegen eine bestimmte Anzahl von Schuhen aufgewogen und dieses im Sinne einer exakten Proportion ausgedrückt werden kann.

Nun ist, um dem scholastischen Denken Gerechtigkeit zu erweisen, der Begriff des Wertes, der sich an den Dingen selbst festmacht, nicht aber ihrer *Wert-Schätzung* durch die Menschen Rechnung trägt, eine Gedankenfigur, die ja noch bis in die jüngste Gegenwart hinein fortwirkt – und etwa in der Marxschen Vorstellung des »Gebrauchswertes« sich artikuliert.[84] Dieser, wenn man so will, ontische Wertbegriff unterläuft freilich die tatsächliche Komplexität der Geldwirtschaft, ja, ärger noch, er blendet die Funktion des Geldes wesentlich aus – ein Umstand, der vielleicht am deutlichsten darin zum Ausdruck kommt, daß das Geldzeichen stets als arbiträr, als bloßes Mittel gedacht wird (und andererseits, höchst widersprüchlich, dämonisiert wird). Das, was dieses Denken unterschlägt, ist die Technologie des Geldes selbst: was es bedeutet, mit einem *universalen Repräsentanten* zu rechnen, was es bedeutet, wenn die Dinge, der Taxonomie des Geldes überantwortet, nicht verdinglicht, sondern »ver-wertet« werden.

Dies genau ist die Frage, die sich dem 14. Jahrhundert stellt, und keineswegs zufällig, ist das, was sich hier artikuliert, eine zwangsläufige Folge jener geistigen Umwälzung, wie sie sich im Schatten der Kathedrale und im Zeichen der Mechanischen Uhr schon lange zuvor herausgeformt hat. Der Prozeß ist ganz analog. So wie der Raum dekonstruiert wird, so wie die Zeit aus dem Bereich des Göttlichen herausgelöst und ins Gehäuse der Maschine gezwängt wird, so wird auch das *Geld* seines sakralen Scheins entkleidet und einer innerweltlichen Logik überantwortet. Geld – idealiter betrachtet – ist ein Raum- und Zeitspeicher; folgerichtig muß eine Umwälzung im Denken über Raum und Zeit hier notwendig Wirkung zeitigen. Wenn man sagt: »Zeit ist Geld«, so besagt dieser Allgemeinplatz nicht nur, daß Zeit zu Geld sich ummünzt, sondern er verweist auch auf eine Kausalverbindung.

Im Geld nimmt das Abstrakte konkrete Form an, wird es zum Zeichenkörper. In der Gestalt des Geldes wird das Denken zur *Sache des Denkens*, zu einer hypostasierten Semiotik, die in Umlauf gebracht und ausgetauscht wird, die zu kursieren beginnt. Im Geld, so könnte man sagen, verkörpert sich die Ratio des Mittelalters – oder genauer: verkörpert sich die Problematik, die das Mittelalter mit seiner Ratio hat. Es ist genau dieser Zusammenhang von Zeit und Geld, der mit den größten Widerständen verbunden ist – und vielleicht nicht ganz zufällig. Hatte sich das Denken im Freiraum des Geistes, weltentrückt, über die säkularisierende Sprengkraft seiner Ratio noch hinwegtäuschen können, so tritt, in dem Maß, in dem sich der Raum zur Zeit und die Zeit zu Geld verwandelt, die Eigengesetzlichkeit der Maschine hervor, wird sichtbar, daß diese nicht nur als Zugewinn zu denken ist, sondern daß ihr zugleich eine annihilierende, korrumpierende Kraft eignet – eben das, was auf dem Fresko des Simone Martini die Söldner repräsentieren.

Im Problem des Geldes wird sichtbar, daß die Ratio des dekonstruierten Raums und der Mechanischen Uhr ihren Preis hat – einen Preis jedoch, vor dem die Gesellschaft des ausgehenden Mittelalters zurückschreckt. So besehen ist der Diskurs der Scholastik, der nicht zur Kenntnis nimmt, was in Geldesform doch längst kursiert, symptomatisch für die Schizostruktur der Zeit, die strukturelle Ambivalenz, wie sie ja bereits in der *Trompe l'œil*-Architektur der Kathedrale oder im Gedankenbild der *Gottesmaschine* sich zu erkennen gibt. Vor diesem Hintergrund erscheint das Fresko des Simone Martini wie ein Sinnbild: ist das, was der hl. Martin von Tours zelebriert, während hinter seinem Rücken die Söldner anrücken, die Geste des Verzichts, der *Ent-sagung*. In der Tat vermag man den Diskurs der Scholastik als die logische Form der *Ent-sagung* zu begreifen, kann man doch nur dem ent-sagen, was man kennt, was man als Rede erfaßt und identifiziert hat. So wie der *Ent-Täuschung* die *Täuschung* vorausgeht, so geht dem *Ent-Sagen* das *Sagen* voraus, jene andere Rede, die der Diskurs der Scholastik zu übertönen versucht (und die er doch, in einem wesentlichen Sinn, befördert und in die Welt gebracht hat). Wenn nicht von Geld die Rede ist, aber dafür um so mehr von ethischen und moralischen Fragen, so deshalb, weil der Diskurs der Scholastik nicht sagt, was er weiß (oder wissen könnte) – einfach deshalb, weil in dem Augenblick, da er es sagte, die Gesetzmäßigkeit seiner Rede zerstört würde.

Wenn bislang pauschal von einer Geldtheorie der Scholastik die Rede ist, so ist dies nicht ganz zutreffend, gibt es doch unter den Intellektuellen des 14. Jahrhunderts einen Denker, nämlich den als Urheber des ontologischen Gottesbeweises bereits eingeführten Nicole Oresme, der die Frage des Geldes der moralischen Sphäre entzieht und sie der bloßen, nackten und räderwerkartigen Vernunft überantwortet. Damit aber ist erstmals vom Geld (und nicht vom *Problem* des Geldes) die Rede. Oresme – und das ist es vielleicht überhaupt, was ihn als einen Argonauten der Neuzeit, einen Vorläufer der cartesianischen Welt ausweist[85] – appliziert die Logik des Räderwerks auf die Frage des Geldes, und so ist es bezeichnend, daß mit ihm die Kette der scholastischen Geldtheorie abreißt, daß keine seiner Fragen an jenen Diskurs sich anschließt, der von Thomas von Aquin bis zu Jean Buridan reicht. Erstmals ist die Frage des Geldes nicht mehr an der des gerechten Preises aufgehängt, sondern steht für sich. Nicht die Ethik führt hier das Wort, sondern die konstruktive Vernunft – und so entrollt sich die Fragestellung, die Oresme in seinem *De mutatione monetarum* aufwirft, im wesentlichen als die Frage nach der Technologie des Geldes: nämlich wie der Zeichenkörper des Geldes überhaupt beschaffen sein muß, um zu funktionieren.

Dieser Gedankenführung zu folgen ist hochinteressant, weil sie weit über die Bezugswelt des 14. Jahrhunderts hinausreicht. Denn hier werden Fragen angerührt, die noch immer die Grundlagen unserer politischen, auf der Logik der *Repräsentation* fußenden Systeme bilden, ist es zudem möglich, dieser Logik in statu nascendi zuschauen – etwas, was es angeraten sein läßt, auf den Text und seine Gedankengänge genauer einzugehen:

»Der Allerhöchste schied die Völker und trennte Adams Söhne voneinander und ließ Grenzen zwischen Völkern werden. Hernach mehrten sich die Menschen auf der Erde, und der Besitz ward billigerweise geteilt. So kam es, daß einer mehr als nötig von einer Sache hatte: ein anderer besaß davon nichts oder wenig, und mit anderen Sachen stand es umgekehrt. Einer kann an Kleinvieh Überfluß haben und des Brotes entbehren, umgekehrt ein anderer, so der Ackerbauer. Das eine Königreich hat zu viel von dem einen, zu wenig von dem anderen. Daher begannen die Menschen Handel zu treiben, aber Geld hatten sie noch nicht. Der eine gab dem anderen ein Schaf für Weizen hin, ein weiterer von seiner Arbeitskraft für Brot und Wolle und so fort; letzteres ließ der Erzählung des Justinus nach lange Zeit auf sich warten. Viele Schwierigkeiten erhoben sich bei diesem Austausch und der Warenbeförderung. Da gelang es dem Scharfsinn des Menschengeistes

Geld zu erfinden, welches zum Austauschmittel natürlicher Reichtümer ward, durch die man menschliche Dürftigkeit an sich und naturgemäß befriedigt. Das Geld selbst nannten sie künstlichen Reichtum [*artificiales divitiae*]. Denn es kann geschehen, daß man trotz seines Überflusses an Hunger sterbe.«[86]

Das, was der Scharfsinn des Menschengeistes ersonnen hat, ist Menschenwerk – und keineswegs besonders mirakulöser, verbotener Herkunft. Weil Geld menschlicher Artefakt ist, haftet dem »künstlichen Reichtum« keinerlei Stigma an, stellt das Geld weder besonders gefräßige Antimaterie noch einen unkontrolliert wuchernden, hypertrophierenden Stoff dar. Geld ist nichts Übersinnliches, sondern etwas Innerweltliches. Gleichwohl nimmt es auch hier eine Sonderstellung ein, und zwar insofern es nicht ein Naturprodukt, sondern einen Kunst-Stoff darstellt, dessen Zweck darin besteht, den Austausch der natürlichen Reichtümer zu bewerkstelligen. Folgerichtig liegen die Stoffwechselstörungen des Geldes nicht in seiner Substanz begründet, sondern haben einen Verursacher. Wenn eine Gefahr von ihm ausgeht, so ist es der Mißbrauch, wenn der Souverän »Geld fälscht und Gold nennt, was keines ist, ein Pfund heißt, was keines mehr ist und so fort«. Das Problem des Geldes liegt also darin, daß das Maß, das es repräsentiert, unter der Hand entwertet wird – und zwar von demjenigem, der die Echtheit dieses Maßes verbürgt – und in diesem Sinn sind die Geldmanipulationen die größte Gefahr und ist es »ein Skandal [...] und verachtenswert für ein Staatsoberhaupt, das Geld des Landes niemals auf demselben Stand zu belassen, sondern von Tag zu Tag zu verändern: an diesem Ort stärker als an jenem, zu gleicher Zeit. So weiß man sehr oft während dieser Wandlungszeit nicht, wieviel diese oder jene Münze wert ist, ob man Waren kaufen oder verkaufen, oder Geld losschlagen, den Preis ändern soll, was gegen seine Natur ist. So besteht betreffs des Dinges, das ganz sicher sein müßte, kein Bestand, vielmehr größere und allgemeinste Verwirrung«.[87]

Nicht allein, daß Oresme hier, mit einer harschen Kritik an den Falschmünzerkönigen, die trübe Praxis des 14. Jahrhunderts auf den Begriff bringt, darüberhinaus wird etwas Grundlegendes sichtbar: nämlich daß der Garant für ein funktionierendes Tauschwesen die *Stabilität* des Geldes in Raum und Zeit ist, ja daß man es mit einem *Raum-Zeit-Gebilde* zu tun hat. Hier ist der neue Ton, der Oresme aus dem Diskurs der Scholastik herauslöst. Oresme schreibt die notorischen Stoffwechselstörungen der Ökonomie nicht den Kontrahenten des Tausches zu, sondern geht auf die *prima causa* des Tausches ein: das System, *innerhalb dessen* ein Preis erscheint. Geld, so verstanden, ist nicht mehr etwas, was (mathematisch betrachtet) die Funktion des Gleichheitszeichens innehätte – oder gar, in der Vorstellung des Substanzwertes, die eine Seite der Gleichung repräsentierte, sondern es markiert den Raum, *innerhalb dessen* sämtliche Gleichungen sich vollziehen. Damit aber ist es weder Meß-Instrument (das, wie die Waage, die Dinge gegeneinander aufwiegt), noch ist es Ding-Äquivalent (das an sich, als Substanz, den Wert eines Dinges aufwiegen könnte), sondern es hat eine zeiträumliche Dimension. Geld ist, auch wenn es dinglich erscheint, ein *Un-Ding*, es ist ein Zeit-Raum-Gebilde, *Währungsraum*.

Genaugenommen liegt hierin auch schon das Ideal des Geldes: nämlich daß es einen Raum bildet, der währen möge. Das, was sich darin ausdrückt, ist das Ideal der Homogeneität, wie es bereits im Ticken des Räderwerks und in der dekonstruierten, koordinierten Weiße des Raumes Gestalt angenommen hat – und es ist genau diese Form der Homogeneität, die im Zeichenkörper des Geldes angestrebt ist. Vor diesem Hintergrund gewinnt die kleine Nebenbemerkung, daß es gegen die »Natur« des Preises verstoße, ihn zu verändern, ihre Bedeutung. Das, was sich dahinter verbirgt, ist nichts anderes als die Idealfigur des *absoluten Zeichens*, eines Metrums mithin, das feststeht und an dem sich die Dinge (gerade der Unverrückbarkeit des Maßstabes wegen) messen lassen können. In diesem *absoluten Zeichen* nun sind zwei andere *Absoluta* enthalten: die *Absoluta* des Raums und der Zeit (bezeichnenderweise weist die oben zitierte Stelle ja deutlich darauf hin, daß die Mutationen des Souveräns sowohl gegen die Stetigkeit der Zeit als auch des Raumes verstoßen).

Freilich, und natürlich ist Oresme dies bewußt, ist Geld eben nicht bloß Zeichen, sondern, insofern es Zeichenkörper wird, ein Maßstab, der von Menschen *gesetzt* wird. Diese Frage nun zielt ins Zentrum – stellt sich doch das gedankliche Problem, wie ein von Menschen gesetztes Maß beschaffen sein muß, damit es als ein *absolutes Zeichen* erscheinen kann. Zunächst – und das ist der erste Schritt – muß seine Disponibilität fühlbar werden, muß es der sakralen Sphäre entzogen und in den Bereich der menschlichen Setzung überführt werden. »Gewissen Geldstücken«, so schreibt Oresme, »ist der Name Gottes, oder eines Heiligen oder das Kreuzzeichen aufgeprägt. Ein alter Brauch zum Zweck, Zeugnis für Echtheit von Stoff und Gewicht abzulegen«.[88]

Gott als Gütesiegel, das entspricht zweifellos einer deutlichen Entwertung (wie das Fertiggericht nach »Gutsherrenart) – und wirklich zeigt sich hier, in der Verwandlung des *Numen* zum *Numisma*, ja geradezu zur *Numismatik*[89], wie sehr der Säkularisierungsprozeß schon ins Denken gedrungen ist. Nun eignet der Dekonstruktion des Religiösen nicht bloß eine geistige, sondern auch eine überaus praktische Seite. Wenn dem Geld nichts Numinoses mehr innewohnt, wenn es Menschenwerk ist, wem kommt es dann zu, ein Maß zu setzen? Diese Frage läuft auf nichts anderes hinaus als auf eine fundamentale Erschütterung der herrschenden Praxis, stellt sie doch – mit der Dekonstruktion des Numinosen – auch das Privilegium seines irdischen Konterparts in Frage. An der Frage des Geldes, die ja die Frage des Maß-Gebenden ist, hängt die Legitimität. So ist es, Oresme bringt dies sehr deutlich auf den Punkt, das unkontrollierte Handeln des Fürsten, welches der Stabilität des Geldsystems Schaden zufügt; ja, er geht noch einen Schritt weiter und klagt den Souverän des Wuchers an, nämlich daß er, indem er »aus dem Geld, wider und außerhalb seines natürlichen Gebrauchs, einen Gewinn [ziehe], eine dem Wucher ebenbürtige, ja noch schlimmere Tat« begeht, »denn er vergewaltigt den Willen der Bürger schlechthin und in höherem Maße, ohne Nutzen und außerhalb jeder Notwendigkeit.«[90]

Das Geld kann nicht die Sache eines Einzelnen sein, es ist die Sache der Gemeinschaft, und es ist dieses ihr *Naturrecht*, das sie nicht auf andere übertragen, lediglich auf Widerruf delegieren kann. Es ist evident, daß sich hier eine Verschiebung des Legitimitätparadigmas abzeichnet, aber interessanter noch erscheint mir die Auflistung dessen, wogegen sich der Souverän vergeht: denn er vergewaltigt nicht nur den Willen seiner Bürger, sondern auch die Natur und die Notwendigkeit.

»Wie es aber die Gesellschaft dem Fürsten nicht gestatten kann, kraft seiner Stellung Gattinen der Bürger für sich in Anspruch zu nehmen, so vermag sie ihm auch nicht ein Geldvorrecht zu gewähren, das nur schlechtem Gebrauch zugänglich ist, indem Gewinn aus Geldabwertungen erheischt wird.«[91]

Es ist dies – entgegen der herrschenden Meinung, die wie die Ordonnanz Philipps VI. deutlich belegt, noch immer davon ausgeht, daß der Souverän, dadurch, daß er das Geld prägt, de jure zumindest auch sein Besitzer ist – ein unerhörter Vorgriff, etwas, das in dieser Schärfe von keinem anderen Denker zuvor formuliert worden ist. So ist auch der Kompromiß, den Oresme vorschlägt, nämlich daß der Fürst als »die öffentlichste Person« weiterhin die Münzprägung vollziehe, ausgesprochen zweischneidig, erscheint dieser nun nicht mehr als derjenige, der dies aus eigener Machtvollkommenheit tut, sondern lediglich als *Repräsentant*, der im Dienste der Gemeinschaft steht[92] – und so steht es der Gemeinschaft frei, dieses Recht jederzeit auf einen anderen Repräsentanten zu übertragen. Ob benannt oder nicht, an der Frage des Geldes verschiebt sich die Legitimität der Macht: geht sie über vom Gottesgnadentum zum Souverän von Gnaden der Gesellschaft, die ein Recht, das sie qua Natur besitzt, an einen einzelnen überträgt (und zwar so lange, wie ihr dieser zu Diensten ist).

Oresmes Geldtheorie ist, wenn man so will, nichts anderes als die Konstruktion eines zentralperspektivischen Herrschaftsmodells – und in diesem Sinn hat man es nicht bloß mit einer Geldtheorie zu tun, sondern mit einer Logik, die weit über ihren Verfasser hinausgeht: mit der Grammatik der Repräsentation. Bemerkenswert daran ist, daß der gedankliche Nexus vom Geld ausgeht, ja, daß hier, an der Frage und am Funktionsmechanismus des Geldes entlang sich bewegend, sich die Logik der Repräsentation als eine geradezu notwendige Herrschafts-Technik abzeichnet, eine Herrschaftstechnik jedoch, die der des *Geldes* (oder genauer: des *absoluten Zeichens*) unterstellt bleibt. Von einem Primat der Ökonomie zu sprechen, ist aus diesem Grund nicht ganz richtig, geht es doch – wenn die Herrschaftstechnik der Repräsentation die Stabilität des Raum-Zeit-Gebildes *Geld* zu besorgen hat – um das Primat des *Maß-Gebenden*.

Hier nun offenbart sich das ganze Dilemma, gilt es doch in der Frage des Geldes ein Paradox aufzulösen: nämlich das, was menschliche Setzung ist, als absolut erscheinen zu lassen. Genaugenommen wiederholt sich die Doppelstruktur der Mechanischen Uhr, mit dem Unterschied freilich, daß die Verabsolutierung des Räderwerks, die für Himmelswerk ausgibt, was dem menschlichen Ingenium entsprungen ist, sich hier sehr viel schwieriger gestaltet – wird die Täuschung sehr viel schneller ruchbar als sich dies in den Sphären der Metaphysik ereignet. Jene Selbsttäuschung also, wie sie schließlich in der cartesianischen Metaphysik ihren Gipfelpunkt findet, wird hier beständig konterkariert, ist das *absolute Zeichen*, als ein Gesetztes, doch der menschlichen Willkür ausgeliefert. In diesem Sinn ist, was die Stabilität des *Raum-Zeit-Gebildes* behindert, der Mensch selbst, die Gefahr nämlich, daß das auf einen Einzelnen übertragene Gemeinschaftsrecht zum Mißbrauch geradezu einlädt. Diesen Unterschied zu machen ist wesentlich, liegt hier doch der Grund für jenes Mißverständnis, wie es sich in den meisten Geldtheorien als präsumtive *Abstraktionsbewegung* und als Desubstantialisierungsprozeß artikuliert – so als ob Geld ganz allmählich seiner Substanz verlustig ginge und sich dem Zustand des »gedruckten Papiers« annäherte. In Wahrheit ist Geld schon in dem Augenblick, da es sich als Teil des Oresmischen Währungsraumes verkörpert, ein Abstraktum: nämlich das hypostasierte Un-Ding, der Körper, der nicht als Körper, sondern als *Zeichen* gelesen werden will. In diesem Sinn stellt der der Münze innewohnende Gold- oder Silbergehalt nicht den tatsächlichen Wert dar, sondern lediglich das notwendige Substrat, welches den Zeichenwert glaubwürdig macht und es der Münze gestattet, als bloßes *Zeichen* gelesen und entgegengenommen zu werden. Dieser Zeichencharakter des Geldes nun ist es, der es erlaubt, das je Besondere, Konkrete des einzelnen Geldstücks (an dem man sich die Zähne ausbeißen könnte) zu übersehen und stattdessen den aufgeprägten Nennwert für bare Münze zu nehmen. So besehen ist, was man bei einem Geldstück für bare Münze nimmt, ja nicht die Münze selbst, sondern das ihr aufgeprägte Zeichen, ist die Münze nichts als ein Träger, den man ebensogut (sofern dieser wie das Gold als ein Zeit-und Raumspeicher funktioniert, das heißt eine Deckung in der Realität hat) durch einen anderen Stoff oder durch einen Fetzen Papier ersetzen könnte. Und so ist es nur logisch, daß jenes Geldsystem, das Oresme für eine Edelmetallwährung entwirft, mühelos auch auf Papiergeld übertragbar wäre.

In dem gleichen Sinn, wie das Räderwerk die Naturzeit dekonstruiert, auf die gleiche Art und Weise schließlich, wie auch der Raum sich zum Koordinatensystem wandelt, wird in der Geldtheorie des Nicole Oresme auch das Geld rationalisiert. Geld hört auf, bloßes Instrument oder Maßstab zu sein, welches (wie eine Waage) das eine gegen das andere aufwiegt, es wird zum *universalen Ding*, zum *Un-Ding*, zum *System*, zum *Währungsraum*, zum Angelpunkt aller Wirtschaftsaktionen. So wie die

Transformationsgrammatik des perspektivischen Bildes es ermöglicht, daß die Welt abgebildet werden kann, so stellt das Geld den Rahmen und die Transformationsgrammatik dar, innerhalb derer der Tausch funktioniert. Geld, so besehen ist *Trompe l'œil*, ein künstlicher Raum, zweite Natur. Und so ist es nicht von ungefähr, daß bei Oresme jene Metapher auftaucht, nach der das Geld, das in einer Volkswirtschaft zirkuliert, dem Blut verglichen wird, das in einem Körper fließt. Dieser systemische Begriff, in dem Geld den Gesamtzustand eines Systems repräsentiert, ja gleichsam seine lebenswichtige, lebenserhaltende Funktion verkörpert, so daß eine jede Veränderung dieses lebenswichtigen Schmiermittels den Gesamtzustand stören, ja zum Kollaps führen könnte, markiert das wesentliche Theorem des neuzeitlichen Geldbegriffs, der weit bis in unser Jahrhundert Geltung hat.[93] Wobei dieser Körper, und das ist bedeutsam, sich formiert, bevor er sein *Staatsgewand* übergezogen und sich in eine *Nationaluniform* gekleidet hat.[94] Die Logik der Repräsentation, so wie sie sich in der Frage des Geldes formuliert, ist – gerade so wie die Zeit der Mechanischen Uhr – eine Prophetie, sie nimmt vorweg, was sich in den historischen und politischen Gebilden erst ganz allmählich und unter großen Qualen einlöst. Hier liegt die Modernität der Oresmischen Geldtheorie, und sie liegt dort, wo Oresme nichts anderes tut, als der Sache des Denkens zu folgen, wo er mit räderwerkartiger Logik jenen Währungsraum entwirft, der zu seiner Zeit gar nichts anderes sein kann als ein *leerer Rahmen*, der aber, da in ihm zugleich das Modell verborgen liegt, wie ein solches Gebilde sich der Welt bemächtigt, sich mit der Zeit mit allerlei Bildern füllt.

Tatsächlich, das Gold, das auf dem Fresko Simone Martinis in Form des Goldgeldes seinen Besitzer wechselt, markiert ein Skandalon: nichts weniger als den Übergang vom Numen zum Numisma, die Entheiligung der Substanz, die Vernichtung einer Welt. Dieser Entwertungsprozeß ist nicht bloß ein religiöser, er greift tief in die gedankliche Ordnung ein. Denn das Geld affiziert nicht nur den symbolischen Raum, sondern die Lebensordnung des Feudalwesens überhaupt, den Grund und Boden, auf dem die Ordnung des Mittelalters ruht, all die Selbstverständlichkeiten, die das Selbstverständnis begründen. Daß man mit dem Raum und der Zeit rechnen kann, daß Raum und Zeit, gleichsam abgelöst, in den Aggregatzustand des reinen Zeichens übergehen können, das markiert die Denkschwelle einer Zeit, die auf dem Boden der Tatsachen steht und nichts mehr verabscheut als den *horror vacui*. Es ist ein langer Abschied, der mit der wachsenden Mobilität, mit der Verflüssigung der Denkformen schon im 12. und 13. Jahrhundert anhebt: ist doch der Wechsel bereits ein erstes Instrument, das sich über den Raum, über die Schwere der Dinge, einfach hinwegsetzt und an ihrer Stelle die *Überweisung durch ein Zeichen* setzt.

Kapitel 4

Das Bild und der Spiegel

Auf einem der ersten datierten Bilder in der Geschichte der Malerei[95] ist, an der Rückwand des dargestellten Raumes (und somit als ein Bestandteil des Bildraumes selbst) die Aufschrift zu lesen: »Johannes de Eyck fuit hic«. Jan van Eyck war hier. Sonderbar, daß die Signatur, die der Maler hinterlassen hat, exakt jene Attitüde verrät, wie sie den Reisenden kennzeichnet, der auf der steinernen Brüstung eines Monuments oder einer Aussichtsplattform sein Anwesenheitszeichen einritzt: *Kilroy was here, Rosi loves Bernd* oder einfach *E.T.* – Diese

Schrift an der Wand ist um so sonderbarer, als der Maler, ein wenig unterhalb seiner Signatur, auch sich selbst verewigt hat: nämlich in der Tiefe eines runden Spiegels, der die Szenerie des Bildes widerspiegelt: das Hochzeitspaar, nunmehr rücklings, das Bett, den Kronleuchter, das Fenster – und dann: in der Mitte des Spiegels, auf den ersten Blick kaum zu erkennen, jene beiden Männer, die im Bildraum selbst nicht zu sehen sind, weil sie *diesseits* der Bildgrenze, also dort wo sich der Betrachter befindet, stehen. Der eine der beiden, darauf bezieht sich die Aufschrift, soll wohl den Maler selbst vorstellen, der andere ist unidentifiziert: weshalb wir ihn vorläufig bloß den »Vierten Mann« nennen wollen. So daß Jan van Eyck – entgegen der Aufschrift – nicht nur hier war, sondern noch immer »im Bilde ist«. Worauf also bezieht sich das »War«?

Vielleicht ist, was dieser Inschrift zugrundeliegt, etwas durchaus Allerweltartiges, von gleicher Art wie die Verewigungstat des Touristen, der sich müht, sein Hier und Jetzt in die Rinde eines Baums oder in den Stein eines Monuments einzuritzen, dort, wo schon Hunderte zuvor sich einer ziemlich desinteressierten Nachwelt verewigt haben. Was sich einschreibt, ist die Unwiederbringlichkeit des Augenblicks: das Wissen darum, daß man nicht an diesen Ort zurückkehren wird, oder zumindest nicht als derselbe, der man in diesem bestimmten Hier und Jetzt ist – und es ist dies wohl der Grund, warum in der Regel eine Zeitangabe folgt. Genauso, wie es auch hier zu sehen ist: 1434. So daß die Signatur eigentlich weniger die Nachwelt meint als das hervorgehobene, ekstatische Moment[96]: eben jenes Moment, das aus dem Fluß der Zeit sich herauslöst und zu einem besonderen Augenblick sich verdichtet, zu einer Art Massepunkt, den es, als Datum, zu fixieren gilt.

Es ist wohl diese Empfindung, die Jan van Eyck dazu bewegt, diesen Massepunkt in der Zeit bisweilen noch sehr viel genauer zu bestimmen: wie auf dem »Mann mit rotem Turban« (einem mutmaßlichen Selbstporträt), wo das Datum auf den Tag genau fixiert ist: nämlich auf den 21. Oktober 1433 – was, da er das Bild ja nicht an einem Tag gemalt hat, sich nicht auf den Entstehungs- und Arbeitsprozeß des Bildes bezieht, sondern auf das, was sich in der Physiognomie jenes Mannes verewigt hat, der dort aus dem Bild herausschaut: das Gesicht des Einundzwanzigsten Oktobers des Jahres Vierzehnhundertdreiunddreißig. Nunc stans.

Dieses Zeitverdichtungsmoment nun ist Gegenstand auch des Arnolfini-Bildes, ist die Stellung, in der Mann und Frau sich dem Betrachter darbieten, ein solch hervorgehobener, ja mehr noch: ein *sakraler* Augenblick. Das Bild zeigt den Akt der Eheschließung – und damit nichts weniger als ein Sakrament (das einzige übrigens, das nicht die Kirche vergeben kann, sondern das die sich Vermählenden einander selbst erteilen).[97] So ist die Stellung, die Mann und Frau gegeneinander einnehmen, nicht eine beliebige Pose, sondern Teil eines Rituals, eines Rituals, das vorsieht, daß die Brautleute einander die Hand reichen und daß der Bräutigam die Hand zum Gelöbnis erhebt.

Tatsächlich sind hier zwei Handreichungen, das Einander-die-Hand-Reichen und das Erheben der Hand zum Gelöbnis, zu einer einzigen zusammengeschmolzen, hat der Maler, um diesen Akt in *einem Augenblick* in Szene setzen zu können, eine Abweichung vom Ritual in Kauf genommen: so daß der Ehemann Arnolfini seiner Angetrauten, statt seiner Rechten (wie es vorgeschrieben ist) die Linke reicht, zweifelsohne weil er die Rechte dafür benötigt, sie zum Ehegelöbnis zu erheben. In gewisser Hinsicht ist diese Verdichtung des Akts zum Augenblick der Abglanz jener älteren Praxis mittelalterlicher Darstellung, bei der die *Gleichzeitigkeit*, das in sich geschlossene Hier und Jetzt, durchaus keine Notwendigkeit besaß. Es war, wie bei einem Comic-Strip, möglich, eine ganze Geschichte in *einem Bild* zu erzählen: so daß man einen Mann auf das Haus seiner Geliebten zureiten, ihn durch die Pforte eintreten, die Geliebte schließlich in der Kemenate in die Arme schließen sieht etc. Eine Lesart, die van Eyck im Rahmen des Spiegels sichtbar macht, wo in den verschiedenen, in das Holz eingeschnitzten Bildern die Passionsgeschichte erzählt wird, im Uhrzeigersinn.

Und doch enthüllt sich eben darin, in der Entrückung zur Rahmenhandlung, daß Jan van Eyck der Maler schon eines neuen Zeitgefühls ist, eines Zeitbewußtseins, das es nicht mehr zulassen kann, daß sich die Zeit im Bild räumlich entfaltet, sondern das im Gegenteil die Zeit auf den Punkt bringt. So wie der Bildraum die Illusion *eines Raums* erweckt, so ist auch die Zeit in *einem Augenblick* zusammengefaßt – ja, scheint diese neue, pünktlich gewordene Zeit schon von einer solchen Bedeutung, daß auch der Vollzug des Sakraments, das Nacheinander des Rituals, der Logik der Zeit-Verdichtung untergeordnet wird. Weswegen es mehr als ein bloßer Zufall ist, daß das Präteritum der Signatur sich nicht auf eine x-beliebige schöne Aussicht, sondern auf jenen Augenblick bezieht, der zugleich ein Zeitgelöbnis, ein Ewigkeitsversprechen ist: bis daß der Tod euch scheidet.

Und doch erzählt der Schriftzug noch mehr, ist auch seine Form, die Typographie von Bedeutung. So graviert Jan van Eyck auf einem Porträt, das er zwei Jahre zuvor macht, in antikisierender Schrift ein *LEEAL SOVVENIR*, ein »loyales Angedenken« in den (gemalten) Stein, der als eine Art Brustwehr für den Abgebildeten wirkt. Der Stein ist aus Marmor, schadhaft und von einem Riß durchzogen, worüber sein Alter kenntlich wird – fügt es sich also in den Zusammenhang, daß dort, neben den römischen Majuskeln, auch ein griechischer Schriftzug erscheint: *TIMOTHEOS* steht dort, was den Abgebildeten, in humanistischer Manier, mit dem Namen eines antiken Vor-Bildes anspricht. Die Schrift wird zur *Chiffre*: etwas, was van Eyck mehr oder minder zu einer Kunstform ausarbeitet: versteckt er doch auch sein persönliches Motto hinter griechischen Lettern: ΑΚΣ ΙΧ ΚΑΝ. Und in diesem Sinn ist auch auf dem Arnolfini-Hochzeitsbild der

Schriftzug nicht beliebig gewählt, sondern als Chiffre verstanden. Ein Paläograph der Gegenwart, hat sich Jan van Eyck hier genau den Schriftzug erwählt, der seinen Auftraggeber Giovanni Arnolfini charakterisiert: jene verschnörkelte, äußerst kunstvolle Schrift, wie sie Dokumente, Verträge und Wechsel kennzeichnet. Denn Giovanni Arnolfini ist ein Finanzier. Was man für eine sinnreiche Anspielung oder, wie die kostbare Kleidung, die das Ehepaar Arnolfini als ein Teil der flandrischen *upper class* ausweist, für ein bloß äußerliches Attribut halten könnte, geht freilich noch tiefer – die Schrift an der Wand rührt an den Kern seiner Existenz.

Tatsächlich ist sein Schriftzug sein einziges Werkzeug (ist es daher kein Zufall, daß sich kein anderes Emblem seiner Tätigkeit im Raum dargestellt findet). Es ist dieser Schriftzug allein, der die Transaktionen des Finanzmanns verbürgt: Signatur seiner Glaubwürdigkeit, und demgemäß beruht der Funktionsmodus des von ihm gezeichneten Wechsels allein darauf, daß an einem anderen Finanzplatz ein Vertrauter, ein Handelspartner, diesen seinen Schriftzug wiedererkennt und die in der Note niedergelegte Summe Geldes ausbezahlt. Die Signatur des Kaufmanns, unter einen Kontrakt oder einen Wechsel gesetzt, ist der einzige Garant für den Tausch (so wie der Name einer Bank dafür steht, daß der Einleger ihr seine Ersparnisse anvertraut) – und in diesem Sinn zieht sich hier das Gewicht seiner Existenz zusammen, kontrahiert es, wenn man so will, zur Verläßlichkeitschiffre, zu jener Signatur, die einen *Kontrakt* »absegnen« kann. Darauf spielt Jan van Eyck an, indem er jenen verschnörkelten notariellen Schriftzug wählt – und vor diesem Hintergrund ist es nur um so bedeutsamer, daß statt seines Namens, *Giovanni Arnolfini* (wie es doch am naheliegendsten gewesen wäre), der Name der Malers erscheint.

Tausch der Positionen. Denn nunmehr ist es nicht mehr der Bankier, der das Geld eines Klienten entgegennimmt und ihm im Gegenzug ein Zertifikat mit seiner Unterschrift aushändigt (das dieser an einem anderen, genau bestimmten Ort, wo man seine Unterschrift akzeptiert, einlösen kann) – nunmehr ist es der Maler, der das Geld des Finanziers Arnolfini entgegennimmt und ihm im Gegenzug ein Bild zurückgibt, das seine, des Malers Signatur trägt. Die Auswechselung des Namens markiert selbst einen *Kontrakt*, wird der Maler doch dadurch, daß er seinen Namen an die Stelle des Finanziers setzt, zu einem Kontrahenten des Tauschs. Freilich ist die Währung, auf die dieser Kontrakt sich beläuft, nicht Geld, sondern etwas anderes: erhält der Finanzier Arnolfini für das Geld, das er dem Maler gibt, etwas anderes zurück, etwas, wofür der Name *Johannes de Eyck* stehen soll. So besehen besteht der Tausch, von dem das Bild erzählt, nicht (oder nur vordergründig) darin, daß ein Bild für Geld hergegeben wird, daß Jan van Eyck sich, wie bestellt, zum Porträt eingefunden und dies mit einem »Jan van Eyck war hier« abgezeichnet hat, sondern man hat es mit einem *Tausch höherer Ordnung* zu tun. Es ist ein Tausch, wo nicht etwas materiell Kommensurables ausgetauscht wird, sondern wo der Finanzier Geld für einen Wechsel gibt, der darin besteht, daß das Bild, das die Signatur des Malers trägt, die seine so wiedergibt, daß er, Giovanni Arnolfini, sich darin wiederentdecken kann. Es ist die *Signatur*, welche die beiden Männer vereint, oder genauer: der Glaube daran, daß die Signatur des einen die des anderen widerspiegeln kann – folglich verbirgt sich in der verschnörkelten Schrift an der Wand nicht nur der Kontrakt, den der Maler und sein Auftraggeber eingegangen sind, sondern zudem eine Art Komplizenschaft: ja buchstäblich ein Spiegelverhältnis (dort, wo sich der Maler und sein Auftraggeber im Bild ja tatsächlich treffen).[98]

Es mag sein, daß diese Deutung weit hergeholt scheint, gleichwohl entspricht sie der Praxis, wie sie sich im 15. Jahrhundert durchsetzte: ging doch einer Bildbestellung in der Regel ein Kontrakt voraus, in dem der Auftraggeber den Maler dazu verpflichtete, ein Porträt auf eine bestimmte, im Vertrag niedergeschriebene Art und Weise zu malen. Es ist dies eine Verflechtung, die sich auch etymologisch rekonstruieren läßt. Verdankt sich das »Portrait« dem lateinischen *portrahere* und meint ein »Hervorziehen, entwerfen, ans Licht bringen«, so beruht der »Kontrakt« auf der gleichen Sprachwurzel und meint, wie der Schöpfer des Neologismus, Nicole Oresme, im 14. Jahrhundert definiert, daß man sich im Sinne eines Kontraktes oder einer Konvention zu etwas verpflichtet (»s'engager par contrat ou convention«); so daß die Herstellung des Bildes darin besteht, das, was im Kontrakt vereinbart worden ist, ans Licht zu bringen. Womit freilich das ganze Spannungsfeld benannt ist, in dem Auftraggeber und Maler sich gegenüberstehen. Denn in Wahrheit sind sie ja Kontrahenten in einem Tausch, der nicht eigentlich kommensurabel ist, sondern zwangsläufig auf Fragen der Konvention und des Stils hinausläuft (und auf all das, was darunter wohl zu verstehen sein mag) – weist auch das Wortfeld in eine Metasprache, die eher die Verwicklung, die Komplexität dieses Beziehungsgeflechts deutlich macht: Attraktion, Abstraktion, Subtraktion.[99] Also all das, worüber sich streiten läßt.

Jan van Eyck war hier – aber was ist das *Hier* für ein Ort? Zweifelsohne ist man bei den Arnolfinis zu Gast; genaugenommen tritt man, indem man den Platz des Betrachters einnimmt, bei ihnen ein: ist im Spiegel doch der Lichtschein einer sich öffnenden Tür zu sehen. Ein Zimmer, in dem nicht viel zu sehen ist: ein paar Möbel, eine Kommode, eine Bank, ein Spiegel, ein Kronleuchter, ein Bett. Ein Hündchen zu Füßen der Braut. Dennoch ist es – was ein Betrachter des frühen 15. Jahrhunderts wohl unzweideutig entziffert hätte – ein durchaus *repräsentatives* Schlafgemach (ersichtlich zum Beispiel an der Verglasung des Fensters, die noch bis ins 14. Jahrhundert hinein so kostbar war, daß man sie nur bei öffentlichen Gebäuden verwendete – während die Häuser gewöhnlicher Sterblicher lediglich Fensterläden aufwiesen). Ebenso wie die Kleidung à la mode und kostbar ist, Nerz und Hermelin, sind auch die

Dinge preziös: die Orangen auf der Fensterbank, der Kronleuchter, der Spiegel, das baldachinartige Bett.

Was das Auge des Betrachters frappiert, ist der Realismus der Darstellung. Es ist dieser mikroskopische, durch und durch gegenständliche Blick auf die Dinge, der die Lesbarkeit des Bildes begründet – ist hier  doch bereits eine moderne, neuzeitliche Bildersprache benutzt. Und doch – wie könnte es anders sein bei dem Maler der Madonnen und Verkündigungen – ist jegliches Detail symbolisch gesättigt: läßt sich, sofern man versucht, zu jener älteren, von anderen Schichten überlagerten Bedeutungsschicht zurückzugehen, jene symbolistische Lesart rekonstruieren, die einem Betrachter des 15. Jahrhunderts augenfällig gewesen wäre: augenfällig, daß das Hündchen zu Füßen der Brautleute (das genau auf jener Vertikalen steht, welche die Bildmitte, und damit die Trennlinie zwischen Mann und Frau markiert) die Treue symbolisiert, augenfällig, daß die Früchte, die auf der Fensterbank und der Kommode stehen, den Stand paradiesischer Unschuld symbolisieren, augenfällig, daß der Spiegel, der von zehn kleinen Passionsszenen eingerahmt (und somit religiöse Lesart besitzt) die Jungfräulichkeit der Maria repäsentiert (ein *speculum sine macula*), ebenso wie die Korkpantinen, die am linken unteren Bildrand, in der Hälfte des Ehemanns zu sehen sind, als die Aufforderung Gottes an Moses gelesen werden sollen, als das *Steige hinab*: wie das Heiligtum einzurichten sei, mit was für Teppichen, Leuchtern etc. – eine Aufforderung, die, in moasischer Nachfolge, sich auch der Ehemann Giovanni Arnolfini für die Einrichtung seines Hausstandes zu eigen machen soll.

Zweifellos, in dieser älteren Lesart ist das Arnolfini-Porträt ein eigentlich mittelalterliches Bild (und von nachgerade ethnologischer Fremdheit): folgen die Dinge hier einer Semantik, in der die einzelnen Gegenstände wie Bestandteile einer Befehls- oder Programmiersprache wirken: göttliche Requisiten, die das Heilsgeschehen bestätigen (und tatsächlich sind sie, strukturell betrachtet, am ehesten noch den »Icons« der Computerprogramme vergleichbar, die eine ähnlich feste, umrissene Sprachbedeutung haben). Doch dieser mittelalterliche Symbolismus ist eingetaucht in ein neues Licht, hat man es nicht, wie auf den mittelalterlichen Bildern mit Gegenständen zu tun, die *lediglich* als Symbole wirken, sondern gibt es zugleich eine neue, sehr viel freiere Lesart: eben jene Lesart, die das Bild auch für uns noch lesbar macht. Die Dinge werden privat, und tatsächlich ist dies auch so etwas wie ein Akt der Privation: wird dem Symbolismus, der Befehlssprache des Heilsgeschehens die vollständige Verfügungsgewalt über die Dinge (oder genauer: über ihren Symbolwert) entrissen. Der sechsarmige Kronleuchter enthält zwar die *Sechszahl* in sich (und entspricht damit der göttlichen Zahl) – gleichwohl ist er ganz dinglich und realistisch geschaut, wie überhaupt jeder Gegenstand mit einem regelrechten Forscherblick um seiner selbst willen ins Auge gefaßt worden ist. Es ist dieser Realismus, der die Fremdheit der mittelalterlichen Ikonographie überwinden hilft: bedarf es nun nicht mehr der symbolischen Auslegung, sondern stehen die Dinge für sich und für ihren Zusammenhang.

Das, was Jan van Eyck aus der mittelalterlichen Malerei herauskatapultiert, ist ein neues Verständnis des Lichts, welches erstmals die Illusion einer räumlichen Einheit und damit eines im Bildraum verborgenen, eines *immanenten* Bildsinns ermöglicht. Es ist das Licht, welches die scharf abgegrenzten Symbole ineinander übergehen läßt, was ihre Dinghaftigkeit und das damit allen Dingen Gemeinsame hervorhebt: und so wiederholt sich das Grau der Holzbohlen (in dem das einfallende, warme Sonnenlicht die Valeurs verändert) im Grau der Wand, im Fell des Hundes und im grauen Nerzbesatz des Mantels; und in dieses *neue Licht* getaucht, erscheinen die Dinge plötzlich *einem Raum* zugehörig, verlieren sie in dem Maße, in dem sie als Dinge betrachtet werden können, ihre festumrissene Symbolfunktion. Genaugenommen erscheint auch der Zwischenraum nicht mehr als Leere, sondern als Übergangszone, wo eins ins andere fließt.

Das Licht bei Jan van Eyck ist um so bedeutsamer, als hier die Gedankengrenze der mittelalterlichen Malerei überwunden ist, die, an der Substanz der Dinge klebend, einem jeden Ding Form und Farbe als Akzidenz zuweist. Woraus zwingenderweise folgt, daß ein Mantel, der die

Akzidenz der *Grünheit* besitzt, eben nur grün dargestellt werden kann – wie es andererseits unmöglich ist, daß er überschattet oder in ein anderes Licht getaucht werden kann. Bei Jan van Eyck hingegen werden die Dinge in einen sie durchdringenden Lichtäther eingetaucht, werfen sie Schatten und beginnen in ihrer Farbigkeit zu changieren – und werden dadurch als Teil ein und desselben Sprachraums begriffen, werden sie frei für jene Bildersprache, die ihnen, für den Augenblick eines Bildes, eine Bedeutung zuweist.

Die Schuhe beispielsweise. Die Schuhe der Frau stehen vor einer Bank. Die Bank befindet sich unterhalb des Spiegels, so daß, wenn die Frau hineinschlüpfte, sie genau vor dem Spiegel zu stehen käme. Also sind die Schuhe nicht einfach Schuhe, sondern wollen als Zeichen gelesen werden: Platzhalter ihres Spiegelbildes. Die Schuhe des Mannes befinden sich am linken unteren Bildrand; es sind Korkpantinen, Überzieher, wie man sie benutzt, wenn man die eigenen Schuhe auf der Straße nicht besudeln will. Sie sind nicht ganz zu sehen, sondern lediglich zu drei Vierteln, die Spitzen der Schuhe weisen über das Bild hinaus. Der Stand der Schuhe sagt, was die Gesichter, die fast enigmatisch, in sich versenkt, aneinander vorbei oder eigentlich in sich hinein schauen, nicht

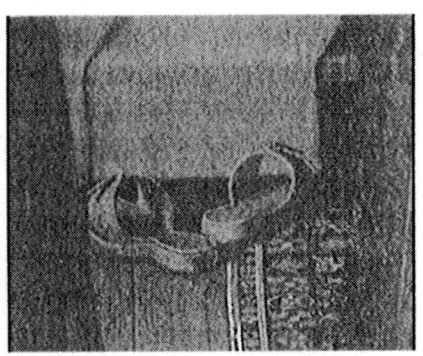

ausdrücken können. Genaugenommen sind die Schuhe der Ausdruck selbst: drückt sich in ihnen eine regelrechte Handlungsanweisung ist. So ist es zeichenhaft, daß die Schuhe des Mannes nicht ganz Teil der häuslichen Sphäre sind, sondern darüber hinaus weisen (wie die Tätigkeit als Finanzier über die leibliche Anwesenheit des Giovanni Arnolfini

hinausweist); ja, es ist zeichenhaft, daß sie überhaupt im Bild sind, kommt mit ihnen doch nichts weniger als eine ganze Welt, nämlich der in die Außenwelt weisende Aktionsradius des Mannes ins Spiel – und in diesem Sinn korrespondiert dem abgeschnittenen Detail der Schuhe, deren Spitzen in die Außenwelt weisen, auf der Seite der Frau das Bett, das, wie die Schuhe des Mannes, nur zum Teil sichtbar, wiederum einen eigenen Raum im Raum darzustellen scheint. Dann die Schuhe der Frau, die auf der Höhe des Bettes vor dem Spiegel stehen. Und natürlich ist auch dies eine Art Handlungsanweisung: Stehen die Schuhe des Mannes so, daß sie der Form nach die Spitze eines Pfeils ergeben, Symbol des Angriffs und der Konzentration, so ist die Stellung der Schuhe der Frau leicht geöffnet, offenbart sich in dieser geöffneten Stellung eine Chiffre der Empfänglichkeit (was im Angesicht des »noch ausstehenden« Spiegelbildes verstärkt wird) – und tatsächlich geht der Blick von dort auf die Figur der Frau zurück, wird sichtbar, daß das über dem Bauch geraffte Kleid gleichsam 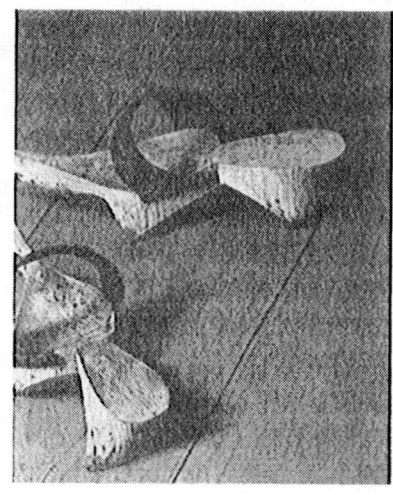 eine Schwangerschaft verheißt. In diesem Tableau erhält das Symbol der paradiesischen Unschuld, erhalten die Früchte, die dort auf der Fensterbank liegen, eine weitere Lesart, kündigen sie Leibesfrucht an.

In das neue Licht getaucht, beginnen die Dinge zu sprechen. In dem Maße nun, in dem sich hier eine neue Sprache organisiert, in dem die Dinge zu Syntagmen einer Bilder-Sprache werden, die ganz neue Kombinationen und Sinnfelder öffnet – in dem Maß beginnt sich die alte, mittelalterlich-symbolistische Lesart zu verflüssigen. Es ist eine Ablösung von der Dingsubstanz, von der im Ding verkapselten Symbolik. So vermag irgendein Detail, in einen anderen Zusammenhang gesetzt, sich einer neuen Lesart zu öffnen. Die Dinge dienen nicht mehr bloß als Requisiten, die im göttlichen Heilsplan eine bestimmte, allseits bekannte und biblisch kodifizierte Aufgabe erfüllen, sondern gewinnen eine gewisse symbolische Freizügigkeit. Oder anders gesagt: dort, wo sie zuvor einer epiphanen Logik folgten, sind sie nunmehr, geradeso wie der Hund auf dem Bild, domestiziert, auf den Menschen bezogen: anthropomorph. Die Dinge beginnen Zwiesprache miteinander zu halten – und tatsächlich ist es genau dies, was das Ehepaar Arnolfini charakterisiert: ist es ja nicht ihr Mienenspiel oder ihre Gestik, welches ihr Verhältnis zueinander offenbart, sondern allein das, was zwischen ihnen steht: der Raum und die Sprache der Dinge.

Die beiden Paar Schuhe, genauer: ihre Stellung im Raum, das markiert die reziproke Symmetrie des Bildes, die sich der Vertikalen entlang durchzieht, von unten bis oben, vom Kopf des Hündchens, die Fuge des Holzbodens entlang, zum Hausschuh der Frau, über das Sitzmöbel, den Spiegel, die Inschrift – bis zu jenem Punkt, wo der Kronleuchter aufgehängt ist (der jedoch ein wenig über der Bildbegrenzung liegt – wodurch sonderbarerweise, der ganze Raum wie an einem Nagel aufgehängt scheint.) An dieser Vertikalen zerfällt das Bild in zwei Hälften, entsteht die Spannung des Bildes, Vereinigung und Differenz, die Polarität zwischen Mann und Frau, zwischen der häuslichen Sphäre und einer feindlichen Welt, zwischen Innenwelt und Außenwelt, zwischen dem durchlichteten Antlitz der Frau und dem überschatteten, härteren Antlitz des Mannes. Wobei nicht die in sich versunkenen, dem Sakrament des Augenblicks ergebenen Gesichter diese Geschichte erzählen, sondern die Ordnung der Dinge im Raum.

Teilung des Raums: Wie das Bild in eine linke und eine rechte, die bessere Hälfte zerfällt, so besitzt der Raum auch ein Vorn und Hinten. Womit die Funktion des Spiegels berührt ist. Im Spiegel schließt sich der Raum. Mit der Spiegelung des Raums, der zurückgeworfenen Rückwand, entsteht die Suggestion, daß das, was sich im Rücken des Betrachters befindet, gleichfalls ein Teil des Bildes ist – und so wird der Betrachter, von hinten umfangen, gleichsam einbezogen, zum Teil des Raums.[100] Der Spiegel, Kunstgriff des Malers, setzt den Betrachter ins Bild. So verdoppelt der Spiegel nicht bloß die Szenerie, sondern verlängert, was ansonsten die Illusion eines gleichsam abgeschnittenen Bühnenraums bliebe, ins Diesseits der Betrachtung. Es ist dies ein Kunstgriff zur Überwindung der Bildgrenze, ein Bestreben, das in den Bildern Jan van Eycks immer wieder zu beobachten ist: so wie er in seinem »Mann mit rotem Turban« den Archetyp jenes Bildnisses schafft, wo der Abgebildete aus dem Bild herausschaut und so eine Art Blickkontakt zum Betrachter aufnimmt – eine Aufgabe, die hier, ganz offenbar, weil die Hundeperspektive der Feierlichkeit des Augenblicks nicht gewahr werden kann, dem Hündchen zukommt. Mit dem Spiegel – ebenso wie mit dem Blickkontakt – bezeichnet Jan van Eyck eine durchaus entscheidende Einsicht: nämlich daß die Raumillusion des Bildes erst dann vollkommen ist, wenn die psychologische Seite mit einbezogen ist, wenn der Betrachter nicht »außen vor« bleibt, sondern selbst sich ins Bild setzen kann. Dies ist die Funktion jenes Begleiters, der in der Tiefe des Spiegels mit dem Maler zusammen erscheint: ist dieser Vierte Mann doch niemand anderer als der Betrachter selbst. Wie an der Rückwand des Zimmers der Maler mit seinem Auftraggeber einen *Wechsel* eingeht (eben dadurch, daß er seinen Namen dorthin setzt, wo man den seines Auftraggebers hätte erwarten können), so geht er in der Tiefe des Spiegels, das heißt: im Reflexionsort des Bildes, einen Wechsel mit dem Betrachter des Bildes ein. Dementsprechend ist es kein Zufall, sondern folgt der inneren Logik dieses Tausches, daß man im Grunde nicht weiß, wer von den beiden, die dort, kaum fingerkuppengroß zu sehen sind, der Maler und wer des Betrachter des Bildes ist.

Doch geht der Spiegel über diese Funktion, das Diesseitige, Äußerliche in die Raumillusion einzubeziehen, noch hinaus. So zeigt er einen größeren Raumausschnitt als das Bild selbst ihn zeigt: ist hier das ganze Fenster zu sehen, im Gegensatz zum Bildraum, wo man nur einen schmalen Spalt zu Gesicht bekommt, einen Spalt, der noch dazu von einer Hecke verdeckt und von der Oberlichtverglasung des Fensters dominiert wird. Im Spiegel hingegen ist ein helles, durchlichtetes Fenstergeviert zu sehen. Damit wird sichtbar, was der schmale Spalt nicht verrät: die Intensität des einfallenden weißen Lichts. – In diesem Bedeutungsfeld nun, wo die Dinge in die zweite, sozusagen »verspiegelte« Instanz gehoben sind, markiert die Schrift an der Wand »Johannes van Eyck fuit hic« so etwas wie eine Überschrift, die sich auf dieses Bild im Bild bezieht; so daß man es genaugenommen mit zwei Bildern zu tun hat, die eben nicht in einem symmetrischen Verhältnis, wie ein Positiv zu einem Negativ, stehen, sondern voneinander unterschieden sind. Es ist nicht allein, daß das Spiegelbild eine andere Ansicht des gleichen Raums gibt, daß das Paar von hinten betrachtet wird, daß das helle Fenstergeviert in Bild rückt, daß die Kommode, die en face von der Gestalt des Bräutigams verdeckt wird, nun als ganze zu sehen ist – das Entscheidende des Spiegelbildes liegt darin, daß hier der Raum selbst anders geschaut wird, daß ein anderes *Konstruktionsprinzip des Raumes* sichtbar wird.

Denn der Spiegel ist ein Konvexspiegel, der bewirkt, daß das, was gerade ist, sich krümmt, daß eine jede, auf den Spiegel hinaufprojizierte Linie der Wölbung seiner Oberfläche folgt und daß damit der Raum selbst, als Ganzes, eine solche konvexe Krümmung erhält (die etwa der eines Weitwinkelobjektivs entspricht). Demnach aber hat man es mit einem *anderen* Raum zu tun – einem Raum, der eben nicht den Gesetzen der Zentralperspektive folgt, welche – um die geometrische Konstruktion zu ermöglichen – von einer *ebenen* Basis ausgehen muß. Das Bild, das im Spiegel sichtbar wird, erzählt demgegenüber von der Beschaffenheit des empfangenden Mediums, hier des Konvexspiegels, der – wie das menschliche Auge – ein wenig nach vorn gewölbt ist. Tatsächlich ist es ja das (paradoxe) Kennzeichen der zentralperspektivischen Konstruktion, daß sie der physiologischen Beschaffenheit des Auges keinerlei Wichtigkeit beimißt: daß sie, um die Illsuion eines räumlichen Eindrucks zu erwecken, vom Auge selbst vollkommen absehen muß: von seiner sphäroiden Krümmung ebenso wie vom Umstand, daß man ja nicht nur mit einem geometrischen Augenpunkt, sondern eben mit zwei Augen, also stereoskopisch sieht. In diesem Sinn ist es vielleicht bezeichnend, daß in dem Experiment, welches der »Erfinder« der Zentralperspektive, Filippo Brunelleschi, im Jahr 1425 im Eingangsportal des Florentiner Doms ausführte, er nicht seinen Augen, sondern allein einem Spiegel glaubte trauen zu können, daß er weiterhin, nicht wie man es hätte erwarten können, seine Staffelei seinem Bildobjekt gegenüber aufbaute, sondern im Gegenteil, ihm den Rücken kehrte. So daß, was er sah und malte, nicht das Baptisterium war, sondern der Spiegelreflex des Baptisteriums, den er sorgsam mit einem Zirkel vermaß und auf die danebenstehende Staffelei übertrug.

Wie gewichtig die Frage des Raums für das »Hochzeitsbild des Giovanni Arnolfini« ist, erweist sich daran, daß nicht ein Punkt in der Tiefe des Raums, sondern ausgerechnet der Spiegel den Schwerpunkt des Bildes abgibt. Zweifellos ist diese Lösung ein Paradox: hat man es dort, wo die größte Raumtiefe sich befindet, nicht mit einem Raumpunkt zu tun, sondern mit einer Rückprojektion, das heißt, einer Bewegung, die sich, anstatt vom Betrachter fort, wieder auf ihn zu bewegt. Der Blick, der in der Flucht sich zu verlieren droht (etwas, was im Quattrocento – zweifellos weil die Raumtiefe noch eine Art Tabu darstellt – in der Regel dadurch überdeckt wird, daß der Fluchtpunkt von irgendeinem Gegenstand verstellt und auf diese Art maskiert wird), dieser in den Raum vordringende Blick wird im Arnolfini-Bild auf wahrhaft ingeniöse Weise zurückprojiziert – er fällt gewissermaßen auf den Betrachter zurück. Im zurückgeworfenen Blick gerät der Betrachter, schauenderweise, in ein Frage- und Antwortspiel mit dem Raum. Oder eigentlich mit sich selbst. Denn dadurch, daß er nicht einen Teil des Raums, sondern die Rückprojektion des Raums zum Schwerpunkt des Bildes erwählt, enthüllt Jan van Eyck, daß jegliche Erfahrung stets die Erfahrung des eigenen Selbst ist, ja, daß der den Raum sondierende Blick sich in einer Art Zwiegespräch mit sich selbst befindet. Gewiß, der Raum antwortet, und doch meint dies ja nicht das Erfassen des Raums selbst, sondern die Raum*illusion*, die, in Form des zurückgeworfenen Raumspiegelbilds, bereits eine Brechung des Raums ist. Damit erweist sich die konvexe Krümmung des Spiegels als eine Art *drittes Auge*, das aus dem Bild zurückschaut. Freilich ist dieser zurückschauende Blick ebensowenig eine einfache Spiegelung wie die Wiedergabe des Raums. Gewiß weiß sich der Betrachter, dadurch daß der Spiegel ihm antwortet, in eine dialogische Bewegung einbezogen, und doch ist, was ihm entgegnet, nicht das selbstverständlich Eigene, sondern das, was sich im Reflexionsort des Bildes mit der Reflexion des Malers vermischt hat – und so ist es ja nicht von ungefähr, daß er sich im Spiegel nicht wirklich zu lokalisieren weiß, sondern daß der Maler und sein Betrachter ein nicht auseinanderzuhaltendes Paar darstellen. Der Betrachter weiß sich im Bilde gewiß, und doch weiß er nicht, wer von den beiden er selbst und wer der andere ist. Hermeneutische Falle des Bildes: Wer spricht? Oder was will der Künstler uns damit sagen?

Auch wenn der Maler und sein Betrachter den geometrischen Mittelpunkt des Reflexionsortes *Spiegel* darstellen, liegt der eigentliche Fluchtpunkt[101] des Bildes ein wenig seitlich: nämlich dort, wo die Spiegelung des hellen, durchlichteten Fenstergevierts zu sehen ist – jene helle Fensterfläche, die im Bildausschnitt selbst (ohne Zuhilfenahme des Spiegels) wiederum nicht zu sehen wäre. Punkt äußerster Helligkeit, offenbart sich hier, in der Spiegelung des einfallenden Lichtes, das materielle und gedankliche Zentrum des Bildes – etwas, was im Falle Jan van Eycks ein Glaubensbekenntnis ist –, kommt doch dem Licht in seinen Bildern eine epiphane Bedeutung zu (so daß er in einem Bild, das eine Madonna mit Kind in einer hochgewölbten gotischen Kathedrale zeigt[102], das Licht von Norden her scheinen läßt). Diese seitliche Verlagerung des Fluchtpunkts – von der Pingpongbewegung von Projektion und Rückprojektion hin zum einfallenden Licht – ist vielleicht das bedeutendste Moment des Bildes. Denn diese Verschiebung besagt nichts anderes, als daß der Raumillusion eine andere, sie verursachende Wirkung vorgelagert ist. Mit dieser Verschiebung markiert van Eyck die Rangfolge, die er für die Entstehung des Bildes für wichtig hält, kann man hier, in Form einer Gedankenkette, die Abfolge jener Schritte und Stadien beschreiben, die das Bild erst ermöglichen.

DAS LICHT – DAS FENSTER – DER MALER – DER SPIEGEL

Daß dieser Gedankenkette eine chiffrierte Bedeutung zukommt, wird dadurch deutlich, daß die bestimmenden Elemente: *Licht, Fenster* und *Maler* nur im Spiegel – dem Reflexionsort des Bildes –, nicht jedoch im Bildraum selbst erscheinen (oder wenn, wie im Fall des Fensters, so verkürzt, daß fast nur der Rahmen zu sehen ist). Tatsächlich ist der Spiegel also Reflexionsort im doppelten Sinn: nicht nur Widerspiegelung des Bildraumes selbst, sondern auch der Ort, wo der Maler die Genese des räumlichen Bildes reflektiert. Unter diesem Gesichtspunkt kommt der Schrift an der Wand eine weitere, auf den Maler und seine Bildreflexion verweisende Aufgabe zu. Ist der Hochzeitsraum des Ehepaares Arnolfini der dem Auftraggeber zustehende Bildraum, bezieht sich der Spiegel zweifellos auf das, was den Maler an diesem Bild beschäftigt – und vielleicht besteht der unerhörte Kunstgriff des Bildes darin, daß van Eyck sich diesen Raum nimmt, daß er nicht bloß abbildet, sondern das Bild, aus der Tiefe des Raums heraus, mit seinen Mitteln beherrscht: daß er den Raum zu seinem Gedankenraum macht. So betrachtet ist der Spiegel der Ort, wo der Maler über seine Malerei reflektiert. Wo er die Genese und die verschiedenen Stadien des Bildes rekapituliert. Zuerst kommt das Licht. Das Primat des Lichtes ist, wie schon erwähnt, die gedankliche Voraussetzung dafür, daß die Dinge im selben Sprachraum, als Teil einer zusammenhängenden Bildsprache, erscheinen können (und nicht, wie im mittelalterlichen Bild, als scharf gegeneinander abgesetzte Symbole, die von verschiedener Wertigkeit sind und die folglich nicht – wie es ja im realistischen Bild geschieht – einander überschatten oder farblich ineinander übergehen können). Als zweites ist das *Fenster* markiert (was in der Frührenaissance standardisierte Bedeutung hat, wird doch das räumliche Bild als Fenster zur Welt betrachtet). Denn mit dem Fenster – dem Rahmen – wird der Bildausschnitt festgelegt. Schließlich muß sich der *Maler* davor in Stellung bringen – und erst wenn das geschehen ist, öffnet sich der Blick auf den Raum (und mit ihm das Bild). *Fenster und Maler*, das ist in dieser Gedankenkette der eigentliche Kern der Zentralperspektive, das mechanische Gerüst des räumlichen Bildes, bedarf es hier nur, daß der Maler einen Bildausschnitt festlegt und seinen Blick fixiert – und schon öffnet sich ihm der Raum. Gleichwohl ist damit lediglich die technische, sozusagen bildverarbeitende Seite des Bildes gefaßt (die ja, wie Leonardo bereits bemerkt, ebensogut von einer Camera obscura, das heißt von einer mechanischen Verrichtung bewerkstelligt werden kann). Das Primat des Lichts ist als ein Primat des durchgeistigten Bildes – im Gegensatz zum bloß mechanischen Abkonterfeien – zu verstehen. Daß all dies im *Spiegel* geschieht, und zumal in einem Spiegel, der wie das Auge etwas vorgewölbt ist (und den Raum deutlich verfremdet wiedergibt), besagt, daß dieser Prozeß notwendig ein gebrochener ist, daß man es im Grunde mit einer ganzen Staffelung von Brechungen zu tun hat. Nicht allein, daß mit dem Spiegel ein reflektiertes, gleichsam in die zweite Instanz übertragenes Gesamtbild sich manifestiert, auch die einzelnen Stadien der Brechung sind von Bedeutung.

So bricht sich das Licht in der Verglasung des Fensters, das heißt: daß es der Maler nicht mehr mit der puren Lichtsubstanz, sondern mit einer bereits eingetrübten Strahlkraft zu tun hat (etwas, was van Eyck, der sich intensiv mit Farben beschäftigte, als das Kardinalproblem der Ölmalerei vertraut gewesen sein muß, nämlich der Umstand, daß der Maler ja nicht über die reinen Farbpigmente verfügt, sondern lediglich mit gebundenen, d.h. abgeschwächten Farben, arbeiten kann). Die zweite Brechung besteht darin, daß das Licht durch das Fenster hereinfällt, womit ausgedrückt ist, daß der Bildausschnitt (das, was man heute die »Rahmenbedingung« nennt) der Willkür des Malers unterliegt; die dritte Brechung schließlich besteht im Akt der Reflexion selbst, hat doch auch die Beschaffenheit des Spiegels, sprich: das Material, welches das Bild aufnimmt und wiedergibt, eine solche verändernde, bildverzerrende Wirkung. Untergrund, Farbe und Komposition: all das hat eine bestimmende Auswirkung aufs Bild.

Jan van Eyck verzeichnet hier, in der Tiefe des Spiegels, was der Illusion des Bildraums vorangeht – und eben darin offenbart er, ganz unzweifelhaft, ein Wissen um die gedankliche Brechung, die das Bild erfährt, damit es zum *Trompe l'œil* werden kann. Dies unterscheidet ihn fraglos vom Enthusiasmus der Renaissancemaler, die das räumliche Bild unbekümmert als exakte Wiedergabe, als eine Reproduktion der Natur lobpreisen, welche dazu noch den Vorteil hat, daß sie dauerhafter ist als die Natur – worüber in Vergessenheit gerät, daß auch dieser perspektivische Raum auf einem Konstruktionsprinzip beruht. Jan van Eycks Entscheidung, das Zentrum des Bildes deutlich verfremdet, als einen konvex vorgewölbten, verzerrten Raum darzustellen, ist eine Entscheidung gegen das Double: indem er zwei Räume malt, indem er dem verfremdeten Raum den Vorrang gibt, insofern er hier das Zentrum des Bildes lokalisiert, zeigt er, daß auch der unserer Sehgewohnheit folgende, naturalistisch anmutende Raum konstruiert ist. Der Raum, auch wenn er noch so meisterhaft gemalt ist, ist *Raumillusion*, einfach deshalb, weil man, wenn man in die Tiefe des Bildes schaut, niemals den Raum zu Gesicht bekommt, sondern lediglich seine Reflexion, das *Trompe l'œil* des Bildes – damit aber das, was die Gedankenkette, die gedanklichen Brechungen des räumlichen Bildes durchlaufen hat. Was der Raum selbst zu sein scheint, ist das räumlich gewordene, sich zurückprojizierende Spiegelbild des eigenen Selbst.

Jan van Eyck: *Hochzeitsbild des Giovanni Arnolfini.* 1434.

KAPITEL 5

Logik des Augenscheins

Was Jan van Eyck, so ingeniös, in der Tiefe des Spiegels geortet hat, das gilt auch für die Zeit. Jene Logik von Projektion und Rückprojektion, welche den Raum, den sie abzubilden vermeint, in Wahrheit doch erst konstruiert, trifft im besonderen auch für jenes Bild zu, das die Moderne als einen fernen Spiegel ihrer selbst begreift: das Bild der Renaissance. Das Bild, oder besser: das Mythologem der Renaissance[103], wie es, beginnend bei Hegel[104], dann aber vor allem in Jakob Burckhardts *Cultur der Renaissance in Italien* sich äußert, ist ein Gedankenprodukt des 19. Jahrhunderts, jener Zeit also, die historisierend, rückwärts träumend, in den Physiognomien des *Quattrocento* sich wiederzuerkennen glaubte.[105] (Der Historiker, sagt Friedrich Schlegel, ist ein rückwärts gekehrter Prophet.) Freilich: das Traumbild der Renaissance, die Vorstellung einer großen Blütezeit, wie wir sie (im Gefolge von Burckhardts Kulturgeschichte, welche bezeichnenderweise das Initial dieses Genres darstellt) dem Italien des 15. Jahrhunderts unterstellen, trifft keineswegs zu – das Gegenteil vielmehr ist wahr. Tatsächlich hat man es, ökonomisch betrachtet, mit einer Zeit des Niedergangs und heftigster sozialer Zerrüttungen zu tun.[106] Und so wie es im Ökonomischen steht, so auch in der Wissenschaft – schwingt sich das intellektuelle Bemühen keineswegs zu ungeahnten Höhen empor, sondern vollzieht eher eine Rückwärtsbewegung. So daß so prominente Wissenschaftshistoriker wie Lynn Thorndike oder George Sarton für die Leistungen der Renaissance (gemessen an den Denkbemühungen der mittelalterlichen Scholastik) nur die verächtliche Einschätzung übrig haben, daß, wo immer der Humanismus triumphiert habe, das wissenschaftliche Bemühen zurückgewichen sei.

Vor diesem Hintergrund nun erscheint mir das Problem der Renaissance keineswegs abgetan, sondern im Gegenteil doppelt interessant: stellt sich doch die Frage, worin jene mythenstiftende Kraft begründet ist, die das

Bild der Renaissance zum Objekt jenes höchst zeitgenössischen Blickes hat machen können, der (mit den Augen eines Liebenden schauend) das Phantasma von Einmaligkeit und Unverwechselbarkeit beschwört, selbst und gerade dort, wo es der Wirklichkeit nicht entspricht.

Vielleicht ist ein Grund für die innige Zuneigung, die der Renaissance zuteil geworden ist, ganz einfach und wörtlich zu nehmen: das *Bild* der Renaissance. Sind die mittelalterlichen Typologien von einer fast ethnologischen Fremdheit, so zeigen die Porträts, die im 14. und 15. Jahrhundert sich herausformen, vertraute Gesichter. Es ist die Vertrautheit dieser Gesichter, es ist die Vertrautheit der Darstellung, welche den Eindruck der Geistesverwandtschaft hervorruft. Mögen die Gedankengänge eines Pico della Mirandola so fremd sein wie die eines mittelalterlichen Scholasten, mag auch der allgegenwärtige Vitalismus der Renaissance, der den Kosmos als großes Tier denkt, eher in die mittelalterliche Vorstellungswelt zurückweisen, so sind doch die Physiognomien, die aus den Bildern herausschauen, bekannte Gesichter.

Zweifellos, es ist das Bild, welches das Zentrum jener narzißtischen Rückspiegelung darstellt, die mit dem kulturgeschichtlichen Etikett der »Renaissance« belegt worden ist.[107] Wenn wir uns im Gesicht der Renaissance wiedererkennen, so deshalb, weil wir die Gesichter wiedererkennen, weil wir in der Art und Weise, wie das Bild die Dinge vor uns hinstellt, unsere Vorstellung der Dinge wiedererkennen können. Das, was uns vertraut kommt, ist mithin die Gesetzmäßigkeit, mit der etwas zur »Vorstellung« wird, ist die Bildsprache, die im Zeichen des *Spiegels* steht. In dieser Bildsprache liegt der Kern des Renaissancemythologems. Denn das zum Spiegel umgedeutete Bild, und das unterscheidet es von seinen mittelalterlichen Vorläufern, steht nicht von vornherein in einem bestimmten Bedeutungsrahmen, sondern eröffnet einen unendlichen Raum möglicher Bilder. Es ist das zum Reflexionsort umgedeutete, der Logik von Projektion und Rückprojektion überantwortete Bild. Oder paradox formuliert: das zum Spiegel umgedeutete Bild trägt jene Reflexion in sich, die der Reflexion vorausgeht – das was man den »Code der Repräsentation« nennen kann.

Weil nun der Spiegel die verläßlichste Form der Augenblicks-Verdopplung ist, wird er zum Ideal der Malerei. Ganz analog zur Formel, wonach das Leben die besten Geschichten schreibt (nur daß das Leben nicht schreiben kann), malt der Spiegel die besten Bilder (nur daß der Spiegel nicht malen kann) – womit die Aufgabe der Malerei bezeichnet ist, gilt es doch dem Spiegel ähnlich zu werden. Es ist kein Geringerer als Leonardo da Vinci, der dies formuliert: »Der Spiegel von ebener Oberfläche enthält in dieser seiner Fläche wahre Malerei, und eine vollkommene Malerei, auf einer ebenen Fläche, von welcherlei Material dieselbe auch sei, ausgeführt, gleicht der Spiegeloberfläche«.[108] Ähnlich äußert sich auch Alberti in seinen *Drei Büchern über die Malerei*, wo er, auf den Mythos des Narziß rekurrierend, behauptet, »jener Narzissus, der in eine Blume verwandelt wurde, sei der eigentliche Erfinder der Malerei gewesen«. Dabei nun wartet wartet Alberti mit einer eigenwilligen und in dieser Form eigentlich ganz der Bildsprache des Mittelalters verwandten Deutung auf: »Denn wie einerseits die Malerei die Blüte jeder Kunst ist, so stimmt die Geschichte von Narziß auch noch nach anderer Seite hin. Denn könntest du wohl sagen, daß die Malerei etwas anderes sei, als künstlerisch ein Ebenbild zu umfassen suchen, gleich jenem, welches dort aus dem Spiegel der Quelle blickte?«[109] Tatsächlich ist die Umdeutung, die Alberti hier vollzieht, so eigenartig, daß es sich lohnt, hier einen Augenblick zu verweilen.

In gewisser Hinsicht scheint, wovon Alberti schreibt, fast ein Mißverständnis – ist doch vom eigentlichen Gehalt des Mythos nichts geblieben als der Blick in den Spiegel. Unzweifelhaft denkt Alberti am Mythos vorbei; und so ist es eigentlich weniger der Mythos selbst als die Art seines Daran-Vorbei-Denkens, die höchst aufschlußreich ist. Zunächst einmal ist bemerkenswert, daß es Alberti gelingt, die tragische Seite vollständig auszuklammern. Wird der Narziß des Mythos vom Blick in das eigene Spiegelbild regelrecht überwältigt, so daß er in eine Art Stupor fällt und solchermaßen betäubt[110] sich selbst abhanden kommt (in einer anderen Fassung heißt es gar, daß er sich umbringt), wird er bei Alberti kurzerhand zum Tatmenschen umgedichtet, zum Erfinder der Malerei. Ganz folgerichtig wird auch die Metamorphose des Knaben, der sich in eine Blume verwandelt, nicht als ein Akt der Nemesis gelesen (als eine Antwort der Natur, die dem narzißtischen Vergehen gegen die eigene Natur folgt), sondern als bejahenswertes Kultur- und Bildungsprogramm begrüßt. Genaugenommen, und hier schält sich die Logik von Albertis Umdeutung hervor, wird der Mythos im Wortsinn »instrumentalisiert«. Tatsächlich schaut Alberti nicht mit den Augen des Narziß, sondern mit den Augen desjenigen, der im *Spiegel* das Geheimnis der Kunst (und mit ihr die mythenstiftende Kraft) ortet. Nicht von der narzißtischen Begierde, nicht vom Selbstverlust vor dem eigenen Bild ist die Rede, sondern vom Spiegel als dem Grund und der Quelle des Faszinosums.

Alberti instrumentalisiert den Mythos, und es gelingt ihm dies nur, weil er das Instrument mythisiert. Es ist diese Mythisierung des Spiegels, aufgrund derer die Umdeutung gelingt. So (und nur so) vermag die Tragik der Geschichte zur Apotheose der Malerei umgedeutet zu werden, so (und nur so) wird die Metamorphose des Narziß nicht als ein Akt der Nemesis begriffen, sondern als Beleg dafür genommen, daß die Malerei die Blüte der Kunst darstelle. Und so verwandelt sich der Mythos des Narziß zum Mythos des Spiegels. Erzählt der Mythos in seiner ursprünglichen Form von der Gefahr, die mit dem Blick in den Spiegel verbunden ist, hat sich in Albertis Fassung sämtlicher Schrecken daraus verloren, ja, hat sich, wo zuvor der Selbstverlust drohte, der Schrecken zur Verheißung der Selbstreflexion gewandelt.

In der Tat mag dies Beispiel genügen, um ins Nachdenken darüber zu geraten, ob man der Formel des *rinascimento* und mit ihr dem Stereotyp von der Wiedererweckung hellenischer Kultur so einfach nachgeben kann. Zwar deutet der erste, flüchtige Blick in diese Richtung, jedoch exemplifiziert Albertis Deutung, daß das, was hier zum Leben erweckt wird, auf eine ganz eigene Art in Dienst genommen und für ganz andere Zwecke beansprucht wird. Der Narziß, wie Alberti ihn vorführt, ist bestenfalls das Ornament, die äußere Hülle seines mythologischen Namensvetters; und noch dazu erscheint er in einem Zusammenhang, der dem Kern des Mythos wesentlich fremd ist. Kündet der Mythos des Narziß von einem Vergehen wider die Natur (das mit einem Eingriff der Nemesis beantwortet wird), predigt der Naturalismus, der im Zeichen des Spiegels steht, genau das Gegenteil: die Bemächtigung, die Usurpation der Natur.

Vor diesem Hintergrund ist es überaus bezeichnend, daß in dem Experiment, welches der Florentiner Architekt Filippo Brunelleschi im Jahr 1425 im Eingangsportal des Florentiner Doms ausführte, Brunelleschi sich nicht – wie man es von einen »Augenmenschen« der Renaissance vielleicht hätte erwarten können – seinen eigenen Augen, sondern einem Spiegel anvertraute, daß er weiterhin, anstatt sich mit seiner Staffelei seinem Bild-Gegenstand gegenüber aufzubauen, dem Baptisterium den Rücken kehrte – so daß, was er sah und malte, nicht das Baptisterium war, sondern der Spiegelreflex des Baptisteriums, den er sorgsam mit einem Zirkel vermaß und auf die danebenstehende Staffelei übertrug.

Glaubt man an die Symbolkraft derartiger Momente, ist es wirklich höchst sonderbar, daß die »Erfindung des zentralperspektivischen Bildes« (auf das Alberti mit der Umwertung seines Mythos abzielt) nicht eigentlich im Zeichen des Auges, sondern im Zeichen des Spiegels steht. Tatsächlich ist das Absehen, die Abstraktion vom eigenen Auge, ein wesentlicher Bestandteil der Versuchsanordnung; und dies nicht von ungefähr, ist es doch nicht das Auge, sondern allein die ebene Spiegeloberfläche, welche die Voraussetzung erfüllt, als Durchschnitt der Sehpyramide zu gelten. In gewisser Hinsicht ist hier der genaue Konterpart dessen angerührt, was van Eyck in seiner ingeniösen Behandlung des Spiegelmotivs deutlich macht: die Mechanik des Spiegels, die Bildverarbeitungsmaschine. Das, was in Brunelleschis Experiment hervortritt, hat mit ästhetischen und hermeneutischen Reflexionen wenig zu tun, oder anders gesagt, es schmilzt sie zusammen auf die reine Mathematik (es ist nicht von ungefähr, daß Brunelleschis Experiment die strengen Bedingungen eines naturwissenschaftlichen Experiments erfüllt: nämlich daß es beschreibbar und wiederholbar ist).

Daß man diese beiden Seiten des *Spiegels* gegeneinander auszuspielen versucht hat, ja daß man die Vermessenheit oder die Ignoranz besessen hat, den Bildern eines van Eyck mit dem Lineal auf den Leib zu rücken, um sie darauf abzuklopfen, ob van Eyck sich einer zentralperspektivisch korrekten Bildführung bedient (er tut es nicht), bringt das ganze Dilemma auf den Punkt. Genau hier liegt auch der Riß, der sich zwischen der flämischen Schule und der italienischen Frührenaissance auftut. Wobei das Urteil durch die Fixierung auf das zentralperspektivische Modell eindeutig ausfallen mußte, war die flämische Malerei doch lediglich auf »empirischem« Wege zur Zentralperspektive gelangt, letztere hingegen auf dem Königsweg der Mathematik.[111] Die Fixierung auf die Zentralperspektive (die ja nichts anderes als die Theorie des

Spiegels ist) weicht der geistigen Seite des Problems aus. Denn die Funktion des Spiegels ist eine höchst zwiespältige, ist, was im Bild erscheint, im doppelten Sinn ein Akt der Reflexion. Ist die eine Seite ein höchst mechanisches Bildverarbeitungsgeschäft (die Logik, wie sie Brunelleschi in ein Formelsystem bringt und wie sie sich schließlich in der Camera obscura hypostasiert), so liegt die andere Seite der Problematik dort, wo der Spiegel nicht als ein technisches Verfahren, sondern als eine ästhetische Haltung begriffen wird – eine Haltung, die vielleicht nirgends so präzis bedacht und so tief ausgelotet worden ist wie in Jan van Eycks Arnolfini-Hochzeit. Gerade dadurch, daß er die Reflexion reflektiert, gibt van Eyck sich als ein Wanderer zwischen zwei Welten zu erkennen. Ein halbes Jahrhundert später, bei Leonardo, ist der Spiegel – ganz ohne die Skrupel, die bei van Eyck durchscheinen – zum entschiedenen Programm, ja zum Ideal der Malerei geworden. Leonardo schreibt: »Der Maler muß einsam sein und nachdenken über das, was er sieht, und mit sich selbst Zwiesprache halten, indem er die vorzüglichsten Teile aller Dinge, die er erblickt, auswählt; er soll sich verhalten gleich einem Spiegel, der sich in alle Farben verwandelt, welche die ihm gegenübergestellten Dinge aufweisen. Und wenn er so tut, wird er wie eine zweite Natur sein«.[112]

Ganz offenkundig, diese Passage belegt es deutlich, besteht die Kunst der Malerei nicht allein im Abkonterfeien der Wirklichkeit, sondern bedarf es zudem eines Eindringens in die Dinge selbst, einer Wertung, bei der die vorzüglichen Dinge gegenüber den minderen, nicht bildwürdigen abgesetzt und gewichtet werden. Damit jedoch – wie bei van Eyck – ist die wesentlich zwiespältige Struktur des Bildes in der Tiefe des Spiegels markiert. Genaugenommen hat man es mit zwei Spiegeln und mit zwei Formen der Widerspiegelung zu tun. Zum einen mit der von den Sinnen abgekoppelten, mechanischen Reflexion, dem »objektiven« Funktionsmechanismus des perspektivischen Bildes (das genauso gut, und Leonardo ist der erste, der dies begreift, durch eine Camera obscura ersetzt werden könnte, das heißt, durch eine mechanische Apparatur[113]), zum anderen mit jenem künstlerischen, »subjektiven« Prozeß, wie man ihn gleichfalls, in einem höheren Sinn, als Reflexion, als eine Form der geistigen Durchdringung bezeichnet. Für Leonardo (und von hier erklärt sich seine Doppelnatur des Künstler-Wissenschaftlers) sind die beiden Seiten des Spiegels nicht voneinander geschieden, mag ihm die Malerei als angewandte Naturwissenschaft vorkommen (und wirklich eröffnet sich ihm über die Erfahrung, »der Mutter aller Gewißheit«, ein immer tieferes Eindringen in die Natur der Dinge, geschieht es nicht selten, daß sich ihm über die Malerei ein Naturphänomen erschließt: wie etwa die Verengung der Pupille bei einfallendem Licht).

Paradox des *Trompe l'œil*[114]: daß er nicht nur auf einer Täuschung des Auges, sondern umgekehrt auch auf einer Täuschung *über* das Auge beruht. So daß, was den »Augenmenschen« der Renaissance charakterisiert, nicht eine besondere Sensibilität für seine Wahrnehmung ist, sondern, im Gegenteil, daß er genau und überaus methodisch davon abzusehen weiß. Nicht allein, daß der Maler sich der Tortur unterzieht, seinen Blick gleichsam zu fixieren, einen unverrückbaren Sehpunkt einzunehmen, darüberhinaus ist, was das zentralperspektivische Modell vorsieht, nichts weniger als ein Absehen von der physiologischen Beschaffenheit des Auges selbst. In Wahrheit sieht ja kein Mensch so, wie es das mathematische Modell vorsieht.[115] So entspricht das Auge ja nicht dem Durchschnitt einer Sehpyramide, das heißt der geometrischen Basis eines Dreiecks, sondern hat seinerseits eine leichte sphäroide Wölbung – wodurch sämtliche Bilder, wie beim Spiegel van Eycks, eine leichte Wölbung erhalten. Außerdem schaut man nicht mit einem Auge (dem Sehpunkt, in dem alle Linien des perspektivisch erzeugten Bildes zusammenfallen), sondern mit zweien (also stereoskopisch), ein Umstand, der ja nicht unbeträchtlich das Raumgefühl und die Orientierung im Raum beeinflußt. In der Regel macht er sich kaum bemerkbar, fallen diese beiden (leicht unterschiedlichen, weil aus verschiedenen Winkeln betrachteten) Bilder in größerer Entfernung zusammen; befindet sich das ins Auge gefaßte Objekt hingegen in unmittelbarer Nähe, so entsteht eine Art Doppelbelichtung (über die man freilich gewohnheitsmäßig hinwegsieht). Für die Zentralperspektive bedeutet dies, daß dieser Nahbereich des Auges tabu ist, tritt hier doch am deutlichsten – in Form von Randverzerrungen – die Abweichung von der eigentlich körpergemäßen Sehweise auf (was ja der Grund dafür ist, daß eine Kamera oder ein Fotoapparat nicht nahe an ein Gesicht heranrücken können, ohne es dabei überdeutlich zu deformieren).

Genaugenommen, das ist das Wesentliche für den Erfolg des zentralperspektivischen Modells, kommt die physiologische Beschaffenheit des Auges als Frage gar nicht mehr vor. Auch wenn sich dies nicht recht ins Bild fügen mag, sind die Verdienste der Renaissance um die Optik eher zweitrangig[116], beruht jenes Experiment, das Brunelleschi vollführt, nicht auf einer grundstürzend neuen Einsicht, sondern darin, daß er ein seit dem 12. Jahrhundert längst bekanntes, in vielfältiger Form veröffentlichtes Wissen zu einem künstlerischen Modell umzuformen weiß. So daß, wenn denn so etwas wie ein Paradigmenwechsel zu beobachten ist, er weder in den geometrischen Kenntnissen noch in der Optik besteht, sondern in der Abstraktion vom Auge selbst: nämlich daß dort, wo zuvor das Auge gedacht war, sich nunmehr ein Spiegel befindet.[117] Paradox gesagt, ist es gerade die *Vernachlässigung* der Optik, welche den unerhörten Erfolg der Zentralperspektive begünstigt. Denn dadurch, daß die Fragestellung vom Auge und von der Natur des Lichtes abstrahiert, vermag die Optik in die Geometrie überführt zu werden. Sehen und Mathematik werden eins – und deshalb werden Alberti und später Leonardo da Vinci nicht müde, sich als Mathematiker und die Malerei als angewandte Mathematik zu bezeichnen – eine Behauptung, die gerade in ihrer Persistenz klarmacht, daß hier, in der Verschmelzung von Optik und Mathematik, das eigentlich Neue zu finden ist.

Demgegenüber nun ist die mittelalterliche Optik (die bezeichnenderweise mit der Lichtmystik der gotischen Kathedrale, im Umkreis der Chartreser Naturphilosophen, einsetzt) sehr viel mehr mit dem Sehen selbst beschäftigt. Oder anders gesagt: Sehen und Erkennen (wie sie in Gestalt des zweifachen Spiegels sich auftrennen, in eine mechanische und eine geistige Form der Reflexion) sind noch ungeschieden. In dieser Ungeschiedenheit jedoch (in dieser, wie man heute sagen würde: ganzheitlichen Vorstellung) wird eine nur in ethnologischen Begriffen faßbare Distanz zu uns deutlich, ein Umstand, um dessentwillen es sich lohnt, auf die mittelalterliche Vorstellung über das Sehen zurückzublicken, zumal, da diese Vorstellungswelt mit der Vorstellungswelt der Antike identisch war.

Das entscheidende Charakteristikum der vorneuzeitlichen Optik besteht darin, daß eine jegliche Fragestellung wie selbstverständlich vom Auge des Betrachters ausgeht und daß sie vor allem zu klären sucht, wie ein Bild im

Kopf des Betrachters entsteht. Optik begreift sich noch nicht als die Lehre vom Licht, sondern als die Lehre vom Sehen, oder präziser: die Lehre vom Auge. Demgemäß ist Sehen nicht faßbar als ein abstrakter Mechanismus (den man, der Anschauung halber, auch mit Billiardkugeln demonstrieren könnte), sondern an das Auge, als die *prima causa* des Sehvorgangs, gebunden – und zwar so, daß auch hier der allesdurchdringende Substanzbegriff des Mittelalters wirksam ist. Die herkömmliche, der Antike entliehene und stetig fortentwickelte Vorstellung besteht darin, daß das Auge einen inneren Strahl, eine *Sehsubstanz* aussendet, welche (wie eine Art Laserstrahl) den gesehenen Gegenstand abtastet, seine Form und seine Farbe aufnimmt und ihn, in Form eines *Eidolons* (das, was Platon ein Abbild nennt) zum Auge zurückschickt. Hier, in der Spekulation über Natur und Wirkungsweise der Sehsubstanz, liegt das entscheidende Problem und die Fragestellung des Mittelalters. (Allerdings kündigt sich schon, wie die Lichtmystik der Kathedrale verrät, eine zunehmende »Visualisierung« des Denkens an, gewinnen die Theorien an Komplexität, bis sie im 13. Jahrhundert geradezu kosmologische Dimensionen annehmen). Bei William von Conches (ca. 1080-1150), der noch ganz in der platonischen Tradition steht, verhält sich die Sache noch relativ einfach: bedarf es zum Sehen eines Sehstrahls, dann einer äußeren Lichtquelle und schließlich eines opaken Gegenstandes oder eines Hindernisses. Bei Adelard von Bath (1116-1142) wird bereits die Herkunft der Sehsubstanz problematisiert, denkt er sich diesen »visuellen Geist« als einen höchst sublimen Luftstoff von feuriger Natur, der im Hirn sich bildet, der, einmal auf den Weg geschickt, mit größter Geschwindigkeit sich durch den Raum bewegt, den Gegenstand umhüllt, ein Eidolon fertigt und dieses zum Auge zurücksendet – von wo es schließlich der Seele übermittelt wird.

Es bedarf nicht viel Phantasie, um sich auszumalen, daß eine Theorie, die mit einer solchen Sehsubstanz operiert (die man sich gedanklich wie ein Abtastgerät vorstellen kann, das einen Strahl aussendet), ganz eigentümliche Fragen aufwirft. Die Frage etwa, wie es möglich ist, daß man das eigene Spiegelbild wahrnehmen kann? Oder was geschieht, wenn ein Sehstrahl zu den Sternen hinauf, und das heißt, auf eine unermeßlich weite Reise geschickt wird? Und ob das Bild, das von diesem Stern entsteht, lediglich auf einem einmaligen Abtasten durch den Sehstrahl beruht oder ob dieser immer wieder hinauf- und hinuntergeschickt werden muß? Und was passiert, wenn der Betreffende in dem Augenblick, in dem der Sehstrahl sein Auge verlassen hat, seine Augenlider schließt, das heißt: wenn er seinen Sehstrahl solcherart ausgesperrt hat?

Man mag all diese Fragen belächeln, gleichwohl sind es doch keineswegs besonders krause scholastische Spitzfindigkeiten, sondern Fragen, die sich mit klarer gedanklicher Konsequenz aus der Prämisse der Sehsubstanz ergeben.[118] Ja, im Gegenteil, es ist die Logik dieser Gedanken und ihre transkulturelle Fremdheit, die sie höchst bemerkenswert machen: zum einen, weil klar wird, wie tief der Riß ist, der den neuzeitlichen, mechanischen Begriff des Sehens vom vorneuzeitlichen trennt, zum andern, weil sichtbar wird, wovon die Zentralperspektive absieht und absehen muß, um zu dem werden zu können, was sie ist. Dieses Absehen nun vollzieht sich nicht dergestalt, daß die mittelalterliche Optik durch eine andere ersetzt würde – nein, es vollzieht sich vor allem als ein Bruch mit dem mittelalterlichen Substanzbegriff. Es ist die Vergleichgültigung des Substanzgedankens, welche es ermöglicht, sich all den komplizierten und höchst verwickelten epistemologischen Fragen, die sich daran knüpfen, gegenüber gleichgültig zu stellen. Es ist die gedankliche Loskopplung, die Abstraktion vom erkennenden Auge, die es ermöglicht, den Spiegel an seine Stelle zu setzen – und damit, einen abstrakten Mechanismus zu propagieren. (Hier, in der Verrückung des Gedankenzentrum liegt der Grund dafür, daß das vorneuzeitliche Fragen selbst dort, wo es überaus logisch operiert, ein bißchen ver-rückt scheinen mag.)

Genaugenommen übernehmen Brunelleschi und Alberti nichts als das mechanische Gerüst der mittelalterlichen Optik (das ihnen über die Werke des 13. Jahrhunderts, die Perspektiven von Witelo und John Pecham, geläufig ist) – was sie opfern, sind die erkenntnistheoretischen, philosophischen Fragen, die sich an die Optik knüpfen. Hier nun, an einem wesentlichen Punkt der platonischen Philosophie, erweist sich, daß die Renaissance eben nicht nur mit dem Mittelalter, sondern auch mit der hellenistischen Tradition bricht. Der Erkenntnisakt, die Schau des Einzelnen wird gleichsam depersonalisiert – und an die Stelle des inneren Strahls, welchen der Schauende aussendet (und in dem er das Aktivum ist), tritt ein allgemeinverbindliches, mechanisches Regelsystem (in dem der Schauende nichts ist als eine ausgeleerte, spiegelglatte Rezeptionsfläche). In dieser Hinsicht entdeckt die Zentralperspektive die *Bildverar-*

beitungsmaschine – und eben darin (im Maschinen- oder Funktionsbegriff) liegt die Zäsur. Zwischen den Maler und die Welt schiebt sich ein Regelsystem, beginnt dieser die Welt nunmehr durch einen Schleier zu sehen; und wirklich ist es genau das, was Alberti dem Maler als ein Hilfsmittel empfiehlt: einen durchsichtigen Schleier zu benutzen, der, da er von dünnen Fäden, einem Koordinatensystem durchzogen ist, es ermöglicht, auch das Geschaute auf diese Art und Weise zu zerlegen:

>»Die Sache verhält sich so. Man nimmt einen ganz feinen, dünn gewebten Schleier von beliebiger Farbe, welcher durch stärkere Fäden in eine beliebige Anzahl von Parallelogrammen geteilt ist; diesen Schleier bringe ich nun zwischen das Auge und die gesehene Sache, so daß die Sehpyramide in Folge der Dünnheit des Gewebes hindurchzudringen vermag. Schließlich gewährt dir dieser Schleier nicht geringe Vorteile. Der erste ist schon der, daß dir vermöge desselben der Körper stets die gleiche Ansicht zukehren wird, da du, sobald du die Grenzlinien (an dem Schleier) fixierst, sofort die wahre Spitze der Sehpyramide wiederzufinden vermagst, eine Sache, die ohne den Schleier sicherlich sehr schwierig wäre. [...] Ein anderer Vorteil wird der sein, daß es dir mit Hilfe des Schleiers leicht werden wird, die Umfangslinien der dir (von einem Körper) zugewendeten Fläche festzustellen. Erblickst du nämlich in diesem Parallelogramme (des Schleiers) die Stirne, in jenem die Nase, in einem anderen die Wangen, in jenem unten das Kinn, und so jedes Ding seiner Lage entsprechend gesondert, so wirst du all' dieses in entsprechender Lage auch auf deiner Tafel oder Wand sehen, sobald du diese dem Schleier gleich in Parallelogramme geteilt und dann jedes Ding genau wie dort postiertest«.[119]

Damit aber ist, was im *Trompe l'œil* die reine Unmittelbarkeit scheint, im Gegenteil das Ergebnis dieser Verschleierung, beruht die Nähe, die Gegenwärtigkeit des Bildes, allein darauf, daß sich eine Gedankenmaschine dazwischenschiebt: die Idee des beherrschten, koordinierten Raumes.

Im Jahr 1419 bringt der Florentiner Priester Christophorus de' Buondelmonti ein griechisches Manuskript von Horapollos *Hieroglyphica* nach Florenz, einer Textsammlung, die 189 Beschreibungen von Hieroglyphen samt ihren Bedeutungen enthält. Mit diesem Buch beginnt, was der Kunsthistoriker Rudolf Wittkower die »ägyptische Renaissance« nennt[120], die Einverleibung und Beschäftigung mit der ägyptischen, oder eigentlich hieroglyphischen Tradition. Indes geht diese Beschäftigung nicht allzu tief, ist man doch vor allem am Anderen und Exotischen interessiert.[121] Die Hieroglyphen, ebenso wie die antiken Reliquien, befriedigen den philosophischen Tourismus der Zeit, einen Tourismus, der, im Bestreben, der eigenen Verwurzelung zu entkommen, sich ins Anders- und Fremdartige flüchtet. Differenz: das bedeutet Höchstmaß an Spannung, es bedeutet aber auch so etwas wie eine Entwirklichung, eine Negation der Gegenwart. Es fällt nicht schwer, darin jenes Strategem herauszulesen, wie es in näherer Vergangenheit auch die Romantik gekennzeichnet hat, folgt die Flucht in die Tiefe der Zeit doch vor allem dem Zweck, sich den Zudringlichkeiten einer nicht mehr als verbindlich empfundenen Gegenwart zu erwehren.

Es ist ein nihilistischer, oder besser: ein annihilierender Akt. Es geht darum, Ballast abzuwerfen, sich der Tradition zu entledigen. In diesem Klima des symbolischen Vatermords[122] wenden sich die Humanisten sinniger-, oder genauer: bezeichnenderweise gegen ihre Vorläufer. Der Humanist Niccolò Niccoli etwa gefällt sich darin, Dante, Petrarca und Boccaccio zu schmähen (»Wer sind diese Dantes, diese Petrarcas, diese Boccacios, die du mir vorhältst?«). Und weil er seinerseits, als Verfasser einer Orthographie und als Sprachpurist, bemüht ist, die Sprache von allen Verunreinigungen zu reinigen, äußert er seinen Abscheu über den ungebildeten Dante (»Beim Zeus, niemand ist so ungebildet, daß er sich nicht schämen würde, so schlecht geschrieben zu haben. [...] Ich würde deinen Dichter aus der Gesellschaft gebildeter Männer ausschließen und ihn den Wollwebern überlassen.«[123]) – und versteigt sich schließlich zu dem Urteil, daß er einen einzigen Brief des Vergil viel höher schätze, »als alles, was diese Männer [Dante, Petrarca, Boccaccio] zusammengeschrieben haben«[124].

Zweifellos ist hier ein philosophisches Abräumkommando am Werk, ein Abräumkommando, das sich der Vergangenheit, der griechischen, römischen und auch der ägyptischen bedient, um die Gegenwart vom Sockel zu stoßen. Das vergangene Ornament ist vor allem Strategem, es ist der Hebel, welcher das zeitgenössische – das heißt, gotisch dominierte Ornament – niederreißen hilft. Man hat es sozusagen mit einem *Krieg der Zeichen* zu tun, ist es kein Zufall, sondern Ausdruck der inneren Logik dieser Auseinandersetzung, daß der Humanismus mit einer Reform der Rechtschreibung und der Schrift beginnt.[125] Vor dem Hintergrund dieses Kulturkampfes nun wird die Begeisterung nachfühlbar, mit der die ägyptischen Hieroglyphen, die Artefakte einer vollends fremden, fernen Kultur, aufgenommen werden, spielen sie den Kombattanten so etwas wie eine Geheimwaffe in die Hand, deren Besitz sie mit Überlegenheits- und Unangreifbarkeitsgefühlen erfüllt. Es ist diese wesentlich strategische Bedeutung, die auf das philologische Bemühen, ja geradezu auf die Manie, alles *all'antica* zu machen, ein neues Licht wirft. Denn die Hieroglyphen gehören einer semiotisch höheren Waffengattung an, sie sind *Bildzeichen* – der seltene Fall einer Bilderschift. Damit aber hat man es mit einer Sprache zu tun, die das eigentliche Sprachproblem zu überwinden verspricht – denn dort, wo die Sprache umschreiben muß (und sich in Worten verliert), kann die Bildsprache direkt auf die Sache zugehen. Es ist der Philosoph Marsilio Ficino, der diese Unmittelbarkeit herausstreicht: »Somit war jedes Bild eine Art Übereinkunft und Einsicht und Gegenstand, und es wurde alles zugleich vermittelt, ohne diskursive Beweisführung und Überlegung.«[126] Damit nun leistet die Hieroglyphe ein Mehrfaches. Sie ist einmal eine piktorale Referenz, womit der naturalistische Aspekt befriedigt ist; zum anderen aber verkörpert sie eine Art von Syntagma, mit dem man, jenseits des Sprachlichen, operieren kann. Wenn das Auge, dem Buch des Horapollo zufolge, Gott bedeutet, der Geier die Natur, ein Hund mit Stola einen erhabenen Fürsten oder Richter usf. – so stellt die Hieroglyphenschrift eine Grammatik der Bildsprache bereit. Entscheidend daran ist, daß es, wie Ficino sagt, eine Schrift »ohne diskursive Beweisführung und Überlegung« ist, eine Schrift, die sich der scholastischen Spekulation entzieht. Damit nun, mit der Zauberwaffe der Hieroglyphe versehen, erobert sich der Augenblick den bislang der Sprache vorbehaltenen Deutungshorizont. Die Dingwelt, die bislang im Zeichen der *Schrift* und der biblischen Offenbarung gestanden hat (und die folglich, vom Erdenwurm bis zum Seraphim, eine Himmelsleiter mehr oder weniger fester Bedeutungen dargestellt hat), wird aus dieser symbolischen Nomenklatur herausgelöst und einem anderen, visuellen Zeichenfeld überantwortet. Dies ist ein doppelter Übergang: einmal eine Befreiung oder zumindest eine Lockerung der christlich-symbolischen Fracht, zum anderen ein Übergang, der sich von der *Schrift* zur *Bilderschrift* vollzieht.[127] Das Symbol wird zur Chiffre. Es ist diese Transformation, die auch Ficino meint, wenn er in seiner Erwägung über die Hieroglyphen auf der größeren Unmittelbarkeit der Bilderschrift insistiert, »denn Gott hat Kenntnis von den Dingen *nicht* durch eine Vielfalt von Denkvorgängen, sondern vielmehr als einfache und bestimmte Form der Dinge.«

Was, beispielsweise, ist die Bedeutung jenes Bildzeichens, das die Malerei des 15. Jahrhunderts durchzieht wie ein roter Faden: das aufgeschlagene Buch? Nun mag man dies, in einem weithin religiös dominierten Umfeld[128], nicht weiter bemerkenswert finden – könnte man (wie es in der Regel auch geschieht) sich damit begnügen, in einer solchen Abbildung lediglich das wiedererzuerkennen, wofür das Bildzeichen, *prima vista*, stehen soll: das *Buch der Bücher*, die Bibel. Was auf den zweiten Blick indes erstaunt und wofür eine derartige Erklärung nicht mehr hinreicht, ist der Umstand, daß das Symbol auf eine fast epidemische Art und Weise proliferiert, daß es, anstatt sich in der Wiederholung zu verbrauchen, sich im Gegenteil vervielfältigt. Aus dem Buch werden Bücher, und so findet, im Verlaufe eines Jahrhunderts, eine wundersame piktorale Büchervermehrung statt (die symbolisch vorwegnimmt, was sich in Gutenbergs Druckerpresse schließlich technisch hypostasiert). Ist das Buch zu Beginn des Jahrhunderts nur besonders hervorgehobenen Gestalten vorbehalten (Maria, den Heiligen und den Aposteln), so fällt der Glanz – der ja in gewisser Hinsicht eine Transsubstantiation des Nimbus darstellt – zunehmend auf alle möglichen Bildgestalten, ja, gibt es in der Mitte des *Quattrocento*, bis hin zu den Hintergrundfiguren, kaum eine Bildgestalt mehr, die nicht mit der Tätigkeit des Lesens und des Schreibens beschäftigt wäre. Bisweilen treibt diese allgemeine Lesewut sonderbare, pittoreske Blüten – sieht man das Jesuskind spielerisch die Seiten des Buches umblättern oder wird die Kemenate der Maria zu einer protohumanistischen Bibliothek aufgemöbelt. In diesem Sinn fügt es sich ins Tableau, daß die Figur des hl. Hieronymus – der Patron der Übersetzer – zu einem festen Bildmotiv wird und daß sich ihm bald sein profaner Konterpart, der Humanist, zugesellt. Wenn es ein Bewegungsgesetz gibt, das die Entwicklung der Malerei der *Quattrocento* begleitet, ist es ein wachsender Bücherkult, ja eine regelrechte Bibliomanie – so daß es sehr viel sinnreicher ist, die Anwesenheit eines Buches blind vorauszusetzen, als nach einem Bild Ausschau zu halten, wo nicht irgendeine Figur, und sei es auch nur ein Engel im Hintergrund, ein Buch in der Hand hält.

Zweifellos: das Buch verweist nicht nur auf die religiöse Sphäre, sondern ihm eignet, als einer materiellen Kostbarkeit, eine durchaus weltliche, repräsentative Seite. Was sich darin artikuliert, ist, neben der vielleicht nicht allzu hoch zu veranschlagenden Wert-Schätzung der Gelehrsamkeit, der materiell hohe Wert eines Buches – entspricht es, in jener Zeit, die seiner technischen Reproduzierbarkeit durch die Druckerpresse vorausgeht, dem Jahresgehalt eines Arbeiters[129], ja ist der Besitz eines Buches eher dem Besitz eines seltenen Kunstwerkes zu vergleichen. Kurzum: das Buch ist, was man heutzutage wohl ein Statussymbol nennen würde. Diese doppelte Lesart nun ist der Zeit keineswegs fremd, scheuen sich die Maler ebensowenig, die Gottesmutter, wie eine Art Luxusgeschöpf, in die allerfeinsten Gewänder zu hüllen – was den Bildern, so sehr sie religiöser Natur sind, immer auch den Charakter eines »Journals des Luxus und der Moden« gibt.

Freilich, so verständnisfördernd dieser kultursoziologische Gesichtspunkt auch ist, er bietet keine wirklich hinreichende Erklärung für jene allmähliche Entwicklung, welche die Bildfiguren im Verlaufe eines Jahrhunderts in eine Art Buchgesellschaft verwandelt. Tatsächlich spielen hier wohl allerlei Dinge mit hinein, bildet das Buch den höchst vielgestaltigen Nexus, in dem allerlei unterschiedliche, auch höchst widersprüchliche Energien sich abbilden. Daß die Ehre, mit einem Buch abgebildet zu werden, von einem Prärogativ der Bibelfiguren zu einem Recht der Allgemeinheit wird, verrät gewiß ein Moment der klandestinen Säkularisierung, aber ebenso gilt auch das Umgekehrte: nämlich daß die Aura, die das *Buch der Bücher* ausstrahlt, von der irdischen Gelehrsamkeit geradezu aufgesogen wird, daß das Buch, als Thesaurus eines innerweltlichen, »humanistischen« Wissens, des Rückbezuges auf das Buch der Bücher bedarf, ja ihn geradezu sucht.

Über all diese äußeren Distinktionsgewinne hinaus kommt dem Buch eine bildimmanente, wesentliche dramaturgische Funktion zu, vermag es doch, als narratives Element, jenes Dilemma zu lösen, das die Sehgewohnheiten der Zeit in einen Dissens zur neuen Kunst bringt. Es mag sonderbar klingen, in diesem Zusammenhang, wo alles die strahlende

Superiorität der Neuen Malerei bestätigt, von einem Dilemma zu reden – gleichwohl zeigt sich auch hier, was ein fortschrittsgläubiges Ameliorationsdenkens allzu häufig übersieht: daß ein jeglicher Möglichkeitszuwachs an einem Ort an anderer Stelle mit einer Einbuße bezahlt wird. Im Falle des *Trompe l'œil* ist es ein Schwund an Zeit, besteht die Einbuße in einer radikalen Dekomposition der bisherigen Art, eine Geschichte aufzufassen. Mögen sich die Geschichten des Mittelalters auf endlos sich dahinstreckenden Bildtafeln ausbreiten, unendliche, eigentlich zeitlose Geschichten, so wird diese epische Breite (die sich noch, wie in dem berühmten Wandteppich von Bayeux, buchstäblich in die Breite erstreckt) durch das perspektivische Bild auf ein Nichts zusammengeschmolzen, gestattet die Augenblickhaftigkeit des neuen, räumlichen Bildes es dem Maler nicht mehr, eine ganze Geschichte zu erzählen, sondern zwingt ihn stattdessen in die Simultaneität des *einen Augenblicks* hinein. An die Stelle des Epos tritt die Episode, an die Stelle der sich im Raum entfaltenden Zeit tritt die mit dem Raum zusammenfallende, im Raum gleichsam verschwindende Zeit: das Punctum.

Ganz offenbar widerstrebt dieser zeitliche Pointilismus dem narrativen Bedürfnis der Zeit zutiefst[130], fehlt es den Betrachtern an einer Lesart, die sie dieses Zeitatom als eine sinnvoll zusammenhängende Ganzheit empfinden ließe; so kann auch Leonardo noch einem Fragesteller, der sich erkundigt, wie er dem Dilemma dieser Geschichtsschrumpfung entgehen könne, den Rat erteilen, daß er die Zentralepisode seiner Geschichte in den Vordergrund stellen, die anderen Etappen indes auf verschiedenen Hügeln im Hintergrund ansiedeln solle[131] – ein Ratschlag, der zeigt, wie tief die Zäsur ist, die sich mit der Ikonographie des *Trompe l'œil* einstellt, und wie weit mittelalterliche Gedankenzüge noch in die Renaissance hineinreichen.

Es ist dieses Dilemma, das dem Buch seine Funktion zukommen läßt, vermag es doch, wie eine Art *Zeitspeicher*, Vergangenes, Gegenwärtiges und Künftiges zu beinhalten. Es ist Chronik und Weissagung zugleich. Im Buch verdichtet und konzentriert sich die Zeit, und so, als Möglichkeitsform sich entfaltender Zeit, ja, als ein Schatten jener Ewigkeit, wirkt das Buch wie eine Art Antidoton gegen die Plötzlichkeit, gegen die Überrumpelung des *Trompe l'œil*, das die auf einen einzigen Augenblick zusammengeschnurrte Zeit gleichsam zu vernichten droht.

Weswegen es kein zufälliges Detail, sondern so etwas wie ein Versuch der Zeit-Restitution ist, daß die Maler die Seiten des Buches stets so drapieren, daß zwei oder drei aufeinanderfolgende Seiten sichtbar werden. Im Buch, so könnte man sagen, zieht sich zusammen, was ganz allmählich aus dem Bild sich verflüchtigt. Die Zeit, bildlich gesagt, ist das, was zwischen den Zeilen zu lesen ist: das Kontinuum, der Fluß der Schrift. Und so entschädigt das Buch den Betrachter dafür, daß er von der Geschichte nur einen Splitter erhält, es besagt, daß es weitergeht: so wie es geschrieben steht.

Es ist kein Zufall, daß die »Verkündigung« (das heißt: jener Augenblick, da der Engel der Jungfrau Maria erscheint, um ihr zu verkünden, daß sie Gottes Sohn gebären werde[132]) zum Lieblingsbild des 15. Jahrhunderts wird, und daß es so gut wie keinen Maler dieser Zeit gibt, der sich dieses Themas nicht ein oder auch mehrere Male annähme. Die *annunziatio*: das ist der Augenblick größter Zeitdichte, unauflösbare Verschränkung von Gegenwart, Vergangenheit und Zukunft, von Endlichkeit und Ewigkeit, es ist der Augenblick, wo die Prophetie des Alten Testaments sich einlöst und dadurch, daß sie sich einlöst, einem neuen Bund Platz macht; es ist der Augenblick, da der Geist in die Welt tritt – noch nicht physisch, sondern als Weissagung, in Gestalt und im Aggregatzustandes des *Wortes*, jenes Wortes, das, indem es sich ausspricht, Fleisch werden wird: *logos spermatikos*.

Auf einer frühen Fassung des Motivs, der Verkündigung des Melchior Broederlam[133], hat diese göttliche Strahlung einen ganz und gar dinglichen Charakter, ist zu sehen, wie Gottvater den Logos zur Erde sendet: in Form eines Strahls, der seinen Mund verläßt und in den Kopf der Jungfrau eindringt. Die Jungfrau, die dort in einem sehr offenen, durchlichteten Gebäude sitzt, den Blick auf den Verkündigungsengel gerichtet, der in seiner Hand ein *Spruchband*[134] hält, hat ihrerseits ein *Buch* in der Hand. Überhaupt ist Maria, worauf es in der Schrift selbstverständlich keinerlei Hinweis gibt, stets lesend oder mit einem aufgeschlagenen Buch abgebildet. Verliert sich die göttliche Strahlung, die Broederlam noch ganz gegenständlich figuriert, aus dem Requisitenschatz der Verkündigungsmaler, so ist sie doch, immateriell, stets mitbedacht. Ja, allein der Umstand, daß diese Aussparung möglich ist, ist nur dem Buch zu danken, das die Funktion der göttlichen Bestrahlung übernimmt. Damit findet so etwas wie eine Transsubstantiation der göttlichen Strahlung statt, nimmt sie doch nicht mehr den Weg über das Ohr, über die *Hörigkeit* Mariens, sondern hat die Form eines Buches angenommen. Wenn der Engel Maria fortan lesend antrifft, in die Lektüre eines Buches versenkt, so bezeugt die Lektüre Mariens den Akt jener göttlichen Insemination.

Jungfrau und Buch – diese ikonographische Paarung, die die Bilder des *Quattrocento* durchzieht (ja, die bis weit in unsere Tage hinein einen ikonographischen Nachklang hat), erweist sich nun, je genauer man hinschaut, als sehr viel rätselhafter als jene Oberfläche erkennen läßt, die lediglich den sakralen Bildsinn verrät. So ist es bemerkenswert, daß das Motiv zu jener Zeit auf der Bildfläche erscheint, da das Buch mit dem herannahenden Buchdruck seinerseits der Logik der Reproduktion überantwortet wird, ja, da es den Prototyp eines mechanisch zu vervielfältigenden Gegenstandes darstellt. Dieser historische Zusammenhang ist auch ein struktureller, denn analysiert man die Terminologie und die Gedankenfiguren der Reproduktionsmedien, ist unschwer zu erkennen, daß man es nicht nur mit einer Form der »künstlichen Befruchtung« zu tun hat, sondern daß das Ideal des Reproduktionsmediums in der »Wiedergabetreue« des Mediums besteht, oder wenn man so will: in der Jungfräulichkeit dieses Vorgangs. Folgerichtig ist die Makellosigkeit der Reproduktion, nämlich daß das Medium einen vollkommenen, unbefleckten Ausdruck dessen wiedergibt, was hineingelegt worden ist, das Ideal eines jeglichen Reproduktionmediums. Die lesende Jungfrau: das ist die Weiße des Papiers, in die sich der Logos einprägt, und es ist diese ihre Jungfräulichkeit, die jenen Gott, der ihr entspringt, seinerseits rein von der niederen Menschennatur sein läßt. Überspitzt ausgedrückt: das, was im Bildnis der lesenden Jungfrau sich artikuliert, ist nichts anderes als das Phantasma der technischen Reproduktion, die Jungfrauenmaschine, perfekte Matrix. Vor diesem Hintergrund nun ist es hochinteressant, daß der Marienkult seinen Ausgang im Mittelalter hat, ja daß die Vorstellung von »Jungfräulichkeit« erst im 12. Jahrhundert, und hier buchstäblich: im Schatten der Kathedrale, jenen Sinn annimmt, wie wir ihn hier unterlegen. Nicht allein, daß die Tugend der »virginitas«[135] (die zuvor auf beide Geschlechter anwendbar war) sich im 12. Jahrhundert erst zu einem Prärogativ des

Weiblichen und zu einer Kardinaltugend wandelt, auch jener dogmatische Bau, die so überaus komplexe Gedankenarchitektur von der »unbefleckten Empfängnis«, hat hier seine Wurzel.[136] Ebensowenig ist es zufällig, daß der Kult um die Jungfrau Maria (die ja den Körper der Kirche repräsentiert) im Schatten der Kathedrale anhebt – und auch hier, in einem sehr intimen Sinn, mit der Geschichte der Mechanisierung koinzidiert.

Die Physiognomie der Maria ist eine doppelte, und hinter der Maske der Gottesmutter zeigt sich ein anderes, widersprüchliches Antlitz. Das, was im Schoße dieser Jungfrau keimt, ist nicht so sehr ein menschgewordener Gott als vielmehr ein neues Menschenbild. Wenn die Zeit ihr Marienideal so überaus zeitgemäß und modisch herausstaffiert, artikuliert sich darin vor allem das Bild ihrer selbst. Der »speculum sine macula«, das ist die *virtu*, die von der *Virtualität* des Menschen kündet. Der leere Spiegel, der den Logos in sich aufnimmt, hat sich von seiner Natur dispensiert – und konsequenterweise zieht genau dieses Moment der Leere (die Unbeschriebenheit dieses Blattes) die Phantasien auf sich. Es ist das leere Kultobjekt, der Zeropunkt, der eine Entbindung von der Natur ermöglicht. Damit schreibt die Darstellung von *Jungfrau und Buch* eine Tradition fort, wie sie bereits im zwölften Jahrhundert sich in Gestalt der Kathedrale, die ja nicht von ungefähr Unserer Heiligen Frau, Notre-Dame zugeeignet ist, abgezeichnet hat – eine Tradition, die, so sehr sie nach außen den Charakter der Frömmigkeit ausstrahlen mag, im Innern eine ganz andere, widersprüchliche Botschaft verkündet.[137] Wie die Kathedrale, so stehen auch *Buch und Jungfrau* für die Figur der Ambivalenz.

Dieser Doppelsinn wird in einem Bild des flämischen Malers Robert Campin (vor 1388-1440) thematisiert, oder genauer noch: aufgebrochen. In dieser Fassung des Verkündigungsmotivs[138] (dem sich Campin gleich mehrfach angenommen hat) hat der Doppelsinn nachgerade gegenständliche Form angenommen, enthüllt sich die Duplikation als eine Kette, die sich in allen Einzelheiten des Bildes wiederholt. Nicht nur, daß man es hier mit zwei Büchern zu tun hat (demjenigen, in dem Maria liest, demjenigen, das der Engel mitgebracht hat) – diese Zweiheit wiederholt sich auch in den Dingen, entdeckt man zwei weiße Lilien, zwei Fenster, zwei Kerzen, zwei Kerzenhalter, zwei Schürhaken und je

zwei geschnitzte Hundefiguren, die aus dem Knauf der Holzbank herauswachsen. Die Doppelung, so wie Campin sie hier einsetzt, besagt nicht Identität, sondern verweist auf einen Riß. Ganz folgerichtig sind die Dinge nicht symmetrisch zueinander angeordnet, sondern so, daß in der Verdoppelung die Differenz hervortritt – und mit ihr die Zeichenhaftigkeit der Dinge[139] (etwa, daß die abgebrannte, dahingeschmolzene Kerze als ein Zeichen für die abgelaufene Zeit, für den Alten Bund gelesen werden mag, die neue Kerze indes den Beginn einer neuen Zeit ankündigt). Mag diese *hermeneutische Differenz* in der Lesart der Dinge noch plausibel scheinen, so markiert sie, was das *Buch der Bücher*, und also die Figur des *Einen* anbelangt, eine Umwertung radikaler Art (eine Umwertung übrigens, bei der man sich des Bewußtseins des Malers über sein Tun gewiß sein kann – ist er doch derselbe, der die Kühnheit besessen hat, den der Gottesmutter zustehenden Nimbus durch einen geflochtenen Ofenschirm zu ersetzen[140]). Das *eine* Buch (auch wenn es nach außen noch immer das Buch der Bücher zu sein scheint) wird *entzweit*[141], es wird der Philologie und der Hermeneutik überantwortet. Die Schrift ist nicht »an sich«, sie trägt nicht den reinen Sinn in sich, sondern sie muß verkündet und empfangen werden. Die in der Schrift lesende Maria zeigt nicht die Schrift selbst, sondern eine *Lesart*, der der Verkündigungsengel mit seinem Buch die seine entgegenhält. Das Buch wird zum Code, es wird zu der Art und Weise, wie der einzelne es liest – es wird »perspektivisch«. Dies macht plausibel, warum die Maria der Verkündigung, der »speculum sine macula«, zum humanistischen Prototyp zu werden vermag: ist sie doch nicht nur Träger des Buches, sondern trägt ihrerseits das Buch (den Logos) aus.

Vor dieser Spiegelung, die wie ein Vexierbild die Physiognomie des neuen Menschen verrät, kommt auch der Proliferation der Bücher in der Malerei des *Quattrocento* ihr Sinn zu. Denn nunmehr, als individuelle *Lesart* gedacht, vermag das Buch stellvertretend für seinen Träger zu stehen, oder genauer noch: für das, was er in sich und mit sich selbst austrägt. Das Buch wird zum Programm des je einzelnen, es wird zum Identitätsprogramm, zum *Buch des Lebens*. Diese Gedankenfigur nun nimmt in die Lebenswelt hinein, was in seiner vorausgegangenen Metempsychose, in der Metapher vom *Buch der Natur*, schon ins Innere der Welt hineingedacht worden ist – mit dem Unterschied, daß dieser Weg ins Innerweltliche nun den Gang in den Kopf nimmt, vermag doch nun ein jeder zum Prätendenten seiner »eigenen Natur« zu werden. Denn gibt es ein *Buch des Lebens*, vermag ein jeder sein eigenes Leben als ein »lebendiges Buch« aufzufassen. Von daher ist es kein besonders unzeitgemäßer, ja nicht einmal besonders hellenischer Gedanke, wenn der Renaissancephilosoph Marsilio Ficini aus dem Umstand, daß die schriftlosen Philosophen Pythagoras und Sokrates eigentlich nur in Gestalt ihrer Schüler überlebt haben, den Rückkehrschluß zieht, daß umgekehrt ein jeder dieser Schüler ein »lebendiges Buch« darstelle: »Den Pythagoras und den Sokrates, göttliche Lehrmeister, haben keine Bücher, sondern ihre Schüler zum Glanz gemacht. Oder doch Bücher, aber lebendige – denn wenn ein Buch ein Schüler ohne Leben ist, so ist ein Schüler ein lebendiges Buch.«[142]

DAS LEBENDIGE BUCH: das ist nicht nur eine zentrale, sondern auch eine der schillerndsten, vieldeutigsten Metaphern des Abendlandes[143], eine Gedankenfigur, die, ungeachtet der Verschiebungen des Denkens, auf das Hartnäckigste fortlebt, ja bis auf den heutigen Tag, in immer neuer Gestalt, verjüngt und verwandelt, die Szene betritt – strahlender als je zuvor. So daß man, gerade dieser stupenden Wandlungsfähigkeit wegen, ihr eine nachgerade *metamorphe Kraft* zuschreiben könnte...

Verfolgt man den Ursprung dieser Metapher, so ist man auf das Christentum verwiesen; nicht allein, weil mit dem *Buch der Bücher* die abendländische Bibliophilie in Gang gesetzt ist, sondern vor allem, weil die Metaphorik auf jenes Novum des christlichen Denkens abzielt, das in der *annunziatio* seinen Bildausdruck gefunden hat: die Vermählung von Logos und Physis, jene sonderbare physisch-metaphysische Doppelnatur, die von nun an zum Schicksal und zum Kreuz des Denkens wird. Tatsächlich ist, wenn man vom lebendigen Buch spricht, ja keineswegs entschieden, ob das Leben buchstäblich genommen oder der Buchstabe zum Leben erweckt werden soll, bewegt sich die Metapher, was den Ort der Rede anbelangt, in einer strukturellen Ambivalenz, zwischen Himmel und Erde. Zweifellos hat man es, was die Mechanik der Metapher anbelangt, mit einem versteckten *Chiasmus* zu tun – ist es die *Lesart* des Kreuzes (von oben nach unten, oder von unten nach oben), die darüber entscheidet, in welcher Form die Metapher zu verstehen ist. Wenn also, wie es fast ausschließlich geschieht, von der »Inkarnation des Wortes« die Rede ist, ist eigentlich nur die halbe Wahrheit ausgesprochen, strebt doch in dem Maße, in dem das Wort Fleisch wird, umgekehrt auch das Fleisch dazu, Wort zu werden. Die *Wortwerdung des Fleisches* jedoch markiert exakt die chiastische Umdeutung, die im Zeichen der Kathedrale, aber auch in der Metaphorik vom *Buch der Natur* sich ereignet.

Vor diesem Hintergrund nun ist es keineswegs mehr verwunderlich, daß die Verschiebung des Denkens, aber auch die Geburt des Individuums seinen Weg über eine (vordergründig betrachtet) rückwärts gewandte, christlich codierte Bildwelt nehmen kann. Hier, in der chiastischen

Umdeutung, in der neuen »Codierung« des Marienbildes liegt jenes Geheimnis, das die Ikonographie der Frührenaissance begreifbar macht. Von »Säkularisierung« zu reden und darunter ganz nominal das Nicht-Sakrale zu verstehen, also das, was sich gegen den sakralen Raum absetzt, muß notwendigerweise unterhalb jener verwickelten, zutiefst ambivalenten Logik bleiben, wie sie mit der Gedankenfigur des »lebendigen Buches« und, strukturell betrachtet, mit der Logik des Chiasmus gegeben ist; vor allem aber unterschlägt es, daß in der Umdeutung der Lesart diese Denkfigur ja keineswegs aus der Welt geschafft, sondern ganz im Gegenteil in die Logik des Säkularen eingegangen ist, daß die Autorität des Buches, daß der Nimbus der Heiligengestalten auf ihre irdischen Wiedergänger abfärbt. Somit drückt sich in der Fixierung auf die Antike, wie sie in der Renaissancedeutung allzu oft vorherrscht, im wesentlichen eine Verlegenheit aus, ja eine Ausweichbewegung, die der Problematik des »lebendigen Buches« (und damit einer christlich »codierten« Renaissance) sich entzieht. Wenn Marsilio Ficino im Angesicht der antiken Philosophie auf die Metapher des »lebendigen Buches« verfällt, bedient er sich aus einem Fundus, der der Antike wesensfremd ist.

Vielleicht liegt, was das Renaissance-Mißverständnis einer gleichsam elternlosen Geburt hervorgerufen hat, im Begriff des Individuums begründet, geht dieser doch, wie das Wort sagt, von einem Unteilbaren, einem In-dividuum aus. In dieser kompakten, opaken Erscheinungsform liegt verdunkelt, daß das Individuum seinerseits sich nicht naturgesetzlich als solches empfindet, sondern daß auch dies das Ergebnis eines Prozesses ist, eines Prozesses, der auf einer Einsicht des vollständigen Gegenteils dessen beruht, als was das Individuum sich empfindet. Damit das, was sich in der Gestalt des Individuums zu erkennen gibt, möglich wird, muß sich der Betreffende zunächst einmal als das erleben, was zum Individuum sich formen kann: als Spiegel, als jungfräuliches Blatt Papier, als präg- und formbare Substanz, die einer bestimmten Vorstellung sich anzuverwandeln vermag. Hier, in der Vorstellung der *Möglichkeitsform*, in der Schreib- und Programmierbarkeit des jeweiligen Lebens, liegt der Gedankengrund, aus dem die Gestalt des Individuums hervorgeht. Das Vehikel heißt: Schrift. Wie die Romantik proklamiert, das Leben solle romantisiert (das heißt: zu einem Roman gemacht) werden, so liegt hier, im Bücherkult des *Quattrocento*, die Aufforderung, daß das Leben zum Buch, das heißt: schreibbar werden soll. Ein Buch (ein Ichprogramm) mit sich zu tragen, bedeutet in diesem Sinn, es auch austragen zu können, sich aus sich selbst heraus gebären zu können, zu dem zu werden, was Jakob Burckhardt – post festum – das Individuum nennt. Genau dies ist wohl der Untergrund jener sonderbaren Büchervermehrung, die auf den Bildern des sich dem Ende zuneigenden *Quattrocento* dazu führt, daß fast jeder sein eigenes Buch in der Hand hat.

Es ist Pico della Mirandola, der dies vielleicht am prägnantesten formuliert, wenn er die Rolle des Menschen als die eines *Chamäleons* beschreibt: »Ich habe dich«, legt er Gottvater in den Mund, »nicht himmlisch noch irdisch, nicht sterblich noch unsterblich gemacht, damit du dich frei, aus eigener Macht, selbst modellierend und bearbeitend zu der von dir gewollten Form ausbilden kannst«.[144] Und weiter: »Wer sollte so ein Chamäleon nicht bewundern? Oder etwas anderes mehr bewundern? Der Mensch werde, hat Asclepius von Athen angesichts dieses wechselhaften, sich selbst verändernden Wesens ganz zurecht behauptet, in den Mysterien in der Gestalt des Proteus symbolisch dargestellt; daher auch bei den Hebräern und Pythagoreern die nicht unbedeutende Rolle der Metamorphosen.«[145] Hier, in der Verwandlungskunst, im Proteus- und Chamäleoncharakter liegt das Novum. Und wenn Pico della Mirandola die Verwandlungskunst als etwas Bewunderungswürdiges darstellt, ja, wenn er darin die *Würde des Menschen* faßt, so deshalb, weil das Individuum (das Charakterkorsett) noch nicht sich herausgeformt, oder besser gesagt: weil es noch nicht zur Selbstverständlichkeit geworden ist. Das, was das Individuum zu dem macht, was es ist, ist kein Fichtescher Willensakt, es ist die Logik seiner Verschriftlichung, eine Logik, die wiederum auf der Idee seiner Schreibbarkeit beruht, darauf, daß der Mensch sich und seinesgleichen zu einem lebendigen Buch machen kann. Es ist frappierend, daß hier die nämliche Gedankenstruktur waltet, wie wir sie zuvor schon mehrfach haben beobachten können. Der Spiegel, die Hieroglyphe, die Schrift, das Chamäleon – all das bildet, zusammengenommen, eine Gedankenkette, eine durchgängige Struktur. Was all den Dingen gemeinsam ist (und wovon zweifellos jene besondere Strahlung ausgeht, die sie zu anthropologischen Metaphern werden läßt), ist die Figur der Indeterminiertheit und zugleich, daß sich mit ihnen ein Möglichkeitsraum aufschließt. So wie in Albertis

Umdeutung des Mythos Narziß zum Urheber der Malerei wird, nicht weil er sich selbst, sondern weil er das Geheimnis des Spiegels entziffert hat, so hat man es nicht mit enigmatischen Objekten zu tun, an denen eine dunkle, hieroglyphische Seite ist, sondern mit gleichsam enträtselten Hieroglyphen: das heißt mit der Verfügungsgewalt über den Code. Hier liegt der Chamäleoncharakter des Menschen: daß er, in der Herrschaft über den Spiegel, die Schrift und die Hieroglyphe, sich selbst und aus eigener Macht zu der von ihm gewünschten Form ausbilden kann, daß er mithin im Besitz eines *genetischen Codes* ist. Womit sich die Frage stellt, worin die Eigentümlichkeit dieses Codes besteht. Auch hier wiederum ist die Kette von *Spiegel*, *Hieroglyphe* und *Schrift* ganz eindeutig – macht sie deutlich, daß es nicht um eine diskursive Sprache, sondern um eine Sprache der piktoralen Unmittelbarkeit geht: darum, daß die Bilder zu sprechen beginnen. Womit die Frage sich dahingehend präzisiert: Was ist die Grammatik dieses Codes, was ist das Geheimnis der Bildsprache?

»Ein Zeichen nenne ich hier«, schreibt Alberti in seinem ersten Buch über die Malerei, »was immer auf einer Fläche sich befindet, und zwar dergestalt, daß es von dem Auge wahrgenommen werden kann.«[146] Anders gesagt: alles, was auf einem Malgrund (denn das ist mit der Fläche gemeint) sich befindet, ist Zeichen. Es ist Zeichen, nicht weil es für etwas Bestimmtes steht, weil ihm von irgendwoher ein besonderer Zeichenwert zukäme, sondern allein deshalb, weil es, gezeichnet, im Bildraum erscheint. Seine Bedeutsamkeit rührt allein daher, daß es im Rahmen bleibt. Tatsächlich ist der Zeichenbegriff, den Alberti hier schafft, gänzlich abstrakt, ja im Grunde vollkommen *leer*. Dieser Definition zufolge fungiert das Zeichen nicht als Platzhalter, Stellvertreter des Gegenstandes, den es bezeichnet (etwa so wie das Wort »Birne« für die Frucht einsteht oder so wie das Wort »Ding« als ein Joker für alle möglichen Dinge einstehen kann) – sondern es ist gewissermaßen autonom: es begründet sich daher, daß es im Bildraum erscheint. So daß es zwischen einem abstrakten Pinselstrich und einem, der den Umriß eines Gesichtes nachzeichnet, keinen wesentlichen Unterschied gibt. Oder pointiert gesagt: der Unterschied zwischen »figürlicher« und »abstrakter« Malerei existiert nur zum Schein, die Malerei (so wie sie sich im zentralperspektivischen Bild verwirklicht) ist abstrakt von Anfang an.

Im Aggregatzustand des Zeichens unterliegt das Zeichen nicht mehr der Logik der Außenwelt, sondern der inneren Gesetzmäßigkeit des Bildes. Dieser Logik folgend, beruht der Zeichenwert eines Dinges, das im Bild erscheint (sagen wir: einer Birne) eben nicht darauf, daß diese gemalte Birne eine wirkliche darstellt, sondern auf der Tatsache, daß sie als etwas Gemaltes, als ein sichtbares Liniengefüge im Rahmen eines Bildes erscheint. Zweifellos: nimmt man Albertis Definition ernst, so werden damit alle Mimesis-Vorstellungen, die man der Malerei des *Quattrocento* gemeinhin unterlegt, obsolet – man muß im Gegenteil einräumen, daß man es hier mit einem Paradox höchster Ordnung zu tun hat: mit einer *Syntax ohne Semantik*, einer Grammatik, der die Sprache (und mit ihr die Welt) abhanden gekommen ist. Denn das Bild, so wie es Albertis Deutung nahelegt, »bildet« ein geschlossenes Zeichensystem, ein System, das auch dann Gültigkeit hätte, wenn ihm die Außenwelt abhanden käme.

Man könnte geneigt sein, in dieser Interpretation so etwas wie eine ungebührliche semiotische Vereinnahmung zu sehen, den modernistischen Versuch, die Gedanken eines Renaissancedenkers als Prätext und Katalysator fürs eigene, sich wild gerierende Denken zu mißbrauchen. Gleichwohl erweist auch der zweite, prüfende Blick, daß Alberti sich in seiner Zeichendefinition des besonderen »Zeichencharakters« durchaus bewußt war – ein Umstand, der etwa dadurch gestützt wird, daß es derselbe Leon Battista Alberti ist, dem sich (was wenig bekannt ist) das erste neuzeitliche Chiffriersystem verdankt[147] und der damit als der Begründer der neuzeitlichen Kryptologie gilt – was den letzten Zweifel daran ausräumen sollte, daß die Erwähnung des *Zeichens* zufällig oder gar unreflektiert erscheint. Alberti begreift das Bild vielmehr als ein geschlossenes, in sich schlüssiges Funktionssystem, das nicht aus einem Abbild, sondern aus Punkten, Linien und Oberflächen besteht. So bemüht er sich nachzuweisen – wofür es keine bildnerische, sondern nur eine mathematisch-geometrische Notwendigkeit gibt –, daß Oberflächen in Linien dekonstruierbar, diese wiederum in Punkte aufzulösen sind und daß der Punkt schließlich die kleinste Einheit, gewissermaßen das Bildatom, darstelle.[148] Der Zweck ist eindeutig: so wie die Zeit der Mechanischen Uhr ein autopoietisches, in sich selbst stützendes Regelsystem bildet, so soll auch das Bild ein in sich schlüssiges, mathematisch vollkommenes Funktionssystem darstellen. Damit ist nicht nur, in Vorwegnahme der analytischen Geometrie, der Systemraum postuliert, sondern die Logik der Bildverarbeitungsmaschine[149] – und wirklich läßt sich, wie Leonardo dies sehr bald schon beweist[150], mit der Camera obscura eine Apparatur ersinnen, die die Transformation des dreidimensionalen Raumes auf die zweidimensionale Fläche automatisch erledigt.

Es ist bezeichnend, daß auch der Malgrund, dessen die Tafelmalerei sich bedient, diese Umdeutung erfährt. Er wird immateriell, zu einer abstrakten, ausgeleerten Bildebene, die ihr Relief und ihre Tektonik verhüllt. Die pure Durchlässigkeit: das *Fenster zur Welt*. Der Abstraktion von der Flächigkeit des Grundes korrespondiert die Ablösung von der mittelalterlichen Denkfigur der Substanz, wie sie in der Behandlung der Farbe – als substantieller Bedeutungsträger – erscheint. Es ist dies der tiefere Grund dafür, daß man sich von nun an der Verwendung des Goldes (welches in der mittelalterlichen Malerei das Göttliche markiert) entschlagen muß. Denn das Gold, das in der mittelalterlichen Malerei das reine, unvermischte Licht des Göttlichen verkörpert, markiert schon in seiner puren Farbeigenschaft die besonders hervorgehobenen, sakralen Flächen des Grundes: es fixiert eine andere, sakrale Taxonomie. Der goldene Nimbus, der den Kopf des Heiligen umhüllt, weist ihn als einen Gottesmann aus (ebenso wie die Farben Blau und Zinnober einen eindeutige Zeichenwert haben).[151] Genau diese Nomenklatur (die mittelalterliche Werteskala) ist es, die Alberti attackiert, wenn er dem Maler anempfiehlt, sich des Goldes zu enthalten und stattdessen den Goldeindruck durch das Spiel der Farben zu erreichen.[152] In diesem Sinn hat Albertis abstrakter Zeichenbegriff nicht nur eine funktionale, sondern eine überaus polemische Bedeutung – zielt er doch darauf ab, das mittelalterliche Symbol, das ja vor allem eine Symbol-Substanz ist, zu desubstantialisieren. Denn in der mittelalterlichen Geisteswelt, die in diesem Krieg der Zeichen die gegnerische Frontlinie markiert, steht das Gold stellvertretend für jenen Symbolismus (oder genauer: den Symbolsubstantialismus) überhaupt, wo einem jeden Ding in der symbolischen Welt ein natürlicher Platz zukommt, wo es sozusagen einer Symbolgravitation folgt, die ihm eine bestimmte, fest umrissene Lesart zuschreibt. Hier nun markiert, ja verkörpert Albertis leerer Zeichenbegriff (die Hypostase des mittelalterlichen *horror vacui*) eine Art *Zero*, wird doch, mit einem Schlag, der mittelalterlichen Zeichenwelt ihr

Boden entzogen. So gibt es im zentralperspektivischen Modell, das lediglich von Sehstrahlen spricht, keinen Unterschied zwischen den Dingen und ihren Zwischenräumen, das heißt, ist für die »Bildauflösung« des zentralperspektivischen Modells ein jeglicher Zwischenraum ebenso wichtig wie das Ding selbst. Die Wirklichkeit (als eine Menge von Sehstrahlen begriffen) verwandelt sich zum optischen Kontinuum, in dem die Luft von der gleichen Dinghaftigkeit ist – ein langsam sich aufhellendes, ins Weiß hinüberspielendes Blau –, und so kann auch der Schatten[153], den ein Gegenstand wirft, für das Bild selbst viel bedeutsamer sein als der Gegenstand selbst. Somit also ist die Semiotik des leeren Zeichens nur die andere (technische) Seite einer gedanklichen Dekonstruktion, ein Desubstantialisierungsakt, der den Unterschied zwischen dem Ding und dem Nichtding aufhebt, zwischen dem Festen und dem Flüssigem, Feuer und Wasser, Himmel und Erde.

Das zentralperspektivische Modell markiert jenen Indifferenzpunkt, bei dem, was gespiegelt wird, vollkommen gleichgültig ist. Hier liegt das mechanische Moment, das bezeichnenderweise nicht als pejorativ empfunden, sondern fast enthusiastisch hervorgearbeitet wird: weist es die Malerei doch als Wissenschaft aus. In diesem »wissenschaftlichen« Sinne benutzt, funktioniert das zentralperspektivische Modell wie eine Bildverarbeitungsmaschine, die eine jegliche Wirklichkeit auf eine spezifische, immer gleiche Art und Weise aufrastert. So ist das räumliche Bild keine Spiegelung (im Sinne der Mimesis), sondern tatsächlich eine Transformationsgrammatik, die das, was sie repräsentiert, in ein neues Zeichenfeld hebt. Hier liegt das Geheimnis dessen, was wir als *Syntax ohne Semantik* bezeichnet haben. Es ist die Sprache der Geometrie: es ist die Übersetzung (die Dekonstruktion) eines Augenblicks in ein System von Sehstrahlen, die auf dem Durchschnitt der Sehpyramide auftreffen – und die dort sich zu einem exakten Abbild wieder zusammenfügen: *Trompe l'œil*, Zweite Natur.

»Wie der Maler«, schreibt Leonardo da Vinci, »Herr ist über Leute aller Art und über die Dinge« – und dann führt er aus, was ihn zu einer derartigen, an Megalomanie grenzenden Behauptung führt: »Will der Maler Schönheiten erblicken, die ihn zur Liebe bewegen, so ist er Herr darüber, sie in's Dasein zu rufen, und will er Dinge sehen, ungeheuerlich, zum Erschrecken, oder drollig und zum Lachen, oder aber zum Erbarmen, so ist er darüber Herr und Gott. Verlangt ihn nach bewohnten Gegenden oder Einöden, schattigen oder dunklen Örtern zur Zeit der Hitze, er stellt sie vor, und so zur Zeit der Kälte warme. Will er Talgründe, will er von hohen Berggipfeln weite Gefilde vor sich aufgerollt sehen und hinter diesen den Meereshorizont erblicken, er ist Gebieter darüber und ebensowohl, wenn er aus Tiefen der Täler zu Gebirgshöhen hinan, oder von diesen zu tiefen Tälern und Abhängen hinabschauen will. Und in der Tat, alles was es im Weltall gibt, sei es nun in Wesenheit und Dasein, oder in der Einbildung, er hat es, zuerst im Geist und dann in den Händen, und die sind von solcher Vorzüglichkeit, daß sie eine gleichzeitige, in einem einzigen An-und Augenblick zusammengedrängte Verhältnisharmonie hervorbringen, wie die (wirklichen, sichtbaren) Dinge tun.«[154]

Man mag dies, wie es häufig geschieht, als eine Art Hymnus der Einbildungskraft lesen, als Prosa im Höhenrausch, die aus diesem Grunde sich zur Behauptung der Gottähnlichkeit versteigt, zum Halluzinogen des Demiurgen, der, über allen Gipfeln, ja, über der Zeit und dem All schwebend, ins Blaue hinein redet – und doch hat man es bei dieser Apotheose der Malerei keinesfalls mit den Konvulsionen der Sprache zu tun, sondern mit einem Leitmotiv, das Leonardo in vielfältiger Form variiert.[155] Es ist der Blick des Demiurgen, vor dem Leonardos Maxime zu lesen ist, daß der Maler sich seinerseits zum Spiegel machen solle – denn »wenn er so tut, wird er wie eine Zweite Natur sein.«[156] Ja, allein schon die Formel von der Zweiten Natur ist etwas, was zum Nachsinnen anhalten müßte: ist damit doch nichts anderes als ein ontologischer Riß zwischen einer Ersten und Zweiten Natur gemeint – ein Riß, der im Prozeß der Spiegelung sich vollzieht.[157] Nimmt man dies wörtlich, bedeutet die Widerspiegelung im *Trompe l'œil* eine Form des Neugebärens, eine Art Wiedergeburt – und in der Tat wächst der Formel des *rinascimento* nun ein ganz eigener Sinn zu.

Dies genau vollzieht sich im Prozeß der Abbildung: der Augenblick muß sterben, um im Bild wiedergeboren zu werden. Es ist ein abstrakter Tod: ein Tod durch Abstraktion (der abgewandte, verspiegelte Blick Brunelleschis, das Koordinatensystem, Albertis Schleier). In diesem Sinn bedeutet die Transformationsgrammatik des *Trompe l'œil* eine gleichsam symbolische Augenblicksvernichtung. So verstanden, ist auch die weltlose Syntax, das leere Zeichen Albertis nicht vollständig leer – sondern der

Nacht- und Indifferenzpunkt, in dem, was Erste Natur war, dekonstruiert und in die Logik der Mathematik hineingezwängt wird. Nunmehr bedarf es keines Schauenden mehr, ist, was der Logik des *Trompe l'œil* überantwortet wird, ein gleichsam entkörperlichter Automatismus: *more geometrico*. Die Camera obscura ist ein Grab; und was sie in sich birgt, der gefrorene, festgehaltene, der vernichtete Augenblick.[158]

Um nicht mißverstanden zu werden: dies ist kein moralisches Urteil, sondern lediglich der Versuch einer Beschreibung dessen, was der verschleierte, zentralperspektivisch koordinierte Blick für die Wahrnehmung notwendig bewirkt. Genaugenommen besagt es nichts anderes als eine Mechanisierung des Schauens: ein Absehen von der Teilhabe, eine Hinwendung zum technischen Aspekt seiner Verdoppelung. Daß die Erste Natur, daß der unmittelbare Augenblick den Tod der Abstraktion sterben muß, hat damit zu tun, daß in der Transformationsgrammatik des *Trompe l'œil* jene Zauberlosung gegeben ist, die den vernichteten Augenblick wiederauferstehen läßt, und dies in noch größerem Glanz als je zuvor, ist er doch nunmehr fixiert, von seiner Flüchtigkeit erlöst: strahlende Zweite Natur. Es ist dies, was Leonardo in seinem *trattato* feiert: das wiederauferstande, zeitlos gewordene, das verewigte Bild. Wie tief derlei Vorstellungen imprägniert sind mit christlichem Geist, ist unübersehbar, unübersehbar auch, daß die Vorstellung der Wiedergeburt selbst auf eine ganz eindeutige Herkunft verweist. Und wirklich, die dunkle Kammer, die Camera obscura, ist nicht die platonische Höhle, wo nur die Schatten der Urbilder sichtbar werden; es ist die Grabkammer des Wiederauferstandenen, es ist die Überwindung des Todes. Die Verheißung nämlich, daß das wahre, das ewige Leben hier erst beginnt (und daß demgegenüber die irdische, vergängliche Welt das eigentlich verschattete Dasein ist). Die Camera obscura ist ein christlicher Kenotaph, nur daß sich die Figur des Wiederauferstandenen nicht mehr in personam, sondern als Struktur, als mechanische Apokryphe, als eine Art von *Verewigungsmaschine* hypostasiert – so daß man es recht eigentlich mit der leeren Grabkammer des Christentums zu tun hat, eines Christentums, das vielleicht von seinen Glaubensgewißheiten lassen mag, nicht aber von der Verheißung ewigen Lebens.

Wenn der Rede, daß etwas auf eine andere Ebene gebracht wird, ein anschaulicher Sinn zukommt, so in der Transformationsgrammatik des perspektivischen Bildes. Nicht allein dadurch, daß eine dreidimensionale Welt auf eine zweidimensionale Fläche übersetzt wird[159], sondern in einem sehr viel weiteren Sinn, in jenem Sinn, in dem man von einem *Ebenensprung* redet. Freilich ist die Metaphorik des Aufstiegs nicht unproblematisch, bleibt in ihr unhörbar, daß ein solcher Ebenensprung stets verbunden ist mit einem Verlust an Grund; nämlich daß in dem Maße, in dem der Überblick wächst, die Unmittelbarkeit des Augenblicks schwindet, daß dort, wo eine Zweite Natur ihre eigenen Gesetzmäßigkeiten entdeckt, die Anschauung der Ersten verstummt. Das perspektivische Bild ist ein Akt der Abstraktion (und darin das räumliche Analogon der Mechanischen Uhr). Es abstrahiert vom Auge und es abstrahiert vom Raum. Wird das Auge zu einem Spiegel, zu einem geometrischen Augenpunkt umgedacht, so wird der Raum zu einem isomorphen, homogenen, wesenhaft geometrischen Raum umfunktioniert – oder, um es bildhaft auszudrücken, ausgeleert, geweißt, wie die Grundierung der Leinwand. Mit der Logik des *Trompe l'œil* wird der *Systemraum*, so wie er sich bereits in der Architektur der gotischen Kathedrale angekündigt hat, zum Mechanismus, zum Regelsystem, das die Wirklichkeit auf eine spezifische, immer gleiche Art und Weise aufrastert. Geburt der Bildverarbeitungsmaschine. So besehen markiert das perspektivische Bild, die Verdoppelung der Welt, einen Riß, ein Schisma, eine Zäsur. Was es bewirkt, ist die Entleerung des Raumes, ist die Desubstantialisierung der Substanz, und schließlich die Entwertung des Symbolischen. Das Bild, *more geometrico* zu einer Menge von Sehstrahlen umgedeutet, welche die Basis eines Dreiecks schneiden, ist ein mathematisches Zero, Nachtpunkt der Einbildungskraft, es ist die Grabkammer, wo der unmittelbare Augenblick den Tod der Abstraktion duldet. Der Tod der Abstraktion ist ein abstrakter Tod; und so ist auch die Wiedergeburt abstrakt. Abstrakt – das heißt, im Wortsinn, von etwas getrennt; von etwas weggezogen, weggeführt. Somit markiert die Abstraktion des Bildes eine Zäsur: einen symbolischen Tod und eine symbolische Wiedergeburt. Von der Ersten zur Zweiten Natur. *Rinascimento*.

Ist diese Umwandlung geschehen, wird die Verführungsgewalt des Bildes fühlbar. Denn der Kenotaph, das leere Grab, öffnet seinerseits einen Möglichkeitsraum – entsteht die Vorstellung, daß ein jeder Augenblick, als Bild, wiedergeboren werden könne. Hier, im Kenotaph der Camera obscura, liegt die Universalität des *Trompe l'œil*: vermag doch die ganze Welt zum

Bild zu werden. Es ist dies eine Totalitätsfigur, ähnlich jener, wie sie auch in der Architektur der gotischen Kathedrale beschlossen war, mit dem Unterschied, daß das perspektivische Bild nicht im Zeichen des Sakralen steht, sondern sozusagen privatisiert – das heißt, dem jeweiligen Belieben überantwortet wird. Hier, im Möglichkeitsraum, im Kenotaph, wo die Erste Natur zur Zweiten sich wandelt, entsteht die Vorstellung, daß die Welt, die ins Bild gerät (die entziffert, dekonstruiert und damit beherrschbar wird), sich ihrerseits zum *Weltbild* fügen könne.[160] In diesem Sinn trägt die Logik des zentralperspektivischen Bildes eine Art Unendlichkeit in sich, wird hier das demiurgische Pathos, das die Schriften der Zeit durchweht, nachfühlbar. In jedem Bild liegt ein Welt-Entwurf (einfach deshalb, weil jene Sprache, die in ihm wirkt, alle erdenklichen Bilder der Welt aufnehmen und wiedergeben kann). Dabei beruht dieser *ideo*-logische Charakter nicht darauf, welcher Art das Weltbild ist, das im Bild erscheint, sondern es ist *ideologisch* schon deshalb, weil es das Modell eines jeglichen Weltbildes bezeichnet: einen Modus, die Welt zu schauen.

Das zentralperspektivische Bild ist Platzanweisung. Denn nicht nur schaut der Betrachter das Bild, sondern schaut umgekehrt auch das Bild ihn an. Tatsächlich ist die Vorstellung, daß der Betrachter dem Bild gegenüber frei ist, nicht richtig, wird ihm doch durch den Augenpunkt, durch die auf ihn hin organisierten Sehstrahlen, ein Platz zugewiesen. Es ist dieser gemeinsame, doppelte Augenblick, mit dem die Vor-Stellung beginnt: und zwar damit, daß der Betrachter sich vor dem Bild in Stellung bringt, daß er seinen (des Malers) Platz einnimmt. Erst wenn dieser Standpunkt bezogen ist, öffnet sich dem Betrachter der Raum, wird das Bild zum Fenster zur Welt. Weltbild. Dieser Zusammenhang ist kein zufälliger: Augenpunkt und Fluchtpunkt sind korrespondierende, einander spiegelnde Punkte – und in diesem Sinn ist van Eycks Spiegel, in dem der Betrachter sich selbst widergespiegelt zu sehen vermeint, die genaueste Bezeichnung für das Spiegelverhältnis von Fluchtpunkt und Augenpunkt. Der Kopf und die Tiefe des Raums sind axial verbunden: zwei Spiegel, die einander gegenüberstehen. Das Subjektive und das Objektive, Gesicht und Landschaft, gebären einander. Tatsächlich gewinnt dieses Spiegelverhältnis (das schon im *Trecento*, in der Lyrik Petrarcas sich ankündigt) in der Transformationsgrammatik des perspektivischen Bildes eine mathematische Form.

So besehen ist Jakob Burckhardts (oder Michelets) Formel von der Entdeckung der Welt und des Menschen, vom Subjektiven und vom Objektiven durchaus präzis – freilich nur, insoweit sie *im Rahmen* des perspektivischen Bildes bleibt. Denn Subjekt und Objekt, so wie sie im Verhältnis des Malers zur Welt (und in der Spiegelung: des Betrachters zum Bild) sich zeigen, sind keineswegs apriorische Kategorien, sondern beruhen ihrerseits auf jenem Regelsystem, das der Rahmen des perspektivischen Bildes setzt. Anders gesagt: *Subjekt und Objekt* sind Teil eines umfassenderen *Projekts*, jenes Bild-Projekts nämlich, das, als ein Tableau von Regeln, jenes Spiegelverhältnis herstellt, in dem Subjekt und Objekt als geschieden *erscheinen* können: als Mensch, der die Natur begreift.

Tatsächlich ist jene Scheidung zwischen »Subjekt« und »Objekt«, wie sie uns in Fleisch und Blut übergegangen ist, eine höchst undeutliche, scheinhafte; ist die begriffliche Kontur bis weit ins 18. Jahrhundert noch so wenig begrenzt, daß Subjekt und Objekt synonym gebraucht werden können. Daran erinnert noch das französische »Sujet«, in dem das Subjekt mit dem Gegenstand (dem Objekt) ineinsfällt[161] – was zurückgeht aufs lateinische »subiectio«, das eine Form der Darstellung, das Vor-Augen-Stellen, meint. Und auch was das moderne Phantasma des »geschichtsmächtigen Subjekts« anbelangt, ist die Etymologie äußerst hilfreich: meint das »Subjekt« zunächst den Unterworfenen, der unter ein bestimmtes Gesetz gestellt ist und sich diesem, unterwürfig, fügt. In diesem Fall: dem Gesetz des *Trompe l'œil*.

Wenn es ein Modell gibt (an dem sich jener ontologische Riß zwischen »Subjekt« und »Objekt« fixieren läßt (wie er als Geist-Körper-Dualismus fortwaltet), so das perspektivische Bild. Hier, mit der Geburt des Porträts und der Landschaft, wird jene gedankliche Scheidung vollzogen, wie sie in der so deutlichen Gegenüberstellung von Subjekt und Objekt kulminiert. Mit diesem Augenblick schwingt der antike »subiectus«, der demütig Unterworfene, seinerseits sich zur Herrschaft auf. Das, was ihn dazu in Stand setzt, ist nicht so sehr, wie Jakob Burckhardt insinuiert, ein Akt der Selbstreflexion, es ist vor allem, daß er sich im Besitz einer Sprache weiß, die ihn, als Zweite Natur, über die Erste erhebt. Dies ist hörbar noch in der Etymologie des Wortes »Gegenstand«. Ist es im Frühneuhochdeutschen noch identisch mit »Widerstand«, das heißt: wird in der gegenständlichen Welt vor allem das Widerständige, die *Tücke des Objekts* fühlbar, erscheint es

1625 im Kreis der Fruchtbringenden Gesellschaft (!) als Lehnsübersetzung des schon im Vierzehnten Jahrhundert eingebürgerten *Objekts* (lat. oculo objectum). Ist die scholastische Deutung des »Objekts« noch so, daß es als der Gegenstand, den sich das Denken wie einen Spielball selbst entgegenwirft, begriffen wird (das heißt: als etwas Dynamisches, als eine Sache des Denkens), so wird dieser Gegenstand im Bild *dingfest* gemacht.

Der Gegenstand in diesem Sinn ist der *Gegenüber*stand, das Gegenüberstehende. Eben dieses Gegenüberstehende (das im wirklichen Leben stets zu entfliehen droht) wird, ins Koordinatensystem des *Trompe l'œil* gezwängt, dekonstruiert, es wird gestellt (mit jenem Zungenschlag, in dem man davon spricht, daß ein Delinquent, jemand der einen Fehltritt begangen hat, gestellt wird). Das Objekt wird zum Objekt dadurch, daß ich es »stelle« und ins Bild überführe.[162] Indem ich den Gegenstand vor mich hin stelle, stelle ich ihn fest, fixiere ich ihn. Fixiert, festgestellt, vermag ich mir eine genaue Vorstellung von ihm zu machen; je nachdem, welchen Standpunkt ich ihm gegenüber einnehme, kann ich diese oder jene Feststellung über ihn treffen. Die Summe nun dieser Feststellungen, die verschiedenen Aspekte des Gegenstand, die mir zuteil werden, fließen zu einer Vorstellung zusammen.

Als Bild begriffen, vermag ich meine Vorstellung von dem, was mir vor Augen steht, abzuziehen. Dies genau macht die Scheidung zwischen Subjekt und Objekt aus: das Sich-ein-Bild-machen-Können, die Überführung eines Segments von Welt in ein Bild von der Welt. Als Betrachter, im Akt der Betrachtung, bin ich Subjekt (in jenem modernen Sinne des Wortes). Ich vermag mich *über etwas* ins Bild zu setzen. Das, was den Betrachter zum Subjekt macht, ist, daß er sich der gegenständlichen Welt gegenüber in Stellung bringt, daß er einen Standpunkt einnimmt, einen Rahmen setzt und damit die ihm gegenüberstehende Welt seiner Vor-Stellung unterwirft. Der Code der Repräsentation, der ihm dieses ermöglicht, ist eine *Herrschaftssprache*, es ist die Grammatik der Zweiten Natur, die sich der ersten bemächtigt.

Hier liegt die enorme, fast religiös anmutende Kraft der Sprache der Repräsentation begründet: im *Trompe l'œil* gewinnt die Einbildungskraft des Betrachters gegenständliche Qualität, hat das Imaginäre stets gegenständlichen, konkreten Charakter. Es ist nicht luftig, kein ausflockendes Ungefähr, sondern überaus konkret – so konkret wie die gegenständliche (im Bild gedoubelte), körperliche Welt. In dieser doppelten Wertigkeit der Reflexion liegt die strukturelle Doppeldeutigkeit des *Trompe l'œil*. Es spiegelt (verdoppelt) die gegenständliche Welt, so wie sie ist (oder zu sein scheint); und doch liegt unterhalb dieser naturalistischen Abbildung eine zweite Sprachschicht, in der der Gegenstand Syntagma ist, Zeichen, in dem sich der Betrachter selbst reflektiert und wiederzuerkennen sucht. Diese zweite Form der Spiegelung, die sich hinter dem Naturalismus der ersten versteckt, ist ihrerseits vollkommen willkürlich: das Spiel der Einbildungskraft.

Genaugenommen, es ist die Möglichkeit des Selbstporträts, das heißt die Möglichkeit, sich selbst zum Objekt der eigenen Einbildungskraft, eines Subjektentwurfs, machen zu können, welche deutlich besagt, daß die Gegenüberstellung von Subjekt und Objekt letztlich in einen unendlichen Rekurs führt, ins Gespräch gegenübergestellter Spiegel. Damit erweist sich die Scheidung von Subjekt und Objekt als höchst unvollkommen, und nicht von ungefähr, beruht sie doch überhaupt erst auf der Sprache des perspektivischen Bildes, auf jenem Bild-Projekt. Das ist das Entscheidende. Das *Projekt* (der Akt der Projektion, die Art und Weise, wie die Wirklichkeit dekonstruiert wird) geht der Geburt des Subjekts voraus. Wenn Gesicht und Landschaft zugleich im Tafelbild des *Quattrocento* erscheinen, so deshalb, weil beide als formbar erlebt werden. Das Bild-Projekt schließt eine doppelte Topographie auf: Innenwelt und Außenwelt. Daß diese doppelte Topographie als das Subjektive und das Objektive scheinen kann, beruht wiederum darauf, daß ihr das *Projekt*, der Sprachakt der Repräsentation, vorausgeht.

Jener Punkt, in dem das Moment der *Projektion*, aber auch der strukturelle Doppelcharakter des *Trompe l'œil* am deutlichsten hervortritt, ist der Fluchtpunkt. Die Tiefe des Raums, auf eine zweidimensionale Bildfläche gebannt. *Coincidentia oppositorum*: jener Punkt, wo die Null und das Unendliche konvergieren. Die fernste Ferne, auf ein Nichts zusammengeschrumpft. Im Fluchtpunkt schließt sich das Bild, aber zugleich, als ein Bild hinter dem Bild, öffnet es sich. Der Fluchtpunkt des Bildes markiert jenen kritischen Punkt, wo der Übertritt aus einem streng rationalen Raum in den utopischen Schwindel geschieht. Im Bild ist alles dinglich, real, ein Stein ist ein Stein, ein Hund ein Hund, ein Mensch ein Mensch. Im Fluchtpunkt indes werden die Dinge zu Syntagmen, zu Trägern einer Bedeutung, die nicht im Bild selbst liegt, sondern dahinter: ein Bild, das von jenseits seinen Sinn empfängt. Der mittelalterliche *Nimbus*, der im semiotischen Kenotaph dekonstruiert worden ist, verwandelt sich hier, im Fluchtpunkt, zum ästhetischen *Schein*, zur *Aura*, wie sie Benjamin (sonderbarerweise) genau in der Logik des *Trompe l'œil* definiert hat: »Aura, die einmalige Erscheinung einer Nähe, so fern sie sein mag«[163]. Die perspektivische Sicht folgt, sofern sie die Dinge als zeichenhaft voraussetzt, immer schon jenem Sog, der übers Bild hinaus weist. Es ist eine immanente Transzendenz. Dort, wo die Linien konvergieren, im Fluchtpunkt des Bildes, öffnet sich jenes metaphysische Loch, das der geometrisierte, mathematische Raum aus dem Bild selbst verbannt hat: nicht als der Raum, der nicht ist, das Nirgendwo, sondern als das, was *noch nicht* ist. Im Unendlichen macht sich die *Zeit-Dimension*, die Dynamik der Linie, die projektive Energie des Raumvektors bemerkbar, wird fühlbar, daß es, in der immer weiteren Verlagerung des Fluchtpunktes in die Tiefe des Raums, um *Landnahme* geht. So daß, wenn das Bild-Projekt bislang ein wenig zu optimistisch und eupemistisch als eine Entdeckungsfahrt beschrieben war, man angemessenerweise von einem Eroberungszug sprechen sollte: die Eroberung der Welt und des Menschen.

KAPITEL 6

Der Körper des Wissens

1. Die Amerikafahrer des Kopfes

Ein neuer Kontinent, ein Amerika des Kopfes. Vielleicht ist dies die treffendste Beschreibung jener neuen Menschen, die, schon im ausgehenden 12. Jahrhundert, sich aus der festen Ordnung herausgelöst haben: Amerikafahrer des Kopfes, Entdeckungsfahrer, die sich ins Flüssige, Ungewisse hinausbegeben, aufs offene Meer. Das, was sie vereint, ist keine bestimmte MISSION, *sondern eher das Ahnen um eine Andere Welt, ein Vorgefühl (wie der salzige Geruch, der das Meer ankündigt). Vor allem jedoch ist es die Risikobereitschaft, sich von den Fundamenten, den Übereinkünften eines zunehmend brüchigen, haltlos werdenden Denkens zu lösen; eines Denkens, das in dem Maße, in dem es sich selbst fragwürdig wird, sich verschanzt, bewaffnet und zu einer überaus gefährlichen, heimtückischen Denkblockade verwandelt. Es ist nicht zufällig, daß, während die einen ins Neue aufbrechen, der Alte Kontinent in Revolten, Bürgerkriegen und den Greueln der Inquisition versinkt. So besehen ist der Zeitriß, von dem die Rede ist, nicht ein allgemeines, allgemein verbindliches Datum (nicht von der Art, wie man es den Revolutionen zuspricht); es ist vielmehr die Entscheidung und der Wagemut Einzelner, sich vom Althergebrachten zu lösen, landauswärts, meerwärts zu denken. Nichtsdestoweniger ist diese Entscheidung ein Riß in der Zeit; für den Einzelnen, aber auch für die, die seinem Beispiel nachfolgen. Jener Augenblick, da man das heimische Gestade verläßt und sich ins Offene hinausbegibt, ist ein Befreiungsakt: geht im Rücken doch der Alte Kontinent unter, hat man vor sich eine Landschaft des Neuen. Diejenigen, die das Wagnis der Überfahrt auf sich nehmen, nehmen nur das Allernotwendigste mit, vor allem lösen sie sich vom gedanklichen Ballast. Dies ist etwas, wozu die Passage sie zwingt: die Dinge auf ihre Tauglichkeit zu prüfen, nur das mit sich zu nehmen, was notwendig ist und wenig beschwerlich. Der Reise voraus geht eine Entrümpelung, ein großes Auskehren, bei dem nur das Berücksichtigung findet, was in jener Welt, von der man nichts weiß, außer daß sie neu sein wird, von Nutzen sein könnte. Die Reise beginnt schon mit den letzten, prüfenden Blicken auf die Welt, die man zu verlassen sich anschickt. Sie beginnt im Kopf, sie beginnt mit den Vorbereitungen, sie beginnt mit den Plänen, mit den Hoffnungen, die sich daran knüpfen. Zunehmend füllt sich der Kopf an mit dem Vorgefühl jenes Ortes, dem der Reisende zustrebt, jenes Ortes, der bislang nur in seiner Einbildungskraft, in der Nervosität des Noch-nicht existiert. Diese Nervosität macht das Denken utopisch. Um wieviel mehr zählt nun der Aufbruch, da das Denken sich löst, da es landauswärts, meerwärts denkt, dem Horizont entgegen. Was immer den Amerikafahrern des Kopfes am Horizont erscheint, ist die Verheißung einer anderen, Neuen Welt. Vor dieser Weite, diesem übergroßen Horizont wächst die Ungeduld, entsteht ein Drang nach Bewegung, und so sind es nicht eine, sondern gleich mehrere Expeditionen, die sich aufmachen. Aber weil sie nicht oder nur wenig voneinander wissen, weil sie zudem unterschiedlichen Routen folgen, betreten die ersten Amerikafahrer an ganz verschiedenen Stellen das Neue Land. Sind die ersten Entwürfe der Neuen Welt bloße Phantasmagorien gewesen, Tagträume, so zeigt sich den Ankömmlingen nun, daß ihre Kopflandschaft existiert. Nein, das ist viel mehr als bloß ein zureichender Grund: unberührtes, jungfräuliches Land.* TERRA INCOGNITA *– ein Land, das frei ist von Besitzrechten, ja in dem selbst das Urvertraute und von jeher Bekannte neu und anders erscheint. Magischer Augenblick, in dem sich einlöst und zur Gewißheit wird, was in der Überfahrt, in der Übersetzung von der Alten zur Neuen Welt, bloß ein vages Ahnen war. Plötzlich, an jenem fernen Ufer, das nunmehr das diesseitige ist, hat man festen Boden unter den Füßen: beginnt das Amerika des Kopfes (und ist die Alte Welt nicht viel mehr als Rauschen, das Anbranden der Wellen gegen den Strand).*

Metaphern sind ernst zu nehmen. Was heißt es also, von einem »Amerika des Kopfes« zu reden? Zunächst einmal ist der Zusammenhang, der mit der Metapher anklingt, keineswegs besonders gesucht, sondern einer, der sich nachgerade wie von selbst einstellt – korrespondiert dem Prozeß der geistigen Landnahme doch jene Reihe von Entdeckungsfahrten[164], die schließlich in der Entdeckung und Erschließung Amerikas einen Höhepunkt finden. Der Parallelismus ist frappierend, kann doch, was sich im Geistigen vollzieht, als ein getreues Spiegelbild dessen erscheinen, was in der Welt geschieht. Infolgedessen hat man es, was das »Amerika des Kopfes« anbelangt, nicht bloß mit einer Metapher, sondern mit einer regelrechten Analogie zu tun, ein Punkt, der es verlohnt, sich die tatsächliche Entdeckung Amerikas ins Gedächtnis zu rufen und danach zu fragen: Was bedeutet die Entdeckung Amerikas?

Löst man sich von jenem Denken, das die Welt als bekannt voraussetzt, so beginnt, wo unser Auge gewohnheitsmäßig die Gestalt des Kontinents aufs Papier projiziert, die Landkarte sich mit weißen Flecken anzufüllen. Die »Entdeckung Amerikas« stellt, kartographisch betrachtet, nur eine Winzigkeit, einen Federstrich dar. Die Inseln, die Kolumbus 1492 entdeckt, Guanahani (Bahama), Kuba und Haiti, sind bestenfalls Vorposten, Ränder, die kaum einen Schemen, geschweige denn die Gestalt dieser Neuen Welt ahnen lassen. Und doch: der neue Kontinent, die neue Welt ist da. Es ist die Entdeckung ihres Daseins, das den Boden für ihre Erschließung bereitet – und daher kein Zufall, daß dieser Augenblick all das, was ihm nachfolgt, überstrahlt. In diesem magischen Augenblick ist der ganze Kontinent bereits als ein erschlossener gedacht, jener erste Schritt so etwas wie eine Initiation. Oder, um es mit der Metapher vom »jungfräulichen Boden« auszudrücken: es ist der Augenblick, da das Amerika des Kopfes seine Unschuld verliert, sein phantasmagorisches, u-topisches Sein, und wo es stattdessen, »entjungferter Boden«, zum Grund des Wissens wird, zum Land der möglichen Erfahrung.

Gleichwohl, hier tut sich ein Paradox auf. Denn einerseits, das ist unübersehbar, meint die neue Welt *Differenz*: Klima, Landschaft, Flora und Fauna, alles ist Differential. Vor allem jedoch sind es die Eingeborenen, die deutlich machen, daß hier, fernab von all dem, was ein geschlossener Kosmos sich dünkte, eine andere Welt sich nach eigenen Gesetzmäßigkeiten entwickelte – eine Welt, die den christlichen Seefahrern so fremd anmuten mußte wie der Mond. Hier, in der *Realität* einer anderen, fremdartigen Welt, entfaltet sich die Gedankenfigur der *möglichen Welten*, wie sie zum bevorzugten Gedankenspiel der Philosophie oder der utopischen Schriftstellerei wird.[165] Man könnte nun annehmen, daß dort, wo das Utopische, das heißt: der bislang nicht für wahr gehaltene Ort, ins Dasein tritt, so etwas wie eine Freisetzung utopischen Denkens stattfände, daß die Realität ihren Delirien, ihren Tagträumen freien Lauf ließe. Es ist dies, sonderbarerweise, nicht der Fall.[166] Im Gegenteil. Es scheint vielmehr, als ob in der Entdeckung der Neuen Welt Europa sich selbst entdeckte.[167] Es ist wie eine Art Wiederholungszwang, etwas, das auch in der Namensgebung unübersehbar Wirkung zeitigt; so heißen die Landstriche, die man benennt, die Neuen-Niederlande, Neu-Galizien, Neu-Spanien, Neu-Granada; im Norden: Neu-Holland, Neu-England, Neu-Schottland.

Die Entdeckung Amerikas, so scheint es, ist viel eher die Entdeckung eines Spiegels, in dem Europa sich selbst wiederentdeckt. So daß es der inneren Logik dieser Geschichte zugehört, daß die Interessenkonflikte, die sehr bald schon sich bemerkbar machen, nicht eigentlich »amerikanischen« Ursprungs sind, sondern die Fronten der Mutterländer nachzeichnen. Dies vorbedacht läßt sich die Frage nun dahingehend präzisieren: Wo und wann beginnt Amerika, Amerika zu sein? Oder noch präziser: Wann kann man vom Specimen des »Amerikaners« sprechen? Wer war der erste Amerikaner?

Genau diese Frage bringt das Paradox auf den Punkt. Denn Amerika ist entdeckt, bevor von einem Amerikaner die Rede sein kann. Denkt man staatsrechtlich, so kann von diesem erst im Jahr 1776 die Rede sein, als die Tochterstaaten sich weigern, dem Mutterland die Steuern zu entrichten. Freilich ist diese Unabhängigkeitserklärung nur eine Besiegelung dessen, was sich insgeheim im Denken und Fühlen der Menschen abgezeichnet hat. Damit aber ist die Amerikanisierung des Amerikaners kein voluntaristischer Akt, und gewiß vollzieht sie sich nicht in dem Augenblick, da ein Genueser Seemann im Dienste der portugiesischen Königin seinen Fuß auf amerikanischen Boden setzt. Worauf also gründet sich, plötzlich, das amerikanische Selbstbewußtsein?

Es ist die Sprache selbst, die Antwort gibt, wird doch ein Selbstbewußtsein nicht eigentlich *gesetzt* (so wie man einen Fuß über die Schwelle setzt), sondern *gründet sich auf etwas*. Es ist keine *Setzung* (keine Zäsur, kein intentionaler, dezisionistischer Akt, keine Plötzlichkeit), sondern eine Form des *Gründens*[168], das heißt, ein wesentlich dynamischer Prozeß, einer jener Prozesse, bei dem, wie man sagt, die Zeit ins Land geht. Nicht von ungefähr klingt in der *Erfahrung*, in der Art, wie man zu sich findet (oder sich verliert, je nachdem) stets eine räumliche Konnotation durch. Selbstbewußtsein ist nichts, das man naturwüchsig »hat«, sondern es entwickelt und entfaltet sich. Man kann sagen, daß in dem Maße, in dem sich das Land erschließt, auch so etwas wie ein amerikanisches Selbstbewußtsein sich bildet (oder daß, um Gertrude Stein zu paraphrasieren, »*the Making of Americans*« zusammenfällt mit dem »*Making of America*«).

Zunächst wird das Terrain sondiert, werden Stoßtrupps ausgeschickt, die das Gelände erforschen. Es wird kartographiert, es werden Wegmarken errichtet, Zeichen gesetzt. Man gibt den Flüssen und Bergen Namen, man sucht Pfade durchs Unterholz. Mit der Arbeit der Geometer entsteht so etwas wie ein kartographischer Spiegel, ein fester, gesicherter Grund, eine Basis, die noch weitere Vorstöße in die Tiefe des Raums ermöglicht. Es gibt Expeditionen, die in den Unwegsamkeiten des Geländes oder bei ersten Scharmützeln mit den Indianern umkommen. So befestigt man das Territorium, errichtet Vorposten und ein System, sich Botschaften zukommen zu lassen. Im Gefolge der Entdecker, in der Sicherheit der Forts, lassen die Siedler sich nieder. Sie errichten Wege, Straßen, Brücken, sie zäunen ein, parzellieren und kultivieren das Land. Kleine Kerne von Gemeinwesen entstehen: Kirchen und Schulen werden gegründet. Die Menschen, die all dies unternehmen, sind Kinder Europas (kleine Notgemeinschaften, die der drückenden Enge eines in Glaubenskriegen befangenen Europas zu entfliehen suchen und hier, frei von Bevormundung, leben wollen). Ist es einerseits die ›Freiheit zum Grund‹, die sie hierher geführt hat, so sind sie andererseits doch jener Alten Welt verpflichtet, die ihnen materiell und ideell Nachschub zu liefern vermag: ist der Grund, den sie sich genommen und begründet haben, noch nicht gewichtig genug, um gegenüber der Herkunft ins Feld geführt werden zu können. Doch dazwischen liegt ein Ozean, eine Zäsur, ein Riß. Es ist ein Riß, der sich allmählich und unversehens vergrößert, der zu einem Entfremdungsprozeß führt. Mit der Zeit entdeckt sich den Bewohnern der Neuen Welt, daß sie nicht mehr Vorposten eines Mutterlandes sind, sondern ihrerseits Wurzeln geschlagen haben. Es ist die Landschaft selbst, die, kultiviert, ein anderes Gesicht annimmt, und die umgekehrt ihre Bewohner zeichnet. Oder anders: die Kultur geht aus dem Grund hervor, jenem Grund, den man zu kultivieren sich anschickt. Auf diesen »Umgang« nun, auf die Kultivierung des Landes und das, was im Verlauf dieser Gründerzeit an besonderer Kultur erwächst, gründet sich das amerikanische Selbstbewußtsein. Paradox formuliert kann sagen: nicht der Amerikaner begründet Amerika, sondern umgekehrt, Amerika begründet den Amerikaner.

Was, in Form dieser kleinen Nacherzählung, fast banal anmuten mag, wirkt freilich, wenn man es denn in Form der Analogie auf das »Amerika des Kopfes« anwendet, höchst sonderbar. Nimmt man die Analogie ernst, so wird man unweigerlich zu dem Schluß geführt, daß auf die gleiche Art und Weise, wie es hier geschieht, auch das Amerika des Kopfes dem Amerikaner des Kopfes vorausgehen müßte. Oder mit anderen Worten, daß der Denk-Kontinent eine Form des Denkens begründet, die nur hier, auf seinem Boden, möglich ist.

Es ist evident, daß hier der Adel, die Autonomie des Geistes in Frage gestellt wird. Es ist nicht das Denken, das einen Denk-Kontinent eröffnet, sondern umgekehrt, es ist ein Denk-Kontinent, der das Denken begründet. Ärger noch: Haben wir gesagt, daß der Amerikaner erst im Umgang mit dem Land zum Amerikaner wird, so müssen wir, der Analogie folgend, einräumen, daß es der stete Umgang mit dem Denk-Kontinent ist, der eine spezifische Denkungsart erst hervorbringt; ja daß es *im Grunde* also die Morphologie der bestellten geistigen Landschaft ist, die sich im Denken widerspiegelt. Letztendlich stellt das Amerika des Kopfes das Paradox einer geistigen Landschaft vor, die – ohne daß sie ein Denker je zuvor gedacht hätte, oder hätte denken können – an sich eine bestimmte Gestalt haben müßte; eine Landschaft mit einer bestimmten symbolischen Flora und Fauna, die auf eine bestimmte charakteristische Art und Weise von Flüssen, Ebenen, von Tälern und Gebirgszügen durchzogen wird; wo es fruchtbare Gegenden gibt, Wüsteneien etc. Oder, um es ein wenig nüchterner zu sagen: all die geistigen Entdeckungen, die man für die Neuzeit reklamiert, sei es die Aufhebung des geozentrischen Weltbildes, die Analytische Geometrie, die Entdeckung der Gravitation, des Trägheitsgesetzes und des Vakuums usf. – all das wäre hier vorgezeichnet, und vor allem, es wäre nur hier, auf dem Boden dieses Kontinents, zu entdecken.[169] Was also ist das Amerika des Kopfes?

Kant bietet in seiner Formulierung vom »Land der möglichen Erfahrung« den Schlüssel für diese geistige Topographie: es sind die Apriori von Raum und Zeit. Raum und Zeit, so wie Kant es versteht, sind dasjenige, was jeder Erfahrung vorausgeht, ja, was Erfahrung erst möglich macht. Was Kant, selbst noch der naturwissenschaftlichen, mathematischen Tradition verhaftet[170], als ein erkenntnistheoretisches Universal hat nehmen wollen, bekommt hier, in der metaphorischen Umgebung Amerikas, eine andere Wertigkeit. Ist ihm das Land der möglichen Erfahrung ein weltloses, synthetisches Feld (»das einer Sphäre verglichen werden [muß], deren Halbmesser sich aus der Krümmung des Bogens auf ihrer Oberfläche (der Natur synthetischer Sätze a priori) finden, daraus aber auch der Inhalt und die Begrenzung derselben mit Sicherheit angeben läßt«[171]), so verwandelt sich dieser wesenhaft mathematische Erkenntnisraum in ein Amerika des Kopfes, das sich der Geschichte aufschließt und in ihr sich entfaltet, ebenso wie das reale Amerika sich erschlossen und verändert hat. Das aber bedeutet, diesen Gedanken zu Ende geführt, daß nicht die Begriffe von Raum und Zeit, sondern die je geschichtlichen (und das heißt: wandelbaren) Anschauungsweisen von Raum und Zeit den *Grundriß der Erkenntnis* abgegeben. Damit jedoch verschiebt sich die Fragestellung, wird, was bei Kant als Frage der synthetischen Urteile a priori noch als überzeitliche Philosophie sich gerieren kann, dem Zahn der Zeit überantwortet. Amerika wird nur einmal entdeckt (und irgendwann gibt es einen Endpunkt auch hier). Vor diesem Hintergrund nimmt jener Denk-Kontinent, den wir bislang nur in Form einer Metapher haben fassen können, Gestalt an. Das, was sich den Amerikafahrern des Kopfes erschließt (und was im Geistigen tatsächlich einen Zeitriß darstellt), ist die Zeit der Mechanischen Uhr, ist der Systemraum der Kathedrale und des perspektivischen Bildes. Die Erfahrungen, die hier möglich werden, sind nicht »an sich«, sondern folgen einer ganz bestimmten Struktur. Das »Amerika des Kopfes« tickt wie eine Mechanische Uhr, es ist die grundierte Weiße eines perspektivischen Bildes und das Koordinatenmuster eines Rechenblattes, und die Sprache, die hier als Landes- und Verwaltungssprache fungiert, ist die *universalis mathesis*. Damit aber hat das »Amerika des Kopfes«, auch wenn es, als ein Denk-Kontinent in den Köpfen, ungreifbar scheinen mag, eine überaus präzise, eindeutige Struktur, eine Struktur, die es möglich macht, Erscheinen, Entwicklung und Ausdehnung dieses Denk-Kontinents zu beschreiben.

Die markanten Daten sind hinlänglich besprochen: zum einen die Eroberung des System-Raums in der Kathedrale (der später im zentralperspektivischen Bild seine Vervollkommnung findet), zum anderen dann die Erfindung der Mechanischen Uhr. Das heißt, das Amerika des Kopfes erschließt sich im Verlaufe des 12., 13. Jahrhunderts – und es erstreckt sich (die Lebendigkeit der Uhrenmetapher ist ein überaus verläßlicher Index) bis an die Schwelle des 19. Jahrhunderts; ja, bezieht man das Denken der großen Bevölkerungsmehrheit mit ein, so ist es noch immer höchst gegenwärtig.

Nun mag diese zeitliche Begrenzung, so wenig anfechtbar sie im einzelnen auch ist, doch auf ein gewisses Befremden stoßen, konterkariert sie doch aufs schärfste die geläufigen Theoreme, die die Geburt der Neuzeit, der Kunst wegen, ins Quattrocento zurückdatieren, oder, wie es offenbar noch bequemer ist, die große Naturwissenschaftliche Revolution des 17. Jahrhunderts und das cartesianische *Cogito* als Beginn des neuzeitlichen Denkens ansetzen. Wie immer derlei Theorien im einzelnen auch aussehen mögen, es ist kennzeichnend für sie, daß sie stets mit der Gedankenfigur der »Schwelle« operieren[172], daß sie von Durchbrüchen sprechen müssen, von einem schockhaften, umwälzenden Ereignis, einer Revolution des Denkens, welche die mittelalterliche, in scholastischer Buchstabenkrämerei erstarrte Welt aus den Angeln gehoben habe. Ist dieser Gedankenstrang (der eigentlich der Mythos der Revolution, der Mythos des Paukenschlags ist) einmal angerührt, so wird auch das Tableau auf diese revolutionäre Weise durchstimmt. Denn unversehens verwandeln sich die Denker, von denen man annimmt, daß sie als erste diese Schwelle zu überschreiten vermocht haben, zu faustischen Geistesheroen, zu Strategen, die auf dem Schlachtfeld des Intellekts einen einsamen Kampf gefochten und gewonnen haben: eine Schlacht, bei der es um nichts geringeres geht als um die »Zerstörung des Kosmos« (Alexandre Koyré) und um die Geburt einer neuen, und endlich: vernünftigen Welt.

Damit aber erweist sich die Gedankenfigur der *Schwelle*, der einen, kühnen *Setzung*, mit der das Mittelalter in die Neuzeit geschritten sei, vor allem als eine metaphorische Fallgrube; zwingt sie denjenigen, der sich ihrer Logik anvertraut, doch stets dazu, diesen *Übergang* in *einem Satz* fassen zu wollen – etwas, worum man sich mit derlei Generalformeln wie der »kopernikanischen Wende« oder dem »cartesianischen Weltbild« ja auch redlich bemüht hat. Das Dilemma indes, eine Erklärung für den *Zeitriß* zu finden (wie er unzweifelhaft sich ereignet hat), ist damit keineswegs behoben, sondern lediglich einem einzelnen Denker aufgebürdet, eine Last, die weder das Himmelsgebäude des so überaus furchtsamen

Nikolaus Kopernikus[173] noch das Œuvre eines Descartes zu tragen vermag. Gewiß, man mag den Denkakt eines Newton bewundern, und doch ist er, wenn er behauptet, daß die »absolute, wahre und mathematische Zeit (...) an sich und vermöge ihrer Natur gleichförmig, und ohne Beziehung auf irgendeinen äußeren Gegenstand«[174] verfließe, keineswegs der Entdecker eines neuen Kontinents, sondern eher derjenige, der (wie die amerikanischen Bürger des Jahres 1776) eine Art Unabhängigkeitserklärung proklamiert. Denn der Boden, auf dem er dies tut, ist längst bestellt und kultiviert. Die Zeit der Mechanischen Uhr ist ins Land gegangen und hat die Kultur reif gemacht, die in der Mechanischen Uhr verborgenen, noch unausgedachten Gedankenkonsequenzen zu formulieren. Allein diese Vorgeschichte, die bereits vollzogene Erschließung dieses Gedankenkontinents, ist es, die Newton die Absolutsetzung von Zeit und Raum überhaupt erst ermöglicht; vordem hätte eine Aussage wie diese keinerlei Anschauungskraft haben können, geschweige denn, daß sie zum Angelpunkt eines großen, kosmologischen Gedankengebäudes geworden wäre. Folglich ist es durchaus bedeutsam, daß Newtons *Philosophiae Naturalis Principia Mathematica* im Jahr 1687 erscheint, und das heißt, zu einem Zeitpunkt, da von einer Entdeckung eines neuen Geisteskontinents nicht mehr die Rede sein kann. Eher gewinnt Gesetzeskraft, was untergründig, wie das Selbstbewußtsein des Amerikaners, sich herausgeformt hat. So daß die großen Männer nicht eigentlich, wie man es sich wünschte, *Amerikafahrer* sind, sondern bereits die Bewohner, Autochthone eines neuen Denk-Kontinents, ebenso wie ihre Sätze weniger *Entdeckungen* als vielmehr *Unabhängigkeitserklärungen* darstellen, die auf den Begriff bringen, was auf der Straße liegt.

Im Gegensatz zur Revolutionsmythologie der »Epochenschwelle« ist das »Amerika des Kopfes« sehr viel geeigneter, den Übergang zwischen Mittelalter und Neuzeit begreifbar zu machen. Im Bild zweier Denk-Kontinente, die durch einen Ozean der Zeit voneinander getrennt sind, wird die Kluft fühlbar, die sich auftut. Zweifelsohne geht es nicht um »Schwellenangst«, nicht um eine Form des geistigen Retadiertseins, der man nachsichtig wie der Scham eines vorpubertären Kindes begegnen kann, und der man ansonsten mit einem kleinen Ruck, einem Dreh oder einem kleinen Schubs auf die Sprünge hilft – nein, es geht um eine maximale, eine ozeanische Differenz, um etwas, das nicht *übersprungen* werden kann.[175] Der Ozean, der sich in der Analogie von den Amerikafahrern des Kopfes auftut und der erst einmal überschifft werden muß, ist ein sehr viel offeneres – und damit ein sehr viel präziseres Bild. Es ist diese *ozeanische Differenz*, die die Scheu des Mittelalters begreiflich macht, diese geistige Xenophobie am Ufer des Meeres, wie sie in jener Papstlegende um Gerbert von Aurillac aufscheint; wird hier doch fühlbar, daß die Grundlagen, daß die Denkgrenzen des mittelalterlichen *ordo* verlassen sind, daß eine jenseitige (und wie das Mittelalter nur denken kann: diabolische) Ordnung waltet. Bezeichnenderweise ist diese Empfindung maximaler Differenz etwas, was keineswegs nur aus der Warte unserer mittelalterlichen Antipoden wirksam ist, sondern etwas, das umgekehrt auch uns anmutet, die wir vom diesseitigen Ufer auf das Jenseits des Mittelalters zurückschauen: mit einem grundfremden Blick, so als schauten wir nicht in eine verwandte Geisteswelt, der wir selbst entwachsen sind, sondern in eine Ferne, der wir kaum anders denn als Ethnologen begegen können. Gerade die Mühe, die es kostet, den Weg zum Verständnis des mittelalterlichen Denkens zurück zu finden, ist ein höchst verläßlicher Indikator dafür, daß man es nicht mit einer Schwelle zu tun hat, sondern daß hier ein Ozean der Zeit aufklafft, der zwei Geisteskontinente voneinander trennt. In diesem Sinn ist die Übergangszeit, die mit dem Herbst des Mittelalters einsetzt, eher eine *Übersetzungszeit*, eine geistige Passage, eine transatlantische Fahrt – und wirklich, bedenkt man es recht, gibt es doch keine ärgere Erschütterung des Fundaments als eben dies: keinen festen Boden mehr unter den Füßen zu haben.

Dieser Wandel des Bildes kommt auch dem Innenleben jener Zeit sehr viel näher: hat man es doch nicht mit geistigen Fußgängern, mit Schwellenspringern zu tun, die *im Sprung* befindlich sind, luftig und leichtgewichtig, sondern eher mit Menschen, die gewahren müssen, daß ihnen der Boden unter den Füßen unsicher wird, daß sie auf den schaukelnden Planken eines Schiffes stehen.

Wenn, statt von einem *Übergang* von einer *Übersetzung* die Rede war, so war, der Logik des Bildes folgend, die Übersetzung von einem Ufer zum anderen gemeint, und das heißt: eine Passage über ein eigentlich fremdes Element. Nun eignet sich der Begriff der *Übersetzung* gleich auf mehrfache Weise, den Prozeß, um den es hier geht, zu bestimmen.

Denn Übersetzung heißt ja auch, daß etwas von einer in eine andere Sprache übertragen wird – womit unzweifelhaft die unmittelbare Anschauungskraft der Fähre sich ins Symbolische übersetzt. Der körperliche Transport wird zu einem geistigen. Damit nun (fast im Sinne Roland Barthes', der schreibt, daß das Zeichen ein Riß sei, der sich stets nur auf dem Gesicht eines anderen Zeichens öffne[176]) tritt eine weitere, intermediäre Bedeutung hervor – und wirklich ist die *Übersetzung in die übertragene Rede* eine Nebenbedeutung des lateinischen »transferre«, wo »Übersetzung« im Sinne des uneigentlichen, bildlichen Sprechens begriffen wird. Was darin anklingt, ist der Umstand, daß mit der Übersetzung (die körperlich als die Übersetzung über einen Grenzfluß gedacht ist) sich eine Art von Bedeutungswandel vollzieht, daß die Übersetzung eines Sprachzeichens in ein anderes eine Form der Konversion, eine Form des »übertragenen Sprechens« darstellt. Jenes Moment der Verflüssigung, wie es im Trans-port (von einem Hafen zum anderen) durchscheint, bedeutet mithin eine Veränderung, ja eine Verwandlung dessen, was dort transportiert wird – und nicht von ungefähr bezieht sich das lateinische »transportatio« nicht auf ein gleichsam neutralisiertes Transportmittel, sondern bedeutet, an der Erfahrung des Menschen ausgerichtet, »Übersiedelung, Wanderung«.[177] Die Übersetzung von der einen in die andere Sprache stellt zwangsläufig eine Gedankenwanderung, eine symbolische Metempsychose dar, verhalten sich die beiden Sprachen zueinander doch niemals so, daß man (wie man es heutzutage, im Zeitalter der technischen Reproduktionsweisen, tut) von einer »1:1-Übersetzung« sprechen könnte. Den Übersetzungsprozeß lediglich auf den unmittelbaren Transport von Ufer zu Ufer einschränken zu wollen, heißt, ihn gründlich zu verkennen, werden in Wahrheit doch zwei Sprachräume (zwei unterschiedliche Landstriche) ineinander übersetzt. Weil nun diese beiden Sprachräume niemals identisch, sondern nach ihrer eigenen Weise geartet sind, bedeutet eine jegliche Übersetzung stets eine (kulturelle, gedankliche) Differenz: einen Verlust an ursprünglichem Sinn, der durch einen »übertragenen« Sinn kompensiert werden muß. Das heißt: jede Übersetzung ist notwendig Interpretation, vor allem ist es eine Interpretation *auf etwas hin*. So wie der, der sich über einen Fluß setzen läßt, dies in der Regel tut, weil er auf der anderen Seite etwas vor sich hat, so ist auch der Prozeß der Übersetzung keine Spiegelung, sondern folgt einem *Richtungspfeil*: geht es doch um eine Bewegung, die von hier nach da (und nicht umgekehrt) ausgerichtet ist.

Dieser Richtungspfeil, diese Bewegung auf etwas hin, verleiht der dritten Bedeutung der »Übersetzung« ihre volle Prägnanz: nämlich daß man auch in der Logik des Räderwerks von einer »Übersetzung« redet (und mit ihr jenes mechanische Verhältnis bezeichnet, bei dem die einzelnen Zahnräder in die über- oder untergeordneten Größen übersetzt werden). Diesem technischen Detail nun (das ist das Entscheidende) geht wiederum eine Übersetzung in die Sprache der Mechanik voraus – etwas, was ich weiter oben als eine Form der mechanischen Digitalisierung beschrieben habe. Die Sprache der Ähnlichkeit (die die Zeit lediglich mit einem Analogon der Zeit, mit dem Verstreichen des Sandes, dem Fließen des Wassers etc. zu messen wußte) wird in die Sprache der Mechanik übersetzt, oder genauer: dekonstruiert. Damit aber verwandelt sich das Sprachkonzept überhaupt, mag es scheinen, als ob die Maschine die Zeit nicht übersetzte (das heißt: in einem eigentlich übertragenen, metaphorisch umschreibenden Sinne von ihr redete), sondern sie vielmehr erzeugte. Von hier nun erschließt sich die vierte Ebene des Begriffs: nämlich die *Über-Setzung*, die *Absolut-Setzung* des deterministischen Begriffs von Raum und Zeit. Zeit und Raum werden über alles andere, sie werden absolut gesetzt. Was, um zum Anfangs-Bild der Übersetzung zurückzukommen, nichts anderes heißt, als daß man die Brücken hinter sich abbricht, daß man leugnet, vom anderen Ufer zu kommen, hinübergesetzt worden zu sein.

Dieser mehrfache, überaus komplexe Sinn nun ist es, der dem innewohnt, was ich, in der Verwerfung des *Übergangs*-Konzepts, *Übersetzungszeit* genannt habe. So beschreiben die Metamorphosen der »Übersetzung« – vom körperlichen Transfer bis hin zur Absolut-Setzung – ziemlich genau die Etappen dieses Prozesses, erweist sich, daß auch die Analogie von den Amerikafahrern des Kopfes, die von einem Kontinent zum anderen übersetzen, diese verschiedenen Übersetzungsphasen durchläuft.

Freilich wird an dieser Stelle auch die Grenze der Analogie deutlich, geht es hier doch um einen intellektuellen Prozeß, das heißt, um eine Passage, die nicht so sinnfällig-konkret sich abspielt wie die Entdeckung und Erschließung des amerikanischen Kontinents. Hat dies letztere den Vorzug topographischer Deutlichkeit, so existiert jener Ozean, den das Denken auf der Suche nach einer *terra nuova* überquert, nur im Kopf. Letztendlich also hat man es mit einer bloß theoretischen Geographie zu tun – was aber nicht heißen soll, daß diese deshalb weniger real wäre; beansprucht die Entdeckung und Erschließung dieses Kontinents im Intellektuellen doch eine vergleichbare Kraftanstrengung wie es auch die Entdeckung Amerikas verlangte.

Unsichtbar, bloß in den Köpfen, vollzieht sich so etwas wie eine kulturelle Metamorphose, eine Gedanken-Passage, bei der man von einem Land der möglichen Erfahrung zu einem anderen übersetzt. Der mittelalterliche Denk-Kontinent hört auf zu existieren, genauer: er wird von seinen Bewohnern verlassen. Zunächst sind es bloß Einzelne, ist es ein kaum spürbares, bloß vereinzeltes Verschwinden; dann aber wird dieser Abfluß der Intelligenz sichtbar, lichten sich die Reihen; und schließlich beginnt so etwas wie eine Debatte übers Dableiben oder Davongehen. Damit nun läuft der Prozeß unweigerlich auf jenen Punkt zu, den man in der Physik die »kritische Masse« nennt, das heißt: auf den Augenblick, da eine Kettenreaktion einsetzt (was ich, ins Kollektiv-Psychische übersetzt, als jene Flucht-Energie begreifen möchte, die eine »kritisch gewordenen Masse« in eine bestimmte Richtung, ihren Leithammeln hinterher, davonstieben läßt). Was zurückbleibt, ist eine Welt, die mit ihrem Latein am Ende ist, die sich zur Fremde, in eine gedankliche Ödnis zurückverwandelt, die in dem Maße, in dem auch das Gedächtnis an sie verstummt, zum versiegelten Zeichen, zur Hieroglyphe wird.

Vielleicht liegt eine weitere Schwierigkeit, die diesen Prozeß so schwer faßbar macht, darin, daß er nicht nur im Intellektuellen, sondern darüberhinaus auch weitgehend halbbewußt, buchstäblich »untergründig« sich abspielt. Nun mag es paradox anmuten, im gleichen Atemzug von einem intellektuellen und halbbewußten Akt zu sprechen – gleichwohl scheint mir dies nach den bisherigen Ausführungen durchaus berechtigt, ja geradezu notwendig zu sein. Überhaupt ist hier ein Leitmotiv dieser Arbeit angerührt: basiert sie doch im wesentlichen auf dem Verdacht, daß das Denken in seiner klarsten Form nicht dort sich artikuliert, wo Menschen nach-denken, sondern in dem, wo sie praktisch vor-greifen. Die Kathedrale, der Räderwerkautomat, das zentralperspektivische Bild:

es sind die Artefakte selbst, die sprechen. Nicht weil Sachen sprechen können, sondern weil hier, in der Hypostase eines Gedankens, der *volle Text* Form gewinnt (jener Text, der in der Auslegung der Dinge – genauer: im Versuch, sie in die Denkkonvention einzubinden – ins Dunkel zurückfällt). Das heißt, daß die Maschinen, daß die Artefakte und Simulacra als philosophische Ereignisse betrachtet und gelesen werden können; ja, daß sie, weil sie der Philosophie in der Regel vorausgehen (und ihr als Metapher den Weg weisen), tatsächlich Philosopheme *sind*.

Dies ist kein Versuch, das Denken zu versachlichen (oder gar: es einer Technikphilosophie zu überantworten), im Gegenteil. Vielmehr ist hier ein wesentliches Moment des Denkens selbst betroffen, seine innere Logik nämlich, daß es, bevor es »begriffsbildend« zu wirken vermag, sich doch erst ins Unerschlossene aufgemacht, daß es sich exponiert haben muß. Die Vehikel, derer es sich dabei bedient, heißen Kunst und Technik (die *techne* – wie es im Griechischen heißt). Das Artefakt, das *Exponat*, das ist der Vorgriff ins Unerschlossene, in jenen Bereich, der erst zu ahnen ist. Nimmt man den lateinischen Wortsinn, so bedeutet »exponare« nicht nur das Sich-Aussetzen in jenem mehrfach verschränkten Sinn, wie es auch unserem Sprachgebrauch geläufig ist (das heißt: in Form der Zur-Schau-Stellung, der Bloßstellung, der Preisgabe), sondern besagt darüberhinaus auch: »Ausschiffen« und »Ans-Land-Setzen«. Und so sind die Vehikel, derer sich das Denken bedient, um von einem Denk-Kontinent zum andern überzusetzen, bezeichnenderweise nicht die Begriffe, sondern das, womit sich das Denken dem Neuen aussetzt – und da ist es das Kirchenschiff, ist es der Zeitpfeil der Mechanischen Uhr, ist es der Fluchtpunkt des perspektivischen Bildes, was den äußersten, exponiertesten Punkt des Denkens markiert. Auf die einfachste Formel zusammengeschmolzen, lautet mein Verdacht: *der Mensch ist Nachzügler seines Tuns*. Ein Verdacht, von dem aus es nur eine logische Schlußfolgerung ist, nicht das, was ein je einzelner Mensch über sein Tun gesagt, gedacht oder verlautbart hat, in den Vordergrund zu stellen, sondern das in seinen Exponaten verdinglichte Denken zu entziffern (das den Intentionen seines Schöpfers durchaus zuwiderlaufen kann).

Diesem Gedanken folgend ist eine Art hermeneutischer Sprung zu konstatieren, eine Phasenverschiebung, bei der das in den technischen und künstlerischen Artefakten exponierte Denken (die *techne* – im vollen, griechischen Sinn des Wortes) dem Nach-Denken über die Dinge vorausgeht. Diesen Vorsprung nun rechnet man gemeinhin dem »Evidenzcharakter« der Dinge zu oder gibt oder ihn als »Faktizität des Faktischen« aus – was wohl nichts anderes als das überaus triviale Eingeständnis ist, daß hier, in der gegenständlichen Welt, ein jeglicher Fortschritt unmittelbare Überzeugungskraft besitzt. Dennoch bleibt damit das Paradox unerhellt, warum das, was doch nichts anderes ist als Menschenwerk, Gewicht besitzt, während demgegenüber das Denken (das doch nur ein anderer Aggregatzustand dieses Dinglichen ist) so überaus leichtgewichtig und unverbindlich scheinen mag – ein wolkiges, höchst flüchtiges Luftspiegelbild. Indes scheint, was die vermeintliche Leichtgewichtigkeit der Gedanken anbelangt, sich die Sachlage genau andersherum zu verhalten, ist es sehr viel einfacher, sich von einem ausrangierten Gegenstand zu trennen als von einer abgelebten Metapher. Vor der Schwerfälligkeit und Trägheit des Geistes erweist sich die Leichtgewichtigkeit des Symbolischen als eine Form der Selbsttäuschung, führt doch genau diese präsumtive Leichtgewichtigkeit dazu, daß man im Symbolischen Zeichenzeugs mit sich herumschleppt, das, wäre es dinglich und somit von dinglicher Aufdringlichkeit, unweigerlich auf der nächsten Müllhalde landen müßte. Paradox gesagt: Weil man so leicht an der Tradition trägt, lastet sie schwer. So wie Exilanten, die ihre Bräuche noch für einige Zeit in der neuen Heimat herumschleppen, ja, sie in dem Maße idolatrisieren, in dem sie an Wirklichkeitsbezug und an Lebenswirklichkeit verlieren, schleppt auch das ausklingende Mittelalter allerlei unnütze Reliquien mit sich herum (ja mag man gerade in dem Maß, in dem die Leichentücher, die Nägel vom Kreuz und die Gebeine der Heiligen proliferieren und in einen schwunghaften Devotionalienhandel eingehen, so etwas wie einem Indikator wachsender Fremde lesen, ein allmähliches Musealwerden des christlichen Glaubens). Dieses symbolischen Reisegepäcks, dieser seit je vertrauten Gedanken wegen mag der Umstand, daß man sich auf eine Reise begeben hat, gar nicht erst in die Bewußtseinshelle dringen (ausgenommen jene wenigen Köpfe, die klarsichtig, als intellektuelle Navigatoren, diesen Prozeß begleitet haben).

Freilich, so nachfühlbar es ist, daß man die entschwindende Heimat am Leben zu erhalten sucht, so bedeutet diese gedankliche Migrationskrankheit nicht bloß Heimweh, sondern markiert auch einen Akt kultureller Regression. In der Tat vermag der symbolische Konservativismus sich zu einer regelrechten Wirklichkeitsausblendung zu steigern, zum Beharren auf einer Symbolschicht, die von der Realität und vom eigenen Tun längst unterspült worden ist. Das aber heißt: man hat es mit einer bloß prätendierten Symbolwelt zu tun, die in dem Maße, in dem sie Deckung und Erdung verliert, zunehmend abgründig wird. So daß, was ich einen »hermeneutischen Sprung« genannt habe, eine neurotische, pathologische Form annehmen und zum Sprung in der Schüssel werden kann: zum Schisma, zu jenen vielfältigen Formen der Entzweiung, wie sie das späte Mittelalter heimsucht (oder wie es eigentlich heißen müßte: »fremdsucht«). Dies genau charakterisiert die Situation des ausgehenden Mittelalters: das Zugleich zweier heteronomer, antagonistischer Denkkontinente, die, statt topographisch getrennt zu sein, übereinander gelagert sind. Dabei nun kommt der symbolischen, und das heißt im wesentlichen: der religiös dominierten Schicht, so sehr sie das Feld zu beherrschen scheint, keineswegs die beherrschende Rolle zu, ist sie doch eher Symptom jener untergründigen Entortung, wie sie sich in der Passage zum neuzeitlichen Denkkontinent vollzieht. Oder andersherum gedacht: es ist der religiöse *Verfolgungswahn* des Spätmittelalters, der davon kündet, daß man es mit einem *Entzug* des Religiösen zu tun hat: daß der autochthon religiöse Grund sich zurückzieht, daß die Wüste wächst, daß Zeit und Raum sich entgöttert haben. Gewissermaßen (und hier erweist sich das, was ich eine hermeneutische Phasenverschiebung genannt habe, als Bruchstelle der Entzweiung, als Schizo-Struktur) kommt das Nach-Denken dem Vor-Griff nicht nach, weigert sich der Diskurs, in Gedanken jene Übersetzung zu vollziehen, die doch längst sich ereignet hat.

Dies ist der Punkt, an dem den Dingen ihre Bedeutung zukommt: vermögen sie doch, gedanklicher Vorgriff, der sie sind, den *vollen Text* aufzuschließen, machen sie beredt, was die Rede selbst nicht wahrhaben will. Hier erst wird die Divergenz, die Schizo-Struktur der Rede sichtbar, ist zu orten, ob und inwieweit das Denken dem Land der möglichen Erfahrung sich verschließt. Vor diesem Hintergrund nun ist es keinesfalls überspannt, in den Artefakten einer Kultur ein kollektives Unbewußtes zu orten. Freilich ist, auch wenn die Äquivokation beabsichtigt ist, von einem »Unbewußten« nicht im streng psychoanalytischen Sinne die Rede; zumindest nicht in dem Sinne, daß hier der volle Text naturnotwendig entzogen sein muß oder nichts ist als das Symptom, das Sediment der

Illusionen, die sich das »Kultur-Über-Ich« über sich selbst macht.[178] Was hier das Emblem des »Unbewußten« trägt, ist zunächst einmal bloß in jenem höchst neutralen, »technischen« Sinn zu verstehen, in dem ein jeglicher Vorstoß ins Ungefähre, dem das Denken sich aussetzt, nur um den Preis zu haben ist, daß hier das Denken, um eben dieses Augenblicks willen, aussetzen muß. So verstanden, ist der Gang ins Unbewußte eine Gedankennotwendigkeit, ist es allein dieser Akt des Sich-Aussetzen, der es ermöglicht, daß der symbolische Kokon, in den man sich eingesponnen weiß, durchstoßen wird und daß jene Stelle sich öffnet, wo das Denken dem Neuen sich preisgibt. Folgt diesem Akt der Selbstpreisgabe jedoch keine Aufhebung ins Selbst-Bewußtsein, muß nun tatsächlich von einem »Unbewußten« im psychoanalytischen Sinne die Rede sein. Denn von nun an beginnt der Diskurs sich gegen eine Erfahrung taub zu stellen, beginnt jene Verpanzerung, die das, was doch exponiert daliegt, ja, was im Laufe der Zeit zu einer schwärenden Wunde sich verwandelt, mit bloßen Worten zu leugnen und zu maskieren sucht.

Hier liegt das Paradox des Mittelalters, wird verständlich, daß die Entdeckung des neuzeitlichen Denk-Kontinents, dieser grundstürzend anderen Welt, zugleich so etwas wie ein Trauma bedeutet, heißt der Preis doch zwangsläufig: Entgötterung, Heimatverlust, Gedankenexil. Und so ist es kein Zufall, daß der Prozeß der Übersetzung weitgehend klandestin, am Wahrnehmungsgrund, sich ereignet: im Schatten der Kathedrale, im Innern der Uhr oder in der Weiße des perspektivischen Bildes. Oder in jener Form, in der die Schizostruktur der Zeit ihre schillerndste Blüte treibt: in Gestalt jenes Gottesbeweises, welcher Gott dadurch so ingeniös aus der Welt zu schaffen weiß, daß er ihn ins metaphorische Kleid eines Uhrmachers zwängt.

2. *Autismus als Philosophie*

Die Geschichte der Uhrenmetapher beschreibt nicht den Wandel eines rhetorischen Elements[179], sondern sie ist ein präziser Indikator für den Prozeß der Landnahme, für die Art und Weise, wie das Amerika des

Kopfes in Besitz genommen wird. Demgemäß beschreibt der »Wandel der Metapher«, wohin die Reise geht, lassen sich hier die Stadien und Schritte, die Verzweigungen, die Scheidewege, aber auch die Schlachtfelder des Geistes topographisch verfolgen, verkünden die Metamorphosen der Uhrenmetapher das Vordringen des neuzeitlichen Intellekts, die Bereiche, die der Herrschaft des Rationalen anheimfallen.

Vor diesem Hintergrund nun ist es nicht verwunderlich, daß die Metapher im Anfang eigentlich weniger für etwas Bestimmtes steht, als für die Entdeckung der Neuen Welt überhaupt: hat man es eher mit Apotheosen, mit Sirenengesängen zu tun, die im Ticken der Uhr nur »Süße« und »Wohlklang« (Dante im 10. Gesang des *Paradieses*) oder, wie der Mystiker Heinrich Seuse, einen »milden und himmlischen Klang«[180] entdecken. Die Neue Welt ist Musik, Verheißung, ein Paradies.

Aber schon im 14. Jahrhundert, mit dem ontologischen Gottesbeweis des Nicole Oresme, tritt das Skelett der neuen Ratio deutlich hervor: spricht Oresme von »Zahl, Maß und Gewicht«.[181] Mit Oresmes Gottesbeweis, der in zahllosen Abwandlungen bis weit ins 18. Jahrhundert Gültigkeit hat, ist der Boden des neuen Kontinents bereits in Angriff genommen, ist, mit dem Programm der *mathesis universalis*, eine grobe Topographie erstellt. Auch wenn dieser Gedanke ein theologisches Gewand trägt, ist doch unverkennbar, daß der mittelalterliche *ordo* sich hier, vor dem Bild der mechanischen Uhr, zur *Ordnung der Dinge* verwandelt hat. Das, was dieser neue Kontinent erschließt, sind neue Maße, ist das Vermögen, Maß zu nehmen, zu vermessen, eine Welt nach Maß zu errichten.

Der Zugang, genauer: die Fortbewegungsweise ist eine doppelte. Ähnlich wie das perspektivische Bild das Porträt und die Landschaft gebiert, so erstreckt sich die Metapher – was im übrigen sehr naheliegt – zunächst auf die Kosmologie, zum andern aber wird sie zugleich auch zur *Körpermetapher*, ja mehr noch: zum Persönlichkeitsideal. Das, was in dieser zweifaltigen Ratio zum Ausdruck kommt, ist jedoch keine Spaltung des Diskurses, sondern folgt *einer* Bewegung: jener mittelalterlichen Vorstellung, wonach das, was im Mikrokosmos geschieht, ein Spiegel des Makrokosmos ist (und vice versa). So wird, was im Kosmologischen gilt, zu einer Technik der Selbstbeherrschung, der Mäßigung. Folgerichtig wird die Tugend, Maß zu halten, die *temperantia*, im Verlauf des 13. und 14. Jahrhunderts zu einer Kardinaltugend. So schreibt Christine de Pisan: »Die Mäßigkeit sollte gleichfalls als eine Göttin gelten. Und weil unser menschlicher Körper aus vielen Teilen besteht und von der Vernunft reguliert sein sollte, kann man ihn als eine Uhr darstellen, die eine Reihe von Rädern und Maßen enthält. Und so wie eine Uhr nichts taugt, solange sie nicht reguliert ist, so arbeitet auch unser menschlicher Körper nicht, solange nicht Mäßigkeit ihn leitet«.[182] Ein Anonymus des 15. Jahrhunderts bringt dieses, wenn man so will, puritanische Ethos mit den schlichten Versen auf den Punkt: »Wer auf die Uhr achtet,/ ist in seinem Handeln pünktlich./ Wer seine Zunge im Zaum hält,/ sagt nichts, was Anstoß erregt./ Wer eine Brille aufsetzt,/ sieht besser, was um ihn herum ist./ Die Sporen zeigen, daß Furcht/ den jungen Mann reifen läßt./ Die Mühle, die unseren Körper erhält,/ ist nie unmäßig.«[183]

Wo der Geist der Mäßigkeit zum Persönlichkeitsideal wird, wo der Takt, die *mesure*, zum Ethos wird, da ist es nur eine Frage der Zeit, daß sich dies auch in einem breiteren, gesellschaftlichen Diskurs niederschlägt. Es ist daher kein Zufall, daß die Uhrenmetapher Eingang in die politische Literatur findet, daß sie zum Ethos des Gemeinwesens selbst wird, zu jener Maßgabe, nach der ein Gemeinwesen sich ausrichten soll. So schreibt der spanische Jesuit Antonio de Guevara, daß es die Aufgabe des Fürsten sei, seine Landeskinder so zu regieren wie die Uhr die öffentlichen Dinge ordnet. Hat dies, äußerlich wenigstens, noch einen feudalen Anstrich, so ist der politische Diskurs, insofern er als ein in sich schlüssiges, vor allem rationales Ganzes begriffen wird, der Ratio überantwortet (womit ein Mechanismus in Gang gesetzt ist, der im Hobbesschen *Leviathan* seine Einlösung findet[184]).

Dieser Prozeß läuft unmerklich ab; so (wie die amerikanischen Siedler, die langsam das europäische Erbe abstreifen) erschließt sich der Kontinent, beginnt sehr bald schon die ganze Kultur so zu ticken wie eine mechanische Uhr. Freilich, auch wenn es unterbödig sich abspielt, ist es doch deswegen nicht minder grundstürzend. Tatsächlich gewinnt, was im Weichbild der Kultur ein Kontinuum scheint, eine überaus scharfe Kontur, wird er geradezu zum Schnitt, zum Epochenriß, wenn man sich vergegenwärtigt, daß die Todsünden des Mittelalters, Geiz und Habsucht, binnen zweier Jahrhunderte ihren Schrecken verloren haben, ja, mehr noch, daß sie gleichsam invertiert und zu Tugenden umgemodelt werden: und so tritt, unverhohlen, eine *Ökonomie der Zeit*[185] hervor: das, was im Protestantismus schließlich sein geistiges Habit findet.[186]

Gleichwohl, so sehr die Kultur mit dem neuen Sinn für die Zeit imprägniert wird, so bedarf es doch eines langen Zeitraums, bis auch die letzten Erinnerungen an die untergegangene Welt verloschen sind. Ein letztes, überaus beharrliches Relikt (gleichsam das Souvenir, das über die Zäsur hinwegtäuschen soll) ist der Vitalismus der Renaissance: die Vorstellung, daß der Kosmos so etwas wie ein »großes Tier« vorstelle. Gegen diesen vitalistischen Rückstand wendet sich Johannes Kepler: »Meine Absicht ist folgende: die Himmelsmaschine zu bestimmen und zwar nicht als göttliches Lebewesen, sondern als Uhr – wer die Uhr für lebendig hält, der verleiht den Ruhm des Künstlers dem Werk – wie fast alle unterschiedlichen Bewegungen von einer sehr einfachen Anziehungskraft des Körpers abhängen, so sind in der Uhr alle Bewegungen von dem sehr einfachen Gewicht abhängig. Und ich lege dar, dieses physische Argument unter die Zahlen und die Geometrie zu subsumieren, damit du nicht bei mir etwas von den Traumvorstellungen des Alpetragius befürchtest, der vor Fascatorius versucht hat, alles mit kreismäßigen Bewegungen durchzuführen.«[187]

Hat Kepler sich damit des geistigen Ballasts entledigt, der ihn hindert, die Bewegungen seiner Himmelsmaschine zu analysieren, so ist er, als Rosenkreutzer, doch nicht der Mann, hier weiterzudenken; bleibt es Descartes vorbehalten, den Rest von Natur zu denaturieren und die Uhr als Zentralmetapher zu inaugurieren.

Vielleicht besteht die philosophische Großtat, die Descartes zum Titular eines Weltbildes gemacht hat, weniger in einem radikal neuen, umstürzlerischen Denkakt als vielmehr darin, daß er das, was *in praxi* längst *fait accompli* ist, zum Prinzip zusammenfaßt: daß in seinem Denken Philosophie zu ticken beginnt wie ein Räderwerk, wie eine Mechanische Uhr. Wenn man diesem Vorgang Radikalität zuspricht und ihn als eine Zäsur in der Geschichte der Philosophie begreift, so kann sich dieses Urteil nicht auf die Großtat einer philosophischen Weltentdeckung stützen (eines Gedanken, wie er nie zuvor so gedacht geworden ist), sondern muß zur Kenntnis nehmen, worauf auch Descartes sich stützt, jene Ratio, die sich sich längst in der Kultur verwurzelt hat. Damit aber ist, was die cartesianische Philosophie verkündet, vor allem das: eine Unabhängigkeitserklärung, jener Augenblick, da das Amerika des Kopfes seinen *Amerikaner* findet. Oder anders gesagt: wenn Descartes als ein *Zero*, als ein Nullpunkt des Denkens zu betrachten ist, so nicht deswegen, weil das Denken auf eine neue Grundlage gestellt würde, sondern weil in seinem Denken all das, was nicht dem diesseitigen Grund, das heißt: dem Amerika des Kopfes, entsprungen ist, systematisch ausgeschlossen wird.[188] Descartes begründet keine Zäsur, sondern er vollzieht sie. Dies genau ist die Funktion des cartesianischen Zweifels: vermag er doch wie ein Art Katalysator zu wirken, der das, was an scholastischer Gedankentradition fortwirkt, für nichts erachtet. Es ist, wenn man so will, eine Form des *weißen Exorzismus*, eine Geisteraustreibung.

Genaugenommen ist dies nichts anderes als ein philosophischer Verkapselungsprozeß – ein Prozeß, der sich bezeichnenderweise auch im Erscheinungsbild der mechanischen Uhren abzeichnet. Sind die mechanischen Uhren im Mittelalter riesenhafte Eisenungetüme, eher Bauwerken vergleichbar denn feinmechanischen Instrumenten, so verwandeln sie sich in der Renaissance zu kunstvoll geschmückten Spielwerken (die so überaus dekorativ sind, daß ihr Dekor ihre Funktion dominiert), im 16. und 17. Jahrhundert schließlich werden sie zu schwarzen, nüchternen Kästen, die ihr Innenleben dem Äußeren entziehen. Ebenso wie die Uhren sich ihrer Funktion unterordnen und ein nüchternes, fast protestantisches Gewand annehmen, ebenso denkt auch Descartes sich ins Innere einer solchen *Black box* hinein, in eine gedankliche Ausnüchterungszelle, die alles, was der Außenwelt angehört, als nichtseiend betrachtet. Tatsächlich ist dieser Verkapselungsprozeß bereits im Begriff der Mechanischen Uhr begründet, löst sie sich doch von einer jeglichen *Anschauung* der Zeit und setzt an ihre Stelle das, was wir zuvor die »genetische Zeit« genannt haben. Ganz ähnlich verfährt auch Descartes, indem er alles stigmatisiert, was unmittelbare Sinneswahrnehmung ist. »Nun will ich meine Augen schließen, meine Ohren verstopfen, alle meine Sinne will ich abwenden, sogar die Bilder von körperlichen Dingen will ich allesamt aus meinem Bewußtsein tilgen, oder, da dies wohl kaum möglich sein dürfte, sie wenigstens als eitle Trugbilder für nichts erachten. Zu mir allein will ich reden und tiefer in mein Inneres blicken und mich so allmählich mit mir selbst bekannter und vertrauter zu machen suchen. Ich bin ein Ding, das denkt.«[189]

Freilich, so neu und verwegen derlei Gedanken anmuten mögen, so sehr das Programm des philosophischen Autismus dem Akt eines Piloten vergleichbar scheinen mag, der sich mutterseelenallein in den Orbit hinauskatapultiert[190], so ist dieser Wagemut doch ein höchst scheinhafter, ist, worauf er abzielt, doch längst geläufig. Tatsächlich setzt Descartes – so sehr er sich auch bemühen mag, die überlieferten Traditionen als eitle Trugbilder für nichts zu erachten – bei höchst vertrautem Gedankengut an, und hier bezeichnenderweise bei jenem ontologischen Gottesbeweis, wie ihn Nicole Oresme fast zweihundert Jahre zuvor formuliert hat. So schreibt Descartes, nachdem er den Antriebsmechanismus des menschlichen Körpers, das Herz, auseinandergenommen und dabei erklärt hat, daß dieser Mechanismus mit der gleichen Notwendigkeit ticke, »wie der Mechanismus einer Uhr aus der Kraft, Lage und Gestalt ihrer Gewichte und Räder folgt«[191] –, daß eine solch mechanische Beschreibung des Herzens demjenigen nicht sonderbar vorkommen könne, »der weiß, wie viele verschiedene *Automaten* oder bewegungsfähige Maschinen menschliche Geschicklichkeit zustandebringen kann, und dies unter Verwendung nur sehr weniger Einzelteile verglichen mit der großen Anzahl von Knochen, Muskeln, Nerven, Arterien, Venen und all den anderen Bestandteilen, die sich im Leibe jedes Tieres finden.« Und dann, fast in einer Paraphrase des älteren Gedankens[192]: »Er wird diesen Leib für eine Maschine ansehen, die aus den Händen Gottes kommt und daher unvergleichlich besser konstruiert ist und weit wunderbarere Getriebe in sich birgt als jede Maschine, die der Mensch erfinden kann.«[193] Die gedankliche Struktur ist die nämliche wie bei Oresme, mit dem einzigen Unterschied, daß die Beschreibung des Herzens nicht naturphilosophischer Spekulation, sondern der Anatomie entsprungen ist. Ist bei Oresme die mechanische Uhr das Gedankenzentrum, von dem aus der Gedanke abhebt, so ist es bei Descartes das Herz, und zwar nicht als ein noch unerschlossener, sondern als ein mechanisch dekonstruierter Mechanismus: eine »natürliche Uhr« sozusagen. Damit aber hat Descartes' Gedankengang nicht mehr die Form eines Analogieschlusses, sondern ist, insofern er die Probe aufs Exempel gemacht und in der Vivisektion des Herzens nichts als einen Mechanismus gefunden hat, ein Beweis. Der Triumph über den Körper: die gelungene Dekonstruktion.

Der Gedankenkern, um den es hier geht, ist nicht mehr, wie noch bei Oresme, Gott eine Universalsprache unterzuschieben, die nach dem Funktionsmodus eines Räderwerkmechanismus tickt, sondern es ist, diese bereits apriorisch voraussetzend, die Beweisführung, daß Natur nichts anderes ist als eine solche Maschine. Läuft der Gottesbeweis schon bei Oresme im wesentlichen darauf hinaus, Gott einer Umschulungsmaßnahme zu unterziehen und aus ihm ein Mechanikerhirn zu machen, so ist hier die Schraube noch ein wenig weiter gedreht, geht es, »produktorientiert«, eigentlich nurmehr um die Artefakte, die der göttlichen Produktion entstammen.[194] So daß, recht eigentlich, die demiurgische Seite hervortritt: als die Verheißung, daß, wenn der Bausatz jener göttlichen Apparaturen entziffert ist, es selbstverständlich möglich sein müsse, sie neu zusammenzusetzen.

Tatsächlich, und von hier ist Descartes' Verwendung der Uhrenmetapher höchst aufschlußreich, wird jener Sprengsatz, wie er im Doppelcharakter der Mechanischen Uhr begründet ist, freigesetzt: mag, was Menschenwerk ist (das Räderwerk), als göttliche Offenbarung gelten. »In der Mechanik gibt es gewiß keine Regeln, die nicht auch für die Physik [d.h. in diesem Zusammenhang die Physiologie, d. Vf.] gelten, die ein Teil oder ein Spezialgebiet von ihr ist. Für eine Uhr, die aus diesen oder jenen Teilen zusammengesetzt ist, ist es nicht weniger natürlich, die Zeit anzugeben als für einen aus diesem oder jenem Samen gewachsenen Baum, die entsprechenden Früchte hervorzubringen.«[195] Diese Formulierung bringt das cartesianische Paradox auf den Punkt. Das, was – nach der Analogie der Maschine geschaut – zuvor schon zur »Sache der Natur« hatte werden können, wird hier zur *Natur der Sache*.

Die Mechanische Uhr und der Baum folgen dem gleichen Gesetz. Dieses Gesetz jedoch (und hier begründet sich der cartesianische Dualismus, genauer: greift er jenen Doppelcharakter auf, wie er in der Mechanischen Uhr beschlossen ist) ist nicht in der jeweiligen Maschine verkörpert, sondern bloß eine Widerspiegelung, ein Ausdruck jenes mechanischen Regelwerks, das ihr, als eine gedankliche Blaupause, vorausgeht. Es ist das, was ich zuvor »Himmelsuhr« genannt habe: jenes geistige Räderwerk, das dem je konkreten vorauszugehen scheint, aber das doch in Wahrheit nichts anderes ist als das in den Gedankenhimmel hinaufkatapultierte Binnensystem einer mechanischen Uhr. Hier liegt die Scheidung, oder genauer: die cartesianische Inversion. Die Himmelsuhr, die immaterielle Sprache der Mechanik (die doch nichts anderes ist als die Abstraktion, die Übersetzung des je konkreten Räderwerks) wird als die vorgängige betrachtet: als die Sprache der Natur. Die *res cogitans*, die mechanische Logik, geht der *res extensa*, dem Räderwerkautomaten voraus. Damit aber verlagert sich der Körperschwerpunkt, oder genauer: er entäußert sich. Die ganze organische, nicht vernunftbegabte Natur, das heißt: alles, was nicht Mensch und *res cogitans* ist, wird als entseelte Natur, das heißt: als eine bloße Maschine betrachtet: »Wenn es Maschinen mit den Organen und der Gestalt eines Affen oder eines anderen vernunftlosen Tieres gäbe, so hätten wir gar kein Mittel, das uns nur den geringsten Unterschied erkennen ließe zwischen dem Mechanismus dieser Maschinen und dem Lebensprinzip dieser Tiere«.[196] Ganz folgerichtig hat man es mit »natürlichen Automata«[197] zu tun, ambulanten Maschinen, die – naturgemäß – den Forschersinn dazu auffordern, sich ihrer mit der ihnen gemäßen Methode, das heißt: der Mechanik anzunehmen. Die Mechanik usurpiert die Natur, sie denaturiert sie zur Maschine; so vermag sich der Geist zum »Herren und Eigentümer der Natur«[198] aufzuschwingen.

Damit nun hat sich, was ich im Zusammenhang des *Trompe l'œil* einen *Kenotaph* genannt habe, zur reinen Form herauskristallisiert, ja, gewinnt diese Bezeichnung erst hier, im cartesianischen *Cogito*, ihren *vollen* Sinn. Endlich wird sichtbar, daß dieser leere, dunkle, und entsinnlichte Kopfinnenraum nichts anderes als eine Grabstätte der Philosophie darstellt, eine Schädelstätte der Abstraktion, in der all das, was Natur war an der Natur, entleert und annihiliert worden ist. Die Kopfgeburten aber, die dieser zweifelhaften Dunkelkammer des Denkens entspringen, sind Totgeburten: eben nicht die Kreaturen selbst, sondern ihre mechanischen Wiedergänger, die »natürlichen Automata«. Damit hat sich vollzogen, was im Denken zuvor nur angelegt, oder wie im *memento mori* der Renaissance nur vorgefühlt worden ist: Natur hat sich, in die Denkmaschine eingespeist, zur *natura morta* verwandelt.

Bemächtigt sich das perspektivische Bild der Natur, so zahlt es ihr, in der Dunkelkammer der Repräsentation, doch insoweit Tribut, als es noch immer Natur ist, die im Bild ihre Wiederauferstehung feiert. In diesem Sinn, auch wenn dem Kenotaph des perspektivischen Bildes Zeichen und

Syntagmen entspringen, die einer anderen, heteronomen Logik gehorchen, sind sie, »nach der Natur« gemalt, doch stets Nach-Bildungen. Das aber heißt: die Natur geht voraus, sie ist, was vorausgesetzt wird, sie ist jenes Vor-Bild, das die Nach-Bildung erst zu erreichen sucht. Genau dieses Widerspiegelungslogik (die ja schon von Anbegin, in der Transformationsgrammatik des zentralperspektivischen Bildes, eine höchst zweideutige war) wird nun dispensiert; und so vermag auch das Verhältnis zwischen Vor- und Nachbild sich umzukehren. Denn nicht mehr die unmittelbare Natur ist es, die als das Erste gilt, sondern jene Zweite Natur, wie sie in den Maschinen von Raum und Zeit ihren Niederschlag gefunden hat. Und es ist dieser Umschlagpunkt, die Inversion, über den der im Malgrund verborgene *symbolische Tod* (der Tod durchs Zeichen) aus dem Latenzzustand hervortreten und zum klaren geistigen Schnitt werden kann, zur *Epoché*. Natur muß sterben, um als Weltmaschine wiedergeboren zu werden.[199] So läßt Thomas Hobbes, zwanzig Jahre nach Erscheinen des *Discours de la méthode*, seine Naturphilosophie mit den folgenden Worten anheben: »Die Philosophie der Natur werden wir am besten [...] mit der Privation beginnen, d.h. mit der Idee einer allgemeinen Weltvernichtung. Gesetzt also, alle Dinge wären vernichtet, so könnte man fragen, was einem Menschen (der allein von dieser Weltvernichtung ausgenommen sein soll) noch als Gegenstand philosophischer Betrachtung und wissenschaftlicher Erkenntnis übrig bliebe oder was er zum Aufbau der Wissenschaft zu benennen dann noch Anlaß hätte.«[200]

Die Idee der Weltvernichtung ist fraglos die komplementäre Seite des Cogito, die Reduktion aufs *Zero*, auf die Maschinen von Raum und Zeit. Hier, im Kenotaph des Denkens, verwandelt sich die Welt zu einem öden, leeren und finsteren Anfang zurück, aber doch nur, um erneut zusammengesetzt zu werden.[201] Genesisprojekt: »Und die Erde ward wüst und leer; und es war finster auf der Tiefe; und der Geist Gottes schwebte auf dem Wasser« – nur daß es nicht mehr der Geist Gottes ist, sondern jene Logik, wie sie sich in den Raum- und Zeitmaschinen hypostasiert hat. Es ist allein der Wahn, im Besitz jener Sprache zu sein, in der Natur sich geformt hat[202], welcher ein solch demiurgisches Unterfangen auf den Plan ruft. Ein *rinascimento* ganz besonderer Art: ein Tod durch die Vernunft, eine Wiederauferstehung durch die Vernunft. Hier findet jene Umwandlung, jene Metamorphose statt, wie sie sich über einen langen Zeitraum angekündigt hat: die Ablösung von der Zeit, die Verpünktlichung des Raums und seine Auflösung in ein xyz-Koordinatensystem – und schließlich: die Abstraktion vom Körper und von der Welt.[203]

Fortan wird an der Natur nur wahrgenommen, was an ihr Maschine ist, was dem Wissenskörper (der nach dem Bild einer Maschine gedacht ist) entspricht. Dies nennt man heutzutage wohl »selektive Wahrnehmung«: wobei die Selektion nicht einem jeweiligen, jemeinigen Wegsehen entspringt, sondern auf jenem Habit, jener geistigen Hülle beruht, die sich der Wissenskörper mit dem mechanischen Systembegriff überstreift – oder genauer: in die er sich hineinzwängt. So eingekleidet, zentralisiert und mechanisiert sich das Denken selbst: unterwirft es sich einem Systemzwang. Dieses System ist (obschon es in der »Himmelsuhr« so etwas wie ein absolutes Vorbild besitzt) nichts Statisches, sondern im Gegenteil: eine Bewegung auf etwas hin, eine Aus- und Zurichtung. So wie die Uhren immer höherer Präzision zustreben, so folgt auch das Denken, das in die Metapher des Räderwerkautomaten eingestiegen ist, einem *Skopus*, demjenigen nämlich, alles, was existiert, zur Maschine zu machen. Womit die naturwissenschaftliche Revolution tatsächlich eine Revolution in Permanenz darstellt.

Kapitel 7

Gesellschaft im Park

Der französische Park: planierte Ebene, Alleen, die in die Tiefe des Raums sich schnüren; Bäume, die wie Soldaten in regelmäßigen Abständen nebeneinander aufgepflanzt stehen, auch in Größe und Gestalt uniformiert, wodurch sie – wie die rotweißgestreiften Meßlatten der Landvermesser – als Größenindizes gelten können, welche im Maße ihrer perspektivischen Verkürzung die wachsende Ferne anzeigen. Wenn es eine Richtschnur gibt für dieses Bild, so das Gesetz der Serie: ein Eindruck, der bisweilen noch verstärkt wird von der Reihe versteinerter Göttergestalten, die sich dort in ebenso regelmäßigem Abstand postiert haben; wobei sie, Platzhalter des unbedingten Regelmaßes, so etwas wie eine Skalierung der Linie bewirken.

Gibt es eine gerade Linie in der Natur? Gewächse, die zu geometrischen Körpern sich formen? Gibt es ein Naturgesetz, das die Bäume nebeneinander aufreiht und Buchsbaumhecken in Uniform steckt? – Aber vielleicht, und darin besteht die Gewalt, die dieser Anblick ausübt, stellen sich derlei Fragen gar nicht, ist der Blick durch die in die Tiefe des Raums schnürenden Linien geradezu gebannt. Es ist ein projektives, dynamisches Moment darin. Denn wo alles sich, wie eine Zahlenreihe, hintereinander aufreiht, findet der Blick keinen Anhaltspunkt mehr, sondern defiliert an den Bäumen, Hecken, Säulen vorüber – in die Tiefe des Raums, dorthin, wo die parallel zueinander verlaufenden Alleen in einem Punkt, im Fluchtpunkt, zusammenzulaufen scheinen. Und so steht ein jegliches Ding nicht für sich selbst, sondern gewissermaßen Spalier: ist es Teil einer Serie, einer Kette, die, der perspektivischen Verkürzung gemäß, in die Unendlichkeit des Raumes weist. In dieser Kette ist das Gleichmaß Gesetz. Das Gleichmaß skandiert, rhythmisiert, es gibt den Takt und dirigiert das Auge von einem zum anderen, von hier nach dort, Schritt für Schritt und immer

weiter so fort – und in diesem Sinn wirkt es wie eine Art imaginäres Transportmittel, das es dem Blick erlaubt, ungehindert (ohne darin von einer Einzelheit abgelenkt oder von einem Blickfang aufgehalten zu werden) der Bewegung der geraden Linie zu folgen, dem Fluchtpunkt des Bildes entgegen. Es ist ein musikalisierter, getragener Blick – ein Blick, der wie von selbst in eine bestimmte Bewegung einfällt. Die Vergleichförmigung bewirkt, sofern sie rhythmisiert, eine Umformung, die Logik der Uni-form (die Wiederholung der Formen in den Piedestalen der Skulpturen, der Hecken, in der Schrittfolge der Bäume) wird zur Logik des *Trans*formation. Erst das Gleichmaß, die Monotonie des hintereinander Aufgereihten, macht die in die Tiefe schnürende Allee zur *Flucht*. Wie das Zählen ab einer bestimmtem Größe gewissermaßen in einen Zahlenrausch übergeht, bei dem nicht die Aufeinanderfolge der einzelnen Zählschritte die Gedankenbewegung bestimmt, sondern die Bewegung sich verselbständigt und sich ins Unendliche hochrechnet, so geht auch hier der Blick an den Einzelheiten vorüber und wird zur Bewegung, zu einem Pfeil oder zu einem Ge-

schoß, welches an den Baumpalisaden und dem Skulpturenspalier vorüberfliegt und der Tiefe des Raums entgegeneilt. Selbst die Göttergestalten, die dort, versteinert, am Rand einer solchen, in die Tiefe des Raums weisenden Allee postiert sind, stehen nicht für sich, sondern lediglich als Wegmarken da; exponiert, gewiß, als Götter aufs Piedestal gestellt; und doch kaum mehr als Statisten eines Historienspektakels, das einer anderen Bewegung folgt als derjenigen, aus der sie herbeizitiert worden sind. Und so ist es nicht von ungefähr, daß auch sie, die Götterstatisten, dieser Bewegung sich unterwerfen: gebannte Betrachter, den Kopf seitwärts gewendet, in Sehnsucht erstarrt, wie »auf dem Sprung«. Oder wie die Göttin Diana oder Apoll der Flugbahn eines Pfeils hinterherschauend (oder der Gedankenflugbahn des Landschaftsarchitekten, je nachdem).

Das Defilée der Baumkolonnaden und Hecken, die steinernen Blumentöpfe und die hintereinandergestaffelten Skulpturen – all das folgt einem Ziel, einem Kalkül, das in der Tiefe des Raumes, im *Fluchtpunkt des Bildes* seine Einlösung findet. Mit dem einzigen, gleichwohl bemerkenswerten Unterschied, daß man es ja keinesfalls mit einem Bild, sondern mit einer Landschaft zu tun hat.[204] Das aber heißt nichts anderes, als daß es keinerlei innere, landschaftliche Notwendigkeit dafür gibt, die Mechanik der Raumabbildung in die Außenwelt zu verlagern. Und doch besteht darin die ganze Logik des Französischen Parks: sind die vergleichförmigten, skandierten und rhythmisierten Bäume, die Sträucher, die schnurgerade dahinpfeilenden Wege nichts als Vorläufigkeiten, die auf einen solchen Fluchtpunkt, und damit: auf die *Logik des Bildes* hinauslaufen.

Es ist dies eine Konstruktion, die sich, einmal ins Auge gefaßt, schnell erschließt. So fungieren die Waldstücke (die »Bosketts« oder »Massifs«, wie man sie nennt), die sich links und rechts neben der großen mittleren Freifläche befinden, nicht bloß als Begrenzung, sondern als Orthogonalen, als Randlinien des perspektivischen Bildes. Verstärkt wird die zentralperspektivische Blickführung noch durch die Mittelachse, die entweder von einem Hauptweg oder von einem Kanal gebildet wird, wodurch der Anblick in zwei symmetrische Hälften zerfällt. Auf dieser Achse sich bewegend, spaziert man gewissermaßen auf der Blickachse des zentralperspektivischen Bildes, jener Achse, die – in der Logik des *Trompe l'œil* – den Augenpunkt mit dem Fluchtpunkt verbindet. Von hier aus erschließt sich, wo immer man auch steht, die Bildhaftigkeit, die zentralperspektivische Gliederung des Geländes: und so ist es durchaus naheliegend, daß man diesen Anblick die »Perspektive« heißt.

Der Betrachter, der vom Schloß oder von der Freitreppe des Schlosses aus diesen Anblick gewahrt, steht, wie der Betrachter eines Bildes, ein wenig erhöht: und so nimmt er jenen Standpunkt ein, wie ihn die Maler als Betrachterstandpunkt empfehlen, *sotto in su*. Von hier, also vom Schloß aus gesehen, ist der Fluchtpunkt zumeist nicht ein materieller Punkt, sondern er befindet sich über einer Wasserfläche, ein blauer Dunst, über dem sich (wie auf dem heißen Asphalt eines Highways) irgendwo in der Ferne eine Luftspiegelung zu erheben scheint. Schaut man umgekehrt, gewissermaßen am anderen Ende des Bildes stehend (oder wenn man so will: aus dem Bild herausschauend), so sieht man das Schloß, wobei hier das Zentrum jene mittlere, von einer Kuppel überwölbte Partie des Gebäudes ist, das ansonsten sich unendlich in die Breite streckt. So daß die Anordnung des Raumes, je nachdem, von wo aus man schaut, ergibt, daß der Fluchtpunkt einmal ins Unendliche weist, und zum andern ins Zentrum des Schlosses – genau dorthin, wo der König seine Gemächer hat.

Es ist die Fluchtpunktkonstruktion, die dem französischen Park sein eigentümliches Gepräge gibt, ja mehr noch, die den Eindruck einer stupenden räumlichen Homogeneität, des Einheitlichen erst begründet. Hier ist das übergeordnete Organisationsprinzip berührt, dem sich die einzelnen Elemente des Parks fügen, oder genauer, dem sie entspringen. Denn ähnlich wie im Kreuzrippengewölbe der gotischen Kathedrale hat man es mit einer morphogenetischen, einer formerzeugenden Form zu tun. Operiert der Kathedralenbauer vom Nexus, vom Schlußstein des Kreuzrippengewölbes aus, von wo aus er die Kraftlinien aussendet (und das Gebäude seine Form annimmt), so operiert der Landschaftsarchitekt des französischen Parks von jenem Punkt aus, der, dem königlichen Schloß gegenüber gelegen, den Punkt höchster Intensität und Machtvollkommenheit darstellen soll. Von diesem Denkpunkt aus betrachtet, werden die schnurgeraden Parallelen zur Selbstverständlichkeit, ebenso die Bosketts zu beiden Seiten (die die Funktion haben, eine grobe Gliederung, eine Art Raumflucht zu schaffen). Auch das Staffelungs- oder Skalierungsprinzip, die stete Wiederholung der Formelemente, gewinnt hier eine Art innerer Folgerichtigkeit; ist damit doch eine Intensivierung der in den Tiefenraum vorstoßenden Linien erreicht – etwas, was an das repetitive, rhythmische Moment des gotischen Formenkanons erinnert. Dieses »strukturalistische« Moment ist – dem Präjudiz vom überladenen Barock zum Trotz – ein wesentliches Kennzeichen, läßt sich im französischen Park nicht nur ein strenger Formenkanon, sondern die Struktur par excellence herauslesen: das Skelett des zentralperspektivischen Bildes.

Damit ist das Bemerkenswerte bereits angesprochen. Das Paradox nämlich, daß das, was im Beginn der räumlichen Malerei Mittel war, die Außenwelt auf eine zweidimensionale Bildfläche zu bannen und hier den Eindruck von Raumtiefe vorzutäuschen –, daß diese Bildverarbeitungsmaschinerie ihrerseits auf den Raum zurückwirkt, genauer: daß die Perspektive zum Zweck, zum eigentlich erstrebenswerten Landschaftsideal wird. Oder anschaulich gedacht, daß das in der Grundierung verborgene Gerüst aus dem Bild herauswächst und sich dergestalt, fast im wörtlichen Sinn *aus-gebildet*, über die Landschaft legt. Freilich ist dies, die Vorgeschichte mitbedacht, nicht allzu verwunderlich (so wie andererseits die Vorstellung eines bloßen Mittels sich als Naivität herausgestellt hat): erfüllt das Bild ja nicht nur piktorale Funktion, sondern birgt zugleich eine Theorie des Raums und der Raumbeherrschung in sich, jenes Tableau, wo im Spiegelverhältnis von Ich und Landschaft der Code der Repräsentation und mit ihm der Grundriß des neuzeitlichen Weltbildes geboren wird. Ja, hier erweist sich, *wie* mächtig dieser Grundriß ist, vermag er doch, wahrhaft eine zweite Natur, wie Leonardo sagt, sich an die Stelle der ersten zu setzen.

Hier liegt die eigentliche Zäsur, das historische Novum, das den französischen Park von seinem Vorläufer, dem Renaissancegarten unterscheidet. Denn auch im Renaissancegarten gibt es geometrische Konstruktionsprinzipien, schnüren sich gerade Linien, werden Buchsbaumhecken beschnitten und geometrischen Körpern angenähert – und doch, das ist der entscheidende Unterschied, verbleiben derlei Praktiken, als bloße Einzelheiten, noch im Aggregatzustand, sind sie noch nicht in dem Maße organisiert, als Teil eines Systemganzen begriffen, wie dies im französischen Park geschieht. Der Renaissancegarten ist ein Nahraum, er ist vertraute Lebenswelt, die dem Sichausleben und dem individuellen Sich-Ergehen geweiht ist – und so ist er mehr Garten denn Park, beherbergt er gleichermaßen Obstbaumpflanzungen, Dickicht, Hochwald, Wiesen und Weiher. Diese sinnenfrohe, hedonistische Unmittelbarkeit ist etwas, was sich deutlich auch in der Malerei der Renaissance widerspiegelt, in der Landschaft, als ein von Menschen besiedeltes und belebtes Umland, stets einholbar bleibt: eine Malerei der Provinz und der näheren Umgebung; keinesfalls jedoch von Feldstechern durchbohrt und vom vorauseilenden Bedürfnis nach wachsender Reichweite affiziert, wie es sich im 17. Jahrhundert ausbildet (wo man erst, in einem strengen Sinn, von Landschaftsmalerei reden kann). Vor diesem Hintergrund erweist sich das Verschwinden eines anderen Details, das den Renaissancegarten charakterisiert und auf das man im Französischen Park verzichtet, als hochsymptomatisch: der Wassergraben, der das Schloß umgibt. Der Verzicht auf diese Umfriedung markiert nicht bloß einen Zuwachs an Weite, sondern wiederholt in symbolischer Form jenen geistigen Wechsel, der vom umfriedeten Nomos (dessen Zeichen der Kreis ist) zum Absoluten Raum der Geometrie führt (dessen Zeichen das Dreieck ist); hier, in diesem marginal anmutenden Detail, wird jene Bruchstelle, ja buchstäblich der Graben sichtbar, der zwei divergente Raumvorstellungen voneinander trennt. Ist die erstere in sich schlüssig, so ist die letztere dem Vektor, dem steten Noch-nicht unterworfen, jenem utopischen Schwindel, der über den Horizont, das Jeweilige, hinauszustreben sucht.

Erst im französischen Park[205] wird der Garten zum Park, verwandelt sich Landschaft zum *Bild*. Zunächst einmal, strukturell betrachtet, heißt dies, daß das Bild nicht mehr im Imaginären, im Kopf des Künstlers sich formiert, sondern daß damit das Imaginäre seinerseits den Raum erobert. Anders ausgedrückt: die Einbildungskraft (das Imaginäre) hört auf, allein ein künstlerisches Phänomen zu sein: es greift über auf die Gestaltung des Raums, der Lebenswirklichkeit. Der Raum selbst wird, wie der Bildraum, zu einem Gegenstand der Einbildungskraft. Diese Umdeutung ist alles andere als eine bloße Anschauungsfrage, sondern hat überaus reale, lebenspraktische Konsequenzen. Tatsächlich meint dies ja nichts anderes, als daß die innere Gesetzmäßigkeit des perspektivischen Bildes sich auf den Raum überträgt. So wie das *Trompe l'œil* der Tafelmalerei sich erst auf einem weißen, gewissermaßen ausgeleerten Grund entfaltet, so kann der französische Park auch erst zu dem werden, was er ist, wenn der Landschaftsarchitekt von der natürlichen Beschaffenheit des Geländes vollkommen absieht.

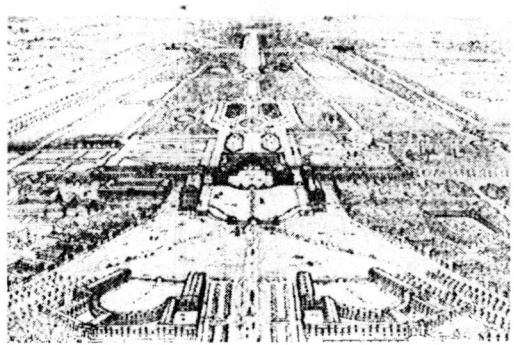

Der Raum wird der Logik des Bildes unterworfen – und das heißt, er muß auf die gleiche Art und Weise grundiert werden, wie der Maler sein Bild grundiert (was er ja vor allem deshalb tut, weil er die Tektonik, die Eigenstofflichkeit seines Untergrundes neutralisieren will). Nicht der wirkliche Untergrund, die Tektonik und Beschaffenheit des Geländes, ist Bezugsgröße: sondern der *Plan*, eben jenes Terrain, das, um Grundriß für jenes zu planende *Bild* werden zu können, erst einmal *planiert* werden muß.

Und in der Tat ist Versailles, ein ursprünglich sumpfiges, hügeliges Gelände, von seiner natürlichen Beschaffenheit denkbar ungeeignet, die Grundierung eines solchen Bildes zu bieten. (Daß – dessenungeachtet – die Wahl des Königs darauf fällt, ist vor allem der sentimentalen Anhänglichkeit Ludwig XIV. zu danken, der von jenem Ort, wo er einen Großteil seiner Kindheit zugebracht hat, nicht ablassen will.) Es ist ein titanisches Unterfangen, bei dem zeitweilig bis zu 36.000 Mann beschäftigt sind. Wiederholt kommt es zu Epidemien. Aber weil die Arbeiten nicht unterbrochen werden sollen, schafft man, wie Madame de Sevigné schreibt, »alle Nächte wie aus einem Krankenhaus ganze Karren voller Toter«[206] heraus. Die Arbeiten bestehen darin, das Sumpfgebiet trockenzulegen, die Hügel abzutragen und das Gelände großflächig einzuebnen; darüberhinaus plant man, da Versailles eines Flusses ermangelt, aber neben einem großen Kanal auch allerlei Wasserspiele vorgesehen sind, das Wasser der Seine umzuleiten; als dies nicht funktioniert, versucht man es mit der Eure. »Die Gewalt«, schreibt Saint-Martin, »die der Natur hier überall angetan worden ist, wirkt abstoßend und widert unwillkürlich an. Die Überfülle der gewaltsam von überall hergebrachten Wasser macht diese grün, dickflüssig und schlammig; sie verbreiten eine ungesunde und empfindliche Feuchtigkeit, einen Gestank, der es erst recht ist«[207] – und doch, was der Herzog von Saint-Simon als Gewalt gegen die Natur inkriminiert, folgt der inneren Notwendigkeit, dem Bildcharakter der Landschaft, ist sie doch als ein leeres Tableau, als neutrale Grundierung gedacht, in die sich das Bildnis des Repräsentationsgartens einschreibt. Genaugenommen ist, was sich im französischen Park artikuliert, weniger das Bild einer Landschaft, als vielmehr eine *Verlandschaftlichung des zentralperspektivischen Gerüstes*. In diesem sehr konkreten Sinn wird die erfahrbare, begehbare Landschaft der geschauten Landschaft, dem Bildcharakter untergeordnet. Ein Akt der Abstraktion, der seinen Preis fordert (und der auch bei den Zeitgenossen schon zu allerhand Klagen über die damit verbundenen Unbequemlichkeiten führt, über das Pflaster, das die Füße schmerzen läßt, oder daß man, um in den Schatten zu gelangen, eine weite und heiße Fläche überqueren muß etc). So sind die Ornamente, die die Blumenparketts zieren, für den Vorübergehenden gar nicht wahrnehmbar, erschließen sie sich dem Auge erst aus größerer Distanz, wenn man, mit dem Betrachterstandpunkt, die »richtige Perspektive« einnimmt.

Doch gerade in diesem Übergang von der Landschaft zum *Bild* besteht die eigentliche Faszination des französischen Parks. In diesem Sinn geht die Kritik, ja geradezu der Abscheu, den eine empfindsamer sich gerierende Zeit vor dem gekünstelten, unnatürlichen Charakter der Anlage übt, am Kern der Sache vorbei – ist auch der Englische Garten (den man in der Regel als ein naturgemäßeres Gegenbild ins Feld führt) vor allem ein *Trompe l'œil* höherer Ordnung, füllt er doch das dürre zentralperspektivische Gerüst mit einem Landschaftsbild, das der Natur nachempfunden scheint, das aber nichtsdestoweniger *Bild* ist; etwas, was sich beispielsweise darin äußert, daß die Logik des Fluchtpunkts auch hier gilt, ja daß dieser Punkt, scheinbar absichtslos (und doch mit größter Raffinesse), hier noch gesteigert wird: zu einer sentimentalisch aufgeladenen, verschwimmenden Sehnsuchtslinie, die nichts anderes mehr verheißt als Ferne, die reine Differenz.

Dieses Bestreben hat seinen Ursprung in Versailles (was auch der Grund dafür ist, daß Landschaft im Klassizismus als »Landschaft« erfaßt und zum Genre der Malerei werden kann) – die Landschaft wird Bild, der Einbildungskraft unterworfen. Nicht nur, daß hier der Grund gelegt wird für die sentimentalische Seite der Landschaftsschau, mit dem Bildcharakter erhalten auch jene imaginären, am perspektivischen Bild ausgerichteten Punkte ein reales Gewicht – werden Standpunkt und Perspektive, Fluchtpunkt und Horizont erfahrbar, ja als ein begehbares Regelsystem entdeckt.

Ein weiteres, was mit der Verlandschaftlichung des Bildes anhebt, ist das Moment der Dynamisierung, der Verzeitlichung des Raums. Für einen Menschen von heute, dessen Auge längst das eines *Road movie*-Betrachters ist, der an plane Autobahnen, schnurgerade sich zum Horizont dahinstreckende Highways und Asphaltbänder gewöhnt ist, zu dessen Lebenswelt Häuserkuben, Würfel und Kugeln gehören, begradigte Flüsse, die schiefen Ebenen riesenhafter asphaltierter Aufmarschplätze etc. – der von Zwei-Mach-Überschallflugzeugen durch den Raum und die Zeit katapultiert wird, für einen solchen Zeitgenossen mag es einigermaßen schwierig sein, sich die Dynamik jenes Anblickes vorzustellen, wie ihn die Alleen von Versailles auf einen Betrachter des 17. Jahrhunderts ausgeübt haben mögen. Und doch sind diese Alleen, in symbolischer Form, Antizipationen reiner Bewegung, automobilisierte Blicke, genuine Vorläufer jener Straßen, auf denen nun wirklich Automobile verkehren.[208]

In der Tat spiegelt sich dieses Beschleunigungs- und Verzeitlichungsmoment in der Etymologie des Wortes »Plan« wider, das eine bemerkenswerte Wandlung von einem räumlichen zu einem wesenhaft zeitlichen Erfahrungsbezirk macht. Bezeichnet das lateinische »planta« die Fußsohle wie die Pflanze (von daher »Plantage«), mithin jene Stelle, wo Fuß und Boden sich berühren, so ist damit – in dieser ungeschiedenen Form – etwas wie Erdverwurzelung, ein mehr oder minder autochthones Grundgefühl angesprochen, das offenbar keinerlei Notwendigkeit verspürt, diese gleichsam naturgegebene Bodenständigkeit (nach der auch das Stehen eine Art des Sich-Aufpflanzens ist) näher noch zu bestimmen. Im 13. Jahrhundert, zur Zeit der Kathedralen, tritt die Wortbedeutung des Freien Raums, ebenso wie die des »Einebnens« auf den Plan – was zweifellos ein Reflex auf die Entdeckung und Beherrschung des Systemraums ist. Von hier geht eine direkte Linie hin zur Landschaftsarchitektur des französischen Parks, wo der Plan zum eingeebneten Grundriß wird, zum Stück Papier, auf dem der Architekt seine Alleen »projektiert«. Nicht nur, daß hier ein Höchstmaß an Abstraktion vom räumlichen, realen Untergrund bezeichnet ist, darüberhinaus wird, da der Plan des Architekten ja auch eine Handlungsanweisung darstellt, die Zeitdimension bedeutsam, d.h. jene Zeitdauer, die es braucht, damit der Plan sich entfalten und die avisierte Gestalt annehmen kann. Aus dem räumlich Topographischen ist ein zeitlich Topographisches entwachsen, und das heißt, die Abfolge (und die Logik) jener Schritte, die nötig sind, um den Plan auszuführen. Schritt für Schritt vorzugehen bedeutet in diesem Fall, in der Zeit, im zeitlichen Prozeß sich zu bewegen. Dies freilich besagt nichts anderes, als daß der Plan von seinem Untergrund abhebt, daß er nunmehr, im freien Flug der Gedanken, zu einer Lesart oder zu einer anderen Schritt-Abfolge sich wandeln kann (was im Französischen sehr schön durch eine Nebenbedeutung des »*planer*« ausgedrückt wird, als: In-der-Luft-Schweben, oder, ein wenig deutlicher noch, im »*planer sur*«, als: Erhabensein). Aus dem Plan werden Pläne. So besehen ist es nur folgerichtig, das dem abstraktgewordenen, freischwebenden Gedankenraum allerlei Luftgebilde entspringen: die künstlerischen Pläne und Projekte des 18. Jahrhunderts. Womit in der Wortsubstanz die räumliche Bedeutungsschicht zugunsten der zeitlichen fast vollständig zurücktritt, so sehr, daß das Zeitwort »planen« (das ja, bedenkt man seinen räumlichen Untergrund, ganz sinnlos anmuten könnte) diese seine räumliche Dimension fast vollständig abstreift und ganz zum Vorhaben wird – als welches es, gegen Ende des 18. Jahrhunderts, das bis dahin übliche »Projektieren« ersetzt. Was sich im Sprachlichen, im Bedeutungswandel des »Plans« niederschlägt, ist etwas, was im Fluchtpunkt des perspektivischen Bildes verborgen liegt: der Zeitpfeil, das wesentlich dynamische, ja utopische Moment. Im *Trompe l'œil* des perspektivischen Bildes tritt die gebannte Zeitdimension wieder hervor: verwandelt sie doch nun auch den Raum zur Zeit, zu einem Raum in Bewegung.

Der französische Park ist ein Bild, gewiß, vor allem aber ist er ein Bild, das sich bewegt. »*Le Thèatre des plans et jardinage*« heißt folgerichtig der Titel eines Werk, in dem der Verfasser – Claude Mollet – die Theorie des französischen Gartens entwirft. Der Park ist nicht eigentlich Landschaftsgarten, sondern Parkett, eine Bühne, ein sich bewegendes Bild, wo die kleinsten Veränderungen des Tableaus sorgsam vermerkt und kommentiert werden. Vor diesem Hintergrund ist es bezeichnend, daß das, was »Parkett« heißt, im gleichen Maß für innen wie außen gilt, ja daß es im Grunde gar keinen Unterschied zwischen dem Innenraum und dem Außenraum gibt – und so ist es eigentlich nur folgerichtig, daß das Parkett des Gartens die gleichen Ornamente und Verzierungen aufweist wie es im Innern des Schlosses der Fall ist.[209] Wo immer man sich auch aufhält, man bewegt sich auf dem gleichen, spiegelglatten Parkett. Wenn der Klassizismus im »*planer sur*«, in der über allem Verdacht schwebenden Erhabenheit, sein Ideal postuliert, so verrät sich darin recht eigentlich der Abgrund, über dem die Akteure wandeln. Es gibt keinen festen Boden unter den Füßen, ist doch jeglicher Untergrund im höchsten Maße artifiziell, verschlungen wie die so überaus beliebten Rankenmuster, welche das Parkett zieren und damit das symbolische Abbild jener Ränke und Verflechtungen abgeben, welche die Welt in den Köpfen bestimmt. Man geht oder steht nicht einfach so herum, man tritt auf oder ab. Eine jegliche Geste vollzieht sich, wie die Handlung eines Schauspielers, unendlich multipliziert; und demgemäß ist alles, wie der Spiegelsaal des Schlosses oder die spiegelglatten Flächen der Bassins, die man »miroirs d'eau« nennt[210], dazu eingerichtet, die Handlungen der Akteure zu vervielfältigen. Jede Handbewegung, jedes fallengelassene Wort wird zur »Szene«, bei der man sich ins rechte Licht setzen muß. Folglich ist es kein Zufall, sondern ein Kennzeichen dieser Logik, daß die unzähligen Spiegel des Spiegelsaals die gleiche Rahmung haben wie die Bilder selbst. Eine Verwischung, die zweifellos darauf abzielt, den Unterschied zwischen einer zufälligen Spiegelung und einer Bildkomposition aufzuheben; gilt es doch, die mechanische Widerspiegelung der Realität als ein dem Bild Ebenbürtiges, als eigentlich bildhaft zu fassen.

In den Spiegel schauend, schaut man in ein lebendiges Bild, ins Porträt seiner selbst. Dies ist kein Ebenbild im schlichten Sinn, sondern eine Imago, ein Selbstentwurf – und so ist, was der Spiegel sichtbar macht, kein bloßer Reflex, sondern zeigt an, ob und wie man sein Gesicht zu wahren versteht. Dem Blick in den Spiegel wird eine jede Geste, ein jegliches Wort zum Zeichen; und so, dem Code der Repräsentation unterworfen, wandelt sich der Blick zum Kontroll-Blick, zum Check, der prüft, ob sich die Haltung »im Rahmen der Etikette« bewegt. Was immer geschieht, ist Teil einer Bildsprache, folgt der Repräsentationsmaschinerie jenes Gesamtbildes Versailles, das ein jeder der Mitspieler aufs peinlichste verinnerlicht hat. Demgemäß ist der Park nicht Dekor im eigentlichen Sinne des Wortes, also Hintergrund, *vor dem* die Akteure agieren, sondern er ist Bühnenbild, *in dem* sie einen Platz, oder genauer: einen Handlungsspielraum zugewiesen bekommen haben. So besehen sind die Äußerlichkeiten eben alles andere als äußerlich, ist die Etikette, die in Versailles herrscht, als eine unsichtbare Regie zu denken, die einem jeglichen Akteur, seinem Rang gemäß, die Position zuweist, die er nicht nur wie ein Statist einzunehmen, sondern, um der Etikette Genüge zu tun, auch auszuführen hat. In der Etikette wird der Plan, auf dem die Akteure sich bewegen, zur Handlungsanweisung.

Die Etikette: Regelsystem der Form, das ein jeder Höfling, wie einen Katechismus, auswendig weiß und das ihm längst wie Perücke und Hofkleid (das bezeichnenderweise *Justaucorps* heißt) zur zweiten Haut geworden ist, zu einer symbolischen Korsage, die den Höfling zusammenschnürt. Ebenso wie der Park keinerlei Wildwuchs kennt, ist auch hier nichts dem Zufall überlassen, gibt es kaum Spielraum, zu extemporieren oder sich einer Laune zu überlassen. Eine jegliche Geste hat Gewicht, ein falsch gesetzter Gruß, ein kleines Vergehen gegen die Etikette setzen den Unglückseligen dem Gespött und der Lächerlichkeit aus, welche, nach einem Wort von La Rochefoucauld, mehr schändet als Schande. Die Etikette ist eine vertrackte, feintickende Maschinerie, bei der es allein darauf ankommt, das System gegenseitiger Ehrerbietungen einzuhalten, die Abstände und Differenzen auszutarieren – und in diesem Sinn ist sie das sittliche Gerüst, eine Art symbolische Widerspiegelung dessen, was sich in der Topographie des Hofes realisiert. Der Etikette folgend kann sich ein jeglicher Höfling seiner Stellung versichern, so wie er umgekehrt durch sein Verhalten die anderen Höflinge ihrer Stellung versichert. Alles hat seinen Platz – und bestätigt sich unaufhörlich darin. Genaugenommen ist die Etikette, wie der Gesellschaftstanz, eine bestimmte Schrittfolge, eine Abfolge von Handlungstableaus, welche, wie bei einem Bühnenstück, von den Akteuren ihren Part verlangen – woraus sich eine Anzahl stets wiederkehrender Bilder und Tableaus ergibt, eben jenes Selbstdarstellungsspiel, das zum Inbegriff des höfischen Lebens wird. Tischordnungen, Sitzordnungen, das augenblickliche Verstummen, wenn der König erscheint – es gibt nichts im höfischen Leben, was nicht der Etikette unterworfen ist. Wie unbedeutend und gering die Rolle auch sein mag, die der Höfling zu erfüllen hat, sie erfordert eiserne Disziplin.

Damit jedoch ist ein Paradox angerührt: die Frage, worin denn eigentlich die besondere Faszination des höfischen Lebens besteht, daß sie derlei Unannehmlichkeiten aufzuwiegen vermag. Tatsächlich ist, was der Hof Ludwigs XIV. zu bieten hat (außer der vagen Möglichkeit, in den Genuß einer königlichen Pension zu kommen oder als Günstling oder Mätresse zu reüssieren), nicht viel mehr als die Teilhabe an diesem Zeremoniell. Und so sind die Beweggründe, die den Adel seiner ländlichen Besitzungen entfremden und nach Versailles an den Hof führen, nicht eigentlich berechenbar oder mit einem materiellen Vorteil aufzuwiegen (sehr viel größer die Chance, sich dort in kurzer Zeit zu ruinieren!), sondern bestehen allein in der Aussicht, an den Exerzitien der Etikette teilzuhaben. Allein die Verheißung, im Bilde zu sein, am königlichen Schauspiel teilzunehmen, entschädigt für die Unannehmlichkeiten der Etikette – und in diesem Sinn ist das *Bild* so etwas wie ein perpetuum mobile, ein sich selbst speisendes, sich selbst genügendes Regelsystem. Das Imaginäre ist hier ganz real[211], ja es gibt geradezu eine Taxonomie, eine regelrechte Währung des Imaginären[212], der »Prestigefetische«, wie Norbert Elias sagt.[213] Diese imaginären Gaben halten die Akteure bei der Stange: das Faszinosum des Spiels und die Teilhabe daran.[214]

Vielleicht ist die größte Faszination des Spiels, daß sich dem Spieler darin *eine Welt für sich* auftut – im doppelten Sinne des Wortes: einmal als *Welt* des Spiels (das heißt: als ein geschlossenes Regelsystem) und zum anderen als Welt des Spielers, der im Spiel, in der Überschaubarkeit dieser Spielregeln, sich geborgen weiß: *für sich*. Indem der Spieler seinen Platz am Spieltisch einnimmt, wird er erst zum Spieler. In diesem Augenblick nämlich unterwirft er sich der Tischordnung, dem Regelsystem des Spiels, das von ihm ein bestimmtes Verhalten verlangt. Es ist das Spiel, das den Spieler zum Spieler macht, ebenso wie es wahr ist, daß der Spieler das Spiel macht.[215] Solipsismus, der, auf einer höheren Ebene, jene Struktur wiederholt, die zwischen *Ich und Landschaft* besteht. Denn auch hier löst sich der Gedankenknoten, das Paradox des eigentlich subjektlosen Spiels, sogleich, wenn man es, geradeso wie das perspektivische Spiel, als ein *Projekt* begreift. *Im Spiel* und *im Bilde sein* ist gewissermaßen eins, bedeutet es doch, daß der Betreffende Teil eines Projekts wird, welches ihm seinen Platz und sein Gegenüber zuweist.

Mit dem Spiel einher geht der Eintritt in ein Regelsystem, das (ebenso wie das Bild) eine Welt für sich darstellt. Was für den Blick der Fluchtpunkt ist, ist für den Spieler das Glück, die Fortüne. Die Verheißung des *Glücks* ist das psychische Analogon des Fluchtpunktes; strebt ein jeder Spieler, so wie sein Blick auf den begradigten Alleen dem Fluchtpunkt entgegeneilt, der Glückssträhne, der Serie, dem großen Coup entgegen.[216] Das Glück im Spiel, dieser blinde Fleck zwischen Zufall und Notwendigkeit, ist jedoch nur möglich, wenn man sich den Spielregeln des Spiels unterwirft – das heißt: daß man sich dazu bereit erklärt, sich im Rahmen eines Regelwerks zu bewegen. Damit eignet dem Spiel die Logik der Abschließung: ist jegliches Spiel, das eines Regelsystems sich bedient, immer schon (und selbst dort, wo es leibliche Mitspieler gibt) *Spiel-Automat*.

So wie das Spiel aus dem Grunde funktioniert, weil es sich gegen die Außenwelt abschließt, weil es (wie ein Bild oder ein Räderwerkautomat) eine *Welt für sich* darzustellen vermag, so auch die Etikette. Die Etikette ist Gesellschafts-Spiel, das Spiel, in dem sich eine Gesellschaft zu einer *geschlossenen Gesellschaft* formt. Wenn es ein Bewegungsgesetz gibt in diesem Spiel, so die Verheißung und die Drohung der Exklusivität. Ja, genaugenommen ist diese Ambivalenz bereits im Wort beschlossen, besagt es eben nicht nur Teilhabe an einer besonders ausgezeichneten Gesellschaft, sondern auch, daß die andere Seite dieser Teilhabe die Ausschließung ist; ja mehr noch: daß sie ihr (im Wortsinn: *excludere*, ausschließen) tatsächlich vorausgeht. So besehen wird es verständlich, daß es nichts Ärgeres, keine schlimmere Drohung gibt, als von diesem Spiel ausgeschlossen zu sein – und so ist es vielleicht bezeichnend, daß jener Teil des Gartens, der der strengen Architektur nicht unterworfen ist (und wo der König auf die Hasenjagd geht), »désert« genannt wird: Wüste. Jenseits des Parketts, auf dem sich die Akteure bewegen und das ihnen die Welt bedeutet, kann es nur Wildnis und Wüstenei geben.

Hier ist der empfindliche Punkt berührt, jener symbolische *Justaucorps*, der das Regelwerk der Etikette und mit ihm die höfische Gesellschaft umschließt: die Drohung, vom Hofe verbannt und damit als Mitspieler ausgeschlossen zu werden. Nicht mehr im Bilde zu sein, das ist, wo doch alles auf dieses Bild abgestimmt ist, nichts weniger als eine ausgelöschte, schlagartig nichtswürdig gewordene Existenz. Und tatsächlich beraubt sie den Verbannten mit dem Abglanz der *großen Welt* auch eines Teils, ja vielleicht sogar des empfindlichsten Teils seiner selbst, ist doch alles in ihm nach *diesem Bilde* geformt. So daß der Hohn, den der Hof über den Armseligen ausgießt, der nach zwanzigjähriger Verbannung an den Hof zurückkehrt, nicht allein seinem hoffnungslos veralteten Kleidungsstück gilt, sondern jener Welt, die, als eine ausgeschlossene, einfach aus dem Rahmen fällt.

Versailles: das ist der Ort, wo die Gesetzmäßigkeit des Bildes sich nach außen stülpt. Erobert das Gerüst des perspektivischen Bildes den Raum – und wird darüber die Landschaft zur »Landschaft« –, so erobert das Double, die Charaktermaske, das Gesicht. Die Zweite Natur setzt sich an die Stelle der Ersten. Die Höflinge stellen ein ideales Abbild dieses Ablösungsprozesses dar, gewinnt der ontologische Riß physische Prägnanz: so ersetzt man den Haarwuchs durch eine Perücke, verschwindet das Gesicht hinter einer weißlichen Puderschicht, der Körperdunst unter Unmengen schweren Parfüms; und auf die gleiche Art, wie der *Justaucorps* die Körper einschnürt, so schnürt, im Symbolischen, die Etikette die Geister zusammen. Selbst in der Klage über diesen Zustand spiegelt sich die Allgegenwart, die Übermacht des Codes, und so ist auch die Literatur der französischen Moralisten, die sich mit La Rochefoucauld und La Bruyère im königlichen Gefolge ausbildet, nichts als der glänzendste Beleg für jenes allesdurchdringende gesellschaftliche *Trompe l'œil*, das sich, als eine feine Schicht, über eine jegliche Äußerung legt. Zahllos die Bonmots, Maximen und Reflexionen, die um das nämliche Thema kreisen: daß in jeder Äußerung sich nicht das Eigene entäußert, sondern lediglich auswendig Dahergesagtes, gespreiztes, dummes Zeugs. Oder wie der Molièresche

Menschenfeind sagt: »die ewig gleichen Worte, die längst den Sinn verloren«. Wo allein Verstellung die gesellschaftliche Stellung zu sichern mag, wo im Gegenzug das ehedem Unverstellte, Unverhohlene genötigt ist, sich ins Innere zu verkriechen, wo es verstummt oder bloß verhohlen, *à part* gesprochen, sich noch zu äußern vermag – da gilt es, die geheimen Beweggründe zu dechiffrieren.[217] Zu erkennen, bedeutet von nun an: zu dechiffrieren, das Erscheinungsbild des anderen zu deuten, in seiner Larve sein wahres Gesicht zu erkennen. Geburt der Hermeneutik, oder genauer: jenes hermeneutischen Verdachts, der hinter der gepuderten, parfümierten Äußerung den geheimen Beweggrund herauslesen will. Der Diskurs, die Gebärden, all das ist Verstellung, maskierte Sprache – und nicht von ungefähr ist es von nun an diese Antinomie, der Zusammenhang zwischen Sprache und Schweigen, zwischen Schein und Sein, zwischen dem Auswendigen und dem Inwendigen, zwischen Augenschein und der weltabgewandten, verheimlichten Seite, welche das Denken bestimmt. Eine jegliche Wahrheit ist verhüllt, wie die Gestalt des Höflings von seinem *Justaucorps*, der Zwangsjacke der Repräsentation, umhüllt ist – und in diesem Feld erscheint Wahrheit nur möglich im Akt der Enthüllung, des Dekouvrierens und darin, die nackten Tatsachen ans Licht zu bringen.

Das *Trompe l'œil*, die Logik der Repräsentation, die sich an die Stelle des Selbstverständlichen setzt, markiert ein Moment der Privation. Das Gesetz der Abwesenheit, das in Petrarcas Lyrik die *L'aura*, die ausgeschlossene Dritte bezeichnet, geht über auf die erste Person. Der *Justaucorps*, die Zwangsjacke der Repräsentation, geht seinem Träger selbst an die Haut. Das Gesetz des *Trompe l'œil* ist keineswegs harmlos, nicht bloßer Augenschein und nichts weiter. Hier materialisiert sich das Gesetz der Enteignung. So wie die Verlandschaftlichung des Fluchtpunktgerüsts gleichbedeutend ist mit einer Denaturierung der Natur, so bedeutet diese Zweite Haut, die sich der Höfling mit seinem *Justaucorps* anlegt, eine Enteignung seiner selbst. So daß man von dem, was davon übrig geblieben ist, durchaus sagen könnte: *Ähnlichkeiten mit lebenden Personen sind rein zufällig.*

So wie das perspektivische Bild, das dem Code der Repräsentation folgt, eine strukturelle Doppeldeutigkeit besitzt, so auch jenes Bild, das sich die Realität erobert hat: »Eine Chiffre mit doppeltem Sinn. Der eine klar, und in ihm gesagt, daß der andere Sinn verborgen ist«.[218] Es ist Blaise Pascal, der in seinen 1680 erschienenen *Pensées* (also ungefähr zu der Zeit, da Ludwig XIV. seinen Hof nach Versailles verlegt) feinnervig den Doppelcharakter des Bildes erkennt, und so ist es nicht zufällig, daß Pascals Augenmerk auf den König fällt und mit ihm auf das Zentrum und aufs *Trompe l'œil* der Macht, jene sonderbare Augentäuschung, welche die Aura, den Vorhof und die Entourage des Königs mit seiner Gestalt selbst verwechselt: »Die Gewohnheit, daß man die Könige in der Begleitung von Wachen, Trommlern, Staatsbeamten und zusammen mit allen Dingen sieht, welche die Welt zu Achtung und Schrecken nötigen, bewirkt, daß ihre Gestalt, wenn sie sich zuweilen allein und ohne ihre Begleitung zeigt, Achtung und Schrecken bei ihren Untertanen erregt, denn in Gedanken trennt man ihre Personen nicht von ihrem Gefolge, das man im allgemeinen zusammen mit ihnen sieht. Und die Welt, die nicht weiß, daß diese Wirkung aus dieser Gewohnheit herrührt, glaubt, sie käme von einer natürlichen Kraft. Und daher kommen diese Worte: Das göttliche Wesen ist seinem Angesicht eingeprägt usw.«[219]

Es ist der *Vorhof*, das *Drumherum*, welches, wie der *Justaucorps*, wie ein menschlicher Panzer eine eigentlich leere Mitte umschließt – und ganz zweifellos ist diese symbolische Entourage, dieses System aufeinanderfolgender, sorgfältig abgemessener Vorstufen etwas, das die Erscheinung selbst überblendet. Die Erscheinung des Sonnenkönigs beruht auf jenem Verstärkungsmoment, das den König in die Bildmitte rückt, das ihn zum Zentrum des Bildes macht. Der König ist Bedeutungsmagnet. Er ist Potentat nicht nur, weil er die Macht innehat, sondern weil sich in ihm das Bildpotential, die ganze Aufmerksamkeit konzentriert. Es ist dies eine Potenz, die sich aus seiner hervorgehobenen *Stellung* begründet; und so korrespondiert der realen Herrschaft eine symbolische. Genaugenommen, darauf läuft Pascals Bemerkung ja hinaus, ist die Gestalt des Königs überglänzt von eben dieser symbolischen, bildhaften Ebene, so sehr, daß die reale Gestalt des Königs unter dem Bedeutungsvorhof, der ihn umgibt, geradezu verschwindet –, weswegen es, Pascal zufolge, ausdrücklich daran zu erinnern gilt, daß der König, seines Hofstaats ledig, nichts anderes ist als ein unglücklicher Mensch, »und unglücklicher als der Geringste seiner Untertanen, der spielt und sich zerstreut«.[220]

Es ist die König*sposition*, in der die Energien des Bildes zusammenlaufen – so daß sich im Psychischen wiederholt, was in der räumlichen Figuration angelegt ist. Ebenso wie jene Linie, welche in der »Perspektive« des Parks angelegt ist (als Zentralachse, die das Schlafgemach des Königs mit der Unendlichen in der Tiefe des Raums verbindet), das räumliche Energiepotential markiert, von dem aus das ganze Bild seinen Sinn gewinnt –, so vollzieht sich in der Königsposition die syntagmatische Zentralisierung, erscheint die Königswürde, auratisch überglänzt, als der Inbegriff alles Erstrebenswerten: als jener Punkt, dem die untergeordneten Akteure des Bildes zustreben wie die Motten dem Licht.

Nimmt man allein die Gestalt des leibhaftigen Königs, so ist, wenn den Bekundungen der Zeitgenossen Glauben zu schenken ist, der Kult um den »Sonnenkönig« doch einigermaßen erstaunlich. Nicht allein, daß Ludwig XIV. ausgesprochen kleinwüchsig war und schon von der Natur nicht besonders auserkoren, Größe zu zeigen, darüberhinaus war er weder gebildet[221] noch sonderlich geistreich, alles in allem eine eher mittelmäßige Erscheinung (wozu sich trefflich fügt, daß ihm der gesunde Menschenverstand, im Gegensatz zu den »stacheligen und dunklen Problemen der Wissenschaft«, zur höchsten Geistesinstanz geriet). Umso erläuterungsbedürftiger also die Idolatrie, die eine solche, eher mittelmäßige Erscheinung zu einer gottähnlichen Kultfigur machte (deren Verehrung so weit ging, daß das Augenmerk der Höflinge beim Gottesdienst nicht dem Priester galt, sondern daß sie – dem Zeremoniell den Rücken kehrend – ihrem König dabei zuschauten, wie dieser betete[222]).

Die einzig halbwegs plausible Antwort für den Kult, der um Ludwig XIV. sich rankt, ist, daß dieser sich aus der Faszination speist, die vom Gesamtkunstwerk, vom Bild »Versailles« ausgeht – etwas, was zu Anfang, da manches am vollendeten Eindruck des Hofes zu wünschen übrig läßt, noch keineswegs so ausgeprägt ist. Es ist das Faszinosum des Ortes, die Aura der Macht und der Bedeutung, welche den mächtigen Adel bewegt, seine Besitzungen zu verlassen und zu Mitspielern jenes Treibens zu werden, das seine ideale Verkörperung in der Gestalt des Sonnenkönigs findet.[223] So daß, wenn solchen Kategorien überhaupt eine Dimension zukommen soll, die »historische Größe« Ludwigs XIV. darin besteht, sich mit Versailles einen Rahmen geschaffen zu haben und die ihm darin zukommende Königs-Position perfekt, würdig und zu aller Zufriedenheit erfüllt zu haben (nicht zuletzt auch deshalb, weil er, im Bewußtsein der eigenen Mediokrität, ein deutliches Gespür dafür hatte, eines zusätzlichen symbolischen Surplus zu bedürfen).

In diesem Tableau, dieser Maschine der Repräsentation, fungiert der König als Bedeutungsverstärker, als Inbegriff und Verkörperung des Regelsystems selbst, als jene Sonne, in deren Licht sich die Höflinge sonnen können. So strahlt Versailles auch auf die minder bedeutsamen Gestalten ab, ist es den Höflingen möglich, wie eine große Beamtenschaft die Zugänge zur Macht zu verstellen oder sich umgekehrt die Vermittlung eines kleinen Dienstes fürstlich entlohnen zu lassen. Diese ökonomische Seite ist keineswegs unbedeutsam, stellt sich Versailles schon den Zeitgenossen als eine Börse dar, wo es so bedeutsame Ehrentitel und Ämter zu verkaufen gilt wie das eines »Hofmeisters der Karpfen seiner Majestät« – ein Ehrenamt, das sich in der Provinz als unfehlbares Mittel zu einer guten Partie erweist. Den Spiegelsälen, dem blanken Parkett entspringt die Spekulation[224], und die Noblesse, die Aura der Bedeutung, erweist sich als wirksames Mittel, die Wüstenbewohner, die George Dandins, zu düpieren. Was hier gehandelt und für bare Münze genommen wird, ist imaginär, und gleichwohl (da es sich offenbar um ein begehrtes Gut handelt) überaus real. So besehen ist die Aura, die sich um den König und seine nahe und nächste Umgebung bildet, ein Verstärkungsmoment, an dem ein jeder teilhat, der sich in Versailles und damit *im Bilde weiß* – mithin also ein eigentlich kollektives, gemeinschaftliches Anliegen. Tatsächlich ist auch der König keineswegs so souverän in seinen Entscheidungen, daß er vermöchte, dem selbstgeschaffenen *Bild* zu entkommen, schnürt sich das strenggefügte Regelsystem auch um ihn selbst, ist auch er beständig gezwungen, sein Gesicht (und zwar das des »Sonnenkönigs«) zu wahren.

Vergegenwärtigt man sich den streng geregelten Tagesablauf in Versailles, bei dem sich alles um die Person des Königs dreht, wo Aufstehen, Essen und Zubettgehen vor aller Öffentlichkeit stattfinden – so ist das Bild eines Insektenstaates nicht fern, wo die Insektenkönigin (dieser Inbegriff ihres Volkes) von allen Seiten umhegt, das unbestrittene Zentrum allen Tuns ist. In gewisser Hinsicht ist dies die andere Seite der absolutistischen Macht: und wirklich bietet der König ja das Bild einer allesdurchdringenden Öffentlichkeit. Wo es das Zeichen besonderer Gunst ist, den auf dem Nachttopf sitzenden König beehren zu dürfen (ein Privileg, das ein besonderes »*Billet d'affaire*« verlangt), wo die Mahlzeiten des stets alleinessenden Königs von seiner zuschauenden Entourage verfolgt werden, als handele es sich dabei um ein grandioses Zeremoniell (und in der Tat ist es ein grandioses Zeremoniell, einfach dadurch, daß eine vielhundertköpfige Zuschauerschaft eine jede Bewegung gebannt verfolgt!) – da ist der König ein Akteur seiner selbst, der MegaStar, der seinem Auditorium das Schauspiel vollendeter Etikette liefert.[225] Der stets unterhaltene König ist seinerseits genötigt, als Alleinunterhalter aufzutreten, oder genauer: als Hauptrepräsentant seiner selbst. Jene strukturelle Ambivalenz von Außen und Innen, Schein und Sein, wiederholt sich auch hier; und so erweist sich, daß auch derjenige, der den Schlüssel absoluter Macht innezuhaben scheint, seinerseits diesem Code unterworfen ist. Und wirklich, als der stets so würdige, gravitätische König einmal (ein einziges Mal, wie Saint Simon bemerkt) die Fassung verliert, so tut das seiner Würde durchaus Abbruch.

Gleichwohl: es ist Ludwig XIV. selbst, der den Disneylandcharakter seines Hofes mit klarem Blick erfaßt. Nicht allein, daß er sich müht, seine Entourage bei Laune zu halten und ihr Unterhaltungsbedürfnis zu befriedigen – darüberhinaus schafft er sich eine *camera obscura der Macht*. Es ist kein Zufall, daß sich seine Minister, wie etwa der mächtige Colbert, aus der bürgerlichen Schicht rekrutieren und damit jener Wüstenei entstammen, welche den Gedankenhorizont des Hofes übersteigt. In einem politischen Sinn ist der Hof, was die Geschicke des Landes anbelangt, bedeutungslos – und tatsächlich ist es ja erst das *Gesamtkunstwerk Versailles*, das es Ludwig XIV. ermöglicht, den zuvor so mächtigen Adel zu neutralisieren. In Versailles wird die Sprache der Repräsentation zur Herrschaftssprache, erobert sich die Herrschaft die Einbildungskraft, wird das Imaginäre zum nüchtern eingesetzten Kalkül.

Im französischen Park löst sich der Code der Repräsentation von seiner bloß piktoralen Funktion, wird er zum Selbstzweck. Vielleicht offenbart sich dieses Moment am deutlichsten, wenn man fragt, was der französische Park, den man doch einen »Repräsentationsgarten« genannt hat, denn eigentlich repräsentiert? Wobei man, auf den ersten Blick zu der

Antwort kommen müßte, daß er – folgt man dem Wortsinn des »Repräsentierens« – nichts Bestimmtes vergegenwärtigt. Oder wenn, dann ein *leeres Bild*, das Gerüst des zentralperspektivischen Bildes. Freilich, auf dieser Ebene, repräsentiert der französische Park nun doch wieder etwas: nämlich die Bildverarbeitungsmaschine, welche das Erscheinen der Landschaft im perspektivischen Bild erst ermöglicht. So besehen repräsentiert, oder um den Wortsinn zu benutzen: vergegenwärtigt sich im französischen Park nicht ein bestimmtes Landschaftsbild, sondern eine Technik der Raumbeherrschung. Versailles deterritorialisiert, grundiert den Raum, damit er Bild, und das heißt: damit er zum Raum der Repräsentation, zum Raum der Erscheinung werden kann. Das Bild, paradox formuliert, bildet sich aus, es legt sich, wie ein unsichtbarer Film, über die Welt der Erscheinungen (die erst aus diesem Grund zu Erscheinungen – und damit als »Phänomene«, als Syntagmen eines Bildes lesbar werden). Dies ist kein bloßes Spiel um Worte. Das Imaginäre, die Einbildungskraft wird real – und folglich wird auch das Imaginäre, die Frage, ob, wo und wie man im Bilde ist, zu einem Gut, ja zu einer Art Währung, mit der sich rechnen läßt. Strenges, ja strengstes Kalkül. In diesem Sinn nun ist es nicht zufällig, daß Newton den *absoluten Raum* (und das heißt eigentlich: den weißen, ausgeleerten Raum) zum Axiom seiner Mathematischen Prinzipien der Naturlehre macht. Ein Artefakt, selbstgesetzte Grundlage des Denkens, über die sich ein großes Gedankensystem spannt. Interessanterweise wiederholt sich hier jene gedankliche Struktur, wie sie Descartes zur Theologie der Maschine und von hier zu seinem Maschinenbegriff der Natur führt, wo nicht mehr Lebewesen, sondern »natürliche Automata« erscheinen. Wie sich in Descartes' Denken der Automat transzendiert, so transzendiert sich im französischen Park die Bildverarbeitungsmaschine. So wie die Maschine gleichsam das Urphänomen der Natur abgibt, so erscheint nunmehr die verlandschaftlichte zentralperspektivische Vedute als Inbegriff der Raumbeherrschung: Signatur absoluter, aus sich selbst heraus sich begründender Macht. Was in der reinen Form hervortritt ist: Herrschaftssprache. Es ist vielleicht kein Zufall, daß die Herrschaftssprache sich zuerst der Natur bemächtigt, wird hier doch die Allgewalt, das Moment des Demiurgischen, am deutlichsten fühlbar. Oder wie Leonardo sagt, »wie der Maler Herr ist über Leute aller Art und über die Dinge« – mit dem entscheidenden Unterschied, daß der Code der Repräsentation nicht mehr als Mittel, als »Dolmetsch der Natur« begriffen, sondern als Selbstzweck, als ein eigentlich genetisches Moment gefaßt wird. Nunmehr erzeugt das Bild, das zu einer Herrschaftssprache des Imaginären geworden ist, seinerseits Bilder, entläßt die Bildsprache der Repräsentation Zeichen, die keine Vorbilder mehr in der Realität haben, sondern dem Code der Repräsentation, seiner inneren Gesetzmäßigkeit selbst entspringen. Wo das *Trompe l'œil* zuvor, im Rahmen bleibend, Mimesis vorspiegelte, naturgetreue Nachahmung, da gilt es nunmehr – im Gegenteil – besondere Kunstgebilde hervorzubringen. Infolgedessen ist es Programm, daß sich die Höflinge ihrerseits zu hochgezüchteten Kunstwesen stilisieren[226], daß mit der Etikette, im gesellschaftlichen Zeremoniell das Theatralische Einzug hält, daß die Kunstformen, die künstlerischen und rhetorischen Tropen und Figuren sich so unerhörter Wertschätzung erfreuen.

Die Sprache der Repräsentation schafft sich mit Versailles einen Ort. Das Bild (das ja bereits das Modell eines Weltbildes ist) bildet sich aus. Damit transplantiert sich auch die innere Gesetzmäßigkeit, die besondere Bildsprache, die dem perspektivischen Bild innewohnt, in den Raum. Nun ist alles von einer symbolischen Schicht umhüllt, erscheinen die Dinge nicht mehr in ihrer Vereinzelung, sondern im Bild-Zusammenhang und danach, welche Stellung sie im Bild einnehmen.

Was bedeutet es, wenn in Versailles die Wirklichkeit sich der inneren Gesetzmäßigkeit des Bildes unterwirft? Zunächst einmal heißt dies, daß die Grammatik des Bildes zur unmittelbaren Erfahrung werden kann, vermag doch der Betrachter im Bild selbst herumzuspazieren und dadurch, daß er sich an bestimmten Punkten in Stellung bringt, das Bild im eigenen Kopf entstehen zu lassen. Der Bildraum wird zum Erfahrungsraum (so wie umgekehrt Erfahrungsraum Bildraum wird) – und so entziffert sich das *Trompe l'œil*, die Grammatik des Bildes, wie von selbst. Dadurch daß der Betrachter die hervorgehobenen, auf der Perspektivachse liegenden Bildpunkte selbst aufsucht, wird ihm der Zusammenhang von Gesichtspunkt und Fluchtpunkt automatisch ersichtlich, zudem, daß es bevorzugte, höherwertige Gesichts-Punkte gibt – jene bevorzugten Punkte nämlich, an denen sich, im Gegensatz zu jenem Bereich, wo er »nicht ganz im Bilde« ist, sich ihm der Park ganz eindeutig und übersichtlich als *Bild* erschließt. Tatsächlich ist dies Gewahrwerden der schönen Aussicht nicht bloß ein Moment der Bildbetrachtung: ist doch der Betrachter zugleich Teil des Bildes als auch derjenige, der sich *im Angesicht des Bildes* als *Betrachter* innewird. Augenblick der Selbstreflexion: sich beim Betrachten der Betrachtung innezuwerden.

Auf die gleiche Art und Weise, wie sich der »Plan« von seinem räumlichen Untergrund ablöst und als Gedankenraum aufgefaßt wird, löst sich das Bild (das ja seinerseits das Abbild der Bildverbeitungsmaschinerie ist) von seiner visuellen, piktoralen Funktion und wird zum Gedankengebilde – die Apparatur setzt sich sozusagen im Kopf des Betrachters fest. »Blind vertraut« mit diesem Terrain, vermag man nun auch im gedanklichen Raum »Standpunkte« zu beziehen, eine Sache unter diesem oder jenem Gesichtspunkt zu betrachten, jenen (Flucht-)Punkt zu fixieren, auf den ein Ensemble von Vorstellungen hinausläuft, oder zu konstatieren, daß dieses oder jenes den Horizont der Erfahrung übersteigt. Die innere Gesetzmäßigkeit des perspektivischen Bildes (die darin besteht, daß von einem bestimmten Standpunkt aus sich ein bestimmtes Weltbild erschließt) verwandelt sich zum psychischen Apparat – und in der Tat fügen sich die »Ansichten« zu einem Welt-Bild, entdeckt sich die Perspektivität und die Multiperspektivität einer Sache, scheidet sich, im Kampf der Weltbilder, das bloß Subjektive vom vermeintlich Objektiven, die bloß individuelle Vorstellung vom allseits beglaubigten Bild.[227] Es ist kein Zufall, daß die »weltanschaulichen Auseinandersetzungen«, bis weit in die Gegenwart hinein, sich fast ausschließlich jener strategischen Punkte bedienen, denen nur unter der Voraussetzung des perspektivischen Bildes ein Sinn zukommt. »Standpunkte zu beziehen«, »Begriffe zu besetzen«, »Durchblick zu haben«, eine »Sache so oder anders zu beleuchten«, diesen oder jenen »Gesichtspunkt« in die Debatte zu bringen, dem Gegner einen »beschränkten Horizont« vorzuwerfen, ihm »Subjektivität« anzukreiden und demgegenüber von »objektiven Bedingungen« zu reden – all das sind Gedankenfiguren, die allein in der Logik des zentralperspektivischen Bildes sich bewegen. Ja, im Grunde ist auch die Vorstellung eines »Weltbildes« Produkt dieser Bildvorstellung, ebenso wie das sogenannte »utopische Denken« (das ja nichts anders ist als der utopische Schwindel, der Traum, der im Fluchtpunkt des Bildes sich träumt).

Die wohl entscheidende Faszination, die vom Bild ausgeht (und die die Genese der Weltbilder bestimmt), ist das Moment des Einen, des in sich geschlossenen, schlüssigen Anblicks. Was in der Zeitdimension die mechanische Uhr und der an ihr gewonnene *Systembegriff* ist, das ist im Reich der Erscheinungen das Bild. In den Raum schauend, erwartet man, daß sich die Dinge zu einem System, zu einem Bildganzen fügen. Damit aber legt sich ein Wahrnehmungsschleier vors Auge, jene »rosarote Brille«, die die Erscheinungen auf ihren Bildcharakter und auf ihre Bildstellung hin prüft – das heißt: die in der Taxonomie des Bildes ordnet und klassifiziert. Danach wird als bedeutsam wahrgenommen, was ins Bild sich fügt – besteht andererseits eine (bildsprachlich begründete, bildimmanente) Neigung, das Abgelegene, Abseitige schlicht für gegenstandslos zu erklären. Jenseits des Bildes ist, wie im Park, die Wüstenei, das gähnende Nichts. Hier tritt hervor, was im Code der Repräsentation bereits von Anbeginn angelegt ist: nämlich daß die Bedingung der Möglichkeit der Erscheinung die Ausschließung ist, daß die Bildsprache zugleich eine Sprache der Abwesenheit ist, selektive Wahrnehmung kurzum.

Metamorphosen des Raums, Metamorphosen der Zeit. Versailles ist, als architektonisches Abenteuer, eine Erbschaft der Kathedralen, das säkularisierte Gegenstück.[228] Auch wenn der Gedanke auf den ersten Blick abwegig erscheinen mag, so erweist er sich doch bei einer geduldigeren Prüfung als durchaus zutreffend. So ist Versailles, nach einer längeren Zeitdauer, während derer die architektonischen Unternehmungen Europas der wirtschaftlichen Malaise entsprachen, das erste architektonische Großunternehmen, das sich den gotischen Kathedralenbauten vergleichen läßt: ein Bauhüttenprojekt, das eine Bauzeit von über vierzig Jahren und irrsinnige Summen Geldes in Anspruch nimmt. Aber auch über diese materielle Seite hinaus ist die Analogie frappierend: folgt doch auch der französische Park jenem Systembegriff, wie er sich erstmals in der gotischen Kathedrale herausformt; ähnlich, wie die gotische Kreuzrippe dem Kathedralenbau seine Form auferlegt, so ist es hier die verräumlichte, verlandschaftlichte Fluchtpunktkonstruktion, die das Äußere des Parks bestimmt. Was in der Gotik in die Höhe pfeilte, geht im französischen Park in die Tiefe des Raums. Wie im Innern einer Kathedrale, die gleichsam schwerelos in die Höhe strebt, bemächtigt sich hier des Betrachters das Gefühl, als ob die in den Raum vordringenden Alleen ins Unendliche hinein sich verlängerten, als ob die sich darin ausdrückende Macht, der Dynamismus grenzenlos sei.

Unter diesem Vorzeichen markiert der französische Park einen entscheidenden Punkt in der Eroberung des Raums, läßt sich hier jene Linie der Welteroberung in ihren verschiedenen Stadien verfolgen: von der Kathedrale zum perspektivischen Bild und von hier zum französischen Park. Diese drei Stadien sind Abstraktionsschritte, die einander nicht eigentlich heteronom sind, sondern, im Gegenteil, eine Stufenfolge darstellen. Erlaubt es das Kreuzrippengewölbe, daß sich das Denken vom Boden der Tatsachen ablösen kann, daß es zu einer souveränen Raumgestaltung gelangt, einer Raumgestaltung, die im Grunde, ungeachtet ihres Gottverherrlichungsprogramms, gänzlich diesseitig ist, so setzt sich dies, zwangsläufig beinahe, im perspektivischen Bild fort. Der Raum wird hier erstmals so abstrakt wie die Grundierung der Leinwand, ein bloßer Untergrund, der so gut wie keine eigene Tektonik mehr entgegenzusetzen hat – und in diesem Sinn formuliert sich hier, wahrhaft untergründig, jene Herrschaftssprache, die sich allein auf sich selbst begründet. Der politische, aber auch der wissenschaftliche Absolutismus des 17. Jahrhunderts (die man, wie ich denke, zusammen sehen muß) kommen nicht über Nacht, sondern sind im Unbewußten der Kultur längst verankert, so sehr, daß der am perspektivischen Bild gewonnene Begriff des Absoluten Raums, der an der Mechanischen Uhr gewonnene Begriff einer Absoluten Zeit, scheinen können, was sie nicht sind: selbstverständlich.

Allein das Moment der langen, über mehrere Jahrhunderte sich erstreckenden kulturellen Verinnerlichung vermag das Zustandekommen jener grandiosen Selbsttäuschung zu erklären, wie sie die cartesianische Philosophie ist – und wirklich kommt Descartes ja erst durch das Mißverständnis über die Natur des Räderwerkautomaten zu seiner Theologie der Maschine, erlaubt es ihm erst der von aller Eigenwertigkeit befreite, weißgewordene Raum, seine Geometrie so auszuformen, daß der ausgedehnte Körper nichts als eine Menge von Koordinatenpunkten zum Zeitpunkt t^1 ist. *Natura morta.*

Gewiß liegt hier, in den Grundrissen, der epistemologische Knackpunkt für die notorische Wahrnehmungsblindheit des cartesianischen Denkens – gleichwohl kommt dieser philosophische Autismus, so heroisch er sich auch gebärden mag, nicht von ungefähr, ist er nichts weiter als die gedankliche Ausformung, die letzte Konsequenz dessen, was sich vor ihm, im Zeitbegriff der Mechanischen Uhr und in der Weißung des Raums, tief ins europäische Denken eingeformt, ja regelrecht *eingebildet* hat. Mit großem zeitlichen Versatz artikuliert sich hier, was schon im Doppelcharakter der Mechanischen Uhr angelegt ist. So wie die imaginäre, bloß gedachte Himmelsuhr zu dem Bezugspunkt wird, an dem die Zeit sich auszurichten hat, so hat die Natur nicht mehr sich selbst, sondern dem Bild zu entsprechen, das man sich von ihr macht. Jene »Zweite Natur«, die bei Leonardo noch darin besteht, daß der Maler sich müht, ein exaktes, naturgetreues Bild zu malen, ein getreuer *Spiegel der Natur* zu sein, hat sich so weit verabsolutiert, daß es nunmehr gilt, die Natur dieser Zweiten Natur zu unterwerfen, die Landschaft dem Bild ähnlich zu machen. Die Natur soll zum *Spiegel des Spiegels* werden.

KAPITEL 8

Revolution der Denkart

1. Zeitriß

Am Ende des 18. Jahrhunderts klafft ein Zeitriß – jene Zäsur, aus der schließlich hervorgeht, was wir Moderne nennen.[229] Das Amerika des Kopfes, so wie es im Zeichen der Uhr sich herausgeformt hat, ist an ein Ende gelangt, oder es hat sich vervollkommnet (was ja, wenn man es etymologisch betrachtet, die nämliche Bedeutung hat – »vollkommen«: d.h. ans Ziel gelangen). Tatsächlich sind die mechanischen Uhren, die man zu dieser Zeit konstruiert, von größter Vollkommenheit: Maschinen, die sekundengenau gehen und die Wind, Wetter und Erschütterungen zu trotzen vermögen: kleine, geschlossene, autopoietische Systeme. Es ist ein grandioser Triumph nicht nur der Uhrenbauer, sondern – vielleicht mehr noch – der herrschenden Philosophie: scheinen doch die Uhren mit der Asymptote der Zeit zusammenzufallen, hat sich eingelöst, was der tiefe Beweggrund der Mechanisierung war – daß die Himmelsuhr und ihre irdischen Repräsentanten im Einklang ticken, daß Physik und Metaphysik miteinander verschmelzen möchten. So daß es vor diesem Hintergrund nicht weiter verwunderlich ist, daß das 18. Jahrhundert das Jahrhundert der Automaten wird, daß Vaucanson seine mechanischen Wunderwerke entwirft, daß die französischen Mechanisten La Mettrie, Helvétius und Baron d'Holbach das System der Natur zu einer Gedankenmaschine ausarbeiten, die, auch wenn sie mit der Natur herzlich wenig zu tun hat, doch den Vorzug hat, daß sie ganz reibungslos funktioniert: eine geschlossene, autopoietische Zwangsvorstellung. So wie Natur zum Spiegel eines Spiegels sich umgeformt hat (und damit eigentlich aus der Welt herausabstrahiert worden ist), so vermag die Ratio sich in nachgerade absolutistischer Manier zu eisiger Empfindungslosigkeit hinaufzuschwingen, dorthin, wo tatsächlich nichts mehr tickt als die reine Vernunft.[230] Freilich: es zeichnen sich dunkle Flecken ab, der lichte Himmel der Aufklärung beginnt sich zu bewölken. So schreibt Voltaire, der doch ansonsten noch ganz nach der Uhr lebt²³¹, in einem Brief an Friedrich II.: »Denn wie sollten wir wissen, was unsere Seele ist, wir, die wir uns keine Vorstellung von dem Licht machen können, wenn wir das Unglück hatten, blind geboren zu sein? Ich sehe daher mit Schmerzen, daß alles, was man jemals über die Seele geschrieben hat, uns nicht die geringste Wahrheit lehren kann. Nachdem ich mich, um ihr Wesen zu erraten, tastend um diese Seele herum bewegt habe, ist mein Hauptziel, sie wenigstens zu lenken: sie ist die Feder unseres Uhrwerks. All die schönen Ideen von Descartes über die Elastizität lehren mich nichts über die Natur dieser Feder; ich kenne noch immer nicht die Ursache der Elastizität; unterdessen ziehe ich meine Uhr auf; sie läuft leidlich.«²³² Ist die Fragestellung, die nach der Natur der Feder (und nicht andersherum: nach der Feder der Natur) fragt, noch ganz im *Justaucorps* der herrschenden Lehre befangen, so enthüllt dieser briefliche Stoßseufzer an den königlichen Gönner und Freund doch präzis, daß die cartesianische Vivisektion, die an die Stelle des Herzens das Räderwerk gesetzt hat, zugleich eine *leere Mitte* hinterlassen hat, ein bloß zu ortendes, aber in der Logik des Räderwerks ganz unbegreifliches Zentrum. Und so zielt die Frage (so wenig ihr Voltaire auch selbst nachgehen möchte) genau in die dunkle Kammer der mechanischen Philosophie, ist hier das Problem angerührt, das auch die nachcartesianische Philosophie, von Henry More, Malebranche, Geulincx und Leibniz in höchste Gedankenverlegenheit gebracht hat. Es ist das Problem, mit der cartesianischen Philosophie in eine Systemfalle, in einen philophischen Autismus hineingeraten zu sein, der sich des Problems des Lebens dadurch entschlagen zu können glaubt, daß er die Herzlosigkeit predigt, andererseits eine jegliche Empfindung zu Kopf steigen läßt. Was die Naturphilosophie anbelangt, bleibt die dunkle Frage, was eigentlich der Antrieb des Universalräderwerks ist: ob es, einmal in Gang gesetzt, abschnurrt, ob der göttliche Uhrmacher zu Wartungsarbeiten herangezogen werden muß oder ob er, wenn es ihm gefällt, auch einmal die Weltuhr anhalten und einer wunderbaren Laune nachgeben kann? Es ist die im cartesianischen Denken so methodisch vernachlässigte Frage nach der »Feder der Natur«, die schon Leibniz dazu nötigt, in diesem Punkt jedenfalls rückfällig zu werden und in der Herausarbeitung seines »élan vital« sich bei der verfemten Scholastik und ihrem Substanzbegriff zu bedienen – auch wenn er ansonsten keineswegs geneigt ist, vom Maschinenprogramm abzusehen.²³³ Und ähnlich verfährt auch Malebranche, wenn er in einer bemerkenswerten Inversion des Oresmischen Uhrengleichnisses[234] bestrebt ist, den cartesianischen Tiermaschinen so etwas wie eine inerte Intelligenz einzuhauchen; ein Wiederbelebungsversuch, der um so paradoxer ist, als er dabei nicht bloß die Maschine, sondern die in ihr verkörperte Künstliche Intelligenz als Beleg dafür nimmt, auch der Natur eine »natürliche Intelligenz« zu konzedieren.

Indes belegen all diese gedanklichen Windungen und Umwege nur, wie tief sich das mechanische Denken in die Köpfe eingegraben hat, wie sehr die Philosophie sich im Kenotaph der cartesianischen Philosophie verkapselt hat – so sehr, daß es fast unmöglich zu sein scheint, nur zu formulieren, was eigentlich selbstverständlich sein müßte. Und doch, kaum ein Jahrhundert, nachdem das »Amerika des Kopfes« ausgerufen worden ist, beginnt die Weiße des geometrisierten, leeren Raums sich wieder mit Schatten zu füllen, mit dunklen Phänomen, die sich jenem Ideal der *mathesis universalis* nicht fügen, nach der nicht eigentlich lebendige Kreaturen, sondern ideale, gravitationsbestimmte Körper wie Wandelsterne oder Billiardkugeln sich durch den Raum bewegen. Dabei scheint das Dilemma der »Lebenskraft« nur der Oberbegriff höchst vielgestaltiger und dunkler Phänomene. Magnetismus[235], Galvanismus und »tierische Elektrizität« – all das sind nicht eigentlich Phänomene, denen man sich offen zu nähern vermag, sondern obskurantistische Bestrebungen, die aufs schärfste bekämpft werden müssen – und dies mit zwingender Logik, setzten sie doch, wenn man ihnen Wahrheitswert zubilligte, die Fundamente des Absoluten Raums und der Absoluten Zeit außer Kraft. Jedoch kehrt, was die Mechanikerphilosophen als Träume von Geistersehern abtun, als eine Form des geistigen Delirs, wie der Fall des bedauerlichen Swedenborg, auch auf eine andere, weniger anstößige Art und Weise zurück: als Geburt der Empfindsamkeit. Es ist dies eine zunächst eher sentimentalische Begeisterung für malerische, unverstellte Natur, eine Art Freiluftgeist, der in der Sehnsuchtslinie des englischen Parks und bald auch in Ruinen und gotischen Gemäuern Befriedigung findet. Scheint dies anfänglich eine Marotte, ein bloßer Modetick wie die Chinoiserie, so ballt sich doch hier, was eher harmlos beginnt (als »Geistliches Blumengärtlein inniger Seelen«, als eine Literatur für Betschwestern), zum Sturm und Drang, zum Aufruhr der Gefühle, der sehr bald schon geistige Form annimmt und, zu einem »Kreuzzug der Philologie« verdichtet und intellektualisiert, sich zu einem geistigen Beben auswächst, zu einer Revolte, die, indem sie sich gegen den »mechanischen Ungeist« verwehrt, die Fundamente des Denkens erschüttert. Und in der Tat ist es genau dieser Vorwurf, der das Ende einer Epoche anzeigt – und den Beginn der Moderne aufschließt.

Was wie eine Naturgewalt, wie das gewaltige Erdbeben von Lissabon, über das ausgehende 18. Jahrhundert hereinbricht, ist kein punktförmiges Ereignis, sondern etwas, das auf breiter Front sich vollzieht, eine Entladung, die nicht nur einen Teilbereich, sondern das ganze Tableau des Wissens umwälzt: es ist ein geistiges Beben, das die Hohlräume des Denkens einstürzen läßt, das den Boden aufreißt und die ins Rutschen geratenen Taxinomien unter sich begräbt, das mit Getöse und einer großen Flutwelle übers Land geht und davonschwemmt, was der herkömmliche Diskurs an Verbindlichkeiten und Haltepunkten errichtet hat – ein Ereignis ersten Ranges, ein Ereignis, das Michel Foucault treffend als »eines der radikalsten wahrscheinlich, das der abendländischen Geschichte zugestoßen ist«[236], charakterisiert. Und wirklich, läßt man den Blick zwanzig, dreißig Jahre weiter ins 19. Jahrhundert gleiten, so haben sich die Fragen des 18. Jahrhunderts auf eine nachgerade gespenstische Art und Weise verflüchtigt, ja sind es insbesondere die Erörterungen und die rationalistischen Vorurteile des aufgeklärten 18. Jahrhunderts, die als die eigentliche Geisterdiskussion anmuten können: der absurde Traum, ausgerechnet im Innern einer Mechanischen Uhr die Sprache Gottes finden zu können.

Es ist kein Zufall, daß in dem Augenblick, da der gedankliche Kontinent der reinen Vernunft sein Ende findet, seine verborgene, ja geradezu verschüttete Struktur hervortritt. Dies ist die Leistung Immanuel Kants: daß er entbirgt, was das Denken in den Formeln des Absoluten Raumes und der Zeit hat verhüllen können, ja daß er in der Entbergung des Apriorischen jenes Feld der möglichen Erfahrung hervortreten läßt, die Gestalt jenes Wissensgrundes, über den sich die Physikotheologie (die ja in Wahrheit nichts anderes als eine Maske höchst menschlicher, ja allzumenschlicher Demiurgie ist) gespannt hat.[237]

Ein Geometer des Denkens, werden bei Kant die Denkränder sichtbar, ja wird ersichtlich, daß das, was sich absolut hatte wähnen können, der Erkenntnis wesenhaft entzogen ist. Zeit und Raum sind nicht an sich faßbar, sondern Formen, die einer jeglichen Erfahrung vorausgehen. Folglich ist das Amerika des Kopfes ein Gedankenkonstrukt, Kopfgeburt, nichts anderes, als eine Art, die Welt anzuschauen. Damit aber, und das ist das Entscheidende, wird der herkömmlichen Ontotheologie (oder -demiurgie) das von ihr beanspruchte Absolutheitsrecht entzogen, veräußert sich im geräumten Wissensgrund jenes apriorische Feld, das einer jeden Erfahrung vorausgeht. Das Koordinatensystem wird zum Gitter, das die unmittelbare Erkenntnis versperrt. Dort, wo zuvor das Denken als eine Reflexion des Seienden sich hatte wähnen können, bleibt nichts als das »Als ob« – und so ist Philosophie genötigt, sich zu jenem Denkfeld zurückzubilden, das nicht in einem begrifflichen Spiegel der Realität, sondern in einem strukturell dieser Realität entzogenen *Gedankenraum* operiert.

Damit aber, insofern hier das *Trompe l'œil* des Denkens dekonstruiert und auf sein epistemologisches Grundgesetz zurückgeführt wird, markiert Kant den Weg, der zwangsläufig, da eine Erkenntnis des Seienden als Seiendes nicht zu haben ist, in die »*Anschauung*« führt – von wo aus er beinahe naturnotwendig in so etwas wie eine *Phänomenologie des Geistes* ausmünden muß. Freilich, und hier liegt die Grenze der Kantischen »Transzendentalphilosophie«, ist Kant selbst keineswegs geneigt, sich den entkernten, desubstantialisierten Gespenstern der Phänomenologie zu überlassen, hieße dies doch, sich der Mathematik und jenes Wissenschaftsbegriffs[238], wie er sich im Zeichen der Mechanischen Uhr herausgebildet hat, zu begeben. Ja, es ist diese Verhaftung ans liebgewordene Instrumentarium der *mathesis universalis*, dieser, wenn man so will, philosophische Heimatsinn, der ihn dazu führt, gänzlich Unvereinbares nebeneinander stehen zu lassen. So daß er einerseits konzediert, daß die »Zeit an sich, außer dem Subjekte« nichts sei[239], aber fast mit dem gleichen Federstrich darauf beharrt, daß der innere Zeitsinn des Menschen die Form einer Geraden habe.[240]

Das, was in derlei Halbheiten und Unentschlossenheiten sichtbar wird, ist die Scheu davor, jene Tempelaustreibung der reinen Vernunft zu vollziehen, wie sie in Gedanken doch schon angelegt ist, fiele dies doch zusammen mit einer Deterritorialisierung des eigenen Denkens. Vor diesem Hintergrund kann man in der Königsberger Verkapselung des Philosophen mehr als bloß eine Marotte entdecken, nämlich die Weigerung, sich auf jene Reise zu begeben, welche notwendig in die

Gespensterwelt des Imaginären, des »bloß Phänomenologischen«[241] führt. Und doch ist genau dies die Erbschaft, die die Kantische Erkenntnistheorie hinterläßt.

Die Vernunft hat dabei ihren räumlichen Platz verloren: sie hat aufgehört, Bewohnerin eines festen und soliden Gehäuses zu sein, wo die Dinge, fein säuberlich geordnet, abgelegt sind, ein jedes an seinem ihm zugemessenen Platz. Das Denken, so wie es noch Kant entwirft, als feste, gut gegründete Architektur, als ein Gebäude, welches, obzwar im Innern auf Zuwachs gebaut, im Äußeren und in seinen Grundfesten sich unveränderlich zeigt – diese Immobilie reiner Vernunft, auf dem absoluten Raum Newtons wie auf einem naturgesetzlichen Grund aufgebaut[242], wird in dem Maße zweifelhaft, wie dieser Grund zweifelhaft wird; und so tritt allmählich zutage, daß das vermeintliche Besitztum, nämlich das System eines Denkens, das zu einem solchen, dauerhaften Gebäude sich formt, lediglich auf dem Papier existiert, ja daß es kaum mehr ist als ein bloßes Spekulationsobjekt, logisches Wolkenkukucksheim. Interessanterweise fällt diese Entwertung zusammen mit jenem leeren, ausgesparten Fleck, mit dem Kant seine *Kritik der reinen Vernunft* enden läßt, so als habe er zumindest gespürt, daß hier, beim nächsten Schritt, Einsturzgefahr drohe. Denn anstatt die »Geschichte der reinen Vernunft« auszuführen, wie es als Viertes Hauptstück der Transzendentalen Methodenlehre versprochen ist, räumt Kant ein, daß dieser Titel hier nur steht, »um eine Stelle zu bezeichnen, die im System übrig bleibt und künftig aufgefüllt werden muß«[243]. Daß diese Auffüllung jedoch nicht mit einer Festigung, sondern mit der Auflösung des Gebäudes zusammenfällt, ist die Ironie daran. Was hervortritt ist das Gespenst der Geschichte, damit aber jene Furie des Verschwindes, die Kant aus seiner Königsberger Unbeweglichkeit ausgesperrt hat. Es ist das Tabu der entfesselten Zeit, die sich nicht mehr – und sei es auch bloß pro forma, als nützliche Anschauung – in die Zeitformel der Mathematik bannen läßt.[244]

Und in der Tat, von nun an gibt es kein Halten mehr. Es ist wie eine Flutwelle, die übers Land der möglichen Erfahrung hinweggeht, es ist der Strom der Zeit selbst, der, zuvor ins Innere einer Uhr gesperrt oder als Ziffernfolge aufs Papier gebannt, nunmehr mit Macht zurückfließt; und tatsächlich wird jenes Ge-

bäude, das auf festen, unwandelbaren Gewißheiten gebaut zu sein schien, unterspült, und das Denken selbst, in die Zeit hinübergerutscht, gerät in Bewegung, es verliert seine Kohäsion, es weicht auf, schwemmt davon und beginnt sich schließlich überhaupt zu verflüssigen; es wird zur Bewegung der Zeit und nimmt die Zeit als ein Bewegungsprinzip in sich auf; das Denken zeitigt sich selbst; es wird Gedankenfluß, zur Abfolge seiner Momente, und es ist dieser Wandel seiner Gestalt, vom Festen zum Flüssigen, von der räumlichen zur zeitlichen Ordnung, welches das Zurückliegende, die Geschichte erstmals als Differenz faßt, als ein anderes, fremdartiges Element: das Feste, Zähe, Verhärtete, das zusammengenommen EINEN RAUM *bildet, und so treibt das flüssig gewordene Denken über all die Ablagerungen und Kristallisationen vergangener Jahrhunderte hinweg, über all jene Systeme, welche die Jahrhunderte zuvor, in einer sonderbaren Unempfindlichkeit gegenüber der Zeit, auf die Ewigkeit angelegt haben, und plötzlich ist es, als ob jener Kontinent der dauerhaften, unwandelbaren Gewißheit, wie die sagenhafte Stadt Atlantis, einfach untergegangen wäre, stellt sich auch der Blick in die Geschichte vor allem als ein* BLICK IN DIE TIEFE *dar, wo sich, auf dem Grund, die Abfolge des Denkens und der Gedankensysteme verfolgen läßt – geronnene Naturgeschichte, Phänomenologie des Geistes –, und so treibt das verflüssigte Denken über das Vergangene hinweg, durch die Tiefen und Untiefen verschiedener Zeiträume hindurch, und wie von selbst, gleichsam als eine Art körperlicher Echoempfindung, ein körpereigenes Echolot, entdeckt sich dem Intellekt ein zuvor gänzlich vernachlässigter, nicht ausgebildeter Sinn: ein* ZEITORGAN, *eine Art Chronometer, der es ihm ermöglicht (ähnlich wie der Strömungssinn eines Fisches), sich in der Tiefe der Zeit zu orientieren, die Beschaffenheit des Grundes, die Veränderung des Sogs und der Fließrichtung herauszuspüren, zu spüren, wo ein anderes Gewässer hinzukommt, wo der Strom sich beschleunigt oder wo er, stiller werdend, dem Ufer entgegentreibt; und so, in der Bewegung des Zeitstroms wird das verflüssigte Denken zum Bewußtsein der Zeit selbst – zu jener Vorstellung des Werdens, der Metamorphosen, der ineinander verfließenden, ineinander übergehenden Formen, der Bewegung der Zeit. Es ist Hegel, der in seiner* PHÄNOMENOLOGIE DES GEISTES *die Verflüssigung des Denkens zum Gegenstand macht, ja gleichsam als Fortbewegungsmethode notiert:* »Die Gedanken werden flüssig, indem das reine Denken, diese innere Unmittelbarkeit, sich als Moment erkennt, oder indem die reine Gewißheit seiner selbst von sich abstrahiert, – nicht sich wegläßt, auf die Seite setzt, sondern das Fixe ihres

Sichselbstsetzens aufgibt, sowohl das Fixe des reinen Konkreten, welches Ich selbst im Gegensatze gegen unterschiedenen Inhalt ist, als das Fixe von Unterschiedenen, die, im Elemente des reinen Denkens gesetzt, an jener Unbedingtheit des Ichs Anteil haben. Durch diese Bewegung werden die reinen Gedanken Begriffe und sind erst, was sie in Wahrheit sind, Selbstbewegungen, Kreise, das was ihre Substanz ist, geistige Wesenheiten.«[245]

Der Geist wechselt seine Gestalt und sein Element; er, der Landgänger war, Geometer, der mit Zirkel und Lineal bewaffnet, oder gar im Innern einer Camera obscura verborgen, die Landschaft vermaß, wird zum Wassergeist. Damit aber, in ein anderes, flüssiges Element übergegangen, löst er sich von seinem Grund; nicht allein, daß er die Immobilie reiner Vernunft hinter sich läßt, auch sein ganzer landgängerischer Fortbewegungsmodus wird hinfällig, all die wohlabgemessenen Sätze und Definitionen, all die Feststellungen über den zureichenden Grund, die philosophischen Artigkeiten und gezierten Geisteleien. Und so, vom Strom der Zeit getragen, über sich die vorübertreibenden Wolken, unter sich die schaukelnden Planken des Bootes, verdunstet die Erinnerung, weicht sie einer anderen Form der Wahrnehmung. Es ist eine neue Art zu schauen, himmelweit entfernt von jener geschlossenen Welt der Vergangenheit – und wie zum Zeichen dafür, daß alles in Bewegung gerät, beginnt auch der Himmel, der zuvor so himmelblau und wolkenlos aufgeklärt schien, sich zu verdichten, ziehen Wolken auf und ein sachter Wind kräuselt das Wasser. Alles ist anders, vom Wasser aus besehen. Die »Dinge im Fluß«, das sind nicht mehr jene Objekte, die man feststellt und klassifiziert, es sind flüchtige, vorüberstreifende Phänomene. Der Blick, der an den Dingen vorübergleitet, notiert nicht mehr das Einzelne, er notiert Wiederholungen, Rhythmen, er skandiert die Dinge, ihre Struktur, ihre Differenz. Was sich »im Laufe der Zeit« (die ja ein Vorüberströmen ist) herausgestaltet, sind jene Formen, die die Dinge durchziehen, ihre Zeitlichkeit und ihr Zusammenhang; und es bildet sich andererseits ein Vermögen heraus, sie in ihren verschiedenen Stadien (vor dem geistigen Auge) vor- und zurücklaufen zu lassen. Die Wahrnehmung beginnt durch die Dinge hindurch zu fließen, von einem zum anderen überzugehen (so wie das Auge an den Bäumen am Ufer vorüberstreift, von denen keiner dem anderen vollständig gleicht, und die doch, eine wahrhaft ausufernde Sequenz, in der Wahrnehmung zu *einem* Bild zusammenschmelzen). Dort wo es kein Halten mehr gibt, verschieben sich auch die Anhaltspunkte, notiert die Wahrnehmung (die doch selbst, mit dem Strom schwimmend, zu einem Wahrnehmungsstrom geworden ist) die Übergänge, die Pausen, die Leerstellen zwischen den Dingen, sie notiert die Sprünge und die Ähnlichkeit. Die Frage des schweifenden, in Bewegung geratenen Blicks wird eine andere: sie lautet nicht mehr: Was ist das?, sondern: Was ist der Ursprung? Und wo führt es hin? Tatsächlich ist es diese dynamisierte, ins Reich der Bewegung und der Phänomene hinüberführende Frage, die mit dem Rückfluß der Zeit akut wird. Es ist die Frage nach dem Zusammenhang der Erscheinungen, die Mutmaßung, daß der Wandel der Phänomene keinesfalls willkürlich ist, sondern daß ihre Folge, ihre Skansion und ihre Wiederholung eine Logik enthüllt – und so ist es, worauf es am Ende hinausläuft, die Frage nach dem Zeitstrom selbst.

So schreibt Herder: »Sollte es nicht offenbaren Fortgang und Entwicklung aber in einem höheren Sinne geben, als man's gewähnet hat? Siehest du diesen Strom fortschwimmen, wie er aus einer kleinen Quelle entsprang, wächst, dort abreißt, hier ansetzt, sich immer schlängelt und weiter und tiefer bohrt – bleibt aber immer Wasser, Strom, Tropfe, immer nur Tropfe, bis er ins Meer stürzt. Wenn's so mit dem menschlichen Geschlechte wäre? Oder siehest du jenen wachsenden Baum, jenen emporstrebenden Menschen? Er muß durch verschiedene Lebensalter hindurch, alle offenbar im Fortgange, ein Streben aufeinander in Kontinuität!«[246]

Was in dieser kleinen Schrift aus dem Jahr 1773, die den trotzigen Titel *Auch eine Philosophie der Geschichte zur Bildung der Menschheit* trägt, auftaucht, ist ein scheinbar widersprüchliches Doppelbild: der *Strom* und der *Baum*, das Flüssige und das Feste – und fast scheint es, als habe Herder sich zwischen dem einen und dem anderen Konzept nicht recht entscheiden können. Freilich kommt diese Ambivalenz nicht ganz von ungefähr, ist jener »ewige Proteus«, als den Herder die Menschheit begreift[247], seinem mythologischen Urbild verwandt, hat auch dieser (der Greis, der die Wahrheit sagt) sich dem Versuch einer Gefangennahme dadurch zu erwehren vermocht, daß er sich zum Baum und zum Wasser verwandelte. Folgt man Herders Gedankengang, so erweist sich schnell, daß man es nicht mit einer bildlichen Unentschiedenheit zu tun hat, sondern mit

Komplementärformeln, bei denen die eine ins Spiel kommt, wenn die andere nicht weiterführt. Verwässert der Strom die festgestellten, dem Ruhestand überantworteten Dinge zu Phänomenen, so stiftet er zugleich, durch alle Zeiten hindurch, einen wesenhaften, ja elementaren Zusammenhang (ist es doch immer nur »Tropfe«, wie Herder sagt). Hier wiederum liegt die Grenze des Denkbildes, ist, was der Zeitstrom zu einem Element (zu einer gleichsam universalen, unzerstörbaren Materie) bindet, doch keineswegs formlos, nichts, was zwischen den Händen zerrinnt, sondern etwas, das im Laufe der Zeit zu festen, höchst gesetzmäßigen Strukturen sich verdichtet – und genau an dieser Stelle wächst dem zweiten Bild, nämlich dem Bild des Baumes, seine Funktion zu. Zeit, das will das Bild besagen, verfließt nicht bloß, verströmt sich nicht eigentlich ins Formlose, sondern sie formt, sie ist genetisch, sie ist Zeit, die *zeitigt*.[248]

Hier kehrt die Gedankenfigur der *Vertikalen* wieder: bedeutet der Fluß der Zeit keine Figur des Schwunds, sondern im Gegenteil: Wachstum, Aufstieg, Höherentwicklung. Der Strom der Zeit, das ist der Kunstgriff, verwandelt sich zu einer wesentlich vertikalen Ordnung; er strömt, paradox gesagt, stromaufwärts, hinauf. In diesem Zeitbegriff vollzieht sich die Restitution einer organischen, oder wenn man so will, biologischen Zeit. Das aber bedeutet: Zeit ist nicht mehr eine isomorphe, eigentlich leere Größe; sondern sie folgt, nein: sie verkörpert jene inneren Gesetzmäßigkeiten, wie sie in der Natur zu beobachten sind. Zeit zeitigt Wachstum, Aufstieg, Höherentwicklung. Hat die *mathesis* die Zeit, um mit ihr rechnen zu können, dekonstruiert (sie ins Innere einer Maschine gesteckt), so rechnet man nun auf eine neue Art mit der Zeit, oder genauer gesagt: Man *rechnet auf sie*, spricht man ihr doch nicht nur eine organische, sondern auch eine organisierende Kraft zu. Hatte die Zeit in der Gedankenwelt der mechanischen Uhr nur ein abstrakter Vektor sein können, so wird diese Linie sozusagen lignifiziert, verwandelt sie sich zu einer organischen Kraft.

Das späte 18. und frühe 19. Jahrhundert kennt eine ganze Anzahl gedanklicher Neubildungen, die sämtlich Derivate dieser einen *Vertikalen* sind. Erziehung des Menschengeschlechts, Bildung, Entwicklung, Evolution, Fortschritt, Metamorphose, Kraft der Negation, die Hegelsche Dialektik, ja selbst der absonderlich scheinende Gedanke, auch die Bibel (oder je nachdem: eine »lebendige Enzyklopädie«) fort und höherzuentwickeln[249] – all das sind gedankliche Variationen ein und desselben Themas, das da lautet: Höherentwicklung, Organisation. Es ist die Taxonomie der *Vertikalen*, jenes Zeitpfeils, der nicht mehr (wie der Fluchtpunkt des perspektivischen Bildes) in die Tiefes des Raumes als des Noch-Nicht-Erreichten weist, sondern in die Tiefe (und in die Höhe) der Zeit. Umschlag von der Quantität in die Qualität, vom gleichmäßigen Tikken in die verschiedenen, übereinandergestaffelten Zeitdichten und Zeitintensitäten.

Es ist wohl der Umstand, daß uns diese vertikale Taxonomie, die Stufenleiter der Intensitäten (die Werteskala, wie man heutzutage sagt), längst in Fleisch und Blut übergegangen ist, was uns unempfindlich dafür macht, daß man es mit einer genealogischen Form zu tun hat, einer Form, die höchst dunklen, im Tableau des 18. Jahrhunderts als gegenaufklärerisch gebrandmarkten Quellen entspringt. Und in der Tat bedeutet die Vertikale der Zeit nichts anderes als den Rückfluß einer Gedankenfigur, die in der Vorstellungswelt des Spätmittelalters, wo vom »Horizont der Zeit und der Ewigkeit« die Rede war, dem Zeitbegriff der Mechanischen Uhr zum Opfer gefallen ist. Daher ist es kein Zufall, sondern geradezu eine Gedankennotwendigkeit, daß man auf jene Tradition zurückgreift, die jenseits der ethnologischen Schwelle, wie sie die Neuzeit markiert, liegt, ist hier doch ein geistesverwandter Zeitbegriff zu orten: die *divinatio*, die Himmelsleiter. Die Quellen, derer man sich dabei bedient, sind höchst unterschiedliche; so mag es, wie im Falle Hölderlins, die griechische Götterwelt sein, die Klassik, die Literatur der Patristik (wie bei Franz von Baader), Plotin, das Mittelalter, die Mystik, die »Morgenröte« eines Jakob Böhme, der Kosmos eines Shakespeare, die Frührenaissance oder die alchimistischen Spekulationen eines Paracelsus, nicht zuletzt auch der unversiegbare Schatz der Sagen, Volksmärchen etc. Vor allem jedoch geht es um die Zeit vor der »Zeit«, um jenen untergegangenen Kontinent, dessen Zeitordnung eine vertikale war. Vor diesem Hintergrund ist es ein zwar notorisches, aber deshalb doch nicht minder irriges Mißverständnis, im Rückfluß all dieser Quellen eine Aberration, einen kulturellen Rückfall in eine gegenaufklärerische Theosophie, einen intellektuell inspirierten Ultramontanismus zu sehen. Denn auch wenn die »heilige Revolution«, wie sie sich um die Wende zum Jahrhundert ereignet, allerlei mystische, theosophische und religiöse Quellen wiederbelebt, so ist sie, im Ganzen genommen, keinesfalls ein Umschlag ins Irrationale, sondern im Gegenteil die *Entdeckung einer höheren Rationalität*.[250] Es ist dies, was man in der jähen Zeitrückwendung, wie sie am schärfsten die Romantik vollzieht, stets übersehen hat: daß es in der Berufung auf das verlorene Paradies nicht um einen Versuch geht, dieses tatsächlich wiederzubeleben, sondern (und darin liegt unzweifelhaft eine Verwandtschaft zur Renaissance[251]) die verschüttete Tradition als ein Ferment des Neuen in den Dienst zu stellen.

Es ist das Symptom jener großen Metamorphose, die dem Land der möglichen Erfahrung zuteil wird, daß auch die »metaphora«, das Verkehrsmittel, in und mit dem der Geist sich fortbewegt, eine Verwandlung erlebt; ja es ist präzis diese Metamorphose, die den »Paradigmenwechsel« anzeigt, der sich an der Schwelle zum 19. Jahrhundert abzeichnet. Was sich in der Metapher enthüllt, ist das Gesicht, ist der Körper jener neuen Ordnung, der das Denken sich anvertraut. Hatte die Uhrenmetapher noch bis tief ins 18. Jahrhundert Gültigkeit besessen, so erfährt sie – im Augenblick ihres faktischen Triumphs – den Umschlag ins Pejorative. Und so, binnen weniger Jahre, verwandelt sich die Metapher, die dem Intellekt über mehrere Jahrhunderte eine zweite Haut, eine vertraute Denkkapsel war, zu einer Zwangsjacke, zum Beleg, daß es bei diesem oder jenem nicht mehr ganz zeitgemäß tickt im Gehäuse. Jedoch geschieht das nicht *einfach so*, nicht so, wie man sich den metaphorischen Tod denkt: als eine Form der Entkräftung, des sozusagen metaphorischen Ablebens, sondern es geht einher mit einem revolutionärem Prozeß. Binnen einer Generation, das ist das Ergebnis, hat sich eine radikale Umbesetzung ereignet, eine intellektuelle Metempsychose, ein wahrhaft grundstürzendes Ereignis.

Im Jahr 1827 jedenfalls ist die Schlacht längst geschlagen[252], vermag der mittlerweile höchst gesetzte, ja überaus korpulent gewordene Friedrich Schlegel (der sich vom jugendlichen Freigeist zum Konvertiten, zum kaiserlichen Legationsrat und zum Metternich-Begleiter gewandelt hat) eine Art Bestandsaufnahme, eine »Philosophie des Lebens« zu ziehen: »Eine seichte und oberflächliche, ja eine grundfalsche Naturwissenschaft ist diejenige, welche die ganze Natur mit allen Wundern der Herrlichkeit, die ihr der Schöpfer verliehen hat, wirklich nur als ein totes Uhrwerk betrachtet, wo dann der Schöpfer selbst auch in diesem System bloß als ein großer mechanischer Künstler erscheint, dem allerdings unendliche Kräfte zu

Gebote stehen; wo Er aber, wenn das alles tot wäre, und aus lauter Totem zusammengesetzt, doch nur wie ein allmächtiger Uhrmacher hingestellt würde, wenn man einen so widersinnigen Ausdruck sich erlauben darf, um das Verkehrte einer so widersinnigen Ansicht recht treffend zu bezeichnen. Sollten wir aber einmal nach unserer Beschränktheit so geringe und fast kindische vom Menschen hergenommene Gleichnisse auf den Schöpfer der Natur anwenden: so wollen wir ihn noch lieber einem allwissenden Gärtner vergleichen, der aber die Bäume und Blumen, die Er pflanzt, selbst erschaffen hat [...] als daß wir Ihn einem solchen toten Maschinenkünstler gleichstellen.«[253]

Hier, in dieser etwas betulich anmutenden Passage, in der kein Atemzug mehr vom Feuer der heiligen Revolution kündet, wie es in den *Athenäums-Fragmenten* pulst[254], liegt jene Kurzformel, die, vielleicht wie keine andere, den Paradigmenwechsel, jenes Beben auf den Begriff bringt, das sich gegen Ende des 18. Jahrhunderts auf das heftigste entlädt. Nicht nur, daß hier das Ende jenes Kontinents beschlossen ist, den ich das *Amerika des Kopfes* genannt habe, darüberhinaus wird hier die Richtung der Verschiebung sichtbar, die geistige Kontinentaldrift, die der Erkenntnisgrund nimmt: vom Mechanismus zum Organismus, von der Ordnung zur Geschichte, von der Statik zur Dynamik. Es ist dies nicht nur eine *Revolution der Denkart*, es ist, weit bedeutsamer noch, eine Verschiebung des Denkgrundes, der Metabasis: von der Meta-Physik zur Meta-Biologie. So daß, wenn von einer »Revolution der Denkart« zu sprechen ist (wie Kant, freilich noch ganz auf das »Amerika des Kopfes« bezogen, dies tut), es sich um eine Revolution handeln muß, die noch immer andauert, ist der Kontinent, der sich dem ausgehenden 18. Jahrhundert aufschließt, noch immer der unsrige.

Wird hier der geistige Riß deutlich, der das 19. Jahrhundert von jenem sich langsam entfernenden Kontinent trennt, so ist das bukolische Bild des »allwissenden Gärtners« zwar einprägsam, aber doch auch, sofern man es buchstäblich nimmt: als ein panlogisches Glaubensbekenntnis –, eher irreführend (worauf ja auch Schlegel, insofern er in den Konjunktiv überwechselt und seinerseits sich dazu herabläßt, derlei »fast kindische vom Menschen hergenommene Gleichnisse auf den Schöpfer der Natur« anzuwenden, deutlich anspielt). So ist, was eine Fortspielung der Metapher scheint, kaum mehr als ihr ironisches Skelett; eine Abbreviatur, welche die Absetzung des Mechanikergottes verkündet, aber selbst doch nur eine höchst beschränkte heuristische Dimension aufschließt. Denn von Nahem betrachtet offenbart dieser Gärtnergott, der auf den ersten Blick das Rousseausche »Zurück zur Natur« beherzigt zu haben scheint, ein höchst widersprüchliches Wesen, widmet er sich doch nicht nur der Bepflanzung, sondern verfolgt mit der Gestaltung seines Gartens offenbar den Plan, die Natur, dieses sein Kunstwerk, zu vervollkommnen (ein Streben, das ihn mehr als einen ambitionierten Gentechniker denn als einen allwissenden Gott ausweist, ist es doch die stete Unabgeschlossenheit seines Werkes, die mit dem Attribut der Allwissenheit kollidiert).

In gewisser Hinsicht ist dieses Problem bereits in jenem kurzen Gedankenaustausch angerührt, den der junge Schlegel mit Novalis »symphilosophiert«: der Versuch, die Bibel (oder die Enzyklopädie) nicht als ein endliches, sondern als ein *unendliches*, das heißt: als ein evoluierendes, sich an einer Vertikalen hinaufentwickelndes und somit: ausdifferenzierendes Ganzes zu begreifen.[255] Zweifelsohne hat man es mit einem höchst dialektischen Gott zu tun, der, im Wissen um die Prozessualität, die Zeitlichkeit aller Dinge, sich und sein Werk einem beständigen Fort- und Weiterbildungsprogramm, einer *divinatio* unterzieht, ein Gott mithin, der in dem Maße an Intelligenz gewinnt, in dem auch seine Geschöpfe sich hinaufentwickeln – weswegen er sehr viel mehr mit Schellings »Weltseele« oder mit Hegels »Weltgeist« als mit seinesgleichen gemein hat. Und so ist, was im Schlegelschen Bild des Gärtnergottes die reine, gutmütige Natur zu sein scheint, ein höchst widerspruchsvolles, vielgestaltiges Wesen, das mit »Natur« kaum mehr als ihren Namen gemein hat, vermag, was »Natur« sich nennt, doch im nächsten Augenblick in der Maske der Kunst, der Wissenschaft, der Menschheit, ja selbst der Sprache zu erscheinen.

Was sich in all diesen Masken entäußert (und was die etwas holzschnittartige Gegenüberstellung zur Uhrwerksmetapher so überaus fruchtbar macht) ist die Physiognomie eines höheren, »organischen« *System-Begriffs*, stellt sich doch, was als Natur sich ausgibt, nicht einfach als blindes Naturgeschehen, sondern gleichsam als eine wortlose Wissenschaft dar – oder wie der junge Schelling sagt: als das *Älteste Systemprogramm*. So hat man es bei der Gegenüberstellung von Mechanismus und Organismus zwar mit einer Asymmetrie, aber doch im wesentlichen mit der Gegenüberstellung zweier Systembegriffe zu tun. Der Systembegriff des Organischen verwirft den des Mechanischen nicht, sondern er übersteigt ihn, und zwar dergestalt, daß das Mechanische auch weiterhin, als ein Spezialfall, darin enthalten ist.[256]

Es ist diese Vorstellung eines der Natur innervierten höheren *Systems*, die dem Bild des »allwissenden Gärtners« innewohnt – ja, es ist recht eigentlich die gedankliche Sprengkraft dieses *Ältesten Systemprogramms* (und keineswegs ein gefühliges »Zurück zur Natur«), was die Vielgestaltigkeit des romantischen Naturbegriffs und seine Verästelungen in ein ganzes Wissenstableau begreiflich macht. Bezeichnenderweise nun hat die Metapher, die bei Schlegel sich zum »Baum des Lebens« gesetzt und Wurzeln geschlagen hat, einen Vorläufer, ist, was dem *Baum* vorausgeht, wiederum der *Strom*, die verflüssigte Zeit. Es ist abermals Herder, der, ein halbes Leben, bevor Friedrich Schlegel seine Philosophie des Lebens verkündet, den Keim zu dem legt, was, aufgeblüht, nun wirklich wie eine naturwüchsige Taxonomie der Vertikalen scheinen kann; und hier, im Gegensatz zu der etwas faden Ironie des gealterten Romantikers, ist auch die Art, wie er dies tut, von Belang, vollzieht sie sich doch als eine Umspielung des Oresmischen Gottesbeweises: »Wird, wer ein Schiff betrachtet, eine Absicht des Werkmeisters in ihm leugnen? Und wer das künstliche Gebilde unsrer Natur mit jedem Klima der bewohnten Erde vergleicht, wird er dem Gedanken entfliehen können, daß nicht auch in Absicht der geistigen Erziehung die klimatische Diversität der vielartigen Menschen ein Zweck der Erdeschöpfung gewesen? Da aber der Wohnplatz allein noch nicht alles ausmacht, indem lebendige, und ähnliche Wesen dazu gehören, uns zu unterrichten, zu gewöhnen, zu bilden: mich dünkt, so gibt es eine Erziehung des Menschengeschlechts und eine Philosophie seiner Geschichte so gewiß, so wahr es eine Menschheit, d.i. eine Zusammenwirkung der Individuen, gibt, die uns allein zu Menschen machte. Sofort werden uns auch die Prinzipien dieser Philosophie offenbar, einfach und unverkennbar, wie es die Naturgeschichte des Menschen selbst ist: sie heißen *Tradition und organische Kräfte*«.[257]

Was hier »Tradition« und »organische Kräfte« heißt, diese Zweiheit von Natur und Geschichte, markiert jedoch keinen neuerlichen Dualismus, sondern stellt eine Art Spiegelverhältnis dar, das sich im Bild des Schiffes vereinigt, das eine gleichmäßige, kontinuierliche Bewegung vollzieht. Tatsächlich ist, was als Zweiheit sich zeigt, ein und dasselbe Vehikel – und aus diesem Grund mag Herder auch von einer Naturgeschichte des Menschen sprechen – so als habe nicht der Mensch, sondern habe die Natur sie geschrieben.

Nun ist es kein Zufall, daß Herder sich zwar gedanklich auf den ontologischen Gottesbeweis bezieht, aber daß er die Position des Gottes – im Gegensatz zum späten Schlegel – eigentlich unbesetzt läßt; oder genauer, daß die göttliche Potenz hier der aufstrebenden Vertikalen, der *divinatio* von Natur und Geschichte überantwortet wird. Hier liegen die beiden Demiurgen (die sich, in Gestalt des Schiffes, das den Strom der Zeit durchfährt, zu einer Kraft vereinigen). Denn das, was im Innern von Natur und Geschichte waltet, beschreibt das gleiche Bewegungsgesetz: bewegt es sich doch an der Vertikalen der Zeit, des evoluierenden Systemischen, hinauf; und so ist es kein Zufall, daß Schelling die Zweiheit von Natur und Geschichte zur »Weltseele« zusammenfassen kann, markiert sie doch die Einheit der Natur und die Totalität eines jeweiligen Weltzustands; die Zeit, die zeitigt, die, im Ineinanderspiel von Freiheit und Notwendigkeit, sich entwickelt und ausdifferenziert. Daher ist es geradezu zwangsläufig, daß Schelling von einem »natürlichen Bildungstrieb« spricht[258] und postuliert: »Der unmittelbare Zweck der Natur bei dem jetzt beschriebenen Processe ist nur der *Proceß selbst*, ist nur die beständige Störung und Wiederherstellung des Gleichgewichts der negativen Prinzipien im Körper.«[259] Das heißt, das Gleichgewicht, um das es geht, ist nicht mehr von der Art, wie noch Kant sich die Immobilie des Denkens vorstellt, es ist ein Fließgleichgewicht, ein jeweiliges, höchst wandelbares Equilibrium – dessen vorzüglicher Zweck der beständige Aufstieg, die Höherentwicklung ist. In diesem Sinn löst sich in Schellings Weltseele der Unterschied zwischen Natur und Geschichte wesentlich auf; vermag er von Natur als einer begriffslosen Wissenschaft zu reden[260], und das heißt: wird Natur zum Geist, und Geist zur Natur.

Es ist diese, wenn man so will, *chymische* Hochzeit, vor der der in der Malerei stets wiederkehrende Topos der gotischen Kathedrale, oder besser noch: der Ruine im Wald zu lesen ist. Gebäudereste: die aufragenden Pfeiler, weggebrochene Steinstümpfe, eine Wand, ein Teil der Apsis, der Aufriß des gotischen Gemäuers, und darüber: ein leerer Himmel. Was hier, in der Rückverwandlung des Steins zur Materie, wieder hervortritt, ist die Gleichartigkeit des Wuchses, das, was in der Theologie des Bernhard von Clairvaux, zum Ausgang der Gotik, vorgedacht ist: die stilisierte Baumgestalt. Der Stein, von der Natur wieder in Besitz genommen, verwandelt sich zurück zum Baum. Es ist der Zerfallsprozeß, das retrograde Moment, in dem Kultur als ein Gewachsenes sich zeigt (So ist es nur konsequent, daß Caspar David Friedrich auf den Gedanken verfällt, ein Bild zu malen, das den unzerstörten Dom zu Meißen als Ruine zeigen soll[261]). Der Baum wird Säule wird Baum.

Zweifellos, das Kathedralenprojekt, dieses Kirchenschiff, ist wie kein anderes geeignet, die Verschwisterung von Geschichte und Natur zu bezeugen, verkörpert es doch, in seiner vertikalen Dynamik, eine gleichsam naturwüchsig scheinende Religiosität, trägt es anderseits auch die Bilder von Baum und Schiff in sich, und das heißt: die Idee des Organischen und des Zeitpfeils (das Zeit-Organ). Nicht zuletzt ist hier doch, klandestin, jene göttliche Metempsychose zu orten, wo der christliche Gott sich zur Weltseele wandelt, jene Bruchstelle, wo Natur, Gott und Geist noch unter einem Gesetz vereint stehen. Die Gotische Kathedrale: das ist der ideale Echoraum, der, gäbe es ihn nicht, von einem Historikerpropheten hätte erfunden werden müssen.

2. Brachland

Vielleicht ist eine der sinnfälligsten, gedrängtesten Formeln, die die Zäsur bezeichnen, die am Ende des 18. Jahrhunderts sich abzeichnet, jener Name, den sich der Salinenassessor Friedrich von Hardenberg zum Pseudonym erwählt: *Novalis*. Ganz zweifellos ist dieser Name Programm, ist die literarische Neugeburt des »Novalis« so etwas wie ein zur Reflexion gewordener Riß, Geburt einer Neuen Kunst, eines Neuen Menschen, jener Augenblick, da man Neuland betritt. Hat sich dies schon im Freiluftgeist des Sturm und Drang angekündigt, als eine gefühlsmäßige, höchst gesuchte Naivität, so ist das »Novalis«-Projekt ein durchreflektierter, dezisionistischer Akt, der sich gegen das tradierte Tableau stellt, einfach deshalb, weil es sich bereits auf einem neuen Plan weiß.

So beabsichtigt die Aura des Neuen auch ist, der Name hat, wörtlich genommen, eine andere Bedeutung. Novalis heißt: »Brachfeld«, »Brachland«. Damit aber, und darauf will diese Namensgebung wohl hinaus, ist das im Namen verborgene »Neue« nicht neu im Sinne des schlechthin Neuen, das in die Welt hineinfällt wie ein Komet, sondern es ist neu, weil es wiederentdeckt, was dem Vergessen anheimgefallen ist: nämlich jenes brach liegende Land, das in den Gedankenuntergrund zurückgefallen und zu einer *terra incognita* sich zurückverwandelt hat. Das Feld liegt brach, weil es niemand bestellt hat. Das Brachfeld ist schon einmal kultiviert, es hat, in einer früheren Zeit, als Kulturland gedient und darin schon seine Fruchtbarkeit unter Beweis gestellt.[262]

Hier verschiebt sich – und das ist der Punkt, auf den es ankommt – das Paradigma des Neuen. Es geht nicht um »Neuland«, nicht um die Entdeckung eines schlechthin Neuen, um jenes Utopische, das in der Welt bislang keinen Platz hatte; sondern das Neue besteht in der Wiederentdeckung dessen, was die herrschende Kultur hat brach liegen lassen. Es geht darum, die Dunkelzonen[263] des Denkens ans Tageslicht zu bringen und sie wieder, in entborgener Form, fruchtbar zu machen. Erinnerungsrückfluß, Anamnese. Unter diesem Vorzeichen ist es kein Zufall, daß genau jene verschatteten Zonen in die Gedankenwelt zurückkehren, die die reine Vernunft so sorgsam aus dem Land der möglichen Erfahrung hatte aussperren wollen. Die Nachtseite der Natur, der Traum, das Unbewußte, vor allem aber jene geschichtlichen Epochen, die, nachträglich verfinstert, sich zu einer dunklen Vorzeit zurückverwandelt haben.

Hier liegt ein wesentliches Moment, das zu steten Mißverständnissen Anlaß gegeben hat (und das vor allem dazu gedient hat, die Romantik als geistigen Eskapismus, als eine Form der Zeitflucht zu denunzieren). Denn entgegen dem Vorurteil besteht der Zweck der Anrufung dessen, was im Tableau des Wissens brach liegt (Hölderlins Antike, das Mittelalter bei Novalis), nicht eigentlich darin, sich »romantisierend« in eine vergangene Welt zurückzuträumen, sondern vor allem darin, zu einem Land der möglichen Erfahrung zurückzufinden, das *anderen* Gesetzmäßigkeiten folgt. In diesem Sinn gilt es nicht eigentlich, den Nomos der griechischen Götterwelt wiedereinzusetzen oder die Kultur in den Ordo des mittelalterlichen Kirchenschiffs zurückzudrängen, sondern ist es vor allem die Fremdheit eines anderen Gedankenkontinents, die als Stratagem dient, die *Geschichtlichkeit* des Wissens hervorzuarbeiten. Es ist genau dies, was brach liegt; oder genauer: was *aufgebrochen werden soll*[264]: die *Historizität* nicht nur des Raums, sondern all der Kulturen, die sich auf ihn gegründet haben. Ist dieser Grund in der *mathesis* zu einer eigentlich raum- und zeitlosen Weiße ausgeleert, zum bloßen Koordinatensystem, über dem das Denken wie ein absoluter Souverän hatte thronen können, so tritt nun die geschichtliche Beschaffenheit des Raumes hervor[265]; wird sichtbar, daß sich hier mehrere Zeitschichten übereinandergelagert haben; ja mehr noch, daß diese Zeitschichten, wie die Jahresringe eines Baumes, einen Entwicklungsprozeß beschreiben. Damit aber dehnt sich das Land der möglichen Erfahrung nicht nur im Jetzt aus, sondern wächst ihm auch eine zeitliche Dimension zu. Um den Grund, auf dem man steht, zu erfassen, langt es folglich nicht mehr, ihn lediglich in seiner Momenthaftigkeit zu kartographieren, sondern gilt es, ihn zu stratifizieren, die Ablagerungen, Sedimente, die Versandungen, aber auch die Trümmer der Vorgeschichte in Augenschein zu nehmen.[266]

Genau hier, im geschichtlichen Verfahren (das an der Vertikale der Zeit, am Übereinandergeschichteten des Grundes entlangdenkt) liegt das wesentlich Neue: wird der vom Absolutismus der reinen Vernunft zum Absoluten Raum und zur Absoluten Zeit versiegelte Grund aufgebrochen. Damit tritt hervor, was die sich in die Ewigkeit hinausprojizierende Vernunft hatte tabuisieren wollen: ihr eigenes Gewordensein. Das Instrumentarium, mit dem man von nun an dem Denken beikommt, nimmt nicht mehr bloß die jeweilige Ordnung der Dinge in Augenschein, sondern es stratifiziert, vergleicht die Ordnungen miteinander. Es ist ein archäologischer[267], präziser noch: ein genealogischer Blick – geht es doch darum, das eigene Selbstverständnis zu ergründen.

Tatsächlich ist es genau dies genealogische Verfahren, das Friedrich von Hardenberg seinem Pseudonym unterlegt. In einem Brief an August Wilhelm Schlegel vom 24. Februar 1798 schreibt er, daß das Pseudonym »Novalis«, unter dem er seine Fragmente veröffentlichen möchte, »ein alter Geschlechtsname von mir ist und nicht ganz unpassend«[268]. Diese Personalangabe entspricht der Wahrheit, gibt es in der Familiengeschichte der Hardenbergs einen mittelalterlichen Abzweig, der, nach dem Gut, das man bewohnt, sich »von Roden«, in latinisierter Form »de novale« nennt.[269] Jedoch ist nicht allein die kleine Veränderung, die aus dem späten

Abkömmling der von Roden einen Novalis macht, von Bedeutung, es ist vor allem der Kontext, in dem dies geschieht: das Manuskript, dem das Pseudonym des Novalis vorangestellt wird (*Blütenstaub* – der Beitrag Friedrich von Hardenbergs zu den *Athenäums-Fragmenten*), ist eine einzige Variation dieses Gedankens.[270] Hier zeigt sich in fast jeder Zeile, daß, wenn bei Friedrich von Hardenberg vom Geschlecht oder von der Gattung die Rede ist, nicht eigentlich die persönliche, individuelle Herkunft gemeint ist, sondern das Menschengeschlecht, der »Makroanthropos«[271], dessen begrenzte »egoistische« Ausformung der Einzelne ist.[272] Es ist diese Dialektik zwischen dem individuellen Mikrokosmos und dem Makroanthropos des Menschengeschlechts, vor dem die Wahl des Pseudonyms zu lesen ist: und so ist, wenn Novalis in seinem Brief an A.W.Schlegel schreibt, daß der Name nichts zur Sache tue, dies keineswegs Ausrede, sondern entspricht vielmehr seinem genealogischen, und damit de-individualisierenden Programm. Novalis – das ist die Grenzscheide, wo der Salinenassessor Friedrich von Hardenberg sein bloß individuelles, egoistisches Sein ins Allgemeine zu übersteigen sucht.[273] So daß, was Friedrich von Hardenberg als einen »alten Geschlechtsnamen« ausgibt, auf nichts anderes als das Menschengeschlecht zielt, und demgemäß ist auch die Genealogie, die Friedrich von Hardenberg im Namen des »Novalis« annimmt, nichts anderes als die Genealogie der Kultur, der er erwachsen ist.

Damit ist das Terrain markiert, um das es geht. Was mit der Entdeckung des »Menschengeschlechts« auftaucht, sind die Metamorphosen des Denkens, die kulturellen Brüche und Zerwürfnisse, schließlich: die innere Logik, die Familienähnlichkeit, die in der Abfolge der Generationen liegt. Novalis, dieser alte Geschlechtsname, ist in diesem Sinn nicht nur der Name, der jene Dunkelfelder markiert, welche die nachgeborenen Generationen verschweigen, er bezeichnet zugleich – mit dem genealogischen Verfahren – das Instrument, mittels dessen dies gelingt. Hier liegt jene Doppelheit, wie sie auch im Begriff der Geschichte selbst verborgen liegt: markiert diese doch nicht nur das, was sich im Laufe der Zeit übereinandergeschichtet hat, sondern auch das Verfahren, das die geschichtlichen Positivitäten untersucht (weswegen sie stets, auch wenn dies nicht immer reflektiert wird oder in den Selbstlaufvorstellungen kaschiert wird, im Begriff der Archäologie ihr zentrales Paradigma hat). Freilich tritt hier ein wesentlicher Unterschied hervor. Bewegt sich »Geschichte« im Feld der Positivitäten, das heißt: im Vertrauen darauf, daß man, wenn man denn fleißig genug gräbt, das Vergangene ans Tageslicht wird bringen können, besagt das genealogische Verfahren, daß es hier dunkle Flecken gibt, ja, daß es die Anamnese des Brachliegenden ist (das heißt: der dunklen Flecken), welches allein Aufklärung schafft. In diesem Sinn bricht die Genealogie gleich auf eine doppelte Weise mit der sich absolut setzenden Gegenwart: einmal, indem sie das Tabu des voraussetzungslosen Seins, zum andern, indem sie das Tabu der Positivität bricht.

Wo die Positivität der Geschichte fragwürdig wird, nimmt der Rückstieg in die Geschichte die Form der Anamnese an. Dies genau ist das Programm, dem Novalis sich in seinem häufig so mißverstandenen Aufsatz *Die Christenheit oder Europa* unterzieht, geht es hier weniger darum, den christliche Ordo wieder zu inaugurieren, als die Genealogie jener Seinsvergessenheit aufzuzeigen, die aus der Erde einen »unbewohnbaren Wandelstern« gemacht hat – und das heißt: die jenes Land der möglichen Erfahrung begründet hat, auf das Novalis seinerseits schon zurückblicken kann. Was hier zum Thema wird, ist, in äußerst gedrängter, komprimierter Form, der Prozeß der Neuzeit: die Herausformung jener Rationalität, die sich dem Universalitätsanspruch des Kirchenschiffs entzieht und sich dualistisch entzweit.

»Es waren schöne glänzende Zeiten, wo Europa ein christliches Land war, wo *eine* Christenheit diesen menschlich gestalteten Weltteil bewohnte; *ein* großes gemeinschaftliches Interesse verband die entlegensten Provinzen dieses weiten geistlichen Reiches. – Ohne große weltliche Besitztümer lenkte und vereinigte *ein* Oberhaupt die großen politischen Kräfte. – Eine zahlreiche Zunft, zu der jedermann den Zutritt hatte, stand unmittelbar unter demselben und vollführte seine Winke und strebte mit Eifer seine wohltätige Macht zu befestigen.«[274]

Was den Kritikern die Wiederkehr eines dunklen Kryptokatholizismus[275] deucht, ist eine höchst gedankenreiche, luzide Analyse jener Kulturschichten, der Verfolg jener Transsubstantiationen, die das entzweite Eine im Verlauf der europäischen Geschichte genommen hat. So ist der Märchenton des Anfangs, der jene Zeit herbeizurufen scheint, wo das Wünschen noch geholfen hat, doch eher so etwas wie ein Strategem, bewirkt diese idealisierte Monochromie doch, daß das Zerwürfnis, das die europäische Kultur am Ausgang des Mittelalters heimsucht, sich nur umso deutlicher abhebt. Wobei, was hier zum gedanklichen Leitfaden wird, eigentlich weniger der Verlust des Glaubens ist, als vielmehr das Blind-Stellen des transzendentalen Sensoriums, der Empfänglichkeit für das Unsichtbare, das aber dennoch – und das ist das Entscheidende – nicht unbesetzt bleibt. Genaugenommen enthüllt sich hier, was eine rückwärtsgewandte Idealisierung, kurzum: »Romantik« zu sein scheint, als Aufklärung nach der Aufklärung, eine Form der Ideologiekritik, die sich der ideologischen Struktur schlechthin widmet. Der Kernsatz, über den sich Novalis' »Christenheit oder Europa« erschließt, lautet: »*Wo keine Götter mehr sind, walten Gespenster*«; und so ist seine Vernunftkritik nicht eine Kritik an der Vernunft selbst, sondern an ihrer Natur- und Grundvergessenheit, die ihr – als blinder Fleck des Denkens – zur Ideologiemaschine gerät. Was dem Schlaf der Religion entspringt, in den Novalis das nachmittelalterliche Europa getaucht sieht, ist nicht eine neue Universalität, sondern bloß die Prätention darauf; was erwacht, sind die Wiedergänger des Glaubens: die illegitimen Abkömmlinge des Schismas, Zombies, die in der Abwesenheit des *Einen* um die *eine* Stelle streiten: Protestantismus, Jesuitismus, Wissenschaft, Aufklärung, der Staat.

Das, was hier konstatiert wird, ist nicht die Einbuße einer schlichten Glaubensgewißheit, es ist das Bewußtsein von einem ontologischen Riß, jenem Augenblick traumatischen Naturverlustes, der doch, unversöhnt, in den Chimären des Religionsschlafes fortwirkt, ja, der nachgerade dazu zwingt, »jede Spur des Heiligen zu tilgen« – und so sind die Mitglieder der Großen Philosophischen Maschine Reiner Vernunft damit beschäftigt, »die Natur, den Erdboden, die menschlichen Seelen und die Wissenschaften von der Poesie zu säubern«[276]. Es ist die fortwirkende Deterritorialisierung des Heiligen, die Verwüstungsspur, die zeigt, daß jener ontologische Riß nicht gelöst ist, daß er bloß subkutan fortwirkt. Die Entzauberung der Welt weist sich als das Bewegungsgesetz des Fortschritts: »der Religionshaß dehnt sich sehr natürlich und folgerecht auf alle Gegenstände aus, verketzte Phantasie und Gefühl, Sittlichkeit und Kunstliebe, Zukunft und Vorzeit, setzte den Menschen in der Reihe der Naturwesen mit Not oben an, und machte die unendliche schöpferische Musik des Weltalls zum einförmigen Klappern einer ungeheuren Mühle, die vom Strom des Zufalls getrieben und auf ihm schwimmend, eine Mühle an sich, ohne Baumeister und Müller und eigentlich ein echtes Perpetuum mobile, eine sich selbst mahlende Mühle sei«[277].

Es ist bezeichnend, daß Novalis in seiner Anamnese des neuzeitlichen Prozesses auf die Herrschaft der Mechanisierung anspielt[278], ja, daß er die Maschine selbst, als ein gleichsam steuerloses perpetuum mobile, als göttliche Apokryphe begreift, das an die Stelle des Göttlichen getreten ist. Hier, in der Denaturierung der Natur, liegt der Grund für die Seinsvergessenheit, und es ist wiederum die Natur, die den »Anachoreten in den Wüsten des Verstandes« den Schlüssel zur Hand gibt, der »Gespensterherrschaft« ein Ende zu machen. Was sich im *Europa*-Aufsatz enthusiastisch zur Überwindung anschickt, gründet sich auf einem Wissen der Defizienz: »Die Zeit ist nicht mehr, wo der Geist Gottes verständlich war. Der Sinn der Welt ist verlorengegangen. Wir sind beim Buchstaben stehengeblieben.«[279]

Vor diesem Hintergrund ist das Pseudonym des »Novalis« der Versuch, sich dem leeren Raum der Geometrie, der toten Buchstaben und der Körperbeherrschung der absoluten Vernunft zu entwinden, sich stattdessen einer neuen Topographie anzuvertrauen. Das Vehikel, das Friedrich von Hardenberg dabei benutzt, ist die Vorstellung des *Organischen*, ist der Gedanke, daß der zum Brachland umgedeutete Geistes-Grund fruchtbar werden kann. Es ist das *hen kan pai* der Mystik, die Vorstellung, auf den Trümmern der entseelten und entsinnlichten Welt die Einheit der Welt (als Einheit der Natur) neu zu denken. Ja, tatsächlich wandelt sich hier der Naturbegriff, hat man es – wie im Falle Schellings, der den Organismus zu einem höherwertigen Mechanismus adelt – mit einer »höheren Natur«, einem *logos spermatikos* zu tun[280]. Naturlehre, wie Novalis sie faßt, beschränkt sich also keineswegs auf die bloßen Naturdinge, sondern bezieht sich ebensowohl auf die geistigen Entitäten.

»Die bisherige Geschichte der Philosophie ist nichts, als eine Geschichte der Entdeckungsversuche des Philosophirens. Sobald philosophirt wird – entstehen Philosopheme und die ächte Naturlehre der Philosopheme ist die *Philosophie*.«[281] Fraglos markiert dies einen Ebenensprung: geht es nunmehr nicht mehr um Erkenntnis an sich, sondern um die Epistemologie, nicht mehr ums Sein, sondern ums Werden.

Natur und Philosophie sind eins.[282] Wenn Novalis dies als »ächte Naturlehre« bezeichnet, so verbirgt sich dahinter nichts anderes als das, was ich das ›genealogische Projekt‹ genannt habe: Philosophie kann von nun nur darin bestehen, die Genealogie der Philosopheme, ihre Mutationen und Metamorphosen, ihre Verwandtschaftsgrade und Stammeslinien nachzuvollziehen, ja, dies ist das vorzügliche Geschäft der Philosophie. So besehen ist, was ich bisher die ›vertikale Taxonomie‹„ genannt habe, vielleicht am angemessensten mit dem Begriff der *Genealogie* zu übersetzen, ja erweist sich hier, daß diese Vorstellung sich nicht bloß in der Figur einer »dunklen Vertikalität« (Foucault) erschöpft, sondern mit einem neuartigen Denkmodell verbunden ist, das diese Vertikalität auch zu bewältigen weiß. In der Tat vermag sich das genealogische Denken, insofern es die historischen Strata und Schichten umfaßt, an der diachronen Achse entlang zu bewegen (im Verfolg bestimmter Stammeslinien), ebenso wie es das Tableau einer Epoche in bestimmte Verwandtschaftsbeziehungen, in Kraftfelder, Relationen und Distanzen zu zerlegen vermag; schließlich, und hier liegt die besondere Stärke, ist es zudem möglich, die Geschichte nicht als bloßes Kontinuum oder in der Flächigkeit einer Epoche ausgebreitet zu sehen, sondern gibt der genealogische Blick auch bestimmte Muster zur Hand, die es erlauben, durch die Schichten hindurch bestimmte Familienähnlichkeiten, verwandte Tableaus und Strukturen zu erkennen. Hier, im genealogischen Modell, liegt der Stamm dessen, was sich an der Schwelle zum 19. Jahrhundert in vielfältiger Form verästelt – und wirklich, betrachtet man die neuen Demiurgen, die das zum Ende sich neigende 18. Jahrhundert in die Welt entläßt: Natur, Geschichte, Menschheit und Kunst, so ist evident, daß sie allesamt Abkömmlinge des genealogischen Denkens sind: ja, daß hier jene Achse ist, an die gelehnt sie ihre Potenz erst entfalten.

Zusammenfassend: Das, was im Namen des Novalis sich zeigt, ist eine Neufassung, ja geradezu die zusammengedrängteste Neuformulierung des »Satzes vom Grund«. Ist dieser Grund in der *mathesis* zu einer geometrischen Weiße ausgeleert, zum bloßen Koordinatensystem, so hat der »Grund« hier seine ursprüngliche, räumliche Dimension zurückerlangt; ja, er erweist sich als ein eigentlich fruchtbarer Grund. Daher ist es nicht zufällig, daß Novalis »von der bisherigen Verkennung von

Raum und Zeit« schreibt, »deren Persönlichkeit und Urkraft mir unbeschreiblich einleuchtend geworden ist. Die Tätigkeit des Raums und der Zeit ist Schöpfungskraft, und ihre Verhältnisse sind die Angel der Welt.«[283]

Das Pseudonym hat eine weitere bedenkenswerte Seite, meint es doch nicht nur Anamnese, Rückstieg in die Tiefe der Zeit, sondern ist es, vielleicht mehr noch als das, durchpulst von der Gewißheit des Neuen. Novalis: das ist nicht nur ein alter Geschlechtsname, sondern auch der Name einer Zäsur, der Name jenes Wunderkinds, das sich aus der Familiengeschichte herauslöst und ins Neue sich aufmacht. Es ist der Genius, der die Kette des Genus zerbricht, entzieht er sich doch der Generationenfolge und wird selbst schöpferisch. Hier liegt der Punkt, wo die Kunst ins Spiel kommt; gilt sie doch, wie Novalis schreibt, als die »wunderartige Fähigkeit, den Sinn der Natur zu treffen – und in ihrem Geist zu handeln«[284]. Folgerichtig ist es die Kunst, die als die »ächte Naturlehre der Philosophie« das Organ bereitstellt, mit dem sich das Denken an der Vertikale der Zeit entlang bewegen kann, jenes besondere Zeitorgan, das es gestattet, nicht nur die Verdickungen und Verknotungen eines Rhizoms zu untersuchen, sondern, durch alle Zeitschichten hindurch, verwandte Muster, Morphologien und Ähnlichkeiten herauszuspüren. Dieses neuausgeprägte »zeitenseherische« Vermögen verdichtet sich zur Überzeugung, einen vollends neuen Standpunkt gewonnen zu haben – einen Standpunkt, der über das Geschichtliche hinausreicht, ja der, insofern er Geschichte in sich hineinnimmt, aus dem *Bann der Geschichte* heraustritt und selbst schöpferisch wird. Daher wächst dem, was als genealogisches Projekt eine kulturkonservative Attitüde zu verfolgen scheint, eine überaus widersprüchliche Dimension zu, bedeutet es doch vor allem Befreiung, Zäsur – nichts anderes als den Versuch, der Geschichtsverhaftung, ja aller vorgängigen Begründung sich zu entziehen und die eigene Existenz frei zu gestalten. Womit das Novalis-Projekt, der brach liegende, aufzubrechende Grund, einen doppelten Aufbruch markiert: zum einen als ein Aufbrechen der Geschichte – im Sinne des Entsiegelns –, zum andern als ein Aufbruch ins Offene, in den wieder frei und fruchtbar gewordenen Grund. Damit nun, und das ist höchst bemerkenswert, hat sich das Konzept des »jungfräulichen Bodens« aus der Raumdimension in die Zeit verlagert – was eine wesentliche Veränderung der geistigen Topographie mit sich bringt. Denn von nun an kann es nichts mehr geben, was an sich, was ontisch so etwas wie einen »weißen Fleck« vorstellen könnte – muß das Streben, an der Achse der Zeit sich bewegend, doch dahin gehen, ein jegliches Terrain von den Gespenstern der Vergangenheit, vom Gewicht der Zeit und von den Trümmern der Geschichte zu befreien. Allein die Entsiegelung der Geschichte, die Aufhellung ihrer Dunkelfelder und Familiengeheimnisse, setzt erst in den Stand, nunmehr selbst schöpferisch zu werden, das heißt: eine eigene, freiere Genealogie ins Leben zu rufen.

Das, was den Bann löst, ist die »ächte Naturlehre«, oder was als Synonym gilt: Universalpoesie, Kunst. Hier, in der Überzeugung, im schöpferischen Akt eine Art höheres Naturgeschehen am Werk zu sehen, artikuliert sich das Glaubensbekenntnis der Romantik, spannt sich der Grund, über den sich die Axis der vertikalen Taxonomie erhebt. Kunst und Natur stehen gegeneinandergelehnt wie zwei Leitern; und so bedeutet ein Aufstieg hier immer auch einen Aufstieg dort, bedeutet das Erfassen einer künstlerischen Gesetzmäßigkeit zugleich das Erfassen einer Naturgesetzmäßigkeit. Die Überzeugung, sich auf den Sprossen der Kunst ins Reich reiner Naturbegriffe hinaufschwingen zu können, veranlaßt Schelling dazu, den Tod der Philosophie und der Geschichte auszurufen und die Dichtkunst, zur »Lehrerin der Menschheit« zu verklären, »denn es gibt keine Philosophie, keine Geschichte mehr, die Dichtkunst allein wird alle übrigen Wissenschaften und Künste überleben.«[285]

Wenn hier von Dichtkunst die Rede ist, so ist die Poesie nicht um ihrer selbst willen gedacht, sondern als Analogon der autopoietischen Natur, ist darin die Überzeugung ausgedrückt, daß sich alles – was es auch sei – in dieser Form ausdrücke. »Poëtik« und »Naturlehre« sind eins. Dichtkunst ist *Meta*, ist jene höhere Ordnung, die es erlaubt, eine Naturgeschichte der Mathematik[286], der Wissenschaft und Philosophie zu denken – und tatsächlich ist dies die eigentliche Topographie dessen, was Friedrich von Hardenberg als Brachland denkt, so wie es umgekehrt nicht zufällig ist, daß das »Brachland« jenen metaphorischen Grund abgibt, dem die »universalpoetischen« Forderungen der Romantik entspringen. Von nun an geht es im wesentlichen um die

Kunst, besteht die Forderung darin, schöpferisch zu werden, sich eine eigene Mythologie zu schaffen – heißt das Grundgesetz: Originalität.[287] Dieses schöpferische Moment stellt im Œuvre des Novalis einen durchgängigen Orgelton dar, spricht er von »literarischen Keimzellen«, von »Sämereien«, begreift er das Fragment als einen Senker (das heißt: als einen Ableger) – und so ist es nur konsequent, daß dieser *Logos spermatikos*, der doch weniger die Poesie als die Kosmologie sucht, in einem verwegenen Projekt kulminiert, einem Projekt, das den Gipfelpunkt jener schon hinlänglich besprochenen Buchmetaphorik darstellt, einem Buch der Bücher, das »als Universalmethode des Biblisierens […] die Einleitung zu einer echten Enzyklopädistik« sein soll: ein »lebendiges wissenschaftliches Organon«[288].

Der Genius der Menschheit ist, wie Schleiermacher sagt, von nun an ein Künstler[289]: so wie umkehrt in jedem Menschen ein Künstler steckt – und unter diesem anthropologischen Vorzeichen erscheint es sinnfällig, daß *Novalis* ein *Künstler*name ist. Und wirklich mag man im Novalis-Projekt ein, ja vielleicht *das* zentrale Mythologem der Moderne sehen, liegt hier doch der Nexus, von dem aus der Geniebegriff sich herleitet, der sich gegen Ende das 18. Jahrhunderts herausformt. Dieser Geniebegriff jedoch ist noch frei von den Konnotationen und Mystifikationen, die ihn in der Folgezeit, und vor allem in der geistigen Schwüle des *Fin de siècle*, umwölken. Wenn hier, in der Frühe des Gedankens, vom Künstler oder vom Genie die Rede ist, so ist die Natur niemals fern, steht er nicht allein und weltentrückt, der Schöpfer seines eigenen, hermetischen Kosmos, sondern ist er stets in der Verschwisterung zum Naturbegriff zu sehen: Der Künstler im Freien, gegen einen Baum gelehnt.

Tatsächlich, und das ist das Bemerkenswerte, ist, was die Geburt des Genies anbelangt, noch gar nicht so sehr das frühvollendete Wunderkind herauszuspüren, ja macht es sich nicht einmal im Tableau der Kunst besonders bemerkbar, sondern ist von ihm eher als einem allgemein menschlichen Vermögen die Rede. »Der Mensch«, so bringt Novalis diesen Prozeß auf eine nicht eigentlich ästhetisch, sondern ethisch begründete Kurzformel, »soll ein vollkommenes und totales Selbstwerkzeug sein«[290]. Was sich hier als der kategorische Imperativ eines neuen Menschenbildes herauskristallisiert, beschreibt eine Formel, die eine fast endlose Reihe von Folgesätzen nach sich zieht. Zweifellos ist die Vorstellung eines »Selbstwerkzeuges« nach dem Schellingschen Bild des autopoietischen Systems, eines sich selbst organisierenden Organismus begriffen, und das heißt: ist die Korrespondenz zum Gewächs, zum Naturgeschöpf, evident. Jedoch – und hier liegt die Kluft – vollzieht sich dieser Prozeß der Ausbildung nicht blind und begriffslos wie in der Entelechie, sondern er ist von vornherein dem Reich des Geistes zugeordnet.[291] Infolgedessen geht es in diesem Fortbildungsprogramm nicht um Natur, sondern um Kunst-Stoff, besteht das Ziel, dem das »Selbstwerkzeug« zustreben soll, darin, sich selbst zu einem lebendigen Kunstwerk, zu einem leibhaftigen Entwicklungsroman zu bilden. Es ist das Idealbild des »Kunstmenschen«[292], desjenigen, der sein zufälliges, individuelles Sein abzustreifen und sich ins Allgemeine, Überpersönliche, zu überhöhen vermag.

Das, was diesen ethisch-ästhetischen Imperativ so überaus komplex macht, ist nicht so sehr das hehre Bildungsideal, als vielmehr der Umstand, daß hier eine Revolution des Ichbegriffs sich ereignet. Man hat die Romantik oft als das Zeitalter der Ersten Person[293] bezeichnet, als jenen Augenblick, da das Ich sich gleichsam entfesselt – etwas, was in einem vordergründig psychologischen Sinn gewiß angemessen ist. Freilich fällt, was die Apotheose der Ersten Person zu sein scheint, mit dem Ende der Selbstgenügsamkeit zusammen: ist ihre Kehrseite, daß sich das Leben zum bildsamen Material umdeutet, daß es bio-graphisch wird.

Tatsächlich meint der Begriff des Selbstwerkzeugs nichts anderes, als daß sich das Ich beständig neu- und umbilden – oder, im Hegelschen Sinne, »aufheben« solle, liegt doch auch der Zweck dieses Prozesses, wie ihn Novalis im Ideal des Kunstmenschen entwirft, nicht in der Individualität, sondern im Gegenteil: in der *Dividualität* jenes Stoffes, den man das Selbst nennen könnte. So daß, paradox gesagt, die Geburt des modernen Individuums mit der Einsicht in seine Dividualität einhergeht: ein Programm, das bei Novalis den Ehrentitel des Genies trägt. Zweifellos: dies ist eine Revolution des Ichbegriffs, eines Ichbegriffs indes, der sich nicht an seiner Unteilbarkeit, sondern an seiner Dekomposition, an seiner Form- und Wandelbarkeit erhält. So wie der Rand der Dinge sich auflöst und flüssig wird, so verwandelt auch das Selbst sich zu einem randlosen Fluß, zu einem Bewußtseinsstrom, in dem nicht mehr Festes und Unwandelbares, sondern Phänomene, Rhythmen, Skansionen erscheinen.

Es ist evident, daß hier, wo die Kohäsion des Selbst sich auflöst, auch die statische Logik des Subjekts ihre Auflösung findet. Und wirklich ist die Platzanweisung, wie sie das zentralperspektivische Tableau markiert, sinnlos geworden: gilt es nicht mehr, einen festen Standpunkt einzunehmen, so wenig wie die Außenwelt (von der Schelling nur despektierlich als dem »sogenannt Wirklichen« spricht) als etwas Festes und Unverbrüchliches gelten kann. So wie die Zeit sich auflöst, so desubstantialisiert sich auch der Raum – zu einem Schattenreich höchst flüchtiger, flüssiger Phänomene.

Wenn die Logik des Augenscheins an ein Ende gelangt, so liegt hier eine tiefere Logik. Tatsächlich ist das Subjekt, so wie es sich in der Tiefe des perspektivischen Bildes entwirft, kein zeitloses, sondern ein historisches, also überaus vergängliches Wesen: nämlich der Typus des landnehmenden, die Welt erobernden Entdeckers, eines zwangsläufig Extrovertierten mithin, der viel zu geschäftig *in der Welt* ist, als daß ihm Zeit bliebe, sich um seine Innenwelt zu bekümmern – und so ist es kein Zufall, daß dieses landerobernde Weltverhältnis in dem Augenblick problematisch wird, da der freie Raum, der sich dem *Entrepreneur* bietet, sich rar macht, da die *terra incognita*, die weißen Flecken der Erkenntnis dorthin zurückweichen, wo nurmehr die Eiswüsteneien sind und allenfalls ein enzyklopädischer Vollständigkeitstrieb den Eroberungssinn anstachelt.

Wenn es Neuland zu entdecken gibt, so nicht mehr im Raum, sondern nur in der Zeit. Vor diesem Hintergrund ist die Losung, die Novalis hier ausruft (»Nach innen geht der geheimnisvolle Weg«), keineswegs Rückzug, ein Sichverziehen in eine verängstigte, biedermeierliche Innerlichkeit, sondern die Eroberung einer neuen Welt. Ja, es ist präzis die Gegenüberstellung zum älteren Ich-Landschaft-Verhältnis, welches den Ebenensprung markiert, das sich im Bild des Novalis-Projekts abzeichnet. Denn das, was ein Verhältnis zur Außenwelt war, hat sich ins Innere hineinverlagert: die Innenwelt entdeckt sich als eine Welt für sich.

»Die Fantasie«, schreibt Novalis in einer berühmtgewordenen Passage, »setzt die künftige Welt entweder in die Höhe, oder in die Tiefe, oder in die Metempsychose zu uns. Wir träumen von Reisen durch das

Weltall: ist denn das Weltall nicht in uns? Die Tiefen unseres Geistes kennen wir nicht. – Nach Innen geht der geheimnisvolle Weg. In uns, oder nirgends ist die Ewigkeit mit ihren Welten, die Vergangenheit und Zukunft. Die Außenwelt ist die Schattenwelt, sie wirft ihren Schatten in das Lichtreich. Jetzt scheint es uns freilich innerlich so dunkel, einsam, gestaltlos, aber wie ganz anders wird es uns dünken, wenn diese Verfinsterung vorbei, und der Schattenkörper hinweggerückt ist. Wir werden mehr genießen denn je, denn unser Geist hat entbehrt.«[294]

Ja – und hier liegt der entscheidende Sprung –, das Innere des Subjekts wird sich selbst zu einer Landschaft, zu einer Landschaft zumal, die nicht eigentlich als gestaltlos oder willkürlich gedacht, sondern als Natur (oder vielmehr: als genetisch, als zur Genealogie ihrer selbst fähig) begriffen werden kann. Es ist diese Entdeckung der Innenwelt, die den Subjektbegriff auflöst, oder genauer: die ihn in ein ebenso wandelbares, vielstimmiges Ganzes überführt. Aus dem Subjekt, das einen festen, unverrückbaren Standpunkt einnehmen muß, damit sich ihm die Welt erschließt, wird ein Reisender, der sich durch die Topographie seiner selbst bewegt, der in die Katakomben des Traums und des Unbewußten hinabsteigt, der die verschiedenen Zeit- und Echoräume seiner Empfindung durchstreift. Es ist genau dies, was Novalis als das Vermögen des Genius begreift (der noch nicht zum weltentrückten Genie geworden ist). So steht unter dem Stichwort »Personenlehre«: »Eine echt synthetische Person ist eine Person, die mehrere Personen zugleich ist – ein Genius. Jede Person ist der Keim zu einem unendlichen Genius. Sie vermag, in mehrere Personen zerteilt, doch auch *eine* zu sein. Die echte Analyse der Person als solcher bringt Personen hervor – die Person kann nur in Personen sich vereinzeln, sich zerteilen und zersetzen. Eine Person ist eine Harmonie – keine Mischung, keine Bewegung – keine Substanz, wie die Seele. Geist und Person sind eins. Jede persönliche Äußerung gehört einer bestimmten Person an. Alle Äußerungen der Person gehören zur unbestimmten Universalpersonalität und zu einer oder mehreren bestimmten Personalitäten zugleich«[295].

Fraglos wird hier eine ganz neuartige »Perspektive« sichtbar, liegt hier der Blick doch frei auf eine Vielzahl von möglichen Gebilden, ja hat man es mit einem räumlichen, topographischen Begriff des Ichs zu tun. Bringt man diese topographische Vorstellung in Zusammenhang mit dem Bild des Sämanns, so wird sichtbar, daß hier die Vernunft, oder genauer: der Dichter, über seinen Gebilden, den Erzeugnissen seiner selbst thronen kann. Versucht man, diese Zäsur des Subjektbegriffs in einer musikalischen Analogie zu beschreiben, so wäre dieser Übergang dem Wechsel von einer homophonen, einstimmigen Musik zur Polyphonie zur Seite zu stellen. Was sich dabei ereignet, ist ja sehr viel mehr, als daß lediglich eine zweite oder dritte Stimme hinzukommt; vielmehr eröffnet sich in diesem Übergang ein musikalischer Tiefenraum, entsteht, in der Wechselwirkung der einzelnen Stimmen, ein ganzer Formenkanon einander variierender, umspielender, widerspiegelnder Tropen und Formen, entwickelt sich die Lehre von der Harmonie, entstehen neue Instrumente, neue Funktionen, ja, entwickelt sich überhaupt ein neuer Begriff von Musik – und in diesem Sinn ist, was im romantischen Ich vorscheint, ein solcher Übergang vom homophonen Subjektbegriff zum polyphonen Ich, das sich als eine Vielheit, als ein in sich bewegliches, vielstimmiges Ganzes versteht. Genaugenommen verlagert sich der Subjektbegriff in jene »genialische« Instanz, die die Vielzahl der Stimmen dirigiert. Freilich gibt sich »diese echt synthetische Person«, das absolute Subjekt, nicht in diesem oder jenem Solisten zu erkennen, sie ist vielmehr bestimmt durch die Art und Weise, mit der sie sich von einer Virtualität zur anderen fortbewegt – ja, sie verwandelt sich zunehmend in eine Verwandlungskunst.

Im Grunde ist mit der Namensgebung des »Novalis« der Mythos der Moderne angestimmt, ist die Forderung, daß das Leben romantisiert werden müsse, vor allem eine Forderung, zum Künstler seiner selbst zu werden. Das Leben ist Virtualität, Kunst ist die Sprache, die das Leben formt. Die Universalpoesie, die in der Frühromantik eine Art gemeinsamer Orgelton ist, setzt die Kunst – wie eine Geheimsprache der Natur – vor den Künstler und das einzelne Kunstwerk (das er doch selbst ist, sein Leben). Die Person ist in diesem Sinn nicht *fait accompli*, sondern vermag psychosynthetisiert und psychoanalysiert zu werden.[296] So verstanden ist das Novalis-Projekt weniger Selbstbehauptung, geschweige denn ein besonders kapriziöses Pseudonym, es ist der mythische Grund, auf dem der Akteur der Moderne erscheint: das Wunderkind, das die Verwandlungskunst zu erlernen suchte, nur um sich als Stimmenimitator wiederzufinden, eine monologisierende Vielstimmigkeit, die sich an den Rissen, Brüchen und Verwerfungen ihrer selbst fortbewegt, um, in den Brechungen ihrer selbst, den eigenen, unverfälschten Stimmklang noch einmal zu rekonstruieren, ein Chronist der Vergeblichkeit, von der am Ende nichts im Gedächtnis bleibt als ein leeres Gesicht. Und ein letztes Band. Die Sprache.

3. Genealogie der Maschine

Natur ist Geist und Geist Natur.[297] Nein, das ist nichts, was folgenlos bleibt; nichts, was sich lediglich in der Geburt geistiger Spezialdisziplinen, Hermeneutik und Philologie, erschöpfte, es ist ein Riß, der das Denken über die Natur verändert – damit aber auch, zwangsläufig, die Natur des Denkens. Ein Kristallisationspunkt dieser Veränderung ist, daß nicht nur der Begriff der Natur, sondern daß auch die Vorstellung des *Systems*, und das heißt dessen, was als ein in sich geschlossenes, autopoietisches System zu verstehen ist, eine radikale Umdeutung erfährt. Hat die mechanische Philosophie die Lebewesen zu natürlichen *Automata* degradiert, so läßt sich nun, am Bild eines autopoietischen Lebewesens ausgerichtet, alles, was einen organischen Zusammenhang bildet, als System (und das heißt: als Maschine) begreifen. Das aber bedeutet, strukturell betrachtet, nichts anderes, als daß der Maschinenbegriff, der zuvor auf die leblose, mechanische Welt begrenzt war, sich nunmehr aufs Lebendige ausdehnt, ja daß er, insofern er keinen Unterschied macht zwischen Geist und Natur, alles umfaßt, was als ein organischer Zusammenhang *gelesen* werden kann. Es ist abermals Novalis, der diesen Gedanken streift: »Werkzeuge armieren den Menschen. Man kann wohl sagen, der Mensch versteht eine Welt hervorzubringen, es mangelt ihm nur am gehörigen Apparat, an der verhältnismäßigen Armatur seiner Sinneswerkzeuge. Der Anfang ist da. So liegt das Prinzip eines Kriegsschiffes in der Idee des Schiffbaumeisters, der durch Menschenhaufen und gehörige Werkzeuge und Materialien diesen Gedanken zu verkörpern vermag, indem er durch all dieses sich gleichsam zu einer ungeheuren Maschine macht. So erfordert die Idee eines Augenblicks oft ungeheure Organe, ungeheure Massen von Materien, und der Mensch ist also, wo nicht actu, doch potentia Schöpfer.«[298]

Die Maschine, so wie sie hier erscheint, hat aufgehört, eine je konkrete, materielle zu sein; sie ist gedankliche Konfiguration – ein planvolles Ganzes, das sich zu einem künstlichen Organismus verdichtet (und präzis dieser Gedanke hat den Historiker Lewis Mumford sehr viel später zur Vorstellung seiner Megamaschine gebracht). Es ist evident, daß hier der Begriff des Organischen, der gerade so strahlend restituiert worden ist, eine sonderbare Inversion erfährt, ist er doch nicht mehr das Prädikat, das an das Rätsel des Lebens heranreicht, sondern wird er, insofern man ihn mühelos auf menschliche Artefakte und Simulacra anwendet, gewissermaßen eingemeindet. Weil die klare Grenze zwischen dem, was Natur ist, und dem, was menschlichem Ingenium entsprungen ist, sich verunklart und diffundiert, kann man nun umgekehrt die Forderung erheben, daß auch die Artefakte (der »künstliche Mensch«) *organisiert* werden müssen, ist hier der Weg zu jener Organismusvorstellung geöffnet, die sich nunmehr auf alle Lebensbereiche bezieht: auf Staat, Gesellschaft, Produktionsweisen etc.[299]

Tatsächlich lauert hier, in dem Maße wohl, wie das Bewußtsein einer wiederbelebten »heiligen Natur« (Hölderlin) schwindet, in dem Maße auch, in dem sich das Denken ernüchtert und seine romantische Verwurzelung verleugnet[300], der Funktionalismus und der Utilitarismus des 19. Jahrhunderts – ja offenbart sich sehr bald, daß das, was in der romantischen Naturphilosophie als »Organismus« gedacht und mit dem Schein des Lebendigen überglänzt war, den Bauplan einer höherwertigen *Maschine* in sich trägt, einer Maschine, die zweifellos komplexer als all diejenigen ist, welche die Welt des Räderwerkautomaten hatte hervorbringen können.

Im Jahr 1805 erbaut Joseph Marie Jacquard einen neuartigen Webstuhl, der es ermöglicht, daß die mechanische Herstellung von Gobelins und Tuchen eine Qualität erreicht, welche die Erzeugnisse nicht mehr automatisch als »Industrieprodukte« ausweist und die folglich die Unterscheidung zwischen Handarbeit und mechanischer Fertigung verwischt. Das entscheidende Moment, das diesen Erfolg möglich macht, ist die neuartige Steuermethode des Webstuhls: die Muster werden von Lochkarten erzeugt. Die Maschine lernt lesen (oder genauer: sie vermag eine bestimmte

Grammatik zu entziffern). Praktisch bedacht bedeutet dies nichts anderes als daß die mechanischen Webstühle, die bisher ein eher uniformes, höchst beschränktes Repertoire hatten bieten können, nunmehr in einen Bereich hineinwirken, der *alle erdenklichen* Formen und Muster umfaßt, vorausgesetzt, daß sie in Form eines Lochkartenprogramms notiert werden. Das Muster ist nicht mehr, wie bislang, im Funktionsmechanismus eingeschrieben, sondern kann, vermittels der Übersetzungsapparatur, *eingelesen* werden. Aus der einen Maschine wird eine Vielheit, eine Genealogie, vermag sie doch nun, einmal in die Kunst des Lesens eingeweiht, alle erdenklichen *Schriftsätze* aufzunehmen.

Jacquards Webstuhl ist nicht nur Initial der Massenproduktion, er ist vor allem der Auftakt einer neuen Genealogie von Maschinen, Maschinen, die man »hermeneutische« Maschinen nennen könnte – einfach deshalb, weil die ihnen implantierte »Intelligenz« sich nicht einem Zugewinn an feinmechanischer Präzision verdankt, sondern dem Umstand, daß sie, über die Auslagerung ihrer Intelligenz (ihres Steuerzentrums) der *Schrift* zugänglich werden. In diesem Sinn ist der Gedanke des Novalis keineswegs abwegig. Denn der Geist ist nicht mehr der Maschine inhärent, sondern hat sich selbst, in Form einer Textanweisung, materialisiert – ja, er ist nichts weiter als Text. Eben dies ist der Sprung, die Revolution, die sich in Jacquards Webstuhl hypostasiert: Es ist die Trennung von Maschinenkörper und Steuerprinzip, von Hardware und Software – und im Grunde ist es nur zwangsläufig, daß daraus die Idee einer Universalen Maschine, eines durch und durch programmgesteuerten Mechanismus erwächst.[301]

Freilich, Jacquards Lochkarte, so revolutionär sie auch ist, ist nun keineswegs voraussetzungslos. Dies wird sinnfällig dort, wo Jacquards Erfindung sogleich Nachahmung findet – bei der Steuerung der mechanischen Musikinstrumente. Denn hier wird sichtbar, daß das Novum in der Jacquardschen Erfindung nicht im Gedanken einer programmierten Steuerung liegt, ist diese doch bereits mit den Walzen gegeben, wie sie bei den mechanischen Musikinstrumenten (Spielwerken, Orgeln, Flötenuhren etc.) seit dem 14. Jahrhundert gebräuchlich waren. Hatte man bislang Walzen benutzt, welche die Töne dadurch erzeugten, daß eine kleine Spitze auf der Walze die Saite anriß, so wird die Erzeugung des Tons nunmehr durch das ausgestanzte Loch auf einer Papierrolle bewirkt, welche über die Walze läuft. Dort, wo bislang ein kleiner Sporn (anfänglich aus Holz, später dann aus Metall) die Note repräsentierte, ist es nun das ausgestanzte Loch auf dem Papier, welches den Ton generiert. Die Veränderung, der Zuwachs an Abstraktion ist augenfällig: läßt sich doch der Steuercode, der der Walze bislang aufgestanzt war (und somit eine Art unauflösliche Einheit dargestellt hatte), nunmehr von der Walzenoberfläche ablösen; und so trennt sich, wo zuvor die bespornte Walze *einen* semiotischen Körper dargestellt hatte, die Walze von der Papierrolle ab, hat man es jetzt mit einer gleichsam blinden, nichtssagenden Rotationstrommel und einer abgelösten, abgehäuteten Sinnschicht zu tun. Daß diese Ablösung gelingen kann, beruht auf einer fundamentalen Umdeutung dessen, was als ein Zeichen gelten kann. Hier liegt der eigentliche Sprung, den Jacquards Erfindung vollzieht. Das erekte, positive Zeichen verwandelt sich zum Loch, zu einer präzis markierten *Abwesenheit*. Damit aber ist der Gedanke der Repräsentation, daß ein Zeichen für etwas *steht*, dispensiert, ist das Loch, die präzis bezeichnete Leerstelle, von ebenso großer Zeichendichte. Zum Loch geworden, das heißt: entstofflicht, dematerialisiert, und vor allem – daß das Zeichen, seines Zeichenkörpers entkleidet, dem idealen Zeichen ähnlicher gemacht geworden ist.[302]

Es ist der Übergang vom erekten, positiven Zeichen zu seinem Negativ, welches den Wandel, ja die Revolution deutlich macht, die sich hier ereignet. Statt mühsam, Note für Note, an der entsprechenden Stelle der Walze einen Sporn anzubringen, gilt es nunmehr, eine Papierrolle so zu lochen, daß sie, eingespannt, die entsprechenden Töne erzeugt. Diese Trennung zwischen der Schrift und dem Träger der Schrift, zwischen Apparatur und abgehäuteter Sinnschicht, schließt einen unerhörten Raum auf. Denn das mechanische Musikinstrument, das zuvor nichts anderes war als ein Spielwerk, das in der immergleichen Weise sich erschöpfte, wird plötzlich aller »Literatur« zugänglich, die für dieses Musikinstrument je geschrieben worden ist – aller vergangenen und aller künftigen (und damit ist es, strukturell betrachtet, einem Plattenspieler oder einem Radio ähnlicher als einem Spielwerk). Von hier ist es nur ein kurzer Schritt, das, was sich als Schrift (als Steuercode) auf einer Papierrolle findet, nicht bloß synthetisch – oder bildlich gedacht: am grünen Tisch – auszustanzen, sondern diese Codierung am Instrument selbst vorzunehmen – womit aus dem *Wiedergabegerät* ein *Aufnahmegerät* würde. Genau dies passiert schon sehr bald: man präpariert Konzertflügel mit einer Aufnahmeapparatur, die den Tastenanschlag des Klaviervirtuosen in Löcher auf einer Papierrolle umwandelt – etwas, was man »Künstlerrolle« nennt und was wohl buchstäblich als der Fingerabdruck eines bestimmten Interpreten verstanden werden kann. Damit aber ist das, was man gemeinhin unter einem »mechanischen Musikinstrument« versteht, überwunden – beginnt das Zeitalter der technischen Reproduktionsmittel.

Worin, um auf den Maschinencharakter zurückzukommen, besteht die Zäsur, die mit Jacquards Lochkartensteuerung Realität wird? Mit der Lochkarte tritt hervor, was in der Räderwerktechnologie im Funktionszusammenhang verborgen ist: der Sprachcharakter der Technik. Die Betonung liegt in diesem Fall auf dem Hervortreten – ist doch auch ein jegliches Räderwerk bereits codiert. Freilich erschöpft es sich darin, daß (wie bei einem Spielwerk) immer die gleiche Walze abläuft, daß es den ihm eingeschriebenen Satz wieder und wieder repetieren muß. Das Räderwerk ist hypostasiertes Programm, vor allem aber ist es nur *ein einziges* Programm. Genau dies ändert sich in dem Augenblick, da Träger und Programm voneinander geschieden werden – wird der Träger (wie der Teller eines Plattenspielers, die Rolle eines Filmprojektors etc.) frei, als Träger für alle erdenklichen Programme zu dienen. Es ist folglich diese Scheidung, die den Sprachcharakter der Maschine entbindet – erst hier, wo die Codes eine eigenständige Materialität gewinnen, ja, wo es die Programme sind, die die »Intelligenz« der Maschine verkörpern, beginnt die Logik der Codes. Damit aber verschiebt sich, was den Kern der Maschine ausmacht, vom materiellen Maschinenkörper hin zur Schrift: eine Gewichtsverlagerung, wie sie sich wohl im Übergang von der Technik zur Technologie widerspiegelt. Die Maschine wird zur Idee – damit aber, ins Reich des Geistes eingetreten, nähert sie sich zunehmend jenem bloß zusammengedachten Organismus an, wie ihn Novalis skizziert. So wie das einzelne Zeichen sich entstofflicht, so entstofflicht sich auch der Systembegriff, greift er über auf Lebensbereiche, die sich dem, was gemeinhin als Maschine gilt, entziehen. Nein, es ist keine Metapher mehr, von der »Gefräßigkeit« der Maschinen zu reden: warten sie doch, stets leere Speicher, darauf, mit Programmen und Programmen von Programmen gefüttert zu werden – *Feedback*.

Kapitel 9

Der Blick in die Tiefe der Zeit

Zur Entwicklung der Photographie

Es ist zum Gemeinplatz geworden, in der Photographie jenen geschichtlichen Augenblick zu fixieren, da das Kunstwerk in die Moderne eintritt, oder, was ja nicht selten als Synonym gilt, ins Zeitalter seiner technischen Reproduzierbarkeit. So einsichtig es scheinen mag, daß hier eine neue Ära beginnt, so verstellt diese Einschätzung den Blick darauf, daß die Photographie im Ausdrucksfeld des Bildes doch eher einen Endpunkt darstellt. Es ist kein Zufall, daß die Landschaftsmalerei des frühen 19. Jahrhunderts geraume Zeit, bevor die ersten photographischen Versuche unternommen werden, jene Bild-Sprache auflöst, die die Photographie sich erst zu erobern anschickt. Daß sich Constables Himmel bewölkt, daß Caspar David Friedrichs »Mönch am Meer« sich nicht der Tiefe des Raums gegenübersieht[303], sondern im Gegenteil einer sich ihm entgegenwölbenden Wand, die Heinrich von Kleist die befremdliche Sensation »abgeschnittener Augenlider« vermittelt, daß sich schließlich in den Chaosbildern William Turners der Raum in ein raumloses Irgendwo, in einen Farbdunst aus Regen, Dampf und Geschwindigkeit verliert – all das bezeichnet die ins Auge gefaßte und damit gedanklich vorweggenommene Auflösung jener inneren Ordnung, die sich mit dem Tafelbild des *Quattrocento* als das Projekt der Neuen Zeit eingestellt hat, die Entdeckung der Welt und des Menschen, wie es Jakob Burckhardt formuliert hat. Dieses sonderbar verschlungene Spiegelverhältnis von Ich und Landschaft, Subjekt und Objekt, das das Bewegungsgesetz der Neuzeit beschreibt: ein immer tieferes Eindringen in die innere und äußere Welt – dieser Vektor der Eroberung, der, als ein doppelter, sich zugleich der Innen- als auch der Außenwelt bemächtigt, wird zu Beginn des 19. Jahrhunderts problematisch, nicht von ungefähr in dem Augenblick, da sich die Welt als eine weithin erschlossene darbietet, da die weißen Flecken der Landkarte in die menschenfeindlichen, unwegbaren Eiswüsteneien zurückweichen. Der sich im Fluchtpunkt des Bildes vertiefende Blick ist am Ende der Welt angelangt. Dort also, wo es nichts Neues mehr zu sehen, sondern allenfalls Bestandsaufnahme zu machen gibt. Die Welt ist zum Speicher, zur Enzyklopädie, zum *ready made* geworden.

»Das ganze sichtbare Universum«, schreibt Baudelaire im Jahr 1859, »ist nur ein Magazin von Bildern und Zeichen, denen die Imagination entsprechenden Rang und Platz anweisen muß.«[304] Was das Motto der Moderne sein könnte, was die Logik des Codes gebiert, die Anagramme, die Mutationen und Permutationen der Sprache, das bezeichnet freilich, ins Negative gewendet, auch ein Moment der Ausschließung. So daß man die »Herrschaft der Imagination«, diese Landschaft im Kopf (diese Topographie des Imaginären) ebensogut als Konsequenz einer sich verflüchtigenden Welt, als einen Augenblick der Privation übersetzen kann, erschöpft sich der von Baudelaire propagierte Herrschaftsanspruch doch weitgehend darin, daß er sich in den Kopf setzt, was ihm in Wirklichkeit versagt bleiben muß. Denn dort, wo zuvor die unmittelbare Anschauung herrschte, herrscht nun die Photographie: der bewußtlose, mechanische Blick.

Nicht bloß im ästhetischen, auch in einem wesentlich technischen Sinn bedeutet die Photographie nichts Neuartiges, ist doch das Prinzip der Camera schon in der grundierten Weiße der zentralperspektivischen Malerei beschlossen. Genaugenommen *ist* die *camera obscura*, in der sich diese mechanische Seite niederschlägt, nichts als die Hypostase des räumlichen Bildes: die Verkörperung jenes zentralperspektivischen Regelsystems, das den Raum als einen wesentlich geometrischen begreift, in dem eine jegliche Erscheinung in ein zweidimensionales Double übersetzt werden kann. Womit, lange bevor die Photographie sich anschickt, das photographische Bild pointilistisch aufzurastern, die Welt im Grunde schon auf den Punkt gebracht ist. Es ist die präsumtive Objektivität dieser Transformationsgrammatik, welche die Künstler der Frührenaissance mit dem Pathos erfüllt, nicht eigentlich eine handwerkliche (und in der allgemeinen Taxonomie nicht sonderlich hoch geschätzte) Kunst zu betreiben, sondern sich darüberhinaus als Mathematiker und Naturforscher zu fühlen. So daß es im Grunde eigentlich nicht weiter erwähnenswert ist (oder nicht weiter erwähnenswert sein sollte), daß der Renaissance der Mechanismus der Camera obscura geläufig ist: ein Loch in der Wand, durch das die Sehstrahlen der beleuchteten Objekte ins Innere des verdunkelten Zimmers fallen und ein umgekehrtes Bild an die Wand projizieren.[305] Die größten Camerae obscurae sind ganze Häuser, die, in den Städten oder an sonstwie prominenter Stelle, sich Reisenden und Schaulustigen darbieten. Mittels eines auf dem Dach befestigten Periskops wird den Besuchern das Straßenleben ringsum auf eine weiße Tafel projiziert – eine Live-Übertragung aus der unmittelbaren Nachbarschaft. Daneben wird die Camera obscura hauptsächlich als ein Hilfsmittel von Malern benutzt. Die erste, vom Mönch und Sprachforscher Athanasius Kircher überlieferte Zeichnung zeigt ein raumgroßes Geviert, das auf Holzbalken steht; der Maler steigt durch eine Luke im Boden ins Innere des Raums. Später wird die Camera obscura verkleinert, in eine Kutsche verfrachtet und so, mobilisiert, auch für die Landschaftsmalerei und die Landvermessung tauglich gemacht. Damit stellt die Camera obscura die Dunkelkammer des *Trompe l'œil* dar: mechanisches Hilfsmittel, das es dem Auge erlaubt, den erwünschten Prospekt (zumindest als Aufriß) auf die Leinwand zu bannen.

In Anbetracht dieser Vertrautheit ist es nicht weiter verwunderlich, daß die Vorstellung, die in die Camera obscura hineinprojizierten Bilder auf einer lichtempfindlichen Fläche bannen und damit den ephemeren Augenblick haftbar machen zu können, historisch weit zurückweist und im Gefolge der utopischen Schriftstellerei des 18. Jahrhunderts zu einem jener Momente von *science fiction* gerät, die lediglich ans Licht bringen, was latent – als Möglichkeit – bereits im Anzuge ist. So daß man umgekehrt die Frage stellen könnte, wieso die Photographie denn so lange auf sich hat warten lassen. Eine Frage, die provozierend klingen mag, jedoch nicht ganz unberechtigt ist, gehen doch auch die Versuche, die sich mit lichtempfindlichen Stoffen beschäftigen, noch sehr viel weiter, nämlich bis in 17. Jahrhundert zurück.[306] In Anbetracht dieser Vorgeschichte markiert die Erfindung der Photographie durchaus kein revolutionäres Datum, sondern ist Teil jener allgemeinen Umwälzung, die sich an der Wende des 19. Jahrhunderts ereignet. Darüberhinaus ist sie auch gesellschaftlich präfiguriert in einem wachsenden Bedürfnis nach Bildern, ja einem regelrechten Bildhunger, der im Laufe des 18. Jahrhunderts zu verschiedenen Neuerungen auf dem Gebiet der graphischen Reproduktionstechniken geführt hat, zur Lithographie, zum Schattenriß und schließlich, kurz vor Ausbruch der Französischen Revolution, zum sogenannten *Physionotrace*, einer Apparatur, die in gewisser Hinsicht eine ideologische Vorform der Porträtphotographie darstellt.

Das eigentlich revolutionäre Datum, das in der Photographie Form gewinnt, liegt demgemäß nicht in der Entdeckung der Kamera, sondern allein darin, daß es möglich ist, das ephemere, flüchtige Bild, das ins Innere der Camera obscura fällt, chemisch zu fixieren – damit einen Bildspeicher, eine Art Gedächtnis zu schaffen, welches die einfallenden Lichtstrahlen resorbiert. So daß, wenn es ein Problem gibt, das die Photographie mit ihrem Erscheinen löst, es eben dieses ist: eine chemische Lösung.

Vor diesem Hintergrund wird es verständlich, daß die entscheidenden Fortschritte, die in der Frühzeit der Photographie zu verzeichnen sind, keineswegs auf Veränderungen oder Verbesserungen der bildverarbeitenden Apparatur beruhen (die im wesentlichen noch immer mit der Camera obscura identisch ist: ein kleines Gehäuse mit einem Loch darin), sondern allein auf der Sensitivität, der chemischen Reaktionsfähigkeit und Schnelligkeit des Bildspeichers. Freilich ist diese zu Anfang noch durchaus rudimentär. Joseph Nicéphore Nièpce, der 1816 seine ersten Versuche unternimmt, muß, um zu einem Bild zu gelangen, seine mit einer dünnen Asphaltschicht versehene Platte über Stunden dem hellen Sonnenlicht aussetzen. Bei einem solch reaktionsträgen Medium muß sich das Licht dem Bildspeicher förmlich einbrennen; ja versteht es sich nachgerade von selbst, daß man hier, wo das Licht so offenkundig als Agens und Energiequelle wirkt, von »Sonnenbildern« spricht. Oder wie der Titel einer unveröffentlicht gebliebenen Schrift von Joseph Nicéphore Nièpce das Terrain umreißt: *Über Heliographie. Oder: ein Mittel, das Bild in der Camera obscura, durch die Aktion des Lichtes automatisch zu fixieren.*

Es ist daher kein Zufall, sondern folgt der inneren Notwendigkeit, der Trägheit des Speichermediums, wenn die ersten Photographien sich der unbelebten, oder genauer: der unbeweglichen Natur annehmen, wenn sie Landschaftsansichten, Stilleben oder Architekturstudien darstellen. Das Tabu der frühen Photographien ist eines der Zeit. Wenn es Stunden dauert, bis die »Aktion des Lichts« sich in die Photoplatte eingebrannt hat (so daß man treffenderweise eher von einem Sonnenbad als von einer Belichtungszeit sprechen sollte), ist es zwangsläufig so, daß die bewegte, und sei es auch nur im gemächlichen Schlendertempo sich voranbewegende Welt vorübergeht, ohne auch nur eine Spur auf der Photoplatte zu hinterlassen. Was immer sich bewegt, ist nicht im Bild, oder wenn, dann nur, sofern es sich ausdrücklich und mit eiserner Disziplin ins Bild setzt und dort über Stunden hinweg ausharrt.

Ein erster Schritt, der die Belichtungszeit drastisch verkürzt, ist die »Entdeckung«, die sich Daguerre eröffnet, als er eine vermeintlich fehlgeschlagene Aufnahme, die er in einem Schrank mit Chemikalien zurückgelassen hat, beim Hervorholen als vollständig entwickelte vor sich hat – was ihn bei Prüfung all der im Schrank befindlichen Substanzen darauf bringt, daß die Behandlung mit Quecksilberdampf ein vordergründig unsichtbares, im Latenzzustand befindliches Bild hervorzubringen vermag. Damit ist ein Entwicklungsprinzip erschlossen, das es ermöglicht, das belichtete, aber noch im Latenzzustand befindliche Bild in einem nachgeschobenen Entwicklungsvorgang herauszuarbeiten; womit dieser Nachbehandlung die Funktion eines Akzelerators, eines Zeitbeschleunigers zukommt – werden doch die Belichtungszeiten auf einen Zeitraum zwischen fünf und fünfundvierzig Minuten herabgesetzt. Gleichwohl sind die frühen Porträtaufnahmen noch immer eine Tortur für den Porträtierten. Hellstem Sonnenlicht ausgesetzt, das, um die Intensität zu erhöhen, zusätzlich durch Spiegel verstärkt wird, muß er Minuten stillhalten, ohne mit der Wimper zu zucken, und das, während ihm der Schweiß über die Wangen hinabläuft und der Operator (wie der Fotograf genannt wird) mit einer Uhr durch den Raum läuft und laut die Zeit abzählt. Bis die Photographie in jenen infinitesimalen Bereich der Sekunde vorstößt, wo Bild und Abbild im Knopfdruck zusammenfallen, wo die Photographie mit dem Augenblick, mit dem *ictus oculi* eins wird, vergeht noch ein weiteres Jahrzehnt – bis zum Jahr 1851, bis es Henry Fox Talbot gelingt, mit einem überaus feinen Gespür für die symbolische Seite dieses Aktes, das Titelblatt einer *Times*, die er auf einer rotierenden Trommel befestigt hat, aufzunehmen – und damit die Belichtungszeit auf 1/100.000 Sekunde herunterzubringen (unter Zuhilfenahme einer regelrechten Lichtexplosion, die an Intensität die des hellsten Sonnenlichtes bei weiten übertrifft). Das Problem der *Zeit* ist damit neutralisiert; freilich erst als Ergebnis eines langen Prozesses, in dem, über die Verbesserung der chemischen Beschichtung der Photoplatte, die Belichtungszeit allmählich zusammenschmilzt. Die Elemente, die diese Zeitschmelze ermöglichen, sind von Symbolkraft: Collodion, ein hochexplosives Gemisch aus Äther und Schießbaumwolle (welche den Grundstoff zu rauchlosem Schießpulver abgibt), darüberhinaus, was die Empfänglichkeit des beschichteten Photopapiers anbelangt: Eiweiß. Was sonst?

Was ins Photo eingeht, was in die photographische Platte sich einbrennt, ist Zeit, Belichtungszeit – und demgemäß, mit einem verschobenen Blickwinkel, könnte man die Photographie als eine *Gerinnungsform der Zeit* betrachten. Das, was im Photo Substanz wird, ist der Schatten eines bestimmten Augenblicks – ist die Möglichkeit, den Zeitfluß, im Bild zumindest, bannen zu können. Dies, und nicht die Eroberung einer neuen Bildsprache, macht das Novum der Photographie aus. Wo der Belichtungsprozeß, zum Augenblick zusammengeschmolzen, sich auf der Photoplatte realisiert, ist, was den Prozeß der Abbildung anbelangt, ein äußerster Verdichtungspunkt erreicht. Bild und Abbild, Aktion und Reaktion fallen in eins. Jener Lichtblitz, in dem die Photographie mit dem Augenblick zusammenfällt, zur *real time* wird, bedeutet nichts anderes, als daß die Arbeit der Repräsentation, statt wie bisher ein Vielfaches des darzustellenden Augenblicks einzufordern, nunmehr im gleichen Takt verläuft, daß sie mit dem Fluß der Zeit synchronisiert werden kann. Womit das *Problem der Zeit* selbst aufgehoben zu sein scheint.

Jene Einheit des Augenblicks, den die Malerei lediglich vorzuspiegeln vermag – und worin sie nicht nur ein *Trompe l'œil* des räumlichen Eindrucks, sondern auch ein *Trompe l'œil* der Zeit beschreibt –, wird in der Photographie ganz real, zur reinen Unmittelbarkeit – ist es hier doch die Zeit selbst, die sich ins Bild einschreibt. Und wirklich ist es (auch wenn dies nicht immer in die Bewußtseinshelle hineindringt) die in die Photographie eingeflossene Zeit, welche die größte Wirkung ausübt. Womit sich das Paradox erklären läßt, daß ein unter malerisch-kompositorischen Gesichtspunkten ganz verunglücktes Bild dennoch von großer, ja von größter Wirksamkeit sein kann – wird es doch nicht in erster Linie als Bild, sondern als ein Zeit-Zeichen gelesen. Das Photo rührt an den Zeitsinn des Betrachters. Was sich ihm mitteilt, ist das stumme, begriffslose »Es war einmal«, das Punktum eines unwiederbringlichen Augenblicks. Die auratische Energie, die von der Photographie abstrahlt, ist eine wesenhaft zeitliche. Ja, beinahe scheint es, als ob die zum Lidschlag, zum Zeitatom zusammengeschmolzene Belichtungszeit sich im Photo selbst eingespeichert hätte, als ob das Bild sich darüber aufgeladen hätte und zu einem Zeit-Speicher geworden wäre (so wie eine Batterie sich mit Energie auflädt). Das Photo ist Gerinnungsform der Zeit, Zeit-Speicher, und so speist sich der ästhetische Schein des photographischen Abbildes nicht vorderhand aus seiner Wiedergabetreue (welche die Malerei des *Trompe l'œil* über lange Zeit sehr viel vollkommener zu besorgen weiß), sondern aus der eingeflossenen Zeitsubstanz, der Magie des festgehaltenen Augenblicks; ein Umstand, der verständlich macht, weshalb die gestellte, gestaltete Photographie so überaus häufig fingiert, ja auf besonders decouvrierende Art verräterisch wirkt (enthält sie doch einen zusätzlichen szenischen Aufwand, ein symbolisches Surplus, das, als eigentlich heteronomes Element, überdeutlich die Prätention des angemaßt Symbolischen hervortreten läßt) – so wie umgekehrt nachvollziehbar wird, warum die Suggestivität einer Photographie am stärksten dort fühlbar wird, wo das Photo ganz einfach und unprätentiös dokumentiert. Was sich im nichtgestellten, wie zufälligen Bilddokument in höchster Konzentration einformt, ist Zeit-Dichte. Und damit: eine Grammatik, eine Lesart, die mit der herkömmlichen, symbolistischen Bildsprache wenig zu tun hat. Tatsächlich bewegt sich ein jeder, der eine Photographie in der Hand hält und sie zu entziffern sich anschickt, weniger im Zeichenfeld der tradierten Ikonographie, der Bildsprache der Malerei, als vielmehr in einer Sprache der Zeit. Es ist dies etwas, was sich bei der Betrachtung von älteren Photographien sogleich einstellt, als ein Grundgefühl von Ungleichzeitigkeit, als Gewahren historischer Differenz, eines unüberbrückbaren zeitlichen Abstandes – eine Empfindung, bei der der Betrachter auf eine ähnlich Weise sensibilisiert und zeitempfindlich gemacht wird, wie dies zuvor mit der Photoplatte geschehen ist.

Was in der Malerei gleichsam als ein reines Symbol wirken kann, ist in der Photographie stets auch in einem zeitlichen Sinn begriffen, ja es steckt, als Gerinnungsform der Zeit, stets im Begriff der Zeit und bleibt diesem unterworfen. Von daher ist es verständlich, daß sich eine Betrachtungsweise einstellt, die das Momentum des Bildes, sein besonderes Hier und Jetzt ins Auge faßt – und die aus diesem Grund zuallererst darum bemüht ist, das Photo als ein Ereignis *in der Zeit* zu begreifen und einzuordnen. So daß, wenn ein Photo über sich hinausweist, es auf einen Zeit-Index verweist, in dem es, als Notation, als In-formation eines bestimmten Zeitpunkts, eine genau bestimmte Stelle einnimmt. Die Photographie hat ihren Ort nicht im Raum, sondern in der Zeit. Das Photo als Zeit-Index: dies ist eine Eigentümlichkeit, wie sie besonders deutlich auf jenen Photographien hervortritt, auf denen eine Geisel zu sehen ist, die eine Tageszeitung in die Kamera hält – was ja zweifellos nicht der Darstellung des Raumes gilt (denn eben dieser soll ja von einer weißen Wand gleichsam ausgelöscht und übertüncht werden), sondern allein der Fixierung eines bestimmten Zeit-Punktes. Das Photo ist Zeit-Zeichen, und das, was sich im Photo aktualisiert, ist eine Grammatik der Zeit. Anders als in der Malerei ist es nicht in erster Linie das kompositorisch-räumliche Arrangement, sondern die Einheit jenes besonderen Augenblicks, die aus dem Photo herausschaut.

Wo die Dinglichkeit in ihrem bloßen So-und-nicht-anders sich zeigt, wo die Einzelheiten gewissermaßen als Indizien fungieren, die auf einen Zeit-Index hinauslaufen, da muß das Symbol, das überzeitliche Zeichen der Malerei fast notgedrungen zum Fremdkörper werden. Tatsächlich ist die Verwandtschaft, die das Photo zur Malerei unterhält, eine höchst oberflächliche, ist die Photo-Grammatik der Bild- und Symbolsprache der Malerei eigentlich ganz wesensfremd. Ein Umstand, der sich nicht zuletzt darin verrät, daß man in Anbetracht der Photographie mit Begriffen operiert, die sich für die Malerei als ganz untauglich erweisen und die sich allein aus dem Zeitverdichtungsmoment der Photographie begründen.

Man sagt, ein Photo sei »aktuell«, »informativ«, oder, was als ein besonderer Ruhmestitel gilt, es sei »authentisch«. Dieses Urteil vollzieht sich in der Regel so selbstverständlich, daß es fast schon naturwüchsig scheint, wie eine gewöhnliche Sinnesempfindung: wie wenn man etwa beim Betasten eines Gegenstandes die Eigentümlichkeit einer bestimmten Substanz herausspürt. Eine Photographie mit dem Attribut des Authentischen zu versehen, will also – ganz analog der haptischen Sensation – besagen, daß man darin die Wirklichkeit in den Griff bekommt, daß man es mit etwas »Echtem«, mit einer als echt empfundenen Wirklichkeit zu tun hat. In diesem Sinn meint der Begriff eben nicht das »Als-ob« des *Trompe l'œil*, sondern nichts weniger als »das Leben selbst«. So daß es nicht zufällig ist, daß der materielle Bildträger, das Photopapier, in diesem Urteil gar nicht erscheint, sondern gedanklich einfach ausgeklammert wird: als habe sich mit der Photographie das Leben selbst ins Papier eingeschrieben. Demgemäß könnte man das Urteil, daß man es mit etwas »Authentischem« zu tun habe, als ein Moment der Selbstreferenz begreifen: So ist das Leben (eben genauso, wie es sich in die Photoplatte eingebildet hat). Wobei die Frage offen bleiben muß, ob das Leben photographiert.

Jedoch sind es gerade die szientifisch so hochgeschraubten Begriffe wie jener der »Selbstreferenz«, welche das Problem überblenden, das im Begriff des »Authentischen« selbst steckt: nämlich daß das Sensorium für die Authentizität einer Nachbildung nicht nur ein historisch Gewordenes ist, sondern daß darüberhinaus in diesem Prozeß ein ganz entscheidender Umschlag sich ereignet hat, ein Bedeutungswechsel, der eigentlich nichts geringeres darstellt als eine Inversion, eine vollständige Umstülpung dessen, was das 16. Jahrhundert, das den Begriff des Authentischen eingeführt hat, damit eigentlich hat sagen wollen. In der Tat ist hier eine höchst bemerkenswerte sprachliche Umbesetzung zu beobachten. Denn das griechische »authêntés«, von dem sich das Wort herleitet, meint den »Urheber«, der sich für sein Artefakt und für seine Urheberschaft verbürgt – eben jenen Urheber, von dem sich die Empfindung der Authentizität abgelöst hat, ja mehr noch, den sie als ihren eigentlichen Widerpart fixiert, dem gegenüber das Moment des Authentischen sich erst formiert. Die Empfindung der Authentizität bestimmt sich ja gerade daher, daß das als echt, als verbürgt erscheinende Bild nicht durch die Linse eines bestimmten Betrachters gebrochen und durch seinen Blickwinkel getrübt erscheint, sondern daß sich die Wirklichkeit, vom Objektiv der Kamera erfaßt, eben so darbietet, wie sie ist. Was in der älteren Lesart noch vereint ist, als eine Art Echtheitssiegel, das sich im Schaffensakt und in der Person des Urhebers begründet, zerfällt, oder genauer: wendet sich, in Form des Kameraobjektivs, gegen den Urheber selbst. Das Auseinandertreten vom »bloß Subjektiven« und einer »objektiven Wirklichkeit« markiert einen Akt der Privation, ja, nichts weniger als einen Akt der Ausschließung; etwas, das man sich, um es ein wenig deutlicher zu machen, ja durchaus bildlich vorstellen kann, wie bei einer jener wunderbaren Vorher-Nachher-Werbetafeln, bei denen es um die wundersamen Verwandlungen geht, die Haarwuchs- oder Enthaarungsmittel bewirken können. *Vorher*, das wäre in diesem Fall das Bildnis eines Malers, der, in seiner Camera obscura stehend, jenes Bild nachzeichnet, das ihm die Außenwelt in seine Dunkelkammer hineinprojiziert; *Nachher,* das wäre die auf handliche Größe zusammenschrumpfte Blackbox, die abgeschlossene, lichtabgedichtete Camera, die nicht nur den Maler auschließt, sondern auch jegliche Einsicht in den Bildprozeß selbst verwehrt.

Freilich, und das ist wohl das Entscheidende für die Umdeutung, die der Begriff der »Authentizität« erlebt hat, ist das Moment der Urheberschaft, im Sinne der Echtheitsbürgschaft, nicht zugleich mit dem Urheber des Bildes aus der Camera obscura herausgetreten, sondern dort verblieben. So daß dort, wo zuvor die Betrachtungs- und Darstellungsweise eines Urhebers Wirklichkeit verbürgt hat, dies nunmehr vom »Objektiv« der Kamera besorgt wird.

Strenggenommen ist die Photographie – und so betrachtet kann man unschwer das Initial der Moderne darin erkennen – eine Tat ohne Täter, eine Tat, in der der Anteil des Handelnden auf einen Knopfdruck, auf das bloße »Triggern« und Auslösen eines Handlungszusammenhangs zusammenschnurrt. Nicht von ungefähr mutet im Zusammenhang der Photographie der Ausdruck des Sich-ein-Bild-Machens sonderbar deplaziert an. In der Tat, man macht sich kein Bild, sondern man schießt ein Photo und betrachtet anschließend, nachdem es »entwickelt« worden ist, wie es ausschaut, und ob es etwas »geworden« ist. Jener Anteil des Imaginären indes, wie er im Sich-ein-Bild-Machen mitschwingt, jenes transzendente Moment, das sich das Geschehen des Bildes als einen *offenen* Prozeß erhält, als einen Prozeß von Vision und Revision, bei dem der Maler nicht nur ein Bild sich macht, sondern, ins Bild gesetzt, sich darin auch selbst widergespiegelt sieht (so daß er in dem Maße, in dem er *sich ins Bild setzt,* auch *über sich selbst ins Bild gesetzt wird*) – dieser so wesentliche Teil des *work in progress* schwindet, oder genauer: er bleibt einfach außen vor. Was sich in der Kamera, der Dunkelkammer der Repräsentation vollzieht, ist das bloß mechanische Gerüst einer Handlung: eine bloße Handlungsprothese. Einmal ausgelöst, entwickelt sich das Bild ganz von selbst, bleibt dem Photographen nichts anderes als die Rolle des Katalysators, eines Startschützen, der lediglich die Initialzündung auslöst, welche, im Innern der Blackbox, die Handlungsmaschine in Gang setzt. In der Photographie hypostasiert sich ein neuer Typus von Handlung, bei der das Handeln nicht mehr im vollen Sinn als Handlung aufzufassen, sondern bloß als »Trigger« eines Vorgangs zu betrachten ist, der, einmal in Gang gesetzt, ohne weiteres Zutun abläuft. Vollautomatisch.

In diesem Sinn beschreibt das Maß der Authentizität und Objektivität eine Parabel der Bewußtlosigkeit, ist es doch allein die Mechanik der Bildverarbeitung, welche die Echtheit des Bildes zu verbürgen scheint. Umgekehrt wächst die Empfindung der Authentizität in dem Maß, in dem die Urheberschaft im älteren Sinn des Wortes schwindet, in dem sich statt des bildenden Subjekts ein von jeglicher Subjektivität gereinigter, mechanischer Blick verrät: der kalte, unbestechliche Blick einer Kamera, die Objektivität des Objektivs (welche einzig Gewähr dafür bietet, daß der »authenthès«, der menschliche, bildverunreinigende Faktor ausgesperrt bleibt). Vor diesem Hintergrund beschreibt der Begriff des »Authentischen« den Augenblick der Privation, die Leerstelle des in herkömmlicher Weise Handelnden. Dieses Abwesenheitsmoment ist eine strukturelle Signatur jeglicher Photographie: Daß sie ein Bild ohne Bildner ist, eine Apokryphe der Geschichte, ein unmittelbares Zeugnis der Zeit.

Es ist wohl dieser autogene, »zeugende« Blicks, der die Photographie, in Absehung ihres technischen Aspekts, als eine Art Naturgeschehen begreifen läßt. So unterschreibt Henry Fox Talbot eine seiner ersten Positivphotographien: *New Art. Nature's Pencil no. 1.* Der Gedanke, daß die Natur sich der Photographie als eines Griffels bedient – der auch zum Titel der ersten philosophischen Betrachtung über die Photographie angeregt hat, Talbots *Pencil of Nature* (1844) –, mag heutzutage auf ein gewisses Befremden stoßen oder als eine bloße Metapher gelesen werden. Der Verweis aufs Naturgeschehen indes wird nachvollziehbarer, wenn man sich vergegenwärtigt, daß die Herstellung eines solchen »Sonnenbildes« sehr viel mehr mit einem naturwissenschaftlichen Experiment zu tun hatte, als es dies der zum Knopfdruck zusammengeschnurrte Automatismus (der ja das Phänomen als solches der Dunkelkammer des Bewußtseins überantwortet) noch erahnen läßt.

In der Tat bewegt sich Henry Fox Talbot, im Gegensatz zu den in der Frühgeschichte der Photographie sehr viel häufiger anzutreffenden Erfinder- und *Entrepreneurs*geistern – auf einem anderen Terrain, verkörpert sich in ihm eine Tradition, die sich aus anderen Quellen speist.

Ein hochgebildeter Mann, ist er vor allem ein Erbe der romantischen Naturphilosophie, ein Umstand, der sich besonders im Umfang seiner Interessen bemerkbar macht. So veröffentlicht Talbot eine Sammlung von Sagen, verkehrt mit Adalbert von Chamisso und Alexander von Humboldt, gelten seine Interessen gleichermaßen der Lektüre der Klassiker wie sprachphilosophischen und etymologischen Fragen; schließlich beendet er, nachdem er sich von der Photographie abwendet (zu einem Zeitpunkt, da diese sich, nach der Londoner Weltausstellung 1851, zu einer Industrie verwandelt), sein Leben mit der Entzifferung der assyrischen Keilschrift. Es ist der erstaunliche Umfang, die Topographie dieser Interessen, in der sich eine unübersehbare Verwandtschaft zur romantischen Naturphilosophie offenbart, zu jenem Denkereignis, welches im Geistigen von analoger Bedeutung war wie die Dampfmaschine für die industrielle Entwicklung oder das Ereignis der Französischen Revolution für die Politik.

Es ist dieser Hintergrund, vor dem Talbots Beschäftigung mit der Photographie und sein Diktum vom »Bleistift der Natur« zu lesen sind. So sind die ersten Bilder, die er mit dem neuen Medium unternimmt, nicht eigentlich Photographien, sondern *photogenische Zeichnungen*, wie Talbot sie nennt: Abbildungen von Pflanzen und Blättern, gegenständliche Lichtpausen, Photokopien gewissermaßen. Was die Morphologie der Pflanzen anbelangt, ist dies eine regelrechte Revolution, erlauben diese Schattenbilder doch dem Forscher, sein Objekt selbst in Augenschein zu nehmen, ohne sich auf die Untiefen der beschreibenden Morphologie einlassen zu müssen (oder, was eine andere Form des Gedankenaustauschs der gelehrten Welt war, den postalisch zugesandten Samen einer Pflanze zum Leben zu erwecken). Das Simulacrum, aufs photographische Papier gebannt, ersetzt den Gegenstand selbst, zeigt es ihn doch in seiner ganzen Komplexität, nicht bloß in Form eines vereinfachenden – und darin notwendig verzerrenden – Schemas. In der photogenischen Reproduktion wird sichtbar, was keine Beschreibung und kaum eine Zeichnung sichtbar machen kann; und vor diesem Hintergrund kann man den Enthusiasmus eines Naturforschers nachfühlen, der nunmehr – und dies zum ersten Mal in der Geschichte – nicht länger auf Beschreibungen zweiter Hand angewiesen ist, sondern, in Form eines photogenischen Doubles, den Abdruck der Dinge selbst in Augenschein nehmen kann.

Hier – auf einem Gebiet, wo man dergleichen nicht erwartet hätte – entzündet sich ein ausgesprochener Utilitarismus, wird das ins Ästhetische weisende, aller »Verwertbarkeit« so abholde romantische Denken grundpraktisch. So hat Fox Talbot durchaus klare Vorstellungen von der Effizienz, von der Arbeitseinsparung, die in seiner Reproduktionsmethode liegt, ist es ihm durchaus bewußt, daß er es bei seinem Bleistift der Natur nicht nur mit einem unerschöpflichen Reproduktionsmedium, sondern auch mit einem Zeitbeschleuniger zu tun hat (denn der Gegenstand, den zu kopieren »der gewandteste Künstler Tage oder Wochen der Arbeit des Nachzeichnens oder Kopierens benötigt, wird von den grenzenlosen Kräften der natürlichen Chemie im Spanne einiger weniger Sekunden ins Werk gesetzt«[307]).

Was einerseits einen Akt der Zeit-Beschleunigung bedeutet, hebt andererseits die Zeit, als ein wandelbares, die Zeit begrenzendes Moment überhaupt auf. Die photogenisch abgelichtete Natur vergeht nicht mehr, sondern wird auf der Photoplatte gewissermaßen zu Lebzeiten kristallisiert. Die in den grenzenlosen Kräften der natürlichen Chemie entbundene, automatisierte Bildsprache wird zum Medium, mit dem sich die Welt speichern, inventarisieren und katalogisieren läßt: Eine photographische Bestands-Aufnahme, die im Gegensatz zum enzyklopädischen Projekt des 18. Jahrhunderts nicht bloß mit den mechanischen Artefakten und Konstruktionsplänen aufwartet (und damit recht eigentlich auf die Topographie des bereits gedanklich durchdrungenen und gelichteten Wissens beschränkt bleibt), sondern die, im Buch, das Buch der Natur selbst darzubieten sich anheischig macht. So betrachtet bekommt Talbots Vorstellung vom »Bleistift der Natur« (die ja nicht von ungefähr die metaphorologische Tradition vom Buch der Natur evoziert) durchaus ihren Sinn. Ist es doch die Natur selbst, die sich in die Photoplatte einformt, die, solcherart abgelichtet, zur In-formation wird.

Es ist diese naturwissenschaftliche Ausrichtung, die Talbot – ungeachtet der zunächst minderen Qualität seiner Arbeiten – sein Augenmerk von Anbeginn auf das Moment der Reproduzierbarkeit richten läßt. Die Bildsprache ist wörtlich genommen, insoweit jedenfalls, als der einzelnen Photographie jene Beweglichkeit eignen soll, wie sie den Lettern des Alphabets eignet – und so ist es (ähnlich wie im Fall der gebannten *Times*) kein Zufall, daß das älteste überlieferte photographische Positiv die handgeschriebenen Buchstaben des Alphabets verzeichnet.[308] *Nature's pencil* – der »Bleistift der Natur« ist nicht bloß Schattenriß, der Abklatsch der Natur, ihm soll zugleich eine genetische Funktion zukommen.[309] Das, was die Natur ins Bild einschreibt, soll sich, wie die Matrix eines Drucks, beliebig vervielfältigen lassen. Eine Forderung, der Talbot dadurch Rechnung trägt, daß er das Positiv-Negativ-Verfahren erfindet – womit die Photographie aufhört, Medium der Repräsentation zu sein, um stattdessen zum Medium der Reproduktion zu werden.

Das Schauen, so scheint es (und so legt es Talbots Metapher vom Bleistift der Natur nahe) hat in der Photographie zu jener objektivierenden Form gefunden, welche Natur, auf Knopfdruck, zu doppeln vermag. Es ist die wissenschaftliche, objektivierende Seite des Bildes, welche hier zur reinen Form vordringt: zu jenem Blick, der von allem, was an Eigenem einfließen könnte, gereinigt ist. Nicht von ungefähr wird die Photographie zum Totem des wissenschaftlichen Positivismus, zum hypostasierten Ideal jener Ein-Stellung, die der positivistische Forscher der Wirklichkeit gegenüber einnehmen zu können vermeint. Freilich, was ein autonomer, in sich logischer Prozeß zu sein scheint, die logische Folgerung eines auf Exaktheit, Präzision und Objektivität ausgerichteten Erkenntnisprozesses, ist durchaus nicht voraussetzungslos, sondern der abgespaltene Teil jenes tief ambivalenten Renaissancetableaus, jenes Bild-*Projekts*, das von Anbeginn ein doppeltes war. Ein Oszillieren zwischen Innen und Außen, Ich und der Welt.

In diesem Sinn markiert die Photographie, so sehr sie ein Triumph zu sein scheint, eine tiefgreifende Störung jener Bildsprache, eine Störung, wie sie sich ja lange zuvor (in der Malerei eines John Constable, eines Caspar David Friedrich oder eines William Turner) schon abgezeichnet hat. Die Mechanisierung des Schauens, die rein gewordene Form: das ist nichts anderes als das Ende der Repräsentation. Tatsächlich knüpft das zentralperspektivische Bild ja einen hochkomplexen Zusammenhang, ein projektives Geflecht, dessen Sinn daraus erwächst, daß das Allgemeine und das Besondere im Zeichensystem des Bildes zu einer Form von Übereinstimmung gelangen, zu einem Muster, in dem Ich und die Welt miteinander verwoben sind. Augenpunkt und Fluchtpunkt sind korrespondierende, einander spiegelnde Punkte; und so wie sie einander im mathematischen Sinn bedingen, so bedingen und reflektieren sie einander auch im Geistigen. Das Porträt und die Landschaft, das menschliche Gesicht und die physiognomische Auffassung der Welt sind Teil desselben Bild-Projekts – eines Projekts, das eine Umkehrbarkeit von Flucht- und Augenpunkt, von Innenwelt und Außenwelt behauptet. Es ist dieser Stoffwechsel, der zuende geht.

Es ist nicht von ungefähr, daß Walter Benjamin seinen Aura-Begriff (den er in seiner *Kleinen Geschichte der Photographie* entwickelt) so definiert, daß man unschwer die intrinsische Logik des perspektivischen Bildes, das Paradox des *Trompe l'œil* darin erkennen kann. Die »einmalige Erscheinung einer Ferne, so nah sie sein mag«[310] – das beschreibt tatsächlich (wenn man es denn nicht religiös, im Sinne eines epiphanischen Erlebens, auffassen möchte) nichts anderes als die Grammatik des zentralperspektivischen Bildes: Faszination eines Blicks, der, der projektiven Energie des Fluchtpunkts folgend, in die Tiefe des Bildes weist – und der damit in einen ebenso handgreiflichen wie bloß vorgestellten, imaginären Bildraum vordringt.

Bei Benjamin freilich hat die Vorstellung von »Aura« längst diese Handgreiflichkeit, die anschauliche Transzendenz des perspektivischen Bildes verloren. Ja, genaugenommen erscheint es mir überaus zweifelhaft, ob Benjamin selbst bei seiner Definition diese Übereinstimmung reflektiert hat, oder ob er nicht die längst abstrakt gewordene, am Code der Repräsentation geschulte *Lesart* als ursprünglich naturgegebene voraussetzt. Aura, dieses einmalige Gespinst aus Raum und Zeit, umhüllt die Wirklichkeit solcherart, daß sie auf eine bestimmte, besonders hervorgehobene Weise erscheinen kann – und so fungiert Aura hier auf ähnliche Weise wie der Nimbus, die Aureole des mittelalterliches Bildes: als ein umhüllendes Gewebe der Bedeutsamkeit, Gespinst aus Raum und Zeit, einmalig und unwiederbringlich. Diese Grammatik nun (die ja nicht eine des Scheins, sondern des Erscheinen-Könnens ist) wird, da das Bild von der Logik der Repräsentation in die Logik der Reproduktion übergeht, fundamental gestört. Das Bild, genetisch geworden, repräsentiert nicht mehr, sondern beginnt, dem Prozeß der Serialisierung, der industriellen Zeichenwucherung überantwortet, seinen Gegenstand zu entkernen. Ähnlich wie die Camera, zur Bildverarbeitungsmaschine geworden, den Maler entläßt, so bewirkt diese metastasierende Augenblicksverdoppelung, daß die auf der Photoplatte gerinnende, oder eigentlich chemisch sich zersetzende Wirklichkeit eine Art Desubstantialisierung erfährt. Vor dem Auge der Kamera ist die Welt *ready made*: ein isomorpher, homogener Bildraum, der nicht von ungefähr die Sprache zu den Metaphern des Magazins, der Enzyklopädie, eines visuellen Nachschlagewerks führt. Es gibt keine Taxonomie des Hohen und des Niedrigen darin, keine Nomenklatur der Symbole. Die Photoplatte, dieses ebenso empfindungslose wie verläßliche Organ, registriert unterschiedslos. Gewiß, das Bild repräsentiert, und doch läuft es stets Gefahr, zu einem bloßen Schnappschuß, zum Abklatsch zu werden. Und auch wenn die Photographie, mit dem Minderwertigkeitsgefühl einer aufstrebenden Kunst geschlagen, versucht, der Malerei sich als ebenbürtig zu erweisen, liegt der Photographie die Sprache der Repräsentation strukturell fern. Das malerische Bildprojekt ist ein langsamer Prozeß, ein Herausarbeiten einzelner Bildzeichen, die Korrespondenzen eingehen, ein Prozeß beständiger Vision und Revision, bei dem mehrere mögliche Bilder, übereinander gelagert, sich erst zu dem einen herausformen – so daß man es eher mit einer geistigen Entdeckungsfahrt zu tun hat, bei der sich das Bild, als die den unterschiedlichen Möglichkeiten vorgezogene Wirklichkeit, allmählich ausbildet. Das photographische Bild indes ist da. Es muß nicht erst in der Imagination des Malers sich formen, sondern *ist*, immer schon: der jeweilige Augenblick. Das Bild muß nicht mehr geformt, sondern es will lediglich gesehen und ausgelöst werden. Das, was den Code der Repräsentation auflöst, auch wenn er zum Schein noch zu funktionieren scheint, ist die im photographischen Prozeß zusammenschmelzende Zeit. Tatsächlich operiert der Photograph, anders als der Maler, weniger in der Dimension des Bildraumes als in der Dimension der Zeit. Der Photograph folgt der Logik der Simultaneität, von Aktion und Reaktion, und es ist die Intensität eines solchen Augenblickes, die ihn den Auslöser der Kamera betätigen läßt.

Nicht mehr das Auge, sondern der Einfall des Lichts belichtet das Bild. Es ist nicht mehr der Kopf des Schauenden, die Imagination, in dem sich das Bild der Wirklichkeit zusammenfügt, es ist die künstliche Netzhaut (wie Nièpce die Photoplatte nennt). Damit aber, von allen guten Geistern verlassen, verliert die Sprache, die das Ich und die Landschaft hervorgebracht hat, ihre Berechtigung, wird sie, da ihr maschineller Teil hervortritt und so, als dürrer Mechanismus, Gestalt annimmt, problematisch. Und so ist, was aus der Kamera zurückschaut, das fremdgewordene Eigene, Zustand des Außersich. Der erkaltete Blick.

Vielleicht der sinnfälligste Ausdruck für die Mechanisierung der Zeichenproduktion, die sich mit der Photographie einstellt, ist jener Mechanismus, der den Namen »Appareil de Pose« trägt. Was sich hinter diesem ominösen Titel verbirgt, ist freilich – auch wenn es so scheinen könnte – keine poststrukturalistisch eingefärbte (oder auch erst a posteriori so genannte) Posierapparatur, sondern ein überaus zweckmäßiger Mechanismus, der der technischen Problematik der frühen Porträtphotographie Rechnung trägt: mithin nichts als die logische Antwort auf jenes Kardinalproblem, das mit der Trägheit der Bildspeicher zusammenhängt und das bewirkt, daß alles, was nicht mit dem Zeitmaß des Bildspeichers zusammenfällt (und das ist in der Frühzeit der Photographie alles, was nicht »natura morta«, die unbelebte Natur des Stillebens ist), künstlich fixiert und festgestellt werden muß. Eine Mißlichkeit, welche, wie ja zuvor schon erwähnt, die Ablichtung eines Gesichts zu einer regelrechten Tortur, ja zu einem nachgerade übermenschlichen Kraftakt für den Porträtierten verwandeln mußte. So daß es, im rechten Licht besehen (und das heißt: bei ausgesprochen zeitraubender Belichtungsdauer), alles andere als ein fernliegender, geschweige denn besonders kurioser Gedanke war, eine Apparatur zu ersinnen, die umgekehrt den Porträtierten würde fixieren und es ihm somit würde erlauben können, auch bei derart widrigen Umständen noch Haltung zu bewahren. Es ist genau dies, was sich hinter den »Appareils de Pose« verbirgt: eine rückwärtige Stützapparatur, ein künstliches Skelett, das Arm, Hals, Rücken und Gliedmaße hält, und zwar so diskret, daß diese Haltungsprothese der photographischen Frontansicht verborgen bleibt. Nur so, körperlich festgestellt, vermag der Porträtierte dem fixierenden Blick des Objektivs standzuhalten, ohne mit jedem Augenblick Gefahr zu laufen (wie der alternde Philosoph Schelling, der sich unbewehrt einem solchen Blick-Kampf ausgesetzt hat) mit einer falschen Bewegung das Bild zu verwackeln.

In diesem Sinne ist, wenn von einer »Fixierung« der Photographie die Rede ist, dies nicht bloß ein der Belichtungskammer vorbehaltenes Detail (dem Firnis der Ölmalerei vergleichbar), sondern etwas, was in den Aufnahmeprozeß selbst eingreift: geht es doch darum, das vom Kameraobjektiv ins Auge gefaßte Objekt der Zeit-Empfindlichkeit des Bildspeichers entsprechen zu lassen. Läuft dies für die frühe Porträtphotographie in Ermangelung reaktionsschnellerer Bildspeicher buchstäblich auf die körperliche Fest-Stellung, die mechanische Fixierung durch das rückwärtige Skelett des »Appareil de Pose« hinaus, so artikuliert sich darin – auf durchaus handgreifliche Weise – ein konstitutives Moment des Aufnahmeprozesses selbst (ein Moment, das auch dort wirksam bleibt, wo sich der Bildspeicher beschleunigt). In der Tat bedeutet eine jegliche Aufnahme, sofern sie die Belichtungszeit und die Brennweite wählt, schon eine vorab getroffene Fest-Stellung über die Wirklichkeit, vermag doch nur das im Bild zu erscheinen, was dem Fokus und dem Zeit-Sieb des Bildspeichers entspricht.

Fig. 123.

Das Porträt, auch wenn es, von der Photographie als billigem Reproduktionsmittel beflügelt, eine regelrechte Blüte erlebt, ja eine geradezu hypertrophe Ausdehnung, degeneriert im Objektiv zur *carte de visite*, oder sehr bald schon: zum bloßen Erkennungszeichen, zum Paßfoto.[311] Nach einem ersten, blühenden Jahrzehnt der Künstlerphotographie, etwa zur Zeit der

Londoner Weltausstellung 1851, tritt die Photographie ins Feld der Industrie über. Es ist dies weniger ein Sündenfall als die innere Logik des Mediums, die darin zum Ausdruck kommt: die Zeitschmelze, das Einsparungspotential des neuen Mediums, das zur massenhaften Bildproduktion geradezu einlädt. Und so treten, zwangsläufig geradezu, Unternehmertalente wie Monsieur Disderi auf den Plan, die das Rationalisierungspotential der Maschine geschickt sich anzueignen und als eigenen Gedanken auszugeben wissen. Disderis Fotografien sind ein einziger großer Raubzug durch die Kunstgeschichte, wo, wie in einem Theaterfundus, die entsprechenden Requisiten herumliegen[312] – und im Grunde ist Disderi nichts anderes als die Personifikation des bewußtlosen Vollzugs, der Verwertungsmaschinerie jenes Weltbezugs, dem sich die Welt zu einem Speicher, einer Requisitenkammer aus Symbolen, Versatzstücken und frei flottierenden Zeichen verwandelt hat. So, mit dem ikonographischen Fundus der Malerei, den erprobten Syntagma vergangener Epochen ausgerüstet, vermag Disderi binnen kurzem das Repräsentationsbedürfnis des *juste milieu* zu befriedigen, zu allseitiger, massenhafter Zufriedenheit. Bemerkenswert an diesen Bildern ist nicht so sehr, daß sie proliferieren, daß nun jedermann sich in jeder beliebigen Pose darstellen kann, bemerkenswert ist vor allem, daß mit der Massenproduktion des Porträts eine Verdünnung, eine physiognomische Reduktion auf den Typus sich einstellt: auf das eigentlich gesichtslose Gesicht. Und dies nicht von ungefähr, bleibt doch vom herkömmlichen Porträt nichts als das mechanische Gerüst, der leere, gedankenlose Blick einer Kamera. Ebenso wie der Belichtungsprozeß sich der gestaltenden Hand des Malers entzieht, so entfremdet sich das Antlitz des Photographierten von sich selbst. Ein Moment, das sich in Disderis Photographien vor allem darin zu erkennen gibt, daß das Gesicht sich selbst nicht mehr zu genügen scheint, sondern daß es, zum Abklatsch seiner selbst degeneriert, von einer Aureole der Selbstvergessenheit umhüllt, dieses so entstandene Gesichts-Vakuum mit allerlei Drumherum aufzufüllen sucht: mit den Attributen des Selbst, den geplünderten Symbolen und Landschaftskulissen, die, zu Requisiten verdinglicht, im Photostudio bereitliegen und darauf warten, daß die Kundschaft sich ihrer bedient.

Vor diesem Hintergrund nun ist es durchaus naheliegend, den mechanischen, zur körperlichen Fixierung geeigneten »Appareils de Pose« auch im Geistigen ganz analog funktionierende Maschinen zur Seite zu stellen. Ähnlich wie das unsichtbare künstliche Rückgrat dem Porträtierten körperlichen Halt verleiht, so verhilft diese Symbolprothese dem Porträtierten dazu, auch im Zeichentableau des Bildes die ihm gemäße, repräsentative Haltung einzunehmen. Folglich ist der Maler ganz so wie ein Maler abgebildet (mit Pinsel und Staffelei), der Heldentenor wie ein Heldentenor (mit Kostüm und herzerreißender Pose) und der Schriftsteller ebenso wie man sich einen Schriftsteller vorstellt (mit Füllfederhalter, Kaffeetasse und lose auf dem Teppichboden herumfliegenden Papierknäueln) usf.[313]

Im Angesicht dieser Photographien (die bezeichnenderweise nicht mehr Porträts im eigentlichen Sinn, sondern Ganzkörperphotographien mit dem dazugehörigen Ambiente sind) wird evident, daß die Photographie dort, wo sie die ikonographische Tradition des Porträts fortschreibt, im Grunde lediglich ihre Mechanisierung betreibt, ja daß sie zu einem wesentlichen Teil selbst als Identitäts- und Repräsentationsmaschine fungiert. *Trompe l'œil* des *Trompe l'œil*. Eine Symbolmaschine, die Ichprothesen in die Welt setzt.

Mit der Kamera werden die Lichtblicke apokryph – oder genauer: wird ein Teil des Erkenntnisvermögens ins Innere jener Maschine delegiert, die scheinbar »objektiv« festhält, was das »subjektive Bewußtsein« verfälscht. Mit der Photographie, dieser Chimäre einer objektiven Wahrnehmung, kündigt sich eine *Hermeneutik des Verdachts* an, die sich gegen Ende des 19. Jahrhunderts, vom Positivismus bis hin zur sich herausformenden Psychoanalyse, auf vielfältige Art und Weise artikuliert. Freilich findet hier, in Form des Kameraobjektivs, der Verdacht seine wohl schärfste Ausformung, richtet sich das Mißtrauen nicht bloß gegen das unreflektiert Subjektive, sondern wird der menschliches Sinnesapparat als solcher in Zweifel gezogen. Mehr noch als durch die Genauigkeit, die bestechende Präzision des photographischen Blicks, begründet sich der Verdacht dem unzuverlässigen Subjekt gegenüber vor allem dadurch, daß die Kamera festzuhalten vermag, was dem menschlichen Auge überhaupt sich entzieht. Mit der Zeitschrumpfung, der in den infinitesimalen Bereich vorstoßenden lichtschnellen Photoplatten, offenbart sich etwas, was man einen *transanthropologischen Raum* nennen könnte: jene Welt, die, in den Zeitbereich des Nicht-mehr-Wahrnehmbaren übergehend, nicht mehr

durchs unbewehrte Auge, den bloßen Augenschein abgesichert werden kann. Tatsächlich rufen die Bewegungsstudien, die Eadward James Muybridge und Etienne Jules Marey in den siebziger und achtziger Jahren des letzten Jahrhunderts veröffentlichen, auf seiten des Publikums vor allem Unverständnis hervor: so befremdlich, ja zutiefst irreal und naturwidrig erscheinen die segmentierten Bewegungen. Das Bild eines galoppierenden Pferdes, das für einen kurzen Augenblick zu fliegen scheint – dieser so unnatürlich anmutende, und doch vom Kameraobjektiv zweifelsfrei verbürgte Anblick markiert nichts anderes als einen ersten Einstieg in eine visuelle *terra incognita*, in jene unbekannte Schicht des Sichtbaren, die, da sie sich jenseits der Sehgeschwindigkeit des menschlichen Auges vollzieht, dem bloßen, unbewaffneten Auge verschlossen bleiben muß. Wo zuvor eine Bewegung »wie im Flug« vorüberstrich, ist es nunmehr möglich, einen bestimmten Augenblick dieser Bewegung aus dem Kontinuum herauszulösen. Ja mehr noch, mit einer photographischen Apparatur versehen, die mehrere solcher Zeitatome hintereinander festzuhalten vermag, kann man den Bewegungsfluß selbst in eine Serie solcher aufeinanderfolgender Zeitatome auflösen. Es ist dies, was Mareys »chronophotographische Flinte« bewirkt und was, gegen Ende des 19. Jahrhunderts, seine Perfektionierung in der Hochfrequenzphotographie findet, die es erlaubt, photographische Salven von bis zu 5000 Aufnahmen pro Sekunde abzuschießen. Damit nun, in einen gleichsam ballistischen Bereich übertretend, vermag die Kamera ihrerseits den Flug einer Kugel einzufangen – und in diesem Sinn gestattet es das Medium tatsächlich, Unsichtbares sichtbar zu machen, läßt sich mit Fug und Recht von einer »Photographie des Unsichtbaren« sprechen.

Hier nun erweist sich, daß das Terrain, das die Photographie sich zu erobern anschickt, das der Bewegung ist, und damit ein wesentlich zeitliches. Das Kontinuum der Bewegung vermag in die Abfolge aufeinanderfolgender stationärer Bewegungszustände zerlegt zu werden. So der

Flug eines Vogels, die Schrittbewegungen eines galoppierenden Pferdes, die Flugbewegung und der Aufprall der Kugel – und in diesem Sinn ist die Photographie von ähnlich revolutionärem Sprengsatz wie die Erfindung des Teleskops. Vermochten Teleskop und Mikroskop das dem menschlichen Auge Raumferne zu überwinden, und das heißt, die natürliche Kurz- oder Weitsichtigkeit des Auges zu überbrücken, so überwindet die Photographie das dem Auge Zeitferne, wird die Kamera zu einem *Zoom*, zu einer Zeitlupe, die das infinitesimale Zeitbruchstück näher rücken läßt. Die Dekonstruktion der Bewegung, die Überführung des Dynamischen in eine Stationenfolge aufeinanderfolgender, sich aus sich selbst heraus entwickelnder Aggregatzustände – das bedeutet nichts weniger als einen Blick *in die Tiefe der Zeit* tun zu können. Zeit ist in diesem Sinn immer schon dekonstruiert, als eine Linie gefaßt, die man in einzelne Zeitatome zerlegen kann, das heißt: in eine Sukzession von Einzelbildern, deren jedes ein Momentum darstellt, das wiederum räumlich gelesen werden kann (und das, als Buchstabe, als Syntagma in eine Zeitsequenz zurückübersetzt werden kann). Dem Auge der Kamera, genauer: dem Bildspeicher wird die Zeit räumlich.[314] In die Zeit schauen zu können, das heißt recht eigentlich: räumlich, in die Tiefe eines bestimmten Zeitraumes zu schauen (wobei Zeit zum Parameter der Geschwindigkeit, der Tiefenschärfe wird, mit dem eine Bewegung in ihre einzelnen Momente aufgerastert zu werden vermag). Die Bilder bewegen sich demgemäß nicht mehr *in der Zeit*, sondern die Zeit konstituiert sich erst als *Sequenz* aufeinanderfolgender Bilder (die wiederum, in ihrer Verkettung, ein Ausdruck der zeitlichen Tiefenschärfe und damit des Parameters *Zeit* sind).

Hier, in der Entdeckung der verräumlichten Zeit, zeigt sich das Novum der Photographie. Die graphische Methode, als die Marey die Photographie für die Wissenschaft dienstbar macht (und hinter der sich, lediglich positivistisch ausgenüchtert, noch immer Talbots »Bleistift der Natur«

verbirgt), bedeutet nicht bloß die Verfeinerung bisheriger Verfahren, sondern eröffnet tatsächlich eine unbekannte Welt. So daß der Titel, den Muybridge seinen Bewegungsstudien gibt, »Atlas der Bewegung«, keinesfalls als eine bloße metaphorische Anspielung verstanden, sondern ganz buchstäblich als die Entdeckung einer neuartigen Landschaft aufgefaßt werden kann: eine Landschaft der Zeit, eine Topographie, in der Zeit räumlich wird. Wo Zeit sich verräumlicht, wo sich unterhalb der menschlichen Wahrnehmungsschwelle eine *terra incognita* auftut, die es erst noch zu kartographieren gilt, da besteht das Bewegungsgesetz darin, jene Zeitzwischenräume zu erobern, die dem reaktionsschwächeren Auge verborgen bleiben müssen. Das menschliche Auge freilich ist kein geeigneter Führer mehr, gilt es doch hier, wo sich die Erkenntnis ins Unsichtbare vorwagt, sich einem anderen, verläßlicheren Medium anzuvertrauen. Marey spricht folgerichtig von der »defectuosité« unserer Sinne, die den Fortgang der Wissenschaften behindert habe[315], nun aber, mit dem Einzug der Photographie berichtigt werden könne. Und in der Tat, dort, wo das Erkenntnisvermögen des menschlichen Auges der Maschine so deutlich unterlegen ist, da mag es scheinen, als ob die Photographie eine Universalsprache sei, in der sich die Naturphänomene selbst mitteilten. Hier, in der Erfahrung einer visuellen Tiefenschicht, eines optisch Unbewußten[316] erscheint etwas, was die Psychoanalyse auf andere Art und Weise in den Untiefen des Neurotischen ortet: nämlich daß eine jegliche Wahrnehmung, bis zu einem gewissen Gerade, strukturierte Wahrnehmungsstörung ist, daß sie stets geneigt ist, präfabrizierte Muster zu erkennen, nicht aber das, was ist. Sehen ist Code, ist Sehgewohnheit, welche den Sehenden sehen läßt, was er schon einmal gesehen hat. Die Photographie ist eine technifizierte Hermeneutik des Verdachts, sie belegt, daß das, was uns der Gesichtssinn sagt, höchst fragwürdig ist. Man könnte an dieser Stelle einwenden, daß eine solche Verunsicherung der Sinneserfahrung bereits mit dem Teleskop und mit dem Mikroskop Wirklichkeit geworden ist – und gewiß gibt es Gründe, die Photographie als eine wesentliche Etappe dieser visuellen Aufrüstung einzuordnen. Gleichwohl besteht ein wesentlicher Unterschied darin, daß das, was mit der Photographie in den Horizont des Sichtbaren rückt, nicht eigentlich ein räumliches, sondern ein zeitliches Phänomen ist. Damit aber wird der Horizont der Erkenntnis selbst ein anderer. Die Photographie zoomt nicht die dem unbewaffneten Auge unsichtbaren stellaren oder molekularen *Körper* heran, sondern sie erfaßt Körper in ihrer *Bewegung* – und so ist, was neu ist an der Photographie, nicht, daß sie die Tiefe des Raums, sondern daß sie die Tiefe der Zeit erfaßt.

So betrachtet ist der Film – die Kinematographie, wie man ihn treffender genannt hat – lediglich ein Nebenprodukt des photographischen Bildes; jenes auf den menschlichen Gesichtssinn eingerichtete Medium, das, mit einer bestimmten Bilderanzahl pro Sekunde ein *Trompe l'œil* des Zeit-Kontinuums erzeugt. Ein Nebenprodukt freilich, in dem sichtbar wird, daß das Trompe l'œil des *Raums* durch die Zeitschmelze der Abbildung zu einem Trompe l'œil der *Zeit* hat werden können.[317]

Man »schießt« ein Photo, und wenn es ein gutes Bild ist, trifft es. Was am guten Bild trifft, was ins Auge springt, ist die ins Photo eingeflossene Zeitdichte. Ein Geschoß, das mit Zeit angefüllt ist; und es ist diese Ladung, die sich im Kopf, im Zeitsinn des Betrachters entlädt. Das Schauen, vom Beschleunigungsprozeß der Bildverarbeitung affiziert, verliert den Raum dafür, beschaulich zu sein. Genaugenommen ist bereits die Photographie ein erstes Symptom dafür, daß es mit den ausschweifenden, langatmigen Blicken dahin ist, daß die Geschwindigkeit selbst, ja mehr noch: der Zuwachs an Geschwindigkeit zum Ziel geworden ist. Der Skopismus der Bilder heißt Geschwindigkeit. Von dieser Warte aus betrachtet erscheint es nur folgerichtig, daß die Photographie – auch wenn sie in ihren Anfängen die Abbildfunktion der Malerei und mit ihr die Bild-Sprache der Repräsentation zu übernehmen scheint – schließlich das Bild selbst verzehrt. Ebenso wie die Entwicklung des lichtempfindlichen Materials als eine Art Zeitschmelze zu lesen ist, die erst nach Jahrzehnten in jenen Bereich der menschlichen Wahrnehmung vordringt, wo Bild und Abbild zusammenzufallen scheinen, so wiederholt sich dieses Moment der Zeit- und Wahrnehmungsbeschleunigung auch in der Ästhetik des mechanischen Bildes, tritt die Geschwindigkeit, die Dromoskopie, wie Virilio sagen würde, immer stärker hervor, bis sie schließlich, zum Skopus selbst geworden, in den Geschwindigkeitstaumel übergeht und die Bilder verschlingt.[318] Es ist der Akt der Betrachtung selbst, der sich auflöst, die Reaktionszeit verkürzt sich dermaßen, daß es scheinen mag, als ob der Betrachter selbst in der Kuppel eines Geschosses säße und durch einen Kosmos verglühender, an ihm vorbeirauschender oder an ihm zerschellender Bilder hindurchkatapultiert würde, wobei nichts zurückbleibt als lediglich eine ausflockende Kondensspur. Der Photographie, oder eigentlich: der ihr innewohnenden Sprengkraft, der taktilen, ballistischen Dimension des mechanischen Bildes eignet ein eigentlich ikonoklastisches Moment, man könnte sie ebensogut als eine Art mechanischer Bildervernichtung begreifen. Augenblick visueller Kernspaltung, wo die Bilder, im Zeitlichen atomisiert, pointilistisch entkernt, sich zersetzen, wo sie verglühen und im Zerfallsprozeß, zu irrlichternden Intensitäten aus Farbe und Licht auseinandergesprengt, ihre Strahlung abgeben.

KAPITEL 10

Die Entfernung der Welt

An einem überaus regnerischen, gewittrigen Tag des Jahres 1843 oder 1844, irgendwo zwischen Maidenhead und der Grafschaft Devon, steckt ein alter, fast siebzigjähriger Herr den Kopf aus dem Fenster: genau neun Minuten lang. Freilich, es ist kein gewöhnliches Fenster, und dieser Akt des Aus-dem-Fenster-Schauens eher so etwas wie ein Selbstversuch: jenem heroischen Akt vergleichbar, den der besagte Herr als junger Mann unternommen, und der darin bestanden hatte, daß er sich auf der Überfahrt von Dover nach Calais am Mast des Schiffes festbinden ließ: einzig, um das tosende, stürmische Meer zu sehen, mit seiner Gischt, dem Schaum und der Luft, die ein eigenes drittes Element zwischen Wind und Wellen ist. Auch wenn der siebzigjährige Joseph Mallord William Turner nun nicht mehr ganz so rüstig und verwegen ist, so hat doch seine visuelle Neugierde keineswegs nachgelassen, ja, korrespondiert seinem körperlichen Alterungsprozeß eine fast reziproke Verjüngung seines Blicks – und so ist, was er, den Kopf aus dem Abteilfenster der Great Western Railways herausgestreckt, sieht, so fremd und andersartig, daß jenes Bild, das ihm entspringt und das nüchtern die Umstände seiner Entstehung vermerkt (»Regen, Dampf und Geschwindigkeit – die Great-Western-Eisenbahn«), im Umfeld der zeitgenössischen Malerei ganz und gar einzigartig dasteht. Freilich hat dieser Augenblick sich lange zuvor schon angebahnt, ja, dieser Blick aus dem Abteilfenster bringt lediglich auf den Begriff, was ihn seit geraumer Zeit in seinen Gedanken begleitet und was seine Bilder, nein, nicht ausgezeichnet, sondern was sich ihnen eingebildet hat – und in diesem Sinn ist er sehr viel mehr ein Wieder-Sehen, eine Bestätigung, daß jenes beharrliche und in zunehmender Einsamkeit verfolgte Bild-Programm kein Phantasma, sondern eine Realität darstellt. Daß es für ihn, den Landschafter, keine Landschaft mehr gibt, sondern nurmehr Bewegung: Regen, Dampf und Geschwindigkeit.

Tatsächlich ist der Raum hier fast vollständig verdampft und zu wäßrigen Farbwolken kondensiert, und das einzige, was sich aus dem Spiel der Farbintensitäten noch figürlich herauslöst, ist die Bewegung, oder genauer, es sind die Träger der Bewegung: die Geleise, der schwarze, eiserne Körper der Lokomotive und die Brücke, auf der die Eisenbahn dem Betrachter entgegenschießt. Mit einer mächtigen Balustrade versehen (die gewissermaßen eine Erweiterung der Schienenstränge darstellt) und auf Pfeilern stehend, die sich in eine raumlose Tiefe hinein verlieren, mutet auch diese Brücke weniger wie etwas Statisches an, sondern vielmehr wie eine freischwebende, höchst bewegliche Konstruktion – und so ist es kein Zufall, daß sie nicht wirklich für sich selbst steht, sondern eher mit dem Eisenbahngleis zu verschmelzen scheint – so wie es in der Tiefe des Bildes tatsächlich geschieht. Ja, in farblicher Hinsicht stellen Brücke, Gleis und Lokomotive eine Einheit dar, so als ob Brücke, Gleis und Lokomotive sich zugleich, mit ein und derselben Bewegung, voranbewegten; und so blitzen hier, wo die Konturen verschwimmen, wo der Fahrtwind auch den Untergrund mit erfaßt, überall die gleichen, energetischen rötlichen Farbsprengsel auf.

Seitlich, sehr viel heller, ist die Silhouette einer weiteren Brücke zu sehen. Eine Horizontale andeutend, auf hohen Pfeilern stehend, wird hier, zumindest in der Andeutung eines durchgehenden Linienzuges, fühlbar, was die erste Brücke nicht verrät: die Tiefe und die Dimensionalität des Raums. An den äußersten Bildrand gedrängt, wirkt diese zweite Brücke wie der Maßstab auf einer Karte[319], Orientierungshilfe, die es dem Betrachter erlaubt, sich im Bildraum und in der Raumdimensionalität zurechtzufinden, und das heißt: ungefähr jene Ausdehnung des Raumes fassen zu können, die ansonsten unfaßbar bliebe, nicht viel mehr als ein farbiger Dunstkreis, ein raumloses Bildrauschen (wie Turner es sich in seinen Meeresbildern, seinen Schneestürmen und Feuersbrünsten zuvor stets herbeigemalt hat). Ein wenig unterhalb dieser zweiten Brücke, deren Pfeiler sich im Ungefähren verlieren, befindet sich ein weiteres Detail, das seiner putzigen, figürlichen Kenntlichkeit wegen wie nachträglich hinzugefügt wirkt: ein Schiff, ein kleiner Nachen eigentlich, auf dem man bei genauem Hinschauen die Konturen zweier Menschen erkennen kann. Dieses Detail wirkt wie ein *Fremdkörper*: ein Fremdkörper, der umso mehr hervorsticht, als er im Kontrast zu der

Landschaft steht, die sich zu einem einzigen, ineinanderspielenden Farbdunst aufgelöst hat und nurmehr wie eine Art vollendeter Raumillusion anmutet – als ob es all das nicht in Wirklichkeit, sondern lediglich in der Einbildung gäbe: die Einbildung eines Waldes, einer Brücke, einer Raumgrenze, die Einbildung, festen Boden unter den Füßen haben zu können. So daß, demgegenüber, diese bemannte Nußschale ein wenig wie ein Zitat aus einem anderen Bild wirkt (wie aus einem Lorrain oder einem der eigenen, frühen Ölgemälde).

Ähnlich wie die Scheidelinie zwischen Himmel und Erde zu einer ungefähren, verschwimmenden Übergangszone sich aufgelöst hat, so ist auch der Fluchtpunkt des Bildes nurmehr zu ahnen. Das aber heißt: man hat es nicht mit einem realen, in der Komposition zu ortenden Bildpunkt zu tun, sondern mit etwas bloß Hinzu-, oder genauer in die Tiefe des Bildes Hineingedachtem. Sprachspielerisch formuliert, bildet sich hier die Ein-Bildung der Raumillusion wieder *aus* – überläßt es Turner dem Betrachter des Bildes, die Bewegung von Brücke und Gleis in die Bildtiefe zurückverfolgend, diesen Punkt hinzuzudenken. Freilich liegt hier, wie der Ausdruck eines »zurückzuverfolgenden Fluchtpunktes« schon verrät, ein Paradox: stellt dieser Fluchtpunkt, den das Auge zurückverfolgt, doch keineswegs den Ziel- und Sehnsuchtspunkt dar, dem das Bildganze zustrebt (und mit ihm die Imagination des Betrachters), sondern markiert er lediglich den Herkunftsort der Bewegung, jenen Punkt, wo die Lokomotive in den Horizont des Sichtbaren getreten ist. Dies ist die entscheidende Umdeutung, die sich im Bild vollzieht. Hat sich das Auge in der Malerei des *Trompe l'œil* dem Fluchtpunkt entgegen, in die Tiefe des Raumes träumen können, so stülpt sich dieser, von der Bewegung der Geschwindigkeitsmaschine durchstoßen[320], einfach um. Damit aber hört der Fluchtpunkt auf, das zu sein, was er im Wortsinn verspricht: besagt er von nun an, solcherart invertiert, daß es kein Entkommen gibt. Es ist der Raum, der sich auf den Betrachter zubewegt – und der auf diese Art und Weise die konventionelle Lesart des Bildes ins Gegenteil wendet. Nicht mehr der Betrachter ist es, der seinen Blick in die Tiefe des Raums fliehen läßt, sondern umgekehrt schnellt ihm, aus dem umgestülpten Fluchtpunkt hervorschießend, die Lokomotive entgegen, ein metallenes, kraftstrotzendes Raumgeschoß. Das Bild ist Affront, es stößt seinen Betrachter vor den

Kopf, es springt ihn an (und wie zum Zeichen dieses symbolischen Opfers hat Turner einen flüchtenden Hasen auf der Brücke postiert, dessen Chance indes, der heranfliegenden Eisenbahn zu entkommen, äußerst gering ist).

Vor diesem Hintergrund nun ist bezeichnend, daß das einzige, was in Turners Bildraum noch eine figürliche Realität besitzt, dasjenige ist, was der *Durchquerung* des Raums dient, was den Raum überbrückt. Das fliehende Tier, die Menschen im Schiff, die Brücken, die Geleise, die Eisenbahn – lediglich das, was in Bewegung ist (oder ihr dient), hat ein Anrecht darauf, zu erscheinen. Das, was an dem Bild im engeren Sinn noch Landschaft ist, schaut aus, als ob ein großer Schwamm darüber hinweggegangen wäre. Es ist eine Landschaft, die an der Grenze zum Verschwinden steht, ein Landschaftsraum, der im Begriff ist, sich zu einem reinen, abstrakten Bildraum zu verwandeln, der nurmehr vom Zusammenspiel der Farbmassen, der Valeurs und der Farbgewichte getragen wird.[321]

Stellt man das Bild in den Zusammenhang des Turnerschen Œuvres, so wird sichtbar, daß der Eisenbahn hier die Rolle einer Naturgewalt zukommt – jener Naturgewalt, die Turner stets zum eigentlichen Thema seiner Landschaftsmalerei gemacht hat (die man ebensogut und treffender vielleicht eine Katastrophenmalerei nennen könnte). Schneestürme, Lawinen, Feuersbrünste – stets geht es um jene Gewalt, die den Landschaftsraum in die höchste Unordnung wirft: aber die darin, im scheinbar Chaotischen, eine andere, energetische Ordnung hervortreten läßt. Es ist die Auflösung der Landschaft, die Entfesselung der Energie, die Turner in seinen Landschaften sucht, ermöglicht sie ihm doch, das Abbildliche abzustreifen und zum Spiel der reinen Intensitäten vorzustoßen. So enthüllt die Formel »Regen, Dampf und Geschwindigkeit«, die den Titel des Bildes abgibt, nicht nur das bildliche Zugleich, sondern eine Art Kreislauf, jenen Kreislauf, in dem sich die elementare Natur zu einer höheren Natur, zur *Geschwindigkeitsmaschine* umformt. Und wirklich ist der Titel des Bildes eine exakte Beschreibung der verschiedenen Aggregatzustände der Maschine, verwandelt sich doch, im Innern der Maschine, Wasser zu Dampf, und Dampf zu Geschwindigkeit.[322] Unter diesem Gesichtspunkt bekommt der Umstand, daß der von der Lokomotive durchmessene Raum verschwindet, daß andererseits die den Raum durchmessenden Vehikel sichtbar bleiben, seine volle Bedeutung.

Abstrakt gesagt könnte man dies als Transitorium von einer statischen zu einer wesentlich dynamischen Raum-Ordnung deuten, oder bildhaft, wie ich es zuvor getan habe: als Verwandlung vom Landgeist zum Wassergeist – gleichwohl verstellt die Allgemeinheit eines solchen Urteils (so richtig es sein mag) den Blick aufs Detail: daß nämlich bestimmte hervorgehobene Teile des Raums, daß Gleise und Brücken sichtbar bleiben. Tatsächlich hat man es mit zwei Räumen, genauer, mit zwei heteronomen Raum-Ordnungen zu tun: einer statischen Raumordnung (der Landschaft) und einer dynamisierten Raumordnung (der Eisenbahn und dem künstlichen Netzwerk der Gleise und Brücken), deren Zweck es ist, den ersten, landschaftlichen Raum zu überwinden.

In diesem Bild ist der Übergang zweier Raumkonzepte thematisiert, bei denen das letztere, das Konzept des Geschwindigkeitsraums, die Landschaft verschwinden macht. Denn die Logik des Geschwindigkeitsraums heißt Verschwindenmachen der Ferne, heißt Ent-fernung, und zwar dergestalt, daß im Idealfall die Ent-fernung der Welt steht.[323] Es ist kein Zufall, daß Turner im gleichen zeitlichen Umkreis an zwei weiteren Bildern arbeitet, die, auf eine mythologische Art und Weise von diesem Übergang erzählen. »Schatten und Dunkelheit. Der Vorabend der Sintflut«, lautet der Titel des ersten, »Licht und Farbe (Goethes Theorie). Der Morgen nach der Sintflut. Moses schreibt das Buch Genesis« lautet der Titel des zweiten Bildes. – Das Ende der Welt und ihre Wiederauferstehung, das ist die mythologische Chiffre, die die Kluft, die Unverbundenheit ausmißt, die sich zwischen den beiden Räumen auftut. »Regen, Dampf und Geschwindigkeit – die Great-Western-Eisenbahn« ist das analytische Gegenstück: das Schlüsselbild dieses Übergangs, denn es markiert nicht bloß das Ende der Landschaftsmalerei, sondern bezeichnet präzis, wodurch Landschaft ersetzt wird: durch jenes Netzwerk aus Brücken und Gleisen, das der Geschwindigkeitsmaschine den Raum bahnt.

Das Bild, das zum Geschoß wird, der Bildraum, der sich auf den Betrachter zubewegt – es ist die Inversion des Fluchtpunkts, die Ästhetik des Schocks, welche die Signatur des 19. Jahrhunderts hervortreten läßt: den Geschwindigkeitsraum, die explodierenden Stadtkerne, die sich, wie unter Dampf gesetzt, in konzentrischen Kreisen ausdehnen, metastasieren, in Kreisen und Wellenbewegungen, die wie die Jahresringe der industriellen Entwicklung anmuten. Der Raum ist nicht mehr etwas, das unwandelbar, absolut und feststehend ist, sondern er gerät in die Schieflage, ins Rutschen, er reißt auf, folgt untergründigen Druckwellen, tektonischen Beben. So wie das Sial, das fließende Gestein in der Tiefe der Erde, die Erdkruste aufbrechen läßt, neue Ozeane und neue Gebirge entstehen läßt, so vollzieht sich hier, binnen kurzem (oder, wenn man so will, vom erdgeschichtlichen Maßstab ins Menschliche zurückübersetzt) eine ähnliche Umwälzung. Es entsteht die uns vertraute, urbanisierte Umgebung, das, was man, in einem sentimentalen Reflex »Stadtlandschaft« nennt –, was freilich, sofern es doch eine Bewegung in den abstrakten Bildraum hinein beschreibt, eher »Zeichenlandschaft« heißen müßte. Die dem ausgehenden 19. Jahrhundert so geläufige Dichotomie von Stadt und Land verdeckt eigentlich die Tiefe der Umwälzung, verdeckt, daß der Raum als solcher durchkreuzt und zerschnitten wird, daß dem Landschafter das Landschaftliche abhanden kommt. Das, was sich ihm auftut, ist nicht mehr Landschaft, sondern im höchsten Maße abstrakt. Der Raum wird, wie man sagt, »überschwemmt« von Massenprodukten, von Reproduktionen und Simulakren, er wird von Sommerfrischlern, von Großstadtflaneuren und Touristen bevölkert, er wird zum Stadtlandschaftsbild ästhetisiert, er löst sich auf in eine Stimmung, ein Irgendwie, das verfliegt, vorübertreibt wie der Wolkenhimmel über der Stadt. Es legt sich eine Atmosphäre der *Flüchtigkeit* über den Raum – eine Flüchtigkeit freilich, deren andere Seite die *Zudringlichkeit* ist. Denn hier, im *Imbroglio* des Geschwindigkeitsraumes, vermag niemand mehr – nicht einmal in seinen Fluchtgedanken – noch »für sich« zu sein, sondern ist ein jeder (wie der Betrachter des Turnerschen Bildes) genötigt, zu reagieren, dem, was auf ihn zukommt, auszuweichen, sich zurückzuziehen. In dem Maße, in dem das unmittelbare Fürsich zurückweicht und sich verkapselt, legen sich die *abstrakten* Räume über den Raum: der *Markt*, die *Mode*, die mondäne, weltläufige *In-differenz*. Die Realität ist nicht mehr als solche erfaßbar, sondern nurmehr, insofern sie so genannt und ausgelegt wird. Alles wird in Chiffren verpackt und verkauft, und selbst dort, wo man die »klassischen Muster« kopiert und sich dabei der getreuesten Nachahmungstechniken befleißigt, ist das einzige, was Realität hat, jenes *Neo*, das dem Sogenannten vorangestellt ist. Der,

der hier im Reich der Zeichen erscheint, ist niemand Bestimmter mehr, sondern der Mann in der Menge – und vielleicht ist es gerade das Maß seiner photographischen Kenntlichkeit, die sein schnellvergeßliches, unbestimmtes Gesicht hervortreten läßt. Die sich modernisierende, mobilisierende Stadt wird sich fremd: sie macht den Gang durch die Straßen zu einer Wanderung durch eine Menschenwüste, sie verwandelt das eigene Gesicht zum Inkognito, zu einem Gesicht, das man aufsetzt, so wie man sich eine Schutzmaske aufsetzt. Der Raum und die Gesichter füllen sich mit etwas anderem, mit dem *Anderswo* an – alles erscheint nun: weit hergeholt.

Die Touristen, die durch die Straßen staunen, die mit ihrer *Grand Tour* einen Hauch von Byron und Bildungsroman einatmen – sie sind lediglich Avantgarde, die Vorläufer jener organisierten Scharen, die sich Cook's Reisebüro anvertrauen; und diese wiederum, die wahren, rechtschaffenen Bürger, die sich ihre Bildungsreise hart haben erarbeiten müssen, die Nachzügler ihrer Produkte. Nein, das *Anderswo* ist tatsächlich und ganz real: es drängt, in Form von Waren und Gütern in die Städte, es schlägt sich seine Schneisen, es unterhöhlt den Raum, es glättet und verwandelt ihn, es macht aus ihm ein künstliches Paradies, das angefüllt ist von Verheißungen, Phantasmen und den Zeichen des Imaginären.

In dem Maß, in dem die Stadt sich ausdehnt, nimmt sie die Ferne, das Anderswo in sich auf. In diesem Sinn ist, was im 19. Jahrhundert »Stadt« heißt, dies nicht mehr in der ursprünglichen, positiven Bedeutung des Wortes, ist nicht mehr das, was »statt findet« oder »statt hat«, sondern zugleich etwas, das immer auch ins Anderswo ausweicht, das Weite sucht – und auch findet. Die Stadt des Geschwindigkeitsraums markiert nicht mehr einen umfriedeten, in sich abgeschlossenen, isotopen Raum, sondern sie strebt über sich hinaus: der Heterotopie, der Welt-Stadt, der Megapolis entgegen. Urbanisierung und Landflucht sind lediglich dialektische Kehrseiten jener einen Bewegung, die auf die Entfernung, auf das Verschwindenmachen der Ferne abzielt. In den Zentren der Städte, in den großen Einkaufsboulevards, zentriert sich nicht nur die Stadt, sondern immer auch das *Anderswo*, die Große Welt. So daß, strenggenommen, der städtische Raum strukturell polymorph, polyglott und polyzentrisch ist: nicht *ein* Raum, sondern eine sich überkreuzende, einander durchschneidende und überlagernde Vielheit von Räumen, Räumen, die ins Hier und Jetzt eindringen (so wie die Eisenbahnen, die, aus den verschiedenen Himmelsrichtungen kommend, in einem Augenblick, fahrplanmäßig, sich auf die Stadt zubewegen). Logik des Geschwindigkeitsraums: BerlinParisLondonNewYork.

Es ist die Dynamik dieser *heranrückenden Räume*, die auch Heinrich Heine, im Nachdenken über die Eisenbahnen, die »großen Bewegungsmächte«, erfaßt: »Durch die Eisenbahnen wird der Raum getötet, und es bleibt nur noch die Zeit übrig.« Und dann, eher bangend denn enthusiastisch: »Mir ist als kämen die Berge und Wälder aller Länder auf Paris angerückt. Ich rieche schon den Duft der deutschen Linden; vor meiner Türe brandet die Nordsee.«

Es ist kein Zufall, wenn im 19. Jahrhundert die Bahnhöfe zu den Kultstätten der Moderne werden, stellen sie doch jene Orte dar, wo die Geschwindigkeit der Zeit fühlbar wird: Orte des Transits, des Transports, Orte schließlich, wo sich der Landschaftsraum zum Geschwindigkeitsraum wandelt. So betrachtet ist der Bahnhof nur zum Schein stationär: markiert er in Wahrheit doch jenen Haltepunkt, wo die Bewegung ihren Ein- und Ausgang hat. Station des Nicht-Stationären, dem Fluchtpunkt des Bildes vergleichbar, befindet sich hier die Öffnung, die in den Geschwindigkeitsraum weist, dorthin, wo die Logik und Logistik des Transportes, der Passage beginnt. In diesem Sinn ist der Bahnhof eigentlich das Gegenteil eines Orts, ist er, als örtliche Vorläufigkeit, lediglich ein Zustand: das temporäre Zu-Stand-Gekommen-Sein der Bewegung. Nichts Verloreneres als ein Provinzbahnhof, den gerade eben, am frühen Abend noch, der letzte Zug verlassen hat. Diese Empfindung einer fast handgreiflichen Ent-Ortung ist eben nicht nur Empfindung, sondern eine durchaus präzise Wahrnehmung. Was sich in ihr mitteilt, ist die Abwesenheit jenes Bewegungssystems, dem der Bahnhof doch dient – ist die Unmöglichkeit, in den Bewegungsraum einzusteigen, an der Bewegung des Systems teilzuhaben. Man hat nicht den Ort, man hat den Anschluß verpaßt. Womit der Ort seinerseits wie sinnentleert scheint: tritt doch jetzt, mit aller Heftigkeit hervor, daß er seine Bestimmung nicht in sich selbst hat, sondern nur insofern, als er als Durchgangsstation dient: von ... nach ...

Der Bahnhof, auch wenn er sich architektonisch in seine Umgebung einfügen mag, ist tatsächlich ein mobilisierter, dynamisierter Ort; ein Ort, der sehr viel stärker mit der Bewegung und der inneren Logik des Netzwerks als mit seiner realen Umgebung verflochten ist.

Hier, das teilt sich schon dem Reisenden mit, beginnt eine andere, dynamisierte Welt: etwas, was schon beim Einstieg in den Zug, ja bereits beim Lösen der Karte fühlbar wird. Auf dem Perron stehend, im Bahnhofsrestaurant auf den Zug wartend, ist man, zum Passagier geworden, gedanklich schon in den Geschwindigkeitsraum eingetreten: beginnt, vor der Verheißung der Reise (die immer auch eine Verheißung der Welt ist[324]), der Ort, den man zu verlassen sich anschickt, bereits zu verblassen, erscheint er mit einemmal sonderbar irreal oder so, als ob er bereits der Vergangenheit angehörte. So intensiv ist dieser Übergang, daß es umgekehrt scheinen mag, als ob die Welt nur dort wahrhaft anwesend sei, wo die Telegraphendrähte flirren und die Züge vorüberrattern. Von dieser Bewegung ausgeschlossen, nicht-angeschlossen zu sein, fällt ineins mit einem Gefühl von Weltverlassenheit: irgendwo an einem verlassenen, toten Winkel der Welt vor sich hinzuvegetieren (wie eine jener Tschechow-Figuren, für die das Maß des Elends sich in der Anzahl der Werst bemißt, die man von der nächsten Eisenbahn-Linie entfernt lebt).

»Bahnhöfe und Hotels«, so schreibt die *Building News* vom 6. August 1875, »sind im 19. Jahrhundert das, was Klöster und Kathedralen für das 13. Jahrhundert waren. Sie sind die einzig wirklich repräsentativen Bauwerke, die wir haben.«[325] Daß der anonyme Verfasser auf diese Analogie verfallen ist, kommt nicht von ungefähr. Denn zweifellos – die Bauwerke der Zeit sind hier ein überaus beredtes Zeugnis – eignet dem, was man den »Fortschrittsglauben« des 19. Jahrhunderts nennt, eine wesentlich religiöse Dimension – ist es mithin als ein Teil dieses Programms zu begreifen, wenn die Architekten der Bahnhöfe angewiesen werden, den Gebäuden einen möglichst grandiosen, ja religiösen Charakter zu verleihen. Und wirklich hat man es mit dem Paradefall monumentaler Architektur, ja geradezu mit Sakralbauwerken zu tun, findet sich in ihnen, wie in einer versteinerten Enzyklopädie, alles versammelt, was den Sakralraum charakterisiert: riesenhafte dorische oder ionische Säulen, gußeiserne Säulenkapitelle, endlos sich dahinziehende Säulengänge, Eingangshallen, die eher den Charakter von Propyläen haben (und insgeheim den Proportionen des Pantheon folgen) – römische Architrave oder Fensterrosen, die denen der gotischen Kathedralen nachempfunden sind, Skulpturenprogramme, Türme usf. Bis hin zu den Wassserspeiern der gotischen Kathedralen (die dort eine Funktion erfüllen, als gußeiserne Replikate allerdings bloß ornamentalen Charakter haben) bleibt nichts ausgelassen, was den Eindruck des Erhabenen hervorrufen könnte. Dabei ist die Polarität der Stile, ob klassizistisch oder neogotisch (über die sich die akademische Diskussion des Jahrhunderts aufspaltet) eigentlich unerheblich, letztlich nur eine Frage der Glaubens*richtung* – oder genauer: der jeweiligen Modeströmung, welche die Zeit in verschiedenen Zyklen und Konjunkturen heimsucht. Was immer es ist, es bleibt (von ingeniösen Ausnahmen abgesehen, wie den Bauwerken des Isambard Kingdom Brunels) lediglich Zitat, Verdünnungsform, ein in die Vergangenheit zurückdatierter Wechsel. Stil ist *ready made*, immer schon gewesen. Folglich beherrscht das Pittoreske die Szenerie, ein architektonischer Eklektizismus, in dem, wenn man so will, noch im Schoße der Moderne ihre Postmodernität sich zu erkennen gibt: die Zeit der Kopisten, der Jung-Alten, der Bouvards und Pecuchets. Es ist bezeichnenderweise ein wirklicher Kenner der historischen Bauwerke, nämlich Eugène Viollet-le-Duc, der Verfasser der *Encyclopédie d'architecture* und Restaurator der großen gotischen Kathedralen (Notre-Dame de Paris, Chartres, Amiens und Reims u.a.), der, in einem Plädoyer für den architektonischen *Funktionalismus* und die Erneuerung der Baukunst, die Hervorbringungen dieses oberflächlich historisierenden Eklektizismus als »bizarrste Mischung der Stile, Moden und Epochen« anprangert, welche »niemals auch nur das geringste Symptom der Originalität fühlen« lassen.[326] Freilich bleibt diese Philippika so ungehört wie Flauberts Versuch, mit seinen traurig-komischen Kopisten eine »Enzyklopädie der Dummheit« Gestalt annehmen zu lassen, muß auch Viollet-le-Duc sich mit der resignativen Einsicht bescheiden, daß dieses frühvergreiste Jahrhundert wohl dazu verdammt ist, »zu enden, ohne selbst eine eigenständige Architektur aufzuweisen«.

Wenn Viollet-le-Ducs Plädoyer für eine erneuerte, funktionalistische Baukunst keinerlei Echo findet (so wenig wie die Architekturkritik eines William Morris), so ist hier ein fundamentales Paradox angerührt

– ein Paradox, dessen Symptomatik vielleicht in dem Bestreben hervortritt, die Kraftwerke, die sich der Bahnlinie entlang befinden, als Tudor Villas zu camouflagieren. Denn hier, mit den Kathedralen der Technik, wiederholt sich die nämliche Ambivalenz, wie wir sie bei den gotischen Kathedralen haben beobachten können, hat man es wesentlich mit einer *Trompe l'œil-Architektur* zu tun. So wie die gotische Kathedrale, in einer grandiosen Form der Selbsttäuschung[327], den untergründigen, areligiösen Funktionalismus des Bauwerks überdeckt, so zielt auch die Bahnhofsarchitektur des 19. Jahrhunderts darauf ab, die andere Seite des Geschwindigkeitsraums, die annihilierende, raumvernichtende Kraft zu überblenden. Dieser Widerspuch ist keineswegs ein bloß theoretischer, er ist dem Gebäude selbst inhärent. Denn so sehr die Architektur das Zeitüberdauernde, Monumentale betonen mag – so ist der Bahnhof doch das reine Gegenteil. Nicht allein, daß er als Ein- und Ausstieg des Geschwindigkeitsraums dient, darüberhinaus verwandelt der Bahnhof sich selbst in einen Geschwindigkeitsraum: in eine Passage, durch die immer größere Mengen Fracht, Menschen und Nachrichten hindurchgeschleust werden müssen. Haben die ersten Bahnhöfe der dreißiger Jahre eine Hausordnung[328], die so streng ist wie die Auflage an die Passagiere der ersten Eisenbahnfahrten: nämlich sich nicht vom Platz zu erheben, so verwandeln sie sich Mitte des Jahrhunderts zu überaus komplexen und beweglichen Umschlagplätzen – die, wie großzügig und weitsichtig man sie auch konzipieren mag, doch alle Jahre eine tiefgreifende Um- und Neugestaltung erfordern. Die transitorische Funktion erfaßt auch das Gebäude selbst, seine innere Struktur – und so hat man es, im direkten Widerspruch zur Monumentalität der Form und der Statik, mit einem *Raum in Bewegung* zu tun, einem Gebäude, das sich im Laufe der Zeit den Notwendigkeiten der Bewegung anpaßt. Hier kehrt sich das herkömmliche Verhältnis von Raum und Mensch um – wird das Bauwerk zu einem Gehäuse der Bewegung: zu einer Passage, Schleuse oder Raumstraße, welche dem Durchgangsverkehr dient.[329] Damit aber ist die herkömmliche Perspektive, die den Menschen im Raum situiert, hier umzukehren – ist das Gebäude nicht mehr ein Raum, in dem man sich *ein-richtet*, sondern ist es umgekehrt als eine Hülle der sich bewegenden Menschen zu begreifen, d.h. als Raum, der sich auf die Bewegung *aus-richtet*. So wie Wasser sich den kürzesten Weg sucht und das Terrain auswäscht, so sind es die den Raum durchquerenden Menschenströme, die mit dem Bahnhof einen Gebäudetypus formen, dessen Logik ganz auf diese Bewegungsrationalität reflektiert. Was hier evolviert, ist ein Raum, der auf die Wege derer ausgerichtet ist, die ihn durchqueren, ja der in seiner architektonischen Struktur (als eine gleichsam petrifizierte Dynamik) diese vorwegnimmt – ein im Wortsinn »vor-läufiger« Raum. So besehen sind die Bahnhöfe des 19. Jahrhunderts durch und durch funktionalistische, in mancherlei Hinsicht geradezu avantgardistische Bauwerke.

Umso erklärungsbedürftiger also, daß das Äußere der Bauwerke diesen funktionalen Charakter verhüllt, ja daß diese, trotz der eingebauten Funktionalität, dennoch den Charakter von Sakralbauten, ja einer eigentlich *rückwärts gewandten* Tradition vergangener, statuarischer Größe evozieren. Die Antwort auf dieses Paradox kann nicht eindeutig sein. Zweifellos hat man es wohl mit einer strukturellen Zweideutigkeit zu tun, bedient sich das 19. Jahrhundert einer Formsprache, die seiner inneren Triebkraft, dem inhärenten Funktionalismus ganz heteronom ist. Oder anders gesagt: die überlieferte Formsprache stellt eine Art Vorwand dar, hinter der sich etwas ganz anderes abzeichnet (eine Konstellation, wie sie ja auch für die gotische Kathedrale charakteristisch war). Hier nun stößt man zum eigentlichen Faszinosum, zum Kern dessen vor, worauf die religiöse Ornamentik verweist: auf den *Kult des Geschwindigkeitsraums*.

Es ist dieses Moment, das im inneren Kern des Gebäudes seine Form findet: in der Eisenbahnhalle. Es sind die Eisenbahnhallen, welche die Empfindung der Geschwindigkeit – und mit ihr die Modernität der Moderne – hervortreten lassen, formal wie materiell. Sind die ersten Gewölbe aus Holz – und in dieser Überdachung noch geschlossene, wenngleich, der hereinflutenden Helligkeit folgend, ins *Anderswo* sich transzendierende Räume –, so werden sie zunehmend durchbrochen, lösen sich auf in Gebilde aus Stahl und Glas, beginnt jener Dematerialisierungsprozeß, der auch die gotischen Kathedralen kennzeichnet. Immer gewagter werden die Gewölbekonstruktionen, immer größer die Spannweiten, immer weiter stoßen sie in die Tiefe vor, immer durchlichteter wird der Raum: grenzenlos.[330] Hier, in den Eisenbahnhallen, ist die Verwandtschaft zum Funktionalismus der gotischen

Kathedralen am innigsten, wird nachfühlbar, warum das Gotische zum bevorzugten Ornament der Bahnhofsarchitektur wird. Es sind die Eisenbahnhallen, die hervortreten lassen, was die Monumentalarchitektur der Bahnhofsgebäude eigentlich verhüllt: nämlich daß die mit jedem Detail angerührte religiöse Energie nicht eigentlich im Gebäude selbst, sondern im *Anderswo* ihre Erfüllung findet – im Geschwindigkeitsraum, in jener gleißenden Helligkeit, aus der, ganz plötzlich, die Ferne ins Jetzt rücken wird.

Im Bahnhof stehend, den Fahrplan studierend, befindet man sich am Knotenpunkt der Bewegung, ist es möglich, sich hier- oder dorthin zu wenden. In dieser Entscheidung liegt ein Punkt höchster Intensität, eine Art unsichtbarer, abstraktgewordener Panoramablick, so als ob man, auf einem strategisch hochgelagerten Punkt befindlich, das Terrain sondierte. Genaugenommen ist es der Blick des Landkartenlesers, der in Gedanken bestimmte Verbindungen zieht; nur daß diese Verbindungslinien, so abstrakt und wenig anschaulich sie sind, doch überaus real wirken: vermittelt sich mit den einfahrenden Zügen, die aus allen Himmelsrichtungen kommen, das Gespür, daß hier eine Art Umschlagplatz der Bewegung stattfindet, ja daß der Raum selbst, in Gestalt der ankommenden Züge, sich dem Fahrplanleser entgegenwölbt. So daß er, wenn er vom Fahrplan aufschaut, auf dem Nachbargleis die Reisenden aus A aussteigen sehen kann, während die Bahnhofsansage kundtut, daß gleich ein Zug aus B einfahren wird – und wirklich erscheint mit dieser gleichzeitigen Ankunft eine Art von Synchronizität, ragt hier, in Gestalt der aussteigenden Passagiere, die *Gleichzeitigkeit zweier Orte* in diesen Augenblick. In dieser gleichzeitigen Ankunft ist der Raum, der A und B trennt, wie aufgehoben; erscheint ein jeder Bestimmungs- oder Herkunftsort gleich weit entfernt oder gleich nah.

Betrachtet man den Bahnhof als Teil jener Architektur, aus der sich der Geschwindigkeitsraum zusammensetzt, so ist evident, daß er im Netzwerk der Gleise einen besonders hervorgehobenen Punkt einnimmt: Knotenpunkt, von wo aus Bifurkationen, Abzweigungen und Ent- oder Verkoppelungen möglich sind. Denkt man sich (ähnlich wie der Kartenleser, der seine Gedankenlinien auf der Landkarte zieht) die Topographie eines Bahnhofs in der Abstraktion eines Schaltplans, so kann man darin ohne große Mühe jenen Graphismus wiedererkennen, wie er auch im Kreuzrippengewölbe der gotischen Kathedrale sich zeigt: geht doch auch hier, vom Schlußstein des Gewölbes, ein sternförmiges Liniennetz aus. In der Tat ist dies nicht einmal ein übermäßig strapazierter Vergleich. Ist der Knotenpunkt des Kreuzrippengewölbes jener systemische Punkt, von dem aus die Kräfte ausgesandt werden, so fungiert der Knotenpunkt eines Bahnhofs auf die nämliche Weise: mit dem Unterschied, daß die von hier ausgesandten Kräfte nicht eine statische, sondern eine dynamische Funktion ausüben. Organisiert sich im Kreuzrippengewölbe der Kathedrale die Statik des Raums (oder genauer: werden die Kräfte des Gebäudes so dynamisiert, daß die Statik gleichsam über sich hinauswachsen kann), so organisiert sich in den Knotenpunkten der Bahnhöfe die Dynamisierung des Raums.

Um die Eigentümlichkeit dieses Bewegungsraums ganz zu erfassen, ist es freilich notwendig, über die bloß räumliche Vorstellung hinauszugehen, muß man sich das Liniennetz als ein befahrenes, das heißt: als eine *Architektur in Bewegung* vorstellen. Es ist dies tatsächlich ganz einfach, bedarf es doch nur (wie bei dem Kinderspiel, wo man, um die Züge bei Nacht fahren zu sehen, das Licht ausgeschaltet hat), daß man sich die Züge als Leuchtpunkte denkt, die sich auf eine vorherbestimmte, genau ausbalancierte Weise voranbewegen, und zwar so, daß das System gewissermaßen blind funktioniert: so daß, wenn ein bestimmter Bewegungs-Zustand erreicht ist, eine Weiche gestellt, ein Signal auf Rot geht etc. Es ist evident, daß die architektonische Leistung eines solchen Bewegungs-Raums nicht bloß in der Anordnung der Gleise, ja nicht einmal der Führung eines oder mehrerer Züge bestehen kann, sondern allein darin, daß alle Bewegungen so organisiert werden, daß sie sich zu einem systemischen Ganzen fügen: zu einem Bewegungs-Gleichgewicht oder (wie die Physiker sagen) zu einem Fließgleichgewicht. So besehen stellt der Fahrplan, stellt die Gesamtheit aller Fahrpläne nichts als eine riesige Bewegungs-Architektur dar, welche die Umlaufbewegungen des Netzes organisiert. So daß man, wenn man das Kursbuch zu Rate zöge und das Schienennetz simulierte, die Bewegungsarchitektur in Form eines Computerprogramms nachbilden könnte. Das ist der entscheidende Punkt. Die Architektur des Bewegungsraums ist, auch wenn sie sich im (materiellen) Netzwerk der Gleise vollzieht, eine geistige Architektur. So wie bereits die Architektur des Kreuzrippengewölbes sich von einem *Denkpunkt* her organisiert (in dem der Raum als Systemraum aufgefaßt und damit dekonstruiert wird), so muß auch die Architektur des Netzwerks von einem solchen *Denkpunkt* her gedacht und organisiert werden. Nur daß dieser Denkpunkt, wie das Kursbuch deutlich macht, in einem Gedanken-Raum operiert, der um die Dimension der Zeit bereichert ist.

In diesem Sinn ist die Materialität, welche die Eisenbahn als eine Art Weiterentwicklung herkömmlicher Vehikel erscheinen läßt, eigentlich irreführend – hat man es doch mit einer Veränderung des Raumkonzepts selbst zu tun. Vor dieser *Diskontinuität* des Raumkonzepts nun bedeutet der Versuch, die Eisenbahn in die Genealogie der Vehikel einzuordnen, sie gewissermaßen als eine *elektrische Kutsche* oder als ein *eisernes Pferd* zu betrachten, eine Verfälschung, unterschlägt sie doch, daß die Eisenbahn Bestandteil eines spezifischen Raumkonzepts ist, ja daß sie aus diesem erst hervorgegangen ist. Um den Riß, der sich in der Eisenbahn offenbart, ins Auge zu fassen, ist es sehr viel dienlicher, das Augenmerk nicht so sehr auf das Vehikel als vielmehr auf die neuartige Beschaffenheit des Raumes zu richten.

Es ist vor allem die Entwicklung der *Telegraphie*, die das veränderte Raumkonzept hervortreten läßt. Es mag auf den ersten Blick etwas sonderbar anmuten, gleichwohl besteht zwischen Eisenbahn und Telegraphie ein überaus enges Verhältnis, hat man es mit einer Doppelgestalt zu tun, bei der das eine als ein Komplement des anderen zu lesen ist. Wenn die ersten Telegraphenleitungen sich stets an den Eisenbahngleisen entlang strecken, so ist dieser buchstäbliche Parallelismus[331] nur das offenbare Sinnbild einer sehr viel tiefergehenden Verwandtschaft, ja eines geheimen Zwillingsverhältnisses. Daß sich dies im Laufe der Zeit auseinanderentwickelt hat, besagt nichts dagegen. Ätiologisch besehen, das heißt: mit den Augen eines Zeitgenossen betrachtet, ist die Verwandtschaft eine Evidenz. So sehr stehen Eisenbahn und Telegraphie in einem Analogieverhältnis, daß der Mathematiker Carl Friedrich Gauß, der im Jahr 1833 einen Telegraphen entwickelt, auf den Gedanken verfällt, daß man doch künftig statt der Leitungsdrähte die Eisenbahngleise selbst zur Telegraphie verwenden könnte.[332] Tatsächlich ist hier – und darauf kommt es mir an – das Moment der Parallelität eigentlich aufgehoben, erscheinen

Telegraphie und Eisenbahn vielmehr wie zwei Folien, die, an der richtigen Stelle übereinandergeschoben, sich zu *einem zusammengehörigen Bild* ergänzen, die Hypostasen ein- und desselben gedanklichen Raums.

Vor diesem Hintergrund freilich tut sich gleich eine weitere Verlegenheit auf, ist zunächst einmal zu klären, was die Besonderheit der elektrischen Telegraphie ausmacht. Wenn hier von »elektrischer« Telegraphie die Rede ist, so nicht ohne Grund – wird mit diesem Akzent doch vorgegeben, daß das historische Novum nicht eigentlich in der Nachrichtenübermittlung über große Distanzen, sondern im verwendeten Medium liegt: in der Elektrizität. Es ist dies ein Aspekt, der leicht überblendet wird von dem Umstand, daß der elektrischen Telegraphie ein relativ ausgefeiltes optisches Telegraphensystem vorausgeht.[333] Gleichwohl hat die optische Telegraphie, so sehr man auch eine funktionale Verwandtschaft feststellen kann, mit der elektrischen Telegraphie so viel (oder so wenig) gemein, wie etwa die mechanischen Bildherstellungsweisen des späten 18. Jahrhunderts (Silhouette, Camera lucida, Physionotrace) mit der Photographie. So wie in der Photographie das entscheidende Moment der *Bildspeicher* ist, so ist es hier die Beherrschung der *Elektrizität*, die das eigentliche Novum ausmacht. In diesem Sinn ist der Telegraph gar nicht ursprünglicher Skopus, sondern eine Art Nebenprodukt, eine bestimmte Applikation elektromagnetischer Induktion. Der russische Diplomat Baron Pawel Schilling etwa richtet sein Augenmerk auf eher militärische Anwendungsweisen, wie die Fernzündung von Sprengsätzen (über unterirdische und unterseeische Kabel), ein telegraphisch ferngesteuertes Alarmsystem sowie Chiffriermethoden.[334]

Es ist folglich auch nicht so sehr die Denkmöglichkeit telegraphischer Kommunikation als vielmehr die Elektrizität, die in der enthusiastischen Apologie jener beiden Chronisten aufscheint, die die Geschichte der großen Expedition erzählen, die im Jahre 1858 Europa und den amerikanischen Kontinent mit einem transatlantischen Telegraphenkabel verbindet:

»Von all den wunderbaren Errungenschaften der modernen Wissenschaft ist der Elektrische Telegraph die größte und der Menschheit dienlichste. Er ist ein fortwährendes Wunder, das kein noch so vertrauter Umgang zum Gemeinplatz machen kann. Diesen Charakter verdankt der Telegraph der Natur des Agenten, dessen er sich bedient, und dem Zweck, dem er dient. Denn was ist das Ziel anderes als das geistigste, das nur ausdenkbar ist? Nicht der Veränderung oder dem

Transport von Materie dient er, sondern der Übermittlung von Gedanken. Um dies zu bewirken ist ein so überaus subtiler Agens am Werk, daß man ihn billigerweise eher als geistige denn als materielle Kraft bezeichnen sollte. Es ist die mächtige Kraft der Elektrizität, die in allen Formen der Materie schlummert, in der Erde, Luft und Wasser, die jeden Teil und jeden Partikel des Universums durchdringt, die Schöpfung in ihren Armen trägt – sie ist noch unsichtbar und viel zu subtil, um analysiert werden zu können.«[335]

Nun stellt diese Apotheose der Elektrizität, die nicht von ungefähr einen biblischen Zungenschlag annimmt, keinesfalls eine Ausnahme dar, sondern ist in einer Zeit, der das Licht der Glühbirne noch nicht aufgegangen ist, eher charakteristisch – scheint Elektrizität noch bis tief ins 19. Jahrhundert eine magische, göttliche Substanz zu sein[336], spricht man folgerichtig – in einer stehenden Redewendung – von der Übermittlung von »Intelligenz«.

Die ersten Versuche, die sich mit der Elektrizität beschäftigen, fallen in die Mitte des 18. Jahrhunderts. Im Jahr 1745 wurde die sogenannte Leydener Flasche entwickelt, die in einer unterhaltungsgierigen, am Ennui leidenden höfischen Welt sogleich Gegenstand intensivster Neugierde wurde, so sehr, daß der anonyme Verfasser einer Geschichte der Elektrizität (die den bezeichnenden Untertitel »oder was an Merkwürdigem und Unterhaltendem, Nützlichem und Interessantem, an Mutwilligem und Ergötzlichem einige Physiker Europas gesagt haben« trägt) dies zum Anlaß nimmt, sich darüber zu beklagen, daß »ein Kavalier, dem einst eine sanfte Stimme und eine gute Figur genügten, um sich in den Salons einen Namen zu machen, zur Stunde verpflichtet [ist], zumindest ein wenig seinen Réaumur, seinen Newton und seinen Descartes zu kennen.«[337]

Was nun die Welt anbelangt, die ein wenig mehr will als das, so schlägt die Entdeckung der Elektrizität ein wie ein Gedankenkomet, erscheint sie geradezu wie ein Wunder[338], nicht zuletzt auch deswegen, weil sie – eine gewichtslose und unkörperliche Substanz – all dem widerspricht, was die Korpuskulartheorie, die herrschende Ontotheologie gerade als der Weisheit letzter und absoluter Schluß hatte durchsetzen können.

Freilich, im Zusammenhang mit der Leydener Flasche von einer »Entdeckung der Elektrizität« zu reden (in dem Sinne, daß das Phänomen in seinen Grundzügen begriffen worden sei) ist, wie Gaston Bachelard[339] deutlich gemacht hat, rückwärts gekehrte Prophetie, Geschichtsschreibung der Nachgeborenen. Tatsächlich hat das 18. Jahrhundert vor allem damit zu schaffen, seine Betrachtungsweise Schritt für Schritt dem Phänomen anzupassen, sich nacheinander seiner Vorurteile über das Phlogiston und die besondere Feuernatur der Elektrizität, ihres Eigenschaftscharakters (als ob es Dinge oder Lebewesen gäbe, die »an sich« in einem besonderen Maße »elektrisiert« seien) zu entschlagen, kurzum, die eigene *Betrachtungsweise* soweit zu dekonstruieren, daß es am Ende dieses Prozesses möglich war, in der Leydener Flasche nicht bloß ein je nachdem kurioses oder dunkel-okkultes Wunderding zu sehen, sondern die allgemeinen Gesetzmäßigkeiten eines Kondensators daraus abzuleiten.

Was die Elektrizität zum Skandalon macht, ist, daß sie die Absoluta von Raum und Zeit durchkreuzt – damit aber der cartesianisch-newtonschen Epistemologie einen heftigen Schlag versetzt. Genau dies, die Frage nach Raum und Zeit, ist die Stoßrichtung jenes überaus bildkräftigen Versuchs, den der Abbé Nollet im Jahr 1746 zu unternehmen sich anschickte. Und zwar übertrug er die elektrische Ladung der Flasche auf eine große Anzahl von Karthäusermönchen, die, über Eisendrähte miteinander verkabelt, einen Kreis bildeten, mit dem beträchtlichen Umfang von eintausendachthundert Metern (einem Durchmesser von über einem halben Kilometer Länge). In dem Augenblick, da sich der Kreis schloß, verfielen alle Mönche in Zuckungen – was man als einen sicheren Beleg dafür nahm, daß alle Betroffenen die gleiche Körpersensation empfanden. Nicht minder erstaunlich jedoch war das zweite aus der Versuchsanordnung sich ableitende Phänomen: nämlich der Umstand, daß die Konvulsionen und Zuckungen der Mönche simultan einsetzten – ohne daß, wie man es bei der Größe dieser Menschenkette doch hätte erwarten können, der geringste Zeitversatz sichtbar geworden wäre; woraus man nur schlußfolgern konnte, daß das elektrische »Fluidum« eine unendlich schnelle, ja geradezu zeitlose Substanz sein müsse. Es ist nicht verwunderlich, daß die Zeitlosigkeit dieser quasi göttlichen, alldurchdringenden Substanz das eigentliche Faszinosum darstellte – öffnete sich hier doch der phantastische Gedankenraum eines überwundenen, das heißt: eines buchstäblich ent-fernten Raums.[340]

Ich kann nicht umhin, in dieser Kommunion der Elektrizität, im Bild der brüderlich gleichgeschalteten, konvulsivisch zuckenden Mönche, ein Phantasma der Moderne zu sehen, ein Sinnbild all jener Gesellschaftsgespenster, die dann im 19. Jahrhundert sich zu realen Gebilden formieren. Die

Elektrizität ist das Substrat dessen, was Bachelard treffend das »Abstrakt-Konkrete«[341] nennt – eben so »abstrakt-konkret« wie die Übergebilde der »Menschheit«, der »Brüderlichkeit« oder der »Nation« (oder auch die »Unsichtbare Hand« des Adam Smith). So besehen ist es vielleicht kein Zufall, daß an der Wende zum 19. Jahrhundert, zum gleichen Zeitpunkt, als Alessandro Volta das elektrische Fluidum in Gestalt einer Batterie dienstbar macht, auch die großen gedanklichen Batterien in Gang gesetzt werden. Und auch hier, in den Gebilden der Geschichtsphilosophie, vollzieht sich ein solcher Umschlag, sind die Gedankfiguren nicht mit bloßem Sinneseindruck faßbar[342], sondern nur, insoweit das in ihnen sich ausdrückende Bewegungsprinzip mitbedacht wird, und sie als *Träger* eines eigentlich unkörperlichen, abstrakt-konkreten Prinzips aufgefaßt werden. Napoleon, der Weltgeist zu Pferde, das ist nicht der junge korsische Artillerieleutnant, der Sohn des Carlo Bonaparte und der Maria Letizia Ramolino, sondern er ist ein *elektrischer Reiter* – in dem Sinne jedenfalls, als er als Ausdruck und Repräsentant einer Masse und einer Bewegung erscheint: einer *Feldstärke* sozusagen.

Zweifellos (auch wenn dies häufig übersehen wird) ist die Elektrizität das erste *Massenmedium* – ja, das Urphänomen des Massenmediums schlechthin. So besehen weist die Versuchsanordnung des Abbé Nollet, die – mit einem Schlag – aus seinen Karthäusermönchen unfreiwillige, gleichgeschaltete Breakdancer macht, auf die wesentlichen Punkte hin, die (wie eine Art inneres Bewegungsgesetz) auch all den nachfolgenden Medien eignen, ja, vermag sie als Urbild zu erscheinen, welches in einem symbolischen Sinn vorwegnimmt, was den nachfolgenden Medien erst vorausschwebt: die Ent-fernung des Raums, die künstliche, elektrische Nabelschnur, die Gleichschaltung, die Kommunion. Und die geschlossene Welt: Klaustrophilie.

Was die Entwicklung der elektrischen Telegraphie anbelangt, so stellt, der allgemeinen Umwälzung entsprechend, die Jahrhundertwende eine Art Initial dar, ist es, aufgrund der Entdeckungen Voltas, möglich, größere Batterien herzustellen, und das heißt: die Forscher mit einem steten, kontinuierlichen Energiestrom auszurüsten. Von nun an liegt die Telegraphie in der Luft, wird sie – darin der Photographie vergleichbar – an verschiedenen Orten (und ohne Wissen der Forscher voneinander) entwickelt.³⁴³ Es ist die den Raum ent-fernende Geschwindigkeit der Telegraphie, die sie zu einem Bundesgenossen der Eisenbahn macht. Denn die Telegraphie stattete die Betreiber der Eisenbahnstrecken mit einem Kontrollsystem aus, mit einem *virtuellen Raum*³⁴⁴, der es ihnen erlaubte, das Eisenbahnnetz zu kontrollieren.

Zu Anbeginn freilich stellte sich, was hier etwas großspurig Kontrollsystem heißt, noch überaus simpel dar. Zunächst einmal – ohne telegraphische Hilfe – bestand das Dilemma darin, daß die Betreiber der Eisenbahn, hatte der Zug einmal den Bahnhof verlassen, ihm bestenfalls ein *Farewell* hinterherrufen konnten, daß es ihnen jedoch unmöglich war, sich über seine relative Positionierung zu unterrichten, Nachricht über den Ausfall eines Zuges zu bekommen etc. Die Nachricht war hier, in der vortelegraphischen Zeit, tatsächlich noch das, was sie im Wortsinn ist: nach Richtung, nach gereicht. Ein überaus umständliches System, dessen man sich bediente, um Kollisionen zu vermeiden, bestand darin, daß ein Streckenposten angewiesen war, den Zug bis zu einem bestimmten Augenblick anzuhalten und dann erst, zu diesem vorab fixierten Zeitpunkt, die Bahn freizugeben. Dieses blinde Vertrauen in die mechanische Uhr hatte jedoch seine Grenze dort, wo ein Zug ausfiel und die Strecke blockierte. Die größte Kollisionsgefahr (und folglich das Schreckbild des »größten anzunehmenden Unfalls«, des lokomotorischen Super-GAUs) bestand dort, wo die Streckenführung, wie in den Tunneln, nicht frei zugänglich war – und wo es dem Führer des nachfolgenden Zuges nicht möglich war, das Streckenhindernis auf Sicht zu erfassen. Hier war die Telegraphie, die den Durchgang eines Zuges und das Freiwerden des übertunnelten Streckenabschnittes melden konnte, von größtem Nutzen, war sie das zuverlässigste, vor allem aber das schnellste Mittel, die Zustände eines Streckenabschnitts (»frei« oder »blockiert«) zu vermelden. Aus dieser, wenn man so will, binären Logik, entwickelte sich überhaupt ein erstes telegraphisches Raumsystem, bei dem das gesamte Liniennetz in eine Anzahl von Blöcken unterteilt wurde, die jeder mit einem Telegraphen ausgestattet wurden und entlang der Strecke die jeweils benachbarten Blöcke darüber informiert hielten, ob der jeweilige Streckenabschnitt »blockiert« oder ob die »Bahn frei« war – wobei das Grundprinzip darin bestand, daß es jeweils nur einem Zug gestattet war, sich in einem Block aufzuhalten.

Mit dieser Segmentierung des Raums in einzelne Blöcke und mit der Zuordnung zu einem Telegraphen wird der Raum des Liniennetzes erstmals als eine Gesamtheit erfaßt, als eine Gesamtheit zudem, die sich, da das Telegraphennetz in der *Real time* operiert, zu jedem beliebigen Zeitpunkt als ein Zu-Stand begreifen läßt. In diesem Zu-Stand aber (den man sich der Einfachheit halber wie die zeitindizierte Photographie eines Schaltplans denken kann) spielt der Raum (als Ferne, als Differenz) keine Rolle mehr. Es ist vielmehr das telegraphische Astraktum, der in die Synchronizität hineingestauchte, ent-fernte Raum, welcher als Schaltzentrale der Bewegung, als eine Art *Remote control*, den realen, wirklichen Raum beherrscht. Strenggenommen, auch wenn die Eisenbahn im Landschaftsraum materiell erscheint – als ein »eisernes Pferd« –, ist sie doch Teil einer anderen, nämlich einer *telegraphischen Logik*, einer Logik, in der Raum bereits ent-fernt ist. Folglich ist es der telegraphische Transport, welcher das Ideal des räumlichen Transports darstellt. So wie Turner dem verschwimmenden Landschaftsraum die Konturen des Geschwindigkeitsraums entgegensetzt, so deterritorialisiert sich auch der reale Raum, setzt sich mit dem Netz der Telegraphenleitungen der entzeitlichte und enträumlichte *virtuelle Raum* an seine Stelle.

Stellt das telegraphische Netz das elektrische Double des Schienensystems dar, so läßt sich umgekehrt der *Symboltransport* unter der Folie einer Eisenbahnfahrt betrachten. In diesem Sinn ist die Telegraphie, oder, um der Anschaulichkeit willen, ist die *Telephonie* (die einen Spezialfall der Telegraphie darstellt[345]) eine Art symbolischer Eisenbahnfahrt. Dabei bleiben die Gesetzmäßigkeiten im wesentlichen dieselben wie im Falle des Schienenverkehrs: geht es auch hier darum, daß das auf die Reise geschickte Zeichen auf eine bestimmte Art durch ein Verkehrsnetz geschickt wird.

Vom Transport oder gar von der »Reise« der Stimme oder eines Zeichens zu reden, mag befremdlich anmuten: und doch ist dies alles andere als eine Metapher. Daß sich die Empfindung der Reise aus unserem Empfinden gelöst hat, daß der Griff zum Telephonhörer nichts mehr vom Herzschlag und von der Erregung der Ferne hat, wie sie etwa Benjamin noch in seiner *Berliner Kindheit* beschreibt, sondern daß demgegenüber eine muntere *Trompe l'oreille* oder eine geschäftsmäßige Gleichgültigkeit waltet, je nachdem – all das besagt wenig anderes, als daß sich uns die Orientierung im Geschwindigkeitsraum so weit innerviert hat, daß wir vollends taub und indifferent geworden sind für das, was eigentlich das Allerselbstverständlichste und doch auch Allerkomplizierteste ist: nämlich daß an einem solchen Transport nichts unmittelbar ist. Denn auch wenn, vom Phantasma der Synchronizität überblendet, der Zwischenraum wie aufgehoben scheint, so liegt zwischen dem Hier und Dort doch eine Strecke, die materiell überbrückt werden muß – muß meine Stimme, oder besser: mein elektronisch aufgerastertes Stimmsymbol auf eine Reise geschickt werden.

Tatsächlich also ist, was unmittelbar scheint, ein hochkomplexer Prozeß, ein Prozeß, der nur möglich ist auf dem Grund jener Systemarchitektur, wie sie sich in Form eines weitausgestalteten Verzweigungs- und Verschaltungssystems herausgebildet hat. So wie die Räume der Kathedrale nur hinaufpfeilen, weil die Architektur des Kreuzrippengewölbes die auf das Gebäude einwirkenden Kräfte in ein Netzwerk von Kraftlinien auflöst, so kann der Schein der Unmittelbarkeit nur auf dem Grund jenes Netzwerks entstehen, das, ein künstliches, höchst ausdifferenziertes Geäder, nichts weniger als ein *Jahrhundertbauwerk* darstellt. Wenn die Stimme am anderen Ende den Schein der Unmittelbarkeit hat, so nur deshalb, weil das Echo all der Mühseligkeiten verstummt ist, welche die Eroberung dieses Raums begleitet haben. Umgekehrt ist der Sinn für die räumliche Dimension wohl in dem Maße verschwunden, in dem das Netzwerk sich über den Raum gelegt hat, in dem es, ein zunächst begrenztes, lokales Geflecht, sich über das Land gezogen und auf den Meeresgrund herabgesenkt hat, in dem es die Ortsnetze miteinander verbunden und schließlich die Welt selbst zu einem einzigen, großen Weltsystem zusammengefügt hat.

Exkurs mit Netz und doppeltem Boden

Wo immer man sich bewegt, überall spannen sich Netze: Filiationen jener Raumstruktur, wie sie im telegraphischen Raum des 19. Jahrhunderts erstmals Gestalt angenommen hat. Nein, das leere Zimmer, in dem sich eine Glühbirne, ein Wasserhahn und ein Telephon befinden, ist nicht wirklich leer, *a-topisch*, sondern es ist Teil jenes öffentlichen Netzwerkraums, jenes Systems, das uns auf Knopfdruck mit allem möglichen versorgt: mit Wasser und Strom, mit dem Wetterbericht und den Börsennachrichten, mit dem Straßenzustandsbericht, dem Kinoprogramm und der Zeitansage, mit dem Strahlentelex oder dem AIDS-Merkblatt des Bundesgesundheitsministeriums usw., ad libitum. Die Netze versorgen uns und entsorgen uns wieder, sie katapultieren uns durch den Raum, über Land, über Wasser und durch die Luft – materiell und symbolisch.[346] Man hat sich angewöhnt, die Gesamtheit der Netze *Infrastruktur* zu nennen. Infra, das heißt wörtlich genommen: das, was »unter« mir steht, was »unterhalb« ist, ebenso wie die Kabel, Leitungsdrähte, die Kanal- und Röhrensysteme sich unter meinen Füßen, unterhalb der Asphaltdecke ausbreiten. Freilich ist, was sich materiell unter meinen Füßen ausbreitet, auch in meinem Kopf, das logische Abstraktum einer Zeichenarchitektur, und so ist es nicht ganz von ungefähr, daß die Netze sich zunehmend dematerialisieren, daß sie, reiner Gedanke, dem Einzelnen über den Kopf wachsen. Ja, von Satellitenmonitoren überwacht, photographiert und abgetastet, ist die Welt selbst (im orbitalen, erdumkreisenden Panoptikumsblick) zu einem »Unterhalb« geworden – so als schaute man nicht auf den eigenen Grund, sondern auf einen fremden Himmelskörper hinab.

Vor dem Aspekt der vielfach vernetzten Welt ist die erstaunliche Karriere, die dem Gedankenbild des »Netzes« zuteil geworden ist, keineswegs überraschend. Es geschieht dies, wie wir so häufig haben beobachten können, mit einer leichten Phasenverschiebung – gleichwohl ist der Effekt doch der nämliche. Ebenso wie die Netzwerke des telegraphischen Raums sich durch den wirklichen Raum spannen, über Kontinente, Ozeane und über Staatsgrenzen hinweg, ebenso spannt das Gedankenbild des »Netzwerks« sich durch die Diskurse, vermag es, fast mühelos, die so sorgsam befestigten Grenzzonen der Disziplinen zu überschreiten – erweist sich, daß den materiellen Netzwerken stets auch ein analoges Gedankennetzwerk, ein, wenn man so will, »neuronales« Netzwerk zuwächst. So wie das Ohr, das von der Unmittelbarkeit des Schalls, der *Trompe l'oreille*, geneckt, den überbrückten Raum überhört, so ist auch der Intellekt, noch ganz bestrickt von der Geschmeidigkeit seines neuen Begriffsinstrumentariums, taub für das Gewordensein, die durch und durch moderne Struktur seines Meta-Denkbildes. Ja, beinahe mag es scheinen, als ob hier, im Bild des Netzwerkes, eine Art Urbild läge, ein nicht weiter aufzulösendes Grundphänomen. Ob es die *Stadt*[347] ist, die *Gesellschaft*[348], das *Gehirn*[349] oder der *Mikrochip*[350] – stets läuft es auf das

Bild des Netzwerkes hinaus. Was hier besonders zupaß kommt, ist jener Doppelcharakter des Netzes, wie er bereits in der Konstellation von Eisenbahn und Telegraphie sichtbar wurde, und so fungieren diese beiden Aggregatzustände des Netzes wie zwei Spiegel, die einander gegenüberstehen und sich ins Unendliche spiegeln und widerspiegeln.[351] Damit nun ist das *Netzwerk* der moderne Erbe des *Systems*[352] – wobei der entscheidende, zu diesem Paradigmenwechsel veranlassende Unterschied wohl darin liegt, daß Netze »wachsen« können, daß sie dehnbar sind und auf spezifische Bedingungen hin »ausgelegt« werden können, kurzum: daß ihnen, im Gegensatz zu den starren, am Räderwerkkosmos geschulten Gedankensystemen eine bewegliche, veränderliche Struktur eignet. Eine Eigenheit, welche diejenigen, die sich des Netzwerks als eines Gedankenvehikels bedienen, als etwas Organisches, Körperliches und Natürliches empfinden – was wohl der Hauptgrund dafür ist, daß sich die Frage des Netzes nicht als Problem, sondern als Lösung darstellt.

Es ist diese unproblematisierte Aprioristruktur des Netzes, die dazu zwingt, auf die Eigentümlichkeit des Bildes einzugehen und die einfachste (und die komplizierteste) aller Fragen zu stellen, nämlich: Was ist das? Was ist ein Netz? Ein Netz, in der ursprünglichen Bedeutung des Wortes, ist ein Geflecht zusammengeknoteter, geflochtener Bänder, ein Maschenwerk. Ein Netz besteht nicht aus mehreren Teilen, sondern es bildet einen Zusammenhang, es ist *einfach*. Genaugenommen, seine *Einfachheit* besteht darin, daß es *einfach kompliziert* ist, oder andersherum, daß seine »complexio«, seine Verknüpfung in einer einzigen Figur, in der Einfachheit des Netzes endet. Freilich ist dieser Zusammenhang, für den das Netz – archetypisch fast – steht, nicht eigentlich als etwas *Abgeschlossenes* zu nehmen. Denn das Netz als solches ist *leer*. Es ist dazu da, daß sich in ihm etwas verfängt: verfänglicher Zusammenhang. Die ihm eingewobene *Leere* ist ein konstitutives Moment seiner Funktion, es ist verfänglich nur in dem Maß, in dem es leer ist. So paßt es sich der Kontur und der Bewegung dessen an, was sich in ihm verfängt. Es legt sich wie eine Art fremder, uneigentlicher Haut über die Körper, es umhüllt sie und folgt ihren Bewegungen, bis sie sich selbst gänzlich darin verfangen und bewegungsunfähig gemacht haben. Wenn das Netz seine Funktion nicht erfüllt, wenn etwas, wie man sagt, durch die Maschen schlüpft, so meistens deshalb, weil das

Netz nicht für diese bestimmte Kreatur ausgelegt ist. Damit aber ist, was ich die *eingewobene Leere* genannt habe, nicht wirklich leer, sondern lediglich die defiziente Form jener Fülle, für die das Netz ausgelegt, ja, die in Form seines Maschenwerks bereits eingewoben, gewissermaßen im voraus schon *hineingelegt* ist. In diesem Sinn, auch wenn das Netz, für sich genommen, ein »leerer Zusammenhang« scheint, ist die Leere des Netzes doch nur das Raster, das Negativ für die Fülle, für das, was im Maschenwerk sich verfängt, was ins Netz geht.

Genaugenommen ist es sinnlos, das »Netz an sich« denken zu wollen, geht es doch stets darum, daß sich der Zweck des Netzes *erfüllt*. Dabei muß die »Auslegung« des Netzes nicht zwangsläufig dem Zweck des Fanggeräts dienen. Ebensogut vermag das Netz dem Schutz oder der Abwehr zu dienen (in Gestalt eines Moskitonetzes zum Beispiel). Das Netz, so könnte man sagen, ist ein bestimmtes Raster, das eine bestimmte Welt(un)durchlässigkeit, eine Porösität determiniert. Womit sich die Funktion des Netzes zu einer bipolaren ausdehnt: fängt es einerseits ein, schirmt es andererseits ab.

Diese Doppelseitigkeit des Netzes, die Frage, wozu und als was es *ausgelegt* wird, ist ein konstitutives Moment: etwas, was insbesondere im lateinischen »textum« hervortritt (*textum*, Gewebe; *textor*, der Weber; *texere*, weben, flechten, bauen). Im »textum« überkreuzt sich, auf eine auf den ersten Blick sehr sonderbare Art und Weise, das *Gewebe* – im Sinne der Textilie – mit dem *Gebäude*, als einer Architektur. Diese Verwandtschaft, die die einer bloßen Metonymie zu sein scheint, ist tief im Empfinden verankert. Das »textum« des Kleides und das des Gebäudes schirmen gegen die Widrigkeiten der Außenwelt ab, und so hat man es gewissermaßen mit künstlichen Häuten zu tun; einer stofflichen, dann: einer weiter noch vorgelagerten steinernen oder hölzernen Haut. Wenn, der stofflichen Differenz ungeachtet, die Sprache an einer einheitlichen Betrachtungsweise festhält, so deshalb, weil das »textum« nicht vom *Stoff* abhängt, sondern auf die eingewobene Netz-Struktur zurückgeht, auf die Kunstfertigkeit, einen Stoff so zusammenzufügen, daß er die Funktion des Abschirmens erfüllt. Und so ist es nicht verwunderlich, daß vom »textum« eine Verbindungslinie zur »techne« weist. Damit ist das »textum« identisch mit dem, was wir heute »Struktur« nennen – genauer, ist der Umstand, daß wir letzteres benutzen, einer oberflächlichen Betrachtungsweise zuzuschreiben, die dem »structor«, dem römischen *Maurer* zuweist, was eigentlich, als Textur, das Werk eines Architekten ist.³⁵³ Archi-Tektur meint die Haupt-Textur, meint jenes innere Prinzip, das aus der »complexio« eine Einheit schafft, und auf eine bestimmte Art und Weise das Problem des Stoffes bewältigt. Die Textur also verweist auf eine unstoffliche, synthetische Logik, die, vom Stoff selbst getrennt, diesem eingewoben wird.³⁵⁴ Von hier ist der Zusammenhang zwischen Textur und Text präfiguriert (auch wenn er relativ spät erst, nämlich im Spätmittelalter, sich dezidiert äußert³⁵⁵).

Auf die Anfangsfrage nach dem Netz zurückgewendet, zeigt sich, daß der Sprachcharakter schon in der einfachsten Form des Fanggerätes eingewoben ist. Denn die Textur des Netzes, die Beschaffenheit seines Maschenwerks, beschreibt eine Vor-Schrift, einen *Prä-Text*, der sich erst zeigt, wo das Netz gefüllt ist, wo sich die Füllung im Kon-Text zeigt und damit, als ein gefüllter Zusammenhang, die Textur des Netzes ausweist. In diesem Sinne könnte man das Netz als die schlichteste, wahrhaft vor-schriftliche Form eines Programms³⁵⁶ begreifen – und wirklich, ist das Netz ausgelegt, »ergibt« sich der Zusammenhang ja von selbst, gibt das gefüllte Netz die in der Textur eingewobene Zweckmäßigkeit zu erkennen.

War bislang vorwiegend vom materiellen Geflecht, von einer materiellen Textur die Rede, so ist damit ein Kontext angesprochen, der mit dem Christentum eine erste tiefgreifende Umdeutung erlebt. Denn hier wird, in der Fischfangmetapher verborgen³⁵⁷, das Netz zum wesentlichen Motiv des Christentums und seines Missionsauftrages. Das Netz, das der »Menschenfischerei« dient, ist nicht mehr materiell, sondern es ist das Wort selbst: jene symbolische Textur der Schrift, in der ein göttlicher Zusammenhang wirkt. Damit aber, in der Vorstellung eines symbolischen, göttlichen Netzwerkes, löst sich die Textur des Netzes aus allen innerweltlichen Zusammenhängen heraus: wird hier, erstmals, das *Wort* als ein abgeschlossenes, alle Zeiten und Ewigkeiten umhüllendes Ganzes betrachtet. Mit der Vorstellung dieser Logos-Hülle, die alles Geschaffene (das *ens creatum*) umschließt, ist die *Welt* selbst ins Netz gegangen – und besteht die Eschatologie darin, daß sich das ausgelegte Wort erfüllt. Das ist die Mission, die den »Menschenfischern« auferlegt ist: jenes göttliche, metaphysische Sprach-Netz auszulegen, damit es denjenigen, den es anspricht, verwandelt und zum Mitglied der Einen Apostolischen Kirche macht. Mission heißt in diesem Sinn stets auch Emission: Aussprechen dessen, was in der heiligen Schrift kodifiziert ist – und was sich, wie das Pfingstwunder zeigt, im Aussprechen jedermann offenbart. Es sind nicht die Apostel, sondern *Es spricht* in ihnen – und es ist dieses Sprechen, in dem sich das *Wort*, wie von selbst, auslegt.

Das, was sich mit dem göttlichen Sprach-Netz einstellt, ist die Idee einer *universalen Sprache*, eines geistigen Bandes, das sich, als ein im Uranfang bereits beschlossener Zusammenhang, in Zeit und Raum erfüllt.[358] Steht die Vorstellung einer universalen Sprache im Christentums noch im Zeichen des Wortes, das sich in der Welt inkarniert, so ist damit, als Struktur, die Vorstellung eines universalen Netzwerks geknüpft – ist, bildlich gesprochen, die Möglichkeit eines Netzes gedacht, dem die Welt ins Netz gehen könnte. Vor diesem Hintergrund nun ist es durchaus kein Paradox, daß die Umdeutung und Säkularisierung des symbolischen Netzes sich dort vollzieht, wo sich die Kirche (in Form der gotischen Kathedrale) hypostasiert; wird die Grundlage der neuen Universalsprache im Schoße der Kirche selbst geboren. Es ist die Architektur der Kirche selbst, die Geburt der Kreuzrippe, in der sich das göttliche Netz zum Systemraum, schließlich zum *Koordinaten-Netz* auflöst. Jedoch bedeutet diese Säkularisierung nicht, wie es die Renaissance sich erträumte, die Wiederkehr eines gleichsam vorchristlichen Naturzustands, sondern im Gegenteil einen erneuten Riß: Zweite Natur. Das, was im christlichen Denken Weltnetz war, wandelt seine Gestalt und wird zu einer zwar entgötterten, aber doch keineswegs agnostischen Sprache. Die Gottesposition wird von nun an in der Weiße des geometrischen Raums und der mechanisch getakteten Zeit eingeschlossen: den Absoluta der *mathesis universalis*. Wenn man so will, so ist die Erbschaft des Christentums in das Netz des *Trompe l'œil* und in die systemische Abgeschlossenheit der mechanischen Uhr eingewoben. Damit aber predigt, oder wie es philosophisch heißt, prädiziert der neue Netzwerk-Logos seinerseits eine *Welt* – geht es darum, die materielle Welt sich einzuverleiben, und zwar dergestalt, daß sie, gesichtet und gereinigt, ins apriorisch ausgelegte Weltnetz (das ja tatsächlich ein Weltbild-Netz ist) sich fügt – als Fleischfüllung oder als Farce, je nachdem. Letztlich also hat man es mit einem Wiedergänger der, wie es theologisch heißt, Zwei-Reiche-Lehre zu tun, wobei der (nicht unwesentliche) Unterschied darin besteht, daß der Himmel, auf die Erde herabgeholt und ins Maschenwerk eines

Weltbild-Netzes eingewoben, sich in dem Maße an die Stelle der Welt setzt, in dem sich das Weltbild-Netz mit Welt füllt (oder anders herum, in dem Welt sich entweltlicht). Im Netz des *Trompe l'œil* und der Geometrie geht der Raum selbst ins Netz, das heißt: wird eine jegliche Erscheinung durch ein Raum-Netz geschickt, das den materiellen Raum dekonstruiert, in Planquadrate zerlegt und der geometrischen Behandlung anheimstellt.[359] Das Netzwerk in diesem Sinn ist eine Sprache der Welt-Beherrschung, oder besser: der Weltbild-Herrschaft. Wird das Weltbild-Netz ausgelegt, so erwartet man, daß mit der Textur, dem geknüpften Zusammenhang, der »volle« Text sich ergibt – und in der Tat ist, was man einfängt dabei, genau das, was man ins Netz hineingelegt hat. Es ist die Fülle, die Erfüllung dessen, was in der Struktur des Netzes – als ein leerer Zusammenhang – lediglich im Modus der Defizienz eingeschrieben ist. So daß ein solches Welt-Netz im Grunde nichts anderes ist als eine *selffulfilling prophecy*.

Es ist – unter diesen Vorzeichen – evident, daß die bloß technische Rede über Netz-Strukturen oder Netzarchitekturen an einem wesentlichen Punkt vorbeigeht: an ihrer religiösen Aufladung. In diesem Sinn steht der *Techno-Logos*, wie er sich im Neunzehnten Jahrhundert herausbildet, ganz in der Tradition, schreibt sich hier die Logik des Welt-Netzes fort. In der Tat fällt es nicht sonderlich schwer, das »transzendente« Moment zu orten, hat es sich doch in der Logik des Netzes materialisiert. Denn das auf die Reise geschickte Symbol erlaubt dem Teilhaber des Netzwerks, aus der Haut zu fahren, sich im Wortsinn zu transzendieren. Der Leib hört auf, die Grenze der Anwesenheit zu bezeichnen: vermag doch ein jeder sich zeichenhaft über den Raum zu zerstreuen. Mit der Schrift, der Stimme, mit dem eigenen Konterfei (oder genauer: *als* Schrift, *als* Stimme, *als* Konterfei) durch das Kommunikations-Netzwerk reisend, ist es ihm möglich, den Zwischenraum zu durcheilen, gleichzeitig hier wie dort zu sein. Die räumliche, überleibliche Zerstreuung wird zu einer Form des Anwesend-Seins. Womit die entkörperlichten Telephonstimmen, die Phantome der Moderne, sich einer mittelalterlichen Seelen-Vorstellung annähern: war man damals doch davon überzeugt, daß Raum und Zeit nicht eigentlich eine wirkliche Begrenzung des Seins darstellten, sondern daß besondere Wesen wie Heilige, Schwarzkünstler oder Engel sich in

Windeseile durch den Raum bewegen konnten. Die Seelen, so sagte ein Häretiker in einem Verhör aus, »laufen so schnell, daß, wenn irgendeine Seele einem Körper in Valencia entstiege und sich in irgendeinem Dorf in der Grafschaft Foix in einen anderen Körper begäbe, und in dem gesamten Raum zwischen diesen Orten starker Regen fiele, dann würden kaum drei Tropfen auf sie fallen«[360].

Es ist wohl diese Seelenverwandtschaft, die, weit über alle innig empfundene oder auch bloß äußerliche Romantisierung hinaus, den Kern jener Gleichgestimmtheit ausmacht, der die Moderne mit dem Mittelalter kurzschließt. So daß, was eine befremdliche Aberration der Geschichte scheint, durchaus eine strukturelle Logik offenbart. Vor diesem Hintergrund erhält auch der Enthusiasmus, mit dem der Fortgang und die architektonischen Leistungen des Kommunikationsnetzes begrüßt werden, seine eigentliche, religiöse Dimension, wird sichtbar, daß nicht so sehr die architektonischen Remakes, die zweifelhaften Imitate der Neugotik, sondern die sich ausbildenden Netzwerke die wahren Sakralbauten des 19. Jahrhunderts sind. So daß, wenn man die Analogie (die sich ja bereits im Technischen, im Rekurs auf die Statik des Kreuzrippengewölbes offenbart hat) weiter faßt, man mit einiger Berechtigung von einer Kathedrale der Kommunikation, einer *Kommunikationskathedrale* sprechen könnte. Entdeckt sich der Gotik mit ihren himmelstürmenden Bauwerken die Beherrschbarkeit des Raums (und damit jene immanente Transzendenz, die im Fluchtpunkt schließlich ihren Sehnsuchtspunkt findet), so zielt der Fluchtpunkt der Kommunikationskathedrale in die Tiefe der Zeit. Nicht die *Raumferne*, sondern die *Zeitferne*, genauer: all jene Zeit-Räume, die über die leibliche Anwesenheit hinausweisen, ziehen sich in einem Sehnsuchtspunkt zusammen; der Vorstellung, daß man in einem Augenblick zugleich hier und dort, in verschiedenen Zeit-Räumen simultan sich bewegen kann. Das Utopische (am Ende der Welt angelangt) verschiebt sich in die Zeitdimension; und so wandelt sich auch das u-topische Denken, das keinen Ort hat (und das sich ihn deshalb so inbrünstig ausmalt) zu einem Denken, das keine Zeit hat, das »u-chronisch«, »uchronotopisch« ist. Das Telos, dem dieses Denken entgegenstrebt, liegt nicht mehr im *Jenseits* des Raums, sondern es liegt im *Jenseits der Zeit* (das heißt: der intensiven, kurzweiligen Zeit: *Live fast, die young*).

Im Netz des Geschwindigkeitsraums vermag ein jeglicher Zeitpunkt (ein Hier und Jetzt) sich auszudehnen. Er wird »ausgestrahlt«, wie man sagt – extensiviert, vergrößert, überdimensioniert. Damit aber, insofern ein *Hier und Jetzt* zu einem *Gleichzeitig und Anderswo* sich ausdehnen kann, verliert der jeweilige Augenblick an Wahrnehmungsschärfe. Das *Hier und Jetzt* diffundiert, es verliert an Konkretheit, und hört somit auf, die Erlebnisformen von Raum und Zeit zu bestimmen. Was *jetzt und hier* geschieht, vermag auch *jetzt und anderswo* geschehen – und weil dies möglich ist, kann dieses *Anderswo*, prinzipiell zumindest, zu einem *Jetzt und Überall* sich vergrößern.[361] Womit der Fluchtpunkt, dem die Kommunikationskathedrale entgegenstrebt, benannt ist: die Globalperspektive. Die Welt, in einem großen Augenblick zusammengefaßt. Und vice versa: der große Augenblick, der zur Welt sich vergrößert.

So wie die gotische Kathedrale den *Himmel auf Erden* abzubilden vorgibt, so evoziert die Kommunikationskathedrale *die Welt* (das heißt ein Kunstgebilde, das mit der materiellen Welt nur den Schein gemein hat, ansonsten jedoch, eine einzige große Bescherung, eher nach der Super- oder Hypermarktlogik des Weihnachtsgeschäfts funktioniert). Unter diesen Auspizien stellt sich die Verkabelung und Vernetzung der Welt als ein modernes Bauhüttenprojekt dar. Nicht nur in dem überaus praktischen Sinn, als die Mittel, die dafür aufgewendet werden, enorm sind (und denen des mittelalterlichen Kathdedralenbaus gewiß ebenbürtig), sondern auch, was die gesellschaftliche Anteilnahme, den Enthusismus und das Pathos anbelangt, mit dem jeglicher Fortschritt an dieser Arbeit begrüßt wird. Tatsächlich, in dem nämlichen Sinn, in dem die gotische Kathedrale ein Einheitsstreben hervortreten läßt, vollzieht sich auch hier ein Integral: geht es doch darum, ein symbolisches Gebäude zu errichten, das die Welt, als ein Ganzes, in *einem* Augenblick, in *einem* großen System zusammenfügt. Darum also geht es: der *Welt* teilhaftig zu werden. Oder anders, wenn man es in der nüchternen Form ausdrücken will, die als konstruktives Erfordernis jeglicher Netz-Architektur innewohnt: es geht darum, die Welt so zu synchronisieren, daß ein jeglicher Punkt der Welt tele...förmig zu erreichen ist, und zwar so, daß prinzipiell alles mit allem vernetzt und verschaltet werden kann. Denn nur so, im Bewegungsraum der Universalen Kommunikationskathedrale, vermag ein jedes *Hier* zu einem *Anderswo* und zu einem *Überall* zu werden, so wie umgekehrt ein *Anderswo und Überall* ins *Hier* zurückgeführt werden kann.

Hier, im Präfix des *Tele-*, offenbart sich das Bewegungsgesetz der Kommunikationskathedrale: zielt der Vektor der Architektur darauf ab, daß die Reichweite des Netzes sich ausdehnt, daß immer größere Teile des Raums in einer Netz-Architektur zusammengefaßt und dem selben Ordnungssystem unterworfen werden. Ähnlich, wie der »Kreuzzug der Kathedralen« immer höher hinaufgeführt und die Gewölbe, von Kathedrale zu Kathedrale, in immer schwindelerregendere Höhe getrieben hat, so folgt auch die Bewegungsrichtung der Kommunikationskathedrale einer solchen Überbietungslogik, zielt sie darauf ab, sich stetig auszuweiten und noch die fernste Ferne sich einzuverleiben.[362] Will man diese Bewegungsrichtung in eine Formel fassen, so könnte man dies die »Globalisierung der Welt« nennen. Was sprachlich eine Tautologie scheint, der Reflex einer solipsistischen Denkfigur, verbirgt indes nichts anderes als das Halluzinogen, die geheime religiöse Triebkraft dessen, was sich in den Kommunikationskathedralen der Moderne verwirklicht: die Vorstellung nämlich, daß die ganze Welt ins Netz gehen könnte.

Wenn bislang von einer *Kommunikationskathedrale* oder vom *Kult des Geschwindigkeitsraumes* die Rede war, so ist – durchaus beabsichtigt – nicht zur Sprache gekommen, worin denn die geistige Seite dieses Kultes sich niederschlägt. Ganz zweifellos offenbart sich hier ein Paradox – ein Paradox, wie es bereits in der Bahnhofsarchitektur des 19. Jahrhunderts anzutreffen war: klaffen doch hier die materielle Textur und der zelebrierte Kult auf eine Art auseinander, daß man geradezu von einem ursprünglichen Verkennen sprechen kann. Es ist diese strukturelle Zweisprachigkeit, welche die Analogie zur gotischen Kathedrale begründet und eine Rechtfertigung gibt, von einer Kommunikations*kathedrale* zu sprechen. Tatsächlich bedarf es nur eines flüchtigen Blicks, um die Diskrepanz zwischen der inneren Logik der »Ausstrahlung« und ihrem Schein zu erfassen. Bedeutet das Netzwerk, daß die Teilnehmer des Netzes strukturell *gleichgeschaltet*[363], oder ärger noch: dividualisiert werden[364], so steht diesem voranschreitenden Dividualisierungsprozeß ein Kult des Individuums, der *Einzigartigkeit* gegenüber. Folgen die Netzwerke des 19. Jahrhunderts noch einem scheinbar selbstverständlichen Utilitarismus – dem

Transport und dem Austausch materieller und symbolischer Güter –, so spannt sich, in dem Maße, in dem der Geschwindigkeitsraum der Öffentlichkeit zugänglich, ja in dem er selbst zur »Öffentlichkeit« wird, eine gleichsam magische Kuppel darüber, füllt sich der künstlich illuminierte Himmel mit den *kinematographischen Wesen*, mit jenen Sternen, die nicht eigentlich irdischer Schwere unterworfen sind, sondern – überirdische, »göttliche« Wesen – ein mehr oder minder stark ausstrahlendes Gravitationsfeld markieren, umhüllt von Trabanten, Satelliten und einer ganz eigenen Atmosphäre. Tatsächlich, die Attribute sprechen eine eindeutige Sprache, hat man es eher mit Ikonen, mit den Schutzheiligen der Kommunikationskathedrale zu tun. Freilich ist – dem Vektor der Gleichschaltung zufolge – das Verglühen der Aura präfiguriert. Ist das Erscheinen eines Sterns in der Frühzeit des Films von geradezu naturgeschichtlicher Wucht, ein Ereignis, das eher der seltenen Erscheinung eines Kometen gleicht, so füllt sich der Himmel der Kommunikationskathedrale sehr bald schon mit mehr oder minder großen Leuchten. Es ist diese Proliferation der Sterne (vergleichbar jenen immer größer werdenden ikonographischen Programmen, wie sie sich auf den Kathedralen zeigen), welche das Dilemma der »Ausstrahlung« offenbar macht – nämlich daß man es zweifellos mit einem Schwund an Kenntlichkeit, mit dem Verglühen von Aura zu tun hat.

Die einmalige Erscheinung einer Ferne, so nah sie sein mag. Es ist, wie zuvor schon erwähnt, diese Definition der Aura (die Walter Benjamin, in immer gleichlautender Form, mehrfach wiederholt hat), in der die intrinsische Logik des perspektivischen Bildes hervortritt (oder das, was ich den *Code der Repräsentation* genannt habe). Freilich, mit dem Turnerschen Bild, mit der Inversion des Fluchtpunktes, endet diese Logik – ist das Ende dessen, was Benjamin *Aura* nennt, vorgezeichnet. Tatsächlich vermag man Benjamins Definition auf die gleiche Art und Weise zu invertieren, ja, zeigt sich hier, in der Inversion, die eigentlich annihilierende Maske dessen, was die Gegenstände entschält und zertrümmert. So ist »die Erscheinung einer Ferne, so nah sie sein mag« umzustellen zu: *die Erscheinung einer Nähe, so fern sie sein mag* – mit dem Zusatz, daß es sich nicht mehr um eine »einmalige«, sondern um eine vielmalige, immer wieder bestätigte und reproduzierte (oder wenigstens reproduzierbare) Nähe handelt. Das, was Benjamin Aura nennt, ist der

Logik des Geschwindigkeitsraumes heteronom, und zwar in einem fundamentalen Sinn. Interessanterweise ist dies, obschon von Benjamin gedanklich nicht weiter verfolgt, bereits in seiner Definition enthalten, bezeichnet er Aura doch als »sonderbares Gespinst von Raum und Zeit«[365], als dasjenige Momentum, das den Dingen, als Hier und Jetzt, ihre Echtheit und Originalität verleiht.[366] Genau dieses *Hier und Jetzt* aber ist es, was im Geschwindigkeitsraum überwunden wird, vermag doch ein jedes *Hier und Jetzt* in ein *Gleichzeitig und Anderswo* überführt zu werden. Wo aber das Raum-Zeit Fundament eingerissen wird, zerreißt auch die Textur, die sich darübergespannt hat – ja, erweist sich, daß dieses Zerreißen nachgerade zwangsläufig ist.

Hier liegt der Punkt, auf den es mir ankommt. So wie die gotische Kathedrale zelebriert, was sie in der Logik ihrer Architektur desavouiert, so feiert auch die Moderne, was sich in ihrem Innern bereits zersetzt. So besehen trifft Benjamins »Aura«, in der ja nicht von ungefähr eine inwendige, religiöse Konnotation mitschwingt, einen wichtigen Punkt. So wie das Numen des Mittelalters, im Netz des *Trompe l'œil* dekonstruiert, seiner Zerstörung anheimfällt, ebenso ist auch die Aura dem Verglühen überantwortet. Dies nicht zur Kenntnis zu nehmen, ja, mehr noch: diesem Verglühen zum Trotz die Sprache der Repräsentation zu predigen, bezeichnet die wesentlich ersatzreligiöse Struktur jenes Kultes, wie er in der Kommunikationskathedrale zelebriert wird. Genaugenommen liegt hier der Punkt, wo die Sprache der Repräsentation invertiert (oder stärker noch: pervertiert) zur Sprache der *Simulation* wird. Was im Fluchtpunkt zum auratischen Moment, zum Überstieg in den utopischen Schwindel gerät, wird, aufs Kleinformat gebracht, zur ideologischen Rückzugsbewegung, zur Regression. Fungiert der Strukturzusammenhang des perspektivischen Bildes als Entgrenzungsbewegung, so fungiert der Fernseher als das reine Gegenteil: gilt es doch, die Ferne zur Nähe zusammenschrumpfen zu lassen.

Nähe – das bedeutet nicht nur die Überwindung der räumlichen Differenz, die Ent-Ortung des Geschehens, es bedeutet zwangsläufig (in der Beschränkung aufs Kurzweilige) Ent-Differenzierung. Dabei bleibt es im Grunde gleichgültig, ob dies im Namen eines sogenannten »kritischen«, engagierten Journalismus geschieht – läuft es doch stets darauf hinaus, daß ein komplexer, möglicherweise ganz und gar unverdaulicher Sachverhalt auf den kleinsten Nenner zusammengekürzt wird, auf jene gedankliche Knabbermischung, wie sie einem Massenpublikum zumutbar ist. So daß der Betrachter (der im Kalkül der Programmacher gleichermaßen ent-fernt, nämlich auf jenes stochastische Mittelmaß zurechtgestutzt worden ist, wie es sich in der Einschaltquote widerspiegelt) zwar über das Weltgeschehen auf dem laufenden gehalten, aber, um alles in der Welt, nicht damit konfrontiert werden soll, daß es etwas gibt, was sich seinem Gedankenhorizont entziehen könnte. In diesem Sinn gibt das Fernsehen nicht bloß ein ideologisches Kleinformat wieder, sondern ist es das *Kleinformat als Ideologie*. Das ist die eigentliche Botschaft des Mediums. Wo die Differenzen ausgeräumt werden, wo die wirklichen Entfernungen der Welt aus der Welt geschafft worden sind, da wächst die Indifferenz. Das, was dem Interesse überantwortet wird, verfällt dem Desinteresse, die televisionäre Teilhabe ist nur eine Maske der Teilnahmslosigkeit. In diesem Sinn ist die Bezeichnung des Fernseh-Schirms überaus bezeichnend, gibt sich hier, unfreiwillig, zu verstehen, daß die Projektionsfläche des Bildes nicht eigentlich als etwas Durchlässiges gedacht ist, sondern der Abwehr, der Abschirmung dient. Was ein Welt-Spiegel zu sein vorgibt, spiegelt nicht die Welt, sondern allein, was sich im Kopf des Fernsehzuschauers zum Weltbild zusammenbuchstabieren läßt: die Schrumpfversion, das Disneyland der Ideologien. Nicht nur wird, um die Formel von Marshall McLuhan zu variieren, die Welt zum Dorf, sondern, weit bemerkenswerter noch: das Dorf wird zur Welt. Überall ist Entenhausen.

Eine Begierdemaschine der Regression, ist der Fernseher nicht das Auge zur Welt, sondern eine Rückkopplungsmaschine, die lediglich zurückprojiziert, was hineingedacht worden ist. Das ist der tiefere Sinn, die stärkende Wirkung, die von der Teilnahme an der televisionären Eucharistie ausgeht: Feedback. Eine jede Sendung ist Rück-Sendung, Wiedergabe dessen, was gesehen werden will. Wo das Neue lediglich das recycelte Alte ist, eine weitere Spielart des Schon-Gesehenen, da fungiert das Medium selbst als geistige Wiederaufbereitungsanlage. Was immer der Auslandskorrespondent auch an Neuem berichten mag, man hat, kaum daß er den Mund aufgetan hat, bereits das Muster identifiziert (das Weiße Haus im Hintergrund). Dem Fernsehzuschauer ist die Welt tendenziell déjà vu. Ist das perspektivische Bild insoweit offen, als sich im Fluchtpunkt ein stetes Noch-nicht, eine utopische Dimension verbirgt, so ist das Fernsehbild abschließend, ultimativ, besiegelt es, indem es das Neue demonstriert, daß es schon nicht mehr neu ist. Das ist der entscheidende Übergang, die Umdeutung, die sich hier vollzieht. Aus dem *Noch-nicht* ist ein *Nicht-mehr* geworden. Nicht die Entdeckung der Welt und des Menschen ist die geheime Botschaft des Kultes, den man in der Kommunikationskathedrale praktiziert, sondern ihr Abgesang: Das Verschwinden der Welt und des Menschen (dem Gefühl vergleichbar, wenn am Ende eines Filmes, über dem eingefrorenen Schlußbild, ein unendlich langer Abspann sich dahinzieht – und, sonderbarerweise, die Leute im Kino ausharren).

KAPITEL 11

Der Körper des Zeichens

Was ist ein Computer? Ein Räderwerkautomat? Eine Maschine, die mit Lochkarten operiert? Ein elektronisches Gerät mit Röhren und Transformatoren? Oder ein Siliziumprozessor? Eine kybernetische Maschine, die mechanischen, elektromagnetischen oder optischen Gesetzen folgt? Ist er identisch mit dem, was man uns heute am Ladentisch für einen »Computer« herausgibt – oder sind in den künftigen »Generationen« der Maschine noch ganz andere Typen denkbar? Ist es möglich, daß es, wie es sich manche erträumen, eines Tages Computer geben wird, die sich organischer Materie bedienen?

Aber wenn all das »Computer« genannt werden kann, was ist das gemeinsame Strukturprinzip, das Jacquards Webstuhl mit dem »Rechnenden Raum« eines Konrad Zuse, was den in sich schwingenden Prozessor der Firma INTEL *mit meinem Gehirn verbindet? Was ist es, daß aus einer bestimmten* HARDWARE *einen Computer macht? Ist es die Sprache, derer sich der Computer bedient, das heißt: jene binäre Logik, wie sie der mathematische Autodidakt George Boole in seiner* INVESTIGATION ON THE LAWS OF THOUGHT *im Jahr 1854 formuliert hat, jener Schrift, von der Bertrand Russell später bewundernd sagte, daß sie die »reine Mathematik« begründet habe? Ist folglich das, was einen Computer zum Computer macht, daß er »digital« operiert? Und wenn dem so ist, was ist die Natur dieses Codes, hat man es tatsächlich mit einer mathematischen Sprache zu tun? Trifft es überhaupt zu, daß ein Computer rechnet? Oder bedeutet »Rechnen« hier nicht etwas, das über die reine Mathematik hinausgeht, was eher in den etymologischen Bedeutungsgrund des »Rechnens« hinabsteigt, der da meint: Etwas in Ordnung bringen (was ja genau der Sprachregelung des Französischen und des Spanischen entspricht, wo man von einem »ordinateur« oder einem »ordenador« spricht). Und wäre es demzufolge nicht sinnvoller, statt von einem Rechner von einem »Ordnungssystem« zu sprechen? Und was ist das Charakteristikum dieser neuen Ordnung, was ist die Logik, die hinter jener binären Logik steht? Ist es richtig,* daß man es hier mit einer Sprache zu tun hat? Und was ist das für eine Sprache, die ohne jede Semantik auskommt? Ist eine Sprache ohne Semantik, und das heißt doch: ohne einen Verweis auf die Welt – überhaupt eine Sprache? Ja, ist eine derartige Sprache, insofern sie Modellcharakter annimmt, nicht vielmehr eine Sprachzertrümmerungssprache? Ist es übertrieben, in der binären Logik eine semantische Kernspaltung am Werk zu sehen? Bedeutet Digitalisierung folglich eine Form des semantischen und symbolischen Zerfalls – eine Art Strahlentod in der Simulation? Ist es Kulturpessimismus, im Computer eine Art Virus zu sehen, der nicht nur die jeweiligen Systeme, sondern auch die gesamte Kultur befallen hat? Oder ist der Computer, wie ich es fürs perspektivische Bild beschrieben habe, eine Art Kenotaph, der das, was er symbolisch vernichtet, in anderer Form wiederauferstehen läßt? Werden die VIRTUELLEN REALITÄTEN die reale Gegenwart der Zukunft darstellen?

Und schließlich jene Frage, die sich unweigerlich stellt, ja, die den Sinnbezirk markiert, innerhalb dessen man sich bei der Beantwortung aller vorausgegangenen Fragen bewegt: Woher kommt all das? Ist der Computer das Werk eines Einzelnen, eines John von Neumann, eines Alan Turing, eines Konrad Zuse – das Werk eines Mathematikerhirns oder das eines Tüftlers? Ja, ist es überhaupt sinnvoll, nach einem individuellen Copyright Ausschau zu halten, wo doch alles dafür spricht, ein überindividuelles, kulturelles Ereignis darin zu sehen? Ist es nicht gerade die Kon-Fusion, welche die Frage nach dem Urheber erzeugt, die überdeutlich belegt, daß man es mit einem gedanklichen Zusammenfluß, einem kollektiven Ereignis zu tun hat? Und ist dann die Frage nach dem Computer in diesem engen instrumentellen Sinn überhaupt richtig gestellt, müßte man nicht vielmehr danach fragen, wie das geistige Tableau beschaffen ist, das sich in ihm hypostasiert? Und dann: welche Zeit ist es, die im Computer ihren Ausdruck findet? Ist der Computer – diese Maschine des Anything goes – die postmoderne Maschine par excellence, oder ist er nicht vielmehr ein Produkt, das tief im Denken des 19. Jahrhunderts verwurzelt ist? Und warum wird diese Problematik nicht thematisiert? Liegt nicht in der genealogischen Zweideutigkeit jenes entscheidende Problem, das man, anstatt es zu verdecken, ins Auge fassen muß? Warum hat eine bestimmte Zeit (welche Zeit?) das Ordnungssystem denken können, eine andere Zeit aber nicht? Wo liegt die Grenze, worin besteht die epistemologische Zäsur, welche die Bedingung der Möglichkeit schafft? Was ist es also, das einen Computer denkbar, das einen Computer zum Computer macht?

TECHNO-LOGOS. Um meine These gleich auf den Punkt zu bringen: der Computer ist eine Raum-und-Zeit-Maschine, er ist jene Maschine, in der das neue Verständnis von Raum und Zeit, wie es im frühen 19. Jahrhundert entstand, sich verdinglicht. Damit birgt er das epistemologische Tableau, ist er der dinggewordene Inbegriff, die gegenständliche Umschließung dessen, was Kant das »Land der möglichen Erfahrung« genannt hat, und was ich, in einer Paraphrase für die Welt der mechanischen Uhr, das »Amerika des Kopfes« genannt habe und nunmehr, im Zeichen des Computers, eine *Kopflandschaft* nennen möchte. Genauer: der Computer, insofern er nicht selber die Ursache, sondern nur die Hypostase dieser epistemologischen Kontinentalverschiebung ist, beschreibt jenen Augenblick, in dem diese Kopflandschaft zu *funktionieren* beginnt, da sie sich in eine *Werkstatt* verwandelt.

Was in der romantischen Naturphilosophie Verstiegenheit zu sein scheint, enthüllt sich im Zeichen des Computers als ein strenges Kalkül – ja, ist er im wesentlichen als die ausgenüchterte Abbreviatur dessen zu verstehen, was sich an der Schwelle zum 19. Jahrhundert so überaus emphatisch äußert. Umgekehrt, vor diesem Hintergrund betrachtet, wächst auch den romantischen Gedankengebilden (wie der romantischen Losung der »Universalpoesie« oder dem Programm einer »lebendigen Enzyklopädistik«) ein besonders hervorgehobener Sinn zu, sind sie doch der Beginn eines neuen Bewußtseins des Denkens von sich selbst, überaus präzise, ja prophetische Vorahnungen dessen, was an »Sytemevolution« und »Systemorganisation« sich in der Maschine tatsächlich hypostasiert hat. In diesem Sinn – um eine jener eingangs aufgeworfenen Fragen zu beantworten – ist der Computer nicht eigentlich ein Ereignis der Postmoderne, sondern löst das ein, was der Moderne in ihrer Frühzeit vorgeschwebt hat. Aus diesem Grund bedeutet die gedankliche Verengung auf die bloß instrumentelle Beschaffenheit der Maschine eine grundlegende Verkennung ihres wesentlich geistigen Charakters: nämlich daß man es – wie schon zuvor im Falle der mechanischen Uhr bzw. des Räderwerkautomaten – mit einem Philosophem zu tun hat, einem Philosophem, das seine vielleicht bildkräftigste Zeichnung in jener Gottesmetapher gefunden hat, die den über Jahrhunderte ins Mechanikerhandwerk eingewöhnten Uhrmachergott nunmehr in die »freie Natur« hinausschickt und ihn zu einem allwissenden Gärtner, mithin zu einem Meta-Biologen macht – eine Metapher, die vielleicht die schlichteste und zugleich präziseste Formulierung jenes Zeitrisses ist, der sich an der Schwelle der Moderne ereignet.

Die Geschichte des Computers beginnt dort, wo die Geschichte des Räderwerkautomaten an ein Ende anlangt, er ist die Wiederkehr dessen, was ich im Zeichen des Räderwerkautomaten eine *universale Maschine* genannt habe. Das heißt: er erschöpft sich nicht in einem bestimmten Werkzeugcharakter, sondern markiert den Raum, in dem bestimmte (auch künftige, noch nicht entwickelte) Werkzeuge aufbewahrt werden können. Und das heißt: er ist nicht eigentlich Werkzeug, sondern *Werkstatt*, jener umfassende Raum, in dem das Ensemble der Werkzeuge erscheint, ja der, als der aller Finalität vorgelagerte Zusammenhang, die Art und Weise der Technik definiert. Mit dem Computer, als dem höchstentwickelten Systembegriff, ist jener Techno-Logos vorgegeben, in dem und mit dem das Denken sich selbst entwirft. Es ist dieser allen Techniken vorausgehende Techno-Logos, in dem der Werkzeugcharakter des Computers, auf einer höheren Ebene allerdings, sich nun doch beschreiben läßt: steht er für die Überführung des Gegenständlichen in die *Schrift*, das heißt für die Idee einer universalen Programmierbarkeit. Oder einfacher gesagt, er steht für die Vorstellung, daß Natur, daß die Zeit und der Raum, daß schließlich auch unser eigenes Denken sich bit für bit ins Innere der Maschine übertragen lassen. Nun ist dieser Programmcharakter als solcher nicht eigentlich neu, sondern bereits dem Räderwerk inkorporiert. Neu allerdings ist der Code, dessen man sich bedient, neu ist die Möglichkeit, in der binären Logik von allem Gegenständlichen absehen zu können. Das ist vielleicht, in einem historischen Rahmen, der tiefere Sinn dessen, was mit der Unterscheidung von »analog/digital« verbunden ist: daß im Computer nichts mehr ist, was es ist, sondern daß hier ein Maß an Abstraktion waltet, welches jegliches Denken, das in den Kategorien der Ähnlichkeit operiert, übersteigt. Im Zeichen des Computers gibt es kein *Trompe l'œil* mehr, sondern löst sich der Raum in die *Beschreibung des Raums*, die Zeit in die *Beschreibung der Zeit* und der Körper (ein Werkzeug, ein Stoff) in die *Beschreibung des Körpers* auf.

IM KONTROLLRAUM. Betrachtet man das mikroskopisch vergrößerte Bild eines Computerchips, so drängt sich, zwangsläufig fast, das Bild eines Gleissystems auf – oder es kommt einem eines jener Luftbilder in den Sinn, wie man sie, aus dem Fenster eines Flugzeuges schauend, beim Flug über eine Stadtlandschaft sieht. Diese Bildüberlagerung ist nicht von ungefähr; tatsächlich ist, was sich in ihr artikuliert, nicht bloß eine physiognomische Ähnlichkeit, sondern beruht auf einer strukturellen Verwandtschaft. Das, was sich in Gestalt eines Computerchips zusammenzieht, ist nichts anderes als das, was ich im vorausgehenden Kapitel den »telegraphischen Raum« genannt habe und im Anschluß daran, einen *virtuellen Raum*, was heißt: jenes Raum-Abstraktum, welches dazu dient, den Raum der Geschwindigkeitsmaschinen zu kontrollieren. Man könnte diesen Raum treffenderweise einen *Kontrollraum* nennen, unter der Voraussetzung allerdings, daß der Begriff der Kontrolle neu gefaßt werden müßte. Denn bei der Kontrolle des Geschwindigkeitsraums hat man es nicht mehr mit einer Kontrolle a posteriori, mit einem *nach*prüfenden Verhalten zu tun, sondern mit einem Typus, der (der transanthropologischen Geschwindigkeit wegen) *im vorhinein* schon ausgelegt und entworfen sein muß: in der Form eines Schaltplanes oder eines Programmes, das die Bewegungsarchitektur steuert. Damit aber läuft der Kontroll-Raum notwendig seiner Realität (oder seiner Realisierung) voraus, ja, stellt er, insofern er Denkpunkt ist, welcher sämtliche Zustände des Bewegungsraumes in sich birgt, ein Modell des Geschwindigkeitraumes dar, an dem sich die Ausgestaltung der Realität orientiert.

Vor diesem Hintergrund nun ist es nicht mehr schwierig, im Computer das Modell des Netzwerkraums schlechthin zu sehen. In diesem Raum gibt es keine Unwegsamkeiten, keine dunklen Flecken, keine unbekannten Punkte – was immer der reinen Rationalität hier im Wege steht, ist gleich im vorhinein ausgeschlossen. Dem Computer, so könnte man sagen, ist das, was am virtuellen Raum noch *Raum* war (das heißt: was die Form von Kabeln, Röhren, Verschaltungen etc. annahm) abhanden gekommen, er stellt nichts dar als die Virtualität, einen gleichsam raumlosen Möglichkeitsraum. Freilich: diese Leere, diese Empfindung von Raumlosigkeit ist so trügerisch wie die Unmittelbarkeit eines Telephongesprächs. Wenn das Gefühl dafür schwindet, daß man es mit »rechnendem Raum« (Konrad Zuse) zu tun hat, wenn stattdessen nurmehr die

Frage der Geschwindigkeit übrig bleibt, so markiert dies das Endprodukt einer Logik, die die Bedingung dieser Möglichkeit schaffen, das heißt: die den Raum so weit dekonstruieren muß, daß er als ein wesentliches, grundlegendes Problem schon nicht mehr *erscheint*.

Aber geht man in der Geschichte des Computers ein wenig zurück, so wird sichtbar, daß die ersten Computergenerationen es noch immer mit jenem Problem zu tun haben, das auch das Hauptanliegen des telegraphischen Raumes ist, und das heißt: mit der Frage, wie der Transport der Symbole, die Übersetzung von hier nach da – *durch den Raum* – zu bewerkstelligen ist. Der Binnenraum der Maschine stellt selbst noch ein Problem dar, ein Problem, das, wie gering die Distanzen auch immer sein, wie schnell die Elektronen sich bewegen mögen, strukturell noch immer dasjenige ist, das auch den *telegraphischen Raum* charakterisiert. Dieses Problem nun wird in dem Augenblick aus der Welt geräumt, als es gelingt, die Komponenten auf einem einzigen, zusammenhängenden Werkstück, oder besser: einem Raum-Stück zu organisieren – und damit das zu schaffen, was man einen *integrated circuit* oder, im Umgangssprachlichen, einen *Chip* nennt. Damit ist materiell hergestellt, was ich im vorausgehenden Kapitel den »uchronotopischen« Raum genannt habe (und worunter das Ideal einer ent-fernten Ferne, eines total synchronisierten Raumes zu verstehen ist). Im integrierten Kreislauf gibt es kein Raumgefälle, keine zunehmende Trägheit zur Peripherie, keine Beschleunigung zum Zentrum hin – sondern alles ist aufgehoben in die Gleichzeitigkeit, im gleichen Rhythmus getaktet.

Kaum eine Generation nach jenen riesenhaften Rechnerungetümen ist die Raumdimension des Prozessors soweit aus unserm Denken verschwunden, daß nurmehr – im Begriff der *Taktung* – die Zeitdimension fortwaltet. Gleichwohl ist die Überwindung des Raumes nur eine scheinhafte. Denn der Grund dafür, daß die Performanz der Computer sich jener Geschwindigkeit annähert, die wir *real time* nennen, liegt nicht in einem mirakulösen *Zeitbeschleuniger*, sondern in einem Vorgang der *Raumschrumpfung*. Die Logik ist simpel. Je kleiner der Raum ist, den der Verschaltungs- und Netzwerkraum des Prozessors einnimmt, je kleiner die Wege, die die Elektronen zurücklegen müssen, umso größer die Geschwindigkeit – umso größer aber auch die *Complexio*, die auf einem Fingernagel Platz findet.

Gleichwohl, auch wenn der Raumschrumpfungsprozeß in den mikroskopischen Raum der Viertel-Mikron-Geometrie hinabreicht, so ist nicht zu vergessen, daß man es noch immer mit einem Stück Raum zu tun hat, mit einem Stück Raum überdies, das nichts anderes als die extreme Zusammenballung jenes Netzwerkraums ist, wie ihn das 19. Jahrhundert hat entstehen lassen. In der Tat ist, was sich im Computer hypostasiert, nichts anderes als das dinggewordene Phantasma jenes uchrontopischen Raums, wie ihn das 19. Jahrhundert mit jeder Eisenbahnstation, mit jedem Telegraphenkabel hat herannahen sehen, läßt sich, ohne Mühe, eine Art eingelöster Forschrittsglaube in ihm erkennen: die Kommunikationskathedrale, auf die Größe eines Fingernagels zusammengeschrumpft.[367] In *diesem* Raum allerdings – und so besehen ist die Einlösung des Fortschrittsglaubens zugleich auch sein Abgesang – vermag sich keine Gemeinschaft mehr wiederzuerkennen, hat man es nicht mit einem vereinten, grenzenlosen Weltbürgertum, sondern mit dissoziierten Individuen zu tun, die vor ihrem Monitor sitzend nurmehr mit sich selbst kommunizieren, die, wie man sagt, sich in ihrer eigenen Welt bewegen. Tatsächlich ist der Raum des »Personal Computer« im Wortsinn eine *Welt für sich*, markiert er jenen Innenraum, in den sich der Einzelne zurückziehen kann, wo er, von seinen Mitmenschen unbehelligt, unbeschränkte Reisefreiheit genießt und wo er (wie ein Howard Hughes im Zimmer seines Hotels), virtuell zumindest, über eine unbeschränkte Kontrolle verfügt.

Wenn hier von *Welt* die Rede ist, so ist dies keineswegs eine bloße Floskel, sondern etwas, das auf den besonderen *Welt*-Charakter der Maschine reflektiert. Oder dialektisch gedacht: damit der einzelne »User« im Innern der Maschine eine Welt *für sich* entdecken kann, muß sie in der Maschine *an sich* bereits vorhanden sein. Dies genau ist der Fall, ist, was sich im Computer verdinglicht, das, was das 19. Jahrhundert gedacht hat, wenn es *Welt* gesagt hat: das Phantasma des uchronotopischen Raums.

Es ist diese Welt zweiter Ordnung (die entfernte, ins Symbolische aufgehobene Ferne), die im Computer ihren Ort findet, ja, die in dem Maße wächst, da der Raum schrumpft. Dementsprechend korrespondiert dem Akt der Raumschrumpfung (oder, an der Gestalt des Menschen entlang gedacht, korrespondiert seinem Verschwinden aus der »wirklichen Welt«) ein Zugewinn an symbolischer Weltbeherrschung, wächst dem Einzelnen im Innern der Maschine ein Maß an Welt zu, das in der Realität keinerlei Deckung mehr hat. Kann man die Chips der sechziger Jahre etwa mit der Komplexität eines Kleinstadtstraßennetzes vergleichen, so sind die 5-Mikron-Chips der achtziger Jahre so komplex wie das Verkehrsnetz des gesamten Los Angeles Bassins. Die projektierten Ein-Viertel-Mikron-Prozessoren nun verheißen eine Komplexität, die der Fläche eines nordamerikanischen Kontinents entspricht, der von einem einzigen, großen Straßennetz überwuchert wäre.[368]

In der Tat: der Computer ist das Modell, in dem sich der Raum entfernt, in dem er nicht mehr als solcher, sondern nurmehr unter dem Rubrum der *Raumdichte*, als *Speicherkapazität* gedacht wird. Getaktet, der Zeit unterworfen, vermag er fast nach Belieben komprimiert und dekomprimiert, adressiert und fragmentarisiert werden, hat sich seine Stetigkeit zur *Beschreibung einer Stetigkeit* verwandelt. Der Raum des Computers ist so leer und wandelbar wie das, was alles und nichts zugleich sein kann: ein Raum auf Zeit.

Die Grenzen des Raums, die unendliche Zeit. Es ist die Frühzeit der Maschine, es ist die Maschine vor ihrer Verwirklichung, oder wenn man so will: die Maschine in statu nascendi, welche die in ihr angelegte Zeit-und-Raum-Problematik hervortreten läßt. Diese Problematik ist vielleicht nirgends so klar, in so schlichter und so konziser Form ausgesprochen wie in den Gedanken, die sich der englische Universalgelehrte Charles Babbage (dem sich die erste, computerähnliche Maschinerie verdankt) dazu gemacht hat. Der Punkt, von dem aus Babbage das Problem angeht, ist nicht allgemein philosophischer Art, sondern die konstruktive und für seine Analytische Maschine grundlegende Fragestellung, wie es möglich ist, einer räumlich begrenzten Maschine das Infinitesimalkalkül einzutrichten – und damit: einem endlichen Ding eine Idee der Unendlichkeit zu inkorporieren.

»Nun ist es offenbar« so schreibt er, »daß keine *endliche* Maschine Unendlichkeit enthalten kann. Ebenso ist es gewiß, daß keine Frage, die *notwendig* die Unendlichkeit berührt, je in eine andere überführt werden kann, ohne daß die Idee der Unendlichkeit in der einen oder anderen Form Einlaß fände. Es ist unmöglich, eine Maschinerie zu konstruieren, die unbegrenzten Raum innehat; aber es ist möglich, eine endliche Maschine zu benutzen und sie über eine unbegrenzte Zeit zu benutzen. Es ist diese Ersetzung der *Unendlichkeit des Raumes* durch die *Unendlichkeit der Zeit*, der ich mich bedient habe, um die Größe der Maschine zu begrenzen und trotzdem ihre unbegrenzte Kraft aufrechtzuerhalten.«[369]

Auf einen ersten Blick, so könnte man meinen, ist die Unendlichkeit, von der Babbage hier spricht, das Kennzeichen der Maschine schlechthin, oder besser: des Räderwerkautomaten. Freilich, geht man dem, was Babbage unter »Unendlichkeit« versteht, ein wenig nach, so wird sichtbar, daß man es hier nicht mehr mit dem Gedanken eines kontinuierlich sich in die Unendlichkeit fortbewegenden Zeitpfeils, sondern mit einem Unendlichkeitskalkül zu tun hat, das, im Gegensatz zur strengen, immer gleichbleibenden Taktung, darauf beruht, daß die Maschine *Diskontinuitäten* zu bewältigen vermag[370], daß sie also, im Gegensatz zum Räderwerk, welches das Endliche, nämlich das immergleiche Programm, ins Unendliche hinein fortspinnt, allen erdenklichen Verwandlungen und Zustandsänderungen entsprechen kann. Interessanterweise ist es genau dieser Punkt, an dem Babbage seine Variation des ontologischen Gottesbeweises liefert. Natürlich, wie könnte es anders sein, steht auch dieser Gedankengang ganz in der jahrhundertealten Tradition, bezieht er sich auf die eigene Maschine, ihr Vermögen, eine bestimmte Anzahl von Zahlen (eine Million Terme) in einer bestimmten Logik zu zählen, dann aber, urplötzlich, in ein anderes Lochkartenprogramm hinüberzuspringen. »Um wievieles mehr«, so schreibt er, in einer Paraphrase fast des Oresmischen Gedankens, »müssen wir einen Gott hoch schätzen, der das Universum mit Wundern ausgestattet, die er von Anbeginn einprogrammiert hat, als denjenigen, der unaufhörlich dazu gezwungen ist, in seinen Mechanismus einzugreifen und ihn zu regulieren.«[371]

Fast möchte man meinen, in eine jener Diskussionen des 17., 18. Jahrhunderts versetzt zu sein, welche die Frage zum Gegenstand haben, ob der Uhrmachergott genötigt ist, in den Gang seines Weltautomaten einzugreifen, ob er zu Service- und Wartungsarbeiten herangezogen werden muß[372], oder ob er demgegenüber, in seiner Allmacht, einen so vollkommenen Automaten geschaffen hat, daß sich ein jeglicher Eingriff erübrigt, schnurrt dieser doch, vom Anfang bis zum Ende der Welt, einfach ab. Es ist nicht von ungefähr, daß der Kern dieser Debatte in der Frage nach dem *Wunder* kulminiert, stellt dieses doch – als plötzliche

Diskontinuität, als Riß in der Zeit – jenes Momentum dar, das die Logik, die im Körper der Maschine begriffen ist, übersteigt. Babbage nun gelingt es, im Begriff des »einprogrammierten Wunders« sich auf beide Seiten zu schlagen. Tatsächlich verlohnt es sich, bei dieser Vorstellung einen Augenblick lang zu verharren, hat man es doch zweifellos mit einem Paradox, ja geradezu einem Oxymoron zu tun. Denn natürlich ist ein Wunder, das von Anbeginn einprogrammiert ist, nicht wirklich ein Wunder, sondern im vorhinein, in seinem Programmcharakter schon determiniert. Daß Babbage es gleichwohl »Wunder« nennt, ergibt nur Sinn vor dem Hintergrund der Debatte, an die er anschließt. Denn das, was in der Lesart der Herren Leibniz, Newton oder Samuel Clarke »wunderbar« heißt, meint den Umstand, daß der Körper des Wissens (wie er sich in der Maschine verdinglicht hat) nicht einfach abschnurrt, sondern, aus irgendeinem Grund, eine Zustandsänderung erfährt, die in seiner Binnenlogik (welche die Binnenlogik der mechanischen Uhr, der cartesianischen Metaphysik ist) nicht vorgesehen ist. Wunder heißt folglich nichts anderes als das Vermögen zur plötzlichen Zustandsänderung, zur Wandelbarkeit, oder kurzum: all das, was nicht der Logik des Räderwerks entspricht.

Es ist genau dieser Hintergrund, vor dem Babbages »einprogrammiertes Wunder« zu lesen ist – entspricht das, was er Programm nennt, dem, was in der Welt des Räderwerks als wunderbar gilt. Denn das Räderwerk, das ihm vorschwebt, ist nicht mehr eines, das die immergleiche »determinierte« Gestalt hat, sondern eines, das wandelbar und in dieser seiner materiellen Gestalt »indeterminiert« ist. Das, was den Maschinenkörper determiniert, diese oder jene Gestalt anzunehmen, ist das Programm. Dieses Programm wiederum, insofern es den Funktionsmodus der Maschine, in die es eingelesen werden soll, bereits in sich trägt, stellt so etwas wie ein *immaterielles Räderwerk* dar – nämlich jenes Regelsystem, das den Körper der Maschine anweist, diese oder jene Gestalt anzunehmen. Der Determinismus, wenn man so will, hat seine Gestalt geändert. Er hat sich dematerialisiert, er hat, insofern er aus dem Maschinenkörper hinaustritt, die Endlichkeit des Raumes überwunden und ist in die Zeit hinübergewechselt, oder genauer: in den Aggregatzustand der Schrift. Das »einprogrammierte Wunder« besagt nichts anderes, als daß, was sich in der Zeit entfaltet, *im vorhinein* schon beschrieben ist. In diesem Sinn ist auch der Körper der Schrift, das Programm, nicht offen, sondern etwas, das Schritt für Schritt, den Lauf der Dinge vorwegnehmen muß.

Hier nun erweist sich – und gerade die Mühelosigkeit, mit der Babbage an das Denken der cartesianischen Metaphysik anschließt, spricht eine deutliche Sprache –, daß jene Gegenüberstellung, die für die mechanische Welt von einem geschlossenen, »deterministischen« Sytembegriff und im Zeichen des Computers von einem offenen, nicht-deterministischen Systembegriff spricht, eher irreführend ist. Denn das, was Babbage von seinen mechanischen Vorgängern unterscheidet, ist nur, daß er ein Determinist höherer Ordnung ist.

Hat die cartesianische Metaphysik das »Wunder« im Innern der Maschinenkörper geortet, hat es Physik zur Metaphysik geadelt, so lagert Babbage das Räderwerkprogramm aus, das heißt: setzt er an die Stelle des Maschinenkörpers den *Körper der Schrift*, das *Programm*. Es ist nicht verwunderlich, daß Babbage in diesem Zusammenhang auf den Jacquardschen Webstuhl rekurriert (den er im übrigen als eine Art Initial für seine Analytische Maschine begreift), ist hier doch das Auseinandertreten von Maschinenkörper und Programm schon vorweggenommen. Jedoch geht Babbage deutlich darüber hinaus. Hat der Jacquardsche Webstuhl in der Entkopplung von Maschine und Programm die materielle Maschine zu einer Leseapparatur verwandelt, die eine beliebige Zahl von Mustern verarbeiten kann, so erfaßt Babbage, daß dieser Prozeß des *Einlesens* und des *Ausarbeitens* geschlossen werden kann, daß das ausgearbeitete Ergebnis wiederum in die Maschine eingespeist werden und einen neuerlichen Durchlauf auslösen kann – eben das, was man in der Kybernetik »Feedback« oder in der Informationswissenschaft »Iteration« nennt. Hier genau liegt Babbages Bedeutung für die Entwicklung des Computers: daß er den Typus einer Maschine denkt, die, von einem Lochkartenprogramm gesteuert, das Ergebnis ihrer Arbeit wiederum in der Form einer Lochkarte ausgibt, die nun abermals eingespeist werden kann – kurzum, daß er die Maschine als einen *Kreislauf der Schrift* zu denken vermag. Nur daß es ihm (und das ist seine Grenze) jenes Codes ermangelt, der die Welt ganz zum Zeichen aufzulösen vermag. Zwar wird der binäre Code zu seiner Lebenszeit ersonnen, aber, und das ist sonderbar, Babbage nimmt keine Notiz mehr davon.

NULL UND EINS. Es ist ein Irrtum zu glauben, daß der binäre Code wesentlich mathematischer Art sei, nur weil er sich dieser beiden Zahlen bedient. Tatsächlich sind die Null und die Eins nicht wirklich Zahlen, sondern Philosopheme, die sich mit ihrer Zahlennatur eine Art Tarnkappe übergezogen haben; philosophische Larven, die in dem Maße, in dem sie frag- und gedankenlos gebraucht werden, eine Art Schläferdasein führen, in Zeiten des Umbruchs jedoch in sonderbar verwandelter, metamorpher Gestalt hervortreten. Und wirklich markiert der Augenblick, da die Null am Ende des Mittelalters in das abendländische Zahlensystem einbricht (ein Ereignis, das sich so klandestin abspielt wie die Geburt der Mechanischen Uhr) nichts geringeres als eine Revolution, eine vollkommene Metamorphose des Zahlensystems. Gab es zuvor nur ganzzahlige Einheiten und war zwischen diesen nur die Logik der *Analogie* möglich, das heißt: die Vergleichung einer Proportion durch eine andere, so wird – im Denken der Null – die Proportion aufgelöst, das heißt: vollzieht sich der *Bruch*, dem der *Repräsentant* entspringt. Diese Zahlfigur wiederum, die nicht mehr ganzzahlig ist, sondern fragmentarisiert, ist (wie die Winkelfunktionen Sinus, Cosinus, Tangens, Cotangens belegen, die ja gleichfalls zwischen der Null und der Eins oszillieren) eine Abbreviatur, eine Gedankenmaschine, die alle erdenklichen Proportionen in sich birgt.

So wie die Mechanische Uhr die Naturzeit aufgelöst hat, so sprengt die reelle Zahl die Dinghaftigkeit der Zahl auf (die damit nicht mehr die Zeichenentsprechung eines Gegenständlichen ist).[373] Von nun an (und das Verschwinden der Zahlenmystik des Mittelalters ist ein Indikator dafür) steht eine Zahl nicht mehr für ein Ding, sondern wird gewissermaßen auf einem Zahlenkontinuum (dem arithmetischen Analogon des Zeitpfeils) eingeebnet. Hier nun scheint es, daß der Eins keine besonders hervorgehobene Bedeutung mehr zukommt, außer vielleicht, daß sie eine Art Markierungspunkt darstellt, mit dem man sich in der Nachbarschaft von 0,999 und 1,0172 zurechtfinden kann. Auch die Null, betrachtet man sie graphisch, ist kaum mehr als ein Durchgangspunkt, der die positiven von den negativen Zahlen trennt – und nur die vielfältigen Verbote und Ausschließungen ihres Gebrauchs belegen, daß hier eine dunkle Kammer des Zahlensystem sich verbirgt.

Mit der Null, grob gesagt, löst sich die *Vierung* der griechischen Proportionenlehre auf, entsteht jenes magische *Dreieck*, jene *projektive*

Mathematik, wie sie sich ja auch in der Logik des perspektivischen Bildes niederschlägt. Unter diesem Vorzeichen ist das Erscheinen der Null kein mathematisches, sondern ein geistes- und kulturgeschichtliches Ereignis ersten Ranges.[374] Unschwer kann man in ihr die Abbreviatur jener Geistesmaschinen erfassen, die sich allein auf sich selbst begründen: die Zeit, das Geld, das Bild. In diesem Zusammenhang nun (durch die Null codiert) ist die *Eins* das Prinzip der *Identität* – was ja nicht zu verwechseln ist mit dem der Ganzheit oder der Unversehrtheit –, steht sie dafür, daß eine jede Gleichung, ein jeder Tausch in ein Drittes aufgelöst werden kann, oder, wie es mathematisch heißt: einen *Repräsentanten* finden kann. Differential, Integral. Was sich hier in Form eines mathematischen Ausdrucks widerspiegelt, ist die unverwechselbare Physiognomie des Porträts, ist der Anspruch auf Einmaligkeit und Unverwechselbarkeit, ist der Anspruch, bis in die Hautfältchen hinein »naturgetreu« abkonterfeit zu werden. In diesem Sinn ist der *Bruch*, der die Vierung auflöst, kein mathematisches Sonderproblem, sondern nur ein Kürzel für jene Zeitenwende, die sich am Ende des Mittelalters ereignet und uns zuvor schon so ausgiebig beschäftigt hat.

Es ist dieser Hintergrund, vor dem die Entstehung des binären Codes im 19. Jahrhundert zu lesen ist (ein Ereignis, das, wie sich zeigen wird, auch in seiner Begründung keinesfalls bloß instrumenteller Natur ist). Das Werk, in dem dies geschieht, ist das bereits erwähnte *Laws of Thought*, das der (um eine Generation jüngere) Zeitgenosse Babbages, George Boole, im Jahr 1854 veröffentlichte.

Der Grundsatz, von dem aus George Boole seine Logik entwickelt, ist eine Besonderheit des Zahlensystems – nämlich daß es nur zwei Zahlen gibt, die der Formel $x=x^2$ genügen: die Null und die Eins. Selbstverständlich (und ich denke, die vorausgegangenen Überlegungen sind Beleg genug) ist das kein mathematischer Zufall wie das Auftauchen einer Primzahl im Zahlensystem, sondern Boole hat damit die beiden Hauptsäulen ins Visier genommen, auf denen das Universum der reellen Zahlen ruht. Interessanterweise rückt hier jene verbotene, metaphysische Dimension wieder ins Blickfeld – wird sichtbar, daß man es nicht eigentlich mit Zahlen, sondern mit philosophischen Kategorien zu tun hat.[375] Damit aber tritt jenes Geheimnis hervor, das die Mathematik der vorausgegangenen Jahrhunderte mit allerlei Axiomen und Verboten hatte kaschieren wollen – war der geistige Bau der Repräsentation doch nur dadurch zu halten, daß seine Grundlage im Dunkeln, in einer Art *camera obscura*, verblieb. Freilich ist dieses Geheimnis schon ein gutes halbes Jahrhundert hinfällig, und so bereitet es Boole keinerlei gedankliche Schwierigkeiten, den Sonderstatus der Null und der Eins zu markieren. So schreibt er: »In Übereinstimmung mit einer früheren Definition nennen wir das *Nichts* eine Klasse. Tatsächlich sind das Nichts und das Universum die beiden Grenzen der Klassenausdehnung, weil sie die Grenzen der möglichen Deutungen von Gegenstandsnamen sind, von denen keiner sich auf weniger Objekte beziehen kann als sie im Nichts enthalten, oder auf mehr, als im Universum enthalten sind.« Daraus nun schließt er, »daß die Klasse, die durch die 1 bezeichnet wird, ›das Universum‹ darstellen muß, da es die einzige Klasse ist, in der alle Individuen aller Klassen versammelt sind. Von daher sind die jeweiligen Bedeutungen der Symbole 0 und 1 in dem System der Logik das *Nichts* und das *Universum*.«[376]

Es ist genau das, das *Nichts* und das *Universum*, mit dem Boole nun zu rechnen beginnt. Zwar wird dadurch, wie er sagt, die bisherige Algebra keinesfalls hinfällig, ja stellt sein System nur eine andere Art, sie zu lesen, dar[377] –, gleichwohl verhindert diese gleichsam vorauseilende Besänftigung der Zunft keineswegs, daß seine Gedanken – eben weil sie doch einen Riß sondergleichen markieren – ein gutes halbes Jahrhundert lang wie eine Art kryptische Sprache oder ein mathematisches Kuriosum randständig bleiben. Mag man sich mit der Vorstellung, daß die Null das Nichts repräsentiert, noch gerade anfreunden, so scheint der Gedanke, daß die Eins nicht mehr für einen Zahlenwert, sondern für das Universum stehen soll, eher das mathematische Echo der »Systemphilosophie« der Romantik und ihrer Wiederaneignung der mystischen Philosophie. Und wirklich: genau dies ist gemeint, mit dem Unterschied jedoch, daß, gut ein halbes Jahrhundert nach der romantischen Revolte, diese Eins nicht mehr als Philosophem begriffen und dementsprechend emphatisch – als das Einssein mit der »Natur« – begrüßt wird, sondern daß sie sich zu einem mathematischen Zeichen verhärtet hat, kurzum, daß Boole mit ihr zu rechnen beginnt.

Es ist evident, daß hier – wo die Null und die Eins dem herkömmlichen Wertbegriff entzogen werden – ihr Verhältnis ein neues wird. Die Umwertung besteht darin, daß die Null und die Eins aufhören, in einem engen Sinn Zahlen zu repräsentieren, daß sie vielmehr zu jenen Größen werden, in denen der ganze Korpus der Mathematik erscheint. Der Korpus der Mathematik wird von einem neuen Systembegriff umhüllt, einem Systembegriff, der nicht mehr, wie in der Proportionenlehre der Antike und des Mittelalters, der *Vierung* bedarf, auch nicht mehr, wie in der Neuzeit, des *Dreiecks*, sondern der mit der *Zweiheit*, der Codierung von Anwesenheit und Abwesenheit auskommt.

Mit dieser Zweiheit ist ein neuer Systembegriff geschaffen, der die bisherige Algebra übersteigt. So ist man von nun an nicht mehr genötigt, die algebraischen *Repräsentanten* x, y, z als solche ins Auge zu fassen (nach der Art, wie man etwa ein Porträt betrachtet, das einen bestimmten Menschen darstellt), sondern betrachtet sie unter dem Gesichtspunkt, wie sie im System der Null und der Eins *erscheinen*. So wie die Symbolsprache der Malerei sich vor die gegenständliche Welt schiebt (Cézanne: »Madame, das ist kein Apfel, sondern das Bild eines Apfels«), so löst sich der Blick vom je einzelnen ab, kommt ihm eine Bedeutung nur insoweit zu, als es im *System* erscheint. Tatsächlich ist dies nicht bloß, wie Boole sagt, eine Frage der Notation oder der Deutung, sondern zeigt präzise an, daß hier ein höherer Systembegriff waltet, ein Systembegriff, in dem das Ganze nicht mehr durch einen einzelnen repräsentierbar, sondern nur durchs Ganze zu verstehen ist. Oder genauer: durch jenes Ganze, das zwischen der Null und der Eins oszilliert.

Die *Eins*, das ist symbolisch betrachtet, der Wissenskörper, in dem das Wissen als Wissen sich selbst reflektiert, oder besser noch: in dem es sich als *Bestand* deutet. Oder um es noch ein wenig anschaulicher zu fassen: die *Eins* ist der Speicher, sie ist, was die Zeit, die Booles Gedanken negiert, in praxi vollzieht, indem sie nämlich jene Räumlichkeiten errichtet, in denen die Welt zum Speicher wird: die Universitätsbibliothek, das Warenhaus, das Museum.

Dieser Ausflug in die Realität ist keineswegs bloß eine bildliche Erleichterung, ein Service, mit dem ein dunkles mathematisches Feld zugänglicher gemacht werden soll, sondern trifft einen entscheidenden Punkt: denn mit der Codierung durch die Null und die Eins schließt sich die Kluft zwischen der Welt der Zahlen und der Welt der Erscheinungen, vermag ein jedes x nicht nur für ein algebraisches Symbol, sondern ebensogut für eine Eigenschaft zu stehen. Das, was die Null und Eins markieren, ist die Logik der Erscheinung (oder, reziprok gesehen: die Logik der systematischen Ausschließung). Wenn die 1 für das Universum steht und x beispielsweise für die Klasse der Logiker, dann ist 1-x das Universum ohne die Logiker, das heißt, die Klasse all dessen, was Nicht-Logiker ist. In diesem Sinn kommt einem jeden x ein entsprechendes Komplementär 1-x zu, nämlich all das, was nicht x ist. Das entscheidende Prinzip dabei ist: eine Klasse x und ihr Komplementär 1-x können nichts miteinander gemein haben, so wenig wie das Universum etwas mit dem Nichts gemein haben kann.

Es ist diese Ausschließlichkeitslogik, die auf eine systematische Art und Weise zwischen dem Ganzen und dem Nichts oszilliert, die dazu führt, daß man alles klassifizieren und über die dabei gewonnenen Klassen formallogische Aussagen treffen kann. Spielen wir es an einem Beispiel durch.

Sagen wir: ein Logiker ist jemand, der eine Brille trägt und unter nervösen Zuckungen leidet, wobei x = Logiker, y= Brillenträger, z = unter nervösen Zuckungen leidend, so läßt sich das Universum (1) unter diesem Gesichtspunkt gruppieren – lassen sich, wenn denn die obige Aussage zutrifft (was aber nicht von Belang ist), vier formallogische Aussagen treffen:

1. es gibt keine Nicht-Logiker, die Brillen tragen und unter nervösen Zukkungen leiden
2. es gibt keine Logiker, die Nicht-Brillenträger sind, aber unter nervösen Zuckungen leiden
3. es gibt keine Logiker, die Brillenträger sind, aber nicht unter nervösen Zuckungen leiden
4. es gibt keine Logiker, die weder Brillenträger sind noch unter nervösen Zuckungen leiden.

Positiv gesagt, läßt sich die Menschheit in vier Kategorien einordnen:

1. Logiker, Brillenträger, unter nervösen Zuckungen leidend (x,y,z)
2. Nicht-Logiker, Brillenträger, nicht unter nervösen Zuckungen leidend (1-x)(1-z)y
3. Nicht-Logiker, Nicht-Brillenträger, aber unter nervösen Zuckungen leidend (1-x)(1-y)z
4. Nicht-Logiker, Nicht-Brillenträger, nicht unter nervösen Zuckungen leidend (1-x)(1-y)(1-z)

Nun ist dieses kleine Bestiarium der brillentragenden Logiker keineswegs bloße Ironie, sondern ein strenges Kalkül – eben jenes Kalkül, mit dem ein Computerprogramm seine Informationen durchsiebt. Daß ich dennoch, statt eines »ernsthaften« Beispiels diese Form gewählt habe, hat damit zu tun, daß die offenkundige Absurdität des Beispiels gerade sichtbar macht, wo das Apriori der Booleschen Logik liegt: nämlich daß diese zugrundelegt, daß ein X eindeutig als X identifizierbar ist, daß ein Logiker stets Logiker, aber niemals (was ja der Realität, die doch eher aus Mischformen besteht, näherkommt) im gleichen Augenblick auch ein Nicht-Logiker sein kann. Das Apriori liegt im X selbst – in der Vorstellung, daß es die Möglichkeit gibt, eine Eigenschaft, eine Art oder Klasse so präzis und eindeutig zu definieren, daß sie nichts ist als X. Genaugenommen ist X (und zumal in der Komplementärform zum 1-x) nicht ganz vollständig notiert – müßte es lauten: 0 + x. Das heißt: Nichts als X. Denn in Booles Logik gehören Universum und Nichts untrennbar zusammen (so wie in der *coincidentia oppositorum* des Nikolaus von Kues die doppelte Unendlichkeit zusammengehört). Steht die Eins für den Speicher, für das Ganze, so steht die Null für das vollendete Komplement. Ganz fraglos bedeutet auch dies eine Umwertung dessen, was gefühlsmäßig einleuchten mag: daß die Null das Nichts repräsentiert. Denn das Nichts, das hier ins Auge gefaßt wird, ist nicht mehr das Nichts, das einen in Form der Verunsicherung, eines bloß hohlen Gefühls anweht, es ist nicht der Abgrund des Nicht-Wissens, die unfaßliche Negation, so wie sie der Tod in sich birgt – nein, es ist die berechenbar, konstruktiv gemachte Leere.

Die Null, so wie sie Boole konzipiert hat, ist ein präziser Calculus nur deshalb, weil sie sich auf der Gewißheit begründet, daß ein X von aller Außenwelt gesondert werden könne. Die Null, vor der ein X erscheint: das ist der schalltote Raum eines Tonstudios, in dem eine menschliche Stimme, fast jeglicher Resonanz entkleidet, über ein Mikrophon, dessen Eigengeräusch fast auf Null reduziert worden ist, auf ein digitales, rauschloses Speichermedium aufgenommen wird. Die Null, das ist nicht Abwesenheit, sondern es ist die *kontrollierte Abwesenheit*: gilt es doch, jene Leere herzustellen, in der ein X als X erscheinen kann und nichts sonst.

Unter diesem Gesichtspunkt erhält das spezielle Gesetz des George Boole eine neue Lesart: $x=x^2$ (oder redundant ausgedrückt $x=x^2=x^3=x^4$). Das ist nicht eigentlich ein Satz der Identität, sondern hier verbirgt sich jenes doppelte Bewegungsgesetz, wie es den Computer charakterisiert. Paradox ausgedrückt könnte man sagen, daß sein Sinn lautet: das *Universum* muß universaler, das *Nichts* noch nichtiger werden. Praktisch betrachtet heißt dies: ein Mehr an Kontrolle. Es heißt, daß, damit etwas als x erscheinen kann, es immer mehr von der übrigen Welt gesondert, daß es immer *cleaner*, sauberer abgetrennt werden muß, daß die Bilder oder die Töne, die wir in unsere Computer hineinnehmen, mit einer immer höheren *Bit-Auflösung* aufgerastert, daß sie immer *selbiger* werden sollen.

BIGGER THAN LIFE. Vor diesem Hintergrund nun gewinnt die Frage, was »Digitalisierung« bedeutet und was eine *Analog-Digital-Wandlung* ist, eine sehr viel schärfere Kontur. Wenn ich die Stimme eines Menschen (also das, was eine frühere Zeit als *anima*, als »Seele des Menschen« aufgefaßt hat) digitalisiere, so ist diese Übersetzung in die Logik der Null und der Eins kein bloßer Abbildungsprozeß, sondern beschreibt einen Akt der symbolischen Vernichtung, eine Vernichtung indes, welche den Zweck verfolgt, den vernichteten Stimmkörper in zeichenhafter, digitaler Form wiederauferstehen zu lassen. Oder, um mit Boole zu denken, es ist der Gang durch das *Nichts*, an dessen Ende das *Universum* steht.

Dies ist nun, strukturell betrachtet, exakt jener Prozeß, den ich zuvor als die entscheidende, geheime Triebkraft des perspektivischen Bildes herausgestellt habe: jenes semiotische *Rinascimento*, welches, im *Kenotaph* des perspektivischen Bildes, Natur dekonstruiert, um sie als zweite Natur wiederauferstehen zu lassen. In der Tat, auch der Computer ist ein solcher *Kenotaph*, ein leeres Grab, in dem meine Natur, mein digitalisierter Stimmkörper, wiederaufersteht – ganz zum Zeichen geworden und reiner als je zuvor, *bigger than life*. In diesem Falle nun ist das wiedergeborene, digitale Zeichen nicht mehr bloß Augenschein, gefrorene Zeit, sondern vermag der Computer ebenso das zeitliche Ereignis aufzurastern: hat man es nicht bloß mit eine Art *Trompe l'œil*, sondern mit einer Täuschung zu tun, die alles umfaßt, was sich digitalisieren läßt.

Dies ist – begreift man die Geschichte des Räderwerks und des perspektivischen Bildes als eine Art geschichtlicher Prophetie – ganz fraglos ein Ereignis von ungeheurer geschichtlicher Wucht, ein Ereignis, in dessen Anfängen wir uns erst bewegen (und das auszumalen hier nicht der Raum ist: eine Arbeit, die ich mir für einen späteren Zeitpunkt vorgenommen habe). Aber soviel ist gewiß: So wie die Welt im leeren Grab des perspektivischen Bildes untergegangen ist, um als *Weltbild* wiederaufzuerstehen, so beschreibt die Analog-Digital-Wandlung jenen Akt kultureller Metamorphose, bei der die Realität untergeht, um als »virtual reality« wiedergeboren zu werden. Es ist wohl dieser Wandel, den die Kulturpessimisten im sicheren Gefühl des Schwundes »Simulation«[378] nennen – ein Wort, das gerade dort, wo es bloß inhaltsleer und anklagend daherkommt, das Trauma der Moderne umreißt: daß der Abschied von der *Repräsentation* noch nicht vollzogen, daß die Lektion der Moderne noch nicht gelernt, daß die Sprache der *Simulation* noch nicht gedacht ist. Kurzum: daß wir, bewußtlose Sprecher, einer Vergangenheit hinterhertrauern, die längst im Kenotaph unseres Denkens untergegangen ist.

Der Zeichenkörper. Der Zeichenkörper (oder, um in der Booleschen Terminologie zu sprechen: das reine x) ist in die Selbigkeit überführt – das heißt: er stellt nicht nur sich selbst, sondern eine ganze Klasse seiner selbst dar. In diesem Sinn enthält die Gleichung $x=x^2=x^3=x^4$ die Logik der Selbigkeit, die Möglichkeit beliebiger Reproduktion. Ja, genaugenommen ist die Vorstellung von »Reproduktion«, von Urbild und Abbild, von Original und Kopie, bereits obsolet, ist der Unterschied zwischen einem x und einem x^2 nicht zu bemerken (gibt es nicht mehr, wie der teminus technicus sagt, einen »Generationsverlust«, eine Ausdünnung der Qualität). Ein jedes x, ins Universum der Zeichen überführt, vermag beliebig zu proliferieren; es trägt die Unendlichkeit seiner selbst schon in sich (was ja der Grund ist, nicht mehr von »Ähnlichkeit« oder »Gleichheit«, sondern von »Selbigkeit« zu sprechen). Damit aber ist es nicht mehr *eins,* sondern eine *Vielheit,* ein multiples, hypertrophes Ding, das so viel oder so wenig paradox ist wie die Potenzen der Null und der Eins, die sich im Exponenten zwar unterscheiden, aber die doch stets auf die Basis (als die Potenz aller Potenzen) sich zurückführen lassen. Und in diesem Sinn ist der Zeichenkörper nicht ein Singular, sondern ein gleichsam erstarrter Plural (»wie tausend Mann«), eine Vielheit, deren einzelne Glieder sich dadurch auszeichnen, daß sie in einem Verhältnis der Selbigkeit zueinander stehen.

Nun ist die hemmungslose Proliferation, das metastasierende, inflationär wuchernde Wachstum des Zeichenkörpers nicht eigentlich das entscheidende Novum – besagt es doch lediglich, daß ein jeder dieser *Zeichen-*

körper einen Schwund an Einzigartigkeit hinnehmen muß – daß man es, ökonomisch betrachtet, mit einer Art Zeicheninflation und folglich mit einem Entwertungsprozeß zu tun hat. Was sich hier entwertet, ist nicht nur der Wert des einzelnen Zeichenkörpers, sondern eine Entwertung der Reproduktion selbst. Es stellt sich die Frage, ob und wo in diesem Produktionsprozeß das Präfix »Re-« überhaupt noch eine Berechtigung hat. Tatsächlich vermag ja auch die Kopie – insofern sie dasselbe ist – wiederum als Original eingesetzt zu werden, ja gibt es im Feld der Selbigkeit keine Kopie und kein Original mehr.

Was sich ereignet, ist eine Verschiebung von der Reproduktion hin zur Produktion, eine Verschiebung, die man am allmählichen Bedeutungswandel des Terminus der »Generation« ablesen kann. Bezieht man ihn auf die herkömmlichen, analogen Kopiervorgänge, so bedeutet »Generation« und die dazugehörige Ordinalzahl die jeweilige Entfernung vom Original – mit jeder Generation entfernt sich die Kopie weiter vom Original, nimmt das Rauschen zu. So besehen ist es nicht verwunderlich, daß man die zunehmende Verunklarung von der ersten zur zweiten zur dritten Kopie einen »Generationsverlust« nennt. Liegt in dieser Gedankenfigur der Abschwächung noch die Idee des Originals verborgen, so kehrt sich im Körper des digitalisierten Zeichens dieses Verhältnis um, vermag ein jegliches x doch beliebig viele Derivate zu bilden. Damit verwandelt sich das Konzept der Generation zu einem Konzept der stetigen Amelioration, ist ein Computer der dritten, vierten Generation eine Verbesserung, ein *Upgrade*. Das, was man bislang Generations*verlust* genannt hat, wird zu einem zu bejahenden Generations*gewinn* umgedeutet – zu einer Gedankenfigur, die nicht eine Figur des Abstiegs, sondern eine des Aufstiegs beschreibt.

Was sich hier abzeichnet, ist eine Veränderung des Gedankenbildes. Nicht mehr der Spiegel, die Re-flexion, die sich als Widerspiegelung eines Gewesenen deutet, sondern die Figur der Potenz, das Gefühl, ganz neue Generationen hervorbringen zu können.[379] Der Zeichenkörper, ganz in Zeichen aufgelöst, ist beliebig manipulierbar. Hier liegt das entscheidende Novum: daß es möglich ist, Mutanten, Clons und Hybride zu generieren. Es ist der Generations-Abstand dieser Mutanten, es ist die hergestellte, kalkulierte Andersheit dieser hybriden Zeichenkörper, es ist die Möglichkeit, beliebig viele Generationen zu zeugen. An die Stelle des *Spiegels* tritt der *Baum* (und so ist es ja nicht von ungefähr, daß die innere Struktur eines Computers auf Baumstrukturen beruht).

Die Logik des Zeichenkörpers ist die Logik des Stammbaumes, es ist die Logik der *Genealogie*. Der Zeichenkörper, in jener Form, in der er digitalisiert, in den Kenotaph des Computers überführt worden ist, ist *Stammvater* (oder *Stammutter*). Er ist, da es keiner Befruchtung durch ein Schwesterwesen mehr bedarf, Hermaphrodit. Was ihm entspringt, sind Hybride seiner selbst, künftige Generationen, die, einem Kalkül der Fortpflanzung folgend, mehr oder weniger Ähnlichkeit aufweisen. Denn nun vermag man, durch verschiedene Generationen hindurch, bestimmten Eigentümlichkeiten nachzugehen, lassen sich Familienähnlichkeiten feststellen, läßt sich andererseits beobachten, wie ein bestimmtes Merkmal ganz allmählich verschwindet usf. Was hier »simuliert« wird, ist nichts anderes als die Zeit, oder genauer noch: die Fortpflanzung. Der Zeichenkörper – in die Logik der Genealogie überführt – vermag sich auf eine kontrollierte, jederzeit nachvollziehbare Art fortzupflanzen. Damit ist der Zeitprozeß in Vergangenheit und Zukunft gleichermaßen unter Kontrolle. Ein jedes X trägt, als Potential, von nun an eine Familie in sich – seine Derivate, seine Hybride, all die Ableitungen und Generationen. Damit verlagert sich der Begriff des Zeichenkörpers von der Identität zur Selbigkeit, tritt, wo zuvor die Logik des Einzelnen geherrscht hat, das Bild der Familie. Der Computer – in dem all dies stattfindet, der all diese Prozesse im vorhinein zu steuern vermag –, er ist Gebärmaschine, ein *Logos spermatikos* par excellence. Und sein Geist: ein allwissender Gärtner.

Epilog

Früher, wenn die Sonne in mein Zimmer hereinschien, habe ich, um die Buchstaben auf dem Schirm entziffern zu können, den Vorhang zugezogen. Mittlerweile habe ich mich daran gewöhnt, bei geschlossenen Jalousien zu arbeiten. Auch der unmittelbare Raum um mich herum, der sich mit Papier anfüllt, mit Bücherstapeln und mit verworfenen Textausdrucken, erscheint mir, der ich in meinen Bildschirm hineinstarre, sonderbar fern und entlegen, ein Dämmer am Wahrnehmungsrand. Ich bin zuhause in meinem Kopf. Ich bewege mich zwischen den Wörtern, in einer Welt der Bilderinnerungen und Echoräume, ich rücke die Zeichen (wie Möbelstücke) hin und her, wieder und wieder, solange bis der Anblick mir zusagt. Ich richte mich ein. Früher vielleicht, als Student, wäre ich noch empfänglich gewesen für den Vorwurf, daß ich mich im Elfenbeinturm befinde, vor kurzem, als mir jemand etwas in diese Richtung Weisendes entgegenwarf, habe ich bloß empört und ganz und gar reflexartig entgegnet: »Auch ich bin das wirkliche Leben!« Bisweilen, wenn ich während meiner Arbeit in die Außenwelt (die sich zunehmend wie eine AUSSENwelt anfühlt) hinausgegangen bin, kam mir all das vor wie SCHON-NICHT-MEHR-WAHR. *Es ist bloß lauter geworden, fällt mir auf. Die Stadt ringsum hat sich mir sonderbar vergleichgültigt. Sie löst sich auf in ein diffuses Anderswo, in eine erblindende Wiederholung, in etwas, das mir vorkommt wie eine Ampelanlage, die irgendwann in den frühen Morgenstunden ihre Phasen schaltet. Manchmal in einem Gespräch passiert es mir, daß ich statt zuzuhören einen Badezimmerspiegel vor Augen habe und davor: ein Gebiß im Wasserglas. Aus dem U-Bahn-Schacht steigend sehe ich, daß dort, wo zuvor ein Haus war, eine Lücke klafft (oder umgekehrt). Irgendwie warte ich immerfort darauf, daß etwas passiert, irgendetwas nur, das mich wirklich überrascht. Die Freundin eines Freundes (eines nachtschwärmenden, nachtarbeitenden Dichters) ruft an und erzählt, daß dieser Freund, in Ermangelung des Tageslichts, künstliche Sonnenbestrahlung verordnet bekommen hat. Im Park nebenan steht ein Zelt. Es ist nicht unkomfortabel in meinem Kopf. Bloß, manchmal wünschte ich mir jemanden, der sich mit mir unterhält...*

Wenn ich zurückschaue: Es war die Arbeit an diesem Buch, die so etwas wie ein Gefühl zunehmender Vertrautheit in mir wachgerufen hat, als ob ich denkenderweise nicht mehr genötigt sei, auf fremdem Terrain mich zu bewegen, sondern als ob ich heimisch geworden wäre im eigenen Kopf. Nein, *heimisch* ist nicht das richtige Wort, gibt es hier doch keine Heimat, keine Rück- oder Wiedereinkehr in einen früheren, glücklicheren Zustand. Eher war dieser Prozeß wohl ein *Auskehren*, eine Bewegung *hinaus*, galt es doch, jenen Zustand der Offenheit herzustellen, der es mir erlaubt, einen unverstellten Blick auf meine Gegenwart zu werfen. Wenn es ein Ziel dieser Arbeit gab, bestand es darin: Raum zu schaffen, das Denken aus seiner Trägheit und Vergangenheitsseligkeit zu befreien, in den Zustand der bloßen *Geistesgegenwart* zu geraten. Tatsächlich war mir dies niemals eine Selbstverständlichkeit gewesen, war mir die Gegenwart stets sehr viel rätselhafter und fragwürdiger erschienen als die Geistkonstrukte, die reklamierten, auf der Höhe der Zeit zu sein, die aber bei genauerem Hinschauen eher der Sandkastenspielfaszination des Feldherren glichen, der die Schlachten der Vergangenheit rekonstruiert. Und so hatten meine Fragen (sonderbarerweise) immer genau dorthin getroffen, wo sich niemand recht aufhalten wollte, oder wo man mich mit der lapidaren Auskunft abspeiste, daß dies – wie im Falle des Verbotes, durch die Null zu dividieren – ein Axiom sei und aus gutem Grund ausgeklammert. Und vielleicht ist dies das tiefste Heimkehrgefühl: das Gefühl, daß es für all diese Kinderfragen eine Berechtigung gibt, daß es richtig und nötig ist, zu fragen, warum etwas so ist, wie es ist. In einer früheren, wieder verworfenen Fassung dieses Epilogs stand genau dies: Fragen, nichts als Fragen. Zwanzig Seiten lang, eine nachgerade endlose, rücksichtslose Suada (eine Liste all der Gedanken, die ich gern, nicht nur für mich allein, gedacht und besprochen sehen würde). So daß ich, im Zeichen der Frage, eigentlich weniger einen Epilog im Kopf herumtrage, als eben dies: eine Art Aufbruch, das Gefühl *Gerade-erst-einmal-angefangen-zu-haben*.

Wenn man so will, dieses Buch war ein langer Umweg – und doch, im Rückblick, erscheint es mir alles andere als das. Im Gegenteil, es war gerade die eingehende Beschäftigung mit entlegenen Fragen, es war gerade die Fremdheit und Abgelegenheit dieses Terrains, welche mir den Blick auf das Naheliegende nur noch mehr schärfte. In die Gedankenwelt eines spätmittelalterlichen Denkers vertieft, kam es mir bisweilen vor, als ob ich an höchst gegenwärtigen Problemen herumlaborierte, als ob die scheinbar entlegenen Gedankengänge in einer bloß modifizierten, altertümlich verkleideten Form denen meiner unmittelbaren Gegenwart entsprächen. Nicht nur, daß sich mir dieser Vergangenheit gegenüber das Gefühl bemächtigte, einem *Echoraum* gegenüberzustehen, in dem ich im Gewirr der einander übertönenden und überlagernden Stimmen schließlich meine eigene Stimme und mein eigenes Fragen heraushören konnte, darüberhinaus erschien mir das Mittelalter zunehmend wie ein psychohistorisches Dispositiv, ein Suchbild, in dem man (wenn man es denn wie eine Folie über die Gegenwart legte) das Trauma der Gegenwart würde entziffern können. Das Trauma (wie es sich mir in Form dieser übereinandergelegten Bilder darstellte) bestand darin, daß in einem jähen Zeitriß, in einer Figur der Plötzlichkeit, ein über lange Zeit gewachsenes Gebäude auseinanderzubrechen drohte, einfach deshalb, weil seine Grundlagen von einer anderen, nicht wahrgenommenen Ordnung unterhöhlt worden waren. Denn eben das war es ja, was in der Gestalt von Räderwerk und Computer in die Geschichte eingebrochen war, ein *anderer Grund*, ein Geisteskontinent, der in der bisherigen Logik nicht mehr zu fassen war. Die Erkenntnis dieser intellektuellen Schicksalsverwandtschaft, vor der mir das Hineinhorchen in die Geschichte der Dinge wie der Gang in eine gedankliche Kindheitswelt erscheinen konnte, versprach die Entzifferung einer höchst gegenwärtigen Problematik: nämlich der Frage, wie ein grundlos gewordenes Denken sich wieder neu zusammenzusetzen vermag.

Hatte es am Anfang lediglich die Entdeckung einer Strukturgleichheit von Räderwerkautomat und Computer gegeben, so formten sich im Verlauf meines Nachfragens immer komplexer werdende historische Parallelen aus, bezeugte der Lauf der Dinge, daß man es mit Prozessen zu tun hatte, die einander entsprachen. Es wurde sichtbar, daß es in der Neucodierung des Wissens eine gewisse Rhythmik gab, welche sich durch die historischen Verlaufslinien von Moderne und Mittelalter hindurchzog. Das Amerika des Kopfes und die Kopfinnenwelt der Moderne folgten derselben Entwicklungslogik. Auf eine paradoxe, durch den herkömmlichen Geschichtsevolutionismus nicht erklärbare Art und Weise gab es für jedes mittelalterliche Datum ein modernes Komplement: die Entwicklung der Städte, die industrielle Revolution und die Entfesselung der neuen Energien, die mit Mühlentechnik und Dampfmaschine verbunden war, das Beben in den Köpfen, das zuerst als Naturphilosophie sich artikulierte, alsbald und auf revolutionäre Art und Weise das System der Wissenschaften neu gruppierte, das Bestreben, das Denken zu inventarisieren und als Bestand zu deuten, als *summa theologica* oder als *Enzyklopädie*, je nachdem, die Kathedrale der Gotik und die durchlichteten Kommunikationskathedralen des 19. Jahrhunderts – und schließlich, daß die Revolution der Denkart sich vor allem in einer Veränderung des *Gesichtes* widerspiegelte, daß es ein neues und anderes *Menschenbild* war, das die Bilder zu füllen begann.

Dieser Rythmhus, diese vertrackte Paralellität war es, was mich zunehmend faszinierte, die Tatsache auch, daß die wesentlichen Triebkräfte dieses Prozesses nur verhüllt, am Wahrnehmungsgrund sichtbar wurden. Meine Verwunderung über die Tatsache, daß die Geschichte der Mechanischen Uhr von einem hartnäckigen Schweigen umhüllt ist, ja daß sie geradewegs in den Kernschatten des mittelalterlichen Denkens führt, fand sich gespiegelt in dem befremdlichen Umstand, daß eine so geschichtsbewußte, ja geradezu geschichtsbesessene Zeit wie die unsere es schon nicht mehr vermag, die Entwicklungsgeschichte des Computers zurückzuverfolgen, daß jenes eminente Ereignis mithin in seiner geschichtlichen, vor allem aber: seiner *geistesgeschichtlichen* Dimension fast schon verschüttet daliegt. Unter diesem Vorzeichen erschien mir der Paradigmenwechsel des Mittelalters, die Herausformung jenes Geisteskontinents, den wir das »neuzeitliche Denken« nennen, wie eine Prophetie unserer Tage, kam es mir umgekehrt in den Sinn, daß man sich dieser Geschichte, statt sie lediglich zu archivieren, wie einem frühkindlichen Dunkel zuwenden müßte, einem Dunkel, in dem jene unbewußten Prozesse zu studieren sind, die auch uns, in der Fabrikation unserer Denkmaschinen, noch bestimmen.

Vielleicht besteht der einzige Vorzug, den die Geschichte der Gegenwart gegenüber hat, darin, daß sie vorüber ist, daß ihr Studium, gerade dort, wo sie fremd ist und uns zur Abstraktion zwingt, es uns ermöglicht, die Grobstrukturen und die entscheidenden Triebkräfte ins Auge zu fassen, die sich in unserer, im Nahblick nur undeutlich faßbaren Gegenwart kaum zu erkennen geben. Indes ist dieser Gedanke keine Neuauflage der guten Absicht, aus der Geschichte lernen zu wollen, oder wenn, so wäre vor allem zu lernen, daß es hier keine Positivität gibt, daß ein Großteil dieser Geschichte aus Phantasmen und Halluzinationen besteht. Der untergegangene, fremde Kontinent des mittelalterlichen Denkens macht vor allem sichtbar, wie wenig bleibt – aber das, was bleibt, hat das Denken *in sich*. Verfolgt man die Eroberung des neuen Geisteskontinents, die sich am Wahrnehmungsgrund abspielt oder die verkapselt in der Opazität der Dinge daliegt, so lassen sich bestimmte Phasen festhalten, könnte man eine Reihenfolge postulieren, in der sich der Wissenskörper neu codiert. Die Reihenfolge lautet: *Raum, Zeit, Geld* und *Bild*. Modellhaft betrachtet, ist da zunächst nur ein vages Gefühl von Energie, eine Jugendlichkeit, eine Art von Weiterung im Kopf, die Idee eines neuen Systembegriffs, spekulative Naturphilosophie. Dieser Systembegriff bleibt nicht vage, sondern er konkretisiert sich alsbald in einem Raumgebilde, in dem sich das vereinzelte Ich mit einem Megasubjekt zusammenschließt. Unter der Hand jedoch korrespondiert dieser emphatischen Phase des Denkens bereits ein langsames Auskühlen: eine zunehmende Mechanisierung des Systembegriffs. Sehr bald schon schrumpft der Raum und wird zur *Zeit*, das heißt: er verwandelt sich zur *Maschine*. Die Maschine nun (d.h. die *automatisierte Raum-Zeit-Wahrnehmung*) wirkt auf die Wirklichkeit zurück, sie verändert die Arbeit und die Lebensformen. Hatte man die neuerworbene Rationalität zunächst nur als Zuwachs und Bereicherung aufgefaßt, so wird nun sichtbar, daß ein Preis dafür zu entrichten ist, ja besteht dieser Preis darin, den gedanklichen Haushalt der errungenen Ratio anzupassen. Es ist nun kein Zufall, daß diese Frage dort kulminiert, wo die neue Ratio nicht bloß als intellektuelle Spielmarke kursiert, sondern wo sie, zum Geldzeichen geworden, Allgemeinverbindlichkeit für sich beansprucht – nämlich in der Frage des *Geldes*. Die Frage des Geldes – das ist eben nicht nur eine ökonomische Frage, sondern es hängt daran die individuelle und gesellschaftliche Form des Haushaltens überhaupt, die Beschaffenheit des Gemeinwesens, der Arbeit, die Logik des Tausches. An diesem Punkt schlägt die Ratio ins Politische um, wird sie zur Notwendigkeit, die gesellschaftliche Ordnung dem Denken anzupassen (eine Forderung, an der die mittelalterliche Ordnung zerbrach). – Zutiefst mit der Frage des Geldes ist die Frage des *Bildes* (oder genauer: des symbolischen Tausches) verbunden -- und damit jener symbolischen Ordnung, die, als eine die Geldwirtschaft übersteigende, den Flucht- und Sehnsuchtspunkt des Wissenskörpers darstellt.

Was hier, grob und psychomechanisch dargelegt, wie eine unzulässige Vereinfachung wirkt, gewinnt, wenn man es in eine offene Fragestellung ummünzt, eine neue Qualität. Denn so, in aller Geistesgegenwart formuliert, muß die Frage lauten, ob und inwieweit unsere gemeinschaftliche Verfassung jener Logik entspricht, wie sie seit dem frühen 19. Jahrhundert mehr oder minder untergründig wirkt, jener Logik, die in ihrer heißen Phase sich als universalpoetische Revolte artikuliert und in der Booleschen Formel vom $x=x^2$ zur mathematischen Abbreviatur ausgekühlt ist. Schon ein flüchtiger Blick auf unsere politische Verfassung zeigt, daß der Zeitriß, wie er im Computer seinen Ausdruck gefunden hat, noch keineswegs aufgelöst ist, ist doch das Vokabular, mit dem wir unsere Wirklichkeit zu fassen suchen, weitgehend Denkfiguren verhaftet, die aus der Zeit vor jenem Einbruch herrühren. Wenn Booles Logik, im Bereich der Mathematik, den sogenannten *Repräsentanten* abgelöst hat, so hat sich dieser Ablösungsprozeß im Breitendiskurs (einige verehrungswürdige Denker ausgenommen) noch nicht herumgesprochen. Womit das Dilemma benannt ist: daß wir tun, was wir nicht denken, und daß wir nicht denken, was wir tun. Und daß, was auch immer wir zu denken vermeinen, nicht dieses explizite Denken sich durchsetzen wird, sondern das in unserem Tun verkapselte, *wirkende* Denken. Und daß es folglich, bevor wir unsere Zeit an ein ethisches Sollen verschwenden, zunächst darauf ankommen muß, dieses Denken am Wahrnehmungsgrund unseres Denkens freizulegen – sich zu vergegenwärtigen, was wir denken, während wir denken. Indes ist der üble Ruf, der der sogenannten »Simulation« anhaftet, vor allem ein präziser Indikator dafür, wie weit wir noch davon entfernt sind, dieser Forderung nachzukommen – und so stellt das $x=x^2$ vor allem die Markierung einer kategorischen Nichtübereinstimmung, einer scharfen, krisenhaften Heteronomie von symbolischer und politischer Ordnung dar.

Gleichwohl vermag man die Geschichte der Moderne, ihrer Prätentionen und Selbstauslegungen zum Trotz, als eine einzige Meditation über diesen Gedanken aufzufassen. $X=x^2$ – das ist die utilitaristische Formel des romantischen Naturbegriffs, die Abbreviatur jener »vielfältigen Person«, der Universalpersönlichkeit, wie sie Novalis entwirft, es ist die Formel der Verschriftlichung, der Codierung und des telegraphischen Raumes. Es ist die Formel, in der die Welt zum Speicher zusammengefaßt wird, zur Universitätsbibliothek, zum Warenhaus, zum Museum, es ist die Formel des photographischen Bildes, der Massenproduktion, des Super- und das Hypermarktes, es ist die Formel der *Junggesellenmaschine* und der *biologischen Programme,* es ist die Formel von Potenzierung und Depotenzierung, von Inflation und Deflation, es ist die Formel der wachsenden Geschwindigkeit und der Entfernung der Welt, es ist – schlußendlich – die Formel, die im Computer ihre Einlösung findet, das heißt: den Ort, in dem all dies, in virtueller Form, Einlaß findet. Auf der anderen, dunklen Seite beschreibt diese Formel auch eine Vernichtungslogik, fällt ihr doch unser herkömmlicher Begriff von Identität zum Opfer. Bildlich gesprochen: das alte Ding x, dem *free floating* ausgesetzt, beginnt sich aufzulösen, es verliert seine Dichte und Kohäsion, es flockt an den Rändern aus, weicht auf und verflüssigt sich – bis man es mit bloß dissipativen Strukturen, mit Spurenelementen im Informationsfluß zu tun hat. Dieser Prozeß affiziert nicht nur die Dinge, sondern auch ihre Urheber. In der Welt der Samples, der Clips und der Clons gibt es keinen »Urheber« im herkömmlichen, vollen Sinn des Wortes, sei es, daß dieser Urheber durch eine Maschinenprothese ersetzt wird, sei es, daß er, gesampelt und geclont, seines individuellen Zeichens verlustig geht. Das Rechtssubjekt, wie es im bürgerlichen Gesetzbuch codiert ist, verliert seinen Grund, es beginnt sich aufzulösen – und mit ihm werden all jene Gewißheiten fragwürdig, die für das bürgerliche Heldenleben und seinen Bildungsroman wesentlich sind: nämlich die Gewißheit, zu wissen, was eine *Arbeit* und was eine *Leistung* ist.

Die Störung, die sich abzeichnet, ist in der Tat eine fundamentale Störung der Ökonomie, eine Störung, in der die Grundbegriffe fragwürdig werden, fragwürdig, was als *Gut,* was als *Kapital,* was als *Arbeit* aufzufassen ist. Wenn Adam Smith sagen kann, daß das Eigentum, das jemand an seiner Arbeit besitzt, das »am meisten geheiligte und unverletzliche [ist], da es die ursprüngliche Quelle allen anderen Eigentums ist«, so wird eben dieses primordiale Eigentum fragwürdig. Denn wo eine jede Handlung, wenn sie in den Arbeitsspeicher eines Computers eingelesen wird, sich sozusagen de-individualisiert und zur Maschine wird, da bewegen wir uns strukturell in einem Museum der Arbeit, sind wir unverhofft, kaum daß die Chimäre des Kommunismus sich in Luft aufgelöst hat, in einem wahrhaft kommunistischen Paradies anbelangt.

Vor diesem Hintergrund betrachtet erweisen sich die Krisen, welche die Ökonomien der industrialisierten Staaten heimsuchen, keineswegs als bloße Wellen und Klimaschwankungen, sondern tritt in ihnen zunehmend jene Wirklichkeit hervor, welche mit der Logik der Selbigkeit, des $x=x^2$, verbunden ist, wird sichtbar, daß man es, was die Art unseres Haushaltens anbelangt, mit einer epochalen Veränderung zu tun hat, einer globalen Klimaveränderung, bei der die Luft dünner wird um uns herum. Freilich, und das ist das Entscheidende, ist dieser Prozeß keineswegs naturhaft, ebensowenig wie die Rationalität, die in unseren Maschinen waltet, *an sich* so wäre. Wenn der Begriff der Rationalisierung, statt als *Vernünftigwerden der Vernunft* begriffen zu werden, vor allem eine drohende Konnotation hat, wenn wir es vorziehen, unsere technischen Artefakte der Natur zuzurechnen, anstatt sie als Gebilde, als Metaphern unserer selbst und unserer Geschichte zu betrachten, so ist es vor allem das Loch in unserem Kopf, ist es unsere *Geistesabwesenheit*, die wächst.

Vielleicht ist, was die Signatur jenes Umschlags kennzeichnet, der die Moderne zur Postmoderne ernüchtert, der Umstand, daß die Potentialisierungslogik, wie sie im Booleschen $x=x^2$ waltet, nun jene andere, reziproke Lesart erfährt, die ihr doch von Anbeginn innewohnte. Das Versprechen der Hyperproduktion, die exponentielle Beschleunigung, die Hypertrophie – all das fordert seinen Preis, oder genauer: offenbart die andere, depotentialisierende Seite der Münze. Das proliferierende Produkt zeigt sich nunmehr als das *entwertete* Produkt, so wie die Arbeit, die ihr Selbstbewußtsein aus dem Geschwindigkeitszuwachs der Maschine gezogen hat, erfahren muß, daß sie, wenn sie es nicht vermag, über die Maschine hinauszudenken, wertlos geworden ist (ein Prozeß, der nicht nur den Industriearbeiter trifft, sondern über kurz oder lang auch den Geistes*arbeiter*, den Philologen etwa, dessen Berufsstolz sich nicht auf die Freiheit des Denkens, sondern allein auf die Beherrschung seiner kleinen philologischen Maschinerie gründet). Was sich den Betroffenen als jähe Katastrophe mitteilt, ist nichts anderes als das Denken, das auf seinen Urheber zurückfällt. Es ist, ganz schlicht, die Frage, was es bedeutet, im *digitalen Zeitalter* zu leben, die Logik der Selbigkeit auf den eigenen Körper beziehen zu müssen. Diese Frage nun berührt ein Problemfeld intellektueller Souveränität, das mit dem Verweis auf ein vergesellschaftes *Es* oder auf die Kräfte des Marktes keineswegs abgetan, geschweige denn zu beantworten ist. Hinter dem Glaubensbekenntnis an das *free floating* verbirgt sich vor allem ein geistiger Bankrott, das insgeheime Eingeständnis, die Triebkräfte dieses Prozesses nicht mehr fassen, geschweige denn steuern zu können, und so hängt neben einem schwebenden Konkursverfahren eine große Ratlosigkeit in der Luft. Und dennoch (aber das ist fast eine Selbstverständlichkeit) – das, was menschliches Artefakt ist, ist nicht einem ominösen Marktgesetz, einer unsichtbaren Hand zuzuschreiben, sondern es ist das, was man sich (und sei es auch in der Schrumpfform eines apersonalen *Endverbraucherwesens,* eines bloßen Konsumenten-Trieb-Ichs) selbst beschert hat.

In der libidinösen Ökonomie, Freud hat dies deutlich erfaßt, herrscht der Witz. Der Witz, insofern er eine massive Energie in einem einzigen Augenblick bündelt, ist gewissermaßen das Enziel einer jeden Beschleunigungsökonomie – die maximale Wirkung bei minimalem Einsatz. Doch ein Witz ist schnell erzählt, und er veraltet rasch. Auf die Dauer wird der Witz nicht alt. Eben dies beschreibt das Dilemma jener *wirklichen* Ökonomie, die sich ja ihrerseits, unter dem Druck der Beschleunigung, der libidinösen Ökonomie anverwandelt. Tatsächlich müssen wir jetzt, nach einer großen Blüte der Scherzartikelökonomie, wahrnehmen, daß es nicht nur unsere Güter sind, sondern darüberhinaus auch unsere Arbeit ist, die in dieser Ökonomie zum Witz geworden ist – was in der Regel der Punkt ist, an dem der Spaß aufhört. Hier nun, wo der Witz schal zu werden droht, tritt seine Mechanik hervor, erweist sich die Ökonomie des Scherzartikels als eine Form des Verglühens, eine Logik der Entwertung. Mein Plädoyer wäre also, abermals Freud paraphrasierend, daß dort, wo *Es* war, *Ich* werden muß. Das aber kann nichts anderes heißen, als daß die in unserem Tun wirkende Entwertungslogik aufgehoben werden, daß sie zur Geistesgegenwart, zur offenen Frage werden muß.

All dies läuft in einer Fragestellung zusammen, die am Anfang jener Ordnung der Repräsentation steht, deren Verfallsprozeß wir nunmehr beiwohnen. Es ist (bezeichnenderweise) die Frage eines Denkers aus dem 14. Jahrhundert, es ist die Oresmische Frage danach, wie das Geldzeichen beschaffen sein muß, damit der Tausch funktioniert, wer die Stabilität des Zeichens zu garantieren vermag, und auf welche Art und Weise es dies besorgt. Diese Fragestellung aufzugreifen und den Versuch zu unternehmen, sie in aller Ernsthaftigkeit zu beantworten, wäre eine gigantische Aufgabe, denn es würde nichts anderes bedeuten, als eine Wirklichkeit zu denken, die mit dem, was uns vertraut und naturwüchsig scheint, nichts mehr gemein hätte. Es wäre eine Wirklichkeit, die der im unchronotopischen Raum herrschenden Rationalität gerecht werden müßte, die, jenseits unserer herkömmlichen Verfassung und der ihr entwachsenen Begriffe, einen *anderen Souverän* und eine *andere Herrschaftssprache* denken müßte. Mit dieser Frage stehen nichts anderes als unsere Grundsätze zur Disposition. Diese Frage zu durchdenken, hieße sich Klarheit darüber zu verschaffen, ob Geld wirklich das ist, was wir für Geld halten, oder ob es nicht längst schon soweit ist, daß wir unsere Zeit und unsere Aufmerksamkeit, unsere Körper und unsere Empfindungen kapitalisiert haben. Es ist evident, daß diese Frage über all die Problemfelder, die selbst Ökonomen für ökonomisch halten, weit hinausreicht, daß sie stattdessen dorthin reicht, wo das Wort »Oikos« immer schon gewesen ist. Oikos – das Haus. Diese Frage müßte also auch danach gehen, was es bedeutet, in einem Haus, das sich in die Beschreibung eines Hauses aufgelöst hat, *Haus zu halten*? Was ist ein Haus, das nur auf dem Schild eines Briefkastens existiert oder das sich, ein digitaler, ephemerer Zeichenzustand, irgendwo im Flimmern des Geschwindkeitsraumes verliert? Was ist ein Haus, das nur in der Virtualität, das nur in meinem Kopf existiert?

Diese Frage, kurzum, wäre *meine Frage*, die Frage also, wie ich selbst, der ich in einem Zeichenraum lebe, der mein Kopf ist, mich mit meiner Außenwelt austausche, wie und wofür ich meine Zeit hergebe, welcher Dinge, Fiktionen und Phantasien ich bedarf, was ich für so gut halte, daß ich es mit anderem, aber vor allem mit anderen tauschen möchte? – Besteht nicht darin der tiefste Grund unserer ökonomischen Störungen: daß wir, indem wir uns in die Welt des Computers, der wuchernden Zeichen und unserer Phantasien hineinbegeben, längst begonnen haben, anders zu leben? Daß unsere Ökonomie nur deshalb eine andere geworden ist, weil unser »Oikos«, unser Haus ein anderes geworden ist? Jenseits der Knappheit ist ein Gut nicht mehr das, was einen Mangel deckt, sondern das, was man für *gut hält* (und was deshalb, seiner ästhetischen Codierung wegen, in den Kreislauf der *Güter* eingehen kann). Die Güter haben sich dematerialisiert, sie sind uns zu Kopf gestiegen, sie haben sich, wenn man so will, materiell entkernt und in Trademarks verwandelt, nein besser noch: sie sind zu *Logos* geworden. Und vielleicht liegt unser Dilemma vor allem darin, daß der Art, wie wir unsere zu Logos verwandelten Güter fabrizieren, kein Denken, vor allem aber keine *Ästhetik* entspricht, daß wir, im Nicht-Wissen darum, was uns gut tut, nur die Güter der Vergangenheit reproduzieren. – Gewiß wird es nicht der ökonomische Sachverstand sein, der diese Frage beantworten kann. Eher liegt sie, verschlüsselt und der Antwort harrend, in jener Maxime verborgen, wie sie Novalis in der Frühe unserer Epoche formuliert hat: in der Kunst, Mensch zu werden.

Blickt man an dieser Stelle zurück, dorthin, wo in der Frühe der Neuzeit jener *Wechsel* sich gezeigt hat, wie ich ihn am Beispiel des *Arnolfini*-Bildes des Jan van Eyck besprochen habe, so wird sichtbar, daß die Rationalität des Geldes nicht hat existieren können ohne jene *symbolische* Deckung, wie sie noch in jedem Bilderkauf als Movens wirkt. Das, was das Geldzeichen übersteigt, ist der ästhetische *Schein*, den der Künstler zu schaffen vermag, ist das Bild, in dem sich der Geldmensch wiederzuentdecken vermag. Es ist ein Bild, das von seiner Rationalität kündet *und* von jenem *Mehr*, das von dieser Rationalität nicht abgedeckt zu werden vermag, ja, das gewissermaßen den *Flucht- und Sehnsuchtspunkt* des Denkens darstellt. Der Güterkreislauf hat seine Deckung nicht in sich selbst, sondern dort, wo sich ihm das Bessere, das für Absolut Gesetzte entzieht. Dieses Bild nun ist kein Spekulationsobjekt, sondern es markiert einen geistigen Zustand: eine Vision, ein Gesicht, ein Menschenbild, dem der Geldmensch nacheifert und mit dem er eins zu werden strebt. Vielleicht ist dies der Grund dafür, daß mir das Arnolfini-Bild des Jan van Eyck wie eine große Metapher erscheint für einen Zustand, wie man ihn sich in einer baldigen, doch eher bürgerkriegsartigen Zukunft wohl herbeisehnen wird (wenn es dann überhaupt noch etwas wie Sehnsucht nach Zukunft geben mag): eine Art magischer Augenblick, der das Geheimnis des gelungenen Tausches verrät und verrätselt in einem. Der Tausch zwischen Mann und Frau, zwischen dem Außen und Innen, zwischen Natur und Wirklichkeit, zwischen dem Maler und dem Geschäftsmann, zwischen Gott und der Welt, Sein und Schein. Es ist wohl dieser Punkt, auf den alles zustrebt – und es wird vom Guten und Erstrebenswerten handeln. Ich weiß nicht, wie dieses Bild (das gewiß kein Bild mehr sein wird) aussehen wird, nur, daß es irgendetwas in mir anrühren wird, unter dem mein kalter, bloß geistesgegenwärtiger Blick verschwinden wird. Und daß das, was sich bislang bloß anfühlt wie eine Höhle im Kopf, sich mit Leben erfüllt.

Bildnachweise

S. 24, romanisches Kapitell – Saint-Michel-de-Cuxa.
S. 33, Kathedrale von Amiens. (Aus: Eugène Viollet-le-Duc: Encyclopédie médiévale, Paris 1988)
S. 36, Straßburg, Münster – Westfassade, Propheten am linken Gewände des Mittelportals, 1280-1300.
S. 74, Simone Martini, *Der Heilige Martin verzichtet auf seine Waffen*; Fresko in der Martinskappelle; Assisi, Klosterkirche S.Francesco (zwischen 1320-1326 gemalt). (Aus: Alain Erlande-Brandenburg: Gotische Kunst. Freiburg/Basel/Wien 1984)
S.104, S.107, S.108, S. 109, S. 110, S.112, S.113, S.118, S. 120 Jan van Eyck, *Das Hochzeitsbild des Giovanni Arnolfini* (Details), National Gallery, London.
S. 121, Jan van Eyck, *Das Hochzeitsbild des Giovanni Arnolfini*. (Aus: H.Th. Musper: Altniederländische Malerei. Köln 1968)
S. 141, Robert Campin, *Verkündigung*, Musées Royaux des Beaux-Arts, Brüssel. (Aus: H.Th. Musper: Altniederländische Malerei. Köln 1968)
S. 185, S. 186, Eugène Atget, Photographien von Schloß und Park von Versailles. (Aus: Eugène Atget: Schlösser und Gärten des Ancien Régime. Museum of Modern Art, New York 1983)
S. 190, Vogelflugansicht auf Versailles, Schloß und Park. Louvre, Cabinet de dessins, no. 33094.
S. 262, Disderi, Bogen ungeschnittener carte-de-visite-Photographien von Martha Muravieva. (Aus: Peter Pollack: The Picture History of Photography. New York 1969)
S. 263, Holzschnitt eines Appareil de Pose. (Aus: Josef Maria Eder: Das Atelier und Laboratorium des Photographen. Halle 1893)
S. 266-267, Eadward Muybridge, *Daisy jumping a hurdle*. Serie von Photographien. (Aus: Eadward Muybridge: Animals in Motion. New York 1957)

Anmerkungen

1   In dieser Hinsicht befindet sich das Hochmittelalter durchaus im Einklang mit der antiken Tradition, wo der Vorläufer des Horizonts, der »medorion« des Aristoteles (lat. *confinium*), gleichfalls »Grenze« oder »Grenzscheide« besagt. In diesem Sinn ist wohl auch der antiken Raumvorstellung eine notwendig religiöse Lesart, d.h. ein Nomos des Raums, zuzuordnen.

2   Es ist dies nicht eine spezifisch christliche Prägung. Vielmehr mischen sich in jene apokalpytischen Vorstellungen, wie sie die Welt um die Jahrtausendwende heimsuchen, Residuen einer noch älteren Angst: daß der Himmel gleichsam von vornherein »verbaut« ist – und so ist es gewiß nicht zufällig, daß das germanische »hemina«, aus dem sich der Himmel entwickelt hat, die Konnotationen von »Decke«, »Gewölbe«, »Stein« in sich trägt, zudem eine Verwandtschaft zu dem germanischen »kem« aufweist – und das heißt, mit einem Stein verdecken und verhüllen. Vor diesem panischen Naturschrecken wird nachfühlbar, worin das Faszinosum der christlichen Religion bestanden haben muß: nämlich, daß sie mit der Wiederauferstehungslehre über eine höherentwickelte Todestechnologie verfügte, welche die unmittelbare Einsturzgefahr wenigstens bis zum Letzten Tag hinauszuschieben vermochte.

3   Vgl. dazu: Herbert Grundmann: *Religiöse Bewegungen im Mittelalter*. Darmstadt 1977.

4   Es ist interessant, in der Biographie, die der hl. Bonaventura im 13. Jahrhundert über Franziskus von Assisi geschrieben hat, unter dem sattsam bekannten, legendenstiftenden Firnis eine Schicht zu gewahren, die vor dem Bild jenes Heiligen, der den Vögeln und der Natur predigt (!), sonderbar anmutet: Geld. Nicht allein, daß dies in der Biografie des hl. Franziskus, des reichen Tuchhändlersohns, angelegt ist, es ist dies soetwas wie ein Leitmotiv dieser Biografie selbst: was in dem zweischneidigen Ruhmestitel zum Ausdruck kommt, den Bonaventura ihm zuschreibt, nämlich: ein »Kaufmann des Evangeliums« zu sein. (Vgl. Johannes Fidanza Bonaventura: *Das Leben des Heiligen Franz von Assisi*. Freiburg 1956, S. 47) An anderer Stelle heißt es: »Alle diejenigen, welche die Gottesliebe geringer achteten als das Geld, nannte er [Franz von Assisi] größte Toren, weil der unschätzbare Preis der Gottesliebe allein genüge, das Himmelreich zu erkaufen. Gott, der uns soviel Liebe schenkt, verdiene auch ebensoviel Gegenliebe.« (Ebd. S. 62)

5   Was mit der Gotischen Schrift sich ankündigt, ist das Novum einer voll durchkonstruierten, typographisch geschlossenen Schrift. Die Linie wird aus dem Fluß

gelöst; die Schrift macht Abstriche. Anstelle einer einfachen Linienfolge vollzieht sich eine Dekonstruktion des Buchstabens in Haupt- und Nebenlinien; und in diesem Sinn verkörpert sich in jedem einzelnen Buchstaben statt einer einfachen Linienführung ein austariertes Bewegungssystem aus Vertikalen und Diagonalen, eine typographische Ordnung, die einer Eigengesetzlichkeit, einem System folgt, eben dem, was man »Stil« oder »Codierung« nennen könnte. Dieses Moment wird besonders sichtbar an der vollkommenen Aussparung jeglicher Kreisform – und es ist wohl dieser Kunstgriff, welcher die Empfindung eines dynamischen, zwischen Oben und Unten oszillierenden, gleichsam schwerelos gewordenen Schriftbildes vermittelt.

6   Oder wie Etienne Gilson treffend bemerkt: »Die Zisterzienser haben auf alles, nur nicht auf die Kunst eines guten Stils verzichtet.« (E. Gilson: *Die mystische Theologie des Bernhard von Clairvaux*. Wittlich 1936, S.101)

7   Vgl. Eugène Viollet-le-Duc: *Le dictionnaire de l'architecture*. Lüttich 1979.

8   Bernhard von Clairvaux: *De diversis*, sermo 42.

9   Bernhard von Clairvaux: *Das Hohe Lied*. Hg. v. Johannes Schuck. Paderborn 1926, S. 52.

10 So daß die Anamnesis zur Arbeit umgedeutet wird, ein Umstand, der in der Sklavenhaltergesellschaft der Antike undenkbar gewesen wäre.

11 Dies, denke ich, ist' der tiefe Grund dafür, daß im 12. Jahrhundert zugleich die Marienmystik und ein neues Christusbild hervortreten. Beide, Christus als *homo descensus*, Maria als *homo ascensus*, stellen so etwas wie geistige Sonden dar, die ins Innenleben hinabführen.

12 Vgl. dazu das vorzügliche Buch von Hans Sedlmayr: *Die Entstehung der Kathedrale*. Zürich 1950.

13 Erwin Panofsky hat diese beiden Pole, die Analogie zwischen der scholastischen Methode und der Kathedralenarchitektur zum Gegenstand einer eigenen Untersuchung gemacht. (Vgl. Panofsky: *Gothic Architecture and Scholasticism*. Latrobe 1951) Freilich denke ich, daß die Analogie weniger auf einer bestimmten Technik beruht, als vielmehr darauf, daß beide, die scholastische Methode wie die Architektur, der gleichen Faszination der Bewegung folgen.

14 Bisweilen ist ein Gebäude von gut dreitausend Skulpturen umstellt.

15 Alanus ab Insulis: *De plancta naturae*. Migne, series latina, 210, 453.

16 Vgl. Bernardus Silvestris: *Cosmographia*. Hg. v. Peter Dronke. Leiden 1978. Microsmos I, 3, S. 121.

17 Gerhoh von Reichersberg: *Opusculum de aedificio Dei*. Migne, series latina, 194, 1191 ff.

18 Sonderbare Entsprechung: daß das Strebewerk der Kathedrale, dieses architektonische Detail, auch jener sozialen Tektonik entspricht, welche die zunehmend in innere Widersprüche sich verwickelnde Christenheit dazu bringt, den inneren Druck nach außen zu lenken – so daß jene bereits erwähnte Formulierung des »Kreuzzugs der Kathedralen« sehr viel weiter noch aufgefaßt werden kann.

19 Vgl. dazu Viollet-le-Duc, [Anm. 7], S. 113 ff.

20 Es ist dies ein Bewegungsgesetz, das sich auch historisch – nämlich an der Höhe der Kuppeln – ablesen läßt, die von Bau zu Bau immer ein wenig höher hinaus-

wollen. Notre Dame de Paris (1163) erreicht eine Höhe von 35 Metern, die Kathedrale in Chartres (1194) 36 Meter, Reims im Jahr 1212 37 Meter, Amiens schließlich im Jahr 1221 42 Meter.

21 Vgl. dazu Otto von Simson: *Die Gotische Kathedrale.* Darmstadt 1968, S. 56.
22 Vgl. Hans Sedlmayr, [Anm. 12], S. 508 f.
23 Dem entspricht unter anderem, daß der Kirchenraum als solcher durchaus weltlichen Betätigungen offenstand: daß man dort Geschäfte tätigte, diskutierte, Besprechungen abhielt, seine Hunde mitbrachte, aß, schlief etc. – was nichts anderes heißt, als daß das gesellschaftliche Leben des Mittelalters im Innern der Kathedrale stattfand. Umgekehrt gibt es eine besondere Verflechtung zwischen Wirtschaftsleben und Kathedralen insoweit, als eine Kathedrale auch wie ein ökonomischer Magnet wirkte (etwas, was in der Doppelbedeutung der *Messe* in der Sprache lebendig geblieben ist), weswegen die Städte, die im Besitz eines solchen Bauwerks waren, zugleich die bedeutenden Wirtschafts- und Handelszentren der Zeit darstellten.
24 Vgl. dazu den Aufsatz von Arno Borst, in dem er sich über die Schutzheiligen mittelalterlicher Gemeinwesen äußert. In: Arno Borst: *Barbaren, Ketzer und Artisten.* München 1988.
25 Ein Umstand, der weithin der Vergessenheit anheimgefallen ist: nämlich daß es neben den gebräuchlichen Wasser, Sand- und Sonnenuhren auch Feuer-, Lunten-, Öl- und Kerzenuhren gab; wobei diese, aus einsichtigen Gründen, in der Doppelfunktion von Beleuchtung und Zeitmessung genutzt wurden.
26 Es ist insbesondere Hans Blumenberg, der in seiner *Legitimität der Neuzeit* die Metapher der Epochenschwelle propagiert hat. Wobei gerade das Bild der Epochenschwelle dasjenige ist, was mir am problematischsten scheint. Denn was die Metapher der Schwelle evoziert, ist das Bild desjenigen, der sie überschreitet, der seine Schwellenangst überwindet und in einen anderen Raum vorstößt. Eignet dem Bild, insofern es die Vorstellung der Schwellenangst aufkommen läßt, eine psychologische Sinnfälligkeit, so legt es, seiner inneren Logik gemäß, den Gedanken nahe, daß der Weg zurück offen sei – etwas, was mir keineswegs ausgemacht erscheint. Tatsächlich ist es doch wohl eher so, daß nach dem Begreifen der Uhr der Weg in die Zeit vor der Zeit verstellt ist, daß zu jener naiveren Zeitvorstellung kein Weg zurück mehr existiert. So daß man wohl eher davon sprechen muß, daß der, der diese Schwelle überschreitet, zugleich alle Brücken hinter sich abbricht. Alles in allem scheint mir die Landgänger- oder Passantenvorstellung viel zu harmlos für jene Zäsur, müßte, wenn überhaupt, der Übertritt von einem Grundriß zum anderen durch ein fremdes Element führen. Was in meiner Bildvorstellung stets eine Ozeanüberquerung ist.
27 Zu Gerbert von Aurillac ist eine Biographie des letzten Jahrhunderts aufschlußreich: F. Picavet: *Gerbert. Un pape philosophe.* Paris 1897. Des weiteren, da hier die Legende in ein historisches Kontinuum eingeordnet ist: Johann Josef Ignaz von Döllinger: *Die Papstfabeln des Mittelalters.* Stuttgart ²1890.
28 Vgl. dazu: Erwin Panofsky: *Renaissance and Renaissances.* Stockholm 1960.
29 Es ist dies, wie mir scheint, ein nachgerade ins Tiefenpsychologische reichendes Bild, ein Bild, das mir nirgends so deutlich geworden ist wie in Caspar David

Friedrichs »Mönch am Meer (Wanderer am Gestade des Meeres)«. Nicht allein, daß dieses Gemälde im Bildnerisenen ins Reich der Abstraktion führt, vor allem thematisiert es den Rand des Denken selbst: das Feste und das Flüssige, das, was hinter dem Rücken des Betrachters, und das, was vor ihm liegt. Bezeichnenderweise verwehrt Friedrich dem Beobachter auch nur den Anschein von Raumtiefe und »Perspektivität«, hat man es, ganz im Gegensatz zum dekonstruierten, ent-fernten Tiefenraum mit einer Figur des Raum-Entzugs zu tun, markieren die übereinandergeschichteten Horizontalen von Land, Meer und Himmel Ordnungen der Unzugänglichkeit.

30 Carl Schmitt hat diese Antinomie zwischen Land und Meer als ein bestimmendes Moment des Epochenübergangs zur Neuzeit charakterisiert. Vgl. ders.: *Land und Meer*. Köln 1981.

31 Mit diesem Zerstückelungsmotiv nun ist ein altes mythologisches Zeitmotiv berührt; ist doch auch die Tat des Chronos, der Chaos und Äther teilt, ein Akt der Zerstückelung.

32 Unter diesem Gesichtspunkt ist daran zu erinnern, daß die Scheu vor einer Zergliederung des menschlichen Körpers so tief sitzt, daß sie bis weit in die Renaissance hinein wirkt (so daß Leonardo noch dazu gezwungen ist, seine anatomischen Studien heimlich auszuführen). Im Jahr 1376 stellt die Fakultät von Montpellier jährlich einen Leichnam zur Sektion zur Verfügung.

33 Ganz abgesehen davon, daß dieser Begriff des schaffenden, ingeniösen Individuums eine historisch sehr viel spätere Kategorie darstellt, ja daß im Gegenteil »Originalität« im mittelalterlichen Kosmos durchaus nichts Erstrebenswertes darstellt. Weswegen man es nicht selten findet, daß sich ein Scholastiker auf einen »Alten Meister« oder auf den Aristoteles beruft, selbst dort, wo er höchst originelle, eigenständige Gedankengebilde in die Welt setzt (und dies natürlich auch weiß). Adelard von Barth, einer der eigenwilligen Denker aus dem Kreis der Chartreser Naturphilosophen, schreibt dazu: »Unsere Generation hat den festverankerten Fehler, daß sie alles zurückweist, was von den Modernen zu kommen scheint. So schreibe ich, wenn ich eine persönliche Idee habe, die ich veröffentlichen will, sie einem anderen zu und erkläre: 'Es ist der und der, der es gesagt hat, nicht ich.' Um zu vermeiden, daß man denkt, ich Unwissender habe aus mir selbst meine Ideen, lasse ich glauben, ich hätte sie aus meinen arabischen Studien gezogen.« (zit. nach Jacques le Goff: *Das Hochmittelalter*. Frankfurt/M. 1965, S. 157)

34 Dies ist alles andere als eine Selbstverständlichkeit. Da die Zeit – in fast allen Kulturen – als ein wesenhaft sakrales Moment gedacht ist, ist die Beschäftigung mit Zeitmessern durchaus auch behindert worden. So gab es bereits in China im 12. Jahrhundert einen Uhrenbauer namens Su Sung, der eine hochkomplizierte mechanische Uhr errichtete. Jedoch war dies der chinesischen Sung-Dynastie, die ihre Legitimation aus ihrer Herrschaft über den Kalender ableitete, ein Dorn im Auge und höchst verdächtig – so daß diese Neuerung nicht begrüßt, sondern als eine unliebsame Konkurrenz begriffen wurde. Bei einem Einfall der Tartaren (1126) wurde die Uhr zurückgelassen. Die Tartaren jedoch beschäftigten die chinesischen Uhrenspezialisten, so daß man die Uhr instand halten konnte. Dies wurde auch unter der Yüan-Dynastie, welche die Tartaren 1279 unterwarf, beibehalten. Jedoch

die Ming-Dynastie, welche die Yüan Dynastie 1368 bezwang, hatte keinerlei Interesse daran. Als die Jesuiten im Jahr 1600 nach China kamen, schrieb ein Teilnehmer dieser Expedition, Matteo Ricci, daß kein Zeichen darauf hindeute, daß den Chinesen die mechanische Uhr bekannt sei.

35 So betrachtet ist es nicht weiter verwunderlich, daß die Geburtsstätte der Mechanischen Uhr in den klösterlichen Bereich verweist, wobei eine der frühesten Quellen (um 1200) auf den Zisterzienserorden hindeutet, wo im *Usage de l'orde de Cîteaux*, der die Gebräuche des Zisterzienserordens regelt, von einer Weckuhr mit Schlagwerk gesprochen wird. Seither werden Räderuhren regelmäßig erwähnt. – Zur Geschichte der Uhr vgl. Reinhard Meis: *Die Alte Uhr*. Bd. 2, S. 1 ff.; Anton Lübke: *Das große Uhrenbuch*. Tübingen 1977; Klaus Maurice/Otto Mayr (Hg.): *Die Welt als Uhr*. München/Berlin 1980.

36 Was die Metapherngeschichte der Mechanischen Uhr anbelangt, vgl. insbesondere die detail- und materialienreiche Studie von Otto Mayr: *Uhrwerk und Waage*. München 1987. – In seinem Hauptanliegen jedoch ist dem Verfasser keinesfalls zuzustimmen, versucht er doch den Nachweis zu erbringen, daß der Metaphernwandel von der Mechanischen Uhr zur Waage (d.h. im wesentlichen von einem deterministischen zu einem kybernetischen Systembegriff) auf die freiheitsliebende angelsächsische Denkungsart zurückzuführen ist – was ich in der Tat für eine ziemlich abstruse Form angewandter Anglophilie halte.

37 »'Hier' und 'Nun'«. so schreibt Meister Eckhardt, »das besagt soviel wie Stätte und Zeit. 'Nun', das ist das Allermindeste an Zeit; es ist weder ein Stück der Zeit noch ein Teil der Zeit: wohl aber ist es ein Geschmack der Zeit und eine Spitze der Zeit und ein Ende der Zeit. Und doch, wie klein es auch sein mag, es muß weg; alles, was an die Zeit oder an den Geschmack der Zeit rührt, das muß alles weg. Andererseits, sie [die Vernunft] löst ab vom 'Hier'. 'Hier' will soviel besagen wie 'Stätte'. Die Stätte, auf der ich stehe, die ist gar klein. Jedoch, wie klein sie auch sein mag, sie muß weg, wenn man Gott sehen soll.« Meister Eckhart: Predigt 69. In: *Die deutschen und lateinischen Werke*. Hg. von Josef Quint. Stuttgart 1956 ff. Bd. 3 (1976), S. 537.

38 Walter Benjamin: »Über das Mittelalter«. In: ders: *Gesammelte Schriften*. Hg. v. Rolf Tiedemann und Hermann Schweppenhäuser. Frankfurt/M 1980. Bd II.1, S. 133.

39 Es ist bezeichnend, daß sich hier das Problem der Schwerkraft als ein technisches stellt, noch bevor es auch nur annähernd als ein solches formuliert oder begriffen wäre. Ein Umstand, der abermals deutlich macht, daß es so etwas wie eine Phasenverschiebung gibt, daß der Geist, das Für sich, Hegelianisch gedacht, nur das zum Begriff zu machen vermag, was tatsächlich mit den Händen zu greifen ist.

40 Interessanterweise wiederholt sich auch hier jene aus der Kathedralenarchitektur bereits bekannte Umdeutung der Vertikale: von der niederdrückenden Last, den abwärts wirkenden Kräften der Tonnenarchitektur, zum *mos anagogicus*, zur aufwärts gerichteten, dem eigenen Antrieb entspringenden Gesetz.

41 Vgl. dazu: David S. Landes: *Revolution in Time. Clocks and the Making of the Modern World*. Cambridge, Mass./London 1983.

42 Es ist dieser Wandel, mit dem sich auch Ernst Cassirer in seiner Studie *Sub-*

stanzbegriff und Funktionsbegriff beschäftigt hat – und wo er, gerade in Hinblick auf den Zahlen-Kosmos, zum Schluß kommt, daß die Zahlen, in den Funktionsbegriff überführt, ihres Ding-Charakters verlustig gehen. Sie gelten nicht mehr *an sich*, sondern nur als Teil eines sie umfassenden Regelsystems. Vgl. Ernst Cassirer: *Substanzbegriff und Funktionsbegriff*. (1910) Darmstadt 1969, S. 49 f.

43 Wenn man sich diesen Prozeß gleichsam im Schnelldurchlauf vorstellen möchte, so muß man sich wohl zunächst riesenhafte Eisenungetüme vorstellen, die aus diesem – materiellen – Grund ein relativ hohes Maß an Reibung, folglich auch dementsprechende Unregelmäßigkeiten an den Tag legten. Es ist ersichtlich, wie wenig diese Ungetüme den Idealbegriff des Räderwerks, den sie doch modellhaft schon in sich trugen, verkörperten – und so mußte fast zwangsläufig das Bestreben dahin gehen, die Uhren zu verkleinern, sie tragbar zu machen, vor allem aber auch, sie Erschütterungen und Witterungsunbilden, d.h. sämtlichen Außenwelteinflüssen gegenüber unempfindlich zu machen. – Dieser Prozeß nun zieht sich über Jahrhunderte hin und kennt die verschiedensten Markseine: die Erfindung der Pendeluhr, der Unruhspirale, die Verwendung immer neuer, noch leitfähigerer, reibungsvermindernder, temperaturunabhängiger Materialien und Konstruktionselemte, kinematisch verbesserte Hemmungen und temperaturausgeglichene Pendel etc. Erst im 18. Jahrhundert, mit dem Marinechronographen von Harrison (der den Extrembedingungen der See, Nässe, heftig wechselnden Temperaturbedingungen und ständigen Erschütterungen durch den Wellengang, damit einem extremen Härtetest ausgesetzt worden war) ist so etwas wie ein Endstadium erreicht. So besehen ist die Geschichte des Uhrenbaus (auch der Mythos, der sich daran heftet) als ein steter Versuch zu lesen, die Stofflichkeit zu überwinden: die Asymptote des *reinen Gedankens*.

44 Etwas, was sich auch darin ausdrückt, daß man Gegenwart, Vergangenheit und Zukunft auf dieser Skala als Zeit-Relationen, in den mathematischen Symbolen des = , > oder < begreifen kann.

45 Und an dem sich ein so herausragender Mathematiker wie Carl Friedrich Gauß versucht hat, freilich ohne es in Form eines umfassenden Algorithmus bringen zu können. Vgl. Gordon Moyer: »The Gregorian Calendar«, In: *Scientific American* 246 (Mai 1982).

46 Vielleicht am deutlichsten hat Lewis Mumford auf den erstaunlichen, fast prophetischen Charakter der Mechanischen Uhr hingewiesen: »at the very beginning of modern technics appeared prophetically the accurate automatic machine... In its relationship to determinable quantities of energy, to standardization, to automatic action, and finally to its own special product, accurate timing, the clock has been the foremost machine in modern technics: and at each period it has remained in the lead: it marks a perfection towards which other machines aspire.« (Lewis Mumford: *Technics and Civilization*. New York, 1939, S. 14-15)

47 Genauso hat sich Steve Jobs, der Begründer der Firma *Apple* über den Computer geäußert: »Der Computer ist die Lösung. Was wir brauchen, ist das Problem.«

48 Ganz analog verhält es sich mit der lat. »structura«, welche einer eindeutig architektonischen Sphäre entwachsen ist. Ist der »structor« ein Maurer, so bedeutet

»*construere*« das Aufschichten, das Übereinandertürmen und schichtweise Übereinanderhäufen – d. h. ist die »*structura*«, der Bau, von dem hier die Rede ist, lediglich als eine räumlich, nicht jedoch ins Zeitliche übergreifende Ordnung gefaßt.

49 *Kybernetike (techne)*, so wie Norbert Wiener es dem Griechischen entlehnt hat, heißt: Steuermannskunst und beschreibt mithin einen Modus, Bewegungen zu steuern. Genau dieser Steuerungs*mechanismus* ist es ja, der erstmals, mit dem Räderwerkcode, Form annimmt.

50 E. J. Dijksterhuis, dem sich eine große Studie über die *Mechanisierung des Weltbildes* verdankt, verweist darauf, daß das Rätsel eigentlich im Wort selbst liegt und »daß hinter den bekannten Klängen häufig nur ein vager Begriff steckt und daß damit ein mehrfacher Sinn verbunden wird«. (Vgl. E. J. Dijksterhuis: *Die Mechanisierung des Weltbildes*. (1956) Berlin/Heidelberg/New York 1983, S. 550) – Freilich bleibt diese Erkenntnis auch hier, wie in den meisten Studien zu diesem Thema, weitgehend folgenlos.

51 Auch hier ist die Etymologie höchst hilfreich: reicht das Mögliche, das vom 'Können' und 'Vermögen' herrührt, tief in die Abgründe der Mechanik hinein. Urverwandt ist der Altpersische »*magus*« (lat. *magus*, griech. *magos*) – des weiteren: das griechische *mechos*, *méchane*, das für dasjenige Hilfsmittel steht, mit dem man, im Gegensatz zur Physik, *gegen die Natur der Bewegung* arbeitet, und das heißt also: sie betrügt. Von hier aus besehen wird der Verdacht der Zauberei und Schwarzkünstlerei, der auf Gerbert von Aurillac fällt, nachfühlbar – ist die Mechanik der Antike und dem christlichen Mittelalter auf ähnliche Art und Weise dubios und der Zauberei verdächtig, wie es die Alchimie für die Neuzeit ist.

52 Nicole Oresme: *Tractatus de commensurabilite vel incommensurabilite motuum celi*. Hg. von Edward Grant, Madison, Wisc. 1971, S. 292-295.

53 Dies genau ist ein Gedanke, der die Philosophen des 17. Jahrhunderts nachdrücklich beschäftigt, ja der zu einem regelrechten Disput zwischen Leibniz und den Newton-Anhängern führt, bei dem es um die Streitfrage geht, ob Gott die als Uhrwerk gedachte Welt von vorneherein aufgezogen hat und so, als eine Art göttliches *ready made*, abschnurren läßt, oder ob er angelegentlich zu Reparatur- und Wartungsarbeiten herangezogen werden muß. Ungeachtet dieser theologischen Erscheinung jedoch geht es bei diesem Disput nicht eigentlich um ein metaphysisches Problem, sondern (und das ist das Entscheidende) allein um das Konzept des jeweiligen naturwissenschaftlichen Systems: ob man es mit einer totalen Maschine zu tun hat oder mit einer, in der noch ein letzter Lebensnerv zuckt.

54 So legt Galilei seinem Protagonisten »Salviati« folgende Bemerkung in den Mund: »Ebenso möchte ich denn auch, daß Ihr von der Luft absieht, welche insofern ein Hindernis bildet, als sie dem Durchschneiden einen Widerstand entgegensetzt, desgleichen von allen anderen zufälligen Hemmnissen, wenn etwa solche vorhanden sein sollten.« (Galileo Galilei: *Dialog über die Weltsysteme*. In: ders.: *Siderius nuntius*. Hg. und eingel. von Hans Blumenberg. Frankfurt/M. 1965, S. 180)

55 Thomas Hobbes: *Vom Körper. Elemente der Philosophie I*. Ausgew. und übers. von Max Frischeisen-Köhler. Hamburg 1967, S. 77.

56 Es ist dieser Punkt, an dem mir die gewöhnliche Technikvorstellung, die in den Werkzeugen eine »Exteriorisierung« eines Körpervermögens sieht, problematisch vorkommt – unterschlägt sie doch die Möglichkeit, daß der menschlichen Ingeniösität gedanklicher Kunststoff entspringen kann, der in der Natur des Menschen nicht vorgesehen ist. Genaugenommen ist dies bereits mit dem Zeitbegriff der Räderuhr vorgegeben – gibt es im Grunde keinerlei natürliche Anschauungsweise, die einen derartigen »Zeitsinn« vermitteln könnte.

57 Vgl. Hans Blumenberg: *Die Lesbarkeit der Welt*. Frankfurt/M. 1986, S. 36-37.

58 Es ist genau dies, was sich im 13. Jahrhundert mit dem Mathematiker Leonardo Fibonacci Pisano (dem sich die sogenannte Fibonacci-Reihe verdankt) ereignet. Der Kunstgriff besteht darin, eine Einheitsstrecke (das heißt: einen Maßstab festzulegen), worauf sich das Verhältnis a:b auflösen läßt und einen Repräsentanten a':1 findet. Womit aus der Vierung ein *Dreieck* geworden ist. Im 14. Jahrhundert bei Thomas Bradwardine, im *Tractatus proportionibus*, etwas später bei Nicole Oresme (in seinem *De proportionibus proportionem*) wird dieser Weg noch weiter beschritten, wobei für Oresme bereits gebrochene, auch irrationale Exponenten in Betracht kommen. Bezeichnenderweise spricht ein Mathematikhistoriker wie Charles F. Linn, nachdem er den Begriff der Renaissance als eigentlich irreführend (»conveninent ideas, but misleading«) charakterisiert hat, davon, daß mit dem 13. und 14. Jahrhundert – mit Männern wie Leonardo von Pisa, Fibbonacci, Richard Suiseth und Nicole Oresme – die Zeit der »Neuen Mathematik« beginnt. (Vgl. Charles F. Linn: *Mathematics East and West*. In: ders.: *The Ages of Mathematics*. New York 1979. Bd. 2., S. 122 ff.)

59 Simone Martini: »Der Heilige Martin verzichtet auf die Waffen«. Fresko in der Martinskappelle. Assisi, Klosterkirche S. Fancesco (zwischen 1320-1326 gemalt).

60 Der hl. Martin von Tours – der drei Jahre im römischen Heer gedient hat und aus diesem Grund zum Schutzheiligen der Soldaten avanciert ist – legt, im Angesicht des römischen Kaisers, die Waffen nieder. – Womit fraglos jene Sentenz »Gebt dem Kaiser, was des Kaisers ist, und Gott, was Gott ist« variiert ist. Nur daß hier nicht der Tribut, sondern der Kriegsdienst verweigert wird.

61 Gewiß, der Kathedralenbau setzt sich, wenngleich deutlich verlangsamt, auch noch im weiteren fort, aber es ist bezeichnend, daß das 14. Jahrhundert kein vollendetes Bauwerk mehr kennt, sondern lediglich die sich ins Monumentale auftürmenden Unvollendeten, die Ruinen von Köln und von Straßburg.

62 So berichtet Thomas W. Blomquist, daß im Lucca des 13. Jahrhunderts die Pfandleiher und Wucherer zu den größten Landbesitzern des Umlands aufsteigen. Vgl. Thomas W. Blomquist: »The Dawn of Banking in an Italian Commune: Thirteenth Century Lucca«. In: *The Dawn of Modern Banking*. New Haven/London 1979, S. 64 f.

63 Das mhd. »tusch« steht für Spott, Schelmerei, Gespött, für Täuschung und Betrug.

64 In der Malerei beginnt die Sprache des Körpers, die Gestikulation, mit jenem Zyklus, den Giotto dem Leben des Franz von Assisi widmet. Der gestikulierende Körper, das ist der Körper, der sich zum Zeichenkörper wandelt, der entziffert und gelesen werden will.

65 Was umso schwerer wiegt, als im Hochmittelalter – Erbschaft der germanischen

66 Etwas, was vor dem Hintergrund einer Lebenswelt, die beinahe ein Drittel des Jahres als kirchlichen Fest- und Feiertag beging, als Sakrileg empfunden worden sein muß.

67 Was, historisch besehen, jenen vielkritisierten Gedanken rechtfertigt, den Georg Simmel in seiner *Philosophie des Geldes* in bezug auf den Intellektuellen artikuliert, weist sich doch hier, in der Genealogie des Denkens, daß Geld und Geist gleichzeitig auf den Plan treten.

68 Vgl. Jacques Le Goff: *Wucherzins und Höllenqualen*. Stuttgart 1981.

69 Was sich auch darin bemerkbar macht, daß die Scholastik sich ausgiebig mit dem Problem des Geldes beschäftigt hat, vor allem mit den fundamentalontologischen Seiten des Problems, was Geld ist, was Wucher, was ein gerechter Preis, was ein Wert etc. Vgl. dazu: Edmund Schreiber: *Die volkswirtschaftlichen Anschauungen der Scholastik seit Thomas von Aquin*. Jena 1913; Raymond de Roover: *La pensée économique des scolastiques*. Montreal/Paris 1971.

70 Interessanterweise gibt es, was das Zahlempfinden anbelangt, eine Hemmschwelle der allzu großen Zahl gegenüber, wird das Myriadische, Unzählbare als Teufelswerk empfunden, als antagonistisches Prinzip, das dem Göttlichen, das von Natur aus *einfach* ist, widerstreitet.

71 In diesem Zusammenhang, mit einem kühnen Sprung in die Gegenwart hinein, ist es nicht ganz uninteressant zu sehen, daß vor dem Prozeß des »Digitalen« (oder der Simulation) ganz ähnliche Gedanken geäußert werden. Vgl. vor allem das Werk Jean Baudrillards.

72 So schreibt Dante in seiner Göttlichen Komödie über ihn: »O Geiz, was kannst du Schlimmres noch bewirken,/ Da du so sehr gefesselt mein Geschlecht,/ Daß es das eigne Fleisch und Blut nicht achtet?/ Daß alte Schuld und künft'ge minder scheine,/ Seh' ich die Lilien in Anagni einziehen/ Und im Statthalter Christum selber fangen./ Verspottet seh'ich ihn zum zweitenmal/ Essig und Gall erneuern sich, und zwischen/ Lebend'gen Schächern seh' ich ihn getötet./ So wild seh ich den heutigen Pilatus,/ Daß hiervon noch nicht satt, er unberufen/ Mit gier'gem Segel in den Tempel eindringt.« (Dante Alighieri: *Göttliche Komödie*. Übers. von Karl Witte, Leipzig 1922. Purg. XX Gesang V., S. 82-93)

73 »Nul ne donnera au grand mangier que deux mets et un potage au lard, et au petit mangier, un mets et un entremets. On ne mettra dans chaque écuelle qu'une mesure de chair ou de poisson.« Vgl. Duc de Lévis-Mirepoix: *Philipp Le Bel*. Paris 1973, S. 147.

74 So daß, wie Marc Bloch bemerkt, Philipp der Schöne der erste Herrscher gewesen zu sein scheint, der ganz offen das Rittertum zum Handelsgegenstand machte. Vgl. Marc Bloch: *Die Feudalgesellschaft*. Frankfurt/M./Berlin/Wien 1982, S. 390.

75 »Nous ne pouvons croire, que aucun puisse, ne doive faire doute, que a Nous seul et à Notre Majesté royal, n'appartiengne seulement et pour le tout, en nostre royaume, le mestier, le fait, la provision et toute l'ordonnance de monnoyes, et de

faire monnoier teles monnoyes, et donner tel cours, pour tel prix comme il nous plaist, et bon nous semble pour le bien et prouffit de Nous, de nostre royaume et de nos subgiez, et en usant de nostre droict.« (Ordonnance, 16. Januar 1346; zitiert nach E. Bridrey: *Nicole Oresme*. Paris 1978, S. 118)

76 »Zum alleinigen Tauschmittel des gegenseitigen Bedarfs wurde das Geld zufolge Übereinkunft. Und daher hat es den Namen »nomisma«, daß es nicht von Natur, sondern durch Gesetz [nomo] besteht und es an uns liegt, dies zu ändern und es nutzlos zu machen.« *(Nikomachische Ethik, Buch 5, Kapitel 8)*

77 Vgl. dazu: Carlo M. Cipolla: »Ghost money«. In: ders.: *Money, Prices and Civilization in the Mediterranean World*. Princeton 1956.

78 Vgl. dazu die Biographie von Jean Favier: *Philippe le Bel*. Paris 1978, welche, da Favier ein ausgezeichneter Kenner der monetären Probleme des Mittelalters ist, ein sehr klares Bild über die monetären und etatistischen Hintergründe der Affäre gibt.

79 Vgl. Robert Lopez: »The Dawn of Medieval Banking«. In: *The Dawn of Medieval Banking*. New Haven/London 1979, S. 11.

80 Es sind die Denker von Rang, Thomas von Aquin, Albertus Magnus, Wilhelm von Ockham und Jean Buridan, die sich mit den Fragen der Ökonomie auseinandersetzen, und nicht nur in einem streng philosophischen Sinn, sondern durchaus in die Bereiche und die Niederungen der Lebenspraxis eingreifend.

81 Thomas von Aquin: *De regimene principium ad regnem Cypri* II,13. – Einen ähnlichen, diesmal allerdings beglaubigten eytmologischen Verlauf hat der Begriff des »Tausches« selbst genommen, der der Zwielichtzone von Tausch und Täuschung entstammt.

82 Die Vorstellung des *schwarzen Geldes* hat ihren Ursprung darin, daß die den Silbermünzen beigemengte Kupferlegierung bewirkt, daß das »weiße« Silbergeld sich schwärzt und sich damit, als *schwarzes Geld*, dem bloßen Auge schon als minderwertig zu erkennen gibt.

83 Es ist wohl dieser Punkt, der das Problem der mittelalterlichen »Geisterwährungen« verständlich macht: nämlich daß man bis ins 11. Jahrhundert hinein mit »fiktivem« Geld operieren konnte, das heißt: mit Einheiten, die lediglich auf dem Papier standen, denen physisch keinerlei Deckung entsprach. Vgl. dazu: Carlo M. Cipolla: »Ghost money«. [Anm. 77]

84 Vgl. Karl Marx: *Zur Kritik der politischen Ökonomie*. In: *Werke und Schriften*. Hg. von Hans J. Lieber, Benedikt Kautsky. Darmstadt ³1975. Bd. VI, S. 945-946. Im Grunde, ungeachtet des riesenhaften Systems, das Marx im »Kapital« errichtet, geht er in seinem Wertbegriff im Grundsätzlichen nicht über das scholastische Mißtrauen hinaus; und in diesem Sinn ist auch Marx das Surplus, die Zeichenvermehrung des Geldes verdächtig, eignet dem Gold, dem »Gott der Waren«, gleichfalls eine dämonische Seite, so daß jeglicher Verkauf, mit dem Ziel, einen Mehrwert herauszuschlagen, nichts als ein Betrug am Gebrauchswert der Dinge ist. »Geld wird gegen Ware ausgetauscht, um dieselbe Ware wieder gegen größere Quantität Geld auszutauschen, so daß die Extreme G[eld],G[eld], wenn nicht qualitativ, so quantitativ verschieden sind. Solch ein quantitativer Unterschied setzt den *Austausch von Nichtäquivalenten* voraus, während Ware und Geld als

solche nur gegensätzliche Formen der Ware selbst sind, also verschiedene Existenzweisen derselben Wertgröße.« (S. 951) Womit Marx, wenn er Ware und Geld lediglich als verschiedene Erscheinungsformen »derselben Wertgröße« begreift, nichts anderes als die scholastische Vorstellung des Substanzwertes wiederholt – stellt sich doch automatisch die Frage nach dem »gerechten Preis« und einer den Preis bewertenden Instanz. – Im Grunde belegt der zusammengebrochene sozialistische Währungsraum, daß das auf den Gebrauchswert sich fixierende Denken das Geld in seiner Zeit-Raum-Dimension vollständig verkannt, sich damit einer vorkapitalistischen, feudalen Geldordnung bedient hat. Vielleicht liegt das Problem des Gebrauchswerts darin, daß das *Ding an sich* ein Phantom ist, oder etwas spitz formuliert: daß ein »Trabant« nicht recht als Phallussymbol taugt.

85 Tatsächlich findet sich der Name Oresmes als eines großen Vorläufers nicht nur in der Volkswirtschaftslehre und der Politischen Ökonomie, sondern auch in der Mathematik und in der Physik – so bezeichnet ihn Pierre Duhem (der in seinem monumentalen *Système du monde* die Geschichte der Kosmologie bis zu Galilei zeichnet) als einen Vorläufer des Kopernikus, Galileis und Descartes' (Pierre Duhem: *Le système du monde.* Paris 1956. Bd. VII, S. 534 f.). Auf Oresme geht beispielsweise die Verwendung eines Koordinatensystems zurück, das heißt jenes Grundrasters, dem die analytische Geometrie erwächst. Darüberhinaus entwickelt er die Idee des Funktionsbegriffs (Vgl. Charles F. Linn: *Mathematics East and West.* [*The Ages of Mathematics,* Vol. II]. New York 1977, S. 136 ff. – In der Philosophie ist, was Oresme hinterläßt, der bereits erwähnte ontologische Gottesbeweis, der Gott zu einem kosmologischen Uhrmacher macht – und so bietet sich hier ein Ehrentitel des Universalgelehrten an, der für die Renaissance vorbehalten schien. – Diese erstaunliche Sprengkraft auf so vielen Gebieten, denke ich, rührt freilich vor allem daher, daß Oresme der Wirklichkeit mit einem neuartigen, von der Mechanischen Uhr abgeleiteten Werkzeug auf den Leib rückt: nämlich dem SYSTEM, das nicht von ungefähr in Gestalt der Mechanischen Uhr bereits Form angenommen hat.

86 Nicole Oresme: *Traktat über Geldabwertungen* [*De mutatione monetarum*]. Hg. v. Edgar Schorer. Jena 1937, S. 35.

87 Ebd., S. 65 f.

88 Ebd., S. 59.

89 Eine Metamorphose, die auch etymologisch ins Spätmittelalter fällt. Aus dem »numen« (dem Gott oder dem Gottesgeheiß) wird das mittellateinische »numisma«, die Münze. Von daher Numismatik.

90 Oresme [Anm. 86], S. 63.

91 Ebd., S. 75.

92 »Überträgt sie [die Gemeinschaft] es [das Recht der Münze] mit vernünftiger Einschränkung an das Staatsoberhaupt, so ist der Fürst darin nicht mehr hauptsächlicher Urheber, sondern nur Vollstrecker öffentlicher Ordnung.« (Ebd., S. 73)

93 »Das Gemeinwesen oder Königreich«, so schreibt Oresme, »ist einem menschlichen Körper gleich, wie Aristoteles im fünften Buch der Politik lehrt. Es steht mit dem Körper nicht gut, wenn Säfte im Übermaß in eines seiner Glieder strömen, das sich dadurch entzündet und anschwillt, während andere austrocknen

und schrumpfen. Das richtige Verhältnis erstirbt. Ein solcher Körper kann nicht mehr lange leben. Nicht anders steht es mit Gemeinschaft oder Königreich, falls Reichtümer über alle Maßen von einer Seite angezogen werde. Denn ein Staat [communitas] oder eine Gesellschaft, deren leitender Teil im Vergleich zu dem Untertanen an Reichtum, Macht, Prunk, ungeheuer anwächst, gleicht einem Monstrum oder Untermenschen, dessen Kopf so übermäßig ist, daß sein Körper ihn nicht tragen kann. Wie sich aber ein solcher Mensch nicht zu helfen weiß, noch lange zu leben vermag: so gelingt es auch einem Königreich nicht zu beharren, wenn der Fürst im Übermaß Reichtümer an sich zieht, wie es Abwertungen bewirken.« (Ebd., S. 79)

94 Geld, so schreibt etwa Karl Marx (und macht damit kenntlich, daß er nur einen begrenzten historischen Kontext vor Augen hat), habe »lokalen und politischen *Charakter*, spricht verschiedene Landessprachen und trägt verschiedene Nationaluniform«. Marx [Anm. 84], S. 934.

95 Jan van Eyck: »Hochzeitsbild des Giovanni Arnolfini«. National Gallery, London.

96 Was ja auch dort noch nachwirkt, wo vom Bild nichts geblieben ist als die Schrift an der Wand: Instant-Erlebnis des Grafitto, Thrill des unbemerkten Augenblicks (der nicht von ungefähr sich verflüchtigt, sobald das Grafitto, kunstamtlich beglaubigt, zum Stadtverschönerungsauftrag sich veredelt hat).

97 Erwin Panofsky hat bei seiner Deutung des Bildes diesen Aspekt der Eheschließung besonders betont, und wie ich denke, ganz zurecht: entspricht das Arrangement (mit brennender Kerze, der Brautkerze, mit dem Einander-die-Hand-Reichen, der zum Ehegelöbnis erhobenen Hand) dem erforderlichen Ritual, einem Ritual, das ja noch keineswegs von einer Zentralgewalt »abgesegnet« werden mußte, sondern heimlich, das heißt: im eigenen Heim geschehen konnte. Erst das Konzil von Trent im Jahre 1536 insistierte auf einer kirchlichen Bestätigung des Sakraments, nicht zuletzt auch infolge widerrufener Eheversprechen, das heißt, der juristischen Komplikationen, die sich aus solch klandestinen Eheschließungen ergeben konnten. So besehen ist das Hochzeitsbild der Arnolfinis auch so etwas wie ein *Ehekontrakt*, sichtbares Zeichen dafür, daß das Sakrament der Ehe vollzogen worden ist.

98 Tatsächlich kann dieses Spiegelverhältnis auch als ein psycholgisches gelesen werden. Nicht allein, daß van Eyck den Finanzmagnaten auch später noch einmal porträtiert hat – was darüber hinaus eine gewisse Verwandtschaft bewirkt haben mag, ist eine Gleichheit der Position. Denn beide, Arnolfini als Finanzier und späterer Kanzler, van Eyck als festbestallter Hofmaler von Burgund, sind Teil des höfischen Lebens, ihrer besonderen Stellung wegen jedoch ausgesprochene Außenseitergestalten. Der eine, Bürger aus Lucca und Vertreter eines Standes, der (bei dem allgemeinen Mißtrauen jeglichem Geldberuf gegenüber) gleich doppelt fremd erschienen sein muß, der andere, als Maler doch einem eher niederbewerteten Handwerk zugehörig, gleichwohl mit einer großzügigen herzoglichen Apanage versehen – und in beiden Fällen ist es nicht die adelige Herkunft, die ihnen die Stellung am Hof und die besondere Gunst des Burgunderherzogs Philipp des Guten einbringt, sondern allein das Gewicht ihres Namens: ihre besondere Signatur.

99 Interessant die sprachliche Umdeutung des anderen Wortes, das man für das

Porträt benutzt: das Konterfei. Es entstammt dem französischen »contrefait« und hat ursprünglich eine pejorative Bedeutung. *Contrefait* heißt mißgestaltet, konkret bezieht es sich auf verfälschtes, das heißt: seines Substanzwertes beraubtes Gold oder Metall.

100 Es ist dies, was van Eyck mit großer Meisterschaft in all seinen Bildern zuwege bringt: in der Berliner »Madonna in der Kirche« etwa vermag er eine gotische Kathedrale so darzustellen, daß sie den Betrachter mit zu überwölben scheint, in der Lucca-Madonna gelingt ihm eine Ansicht, die den Betrachter so sehr involviert, daß sich das Gefühl vermittelt, auf den zum Marienthron hinführenden Teppich hinabzuschauen.

101 Von einem Fluchtpunkt zu reden ist etwas heikel, da das Bild – im streng mathematischen Sinn – zentralperspektivisch nicht ganz perfekt durchkonstruiert ist, weswegen es statt des einen Punkts, in dem alle Linien konvergieren, derer drei besitzt. Abgesehen davon, daß dies der Raumillusion keinen Abbruch tut, ja daß im Gegenzug Bilder, die mathematisch korrekt konstruiert sind, dessenungeachtet immer noch »falsch« und »unperspektivisch« aussehen können, scheint es mir legitim, auch weiterhin von einem Fluchtpunkt zu reden. Wobei darunter nun nicht mehr der mathematische Fluchtpunkt, sondern derjenige Punkt gemeint ist, der im Fluchtfeld (welches die drei Fluchtpunkte markieren) die höchste Intensität besitzt.

102 »Madonna in der Kirche«, Berlin-Dahlem, Staatliche Museen.

103 Das Problem der Renaissance, das ja Gegenstand einer ausführlichen Diskussion geworden ist, kann hier nur kurz angerissen werden, so daß ich im weiteren nur auf die Gedanken anderer verweise. – Zunächst ist bemerkenswert, daß die Herkunft des Begriffs »rinascimento« sich der Kunst, und hier vorzüglich der Malerei verdankt, so daß man es eigentlich mit einem *ästhetischen* Begriff zu tun hat. Tatsächlich entwickelt ihn Giorgio Vasari, der den Begriff prägt, als einen Gegenbegriff zum Gotischen, die ja ihrerseits für sich proklamiert hat, *ars nova* zu sein. Schon bei Vasari ist damit die zeitliche Unschärfe des Begriffs verankert, welche die Geschichte der Renaissance begleitet, läßt er sie doch mit Giotto, und das heißt: im 13. Jahrhundert, anheben. – Während das frühe 19. Jahrhundert sich der Bedeutung der Malerei bewußt war (vgl. den Roman *Franz Sternbalds Wanderungen* von Ludwig Tieck, Berlin 1798), entwirft Jakob Burckhardt seinen Renaissancebegriff ohne besondere Rücksicht auf die Kunst, aber auch ohne Miteinbeziehung der wirtschaftlichen Seite des *Quattrocento* (vgl. die Kritik von Robert Klein, *Form and Meaning*. Princeton 1970). Dadurch wurde die Renaissance auf das Italien des *Trecento* und *Quattrocento* eingeengt – was zu der absurden Situation führte, daß die für ihre Zeit sehr viel modernere und für das Italien der Frührenaissance maßgebende flämische Malerei als Anachronismus und Fremdkörper erscheinen konnte, deren Existenz eigens erklärt werden mußte. (Vgl. Erwin Panofsky: *Early Netherlandish Painting*. 2 Bde. Cambridge ⁵1966) Es ist insbesondere Johan Huizinga gewesen, der, ausgehend von diesem Mißverständnis der flämischen Malerei gegenüber, seinen *Herbst des Mittelalters* geschrieben hat, jenen Text, der dem Phantasma von der Sonderstellung der »Renaissance« das Kontinuum des Spätmittelalters entgegenhält; und es ist

wiederum Huizinga, der in einer kleinen Schrift über das *Problem der Renaissance* die Strategeme der Renaissance-Apologeten analysiert, welche letztlich darauf hinauslaufen, alles, was im Mittelalter lebendig war, für die Renaissance zu vereinnahmen – womit, wie Huizinga sagt, »das Bild der mittelalterlichen Kultur zu zerschmelzen und in sich zusammenzusinken [droht] wie ein Schneemann«, und sich in letzter Konsequenz die Frage stellt, ob es überhaupt ein Mittelalter gegeben hat (Vgl. Johan Huizinga: *Das Problem der Renaissance*. (1952), Darmstadt 1967, S. 49). So besehen ist Panofskys Schrift *Renaissance and Renaissances*, Stockholm 1960, die den Begriff der Renaissance gleich auf drei Renaissancen vervielfältigt, nämlich: die ottonische des 10. Jahrhunderts, die Protorenaissance des 12. Jahrhunderts und schließlich die »eigentliche« Renaissance des *Quattrocento*, eher eine Ausweichbewegung und wenig geeignet, dem Problem der Renaissance (das ja weitgehend ein Präjudiz des 19. Jahrhunderts ist) zu entsprechen. In jüngster Zeit hat sich Peter Burke (*The Italian Renaissance*. London 1986) erneut der Frage angenommen und ein sehr differenziertes Bild der Lebenswirklichkeit gezeichnet, freilich ohne der Problematik nachzugehen, die in unserer »Mythisierung« der Renaissance liegt.

104 Hegel: *Vorlesung über die Philosophie der Geschichte*. Hg. E. Gans. Berlin 1840, S. 493-496.

105 Weil es so präzis die Bestandteile des Renaissance-Mythologems versammelt, möchte ich jenen berühmtgewordenen Passus zitieren, mit dem Jakob Burckhardt den zweiten »Die Entwicklung des Individuums« betitelten Abschnitt seines Werkes beginnen läßt und wo er von der »frühzeitigen Ausbildung des Italieners zum modernen Menschen spricht: »Daß er der Erstgeborene unter den Söhnen des jetzigen Europas werden mußte, hängt an diesem Punkte. Im Mittelalter lagen die beiden Seiten des Bewußtseins – nach der Welt hin und nach dem Innern des Menschen selbst – wie unter einem gemeinsamen Schleier träumend oder halbwach. Der Schleier war gewoben aus Glauben, Kindesbefangenheit und Wahn; durch ihn hindurch gesehen erschienen Welt und Geschichte wundersam gefärbt, der Mensch aber erkannte sich nur als Rasse, Volk, Partei, Korporation, Familie oder sonst in irgendeiner Form des Allgemeinen. In Italien zuerst verweht dieser Schleier in die Lüfte; es erwacht eine *objektive* Betrachtung und Behandlung des Staates und der sämtlichen Dinge dieser Welt überhaupt; daneben aber erhebt sich mit voller Macht das *Subjektive*, der Mensch wird geistiges *Individuum* und erkennt sich als solches.« (Jakob Burckhardt: *Die Kultur der Renaissance in Italien*. Stuttgart 1987)

106 Vgl. dazu Robert S. Lopez: »Hard times and investment in culture«. In: W.K. Ferguson et al. (Hg.): *The Renaissance*. New York 1953, sowie Harry A. Miskimin: *Cash, Credit and Crisis in Europe, 1300-1600*. London 1989. – Im übrigen ist dies, bedenkt man die Verwirrungen des 14. Jahrhunderts, die Pauperisierung durch Pest, Krieg und Bürgerkrieg, keineswegs verwunderlich. So besehen ist die Stockung des Kathedralenbaus nicht nur Indikator schwindenden Gemeinschaftssinnes, sondern auch ein deutlicher Beleg dafür, daß die materiellen Ressourcen knapp werden. Der vielgepriesene Individualismus ist nicht zuletzt aus der Not geboren, das heißt: ein Produkt der sich verschärfenden, auch verrohenden Umgangsformen,

die sich aus dem Niedergang der kollektiven verbindlichen Moral, wie sie das Mittelalter noch kannte, ergaben. Wenn die *virtù* der Renaissance keinerlei moralische Rücksichtnahmen kennt, ja, wenn dieser Mangel, sofern er denn planmäßig und strategisch betrieben wird, als Tugend gilt, so deshalb, weil im Gesellschaftlichen ein Kollaps eingetreten ist. Vgl. dazu (nicht ganz neu, aber höchst lesenwert) Alfred von Martin: *Soziologie der Renaissance*. München ³1974 (1931).

107 Peter Burke hat dies mit einem sehr einfachen Exempel klargemacht – und zwar, indem er eine Liste all der Philosophen, Komponisten, Wissenschaftler aufstellt hat, die uns unvertraut sind. In der Tat, fragt man sich selbstkritisch, was einem wirklich aus dieser Zeit vertraut ist, so sind es, neben Beschreibungen zweiter Hand, Maler.

108 Leonardo da Vinci: *Das Buch von der Malerei*. Hg. und übers. v. Heinrich Ludwig. Osnabrück 1970 (1882), S. 202.

109 Leon Battista Alberti: *Drei Bücher über die Malerei*. In: *Kleinere kunsttheoretische Schriften*. Übers. v. Hubert Janitschek. Osnabrück 1970 (1877), S. 90/92.

110 Jenes griechische Wort »narke«, das ein Teil des Namens ist, meint Betäubtsein (von daher »Narkose«). Was, wie ich denke, deutlich macht, daß der narzißtische Blick nicht so sehr mit Selbstverliebtheit, sondern eher mit einem Moment der Selbstvergessenheit ineins zu setzen ist. Narziß bespiegelt sich so lang, daß er, unempfindlich für die Bedürfnisse des eigenen Körpers, an der Quelle verschmachtet.

111 Aber selbst dies wird neuerdings in Frage gezogen. So verweist Otto Pächt darauf, daß Simone Martini bereits 1317, das heißt: gut einhundert Jahre vor Brunelleschis Erfindung, sich einer zentralperspektivischen Bildkonstruktion bedient habe: »Weniger bekannt ist das Faktum, daß die fünf Legendenbilder der Predella von Simone Martinis Tafel der Krönung des Robert von Anjou durch den hl. Ludwig von Toulouse, 1317 in Neapel gemalt, auf einen einzigen, in der Zentralachse gelegenen Augenpunkt hin ausgerichtet sind, der Beginn einer zentralperspektivischen Konstruktion.« Otto Pächt: *Van Eyck*. München 1989, S. 29.

112 Leonardo da Vinci: *Philosophische Tagebücher*. Hg. v. Guiseppe Zamboni. Hamburg 1958, S. 87.

113 Tatsächlich ist Leonardo der erste, dem sich die Beschreibung einer Camera obscura verdankt: »*Beweis dafür, daß* [die Bilder] *aller Gegenstände, die an einem Ort stehen, alle überall und alle an jedem Teil sind.* – Ich behaupte: wenn die Fassade eines Gebäudes oder ein Platz oder eine Landschaft, die von der Sonne beschienen sind, ein Haus gegenüber haben werden und man in der Außenmauer, welche die Sonne nicht sieht, ein kleines rundes Loch macht, so werden alle beleuchteten Gegenstände ihre Bilder durch besagtes Loch senden und in der Wohnung an der gegenüberliegenden Wand, die weiß sein soll, erscheinen, ganz genau und umgekehrt. Und wenn du an derselben Mauer an vielen Stellen ähnliche Löcher machtest, so würde in jedem die gleiche Wirkung entstehen.« (Ebd., S. 73)

114 Wenn ich der Konvention widersprechend (derzufolge *Trompe l'œil* jene Totalillusion bezeichnet, die entsteht, wenn in eine Raumflucht ein Bild gemalt ist, welches den Raum künstlich verlängert) den Begriff auf die räumliche und illusionistische Malerei überhaupt anwende, so hat dies den Grund darin, daß

hier ein umfassender Begriff gegeben ist, der den Charakter des zentralperspektivischen Bildes deutlich erfaßt. Liest man etwa Vasaris Lebensbeschreibungen, so wird sichtbar, daß es genau dieses Moment ist, das, in endlosen Variationen, die Meisterschaft eines Malers angibt: Giotto, der seinem Meister Cimabue eine Fliege auf ein Gemälde malt, worauf dieser sie für eine leibhaftige hält und zu verscheuchen sucht etc.

115 Erwin Panofsky hat in seinem vielzitierten Aufsatz »Die Perspektive als symbolische Form« genau diese physiologische Differenz zwischen dem konstruktiv erzeugten Raum der Zentralperspektive und dem eigentlichen Schauen zum Ausgangspunkt seiner Gedanken gemacht. Tatsächlich ist die Zentralperspektive ja keinesfalls naturgegeben, sondern schaut man leicht sphäroid und stereoskopisch, gibt es ja keinerlei Isomorphismus des Raumgefühls, sondern (wie schon Kant festgestellt hat) einen Unterschied der Gegenden im Raum: rechts und links, vorn und hinten, oben und unten. Diese Differenz zwischen Abbild und tatsächlicher Wahrnehmung ist es, die Panofsky die Perspektive (einem Begriff Cassirers folgend) als eine »symbolische Form« begreifen läßt, und das heißt: als eine Form, in der eine bestimmte Stellung zur Welt sich ausdrückt.

116 So schreibt der Wissenschaftshistoriker Lindberg, der sich mit der Geschichte der Optik beschäftigt hat: »Wir brauchen bloß Leonardo da Vinci zu erwähnen, von dem ad nauseam behauptet wird (und von seinen distinguiertesten Interpreten), daß er mit den optischen Theorien des Mittelalters gebrochen und sich kühn in neue Richtungen hinausgewagt habe. Die Wahrheit ist selbstverständlich sehr viel komplexer. Die Künstler und Anatome der Renaissance schickten sich tatsächlich an, die Optik auf neue, ebenso eigenständige wie schöpferische Weise zu analysieren und anzuwenden, so wie sie eine genauere Beschreibung der okularen Anatomie vorlegten – aber bei alldem wichen sie kaum von den Grundlagen der mittelalterlichen Optik ab. Tatsächlich waren die Künstler und Anatome durch das mittelalterliche Schulwissen bestens unterwiesen, und höchst selten nur war es ihnen vergönnt, sich von ihren mittelalterlichen Lehrern, von Details abgesehen, abzulösen. Das überlieferte Rahmenwerk, obwohl gelegentlich angezweifelt, blieb bis in frühe 17. Jahrhundert weitgehend unangetastet.« (David C. Lindberg: *Theories of Vision from Al-Kindi to Kepler*. Chicago 1976, S. 105-106)

117 Es ist augenfällig, daß hier die gleiche Energie wirksam ist, wie wir sie zuvor im Falle der Mechanischen Uhr beobachtet haben. Es ist der Übergang vom Substanzbegriff zur Funktion, vom Körper zur Maschine, von der Vierung der Analogie zum Dreieck der Identität. – In diesem Sinn ist der *Spiegel* (insofern er das Ideal der Malerei verkörpert) das Analogon des *Zeitbegriffs*, wie er als imaginäre Himmelsuhr in die Erdumlaufbahn geschossen wird.

118 Ja, in gewisser Hinsicht stellen sich dem Mittelalter damit Fragen, wie sie eigentlich erst mit dem Ende des letzten Jahrhunderts und, als Folge der Relativitätstheorie, mit der Wiedereinführung der Lichtgeschwindigkeit in die Physik zurückgekehrt sind. So ist mit der Vorstellung einer Sehsubstanz stets auch die Frage nach der Stofflichkeit und darüber hinaus die Problematik von Raum und Zeit verbunden. Demgemäß entsprechen auch die Antworten, die die mittelalterlichen Denker – naturgemäß im rein spekulativen Sinn – geben, einer solchen

Lichtgeschwindigkeitsvorstellung, gilt doch die Sehsubtanz als diejenige, die alle körperlichen Substanzen an Geschwindigkeit übertrifft. Bei Robert Grosseteste (einem Vorläufer und Lehrer Roger Bacons) gewinnt die Optik geradezu kosmologische Bedeutung, entwickelt er doch eine Art Weltmodell, in dem dem Licht eine genetische, formerzeugende Kraft zukommt, wo es (wie eine Art Urknall) sich ausdehnt und als Energie in die Dinge eingeht – eine Kosmologie, bei der das Verständnis der Natur notwendig auf ein Verständnis des Lichts hinauslaufen muß. Was ja in groben Zügen jene Vorstellung ist, welche auch die nachklassische Physik (die sich auf das Universal der Lichtgeschwindigkeit eingestellt hat) propagiert.

119   Leon Battista Alberti [Anm. 109], S. 100/102.

120   Vgl. Rudolf Wittkower: »Hieroglyphen in der Frührenaissance«. In: ders.: *Allegorie und der Wandel der Symbole in Antike und Renaissance.* Köln 1983, S. 221.

121   Vor allem geht es darum – und so besehen ist Vasaris Renaissancebegriff, der ja ineins fällt mit der Perhorreszierung der gotischen, barbarischen Kunst, durchaus treffend –, das Nicht-Zeitgenössische zum Leben zu erwecken. Die Gegenwart erscheint als verfälscht, korrumpiert; das ältere Schriftzeichen hingegen als das Authentische. Bisweilen führt diese Leidenschaft fürs Vergangene in sonderbare Irrtümer. So sind die Bauwerke, die Brunelleschi für klassisch hält (und an denen er sich ausrichtet), keineswegs Artefakte der Klassik, sondern lediglich vorgotische, sprich: romanische Bauwerke. Vgl. dazu E.H. Gombrich: *Die Entdeckung des Sichtbaren* (*Zur Kunst der Renaissance III*). Stuttgart 1987, S. 126.

122   Interessanter Aspekt: daß sich der Vatermord zunächst in der Form des Kleingedruckten, das heißt: auf einer höchst symbolischen Ebene vollzieht. So daß, was die Autorität unterminiert, nicht die offene Konfrontation ist, sondern der Nachweis, daß die Autorität sich einen orthographischen Fehler habe zuschulden kommen lassen.

123   Niccolò Niccoli: *Dialogi at Petrum Hirsum,* zit. nach E. Garin: *Prosatori Latini del Quattrocento.* Mailand 1952, S. 68-70.

124   Ebd., S. 74.

125   Fraglos liegt hier ein Parallelismus zur Gotik vor, die sich ja ihrerseits als eine Reform der Schrift eingeführt und die Vergangenheit gewissermaßen aus ästhetischen Gründen verworfen hat (man erinnere sich nur an die Predigt des Bernhard von Clairvaux, in der er das romanische Ornament als eine Monstrosität, ja als Barbarei denunziert).

126   zit. nach George Boas: *The Hieroglyphics of Horapollo.* New York 1950, S. 22.

127   Semiotisch betrachtet könnte man diese Transformation als Übergang von der symbolischen Vertikale zur symbolischen Horizontale lesen.

128   Peter Burke hat sich der Arbeit unterzogen, die Malerei der Frührenaissance daraufhin zu untersuchen, wie sich in ihr das Verhältnis von sakraler zu profaner Malerei in Zahlen ausdrückt. Das Ergebnis ist, daß der Anteil der profanen Themen von 5 % im Jahr 1420 lediglich auf 20 % im Jahr 1520 angestiegen sei, woraus Burke schlußfolgert, daß von »Säkularisierung« der Malerei zu sprechen lediglich heißen könne, »that the minority of secular pictures grew somewhat larger«. Burke [Anm. 103], S. 23.

129 Um sich die dingliche Wertschätzung eines Buches zu vergegenwärtigen, muß man sich vor Augen halten, daß noch gegen Ende des 14. Jahrhunderts ein Bestand von vierzehn Büchern als rühmenswerte Bibliothek galt, die weit über die Stadtgrenzen hinaus bekannt war. Ein Buch, handgeschrieben und in der Regel mit kostbaren Verzierungen versehen, ist eigentlich sehr viel mehr als ein Kunstwerk zu begreifen denn als bloßer Lesestoff; und so entspricht der Preis eines Buches dem Jahresgehalt eines Arbeiters. Dieser hohe Preis und die damit verbundene Wertschätzung machen verständlich, was ansonsten eher skurril anmuten würde: nämlich den Fall jener Tochter aus nicht unvermögendem Haus, deren Wunsch, einen »Corpus Juris« (und damit das kostspieligste aller Bücher) zu bekommen, mit der elterlichen Auflage verbunden war, daß sie dann auch einen Juristen heiraten solle. Vgl. dazu Carlo M. Cipolla: *Money, Prices and Civilization in the Mediterranean World.* Princeton 1956, S. 58-62.

130 Liest man die Literatur der Zeit, so wird man in der Tat mit endlosen Aufzählungen und Häufungen konfrontiert.

131 »Und was wolltest du sagen: wie soll ichs denn anfangen, wenn ich das Leben eines Heiligen zu malen habe, das auf derselben Bildwand in viele einzelne Historien abgeteilt ist? so antworte ich diesbezüglich folgendes: du sollst den ersten Plan mit seinem Hauptpunkt in die Augenhöhe des Beschauers der Historie setzen, und auf diesem Plan figurierst du die Episode groß. Darauf machst du das ganze übrigen Zubehör des Gesamthistorie auf allerlei Hügeln und Ebenen, indem du die Figuren und Häuser allmählich immer mehr verjüngst.« Leonardo da Vinci, zit. n. Dagobert Frey: *Gotik und Renaissance als Grundlagen der modernen Weltanschauung.* Augsburg 1929, S. 55.

132 Lukas, 1,26-38

133 Kreuzigungsaltar, Musée des Beaux-Arts, Dijon.

134 Das Spruchband ist, ikonographisch gesehen, der Vorläufer des Buches – entrollt sich hier doch die Botschaft, etwas, was der epischen, in die Breite gehenden Lesart des Mittelalters wohl eher verständlich war als das Buch, das den Zeitigungsprozeß der Zeit zwischen Buchdeckeln, also hinter sieben Siegeln, verschwinden läßt.

135 Vgl dazu: John Bugge: *Virginitas. An Essay in the History of a Medieval Idea.* The Hague 1975. Und zur Theologie der Patristik: Hans Freiherr v. Campenhausen: *Die Jungfrauengeburt in der Theologie der alten Kirche.* (Sitzungsberichte der Heidelberger Akademie der Wissenschaften, philosophisch-historische Klasse, Jg. 1962, 3. Abhandlung) Heidelberg 1962.

136 An der Schwelle des 12. Jahrhunderts verfaßt Anselm von Canterbury ein Traktat, das »*De conceptu virginali*« (1099) betitelt ist und in dem die Elemente des Dogmas erstmals elaboriert sind. Von Eadmer von Canterbury weiterentwickelt, ist das Dogma in seiner »zeitgenössischen« Form anwesend.

137 Tatsächlich – dies nur im Rückblick auf die vorausgegangenen Gedanken – ist vieles von dem, was die Malerei des *Quattrocento* thematisiert, bereits in der Mystik des 12. Jahrhunderts vorweggenommen (die ja nicht von ungefähr in der Mariologie ihr intellektuelles Lieblingsspielzeug entdeckt hat) – wiederholt sich, ins Private gewendet, jene strukturelle Ambivalenz, wie sie in der *Trompe l'œil*-Architektur der Kathedrale (die ja gleichfalls für den Körper der Jungfrau einsteht)

anhebt. Meinesteils würde ich in der Marien-Gestalt einen Prototyp dessen sehen, was die Hysterika für das 19. Jahrhundert bedeutet: eine Art Medium, in das sich der Diskurs der Zeit, der Körper des Wissens einzuschreiben vermag.

138   Musées Royaux des Beaux-Arts, Brüssel. – Es ist dies eine Variation des Mittelstücks des berühmteren Mérode-Altars, eines Triptychons, der im New Yorker Cloisters Museum hängt. Auf dem rechten Flügel ist ein Joseph zu sehen, der, in einer Werkstatt sitzend, eine Mausefalle herstellt. Eine andere Mausefalle ist im offenen Fenster, in dem man ein Stadtpanorama sehen kann, bereits ausgelegt (etwas, was ich, so humoristisch es anmuten mag, als eine Reflexion des Malers deute, der über den »eingefangenen Raum« sinniert, ein Motiv, das sinnigerweise in der Frühzeit der Photographie wiederkehrt, wo die Frau Henry Fox Talbots von der Kamera, die ein Bild einfängt, als einer »Mausefalle« spricht, die zuschnappt). Auf dem linken Flügel des Altars ist das kniende Stifterpaar zu sehen – eine Figuration, die gleichfalls ein Leitmotiv darstellt, das sich an der Seite des Verkündigungsmotivs oder einer sonstigen Form der Madonnendarstellung wiederfindet. Ein Akt der Spiegelung auch hier: das Heilige und wie es angebetet wird.

139   So ist es nicht verwunderlich, daß der Maler – der nach Jan van Eyck als erster den *Spiegel* thematisiert (Werl Altar, Prado, Madrid) – seinerseits das Bild im Bild zum Gegenstand macht.

140   »Madonna vor dem Ofenschirm«, National Gallery, London.

141   Damit thematisiert Campin, in der Verdoppelung, den doppelten Akt der *Reflexion*. Reflexion, das wird deutlich, meint nicht nur die piktorale Widerspiegelung (das, was man herkömmlicherweise Mimesis nennt), sondern es bedeutet auch die Problematisierung, die Entzweiung (oder moderner gesprochen: die Dekonstruktion) des jeweiligen Gegenstands.

142   Marsilio Ficini, *Epistolarium I. Opera omnia*, Basel 1576, Neudruck Turin 1959, I,2, 659; zitiert nach H. Blumenberg: *Die Lesbarkeit der Welt*. [Anm. 57], S. 64.

143   Vgl. Ernst Robert Curtius: *Die lateinische Literatur und das europäische Mittelalter*. Bern 1948; in seinem Gefolge auch: Hans Blumenberg, *Die Lesbarkeit der Welt* [Anm. 57].

144   Giovanni Pico della Mirandola: *De dignitate hominis* (*Die Würde des Menschen*). Hg. v. Eugenio Garin. Übers. v. Hans H. Reich. Homburg/Berlin/Zürich 1968, S. 29.

145   Giovanni Pico della Mirandola [Anm. 144], S. 31.

146   Leon Battista Alberti [Anm. 109], S. 51.

147   Es ist dies eine Apparatur, die aus zwei gegeneinander verschiebbare Drehscheiben besteht, von denen eine das Alphabet in geordneter Folge, das andere das Alphabet in ungeordneter Folge verzeichnet. Die Codierung vollzieht sich so, daß der zu codierende Text (in der kryptologischen Terminologie: der Klartext) Buchstabe für Buchstabe chiffriert, das heißt: daß ein Zeichen des äußeren Kreises durch das verschlüsselte des inneren Kreises ersetzt wird. Da die Scheiben gegeneinander verschiebbar sind, lassen sich beliebige Konstellationen dieser beiden Alphabete zueinander finden, ja läßt sich durch eine Anweisung, die Stellung der beiden Scheiben zueinander zu verändern, ein Polyalphabetismus und damit eine fast

	nicht mehr aufzuschlüsselnde Chiffrierung erreichen.
148	»Dico in principio dobbiamo sapere il punto essere segno quale non si possa dividere in parte. Segno qui appello qualunque cosa stia alla superficie per modo que l'occio possa vederla. Delle cosi quali non possiamo vedere, neuno nega nulla apartenerse al pittore. Solo studia il pittore fingere quello si vede. E i punti, se in ordine costati l'uno all'altro a'agiungono, crescono una linea.« (Leon Battista Alberti: *De pictura*. In: ders.: *Opere volgari*, Roma-Bari 1973)
149	Hier, denke ich, liegt die Grenze jenes so vielzitierten Aufsatzes von Erwin Panofsky, der sich allein auf die Problematik des »homogenen Raums« fixiert, dabei aber außer acht läßt, daß dem Postulat des Systemraums auch insofern eine Bedeutung zukommt als er, wörtlich genommen, die Grundlage dafür ist, welche die Mechanisierung des Bildes erlaubt.
150	Vgl. Anm. 18.
151	Ein interessantes Bild, das die Umdeutung des Nimbus verdeutlicht, ist Robert Campins »Madonna vor dem Ofenschirm« (National Gallery, London). Es ist darauf eine *Maria lactans* zu sehen, deren Kopf auf die nämliche Art von einem goldenen Nimbus umgeben zu sein scheint, nur daß es in Wahrheit ein ganz alltägliches Ding ist, ein geflochtener Ofenschirm, der vor dem Kaminfeuer schützt.
152	»Es kommt vor, daß derjenige, welcher in seinen Bildern viel Gold anwendet, vermeint, diesen dadurch Hoheit zu verleihen; ich lobe dies nicht. Selbst wenn jemand jene Dido des Virgil malte, die einen goldenen Köcher, goldiges Haar in ein Goldnetz geschlungen, ein Purpurkleid mit einem goldenen Gürtel besitzt und deren Pferd einen goldenen Zaum, sowie jede andere Sache aus Gold hat, so wünschte ich doch nicht, daß er Gold selbst anwende, da es mehr Bewunderung und Lob dem Künstler einbringt, den Glanz des Goldes durch Farben nachzuahmen.« (Leon Battista Alberti [Anm. 109], S. 138)
153	In der Tat ist dieser Prozeß an der Behandlung des *Schattens* in der Malerei nachzuvollziehen, ist auf den Bildern des *Quattrocento* zu sehen, wie die Figuren Schatten zu werfen beginnen. Dieser Prozeß ereignet sich ganz langsam (darin übrigens der Behandlung des Fluchtpunkts ähnlich, der nicht gleich in die Tiefe des Raums geschickt wird, sondern zunächst an einer Wand abprallt oder sonstwie kaschiert wird). Zweifellos rührt der Schatten an ein tiefverankertes, gedankliches Tabu, löst er einerseits mit der Dinggrenze die Symbolgravitation des Dings auf, führt er zum anderen dazu, daß die Dinge (Symbole), die im mittelalterlichen Denken je für sich genommen werden, sich miteinander vermischen, sich überschatten und überlagern können. Und so ist, wenn ich Otto Pächt glauben kann, in der mittelalterlichen Malerei keine Figur zu finden, die einen Schatten wirft (Vgl. Otto Pächt [Anm. 111], S. 13).
154	Leonardo da Vinci [Anm. 108], S. 15-16.
155	Ja, im Grunde sind die erste dreißig Seiten seines »*Trattato della pittura*« ein einziger Beleg dafür, versucht Leonardo hier den Beweis anzutreten, warum die Malerei allen anderen Künsten und auch der Wissenschaft überlegen sei – heißt es denn auch, daß die Malerei Wissenschaft sei (S. 4.) und auch Philosophie (S. 9), die Poesie indes eine Wissenschaft für die Blinden sei (S. 15), die Musik an ihrer Vergänglichkeit kranke etc. In der Tat ist die Argumentation überaus

schlicht und holzschnittartig, ein Umstand, der dazu geführt hat, daß die Interpreten Leonardos diese Passagen scham- und rücksichtsvoll unterschlagen haben (E.H. Gombrich beispielsweise, der in einem Kommentar zum *Trattato della Pittura* diese sonderbare Einleitung mit keinem Wort erwähnt, nicht einmal dort, wo er die Bemerkung eines Kollegen erörtert, der von der Bedeutung des »Auges« spricht, etwas, was in diesen Passagen, wo Leonardo darüber sinniert, ob der Verlust des Auges oder des Ohrs schwerer wiege und auf welches Sinnesorgan man leichter verzichten könne, jede einzelne Zeile durchpulst. Vgl. dazu: E.H. Gombrich: »Leonardo da Vinci und die Wissenschaft der Malerei«. In: ders.: *Zur Kunst der Renaissance IV.* Stuttgart 1988, S. 29)

156 Leonardo da Vinci [Anm. 112], S.87.

157 Es ist in diesem Zusammenhang interessant, daß der florentinische Volkstribun Girolamo Savonarola, der das fin de siècle des 15. Jahrhunderts mit seinen ikonoklastischen Bußpredigten heimsucht, ein besonders ausgeprägtes Sensorium für diese demiurgische Seite hat – und so ist der Gegensatz, den er ins Zentrum seiner Gedanken stellt, nicht das göttliche Bilderverbot, sondern der Gegensatz Kunst-Natur, d.h. die Anmaßung, daß die Kunst und die Künstler versuchen, Natur (die Gottes Werk ist) zu übertreffen oder zu ersetzen.

158 Interessanterweise: es ist das griechische Wort »sema« selbst (das ja die Matrix all unserer Zeichenvorstellungen ist), welches den Riß beschreibt, der zwischen einem Ding und seinem Zeichen besteht. So bedeutet »sema« nicht nur »Zeichen«, sondern daneben »Siegel«, »Grab« und »Gewand«. Es sind diese zusätzlichen Bedeutungskammern des Wortes, die verraten, das dem Umschlag zum Zeichen eine tödliche Seite eignet, daß das, was Zeichen wird, mit seinem Tod bezahlt hat.

159 Hat es je zuvor eine dreidimensionale Welt gegeben? Oder ist es nicht umgekehrt so, daß eine dreidimensionale Welt wird, weil es eine Notwendigkeit gibt, sie in etwas anderes zu übersetzen? Es ist bezeichnend, daß die Analytische Geometrie Descartes', die das XYZ-Koordinatensystem ausarbeitet – welches die Codierung des Raums in Koordinatentripeln vollzieht –, der Transformationsgrammatik des perspektivischen Bildes nicht vorausgeht, sondern ihr folgt.

160 Heidegger hat dies in seinem Aufsatz »Die Zeit des Weltbildes« vorzüglich dargestellt und ganz zu Recht am Begriff der Repräsentation festgemacht. Vgl. Martin Heidegger: *Holzwege.* Frankfurt/M. 1950, S. 84 ff.

161 Noch im 18. Jahrhundert ist der Gegenstand so unscharf, daß Lessing, in der Anlehnung ans Lateinische, von »Gegenwurf« oder »Vorwurf« spricht.

162 Interessanterweise gibt es auch hier eine etymologische Beziehung zur Landschaft, die in der älteren Form »Gegend« heißt: also das, was mir entgegen steht. (Ähnlich auch die Etymologie des engl. »country«, das auf das volkslateinische »contrata«, d.h. gegenüberliegendes Gelände, zurückgeht.) In diesem Sinn ist der Blicks des Malers, das »landschaftliche Auge«, wie es bei Petrarca heißt, ein Herrschaftsblick: jenem ähnlich, wie er in Leonardos Demiurgenphantasie durchscheint. Auch die Gegend wird zum Gegenstand, der Landnahme des Auges unterworfen.

163 Walter Benjamin: »Kleine Geschichte der Photographie«. In: *Gesammelte Schriften.* Hg. v. Rolf Tiedemann und Hermann Schweppenhäuser. Frankfurt/M. 1980. Bd. II.1, S. 378.

164 Die Reisen des Kolumbus sind, so sehr sie zwangsläufig hervorstechen, nur Höhepunkt einer langen Reihe von Entdeckungsfahrten, die im Laufe des 12. Jahrhunderts anheben (ganz offenbar, weil die in den Kreuzzügen mobil gewordene Gesellschaft des Mittelalters Geschmack an der Ferne fand). So brach im Jahr 1245 eine Franziskanermission unter Piano di Carpini in die Großmongolei auf, so bereiste Wilhelm von Rubruk, auch er ein Franziskaner, in den Jahren 1253-1255 Zentralasien; schließlich unternahm Marco Polo mit seiner Chinareise, zwischen 1271 bis 1295, die wohl größte Unternehmung dieser Art. Daß diese Vorstöße in die Tiefe des Raums keinesfalls Einzelfälle sind, wird nicht zuletzt in den enormen Fortschritten der Kartographie sichtbar, die mit der sogenannten *carta pisana* im 13. Jahrhundert eine Art Prototyp moderner, skalierter Karten aufzeigt. Vgl. dazu Samuel Y. Edgerton: *The Renaissance Rediscovery of Linear Perspective*. New York 1975, S.95.

165 Die bezeichnenderweise – mit Thomas Morus' 1516 erschienener *Utopia* – im Gefolge der Entdeckungsfahrten anhebt.

166 Tatsächlich sind auch die großen Utopien von Thomas Morus, Campanella, Francis Bacon oder Harrington keineswegs utopisch in dem Sinne, in dem man von Luftschlössern und den Gedankenfiguren einer ausschweifenden Phantasie redet, sondern letztlich überaus nüchterne, pragmatische und rationale Gesellschaftsentwürfe, die sich des utopischen Gewandes lediglich bedienen, weil es dasjenige Strategem darstellt, welches die Gesellschaft von Grund auf neu denken läßt.

167 Campanella bringt das in einer seiner Passagen seines *Sonnenstaates*, die sich ausdrücklich auf die Entdeckung der Neuen Welt bezieht, auf den Punkt. Dort sagt der *Hausvater*: »Wahrhaftig, diese Leute, die nichts anderes als das Naturgesetz kennen, kommen dem Christentum erstaunlich nahe, das übrigens dem Naturgesetz nichts hinzugefügt hat außer den Sakramenten, die wiederum nur dazu dienen, die Gesetze der Natur getreulich zu befolgen – und dies ist für mich ein schlagender Beweis, daß die christliche Religion die einzig wahre ist und einmal nach Beseitigung der eingeschlichenen Mißbräuche über den ganzen Erdkreis herrschen wird, wie es die besten Theologen lehren und hoffen. Zur Erreichung dieses Zieles, nämlich *die Vereinigung aller Nationen unter einem einzigen Gesetz* [Hervorhebung von d. Vf.], vermochten die Spanier, so heißt es, einen neuen Erdteil zu entdecken (strenggenommen hat ihn Kolumbus entdeckt, unser gewaltiger Held von Genua). In diesem Sinne werden auch die Philosophen des Sonnenstaates die von Gott auserwählten Zeugen der Wahrheit sein.« (Tommaso Campanella: *Der Sonnenstaat*. Berlin 1955, S.102-103) – Folgt man Campanella in seinen Gedanken, so bedeutet die Begegnung mit dem »Naturgesetz« (dem Naturzustand) keineswegs eine Relativierung, sondern, im Gegenteil, eine Bekräftigung der christlichen Religion, mag diese, von ihren korrumpierten Traditionen befreit, als die eigentliche *Natur-Religion* scheinen, die ihren höchsten und folgerichtigen Ausdruck in einem christlich verfaßten (sprich: europäisch dominierten) Weltstaat hat.

168 Es ist Heidegger, der in seinem Nachdenken über das »Wesen des Grundes« die räumliche Dimension in Erinnerung gebracht und mit dem Freiheits-

gedanken, als Freiheit zum Grund, zusammengedacht hat: »Die ursprüngliche Beziehung der Freiheit zum Grund nennen wir das *Gründen*. Gründend *gibt* sie Freiheit und *nimmt* sie Grund.« (Martin Heidegger: *Vom Wesen des Grundes.* Frankfurt/M. ⁶1973, S. 44)

169 So daß etwa die häufig ins Feld geführten Vorwürfe ans mittelalterliche oder antike Denken, daß es in dieser oder jener Beschränktheit gefangen gewesen sei, stets daran vorbeigehen, daß das inkriminierte Moment (sei es das aristotelische Konzept eines »natürlichen Ortes« oder die der neuzeitlichen Kosmologie so hinderliche Vorstellung, daß sich eine jede Bewegung in Kreisen vollzieht) einen überaus vernünftigen Platz in der vorneuzeitlichen Topographie des Wissens besitzt. Derlei zu inkriminieren, belegt im Grunde nur das Mißverständnis der Nachgeborenen, die einen Wissensgrund voraussetzen, der nicht vorauszusetzen ist, und ist letztlich von der gleichen absurden Logik wie die Aussage, daß Platon ein Provinzler sei, weil er New York nicht gesehen habe.

170 Ein beispielhaftes Zitat aus den *Metaphysischen Anfangsgründen der Naturwissenschaft* lautet etwa: »Also mag zwar eine reine Philosophie der Natur überhaupt, d.i. diejenige, die nur das, was den Begriff einer Natur im Allgemeinen ausmacht, untersucht, auch ohne Mathematik möglich seyn, aber eine reine Naturlehre über bestimmte Naturdinge (Körperlehre und Seelenlehre) ist nur vermittelst der Mathematik möglich, und, da in jeder Naturlehre nur so viel eigentliche Wissenschaft angetroffen wird, als sich Erkenntnis a priori befindet, so wird Naturlehre nur so viel eigentliche Wissenschaft enthalten, als Mathematik in ihr angewandt werden kann.« (Immanuel Kant: *Metaphysische Anfangsgründe der Naturwissenschaft.* Erlangen 1984. (Reprint der Originalausgabe Riga 1786), S. IX) – Es ist diese mathematische Neigung, die Kant gleichfalls am Zeitbegriff der Mechanischen Uhr festhalten läßt (Vgl. *Kritik der reinen Vernunft.* Berlin 1924, S. 24) und ihn daran hindert, die Historizität des Newtonschen Konzepts ins Auge zu fassen. Freilich ist er alles andere als ein ergebener Newton-Anhänger, arbeitet er doch in seiner Abhandlung über den »Unterschied der Gegenden im Raum« deutlich heraus, daß es keinen absoluten Raum gibt, sondern daß die Empfindungen von oben und unten, links und rechts tief mit unserer Raum-Wahrnehmung verwoben sind, ja, er geht selbst dem Gedanken nach, daß die Haarwurzel eines jeden Menschen eine Spiralbewegung darstellt, die stets eine Rechtsdrehung vollzieht.

171 Kant: *Kritik der reinen Vernunft*, ebd., S. 384. – Es ist, dies nur nebenbei angemerkt, interessant, daß Kant den »Horizont der Erkenntnis« auf die Formel des mathematisch dekonstruierten Kreises bringt, ähnlich, wie es zuvor bei Nikolaus von Cusa der Fall ist (nur daß die Vernunft hier noch den Namen der Unendlichkeit, d.h. Gottes, trägt).

172 Stellvertretend Alexandre Koyré: *Von der geschlossenen Welt zum unendlichen Universum.* Frankfurt/M. 1969; Hans Blumenberg: *Die Legitimität der Neuzeit. (Teil 4) Aspekte der Epochenschwelle.* Frankfurt/M. 1976.

173 Rückt das Auge ein wenig näher, so schrumpfen (wie bei einem Blick durch ein umgedrehtes Fernrohr) die Schutzheiligen der Wissenschaft auf ihre Zeitgenossenschaft zusammen; und so kann es passieren, daß (wie Arthur Koestlers

schönes *Nachtwandlerbuch* erzählt) ein so großer, epochaler Augenblick wie die kopernikanische Wende sich vom Nahen vor allem als ein verschlafener Augenblick der Weltgeschichte erweist, wie überhaupt statt der schön gesonderten Fronten die Ungereimtheiten hervortreten; der Umstand etwa, daß der (vermeintlich vernunftfreundliche) Protestantismus den neuen kosmologischen Vorstellungen gegenüber durchweg feindlicher gestimmt war, daß Galilei zeitweilig von der Kurie protegiert und daß sein großer Prozeß zu einem nicht geringen Teil auf seine eigene Intransingenz zurückzuführen ist – ja, daß im Grunde nicht einmal die Vorstellung einer halbwegs kontinuierlich voranschreitenden Entwicklungslogik haltbar ist, sondern daß es im Gegenteil zu deutlichen Rückfällen gekommen ist.

174 Isaac Newton: *Mathematische Prinzipien der Naturlehre*. Hg. v. J. Ph. Wolfers. Darmstadt 1963 [Nachdruck der Ausgabe von 1872]. S. 25.

175 Denn die Schwelle insinuiert etwas, was in der Entdeckungsfahrt des Mittelalters eigentlich nicht gegeben ist – nämlich, daß man weiß, wohin man eigentlich will. Damit aber setzt Schwellenangst, dieses Wollen, das nicht kann, im Grunde ein unbewußtes Wissen voraus; setzt man seinen Fuß doch nicht auf eine beliebige Schwelle, sondern dorthin, wo man etwas Bestimmtes erwartet.

176 Roland Barthes: *Das Reich der Zeichen*. Frankfurt/M. 1981.

177 Es ist überhaupt erwähnenswert, daß das Lateinische noch eine Vielzahl von Übersetzungsbegriffen kennt, die sehr viel reicher nuanciert sind als der deutlich eingeschränkte, instrumentalisierte Übersetzungsbegriff, wie wir ihn verwenden.

178 Bezeichnenderweise ist Freud selbst (auch wenn er in *Unbehagen in der Kultur* das psychoanalytische Modell, wenigstens in Form einer Analogie, auch auf die Masse appliziert) davor zurückgeschreckt, hier nicht nur das Kultur-Über-Ich, sondern auch ein kollektiv Unbewußtes am Werke zu sehen, hieße dies doch, wie er dies in Form einer Frage kleidet, »daß manche Kulturen – oder Kulturepochen –, möglicherweise die ganze Menschheit – unter dem Einfluß der Kulturstrebungen 'neurotisch' geworden sind?« (Sigmund Freud: *Das Unbehagen in der Kultur*. Frankfurt/M. 1980, S. 127) Eine Frage, der nachzugehen er aus dem Grunde verwirft, weil das, was beim Einzelmenschen als normaler Gesellschaftskontrast, als stochastische Mitte allgemeiner Gesundheit, die Krankheit und ihre Differenz konturiert, hier mangels Vergleichsmöglichkeit entfallen muß.

179 Es ist ein für mich höchst erstaunliches Phänomen, daß selbst Hans Blumenberg, der sich der Methode der »Metaphorologie« verschrieben hat, in den Metaphern nicht viel mehr sieht als bloß »rhetorische Elemente, die im Milieu angespannter Problemlagen Virulenz annehmen können«. (Hans Blumenberg [Anm. 57], S. 405.; siehe auch: ders.: *Paradigmen zu einer Metaphorologie*. Bonn 1960)

180 Henricus Suso: *Horologium sapientiae*. Hg. v. Joseph Strange. Köln 1861, S. 9-10.

181 Vgl. dazu die Gedanken im Uhrenkapitel, S. 68 ff. – Nur als Gedankenstütze sei die Passage nochmals zitiert: »Denn wenn jemand eine hölzerne Uhr baute, würde er nicht alle Antriebsarten und Räder so konstruieren, daß sie im rechten Verhältnis zueinander stehen? In welch größerem Maße mußte dies jener Konstrukteur bewerkstelligen, der alles gemacht hat, was durch Zahl, Maß und Gewicht bezeichnet wird. Es gibt nämlich bei dem, was in Zahlen auszudrücken ist, nichts, was

nicht zueinander in Verhältnis zu setzen wäre.« Nicole Oresme: *Tractatus de commensurabilite vel incommensurabilite motuum celi.* Hg. v. Edward Grant. Madison, Wisc. 1971, S. 292-295.
182   Christine de Pisan, zit. nach Otto Mayr: *Uhrwerk und Waage.* [Anm. 35], S. 53. In eine ähnliche, freilich eher höfisch-mondäne Richtung geht ein Opus Jean Froissarts, eines Zeitgenossen van Eycks, der in seiner weitausgestalten Allegorie »Li Orloge Amoureus« die Uhr in ihre Bestandteile zerlegt und diese wiederum mit dem ritterlichen Liebesleben verknüpft – wobei er, mit einem Sinn für das entscheidende Novum der Räderuhr, die *Hemmung* als dasjenige herausstreicht, das, insofern es die *mesure* bewirkt, im Sittenkanon des Ritters die vornehmste Stellung einnimmt.
183   Zit. nach Otto Mayr: *Uhrwerk und Waage.* [Anm. 35], S. 56.
184   »Die Natur«, schreibt Hobbes, »(das ist die Kunst, mit der Gott die Welt gemacht hat und lenkt) wird durch die *Kunst* des Menschen wie in vielen anderen Dingen so auch darin nachgeahmt, daß sie ein künstliches Tier herstellen kann. Denn da das Leben nur eine Bewegung der Glieder ist, die innerhalb eines besonders wichtigen Teils beginnt – warum sollten wir dann nicht sagen, alle *Automaten* (Maschinen, die sich selbst durch Federn und Räder bewegen, wie eine Uhr) hätten ein künstliches Leben? Denn was ist das *Herz,* wenn nicht eine *Feder,* was sind die *Nerven,* wenn nicht viele *Stränge,* und was die *Gelenke,* wenn nicht viele *Räder,* die den ganzen Körper so in Bewegung setzen, wie es vom Künstler beabsichtigt wurde? Die *Kunst* geht noch weiter, indem sie auch jenes vernünftige, hervorragendste Werk der Natur nachahmt, den *Menschen.* Denn durch Kunst wird jener große *Leviathan* geschaffen, genannt *Gemeinwesen* oder *Staat,* auf lateinisch *civitas,* der nichts anderes ist als ein künstlicher Mensch, wenn auch von größerer Gestalt und Stärke als der natürliche, zu dessen Schutz und Verteidigung er ersonnen wurde.« (Thomas Hobbes: *Leviathan.* Hg. v. Iring Fetscher, übers. von Walter Euchner. Neuwied/Berlin 1966, S. 5)
185   Es ist dies, auch wenn der Protestantismus zum Ethos des Kapitalismus wird, etwas, was sehr viel früher schon, parallel mit der Entwicklung der Mechanischen Uhren sich herausarbeitet. So schreibt Leon Battista Alberti eine Passage zur Ökonomie der Zeit, die man, wenn es denn nicht widersinnig wäre, zutiefst »protestantisch« nennen müßte: »GIANOZZO: Deshalb, liebe Kinder muß man die Zeit im Auge behalten, und die Dinge nach der Zeit einteilen, tun, was zu tun ist, und nie eine Stunde Zeit verlieren. Ich könnte euch schildern, wie sehr die Zeit kostbar ist, aber anderswo dürfte man darüber mit ausgefeilterer Beredsamkeit, mit größerer Geisteskraft und reicherer Fülle der Gelehrsamkeit sprechen könne, als ich besitze. Ich schärfe euch nur ein, keine Zeit zu verlieren. Macht es so wie ich: des Morgens bereite ich mich auf den ganzen Tag vor; tagsüber komme ich allem nach, was von mir gefordert wird; und abends dann, ehe ich mich zur Ruhe begebe, überschaue ich noch einmal, was ich den Tag geleistet habe. Und wenn ich in irgendeiner Sache nachlässig gewesen bin, wo ich es im Augenblick gutmachen kann, so schaffe ich sogleich Abhilfe und verliere lieber den Schlaf als die Zeit, das heißt den rechten Augenblick für das, was zu tun ist. Schlaf, Essen und dergleichen andere Dinge kann ich am nächsten Tag

nachholen und das Bedürfnis befriedigen, den rechten Augenblick aber nicht.« (Leon Battista Alberti: *Vom Hauswesen (Della famiglia)*. Übers. v. Walther Kraus. Zürich 1962, S. 321-322)

186 Im übrigen findet sich ja auch in Max Webers Sittengemälde des Protestantismus ein deutlicher Verweis darauf, daß in der kapitalistischen Ethik die *Verwertung von Zeit* das entscheidende Moment darstellt. Perhorresziert das Mittelalter den Wucherer noch als einen Zeitdieb, so hat der Protestantismus den »Geist des Kapitalismus« bereits soweit verinnerlicht, daß hier die »Zeitvergeudung« die schwerste aller Sünden ist. (Max Weber: »Die protestantische Ethik und der Geist des Kapitalismus«. In: *Gesammelte Aufsätze zur Religionssoziologie*. Tübingen 1947, S. 167) – Gleichwohl bleibt es sonderbar, daß Weber – der selbst die Avantgardefunktion des Zisterzienserordens einräumt – dem höchst naheliegenden Bezug zur Mechanischen Uhr nicht weiter nachgegangen ist. Was, wie ich denke, wesentlich damit zu tun hat, daß dieser Rückstieg die geschichtliche Zäsur verunklart hätte. Bezeichnenderweise sind es ja die amerikanischen Gemeinden, d.h. die Neue Welt, die Weber als Einführung in seine Gedanken dient.

187 Johannes Kepler, Brief an Herwart von Hohenburg, Prag 10. Februar 1605, In: *Opera omnia*. Hg. v. C. Frisch. Frankfurt 1859, Bd. II, S. 83-84.

188 Husserl hat die Radikalität des cartesianischen Denkens treffend als einen Zweifel an der »Lebenswelt« begriffen; freilich denke ich, daß von einer »Cartesianischen Epoché« als von einem »unerhörten Radikalismus« zu sprechen, nur insoweit zulässig ist, als Descartes das Gedankengefährt der Mechanischen Uhr, ihre Binnenlogik, ins Extrem treibt. Tatsächlich – und das scheint mir ausschlaggebend – ist, was als ein philosophischer Drahtseilakt sich geriert, etwas, was in Wahrheit mit einem Netz und vorsichtiger Absicherung arbeitet: ist doch die Antwort, nämlich die *Lebenswelt der Maschine* vorab gegeben.

189 René Descartes: *Meditationen über die Erste Philosophie*. [3. Meditation] Hg. v. Gerhardt Schmidt. Stuttgart 1971, S. 55.

190 »(...) entschloß ich mich sogar, diese Welt hier ganz ihren Streitigkeiten zu überlassen und nur von dem zu reden, was in einer neuen Welt geschehen würde, wenn Gott jetzt irgendwo im leeren Raum (...) genug Materie zu ihrer Bildung schüfe, ihre einzelnen Teile verschiedenartig und ohne Ordnung bewegte, so daß daraus ein Chaos entstünde, wie es sich die Dichter nur ausmalen mögen, und wenn er danach sich damit begnügte, der Natur seinen gewöhnlichen Beistand zu leihen und sie nach den Gesetzen wirken zu lassen, die er ihr gegeben hat.« (René Descartes: *Von der Methode*. Übers. und hg. von Ludger Gäbe. Hamburg 1969, S. 69-71)

191 Ebd., S. 83.

192 In einer zweiten, bekannteren Fassung, der sich in seinem *Livre de ciel et du monde* findet, lautet Oresmes Beweis folgendermaßen: »Et pour ce, selon Tulles ou livre *De la nature des dieux*, aussi comme d'un horloge qui est meu tres ordeneement nul ne diroit que ce puest estre a cas d'aventure et sanz avoir esté fait par cause intellective, par plus forte raison il convient que les mouvemens du ciel dependent d'aucune vertu intellec-tive plus haute et plus grand que entendement humain.« [Deshalb, so wie Tullius in seinem Buch »Über die Natur der Götter« sagt, wenn von einer Uhr, die sich sehr regelmäßig bewegt, niemand sagen kann, daß dies

zufällig geschieht und ohne daß dem ein Akt der Vernunft zugrunde läge, um wieviel begründeter trifft dies für die Himmelbewegungen zu, die von einer Verstandeskraft abhängen, die das menschliche Verständnis übersteigt.] Nicole Oresme: *Le livre de ciel et du monde*. Hg. v. Albert D. Menut. Madison/London 1968, S. 282.

193   Ebd., S. 91.
194   Gott ist synonym mit Vollkommenheit, mit dem reinen Zeichen. Vgl. dazu René Descartes: *Von der Methode*. [Anm. 190] S. 55-57.
195   René Descartes: *Œuvres*. Hg. von C.Adam und P.Tannery. 12 Bde. Paris 1897-1913. Bd. 8A, S. 326.
196   René Descartes: *Von der Methode* [Anm. 190], S. 93.
197   »Wären wir doch daran gewöhnt, Automaten zu sehen, die all jene unsere Handlungen vollendet nachahmen, die sie nachzuahmen vermögen, und sie für nichts anderes als Automaten zu halten, so hätten wir keinen Zweifel, daß all die vernunftlosen Tiere ebenfalls Automaten sind, denn wir würden finden, daß sie sich von uns in genau den gleichen Dingen unterscheiden, wie ich es auf S. 56 der Methode beschrieben habe. Und ich habe insbesondere in meiner Abhandlung über die Welt abgeleitet, daß all die Organe, die für einen Automaten erforderlich sind, um all jene unsere Handlungen nachzuahmen, die wir mit den Tieren gemein haben, sich im Körper der Tiere finden.« (René Descartes, Brief an Mersenne, 30. Juli 1640. In: *Œuvres*. Bd. 3, S. 121)
198   René Descartes: *Von der Methode*, [Anm. 190], S. 101.
199   Es ist dies eine Vorstellung, die an der Schwelle des 17. Jahrhunderts überaus verbreitet ist. So äußert sich Francis Bacon in seinem *Novum Organon*: »Um einen gesunden und heilsamen Zustand wiederherzustellen, bleibt nur ein Weg, nämlich, *das gesamte Werk des Verstehens von Neuem zu beginnen* und den Geist von Anfang an nicht seinen eigenen Weg gehen zu lassen, sondern ihn bei jedem Schritt zu leiten; und die Aufgabe wie eine Maschine auszuführen.« (Francis Bacon: *Novum Organon*, Vorwort. In: Bacon: *The Works*. Hg. v. J. Spedding, R.L.Ellis und D.D.Heat. 14 Bde., London 1857/74, Nachdruck New York 1968, Bd. 1, S. 152)
200   Thomas Hobbes: *Vom Körper*. [Anm. 55], S. 77.
201   Das Bild, das Descartes dafür findet, ist das Feuer (das einzige, wie er sagt, künstliche Licht in der Natur); und tatsächlich ist ihm der Kenotaph eine Art Krematorium, wo das, was dem Feuer der Vernunft anheimgefallen und zur Asche geworden ist, sich schließlich zu Glas, zur Transparenz verwandelt: »Unter anderem bemühte ich mich, weil ich außer den Sternen keine andere Lichtquelle auf der Welt kannte als das Feuer, all das ganz klar verständlich zu machen, was zu seiner Natur gehört, wie es entsteht, wie es sich nährt, wie es manchmal nur warm ist, ohne zu leuchten und manchmal nur leuchtet, ohne warm zu sein, wie es verschiedenen Körpern verschiedene Farben und andere Eigenschaften verleihen kann, wie es einige davon schmilzt, andere härtet, wie es sie fast alle verzehren und in Asche und Rauch verwandeln kann, und schließlich wie es aus dieser Asche allein durch die Gewalt seiner Tätigkeit Glas erzeugt: denn diese Umwandlung von Asche in Glas schien mir so wunderbar zu sein wie kein anderes Geschehen in der Natur [...].« René Descartes: *Von der Methode*. [Anm. 190], S. 73-75

202 Husserl hat das Bewegungsgesetz der neuzeitlichen Wissenschaft als einen »unendlichen Progress« hin zur Allwissenheit charakterisiert: »Was ist nun die universale Wissenschaft der neuen Idee anderes – ideal vollendet gedacht – als *Allwissenheit?*« (Vgl. Edmund Husserl: *Die Krisis der europäischen Wissenschaften und die transzendentale Phänomenologie.* Hamburg 1977, S. 71-72) Freilich, das ist das Entscheidende (und das Paradox der Uhrenmetapher), geht diese Allwissenheit dem Wissenschaftsprojekt eigentlich voraus.

203 So ist es nicht von ungefähr, daß Descartes seinem *Discours de la methode,* gleichsam als Explikation, eine Geometrie und eine Dioptrik folgen läßt. Hier erstmals wandelt sich der Raum, der in den Kathedralen in ein Kräftesystem aufgelöst worden ist, der im Malgrund der Tafelmalerei homogenisiert wird, zum rein mathematischen Raum. So wie der Gegenstand, der im Bild erscheint, nicht bloß Double ist, sondern gewissermaßen dekonstruiert, in seinem Zeichencharakter gelesen und chiffriert, so erscheint in Descartes geometrisiertem Raum der geometrische Körper nicht mehr als dieses oder jenes Sonderding, sondern als eine Menge von XYZ-Koordinaten, die, zu einem bestimmten Zeitpunkt t^0 festgehalten, die Erscheinung des Körpers bestimmen. Damit aber ist das, was Descartes hier philosophierend vollzieht, nichts anderes als eine mathematische Transformationsgrammatik, die dem *Trompe l'œil* der Zentralperspektive ganz analog ist: geht sie doch einher mit einem Absehen von der inneren Natur ihres Gegenstandes. Diese Mathematisierung des Raums erlaubt es ihm wiederum, seine *res extensa* auftreten zu lassen, denn durch das Zeit-Raum-Koordinatensystem sind sie hinreichend definiert: ist es unmöglich, daß zu einem bestimmten Zeitpunkt zwei Körper am gleichen Platz sich befinden können, ein Argument, das auch Thomas Hobbes in seinem *Elementen der Philosophie* (*Vom Körper*) wiederholt. Descartes' Geometrisierung des Raums (dem Newton sein Apriori des »absoluten Raums« nachfolgen läßt) ist gewissermaßen der End- und Kulminationspunkt der Raumbeherrschung. Hier ist sie endlich zur mathematischen Abbreviatur geworden: eine nachgerade absolutistische Gedankenfigur. Es ist dieser absolutistische Raum, aus dem seine *res extensa* hervorgehen.

204 Einer Landschaft zudem, die noch nicht, der Geschichte der Empfindsamkeit folgend, zum Naturschönen und zum Empfindungsraum geadelt worden ist.

205 Was die Geschichte des Französischen Parks, ja der Gartenkunst überhaupt anbelangt, möchte ich auf die Arbeit von Marie-Luise Gothein verweisen: *Geschichte der Gartenkunst.* Hildesheim/New York 1977.

206 zit. nach Gothein [Anm. 205], S. 158.

207 zit. n. Gilette Ziegler (Hg.): *Der Hof Ludwigs XIV. in Augenzeugenberichten.* Düsseldorf 1964, S. 30-31. Vgl. auch Saint-Simon: *Memoiren,* Gernbach 1967, S. 381-382.

208 Diese Verbindungslinie ist auch einem Stadt- und Architekturtheoretiker wie Leonardo Benevolo aufgefallen So ist der Étoile an der Champs Elysées, den Baron Haussmann, der in den sechziger Jahren des 19. Jahrhunderts wirkende Neuerer des urbanen Paris, errichtet, an der strahlenförmige Anlage der königlichen Gärten ausgerichtet, ebenso wie die Großzügigkeit und die Geradlinigkeit der Alleen als Vorbild für den Straßenbau dient. (Vgl. Leonardo

Benevolo: *Die sozialen Ursprünge des modernen Städtebaus.* Gütersloh 1971, S. 22 f., vor allem aber: *Fixierte Unendlichkeit,* Frankfurt/M. 1991, wo Benevolo der Verbindungslinie zwischen der »Erfindung der Perspektive in der Architektur« und dem Städtebau des 19. Jahrhunderts eine ganze Abhandlung widmet.)

209 Dieser Mangel an Unterscheidung zwischen Innen und Außen hat System, spricht man doch auch in den vielfältigen Anordnungen des Laubwerkes von »Pavillions«, »Gallerien« oder »Kabinetten«. La Fontaine bringt dies auf den Punkt, wenn er davon spricht, daß Paläste zu Gärten, und Gärten zu Palästen geworden sind.

210 Wortgeschichtlich ist der »Wasserspiegel«, in der Anlehnung an die Narziß-Legende (die ein beliebtes Bildsujet darstellt) zunächst eine poetische Umschreibung der Wasserfläche – und in diesem Sinn, als ein gleichsam natürlicher Spiegel, ist er in der Architektur Versailles' aufs Delikateste inszeniert, ja kommt ihm ein wesentliches Bildmoment zu. Tatsächlich sind Bäume, Skulpturen und Gebäude um einen solchen *»miroir d'eau«* regelrecht in Szene gesetzt: geht es darum, in der natürlichen Spiegelung einen besonderen Bildeffekt, eine Steigerung des Bildcharakter entstehen zu lassen. – Daß der Wasserspiegel in der Folge zu unserem »Wasserstand« umgedeutet wird, hat mit den Brunnen in Versailles zu tun, bei denen der Pegel, das heißt der Wasserspiegel, zunehmend absinkt, bis nur noch die reine Fontäne aus dem Erdboden schießt. Vgl. dazu Alfred Rommel: *Die Entstehung des klassischen französischen Gartens im Spiegel der Sprache.* Berlin 1954.

211 So schreibt der Herzog von Saint-Simon: »Der König benutzte die zahlreichen Feste, Spaziergänge und Ausflüge als Mittel der Belohnung und Strafe, je nach dem ob er dazu einlud oder nicht. Da er einsah, daß er nicht genug Gnaden zu spenden hatte, um fortwährend Eindruck zu machen, so ersetzte er die reellen Belohnungen durch eingebildete, durch Erregung oder Eifersucht, durch kleine alltägliche Begünstigungen, durch seine Gunst. Niemand war in dieser Hinsicht erfinderischer als er.« (St.-Simon: *Memoiren.* 2 Bde. Übers. v. Ferdinand Lotheissen, Berlin und Stuttgart. 1884-1885. Bd. II, S. 84)

212 Nochmals Saint-Simon: »Niemand wußte so gut wie er seine Worte, sein Lächeln, seine Blicke sogar zu verkaufen. Alles war wertvoll von ihm, weil er Unterschiede machte und seine majestätische Haltung noch durch die Seltenheit und Knappheit seiner Worte gewann. Wenn er sich an jemanden wandte, eine Frage an ihn richtete, ihm eine unbedeutende Bemerkung machte, so wandten sich die Augen aller Anwesenden auf denselben. Es war dies eine Auszeichnung, von der man sprach und die immer das Ansehen erhöhte.« (Ebd., S. 86)

213 Vgl. Norbert Elias: *Die höfische Gesellschaft.* Neuwied/Berlin 1969, S. 203-204.

214 In der Tat ist der Hof, ganz konkret, der Spielsucht ergeben; ist das abendliche Spiel, bei dem es um riesenhafte Einsätze geht, integraler Bestandteil des höfischen Lebens, jener Bereich, wo der *Ennui* des Immergleichen sich entladen kann.

215 Vgl. dazu Hans Georg Gadamer: *Wahrheit und Methode.* Tübingen 1960, S. 99 f.

216 Kein Zufall, daß der Hof auch zu der reinen Form dieses Spiels findet: zur Lotterie.

217 Eine berühmtgewordene Passage von Jean de la Bruyère lautet:«Es gibt ein Land, wo die Freuden sichtbar sind, aber falsch; der Kummer verborgen, aber wahr. Wer möchte glauben, daß dieser Eifer für die Schauspiele, diese Beifallsausbrüche

beim Theater Molières und den Harlekinaden, die Festessen, die Jagd, die Ballette und Karussells so viele Sorgen, Kümmernisse und die verschiedensten eigennützigen Interessen verbergen, so viele Befürchtungen und Hoffnungen, so heftige Leidenschaften und so ernsthafte Geschäfte?« (Jean de la Bruyère: *Les Caractères de Teophraste.* Zitiert n. Gilette Ziegler (Hg.): *Der Hof Ludwigs XIV. in Augenzeugenberichten.* Düsseldorf 1964, S. 33)

218 Blaise Pascal: *Gedanken. (Pensées).* Übers. v. Ulrich Kunzmann. Hg. v. Jean Robert Armogathe. Köln 1988, S. 120.
219 Ebd., S. 30.
220 Ebd., S. 70. Oder an anderer Stelle, ganz offenbar weil Pascal das Phänomen sehr beschäftigt: »Man mache die Probe, man lasse einen König ganz allein, ohne irgendeine Befriedigung der Sinne, ohne daß sein Geist von irgendeiner Sorge beschwert wird, ohne Gesellschaft und ohne Zerstreuung, mit aller Muße an sich denken, und man wird sehen, daß ein König ohne Zerstreuung ein Mensch voller Elend ist. Daher vermeidet man das auch sorgfältig, und unfehlbar wird es in der Umgebung der Könige stets sehr viele Leute geben, die darüber wachen, daß ihren Geschäften die Zerstreuung folgt, und die all ihre Mußestunden beobachten, um ihnen Vergnügungen und Spiele zu bieten, damit keine Leere entsteht. Das heißt, daß sie von Personen umgeben sind, die bewundernswert sorgfältig darauf achten, daß der König nicht allein und in der Lage sei, an sich selbst zu denken, da sie wohl wissen, daß er elend sein wird, sosehr er auch König ist, wenn er daran denkt.« (Ebd., S. 75)
221 Der ihm nicht besonders wohlgesonnene Saint-Simon schreibt in seinen Memoiren, daß man ihn in seiner Jugend kaum lesen und schreiben gelehrt habe und daß er »so unwissend [blieb], daß er von den bekannten Ereignissen der Geschichte nichts wußte«. St.-Simon [Anm. 211], S. 69.
222 »Man kann nicht umhin«, schreibt Jean de la Bruyère, »in dieser Sitte eine Art Stufenordnung zu sehen, denn dieses Volk scheint den Fürsten und der Fürst Gott anzubeten.« Jean de la Bruyère [Anm. 217], S. 33.
223 Thomas Hobbes, der in seinem *Leviathan* in einem staatsrechtlich politischen Sinn den Gedanken der Repräsentation durchficht, äußert sich – obschon kein eigentlicher Anhänger der Monarchie – in einem ebensolchen Sinn: »Und wie die Macht, so muß auch die Ehre des Souveräns größer sein als die jedes Untertanen oder aller Untertanen zusammen. Denn die Souveränität ist die Quelle der Ehre. Die Adels-, Grafen-, Herzogs- und Prinzenwürde sind seine Geschöpfe. Wie bei der Anwesenheit des Herrn die Knechte alle gleich und ohne jede Ehre sind, so sind dies auch die Untertanen in Gegenwart des Souveräns. Und obwohl sie heller, manchmal weniger hell strahlen, wenn sie sich außerhalb seiner Sicht befinden, so strahlen sie doch in seiner Gegenwart nicht heller als die Sterne in der Gegenwart der Sonne.« Thomas Hobbes: *Leviathan.* Hg. v. Iring Fetscher. Frankfurt/M./Berlin/Wien 1966, S. 143.
224 »Das königliche Haus«, bemerkt Madame de Motteville (die Kammerfrau der Königinmutter Anna von Österreich), »ist wie ein großer Markt, wo man notwendigerweise Handel treiben muß, sowohl für den eigenen Lebensunterhalt wie für die Interessen derjenigen, denen wir durch Pflicht und Freundschaft

verbunden sind.« (Zitiert n. Gilette Ziegler [Anm. 217], S. 152)
225 Und demgemäß wird eine Abweichung, eine Entgleisung vom gewohnten Zeremoniell entsprechend aufgefaßt.
226 Vielleicht das radikalste Symbol dieses Kunstwollens bieten die Countertenöre, die ein Produkt dieser Zeit sind.
227 Es ist Leibniz, der den Begriff der Perspektive, an sehr hervorgehobener Stellung, in die Philosophie einführt: »Et comme une même ville regardée de differens côtés paroist tout autre et est comme multipliée *perspectivement*, il arrive de même, que par la multitude infinie des substance simples, il y a comme autant de differens univers, qui ne sonts pourtant ques les perspectives d'un seul selon les differens *point de veue* de chaque Monade.« Leibniz: *Monadologie*. Hg. von Émile Boutroux. Paris 1930, § 57. – In diesem Sinn rückt auch die Vorstellung des »geistigen Horizonts« ins Blickfeld – und in gewisser Hinsicht tritt die, im materiellen Fluchtpunkt des Bildes gebannte Zeitdimension hervor, offenbart sich – in der Freisetzung der Gedankenfigur – die eigentliche projektive Dimension des Bildes. Auch hier spielt Leibniz eine hervorragende Rolle – wie schon der Titel »De l'Horizon de la doctrine humaine« ankündigt; vor allem artikuliert sich hier, analog der bereits mehrfach erwähnten Verzeitlichung des »Plans«, eine solche Verzeitlichung des Horizonts – wird dieser doch, als vorläufige Wissensgrenze aufgefaßt, zu einer Zeitgrenze: »Alles Bewußtsein hat immer nur den Horizont seiner gegenwärtigen Fassungskraft im Felde der Wissenschaften, keines der zukünftigen.« Leibniz, zit. n. Max Ettlinger: *Leibniz als Geschichtsphilosoph*. München 1921. S. 33.
228 Vgl. Hans Sedlmayr [Anm. 12].
229 Genau dies ist ja das Thema von Foucaults großartiger *Ordnung der Dinge*, versucht er hier doch den Riß und die Veränderung des Wissenstableaus zu bestimmen, die sich zwischen dem, was man im Französischen als Klassik bezeichnet (und was mit der Sprache der Repräsentation bezeichnet ist) und der Moderne auftut. Vgl. Michel Foucault: *Die Ordnung der Dinge*. Frankfurt/M. ³1980, S. 269 ff.
230 Es gehört zu den Paradoxa der Geschichte, daß auch die Französische Revolution diese Tradition nicht eigentlich bricht, sondern im Gegenteil fortschreibt: und zwar dergestalt, daß sie, nachdem sie sich ihres Absoluten Souveräns mit kurzem Schnitt entledigt hat, sich daran macht, die *absoluten Maße* zu fixieren.
231 Von Voltaire, im *Dictionnaire philosophique* sinnigerweise unter dem Artikel »Atheismus« notiert, stammt eine weitere Variation des Oresmischen Gottesbeweises: »Wenn wir eine schöne Maschine sehen, sagen wir, daß es einen guten Maschinisten gibt und daß er einen ausgezeichneten Verstand hat. Die Welt ist gewiß eine bewundernswerte Maschine; folglich gibt es in der Welt, so es auch sei, eine bewundernswerte Intelligenz. Dieses Argument ist alt, aber es ist darum nicht schlechter.« (Voltaire: *Dictionnaire philosophique*, Bd. 1, Artikel »Athéisme«, in: *Œuvres complètes*. Paris 1835)
232 Voltaire: *Brief an Friedrich II. von Preußen*, Oktober 1737, in: *Œuvres complètes*, Paris 1880, Bd. 34, S. 321.
233 »So ist jeder organische Körper eines Lebewesens sozusagen eine göttliche Maschine oder ein natürlicher Automat, der alle künstlichen Automaten unendlich über-

trifft. (...) Aber die Maschinen der Natur, d.h. die lebenden Körper, sind noch in ihren kleinsten Teilen, bis ins Unendliche, Maschinen.« (Gottfried Wilhelm Leibniz: *Grundwahrheiten der Philosophie (Monadologie)*. Übers. v. Christian Horn. Frankfurt/M. 1962, S. 117)

234 »Ich nehme an, daß all die Handlungen, welche Tiere ausführen, gewisse Anzeichen einer Intelligenz sind, denn alles, was regelhaft ist, demonstriert diese. Eine Uhr deutet auf das gleiche hin; denn es ist unmöglich, daß der Zufall ihre Räder zusammengefügt haben soll; vielmehr muß ein Wesen mit Verstand ihre Bewegungen geordnet haben (...) Die Bewegungen von Tieren und Pflanzen deuten auf eine Intelligenz hin, doch ist diese Intelligenz nicht Materie und ganz verschieden von den Tieren, so wie derjenige, der die Räder einer Uhr anordnet, von der Uhr selbst verschieden ist.« (Nicolas Malebranche: *Treatise concerning the Search after Truth*. Übers. v. J.T. Tayler. London 1700. Bd. 2, S. 77)

235 Der Mesmerismus, der in Gestalt Franz Anton Mesmers (1734-1815) das 18. Jahrhundert in einen regelrechten Kulturkampf verwickelte, markiert – obschon Mesmer ein durchaus ernster Naturforscher war und nicht im entferntesten einem Schwindler wie Cagliostro zur Seite zu stellen ist – im wesentlichen das Tabu der mechanischen Philosophie und schließlich, wie sehr ihre Signatur – wie Husserl dies genannt hat – »Allwissenheit« ist. Es ist diese zwanghafte Allwissenheits-Signatur, die dazu führt, daß alles, was nur entfernt an den gerade aus der Welt geschafften Vitalismus erinnern könnte, als eine alchmistische, okkulte Aberration der Inquisition der reinen Vernunft überstellt wird.

236 Michel Foucault [Anm. 229], S. 273.

237 So besehen ist es ebensowenig zufällig, daß das, was Kant zur *Kritik der reinen Vernunft* führt, die Destruktion des ontologischen Gottesbeweises ist – wiederholt sich hier, im Gedankengang der Kritik, exakt die Genese des mechanischen Rationalismus.

238 Vgl. Kant: *Metaphysische Anfangsgründe der Naturwissenschaft*. [Anm. 170], S. IX.

239 »Die Zeit ist also lediglich eine subjektive Bedingung unserer menschlichen Anschauung, welche jederzeit sinnlich ist, d.i. sofern wir von Gegenständen affiziert werden, und an sich, außer dem Subjekte, nichts.« (Kant: *Kritik der reinen Vernunft*. Berlin und Wien 1924, S. 25)

240 »Die Zeit ist nichts anderes als die Form des inneren Sinnes, d.i. die Anschauung unserer selbst und unseres inneren Zustandes. Denn die Zeit kann keine Bestimmung äußerer Erscheinungen sein; sie gehört weder zu einer Gestalt oder Lage usw., dagegen bestimmt sie das Verhältnis der Vorstellungen in unserem inneren Zustande. Und weil eben diese innere Anschauung keine Gestalt gibt, suchen wir auch diesen Mangel durch Analogien zu ersetzen, und stellen die Zeitfolge durch eine ins Unendliche fortgehende Linie vor, in welcher das Mannigfaltige eine Reihe ausmacht, die nur von einer Dimension ist, und schließen aus den Eigenschaften dieser Linie auf alle Eigenschaften der Zeit, außer dem einen, daß die Teile der ersteren zugleich, die der letzteren aber jederzeit nacheinander sind. Hieraus erhellt sich, daß die Vorstellung der Zeit selbst Anschauung sei, weil alle ihre Verhältnisse sich an einer äußeren Anschauung ausdrücken lassen.« (Ebd., S. 24)

241 Vgl. dazu die Einführung zu den *Metaphysischen Anfangsgründen der Naturwissen-*

schaft, wo der Phänomenologie erst der letzte Rang nach Phoronomie (der rein mathematischen Berechnung der Bewegung), Dynamik und Mechanik zugewiesen ist. Kant, [Anm. 170], S. XX-XXI.

242 Kant [Anm. 239], S. 18-20.

243 Ebenda, S. 429.

244 Wie sehr die *mathesis* binnen einer Generation an Ansehen verliert, macht das Zitat Hegels deutlich, der in seiner *Phänomenologie* im Jahr 1807 das Amerika des Kopfes als einen gleichsam untergegangenen Geisteskontinent beschreiben kann: »Der Raum ist das Dasein, worin der Begriff seine Unterschiede einschreibt als in ein leeres und totes Element, worin sie ebenso unbewegt und leblos sind. Das Wirkliche ist nicht ein Räumliches, wie es in der Mathematik betrachtet wird; mit solcher Unwirklichkeit, als die Dinge der Mathematik sind, gibt sich weder das konkrete sinnliche Anschauen, noch die Philosophie ab.« (Hegel: *Phänomenologie des Geistes*. Hg. von Georg Lasson. Leipzig ²1921, S. 30-31)

245 Ebd., S. 23-24.

246 Herder: *Auch eine Philosophie der Geschichte zur Bildung der Menschheit*. In: *Werke*. Berlin/Weimar 1978. Bd. 3, S. 71.

247 Ebd., S. 70.

248 Es ist bezeichnenderweise Herder, der in seinen »Kritischen Wäldchen« den Terminus des »Zeitgeists« prägt. Vgl. Herder, *Werke*, Bd. II, S. 87.

249 So schreibt Novalis an Friedrich Schlegel, entzückt über die Koinzidenz, daß sie beide, unabhängig voneinander, zur Bibel (das heißt: zur Idee des Buches) gefunden haben: »Wenn Du Dich immer mehr in mich findest, so erkenne ich Dich auch meinerseits immer mehr. Eins von den auffallenden Beispielen unserer inneren Systemorganisation und Systemevolution ist in Deinem Briefe. Du schreibt von Deinem Bibelprojekt, und ich bin auf meinem Studium der Wissenschaft überhaupt und ihres Körpers, des Buchs – ebenfalls auf die Idee der Bibel geraten – der Bibel als des Ideal jedweden Buchs. Die Theorie der Bibel, entwickelt, gibt die Theorie der Schriftstellerei oder der Wortbildnerei überhaupt – die zugleich die symbolische, indirekte Konstruktionslehre des schaffenden Geistes ist. Du wirst aus dem Brief an die Schwägerin sehen, daß mich eine vielumfassende Arbeit beschäftigt – die für diesen Winter meine ganze Tätigkeit absorbiert. Dies soll nichts anderes als eine Kritik des Bibelprojekts – ein Versuch einer Universalmethode des Biblisierens – die Einleitung zu einer echten Enzyklopädistik werden. Ich denke hier Wahrheiten und Ideen im großen – genialische Gedanken zu erzeugen – ein lebendiges wissenschaftliches Organon hervorzubringen – und durch diese synkritische Politik der Intelligenz mir den Weg zur echten Praxis – dem wahrhaften Reunionsprozeß – zu bahnen.« (Novalis: Brief an Friedrich Schlegel. 7. November 1798. In: ders.: *Werke und Briefe*. Hg. v. Andreas Kelletat. München 1962, S. 649)

250 Wenn heutzutage ein Sozialingenieur im Namen der Aufklärung von allerlei »Bildungsprogrammen« reden kann, so nur deshalb, weil das Bildungsideal längst inkorporiert worden ist. Stratifizierte man hingegen diese Begriffe, so würde sehr schnell sichtbar, daß das, was einem Guß entspringt, in Wahrheit höchst feindlichen Ordnungen entstammt. So ist der Begriff »Bildung« – wie so vieles,

was in den Wortschatz der vertikalen Taxonomie eingeht – eine Leihgabe der Mystik, hat Meister Eckhardt, der ihn eingeführt hat, damit die Herausbildung des eingebildeten Gottesbildes, des »göttlichen Fünkleins« gemeint (ein Gedanke, vor dem die Aufklärung eines Baron d'Holbach zurückgezuckt wäre wie der Teufel vorm Weihwasser).

251 Albert Béguin etwa zieht diesen Vergleich, und ganz zurecht, wie ich denke. Vgl. ders.: *Traumwelt und Romantik*. Bern/München 1972, S. 72 ff.

252 Foucault, der den deutschen Idealismus und die Romantik bedauerlicherweise übergeht, gibt für jenen Epochenschnitt den Zeitraum von 1775 bis 1825 an (und hier eine weitere Zäsur an der Jahrhundertwende an), was, wie ich denke, eine sehr treffende Einordnung darstellt.

253 Friedrich Schlegel: *Philosophie des Lebens*. In: ders.: *Gesammelte Werke*. Hg. von Ernst Behler. Zürich 1969. S. 106 f.

254 Man hat in der geistigen Verödung, die in der Korpulenz des alternden Friedrich Schlegels ihren reziproken leibhaftigen Ausdruck findet, stets ein »Scheitern der Romantik« sehen wollen, ein vernichtendes Urteil, das vielleicht am schärfsten und überaus luzide in Carl Schmitts *Politischer Romantik* formuliert ist (Carl Schmitt: *Politische Romantik*. Berlin ³1968). Freilich denke ich, daß es doch einen ganz unbestreitbaren Erfolg der Romantik gibt – und daß er in jener oben zitierten Passage vom »allwissenden Gärtner« liegt. Ja, es ist gerade der etwas behäbige Ton, der dafür spricht, daß Schlegel sich in Übereinstimmung mit der gebildeten, und das will wohl heißen: romantisch gebildeten Welt befindet. Was aber nichts anderes heißen kann, als daß die Kultur des 19. Jahrhunderts tatsächlich und erfolgreich »romantisiert« worden ist.

255 Es ist das Problem des dynamischen, zeitlich ausgerichteten Ganzen, das, in die Sprache der modernen Wissenschaft übersetzt, mit dem Begriff des »Weltzustandes« bezeichnet wird, ein Begriff, der nichts anderes als den Versuch darstellt, die Geschichtlichkeit (und die Unabgeschlossenheit) der Natur zu bewältigen. Weltzustand heißt, daß die Welt zu einem Zeitpunkt t^0 als eine bestimmte Menge von Information zu begreifen ist, und weiter, daß diese Menge, dem Entropiegesetz folgend, ihrerseits Information erzeugt, und daß sich auf diese Weise die Geschichtlichkeit als Sukzession sich ausdifferenzierender, komplexer werdender Weltzustände ($t^1\ t^2\ t^3$) beschreiben läßt. Aus dem unwandelbaren t der klassischen Physik wird die Folge $t^1\ t^2\ t^3\ t^n$ – das heißt: also eine je temporäre Summe von Information. Vgl. dazu: Carl Friedrich von Weizsäcker: *Die Geschichte der Natur*. Göttingen 1958. – Interessanterweise hat die Zeitlichkeit der Natur, die in der modernen wissenschaftsgeschichtlichen Mythologie stets mit Boltzmann und seinen beiden Sätzen zur Thermodynamik verbunden wird, in der Gedankenwelt der Romantik ihren Ursprung, ist es hier vor allem der Physiker Ritter, der vorpositivistisch und spekulativ zu ganz ähnlichen Gedanken kommt. So etwa folgende Passage aus den »Fragmenten eines jungen Physikers«: »Die ältesten Steine sind auch die härtesten, festesten. Als wäre die Zeit das Härtende, und sähe man in der Rigidität die Geschichte; – das Rigider, und immer Rigider, fester, werden, – Oberhand der Form, Zunahme derselben. Das Flüßige wird fest, das Feste fester. In der Starrheit der

Körper liegt ihr Alter. Alles Festwerden ist ein Prozeß der Zeit, der Geschichte. (...) Die Wiederverfließungen sind Mutationen in der Zeit, – die ohnehin keine reine Linie beschreibt, sondern selbst nutrirt, und dadurch sich abtheilt. Daß Wärme wiederverflüßigt, bedeutet die Vorzeit in ihr, das Gute, das Gesunde, das Paradies. Die Kälte ist die Zukunft, und notwendig muß alle Geschichte eine Geschichte der Temperatur werden; das (magn.) östliche Prinzip ist das warme, das westliche ist das kalte. (Die älteren Naturforscher nannten das Ziehen der Nadel nach Osten: Graecissare, das nach Westen aber Magistrissare.) Zugleich bedeuten Wärme und Kälte: Flüßigkeit und Festigkeit. – Überhaupt wird es immer nöthiger, den Einfluß der Zeit anzuerkennen. Wir können nur durch die Geschichte eine Physik haben. Und das Moment aller Processe ist bloß das Moment der Zeit in ihnen. Was wir vornehmen: unterwürfen wir es nicht der werdenden Zeit, es geschähe nichts. Überall ist das alte, formende, trennende Moment der Erde überhaupt, was wiedererscheint – in jedem Prozeß, und in der ganzen Natur sehen wir nichts, als *diesen* Prozeß. Die ganze Physik muß darauf ausgehen, ihn nachzuweisen.« (Johann Wilhelm Ritter: *Fragmente aus dem Nachlasse eines jungen Physikers*. Heidelberg 1969, (Faksimiledruck nach der Ausgabe von 1810), S. 81 f.

256   Es ist dies, was Schelling meint, wenn er in der Vorrede zu seiner »Weltseele« das Verhältnis so charakterisiert: »Was ist denn jener Mechanismus, mit welchem, als einem Gespenst, ihr euch selbst schreckt? – Ist der Mechanismus etwas für sich Bestehendes, und ist er nicht vielmehr selbst nur das Negative des Organismus? – Mußte der Organismus nicht früher seyn als der Mechanismus, das Positive früher als das Negative? Wenn nun überhaupt das Negative das Positive, nicht umgekehrt dieses jenes voraussetzt: so kann unsere Philosophie nicht vom Mechanismus (als dem Negativen), sondern sie muß vom Organismus (als dem Positiven) ausgehen, und so ist freilich dieser so wenig aus jenem zu erklären, daß dieser vielmehr aus jenem erst erklärbar wird. – Nicht, wo kein Mechanismus ist, ist Organismus, sondern umgekehrt, wo kein Organismus ist, ist Mechanismus.« Friedrich Wilhelm Josef Schelling: *Von der Weltseele*. In: ders.: *Schriften 1794-1798*. Darmstadt 1975, S. 402 f.

257   Johann Gottfried von Herder: *Ideen zur Philosophie der Geschichte*. [1791] In: ders.: [Anm. 246], S. 193.

258   Vgl. Schelling [Anm. 256], S. 481-482.

259   Ebd., S. 568.

260   »Die Wissenschaft, durch welche die Natur wirkt, ist freilich keine der menschlichen gleiche, die mit der Reflexion ihrer selbst verknüpft wäre: in ihr ist der Begriff nicht von der Tat, noch der Entwurf von der Ausführung verschieden. Darum trachtet die rohe Materie gleichsam blind nach regelmäßiger Gestalt, und nimmt unwissend rein stereometrische Formen an, die doch wohl dem Reich der Begriffe angehören und etwas Geistiges sind im Materiellen. Den Gestirnen ist die erhabenste Zahl- und Meßkunst lebendig eingeboren, die sie ohne einen Begriff derselben, in ihren Bewegungen ausüben.« (F.W.J. Schelling: *Über das Verhältnis der bildenden Künste zu der Natur*. Hamburg 1983, S. 12) – Es ist in dieser Passage höchst bezeichnend, daß Schelling das Konzept der »biologischen Uhren« an-

spielt, zeigt dies doch präzis, daß er Natur im wesentlichen als einen unendlich viel intelligenteren Mechanismus begreift als einen Räderwerkautomaten.

261 In einem Brief rechtfertigt Friedrich diese eigenmächtige Zerstörung folgendermaßen: »Die Zeit der Herrlichkeit des Tempels und seiner Diener ist dahin, und aus dem zertrümmerten Ganzen eine andere Zeit und ein anderes Verlangen nach Klarheit und Wahrheit hervorgegangen.« (*C.D. Friedrich in Briefen und Bekenntnissen.* Hg. v. S. Hinz, München 1974, S. 102)

262 Einen gleichgestimmten Kulturbegriff verrät auch Hölderlin, wenn er seinen Freiheitskämpfer und Neugriechen »Hyperion« sich auf den Trümmern Athens wie der »Ackersmann auf dem Brachfeld« fühlen läßt: »Ich stand nun über den Trümmern von Athen, wie der Ackersmann auf dem Brachfeld. Liege nur ruhig, dacht ich, da wir wieder zu Schiffe gingen, liege nur ruhig, schlummerndes Land! Bald grünt das Leben aus dir, und wächst den Segnungen des Himmels entgegen. Bald regnen die Wolken nimmer umsonst, bald findet die Sonne die alten Zöglinge wieder. Du frägst nach Menschen, Natur? Du klagst, wie ein Saitenspiel, worauf des Zufalls Bruder, der Wind, nur spielt, weil der Künstler, der es ordnete, gestorben ist? Sie werden kommen, deine Menschen, Natur! Ein verjüngtes Volk wird auch dich wieder verjüngen, und du wirst werden, wie seine Braut und der alte Band der Geister wird sich erneuern mit dir.« (Friedrich Hölderlin: *Hyperion.* Frankfurt/M. 1962, S. 72-73)

263 Schlegel: »Jeder Philosoph hat seine veranlassenden Punkte, die ihn nicht selten real beschränken, an die er sich akkomodiert usw. Da bleiben dann dunkle Stellen im System, für den, welcher es isoliert und die Philosophie nicht historisch und im ganzen einstudiert. Manche verwickelten Streitfragen der modernen Philosophie sind wie die Sagen und Götter der alten Poesie. Sie kommen in jedem System wieder, aber immer verwandelt.« (Friedrich Schlegel: *Athenäums-Fragmente.* In: ders.: *Schriften zur Literatur.* München 1972, S. 68)

264 Denn das ist die eigentliche Bedeutung des Wortes. Das Wort »brache« meint, aus der Dreifelderwirtschaft herrührend, das zur Brache liegende, aufzubrechende (und das heißt: aufzupflügende) Feld.

265 So heißt es in den *Lehrlingen zu Sais:* »Noch ist dieses Gebiet [die Geschichte der Natur] ein unbekanntes, ein heiliges Feld. Nur göttliche Gesandte haben einzelne Worte dieser höchsten Wissenschaft fallen lassen, und es ist nur zu verwundern, daß die ahndungsvollen Geister sich diese Ahndung haben entgehen lassen und die Natur zur einförmigen Maschine, ohne Vorzeit und Zukunft, erniedrigt haben. Alles Göttliche hat eine Geschichte, und die Natur, dieses einzige Ganze, womit der Mensch sich vergleichen kann, sollte nicht so gut wie der Mensch in einer Geschichte begriffen sein oder, welches eins ist, einen Geist haben?« (Novalis: *Die Lehrlinge zu Sais.* In: ders.: *Briefe und Werke.* Berlin 1943, S. 224 f.)

266 Bereits Herder räsonniert darüber, wie die »Trümmer der Geschichte« zu einem Fortbildungsprogramm nutzbar gemacht werden können: »Indes, auch nur von diesen heroischen Anfängen der Bildung menschlichen Geschlechts weggesehen nach den bloßen Trümmern der weltlichen Geschichte und nach dem flüchtigsten Räsonnement über dieselbe à la Voltaire – welche Zustände können erdacht werden, erste Neigungen des menschlichen Herzens hervorzulocken, zu bilden

und festzubilden, als die wir schon in den Traditionen unserer ältesten Geschichten würklich angewandt finden?« (Herder [Anm. 246], S. 43)

267 Es ist erhellend, daß das, was eine bloß ästhetische Programmatik zu sein scheint, Friedrich von Hardenberg auch in seiner Arbeit als Salinenassessor begleitet: »Überall stößt man auf neues, unangebautes Feld und dunkle Stellen. Besonders merklich wird die Unmöglichkeit, ein einzelnes Stück der Erdoberfläche richtig zu bestimmen. Die Urkunden dieser uralten Naturgeschichte sind voll Interpolationen und unleserlichen Stellen. Überdies fehlen uns noch höchst wichtige Kapitel aus der Grammatik dieser Sprache der allgemeinen Physik, und selbst Werners kühn entworfenes Alphabet scheint noch große Lücken zu haben.« (Novalis: Brief an den Geheimen Finanzrat von Oppel. Dezember 1799. In: ders. [Anm. 249], S. 670-671)

268 Ebd., S. 443-444.

269 Vgl. R. Samuel: *Ahnentafel des Dichters Friedrich von Hardenberg*. Leipzig 1929, S. 3.

270 So lautet das Motto: »Freunde, der Boden ist arm, wir müssen reichlich Samen ausstreun, daß uns doch nur mäßige Ernten gedeihn«; und der Schlußsatz: »Fragmente dieser Art sind literarische Sämereien. Es mag freilich manches taube Körnchen darunter sein: indessen, wenn nur einiges aufgeht.«

271 Vgl. Novalis: *Historisch-Kritische Ausgabe*. Hg. von Paul Kluckhohn und Richard Samuel. Stuttgart 1960 ff. Bd. 3, S. 316.

272 »Wenn wir von uns sprechen, so reden wir von der Gattung und dem Einzelnen. Unser Ich ist Gattung und Einzelnes – allgemein und besonders. Die zufällige oder einzelne Form unseres Ich hört nur für die einzelne Form auf – der Tod macht nur dem Egoismus ein Ende.«(Ebd., Bd. 2, 248 f.)

273 Untersucht man die Äußerungen, die Friedrich von Hardenberg zu seiner Schriftstellerei abgibt, so ist die Bescheidenheit, die relative Gleichgültigkeit frappierend, mit der er die »öffentliche« Seite seines Schreibens behandelt, ja erscheint ihm die Schriftstellerei vor allem als ein »Bildungsmittel«, das es ihm ermöglicht, »etwas mit Sorgfalt [zu] durchdenken und [zu] bearbeiten«, vermag er zu der »Kunst, Mensch zu werden« (Ebd., Bd. 2, S. 559), sogar zu empfehlen: »Nach meiner Meinung muß man zur vollendeten Bildung manche Stufe übersteigen. Hofmeister, Professor, Handwerker sollte man eine Zeitlang werden wie Schriftsteller. Sogar das Bedientenfach könnte nicht schaden – dafür möchte der Schauspieler wegbleiben, der manche Bedenklichkeiten erregt.« (Brief an Rahel Just, zitiert n. Gerhard Schulz. In: *Deutsche Vierteljahresschrift für Literaturwissenschaft und Geistesgeschichte* 35 (1961), S. 217)

274 Novalis: *Die Christenheit oder Europa*. In: ders. [Anm. 249], S. 389.

275 In der Tat verrät dies eine höchst oberflächliche Lektüre, denn wenn die christliche Religion bei Novalis erscheint, so stets und vor allem als ein historisches Gebilde, vermag er Gott, darin den Hegelschen Weltgeist vorausnehmend, als »absolute These, Antithese und Synthese« (Novalis: [Anm. 271], Bd. 2, S. 155.) zu bezeichnen. In diesem Sinn ist auch die Stufenfolge des Religiösen zu lesen: »Fetische, Gestirne, Helden, Götzen, Götter, Ein Gottmensch« (Ebd., Bd.2, S. 443), die zweifellos der *divinatio* des Menschen folgt.

276 Ebd., S. 399.
277 Novalis [Anm. 249], S. 398.
278 »Die tiefe Bedeutung der Mechanik lag schwer auf diesen Anachoreten in den Wüsten des Verstandes; das Reizende der ersten Einsicht überwältigte sie, das Alte rächte sich an ihnen, sie opferten dem ersten Selbstbewußtsein das Heiligste und Schönste der Welt mit wunderbarer Verleugnung und waren die ersten, die wieder die Heiligkeit der Natur, die Unendlichkeit der Kunst, die Notwendigkeit des Wissens, die Achtung des Weltlichen und die Allgegenwart des wahrhaft Geschichtlichen durch die Tat anerkannten und verkündigten, und einer höhern, allgemeinern und furchtbarern Gespensterherrschaft, als sie selbst glaubten, ein Ende machten.« (Ebd., S. 403 f.)
279 Novalis: *Schriften II*, S. 594.
280 »Der Mensch spricht nicht allein – auch das Universum spricht – alles spricht – unendliche Sprachen.« (Novalis: *Enzyklopädie*. In: ders. [Anm. 249], S. 482)
281 *Logologische Fragmente*, ebd., S. 312.
282 »Das beste an den Wissenschaften ist ihr philosophisches Ingrediens, wie das Leben am organischen Körper. Man dephilosophiere die Wissenschaften: was bleibt übrig? Erde, Luft und Wasser.« (Novalis: *Blüthenstaub*. In: ders. [Anm. 249], S. 352)
283 Brief an Friedrich Schlegel. 20. Januar 1799. In: Novalis [Anm. 249], S. 657.
284 Novalis: *Die Enzyklopädie*. In: ders. [Anm. 249], S. 481.
285 F.J.W. Schelling: »Das älteste Systemprogramm«. (1796/1797). In: ders.: *Texte zur Philosophie der Kunst*. Stuttgart 1982, S. 97.
286 Vgl. Novalis: *Aus den Freiberger Naturwissenschaftlichen Studien*, 1798-99. [Anm. 271], Bd. 3, S. 445.
287 »(...) ist das Grundgesetz der modernen Poesie *Originalität* (in der alten Kunst war dies keineswegs in dem Sinne der Fall). Jedes wahrhaft schöpferische Individuum hat sich selbst seine Mythologie zu schaffen, und es kann dies, aus welchem Stoff es nur immer will, geschehen, also vornehmlich auch aus dem einer höheren Physik. Allein diese Mythologie wird doch durchaus *erschaffen*, nicht etwa bloß nach Anleitung gewisser Ideen der Philosophen entworfen werden dürfen; denn in diesem Fall möchte es unmöglich sein, ihr ein unabhängiges poetisches Leben zu geben.« (F.J.W. Schelling [Anm. 285], S. 235 f.
288 Vgl. Anm. 22.
289 Vgl. Friedrich Schleiermacher: *Über die Religion. Reden an die Gebildeten unter ihren Verächtern*. Göttingen ⁶1967. 2. Rede, S. 74.
290 Novalis: *Neue Fragmente*. [Anm. 249], S. 517.
291 Schelling beschreibt diese Zäsur folgendermaßen: »Er [der Künstler] muß sich also vom Produkt oder vom Geschöpf entfernen, aber nur um sich zu der schaffenden Kraft zu erheben und diese geistig zu ergreifen. Hierdurch schwingt er sich in das Reich reiner Begriffe, er verläßt das Geschöpf, um es mit tausendfältigem Wucher wiederzugewinnen, und in diesem Sinn allerdings zur Natur zurückzukehren.« F.W.J. Schelling [Anm. 260], S. 64.
292 Vgl. Novalis [Anm. 271], Bd. 3, S. 248.
293 Georges Gusdorf: *L'homme romantique*. Paris 1984, S. 17.

294 Novalis: *Blütenstaub*. In: ders. [Anm. 249], S. 342.
295 Novalis: *Enzyklopädie*. [Anm. 249], S. 514.
296 Damit aber geht, paradoxerweise, die *Psychosynthese* der *Psychoanalyse* voran. Es ist der romantische Naturphilosoph, Arzt, Biologe und Landschaftsmaler Carl Gustav Carus, der in der Vorrede seiner 1846 erschienenen *Psyche. Zur Entwicklungsgeschichte der Seele* das »Unbewußtsein« als den entscheidende Code, als den Schlüssel zum Bewußtsein begreift: »Der Schlüssel zur Erkenntnis vom Wesen des bewußten Seelenlebens liegt in der Region des Unbewußtseins. (...) Wir besitzen zu jeder Zeit, während wir nur einiger weniger Vorstellungen uns wirklich bewußt sind, tausende von Vorstellungen, welche doch durchaus dem Bewußtsein entzogen sind, welche in diesem Augenblick nicht gewußt werden und doch da sind und folglich zeigen, daß der größte Teil des Seelenlebens in die Nacht des Unbewußtseins fällt.« (Carl Gustav Carus: *Psyche*. Jena 1926, S. 1) – Damit soll die Leistung Freuds, als Kartograph des Unbewußten, durchaus nicht herabgewürdigt werden – gleichwohl entspricht es doch unserer These, daß das *Zusammengemachte* dem *Auseinandergemachten* vorangeht. Unter diesem Aspekt ist, nebenbei gesagt, die erneute Lektüre Freuds höchst interessant, zeigt sich hier, daß ihn im Zusammenhang mit der Topographie des »Unbewußten« die Kantische Frage nach den Apriori intensiv beschäftigt, ja daß er in seinen *metapsychologischen Schriften*, die schließlich im *Unbehagen in der Kultur* gipfeln, stets auf die Primordialität des Unbewußten abhebt. Bildlich gedacht: das Unbewußte wird – als ein nicht versiegendes Reservoir – zur anthropologischen und geschichtsphilosophischen Batterie, zu einem perpetuum mobile, das die Dinge am Laufen hält. Dies ist der Zaubertrick, der einer jeglichen Geschichtsphilosophie eignet: eine Maschine zu konstruieren, die sich der Geschichtlichkeit entzieht, die stattdessen Motor ist.
297 So äußert sich etwa Friedrich Ast in seinen *Grundlinien der Grammatik, Hermeneutik und Kritik* [1808]: »Alles Leben ist Geist und außer dem Geiste gibt es kein Leben, kein Sein, selbst keine Sinnenwelt«. Zitiert n.: *Philosophische Hermeneutik*. Hg. von Hans Georg Gadamer. Frankfurt/M, 1976. S. 111.
298 Novalis, *Blütenstaub*. In: ders. [Anm. 249], S. 360.
299 Eine Gedankenkonsequenz, die in der universalistischen Gedankenwelt des Novalis tatsächlich vollzogen wird – spricht er doch, mit der gleichen Selbstverständlichkeit, mit der von einem »Kunstmenschen« die Rede ist, auch von einem »Kunststaat« (*Glauben und Liebe*. [Anm. 271], Bd. 2, S. 497) – wendet er sich, gegen Ende seines kurzen Lebens, zunehmend der »bürgerlichen Baukunst« und Fragen der Technik zu.
Freilich soll damit, um etwaigen Mißverständnissen vorzubeugen, keinesfalls eine direkte Abstammungslinie von der »Universalpoesie« zum Utilitarismus des 19. Jahrhunderts geknüpft werden. Immerhin ist zu bedenken, daß die Lebens- und Erfahrungswelt des Friedrich von Hardenberg eine noch ganz und gar ständisch geprägte und von den (in England bereits spürbaren) Verwüstungserscheinungen der Industrialisierung gänzlich unberührte ist, ist die größte Stadt, die er in seinem kurzen Leben zu Gesicht bekommt, Leipzig, das Klein-Paris (oder Pleiß-Athen), das gerade 30.000 Einwohner zählt.

Was sich indes in der Unschuld dieses Anfangs zeigt, ja was nur umso erstaunlicher wird, ist die geistige Modernität und Radikalität der Frühromantik – was meine These, daß hier der Ursprung der Moderne zu situieren ist, nurmehr unterstreicht. Es ist kein Zufall, daß der Großstädter Charles Baudelaire, fast ein halbes Jahrhundert nach dem Tod Friedrich von Hardenbergs, Romantik und Moderne in eins setzen kann, fast in einer Paraphrase Hardenbergscher Gedanken: »Die Romantik liegt, genau genommen, weder in der Wahl des Stoffes, noch in der exakten Wahrheit, sondern in der Art des Empfindens. Sie haben sie draußen gesucht, allein im Innern war's möglich, sie zu finden. Für mich ist Romantik der jüngste, der gegenwärtige Ausdruck des Schönen. (...) Wer sagt ›Romantik‹, sagt moderne Kunst, – das heißt Intimität, Geistigkeit, Farbe, Streben nach dem Unendlichen, ausgedrückt durch alle Mittel, die die Künste enthalten.« (Charles Baudelaire: »Was ist Romantik«. [1846] In: ders.: *Gesammelte Werke.* Übers. v. Max Brun. Dreieich 1981, S. 8 f.)

300 Es ist in der Tat höchst sonderbar, daß der Anteil der Romantik an der Moderne so hartnäckig übergangen wird; ja daß kaum mehr als das Bild der Schwindsucht und der Vergeblichkeit geblieben ist. Diese Verleugnung bezieht sich nicht nur aufs Gebiet der Literatur, sondern auch auf die Naturwissenschaften, die, obschon doch selbst jener großen Umwälzung des Wissenstableaus erst entsprungen, den Anteil der romantischen Naturphilosophie auf das Hartnäckigste leugnen. Und dies vielleicht nicht von ungefähr – müßte man doch über den Begriff der Evolution, die beiden Hauptsätze der Thermodynamik, wie überhaupt über den positivistischen Wissenschaftsbegriff des 19. Jahrhunderts anders nachdenken, wenn man sie als Teil jenes genealogischen Wissenstableaus begreift, das sich mit dem Ende des 18. Jahrhunderts herausformt.

301 Es ist dabei nicht von ungefähr, daß Jacquards Webstuhl eine mustererzeugende Maschine ist, verkörpert sie doch, als ein historischer Vorschein, jenes Ideal der universalen, morphogenetischen Maschine, das sich mit dem Computer verwirklicht. – So besehen sind die Arbeiten, die Charles Babbage in den dreißiger Jahren zum Bau der sogenannten »Analytischen Maschine« durchführt, eine gedankliche Folgerung: nämlich die Idee einer Maschine, die nicht nur stumpfsinnig abbuchstabiert, was man ihr vorgibt, sondern die ein Lochkartenprogramm einliest, eine Rechenoperation ausführt, das Ergebnis wiederum als Lochkarte ausdruckt – womit dieser Prozeß von neuem beginnen kann, ein Verfahren, das man in der Informationstheorie »Iteration« nennt.

302 Hier tritt hervor, was im Zeichenbegriff der »sifr-Chiffre« von Anbeginn angelegt ist: die Nullifizierung, die Vernichtung des Körpers – nämlich daß das Zeichen nur in dem Maße Zeichen ist, indem es seinen Körper abstreift. Im Loch der Lochkarte löst sich jene Prophetie ein, wie sie die Null (sifr-Chiffre-Zero) aufgeschlossen hat. Das mechanische Zeichen und die Null sind Komplementärformen.

303 Es ist ein Charakteristikum der Malerei Caspar David Friedrichs, daß sich in seinen Bildern, auch wenn sie Raumtiefe vorzuspiegeln scheinen, keinerlei Hinweis auf einen Fluchtpunkt findet, ja, daß man im Gegenzug geradezu von einer Vermeidung des zentralperspektivischen Modells sprechen muß, dem eine

Schichtung, eine Gradation übereinandergelagerter Horizontalen gegenübersteht. In der Tat lassen sich Friedrichs Bilder ebensogut als ein erster Weg zur Abstraktion lesen, wie ja in der Malerei der Romantik durchgängig ein Rückgriff auf Formen festzustellen ist, die der Logik des *Trompe l'œil* heteronom sind (Philipp Otto Runges Wiedereinführung des Goldes beispielsweise).

304 Charles Baudelaire: »Die Herrschaft der Imagination« [Anm. 299], Bd 4., S. 197.
305 Vgl. Anm. 113.
306 Daß den dabei gewonnenen Erkenntnissen über die Lichtempfindlichkeit des Chlorsilbers nicht viel Aufmerksamkeit geschenkt wurde, hängt mit zweierlei zusammen: einmal damit, daß der Chemie, unter dem Absolutismus des cartesianischen Räderwerkhimmels, lediglich ein randständiger und stets des Okkultismus verdächtigter Platz eingeräumt wurde, zum anderen, daß die im Zeichen der Alchemie betriebenen Forschungen auf die Goldgewinnung ausgerichtet waren, es sich beim Silber also um das »falsche« Element handelte.
307 Zitiert n. H.J.P. Arnold: *William Fox Talbot. Pioneer of Photography and Man of Science*. London 1977, S. 265.
308 Wobei Talbot, dies nebenbei, auch gleich den Gedanken des Lichtsatzes berührt: »Das beiliegende Stückchen Papier dient der Illustration dessen, was ich ›Jedermann sein eigener Drucker und Verleger‹ nenne.« (Vgl. Hubertus von Amelunxen: *Die aufgehobene Zeit. Die Erfindung der Photographie durch William Henry Fox Talbot*. Berlin 1988, S. 57)
309 Womit ein Mythos der Moderne angerührt ist: die Junggesellenmaschine, die abstrakt- und lichtgewordene Zeugungskraft.
310 Walter Benjamin [Anm. 163], S. 378.
311 Es ist in diesem Zusammenhang ein häufig übergangener, gleichwohl überaus erhellender Punkt, daß die Photographie im kriminologischen Bereich eine erkennungsdienstliche Revolution darstellt. Nicht allein, daß die Photographien katalogisiert und zu einer Fahndungskartei zusammengefaßt werden konnten, darüber hinaus begann der Chef des polizeilichen Erkennungsdienstes, Alphonse Bertillon, in den achtziger Jahren des 19. Jahrhunderts, mit Hilfe von Photos bestimmte Parameter zur anthropometrischen Klassifikation herauszuarbeiten – ein Verfahren, das unsere Fahndungsphotos vorwegnimmt und von Bertillon selbst als »Photosynthese« bezeichnet wurde (worin wohl noch ein Reflex zu Talbots photogenetischer Auffassung nachklingt). So daß in dem Maße, in dem das menschliche Antlitz einer mechanischen Komposition zugänglich wurde, es gleichfalls zerlegbar, dekonstruierbar, in seine einzelne Segmente aufzurastern war.
312 Sinnigerweise fällt der Beginn seiner Karriere zu Anfang der fünfziger Jahre zusammen mit der Eröffnung der großen Warenhäuser in Paris: dem »Bon Marché«, dem »Louvre«(!) und der »Belle Jardinerie«.
313 Es fällt nicht schwer, in einer solchen Maschinerie das Urbild dessen zu sehen, was die Soziolgen »Habitus« genannt haben.
314 Dieser Aspekt wird noch sehr viel deutlicher, wenn man sich die der Momentphotographie komplementäre Verfahrensweise mit der Photoplatte vergegenwärtigt (wie sie etwa Man Ray mit seinen Rayographien benutzt hat). Da die Photoplatte das einfallende Licht aufzeichnet, vermag sie auch dessen Bewegung

aufzunehmen, das heißt: verwandelt sie ein wesenthaft zeitliches Geschehen in ein räumliches. Die Leuchtspuren der Autoscheinwerfer, wie man sie auf den Postkarten nächtlicher Großstädte sieht, sind spatialisierte Zeit.

315 Vgl. Etienne Jules Marey: *La méthode graphique dans les sciences experimentales.* Paris 1878, S. I.

316 Vgl. Walter Benjamin [Anm. 163], S. 371.

317 Wenn weiter oben im Text von lichtschnellen Photoplatten die Rede war, so war dies selbstverständlich bildlich gemeint. Zwar vermag die Photoplatte das menschliche Auge zu überlisten, gleichwohl bleibt sie doch »Lichtjahre« davon entfernt, mit Lichtgeschwindigkeit zu reagieren. Damit aber entsteht hier (nach der Unendlichkeit des Raums, wie sie sich im Fluchtpunkt des zentralperspektivischen Bildes erstmals zeigt) eine neue *Unendlichkeit der Zeit*: läßt sich doch das Zeitraster, das eine Bewegung festhalten soll (sagen wir: den Flug einer Kugel) nicht als ein Punktum fassen, sondern als eine immer feiner zu zergliedernde, in immer kleinere Zeit-Segmente zu zerlegende Bewegung. Die Lücke zwischen den Punkten (und seien sie nur durch ein Tausendstel oder Hunderttausendstel einer Sekunde voneinander getrennt) ist eben nicht bloß eine Leerstelle, sondern kann, in Gedanken zumindest, wiederum als ein Kontinuum begriffen werden, das in soundsoviele Zeitbruchstücke zerlegbar ist. Die Abbildung, in der Annäherung ans infinitesimale Zeitbruchstück begriffen, läuft unweigerlich auf die Geschwindigkeit zu, mit der sich das Licht selbst bewegt (und möglicherweise ist es unter diesem Gesichtspunkt nicht ganz zufällig, daß in der Einsteinschen Relativitätstheorie Lichtgeschwindigkeit als eine Naturkonstante gilt).

318 In der Tat kann man, sofern man sich nur von der Darstellungsfunktion der Photographie löst, etwas anderes in ihr erkennen: daß sie Teil jenes historischen Tableaus ist, welches sich der Entwicklung von Geschwindigkeitsmaschinen zugewandt hat. Ja, genaugenommen ist die Photographie der *Archetypus* einer solchen Geschwindigkeitsmaschine, ist doch die Bezugsgröße, die sie auf der Asymptoten anstrebt, die Geschwindigkeit des Lichts. – Falls eine solche Einschätzung allzu spekulativ scheinen mag, so ist zu vergegenwärtigen, daß die schnellen Erfolge der Aerodynamik ohne die kinematischen Studien des Vogelflugs und der daraus gewonnenen Einsichten ganz undenkbar sind, daß die photographisch dekonstruierte Bewegung die Grundlagenforschung für all jene Fortbewegungsapparaturen darstellt, die, wie die Photographie selbst, in den transanthropologischen Wahrnehmungsraum übergehen.

319 Es handelt sich um eine Art Merkzeichen, nämlich die zu der damaligen Zeit überaus berühmte Maidenhead Bridge.

320 George Stephensons Eisenbahn, die im Jahr 1825 – mit einer überaus bescheidenen Geschwindigkeit – ihre Jungfernfahrt von Stockton nach Darlington besteht, trägt den Namen »Rocket«.

321 War die herkömmliche Ölmalerei, um die Raumillusion zu steigern, stets bestrebt, die Bildoberfläche zu glätten, läßt sich bei Turner, schon in seinen frühen Bildern, die Neigung beobachten, die Tektonik des Bildraumes auszustellen, traktiert er die Oberfläche der Leinwand, sei es, daß er – eine Art Prototachist – Farbsprengsel

auf die Leinwand spritzt, sei es, daß er sie mit Spachtel oder Pinselstiel traktiert, schabend, reißend, oder kratzend. Wobei das vielleicht markanteste Kennzeichen dieses körperlichen Zugriffs seine Eigenheit ist, den Bildern seinen Daumen, einen unverwechselbaren Fingerabdruck, aufzudrücken.

322 Es gibt im Titel eine sonderbare Parallele zu einem anderen Bild, das einige Jahre zuvor entstanden ist: »Schneesturm, Lawine und Überflutung – eine Szene aus dem oberen Aostatal in Piemont« (1837). Zweifellos ist hier nicht das unwahrscheinliche Zugleich dreier Wetterunbilden gemeint, als vielmehr die energetische Dimension angerührt, die Wandlungsfähigkeit von Energie (die bei Turner immer ein Vorwand für bildnerische Energie ist).

323 Zum Begriff der »Ent-fernung« vgl. Heidegger: *Sein und Zeit.* Tübingen ^{16}1986, S. 105 f.

324 Man könnte die Bahnfahrt des 19. Jahrhunderts, strukturell betrachtet, als eine erste Form der *Kinematographie* begreifen. Nicht von ungefähr wurden die ersten Strecken unter solch »pittoresken« Gesichtspunkten ausgelegt, legte man die Strecke so, daß sie, wie eine Art mobilisierter englischer Park, möglichst »natürlich« an lauter Schlössern und Sehenswürdigkeiten vorüberführte. In England machte man sich, um derlei Aha-Momente nicht durch die Vulgarität des Funktionalen zu schmälern, gar die Mühe, die Kraftwerke der Croydon Astmospheric Railways als Tudor Villas zu camouflieren.

325 Carroll Meeks, dem sich ein lesenswertes Buch zur Bahnhofsarchitektur verdankt, kommt zu dem Schluß, daß die Bahnhöfe stellvertretend für die Architektur des 19. Jahrhunderts stehen – einmal, weil sich hier die Evolution eines Gebäudetypus abzeichnet, zum anderen weil sich hier auf paradigmatische Weise der Interessenskonflikt zwischen der ästhetischen und der funktionalen Seite der Bauwerks artikuliert (ein Spannungsfeld, das auch die anderen neuen und funktionalistischen Gebäudetypen des 19. Jahrhunderts – Bibliothek, Markthalle, Opernhaus und Kaufhaus – charakterisiert). Vgl. Caroll V. L. Meeks: *The Railroad Station. An Architectural History.* New Haven 1956, S. 161-162.

326 Vgl. Eugène Viollet-le-Duc: *Entretiens sur l'architecture.* Paris 1863, Bd. I, S. 450 ff.

327 So schreibt der amerikanische Kulturphilosoph Henry Adams: »Ebenso wie die Franzosen des neunzehnten Jahrhunderts ihr Surplus-Kapital in ein Eisenbahnsystem investierten, im Vertrauen darauf, daß sie noch in diesem Leben einen Profit daraus schlagen könnten, ebenso vertrauten sie ihr Geld im dreizehnten Jahrhundert der Himmelskönigin an, im Vertrauen in ihre Macht, daß sie mit Zins in einem künftigen Leben zurückzahlen werde.« (Henry Adams: *Mont St. Michel and Chartres.* Boston/ Houghton/ Mifflin 1904, S. 90)

328 Einer der entscheidenden Gesichtspunkte der frühen Bahnhofsarchitektur war der Versuch, die verschiedenen »Klassen« voneinander zu trennen und ihnen getrennte Räumlichkeiten zuzuweisen – eine Forderung, die sich als zunehmend unpraktikabel erwies und dann, mit der Geburt der großen Schalterhalle in den sechziger Jahren (und das heißt: des sich selbst überlassenen Passagier-Kollektivs), nicht mehr aufrecht zu erhalten war.

329 Genau diese Vervollkommnung des Bewegungsraumes, in Gestalt eines ausgeklügelten Tunnel- und Brückensystems, markiert im letzten Viertel des 19. Jahr-

hunderts den Endpunkt der Bahnhofsarchitektur. Hier nun, mit dem Gerüst der Bahnen und Wege, tritt der funktionale Charakter des Bewegungsraumes (als eines Röhrensystemes) deutlich hervor.

330 Man kann die Diaphanie der Gewölbekonstruktionen umstandslos (und ohne der historischen Entwicklung im geringsten Gewalt anzutun) als einen Index für die materielle Ausweitung des Schienennetzes nehmen: als die symbolische Widerspiegelung einer tatsächlichen Raumaneignung.

331 Lange Zeit ist die Telegraphie, wie in England, eine ausschließliche Domäne der Eisenbahngesellschaften, die sich ihrer als erste bedienen. Erst im Jahr 1842 gestattet die Direktion der »Great Western Railways«, daß auch öffentliche Nachrichten über das Netz ausgetauscht werden können. Um die Reihenfolge zu bezeichnen, könnte man sagen, daß die Telegraphie zunächst als Verkehrsüberwachungssystem, dann der Übermittlung von geschäftlichen Nachrichten dient (Börsenkurse, Preise etc.), und erst zuletzt einer breiteren Öffentlichkeit – und das heißt auch: der Presse – zugänglich gemacht wird. Der Staat – Frankreich bildet hier eine Ausnahme – tritt erst relativ spät, dann allerdings mit dem Anspruch auf das Informationsmonopol um so massiver auf den Plan. Vgl. dazu: Jeffrey Kieve: *The Electric Telegraph. A Social and Economic History.* Newton Abbot 1973. Sowie: Catherine Bertho-Lavenir (Hg.): *L'Etat et les Télécommunications en France et à l'étranger 1837-1987.* Genf 1991.

332 Nachdem er Humboldt über seine Versuche mit dem neuartigen Instrument unterrichtet hat, das er zunächst als ein Meßgerät zur elektromagnetischen Induktion vorstellt, läßt er sich über seine *telegraphische* Funktion und die Verbindung von Eisenbahn und Telegraphie aus: »Ich bin geneigt zu glauben, daß man mit *einem* Schlage ungeheure Distanzen anwenden könnte. Wäre nur zu den Kosten Rat zu schaffen, so meine ich, würde man *unmittelbar* von Göttingen nach Hannover korrespondieren können. Ich habe selbst den Einfall gehabt, ob man in Zukunft, wenn erst Eisenbahnen allgemeiner sind, nicht die *Gleise* selbst (wobei man freilich zwischen den einzelnen Schienen sich dauernder metallischer Berührung versichern müßte) anstatt der Leitungsdrähte gebrauchen könnte.« (Carl Friedrich Gauß: Brief an Alexander von Humboldt. Göttingen, 13.6.1833. In: *Carl Friedrich Gauß. Der »Fürst der Mathematiker« in Briefen und Gesprächen.* Hg. von Kurt R. Biermann. München 1990, S. 154)

333 Im Jahr 1800 verfügt Frankreich über drei telegraphische Linien, die das optische System von Chappe benutzen (Paris-Lille, Paris-Strasbourg, Paris-Brest). Das Netzwerk umfaßt 1253 Kilometer und 543 Relaisstationen, die so positioniert sind, daß ein Lichtzeichen von einem Ort zum andern übermittelt werden kann. Dieses System arbeitet so gut und so schnell – im Jahr 1844 braucht eine Nachricht von Paris bis Lille zwei, bis nach Straßburg sechs Minuten –, daß es in Frankreich die Entwicklung der elektrischen Telegraphie eher behindert.

334 Erst im Anschluß daran, zwischen 1833 und 1836 (angeregt wohl von Gauß, der ihm in einer Korrespondenz von eigenen diesbezüglichen Plänen schreibt), entwirft auch Schilling einen Telegraphen.

335 Charles F. Briggs, Augustus Maverick: *The Story of the Telegraph and a History of the Great Atlantic Cable.* New York 1858, S. 12 f.

336 Hat die Aura, die der Elektrizität in der eben entstehenden »Expertenkultur« zuteil wird, eine pantheistische Färbung (substratgewordener Reflex der romantischen Naturphilosophie), so ist sie für weite Bevölkerungsschichten schlicht eine Art Wunder und folglich eine Art Allheilmittel, das in allen Lebenslagen eingesetzt wird: als Therapie gegen Diabetes, Fettsucht, Rheuma und Gicht, als ein Mittel gegen Impotenz oder in Form von elektrischen Korsetten, die die Trägerinnen vor unerlaubten Zudringlichkeiten schützen. Selbstverständlich eignet der Elektrizität ein besonderer zeremonieller Charakter, staffiert man Feste mit sogenannten »Illuminated Girls« aus, hat die Dame von Welt Gelegenheit, ihren elektrisch blinkenden Schmuck vorzuzeigen (was ihr freilich die Unbequemlichkeit verursacht, eine Batterie mit sich herumzutragen).
Vor diesem Hintergrund wird verständlich, daß die erste, mit Hilfe von Stromstößen exekutierte Todesstrafe im Jahr 1890 eine heftige Kontroverse verursacht, argumentieren die Anhänger der Elektrizität doch erbittert gegen eine solche Herabwürdigung ihres Kultobjekts. (Vgl. dazu Carolyn Marvin: *When Old Technologies Were New*. New York/ Oxford 1988.)

337 Anonymus: *Histoire générale et particulière de l'électricité*. 3 Teile. Paris 1752. Zweiter Teil, S. 2 f.

338 So etwa äußert sich Joseph Priestley, der ein erstes, tiefergehendes Buch über die Elektrizität verfaßt: *The History and Present State of Electricity* (1767). New York/ London 1966. 2 Bde., Band I, S. XII.

339 Vgl. Gaston Bachelard: *La formation de l'esprit scientifique*. Paris 1938; *Le rationalisme appliqué*, Paris 1949; als Auswahlband: *Epistemologie. Ausgewählte Texte*. Frankfurt/ Main, Berlin, Wien 1974 (neu aufgelegt: Frankfurt/M. 1993).

340 Francis Ronalds, der im Jahr 1823 die erste Arbeit zur Telegraphie publizierte *Descriptions of an Electric Telegraph and other electrical apparatus* (1816 hatte er selbst einen ersten funktionstüchtigen Telegraphen entwickelt) hat schon sehr früh ein überaus klares Bild über die umwälzende Wirkung des Telegraphen. Bezeichnenderweise ist das erste Argument, das er zur Verbreitung seines Apparats in Anschlag bringt, der Gedanke, daß die Regierung von nun an ebenso prompt in Portsmouth agieren könne wie in der Downing Street, daß heißt: daß das durch die Entfernung bedingte *Zeitgefälle* der Zentralgewalt aufgehoben ist; das zweite Argument betrifft die Festnahme der Schuldner und Delinquenten, denen es, telegraphisch überwacht, nicht mehr möglich sein soll, sich in den englischen Nebel davonzustehlen.

341 Vgl. Bachelard [Anm. 339], S. 46-47.

342 So ist es nicht ganz zufällig, daß Hegel sich dem elektrischen Phänomen (oder genauer: dem geistigen Dekonstuktionsprozeß, der aus der Leydener Flasche einen Kondensator macht) besonders aufgeschlossen gegenüber zeigt, liefert das Abstrakt-Konkrete der Elektrizität doch »ein merkwürdiges Beispiel, wie die Empirie, die zunächst das allgemeine in *sinnlicher* Form fassen und festhalten will, ihr Sinnliches selbst aufhebt« (Hegel: *Enzyklopädie der philosophischen Wissenschaften. Zweiter Teil. Naturphilosophie*. § 321. Hg. Friedhelm Nicolin und Otto Pöggeler. Hamburg 1959, S. 269 f.).

343 1809 stellte der Münchner Physiker Sömmering einen Telegraphen vor, der über

eine Distanz von mehreren hundert Metern sendet. Zugleich entdeckt der Däne Ørsted, daß zwischen dem Stromfluß einer Batterie und dem magnetischen Feld eine feste Beziehung besteht; der Mathematiker und Physiker André Ampère, der von Ørsteds Versuchen hört, führt seine Gedanken weiter und legt dar, daß die Veränderung eines magnetischen Feld auch durch die Induktion von Elektrizität möglich ist. Damit ist die Entwicklung des Telegraphen vorgezeichnet. 1816 baut Francis Ronalds ein erstes funktionstüchtiges Exemplar, 1833 folgen Weber und Gauß in Göttingen, 1837-1838 Carl Steinheil (der, indem er die Erde als Rückweg benutzt, das sogenannte Duplex-System entwickelt); zur gleichen Zeit lassen der Wissenschaftler Charles Wheatstone und der *Entrepreneur* Cooke ihren Telegraphen patentieren, während in Amerika der – technisch nicht überaus bewanderte – Kunstmaler Samuel Morse seine Apparatur (und anschließend seinen Morse-Code) vorstellt.

344 Wenn hier, wie es nahezuliegen scheint, nicht auf die »Entdeckung des nichteuklidischen Raumes« eingegangen wird, so hat dies einen Grund. So wie die Weiße des perspektivischen Bildes erst mit einiger Verzögerung in dem mathematischen Begriff des »absoluten Raums« kulminiert, so formalisiert sich auch der »Geschwindigkeitsraum« erst mit Verzögerung – ist aus diesem Grunde die Formulierung von der »Entdeckung« der nicht-euklidischen Geometrie eher irreführend (in dem Sinne jedenfalls, als sie den Primat der *mathesis* fortschreibt). Tatsächlich entfernt sich die Mathematik des 19. Jahrhunderts (von Lobatschwesky, Riemann, dem erwähnten Carl Friedrich Gauß und Helmholtz in eine neue Richtung gestoßen) nur sehr langsam und mit großen Mühen von der so überaus vertrauten Vorstellung eines absoluten Raumsubstrats – einer Vorstellung, die nur noch von mathematischer Relevanz ist, in der praktischen Physik, die sich längst den faszinierenden Fragen der Elektrizität zugewandt hat, längt zu einer *quantité negligeable* herabgesunken ist – oder ärger noch, als eine dunkle, wesentlich »metaphysische« Konstruktion (ein »Begriffsungetüm«, wie Ernst Mach sagt) verdächtigt wird. – Es ist nicht von ungefähr, daß die Versuche, den absoluten Raum dennoch aufrechtzuerhalten (wie Ludwig Langes »Trägheitssystem« [1885] oder Drudes und Abrahams »Äther«) letztlich darauf hinauslaufen, das mathematische Modell dem elektromagnetischen Geschwindigkeitsraums anzupassen. (Vgl. dazu Max Jammer: *Das Problem des Raumes. Die Entwicklung der Raumtheorien.* Darmstadt 1960)

345 Vier Jahre, nachdem Graham Bell im Jahr 1876 das Patent auf ein Telephon angemeldet hat, definiert das britische Post Office, in Auslegung des Telegraphengesetzes von 1869, das Telephon als einen Telegraphen – womit die neue Technik automatisch dem Informationsmonopol des Staates unterworfen ist.

346 In der Genealogie der Netzwerke gibt es eine (sowohl historische als auch materielle) Parallelität zwischen bestimmten Fortbewegungsmitteln: So wie Telegraphie und Eisenbahn gemeinsam evolvieren, so evolvieren Automobil und Radio, Raumschiff und Satellit stets Seite an Seite – korrespondiert einer neuen Geschwindigkeitsmaschine stets der entsprechende »*tele-graphische*« Spiegel.

347 »Das Städtische läßt sich auch als Neben- und Übereinander von *Netzen*, als Sammlung und Zusammenschluß dieser Netze definieren, die einmal im Hinblick

auf das Landesgebiet, zum andern im Hinblick auf die Industrie, und drittens im Hinblick auf andere Zentren des Gewebes hergestellt wurden.« (Henri Lefèbvre: *Die Revolution der Städte*. Frankfurt/M. 1976, S. 131)

348 »Eine Gesellschaft ist ein Netzwerk sozialer Interaktion, an deren Grenze ein gewisser Grad von Interaktionskluft zwischen ihm selbst und seiner Umgebung sich auftut.« (Talcott Parsons: *Societies: Evolutionary and Comparative Perspectives*. Eaglewood Cliffs, N.J. 1966, S. 9)

349 Vgl. Karl Popper u. John Eccles: *The Self and its Brain*. Berlin/Heidelberg/New York 1977.

350 Vgl., stellvertretend für die Informatiker-Zunft, Marvin Minsky: *The Society of Mind*. New York 1985. – Tatsächlich ist der Gedanke des »Netzwerks« von Anbeginn wirksam. So lautet der Titel einer Schrift Konrad Zuses, der parallel zu Alan Turing und John von Neumann den ersten Computer entworfen hat, bezeichnenderweise *Annäherung zu einer Theorie des Netzwerkautomaten*. Halle/Saale 1975.

351 Darin im übrigen dem Doppelcharakter der Mechanischen Uhr, von Himmelsuhr und irdischem Repräsentanten, vergleichbar.

352 Der britische Soziologe Michael Mann, dem sich eine sehr interessante *Geschichte der Macht* verdankt, hat in seinen methodologischen Überlegungen versucht, den Systembegriff, den er als »unifikationistisch« ablehnt, durch den einer Vielheit (genauer: eines Quadriviums) von Netzwerken zu ersetzen. Die Stoßrichtung ist klar, gleichwohl bleibt die Erörterung der Frage, ob mit der Gedankenfigur des Netzwerkes nicht bloß ein anderer Systembegriff installiert wird, aus – wird das Netzwerk als eine nicht weiter zu problematisierende Selbstverständlichkeit einfach vorausgesetzt.

353 Tatsächlich wird das, was am Gebäude als Struktur kenntlich wird, nicht »structura«, sondern »textum« genannt, »textum carinae« die Seitenrippen, »textum pinea« das Schiff.

354 Gedanklich geht diese Trennung wohl auf die vorsokratische Naturphilosophie zurück, die sich nicht von ungefähr im Schatten der *moira* herausformt, jenes Lebensfadens, der einem jeglichen Lebewesen eingewoben gilt (und der in etwa die Funktion der Lebenskraft, des *élan vital* hat). Am Faden der *moira* sich entlangspinnend, der einem jeden Ding seine Zeit und seine Entwicklung gibt, schließt sich die Vorstellung je verschiedener Substanzen auf, die wiederum in die Vorstellung der *physis* (Natur) einmünden, als Inbegriff des Einfach-Komplizierten, als Allzusammenhang. Gewissermaßen »filetiert« und entgrätet die griechische Naturphilosophie die Natur der Dinge, das heißt: entdeckt sich ihr, im Prinzip der Filiation, sowohl das *Ding* als auch die *Natur*. – So besehen geht die Entwicklung des Fadens zu immer komplexer werdenden Netzen, vom Faden der *moira* zum *textum* (eine Entwicklung, die nebenbei die Derivate des »filum« selbst affiziert, wandelt es sich doch, im Französischen etwa, zur Vorstellung eines Netzes).

355 Aber natürlich ist der Zusammenklang sehr viel älter. So meint das lateinische »complectere« eben nicht nur das Zusammenflechten, sondern, in einem figurativen Sinn, auch den Modus der erzählenden Darstellung sowie das gedankliche Erfassen dessen, was in einen solchen Sprach-Zusammenhang hineingelegt ist.

356 Logisch ausgedrückt könnte man die schlichteste Form des Netzes als eine WENN-DANN-Verknüpfung begreifen: Wenn ein Gegenstand von dieser oder jener Größe und Beschaffenheit dem Netz sich gegenübersieht, wird er eingefangen; ist er größer, kommt er nicht hindurch, ist er kleiner, geht er durch die Maschen. – Damit hat es die Funktion eines Rasters oder eines Siebes, was etymologisch eine weitere, sehr interessante Verbindung nahelegt: ist das Sieb doch mit »Sichten« verwandt; das heißt: als eine gewissermaßen mechanisierte Form des Sichtens und der Aus-Lese zu begreifen. Die großen ins Kröpfchen, die kleinen ins Töpfchen.

357 Die Jünger und nachmaligen Apostel sind Fischer, sie werden beim Fischfang, beim Auslegen oder Flicken ihrer Netze berufen. Das heißt: Beruf und Berufung spiegeln einander wie Text und Textur. Ebenso kündigen auch die Namensverwandlungen – von Simon, dem Fischer und Sohn des Zebadäus, zu Petrus, dem Fels der Kirche – sich im Zeichen des Netzes an, das heißt: wird die christliche Wiedergeburt in der Verwandlung vom Fischer zum »Menschenfischer« geortet. So bildet die Jüngerschaft, die ja, als Urgemeinschaft, das Urbild der Kirche darstellt, selbst ein imaginäres Netz (ist es kein Zufall, daß wiederum der Fisch das Zeichen der Kirche wird). Wie sehr diese Motivik durchreflektiert wird, wird vor allem im Johannesevangelium, dem letztdatierten der Evangelien, sichtbar, wo der – platonisch gebildete – Schreiber des Johannesevangeliums den Kreis dadurch schließt, daß er den österlichen Fischfang des Petrus (der im Lukas-Evangelium noch in die Zeit des lebendigen Jesus von Nazareth fällt) mit der dritten Erscheinung des Wiederauferstandenen verknüpft.

358 Genau dies ist die wesentliche Frage, die Augustin in seinem Nachdenken über die Genesis umtreibt – geht es darum, den Uranfang der Welt nicht in die veränderliche, der Zeit unterworfene Materie zu legen, sondern in das, was er den »formlosen Stoff« nennt. Mit diesem Kunstgriff ist die, wie Augustin selbst eingesteht, »peinliche Frage« aufgelöst, warum Gott, wie die Genesis erzählt, nach der Erschaffung des Weltalls noch weiter geschaffen habe. Damit aber, im Gedankenbild des »formlosen Stoffs« geht dem Weltall ein geistiger, ewiger und unveränderlicher Schemen voraus; ist es diese göttliche Ewigkeit, die sich in der Zeit auffaltet.

359 Es ist ein später Reflex auf Albertis Schleier, wenn man auch die Haut des Auges »Netzhaut« nennt, ein Ausdruck, der im übrigen erst im 18. Jahrhundert heimisch wird – nachdem man zuvor von einer »dem Netz gleichen Haut« gesprochen hat.

360 Vgl. Aaron J. Gurjewitsch: *Das Weltbild des mittelalterlichen Menschen*. München 1980.

361 Ebenso wie das räumliche HIER sich ins ANDERSWO ausdehnen und damit dem ÜBERALL sich entgegenstrecken kann, so vermag sich auch das dekonstruierte JETZT zu einem IMMER-WIEDER oder zu einem IMMERWÄHREND zu vergrößern.

362 Es ist gewiß kein Zufall, daß der Herausbildung der Netzwerke der große europäische Kolonialismus zur Seite steht. So wenig das imperialistische Moment daran geleugnet werden soll, so wenig, denke ich, ist dies als einziger Erklärungsgrund wirklich zureichend. Vielleicht ist der Kolonialismus von ähnlich zweideutiger Art, wie es für die Kreuzzugsbewegung des Mittelalters festzustellen

ist, in der ja gleichfalls religiöser Eifer aller Schattierungen gewirkt hat. So erscheint es mir, auch wenn der Sprung durch die Jahrhunderte gewagt sein mag, keinesfalls übertrieben, die Kreuzzüge und die Kolonisation des 19. Jahrhunderts, strukturell zumindest, zusammenzudenken. Beides geschieht in einer Zeit wirtschaftlicher Expansion, eines gesellschaftlichen Aufbruchs ohnegleichen, zu Zeiten, in denen das gedankliche Tableau in seinen Grundfesten erschüttert und fragwürdig wird – und in denen die liebgewordenen Überzeugungen, aus purer Anhänglichkeit, nicht aufhören können zu bestehen. Weswegen man den missionarischen Eifer, mit dem Europa seine Gesetzmäßigkeiten dem Rest der Welt aufoktroyiert, nicht so sehr als Beweis einer sicheren Überzeugung, sondern wohl eher als Ausweis dafür nehmen sollte, daß die Glaubensgewißheiten auf ziemlich tönernen Füßen stehen – daß man predigt, weil man selbst nicht mehr so recht daran glaubt.

363 Diese Wahrnehmung der Gleichschaltung ist in der Frühzeit der Telephonie stets gegenwärtig, beschweren sich die hochmögenden Teilnehmer des Telephonnetzes darüber, daß sie, bei einer weiteren Popularisierung der Telephonie, von gesellschaftlich Niedergestellten behelligt werden könnten – was freilich nur in der Logik des Netzes liegt. Denn in dem Maße, in dem ich der Welt teilhaftig werde, fällt umgekehrt auch die Welt mir ins Haus.

364 Wie es beim »Packet-switching« geschieht, wo der digitalisierte, auf ein anderes Mikrowellenfrequenzband transponierte, und das heißt auf eine spezifisch Art und Weise verformte *Stimmkörper* in einzelne kleine Portionen aufgeteilt durch den Raum geschickt wird.

365 Walter Benjamin: »Kleine Geschichte der Photographie«. [Anm. 163], S. 378.

366 Vgl. Walter Benjamin: »Das Kunstwerk im Zeitalter seiner technischen Reproduzierbarkeit«. [Zweite Fassung]. In: ders.: *Gesammelte Schriften* [Anm. 38]. Bd I.2, S. 475-476.

367 Der Parallelismus zum Verhältnis von gotischer Kathedrale und mechanischer Uhr, die ich weiter oben eine »Zeitkathedrale« genannt habe, ist augenfällig.

368 Die Berechnung basiert auf A.R.Powell: »Microelectronics«. In: Joseph Finkelstein (Hg.): *Windows on a New World. The Third Industrial Revolution.* New York/ Westport/ London 1989, S. 7.

369 Charles Babbage: *Passages from the Life of a Philosopher.* In: *Works.* Vol. 11. London 1989, S. 94.

370 Es ist interessant, auch was meine These von der »Wiederkehr des Gleichen« anbelangt, daß das Komitee, daß zur Prüfung der Besonderheit von Babbages Analytischer Maschine bestellt wurde, diese nicht irgendeiner anderen zeitgenössischen Technik, sondern wie selbstverständlich der Räderwerk- und der Mühlentechnik gegenüberstellte und das spezifisch Neue der Analytischen Maschine vor diesem Hintergrund herausstellte: »Die Anwendung der Arithmetik auf Rechenmaschinen unterscheidet sich von gewöhnlichem Räderwerk und von geometrischer Konstruktion darin, daß sie ein wesentlich diskontinuierlicher Prozeß ist. So verhält es sich im gewöhnlichen Räderwerk, daß – bei einer Verzahnung zweier Räder, die in einem Geschwindigkeitsverhältnis von, sagen wir, 10 zu 1 zueinander stehen –, wenn das erste Rad sich um die Länge eines

Zahnes voranbewegt, der Raum, den das zweite durchmißt, nur ein Zehntel dieser Strecke beträgt. Nun ist dies für eine Rechenmaschine, die mit tatsächlichen Zahlen arbeiten und diese ausdrucken soll, genau das, was wir *nicht wünschen*. Wir wünschen im Gegenteil, daß das zweite Rad sich überhaupt nicht bewegt, es sei denn, daß es einen ganzen Schritt vollzieht, und dann verlangen wir, daß es diesen Schritt mit einem Ruck vollzieht. Man kann die Zeit sehr leicht vom Zeiger einer Uhr ablesen, ebenso wie man den Gasverbrauch von einem Zähler ablesen kann; aber bloß ein kurzes Nachsinnen wird zeigen, was für eine Unordnung eine solche Maschinerie bei einem Druck-Versuch auslösen würde. Die Notwendigkeit, diskontinuierlich von einer Figur zur anderen zu springen, ist der fundamentale Unterschied zwischen Rechen- und Numerierungsmaschinen auf der einen, und Mühlen- und Uhrwerk auf der anderen Seite. Eine parallele Unterscheidung läßt sich in der reinen Mathematik ausmachen, zwischen den Theorien der Zahlen einerseits, und andererseits den Lehren einer kontinuierlicher Variation, zu denen das Differentialkalkül gehört. (...) Die erste und entscheide Bewegung von Rechenmaschinen ist der *diskontinuierliche Zug.*« (»Report of the committee appointed to consider the advisability and to estimate the expense of constructing Mr. Babbage's Analytical Machine, and of printing tables by its means«. [August 1878]; in: Babbage, *Works* III, S. 210)

371 Zitiert nach Dorothy Stein: *Ada: A Life and a Legacy.* Cambridge 1985, S. 100.
372 Dazu ein kurzer, wie ich denke sehr prägnanter Brief von Leibniz: »Der Herr Newton und seine Anhänger haben eine sehr seltsame Meinung von den Wercken Gottes. Ihrer Lehre nach hat Gott Ursache seine Uhr von Zeit zu Zeit auffzuziehen, in Ermangelung deßen sie ihre Bewegung nicht fortsetzen könnte. Er hat nicht Vorsicht genung gehabt, um eine unverrückbare und stets aneinander hangende Bewegung in sie zu legen. Nach ihren Grundsätzen ist diese *Maschine* Gottes so unvollkommen, daß er solche von einer Zeit zur andern durch einen außerordentlichen Einfluß säubern und in ihren richtigen Gang wieder bringen muß, und zwar nach Art eines Uhrmachers, der für einen desto schlimmern Künstler muß gehalten werden, je mehr er genöthiget ist, sein Werck zu ändern und in einen bessern Stand zu bringen. Meines erachtens verbleiben die Kräffte in den Wercken Gottes beständig einerley und treten nur von einem Theil der Materie zum andern und zwar nach den Gesetzen der Natur und nach der schönen vorherbestimmten Ordnung.« (Gottfried Wilhelm Leibniz: »Auszug eines Brieffs welcher im Monath November 1715 geschrieben worden«, enthalten in: *Merckwürdige Schrifften Welche auf gnädigsten Befehl Ihro Königl. Hoheit der Cron-Prinzeßis von Wallis Zwischen dem Herrn Baron von Leibnitz und dem Herrn D. Clarke über besondere Materie der natürlichen Religion in Französ. und Englischer Sprache gewechselt und nunmehro mit einer Vorrede Herrn Christian Wolffens Königlichen Preußischen Hof-Raths P.P.O. und dermahlen Pro-Rectoris auf der Universität zu Halle Nebst einer Antwort Herrn Ludwig Philipp Thümmings auf die fünffte Englische Schrifft, wegen ihrer Wichtigkeit in teutscher Sprache herausgegeben worden ist von Heinrich Köhlern.* Jena 1720, S. 2)
373 Vgl. dazu das mathematisch-philosophische Werk von Ernst Cassirer: *Substanzbegriff und Funktionsbegriff.* Darmstadt 1969. (1910).

374 Es ist dieser Aspekt, vor dem etwa die Beschreibung der Null zu lesen ist, wie sie Erwin Schrödinger gibt – eine Beschreibung, die mir auch deshalb so bemerkenswert scheint, weil in der Metaphorik, derer sich Schrödinger bedient, die geistige Welt hervortritt, der die Null zugehört, und weil Schrödinger klarmacht, daß es eine Genealogie der Zahlen gibt: »Wir wollen einen Augenblick bei der Bedeutung dieses Konzepts [der Null] verweilen. Sehr viele unserer Behauptungen und Sätze in der Mathematik haben die Form einer Gleichung. Die wesentliche Aussage einer Gleichung ist immer die, daß eine gewisse Zahl gleich Null ist. Die Null ist die einzige Zahl mit einem gewissen Freibrief, einer Art königlichem Privileg. Während mit jeder anderen Zahl jede der elementaren Operationen durchgeführt werden kann, ist es verboten durch Null zu *dividieren* – ebenso wie z.B. in vielen Parlamenten *jeder* Gegenstand diskutiert werden darf mit Ausnahme der Person des Herrschers. Teilt man durch Null, erhält man gewöhnlich ein unsinniges Ergebnis. Dieses Vorrecht ist wesentlich. Man muß sich jederzeit dessen bewußt sein; wann immer man dividiert, muß man sich vergewissern, daß der Divisor nicht »von königlichem Blut« ist, daß er also *nicht* die Null ist. Eine andere Konsequenz ist, daß königliches Blut einzig wieder von königlichem Blut (durch Multiplikation) entstehen kann. Ein Produkt kann nur verschwinden, wenn zumindest einer seiner Faktoren verschwindet. Es ist nicht zufällig so, daß zumeist der Schluß eines Beweises wie folgt verläuft: AB = 0, B ungleich 0, A = 0. (Erwin Schrödinger: *Struktur der Raum-Zeit*. Darmstadt 1987, S. 11)

375 Damit aber reflektiert und formalisiert Boole nur, was mit der »Systemphilosophie« der Romantik bereits ein halbes Jahrhundert zuvor ins Denken gedrungen ist. Dazu ein kleines Novalis-Zitat: »Gott ist bald $1 \cdot \infty$ – bald $1/\infty$ – bald 0.« (Novalis, *Allgemeines Brouillon*, HKA 3, S. 448)

376 George Boole: *An Investigation of the Laws of Thought, on which are founded the Mathematical Theories of Logic and Probability*. New York 1953 (1854), S. 47 f.

377 »Denken wir uns nun eine Algebra, wo die Symbole x, y, z, *&* stets den Werten 0 und 1 zugehören – und nur diesen Werten allein. Die Gesetze, Axiome und Prozesse einer solchen Algebra werden in ihren gesamten Umfang mit den Gesetzen, Axiomen und Prozessen einer algebraischen Logik übereinstimmen. Lediglich die Art und Weise der Deutung wird sie unterscheiden. Auf diesem methodischen Prinzip basiert die folgende Arbeit.« (Ebd., S. 37 f.)

378 Baudrillard ist vielleicht einer der geistreichsten Vertreter dieser Zunft, kann man doch sein Gedankengebäude, gerade dort, wo er ein kühler, ein diszipliniert feindseliger Beobachter des Neuen ist, als überaus erhellend bezeichnen. Freilich: bei soviel Scharfsinn ist es erstaunlich, daß er der Hauptsäule seines Systems, deren Zerfressenwerden er so sehr beklagt (»Es ist vorbei mit dem Theater der Repräsentation, dem Raum der Zeichen, ihrer Konflikte, ihres Schweigens...«) nicht präziser nachgeht, daß er, wie ich denke, dem Irrtum der Moderne aufsitzt. Tatsächlich hört Repräsentation, die Zeit des Weltbildes, doch in jenem Augenblick auf, wo die Grundlage dieser Ordnung, das perspektivische Bild, nicht mehr trägt – und es ist dies wohl ein Akt, der in der Frühe der Moderne stattfindet. *Simulation*, so wie ich es verstehe, ist eine Lektion, die vielleicht am präzisesten von den Romantikern angegangen worden ist – und in diesem Sinn

kann man die Vernachlässigung dieses geschichtlichen Feldes tatsächlich in eins setzen mit der Selbsttäuschung der Moderne über sich selbst.

379 Freilich: all dies ist alles andere als neu. Im Grunde sind all diese Fragen bereits in der Ästhetik der Romantik erörtert, die vom Künstler fordert, nicht die Realität abzukonterfeien, das heißt: zu re-produzieren, sondern aus sich selbst heraus zu schaffen. Tatsächlich belegt ja schon der Begriff des »Originals«, daß jener Raum, der bisher vom Bild besetzt worden ist, problematisch geworden ist, daß das, was einst Original war (ohne daß man es so hätte benennen müssen), von seinen Simulakren überwuchert zu werden droht – einen Aspekt, den ich, wie ich denke, im Kapitel über die Photographie ausgiebig erörtert habe.